Jacob

**Betriebswirtschaftliche Fallstudien
mit Lösungen**

Betriebswirtschaftliche Fallstudien

mit Lösungen

Herausgegeben von

Prof. Dr. Herbert Jacob

Betriebswirtschaftlicher Verlag Dr. Th. Gabler · Wiesbaden

ISBN 3 409 87001 6

Copyright by Dr. Th. Gabler-Verlag, Wiesbaden 1976

Vorwort

Seit einiger Zeit sind auch im deutschsprachigen Raum verstärkt Bestrebungen im Gange, das Arbeiten an und mit Fallstudien zu einem wesentlichen Bestandteil der betriebswirtschaftlichen Ausbildung werden zu lassen. Der Lernende soll nicht nur, wie dies bei Anwendung der traditionellen Methoden der Lehre, insbesondere der Vorlesung und des Vortrages, der Fall ist, eine passive Rolle spielen, d. h. den Lehrstoff nur aufnehmen, sondern vor Aufgaben gestellt werden, die ihn dazu zwingen, das Gelernte eigenständig anzuwenden, es dafür zu gebrauchen – und diesen Gebrauch zu üben –, wofür er es gelernt hat, nämlich zur Lösung relevanter Probleme. Relevant bedeutet in diesem Zusammenhang: Es muß sich um Fragestellungen und Entscheidungen handeln, denen sich die an verantwortlicher Stelle in einer Unternehmung Tätigen gegenübergestellt sehen. Fallstudien, die ihren Zweck erfüllen sollen, müssen mithin aus dem Leben der Unternehmung herausgegriffen sein und das Geschehen in solchen Unternehmen wiedergeben, in denen der Auszubildende später einmal tätig werden wird.

Da die Anregung zur Einbeziehung von Fallstudien in die Ausbildung weitgehend von den USA ausging, ist es nicht verwunderlich, daß die überwiegende Zahl der für Unterrichtszwecke verfügbaren Fälle aus den USA stammen und die dortigen Gegebenheiten widerspiegeln.

In dem hier vorgelegten Buch ist eine Reihe von Fallstudien zusammengefaßt, die in den „Schriften zur Unternehmensführung" jeweils als Ergänzung zu dem speziellen Thema eines Bandes veröffentlicht wurden. Es handelt sich um Entscheidungsfälle, wie sie in Unternehmen, beheimatet in der Bundesrepublik Deutschland, auftraten. Die Autoren sind überwiegend Praktiker. Zum Teil erwies sich eine Zusammenarbeit zwischen in der Praxis und in der Wissenschaft Tätigen als besonders fruchtbar.

Anders als in den bislang veröffentlichten Fall-Sammlungen werden hier Lösungen angegeben oder dann, wenn keine eindeutige Lösung möglich ist, Lösungsvorschläge unterbreitet. Es erschien ebenfalls wichtig, auf die Frage einzugehen, welche Möglichkeiten zur Lösung überhaupt bestehen und welche Methoden einmal zur Analyse der Situation, zum andern zur Bestimmung der zieladäquaten Maßnahmen verfügbar sind und eingesetzt werden können.

Auf eine Einteilung der Fallstudien nach Sachgebieten wurde bewußt verzichtet, da in einer Studie sehr oft mehrere Gebiete angesprochen werden, so daß eine eindeutige Zuordnung nicht möglich ist. Sachliche Gesichtspunkte waren jedoch für die Reihenfolge, in der die Fallstudien aufeinander folgen, maßgebend.

Die erste Gruppe der Fallstudien (1 bis 10) befaßt sich vordringlich mit Fragen der Standortwahl, der Gestaltung des Produktionsapparates, ferner mit Fragen, die sich für das Unternehmen aus einer ungünstigen Konjunkturentwicklung ergeben. Kosten- und Qualitätskontrolle sowie der Einsatz spezieller Planungsverfahren, vor allem der Netzplantechnik, sind weitere Themen dieser Gruppe.

Im Mittelpunkt der zweiten Fallstudiengruppe (11 bis 19) stehen Fragen der Einführung neuer Erzeugnisse, des Einsatzes des absatzpolitischen Instrumentariums, der Lagerhaltung und Distribution. Die letzte Gruppe schließlich (20 bis 24) ist Problemen der Personalwirtschaft gewidmet.

Ich danke allen, die durch ihre Mitwirkung die Herausgabe dieses Bandes ermöglicht haben. Mein Dank gilt insbesondere den Verantwortlichen in den Unternehmen, die in nachahmenswerter Offenheit Zahlen und Unterlagen zur Verfügung stellten, und jenen Angehörigen dieser Unternehmen, die ihre Erfahrungen in die Fallstudien einbrachten und nicht selten selbst, wie das Autorenverzeichnis am Ende des Buches zeigt, zur Feder griffen.

Herbert Jacob

Inhaltsverzeichnis

1 Der Entscheidungsprozeß bei einer Standortwahl 21
Von Prof. Dr. Wolfgang Müller

I. Zur Untersuchung des Entscheidungsprozesses 21

II. Situationsanalyse 21

III. Die Standortwahl 24
    A. Die Suche nach einer naheliegenden Lösung 24
    B. Die Ausweitung der Suche 26
    C. Die Detailsuche im Bereich A 29

IV. Einige allgemeine Schlußfolgerungen zum Entscheidungsprozeß 32

2 Erhöhung der Preßwerkzeugbaukapazität einer Automobilfabrik 35
Von Wolfgang Dworak

Ausgangslage 35

Welche Maßnahmen zur Vorbereitung? 36

Resultate der Studie 37
    Kapazitätsumfang 37
    Preisanalyse 38
    Geheimhaltungsproblem 38
    Zeitprobleme (Timing) 39
    Qualitätssicherstellung 39
    Kostenauswirkung 39
    Berechnung der „returns on investment" nach der Average-Return-Methode 41
    Berechnung des internen Zinsfußes nach der Discounted Cash-Flow-Methode (interne Zinsfuß-Methode) 43
    Die Amortisationszeit 44
    Vertrauenswürdigkeit der Studie 44
    Alternativen 44
    Folgerung und Empfehlung 45

3 Mit welchen Maßnahmen bekämpft ein Industrieunternehmen die Rezession? ... 47
Von Paul Buschmann

1. Situationsanalyse ... 47

2. Maßnahmen zur Bekämpfung der Rezession (Beschreibung der Maßnahmen, ihre Durchführung und Wirkung) ... 48
   - (1) Maßnahmen im Finanzbereich ... 49
   - (2) Maßnahmen zur Kostensenkung ... 50
   - (3) Maßnahmen zur Umsatzsteigerung ... 52

3. Zusammenfassung und kritische Würdigung ... 55

4 Kostenpolitik in der Rezession ... 57
Von Prof. Dr. Dietrich Adam

1. Situationsanalyse ... 57
   - a) Produktionsprogramm, Ausstattung des Betriebes, Entwicklung der Absatzsituation ... 57
   - b) Kosten und Erfolgssituation vor der Rezession ... 59

2. Die Reagibilität der Kosten ... 61
   - a) Materialkosten ... 61
   - b) Zinskosten ... 62
   - c) Produktionslöhne Rohwarenannahme, Lager und Versand ... 62
   - d) Hilfslöhne, Gehälter, sonstige Vertriebs- und Verwaltungskosten ... 62
   - e) Werbungskosten, Kosten der Repräsentation, der sonstigen Verkaufsförderung, freiwillige Sozialleistungen ... 62
   - f) Abschreibungen, Reparaturkosten ... 63
   - g) Energiekosten und Produktionslöhne der Produktionsabteilungen I, II und III ... 63

3. Die kurzfristige Anpassung des Produktionsniveaus an die gegebenen Absatzmöglichkeiten ... 63
   - a) Das Instrumentarium ... 63
   - b) Die zeitliche und die zeitlich-selektive Anpassung ... 64
   - c) Kostenbeeinflussung durch intensitätsmäßige Anpassung ... 67
   - d) Die kombinierte Anpassung ... 68

4. Mittelfristige Anpassung ... 70

5 Produktkostenanalyse 73
Von Wolfgang Dworak

1. Einführung 73
2. Beschreibung der Verfahren 73
   a) Das Produktkostenanalyse-Verfahren 73
   b) Das Produktentwicklungs-Kontrollverfahren 75
3. Fallbeispiel 77
   a) Erstanalyse zur Produktentwicklungsentscheidung 77
   b) Berichtswesen 81
4. Zusammenfassung 84

6 Aufbau eines integrierten Systems der statistischen Qualitätskontrolle in einem Industriebetrieb 85
Von Prof. Dr. August-Wilhelm Scheer und Dr. Heiner Seibt

A. Problemstellung 85

B. Gestaltung der Endkontrolle 87
   I. Kosten- und Erlöskomponenten 87
   II. Der gewinnoptimale Stichprobenplan 89

C. Wareneingangskontrolle 94
   I. Die Größen des Stichprobenplans 94
   II. Stichprobenpläne 95
      1. Einfacher Stichprobenplan mit festem n 95
      2. Verringerung des Prüfaufwands durch Anwendung komplizierter Stichprobenpläne 97
      3. Aufstellung eines sequentiellen Stichprobenplans 98
      4. Verfeinerung des Sequentialtests durch Berücksichtigung von A-priori-Informationen 102

D. Entwicklung des Testplans für die Kontrolle der laufenden Produktion . . 103
   I. Laufende Produktionskontrolle bei einstufiger Fertigung 103
      1. Anwendung von Kontrollkarten 103
      2. Aufstellung des kontinuierlichen Stichprobenplans nach Dodge . 104
   II. Laufende Kontrolle bei mehrstufiger Fertigung 107

E. Das integrierte Kontrollsystem 107

7 Anwendung der Netzplantechnik beim Umbau eines Schiffes 111
Von Prof. Dr. Dieter B. Pressmar

I. Bedeutung der Netzplantechnik für den Schiffbau 111

II. Aufgabenstellung des Umbauprojekts 111

III. Entwicklung der Netzpläne 111

IV. Das Verfahren der Netzplananalyse 115

V. Organisatorische Durchführung der Netzplanung 116

VI. Aufwand und Erfolg der Netzplanmethode 117

VII. Verbesserung des Planungsverfahrens für den Schiffbau 118

8 Kostenüberlegungen im Rahmen der Netzplantechnik 119
Von Dr. Günter Czeranowsky und Dr. Harald Strutz

I. Problemstellung 119

II. Beispiel 119
   a) Ausgangssituation 119
   b) Bestimmung der Projektzeiten 120
      1. Bestimmung der längsten Projektzeit 120
      2. Bestimmung der kostenoptimalen Projektzeit 122
      3. Ermittlung der minimalen Projektdauer 125

III. Lösung der Kostenplanung mit Hilfe der elektronischen Datenverarbeitung 126

9 Problemanalyse und Entwicklung eines EDV-Systems 127
Von Dipl.-Kfm. Horst Futh und Dipl.-Kfm. Rolf Katzsch

I. Einführung 127
   1. Organisatorische und personelle Voraussetzungen 127
   2. Übersicht über die Planung, Entwicklung und Einführung eines EDV-Systems 129

II. Problemanalyse 129
   1. Fixierung des Organisationsauftrages 129
   2. Aufnahme und Darstellung des Ist-Zustandes 130
   3. Kritische Beurteilung des Ist-Zustandes 133
   4. Formulierung der Forderungen und Ziele 134

III. Entwurf eines Gesamtsystems 135

Inhaltsverzeichnis 11

IV. Entwicklung und Einführung eines Teilsystems 138
   1. Projektantrag und Detailplanung 138
   2. Entwurf der Arbeitsabläufe 148
   3. Ausarbeitung der Detailorganisation 151
   4. Programmierung 160
   5. Übernahme 164
   6. Abschlußarbeiten 165

10 Der Entwurf eines Datenverarbeitungssystems 167
Von Dipl.-Kfm. Albert Henne

1. Die Aufgabenstellung 167
2. Der Einfluß der Software auf die Hardware 168
3. Die Plattenlösung 170
   3.1 Einlesen der Bestellungen 170
   3.2 Sortieren der Bestellungen 170
   3.3 Einzelrechnungsschreibung 170
   3.4 Sortieren der Lagerbewegungen 174
   3.5 Verbuchen der Lagerbewegungen 174
   3.6 Zusammenfassung 174
4. Die Bandlösung 176
   4.1 Einlesen der Bestellungen 176
   4.2 Sortieren der Bestellungen 176
   4.3 Einzelrechnungsschreibung 177
   4.4 Sortieren der Lagerbewegungen 178
   4.5 Verbuchen der Lagerbewegungen 178
   4.6 Zusammenfassung 178
5. Vergleich der Lösungen 180
   5.1 Rechnerischer Vergleich 180
   5.2 Begründung der Hardware-Entscheidungen und Ausbaufähigkeit
       der einzelnen Komponenten 181
       5.2.1 Die Ein/Ausgabeeinheiten 181
           5.2.1.1 Die Platteneinheiten für das Operating System 181
           5.2.1.2 Die Platteneinheiten für die Benutzerdaten 181
           5.2.1.3 Die Bandeinheiten bei der Plattenlösung 181
           5.2.1.4 Die Bandeinheiten bei der Bandlösung 182
       5.2.2 Die Steuereinheiten und Kanäle 183
           5.2.2.1 Die Plattensteuereinheit 183
           5.2.2.2 Die Bandsteuereinheit 183
       5.2.3 Der Hauptspeicher 183
       5.2.4 Die Zentraleinheit 184
6. Zusammenfassung 184

11 Zur Gestaltung des Produktionsprogramms: Entwicklung und Einführung eines neuen Erzeugnisses ... 185
Von Dipl.-Kfm. Jürgen F. Stolte

Vorbemerkung ... 185

Ausgangslage und Problemstellung ... 186

Lösung ... 188

   A. Analyse ... 188
      I. Tendenzen im Nahrungsmittelmarkt ... 188
      II. Marktstruktur Fertigsoßen ... 188
         a) Allgemein ... 188
         b) Die Angebotssituation ... 188
         c) Die Abnehmerstruktur ... 190
      III. Verwendungsgewohnheiten und Vorstellungen ... 192

   B. Konzeption ... 193
      I. Marketing-Ziel ... 193
      II. Produktkonzeption ... 193
      III. Verpackung ... 195
         a) Material ... 195
         b) Formgebung ... 195
         c) Etikettengestaltung ... 198
      IV. Werbung ... 198
      V. Kontrolle (Testmarkt) ... 200

12 Entscheidung über die Einführung eines Produktes ... 203
Von Prof. Dr. Karl Alewell zusammen mit Dr. Ernst Knut Sill und Dr. Peter Burg

Einführung ... 203

Fall ... 204

Lösung ... 218
   1. Vorbemerkungen ... 218
   2. Entscheidung über den Preis von Dauerbackhefe ... 218
      a) Ausgangspunkte ... 218
      b) Wirtschaftlichkeitsrechnungen bei verschiedenen ansetzbaren Preisen . 219
   3. Produktimage und Produktkonzeption ... 224
      a) Zielgruppen ... 224
      b) Image und Werbestrategien ... 225

4. Produkteignung 226
   a) Für den Konsumenten 226
      (aa) Technische Produkteignung 226
      (bb) Psychologische Produkteignung 226
      (cc) Ökonomische Produkteignung 227
   b) Für den Handel 227
   c) Für die anbietende Firma 227
      (aa) Beziehung zum Firmensortiment 227
      (bb) Beziehung zum Firmenimage 228

5. Zusammenfassung 229

13 Der Lebensweg eines Markenartikels 231
Von Peter Wolff

Vorbemerkung 231

I. Das Marketingkonzept und die Marketing-Strategie .. 231

II. Informationen über den Verbraucher 233

III. „Brand Marketing Strategy" 235
   1. Allgemeine Strategie 235
   2. Produktstrategie 236
   3. Verpackungsentwicklung 236
   4. Preisstrategie 236
   5. Die finanzielle Planung 237
   6. Werbekampagnenentwicklung 237

IV. Abläufe der „Brand Marketing Strategy" 240
   1. Produktentwicklung 240
   2. Die Parfumentwicklung 241
   3. Die Entwicklung der Verpackung 242
   4. Produkttest 243
   5. Entwicklung der Werbekampagne 246
   6. „As-Marketed-Test" 247
   7. Die Testeinführung 247
   8. Die nationale Einführung 252
   9. Das Jahr 1969 253
   10. Das Jahr 1970 254

14 Kapitalbedarfsrechnung bei Einführung eines neuen Produktes 255
Von Prof. Dr. Dietrich Adam und Dipl.-Kfm. Hans-Kurt Wellensiek

I. Situationsanalyse und Problemstellung 255

II. Die Höhe des zur Einführung erforderlichen Kapitals 258
   a) Kapitalbindung für die Entwicklung des neuen Produktes 258
   b) Kapitalbindung für den Umsatzprozeß 259
      1. Kapitalbindung im Anlagevermögen 259
      2. Kapitalbindung im Umlaufvermögen 259
   c) Kapitalbedarf für Werbung 263
   d) Zusammenstellung des gesamten Kapitalbedarfs für das
      neue Erzeugnis 263

III. Die zeitliche Verteilung der Kapitalbindung und des Finanzbedarfs . . . 265

**15 Die Erschließung eines Exportmarktes – Eroberung des US-Marktes
durch das Volkswagenwerk** 273
Von Dr. Werner Bartram und Dr. Wolfgang Hilke

A. Gründe für Exportbemühungen einer Unternehmung 273

B. Planung der Absatzpolitik auf dem Exportmarkt 274
   I. Möglichkeiten der Orientierung der eigenen Absatzpolitik 274
      1. Orientierung an Ergebnissen von Marktanalysen 274
      2. Orientierung an erfolgreicher Inlandsmarkt-Politik 275
   II. Entscheidungen über die absatzpolitischen Instrumente 275
      1. Produktstrategie 275
      2. Preispolitik 276
      3. Werbung 277
      4. Absatzmethoden 280

C. Durchführung der Erschließung des Exportmarktes 281
   I. Das Vordringen des Volkswagenwerkes auf dem US-Markt 281
      1. Erste Anläufe 281
      2. Aufbauphase der Absatzorganisation 282
      3. VWoA als Zentrum der Absatzorganisation 283
         a) Analyse der VW-Kunden 283
         b) Die Ausdehnung des Großhändler- und Händler-Netzes . . . 284
         c) Die Planung des Absatzvolumens 285
      4. Erfolge der Absatzpolitik des Volkswagenwerkes in den USA . . 286
   II. Reaktionen der Konkurrenz-Unternehmen 288

D. Exportmarkterschließung und Marketing Mix 289

16 Betriebswirtschaftliche Überlegungen am Beispiel einer Exportkalkulation für eine Druckereimaschine cif Matadi 291
Von Dr. Ralf Tschmarke

I. Situation 291

II. Aufgaben 293

III. Lösung 296
    1. Kalkulation 296
    2. Errechnung der Zahlungsquoten 296
        2.1 Ableitung der Formel für konstante Tilgungsraten und abnehmenden Zinsanteil 296
        2.2 Formel für konstante Zahlungsquoten 298
        2.3 Errechnung der Zahlungsquoten 298
    3. Finanzplan 299
    4. Auswirkung alternativer Zahlungsbedingungen im Einkauf 300
    5. Auswirkungen alternativer Zahlungsbedingungen im Verkauf 300
        5.1 Errechnung der Zahlungsquoten 300
        5.2 Änderung des Reingewinns bei alternativen Zahlungsbedingungen im Verkauf 301
        5.3 Änderung des Reingewinns infolge günstigerer Refinanzierung des Exporthändlers 302
        5.4 Entscheidungskriterien 302
    6. Rationelle Gelddisposition 303
    7. Risiken durch Folgeleistungen 303
    8. Auswirkung alternativer Fälligkeiten der Provision 304
    9. Optimal-Provisionsregelung 304
   10. Alternativen zur Absicherung des Transfer-Risikos 305
   11. Berechnung der Risiken im Forderungsausfall 305
   12. Auswirkung der Berlin-Präferenz für den Einkauf 306
   13. Überlegungen zur Kontrahierung in Fremdwährungen 306
   14. Testfrage 307

17 Entwicklung einer Werbekampagne für eine Whiskey-Marke 309
Von Konrad Hirte

I. Aufgabenstellung 309

II. Aufgabenlösung durch die Werbeagentur 309
    a) Werbevorbereitung 309
        1. Marktbedeutung 309
        2. Marktsegmente 309
        3. Verbraucherkreis und Verbrauchereinstellung 310
        4. Die Wettbewerber 310

b) Konzeption 310
   1. Ansatzpunkte des Whiskey-Marktes 310
   2. Verkaufsidee 311
   3. Angestrebtes Marken-Image 311
   4. Zielgruppe 311

c) Gestaltung 312
   1. Rohentwurfsphase 312
   2. Reinentwurfsphase 312
   3. Produktionsphase 312

d) Kommunikations- und Mediaplanung 313

e) Kommunikations-Kontrolle 313

18 Der Preis als Marketinginstrument 315
Von Dr. Wolfgang Hilke

A. Einführung: Preiswettbewerb in der Praxis 315

B. Ausgangslage und Problemstellung 317
   I. Die Markt- und Kostendaten für die Produkte 1 bis 4 317
      1. Die Marktdaten 317
      2. Die Produktions- und Kostendaten 318
   II. Die Markt- und Kostendaten für Produkt 5 319
   III. Die Markt- und Kostendaten für Produkt 6 319
   IV. Die Markt- und Kostendaten für Produkt 7 320
   V. Die Markt- und Kostendaten für die Produkte 8 bis 11 321
   VI. Die Markt- und Kostendaten für Produkt 12 322

C. Die Bestimmung gewinnoptimaler Preisstellungen und Absatzmengen .. 323
   I. Verschiedene Preisstrategien für Produkt 1 323
      1. Preispolitik zur Maximierung des Stückgewinns 324
      2. Preisstellung auf der Basis von Stückkosten plus prozentualem Gewinnzuschlag 325
      3. Preisstellung entsprechend den Grenzkosten 327
      4. Preisstellung gemäß „Grenzkosten = Grenzerlös" 328
   II. Gewinnoptimale Preispolitik für die Produkte 2, 3 und 4 330
      1. Cournot-Preise und -Mengen bei freier Kapazität 330
      2. Optimale Preisstellung bei einem Engpaß 331
   III. Zielgerechte Preisstellung auf den Teilmärkten für Produkt 5 .. 332

IV. Optimaler Preis bei zweifach geknickter Nachfragekurve für
Produkt 6 334
   1. Bestimmung der gewinngünstigsten Preisforderung 334
   2. Das „kritische Grenzkosten-Niveau" 335

V. Zieladäquate Anpassung an den Markt bei Produkt 7 336
   1. Gewinnstreben und Minimierung der Stückkosten 336
   2. Der Gewinn bei „Grenzerlös = Grenzkosten" 337

VI. Gewinngünstigste Preis- und Mengenpolitik für die Produkte 8 bis 11   338
   1. Preis- und Programmplanung auf der Basis von Vollkosten ... 339
   2. Die absoluten Deckungsbeiträge als Auswahlkriterium? 340
   3. Die Bedeutung „relativer Deckungsbeiträge" für die Preis- und
      Programmplanung 341

VII. Optimale Preis- und Produktdifferenzierung für Produkt 12 344

D. Zusammenfassung und Ausblick 346

19 Simultane Lagerhaltungs- und Distributionsplanung mit EDV-Anlagen – dargestellt an einem Beispiel aus der Markenartikelindustrie 349

Von Dr. Wolfram Ischebeck und Dipl.-Math. Heinrich Ratsch

I. Problemstellung 349
   A. Der Zusammenhang von Lagerhaltung und Distribution 349
   B. Die wesentlichen Kostenkomponenten und Kosteneinflußgrößen bei
      der Lagerhaltung und Distribution 353
      1. Transportkosten 354
      2. Lagerkosten 354
      3. Vorgangskosten 355
   C. Die Nebenbedingungen der Lagerhaltung und Distribution 356

II. Merkmale der bisherigen Lösung des Planungsproblems 357

III. Lösung des Planungsproblems bei Einsatz der EDV 358
   A. Wesentliche Gründe für die Berücksichtigung der EDV bei der
      Neukonzeption des Planungsprozesses 359
   B. Übersicht über den EDV-bezogenen Ablauf des Planungsprozesses . 359
      1. Gesamtübersicht 359
      2. Darstellung der einzelnen Teilbereiche 361
         a) Analyse der Absatzentwicklung 361
         b) Auswahl von Beförderungsmitteln und Festlegung des
            Transportweges 363
         c) Aktuelle Bestandsführung, Vorhersage und Disposition ... 374
   C. Mögliche Auswirkungen der EDV-bezogenen Planung auf andere
      Unternehmensbereiche 377

20 Arbeitsvolumen, Personalbedarf und Rationalisierung – Eine empirische Erhebung im administrativen Bereich einer Unternehmung 379
Von Dr. Reimar Fuchs

1. Untersuchungsziel 379
2. Analyse des Ist-Zustandes – Personaleinsatz bei bestehendem Arbeitsvolumen 381
   a) Zur Messung des Arbeitsvolumens 381
   b) Beleggebundene und nichtbeleggebundene Arbeiten 386
   c) Auslastungsgrad und Arbeitseffektivität der Mitarbeiter 390
3. Personalbedarf bei variablem Arbeitsvolumen 391
4. Personalbedarf und Rationalisierung (Soll-Zustand) 394
5. Gesamtproduktivität und Produktivität der Verwaltung 397

21 Probleme der Chempharmacie AG 399
Von Dr. Gerhard Möller

Fall 399

Lösung 402

I. Vorbemerkung 402

II. Ausgangssituation 402
   1. Rechtliche Bewertung der Ausgangssituation 402
   2. Hinweise für die praktische Durchführung 403

III. Beantwortung der gestellten Fragen 404

22 Auswirkungen des Betriebsverfassungsgesetzes bei Rationalisierungsvorhaben 409
Von Dr. Klaus-Dieter Daegling

I. Fall 409

II. Lösung 410

1. Die Beteiligung der Arbeitnehmervertretungen an dem Prozeß der Willensbildung nach dem Betriebsverfassungsgesetz 410
   a) Die Rechte des Betriebsrates 411
   b) Die Rechte des Wirtschaftsausschusses 412
2. Die Auswirkungen der Mitwirkungsrechte der Arbeitnehmervertretungen auf die Entscheidung über das Rationalisierungsvorhaben . . 413
3. Die Gestaltung der Arbeitsbedingungen bei Durchführung des Projektes 413

4. Die Ansprüche der Arbeitnehmer bei Durchführung des Projektes	414
5. Ergebnis	417
III. Zusammenstellung der für den diskutierten Fall relevanten Mitwirkungsvorschriften nach dem Betriebsverfassungsgesetz	418

23 Einführung der gleitenden Arbeitszeit 419
Von Dr. Harald Strutz

I. Vorbemerkung 419

II. Die Hauptfragen bei der Entscheidung über die gleitende Arbeitszeit . . 420
    1. Voraussetzungen für die Einführung 420
    2. Entwurf des betriebsindividuellen Systems der GLAZ 421
    3. Verfahren der Zeiterfassung und -auswertung 424
    4. Kosten-Nutzen-Analyse 427
    5. Praktische Überlegungen für die Einführung der GLAZ 428

24 Soziometrie als Hilfsmittel des Organisators 431
Von Prof. Dr. Horst Jürgen Helle und Dipl.-Kfm. Eberhard Schliemann

Stichwortverzeichnis 445

1

Der Entscheidungsprozeß bei einer Standortwahl

Von Prof. Dr. Wolfgang Müller

I. Zur Untersuchung des Entscheidungsprozesses

Entscheidungen sind ein integraler Bestandteil wirtschaftlicher Tätigkeit. Sie treten jedoch nicht als selbständige Aktivitäten, sondern stets in Zusammenhang mit der Lösung von Problemsituationen im betrieblichen Geschehen auf. Die Darstellung eines konkreten Entscheidungsprozesses in einer Fallstudie muß daher notwendigerweise am Beispiel einer speziellen betrieblichen Problemstellung erfolgen.

Bei der Auswahl des Falles wurde berücksichtigt, daß vor allem einmalige und in ihren Konsequenzen weitreichende Entscheidungen zu den schwierigsten und von der betriebswirtschaftlichen Theorie bisher noch kaum durchschaubar gemachten Aufgaben der Unternehmungsleitung gehören. Die untersuchte Entscheidung zur Standortwahl trägt nicht nur diesen Charakter der Einmaligkeit; sie läßt auch die verschiedenartigen Phasen eines komplizierten Entscheidungsprozesses deutlich erkennen. Der Ablauf dieser Entscheidung weist zudem einige Merkmale auf, die bereits in anderen empirischen Untersuchungen festgestellt wurden und die Vermutung nahelegen, daß auch einmalige Entscheidungen nach bestimmten Regeln abgewickelt und durch typische Verhaltensweisen rationalisiert werden.

II. Situationsanalyse[1]

Die Unternehmung, Tochter eines Konzerns, stellt ein breites Sortiment an kosmetischen Artikeln her. Da die Produkte verkaufswirksam und transportsicher verpackt werden müssen, entsteht insbesondere durch die Läger für Fertigprodukte und Verpackungsmaterialien ein sehr hoher Platzbedarf. Zusammen mit den Lägern für Rohmaterialien und Zwischenprodukte macht die erforderliche Lagerfläche etwa 50 % der gesamten genutzten Fläche aus. Die verbleibende Nutzfläche wird etwa je zur Hälfte von der Fertigung sowie der Verwaltung und den Labors in Anspruch genommen. Ungefähr 75 % der Gesamtproduktion werden gegenwärtig in einem Hauptbetrieb abgewickelt, in dem sich auch die Verwaltung und die Labors be-

---

[1] Die Zahlenangaben in der Studie wurden, soweit dies aus Geheimhaltungsgründen erforderlich war, in geeigneter Weise verändert.

finden. Vor allem wegen des proportional mit dem Absatz steigenden Bedarfs an Lagerraum wurde 1965 ein Nebenbetrieb in gemieteten Räumen, die ungefähr 15 km vom Hauptbetrieb entfernt liegen, errichtet. In diesem Nebenbetrieb wurde das zentrale Fertiglager untergebracht, von dem aus die 25 über ganz Deutschland verteilten Auslieferungsläger versorgt werden. Im Hauptbetrieb befindet sich nur noch Lagerraum für eine Tagesproduktion, so daß täglich ein Transport zum Nebenbetrieb stattfinden muß. Dadurch entstehen erhebliche „innerbetriebliche" Transportkosten. Außerdem wurde die Herstellung einer neu auf den Markt gebrachten Produktgruppe in diesem Nebenbetrieb aufgenommen.

Im Verlaufe der langfristigen Planung des Absatzes und der Kapazitäten wurde bereits im Jahre 1965 deutlich, daß trotz des Ausweichens auf einen Nebenbetrieb etwa im Jahre 1970 die verfügbare Nutzfläche zu einem Engpaß werden würde. Daraufhin wurde eine überschlägige Berechnung des langfristigen Bedarfs an Nutzfläche vorgenommen. Das Ergebnis dieser Überlegungen legte es nahe, auf dem Grundstück des Hauptbetriebes ein altes, kaum nutzbares Gebäude abzureißen und einen mehrgeschossigen Neubau zu errichten. Nach einer Rücksprache mit der konzerneigenen Bauabteilung wurden für den Neubau 3 Mio DM in das Budget für 1970 eingesetzt.

Im Herbst 1968 traten zwei Ereignisse ein, die zu einer vorzeitigen Überprüfung des bereits bestehenden Planes zur Kapazitätsausweitung zwangen:

1. Die für die Tochtergesellschaft zuständige Stelle in der Konzernleitung entschloß sich zu einer aggressiveren Absatzpolitik, wodurch die Absatzquoten und folglich auch die benötigten Produktions- und Lagerkapazitäten beträchtlich erhöht wurden.

2. Der Absatz einer neu eingeführten Produktgruppe entwickelte sich über alle Maßen günstig, so daß die Absatzprognosen für die folgenden Jahre kräftig nach oben korrigiert werden mußten.

Durch diese neue Situation rückte der Zeitpunkt der völligen Auslastung der zur Verfügung stehenden Nutzfläche in bedenkliche Nähe. Mit der detaillierten Planung für die Kapazitätserweiterung mußte sofort begonnen werden, wenn die neue Absatzstrategie und die Ausnutzung der sich bietenden Marktchancen nicht an Engpässen im Produktions- und Lagerbereich scheitern sollten.

Die Aufgabe der detaillierten Kapazitätserweiterungsstudie mußte es sein, die genauen Anforderungen an die Größe, Gestaltung und Einrichtung des neu zu errichtenden Gebäudes zu ermitteln. Vor allem galt es, sowohl den genauen Raumbedarf für die wichtigsten Funktionsbereiche des Betriebes, nämlich Produktion, Lagerung sowie Verwaltung und Labors festzustellen als auch den spätest möglichen Termin für die Aufnahme der Produktion in den neuen Räumen festzulegen. Die Geschäftsleitung war sich durchaus im klaren darüber, daß die jetzt zu treffende Entscheidung über die Kapazitätserweiterung einen langfristigen Einfluß auf die Leistungsfähigkeit der Unternehmung haben würde. Deshalb entschloß sie sich, den Planungshorizont für die Detailplanung bis zum Jahre 1980 hinauszuschieben und auch die danach liegende Entwicklung global zu erfassen. Diese Absicht stieß allerdings bei der Datenbeschaffung auf Schwierigkeiten, da die Planung der Marketingabteilung nur bis zum Jahre 1974 reichte. Alle über dieses Jahr hinausgehenden Informationen über die Absatzentwicklung waren mit einem wesentlich höheren Grad an Unsicherheit behaftet. Daraufhin wurde der gesamte Planungszeitraum in drei Teilperioden aufgegliedert, die mit unterschiedlicher Genauigkeit in die Rechnung einbezogen wurden:

1. die Periode von 1969–1974, für die bereits genaue Absatzpläne vorlagen;

2. die Periode von 1974–1980, für die im wesentlichen die vorhergehende Entwicklung linear extrapoliert wurde, und

3. die Periode nach 1980, die nur global in die Überlegungen einging.

Als Ausgangsbasis für die genaue Berechnung des zukünftigen Raumbedarfs galten die Prognosen über den wertmäßigen Absatz der einzelnen Produktgruppen. Anhand der Informationen und Pläne der Marketingabteilung wurden für jedes einzelne Jahr bis 1974 und durch eine Hochrechnung für das Jahr 1980 die erwarteten Umsatzzahlen bestimmt. Dabei kam es vor allen Dingen auf die möglichst genaue Schätzung der Trendfaktoren auf den Absatzmärkten an, die bei derartig langfristigen Voraussagen den größten Einfluß auf die Entwicklung ausüben. Mit Hilfe der bereits aus früheren Untersuchungen bekannten durchschnittlichen Preis-Mengenrelationen für die einzelnen Produktgruppen wurden sodann die prognostizierten Umsatzzahlen in erwartete Absatzmengen der einzelnen Jahre umgerechnet. Die Langfristigkeit der Betrachtungsweise machte es dabei erforderlich, daß inflationäre Preiserhöhungen berücksichtigt und durch einen entsprechenden Abschlag bei den zunächst errechneten erwarteten Produktionsmengen eliminiert wurden. In einer Zwischenbilanz wurde sodann die bei maximaler Auslastung des gegenwärtigen Produktionspotentials vorhandene Kapazität für die einzelnen Produktgruppen dem für das Jahr 1974 ermittelten Bedarf gegenübergestellt. Dabei stellte sich heraus, daß bei keiner der Produktgruppen die für 1974 erwartete Nachfragemenge hergestellt werden könnte und sich bei einer Produktgruppe die Fehlmenge sogar auf 74 % der gesamten erwarteten Nachfrage belaufen würde. Insgesamt ergab sich eine Produktionslücke in Höhe von 38 % der erwarteten Nachfrage.

Nachdem der Kapazitätsbedarf für die einzelnen Jahre der ersten Planungsperiode festgestellt worden war, konnte auf dieser Basis mit der genauen Ermittlung des zusätzlichen Raumbedarfs begonnen werden. In diese Rechnung gingen zahlreiche Einzelheiten über die Merkmale der Herstellungs-, Abfüllungs- und Verpackungsprozesse sowie über den Platzbedarf, die Lagerfähigkeit und die Lagerdauer der einzelnen Produkte ein. Außerdem wurde berücksichtigt, daß mit wachsender Belegschaft auch zusätzliche Büroräume, Laboratorien, Pausenräume und sonstige Nebenräume benötigt würden. Auf diese Weise wurde ein zusätzlicher Flächenbedarf für 1974 in Höhe von 4000 qm ermittelt. Die Aufteilung dieser Gesamtfläche auf die einzelnen Funktionsbereiche ist in Tabelle 1 wiedergegeben. Unter der Voraussetzung, daß das Verhältnis zwischen Umsatzzuwachs und Nutzungsflächenzuwachs der ersten Planungsperiode auch für die zweite Planungsperiode von 1974 bis 1980 gültig bleibt, wurde sodann der zusätzliche Flächenbedarf bis zum Jahre 1980 ermittelt. Es ergab sich ein weiterer Bedarf in Höhe von 5000 qm, dessen Aufteilung ebenfalls der Tabelle 1 zu entnehmen ist.

Funktions-bereich	Erwarteter zusätzlicher Nutzflächenbedarf (qm)	
	1974	1980
Produktion	1 700	1 200
Lagerung	1 600	2 100
Verwaltung	700	1 700
zusammen	4 000	5 000

Tabelle 1

Im Verlauf dieser Rechnung konnte auch der zeitlich naheliegendste Engpaß ermittelt werden. Es zeigte sich, daß für eine wichtige Produktgruppe spätestens Anfang 1971 eine weitere Abfüll- und Verpackungslinie in Betrieb genommen werden muß, die nicht mehr in den vorhandenen Räumen untergebracht werden kann. Daraufhin wurde als Termin für den Produktionsanlauf im neuen Gebäude der 1. 1. 1971 festgelegt.

Die Ergebnisse der Kapazitätserweiterungsstudie ließen sofort erkennen, daß die ursprünglich ins Auge gefaßte Lösung des Kapazitätsproblems nicht realisiert werden konnte. Selbst bei fünfgeschossiger Bauweise hätte der Erweiterungsbau auf dem Grundstück des Hauptbetriebes nur eine Nutzfläche von 3200 qm erbracht, also lediglich 80 % des für 1974 errechneten Bedarfs. Dazu kam, daß der Nutzflächenzuwachs nur erzielt werden konnte, wenn der kostenungünstige Nebenbetrieb beibehalten wurde.

Aus diesen Gründen wurde die ursprünglich vorgesehene Lösung verworfen. Das anfänglich begrenzte Problem der Schaffung neuer Produktions- und Lagerkapazitäten weitete sich durch diese Entscheidung zu der wesentlich umfassenderen Suche nach einem geeigneten neuen Standort aus.

III. Die Standortwahl

A. Die Suche nach einer naheliegenden Lösung

Mit der Veränderung der Entscheidungsaufgabe modifizierten sich auch die Zielvorstellungen der Geschäftsleitung. Während bisher eine befriedigende Lösung innerhalb der durch das vorhandene Grundstück begrenzten Möglichkeiten gesucht wurde, konnten nach dem Fortfall dieser Einschränkung einige Anforderungen neu formuliert werden. Dazu gehörten in erster Linie

1. die Verwirklichung einer für den optimalen Ablauf des Produktions-, Abfüllungs- und Verpackungsprozesses notwendigen eingeschossigen Bauweise;
2. die Berücksichtigung der nach 1980 zu erwartenden Umsatzsteigerungen und

3. die Möglichkeit zur Zentralisierung des gesamten Produktions- und Lagerbetriebes an einem Standort.

Da nun mit dem Kauf eines neuen Grundstücks zu rechnen war, konnte bei der weiteren Untersuchung nicht mehr von der zusätzlich benötigten Nutzfläche ausgegangen, sondern es mußte die Gesamtnutzfläche berücksichtigt werden. Zusammen mit den bis 1980 erwarteten Erweiterungen ergab sich eine erforderliche Gesamtnutzfläche von 20 000 qm, für die wegen der zumeist eingeschossigen Bauweise eine bebaubare Fläche von 17 000 qm erforderlich war. Bei Einhaltung der üblichen baupolizeilichen Vorschriften und bei Einplanung von ausreichenden Zufahrtswegen und Ladeflächen kann ein Grundstück etwa zu 60 % bebaut werden. Nach diesem Erfahrungssatz war die erforderliche Grundstücksgröße somit auf rund 30 000 qm festzusetzen. Zu dieser Größe wurden für den Bedarf nach 1980 sowie für etwaige unvorhergesehene Ereignisse noch weitere 15 000 qm hinzugerechnet. Die Fläche des zu beschaffenden Grundstückes wurde demgemäß auf mindestens 45 000 qm, möglichst jedoch 50 000 qm festgelegt.

Bevor sich die Geschäftsleitung entschloß, systematisch nach dem geeigneten kostenminimalen Standort zu suchen, wurde zunächst die nähere Umgebung nach einer zufriedenstellenden Lösung abgesucht. Dabei wurden zwei Alternativen ausfindig gemacht und in ihren Merkmalen näher betrachtet.

Naheliegende Alternative 1

Die völlige Verlegung des Hauptbetriebes hätte eventuell durch den Ankauf des Nachbargrundstückes vermieden werden können, das zusammen mit dem firmeneigenen Grundstück eine völlig von Verkehrsadern eingeschlossene Einheit bildet. Tatsächlich gelang es der Geschäftsleitung schon nach kurzer Zeit, mit dem Eigentümer des Nachbargrundstückes in Verhandlungen einzutreten und eine Kaufoption zu erwerben. Die nähere Untersuchung förderte jedoch mehrere unbefriedigende Eigenschaften dieser Alternative zutage:

— Das Nachbargrundstück bietet eine Fläche von 4500 qm, die gegenwärtig mit mehreren Wohnhäusern bebaut ist. Wegen der langen Kündigungsfristen für die Bewohner sowie der Notwendigkeit, die Wohnhäuser abzureißen, konnte erst für 1972 mit dem Baubeginn für die eigenen Gebäude gerechnet werden. Der für die Produktionsaufnahme vorgesehene Termin (1. 1. 1971) müßte also weit überschritten werden.

— Das gemessen am erwarteten Nutzflächenbedarf relativ kleine Grundstück hätte auf jeden Fall zu mehrgeschossiger Bauweise gezwungen. Die im neuen Anforderungskatalog enthaltene optimale Gestaltung des Produktions- und Verpackungsprozesses könnte also nicht verwirklicht werden.

— Weitere Berechnungen ergaben, daß selbst bei Ausführung einer mehrgeschossigen Bauweise nur der bis zum Jahre 1980 benötigte Flächenzuwachs gesichert wäre. Reserven für die Zeit nach 1980 wären also ebenfalls nicht vorhanden, zumal die völlige Einschließung der beiden Grundstücke durch Verkehrswege eine künftige Expansion durch Zukauf weiterer Grundstücke von vornherein ausschließt.

— Schließlich wurden bei der Beurteilung dieser Alternative auch Kostenaspekte berücksichtigt. Der vom gegenwärtigen Eigentümer des Nachbargrundstückes geforderte Quadratmeterpreis sowie die Kosten des Abbruches der auf dem Grundstück stehenden Wohngebäude gingen weit über den Betrag hinaus, der den bisherigen Kalkulationen für die Neuerrichtung des Betriebes zugrunde gelegt worden war.

Aus all diesen Gründen wurde diese Lösungsalternative von der Geschäftsleitung abgelehnt.

Naheliegende Alternative 2

Bei der Suche nach naheliegenden Lösungen für das Kapazitätserweiterungsproblem waren auch die Bindungen der Unternehmung an den Konzern zu berücksichtigen, die insofern ein Potential an naheliegenden Lösungen boten, als der Konzern über mehrere freie Grundstücke verfügt. Dabei stieß die Geschäftsleitung auf ein günstig gelegenes Grundstück im gleichen Ort, das seit einiger Zeit nur provisorisch von einer Konzernfirma sowie einigen konzernfremden Unternehmungen genutzt wurde. Obwohl dieses Grundstück zum sehr niedrigen Buchwert hätte gekauft werden können, kam die Geschäftsleitung nach der näheren Untersuchung dieser Alternative ebenfalls zu dem Schluß, daß dieses Grundstück für die geplante Erweiterung nicht geeignet ist. Für diese Entscheidung waren ähnliche Gründe wie bei der Ablehnung des Nachbargrundstückes ausschlaggebend:

— Den gegenwärtigen Benutzern des Grundstückes müßte gekündigt und die meisten Gebäude des stark bebauten Grundstückes müßten abgerissen werden. Der gewünschte Termin für den Produktionsbeginn könnte also gleichfalls nicht eingehalten werden.

— Auch die Größe des Grundstückes von 20 000 qm und vor allem sein für die vorgesehene Verwendung recht ungünstiger Zuschnitt entsprachen nicht den neu formulierten Anforderungen. Wiederum würde die Nutzfläche nur den Ansprüchen bis 1980 genügen, und die durch den Zuschnitt des Grundstückes diktierte mehrgeschossige Bauweise würde keinen optimalen Produktionsablauf zulassen.

— Selbst der finanzielle Anreiz dieser Alternative durch den Erwerb des Grundstückes zum Buchpreis hielt der näheren Untersuchung nicht stand; er würde durch hohe Abrißkosten für die alten Gebäude und außerordentliche Fundamentierungskosten für die neuen Gebäude mehr als ausgeglichen.

Mit der Ablehnung dieser beiden Lösungsalternativen waren die naheliegenden Möglichkeiten erschöpft und die Suche mußte auf einen größeren Bereich ausgedehnt werden.

B. Die Ausweitung der Suche

Nachdem es nicht gelungen war, eine naheliegende, auf der gegenwärtigen Lösung aufbauende und mit besonderen Vorzügen ausgestattete brauchbare Alternative ausfindig zu machen, mußte eine völlig neue Suchstrategie entwickelt werden. Das wichtigste Merkmal der neuen Situation war das Fehlen jeglicher Einschränkungen hinsichtlich der Lage des neuen Standortes, so daß die Suche auf die ganze Bundesrepublik ausgedehnt werden mußte. Wegen der enorm großen Zahl von Möglichkeiten in diesem weiten Bereich mußte ein Suchverfahren gewählt werden, durch das in möglichst wenigen Schritten die günstigste Alternative ausfindig gemacht werden konnte. Die Geschäftsleitung entschloß sich deshalb, zunächst nicht nach einem speziellen Grundstück zu suchen, sondern in einer Grobsuche größere Wirtschaftsräume auf ihre Eignung hin zu überprüfen.

Die neue Suchstrategie machte auch die Aufstellung neuer Kriterien für die Bewertung der Alternativen erforderlich. Es sollte nun der optimale Standort gefunden werden, der unter Berücksichtigung einer Reihe von Nebenbedingungen den maximalen Gewinn erbringt. Auf Grund der besonderen Marktsituation der Unternehmung konnte allerdings angenommen werden, daß das Produktionsprogramm, die Absatzpreise und die Absatzmengen nicht von der Wahl des Standortes beeinflußt werden. Unter dieser Voraussetzung wird das Gewinnmaximum dann erreicht, wenn die Kosten minimiert werden. Da jedoch auch nur einige Kostenarten in signifikanter Weise von der Wahl des Standortes beeinflußt werden, ließ die Geschäftsleitung eine Liste der wichtigsten standortabhängigen Kostenarten aufstellen. In der Reihenfolge ihres Einflusses auf die Kostensituation der Unternehmung wurden diese Kostenarten beim nachfolgenden Suchprozeß als Bewertungskriterien herangezogen.

An der Spitze der Liste standortabhängiger Kostenarten standen die Transportkosten für die Fertigprodukte. Beim ersten Schritt der Grobsuche kam es mithin darauf an, das Gebiet ausfindig zu machen, von dem aus die Versorgung der Abnehmer in den übrigen Teilen der Bundesrepublik mit möglichst geringen Transportkosten verbunden sein würde. Bei der Suche konnte davon ausgegangen werden, daß der wichtigste Einflußfaktor für die Transportkosten die regionale Absatzverteilung, gemessen in Tonnen, ist. Die über diese Verteilung vorliegenden Informationen ließen die Annahme gerechtfertigt erscheinen, daß die 25 Auslieferungsläger zugleich auch Schwerpunkte in der Absatzverteilung darstellen. Auf der Grundlage dieser Überlegung und zur Beschleunigung des Suchvorganges wurde die Suche zunächst auf die Standorte der Auslieferungsläger eingeschränkt. Unter Berücksichtigung der geographischen Lage sowie der Absatzverteilung auf die Auslieferungsläger wurden nun die vier Lagerorte ausgewählt, für die mit besonders geringen Transportkosten zu rechnen war.

Somit war durch einige allgemeine Überlegungen die zunächst außerordentlich große Zahl von Lösungsalternativen auf vier Bereiche eingeengt worden. Nun konnte mit Hilfe einer genauen Kostenberechnung unter den vier verbliebenen Möglichkeiten die günstigste ausgewählt werden. Zu diesem Zweck wurden für jeden dieser vier Orte die geschätzten Transportkosten für die Jahre 1974 und 1980 unter der Annahme ermittelt, daß sich am jeweiligen Ort zu diesen Zeitpunkten der gesamte Produktionsapparat und das zentrale Fertigwarenlager befänden. Das Ergebnis dieser Untersuchung ist der nachfolgenden Tabelle 2 zu entnehmen (der gegenwärtige Standort der Unternehmung befindet sich in dem mit A bezeichneten Bereich).

Standort-gebiet	Geschätzte Transportkosten für Fertigprodukte (Tausend DM/Jahr)	
	1974	1980
A	940	1 540
B	780	1 210
C	740	1 150
D	720	1 120

Tabelle 2

Das Resultat scheint auf den ersten Blick eindeutig zu sein: Das Gebiet D würde sowohl im Jahre 1974 als auch im Jahre 1980 die geringsten Transportkosten verursachen. Insbesondere gegenüber dem Gebiet des derzeitigen Standortes A könnte schon 1974 eine jährliche Kostenersparnis in Höhe von 220 000,- DM (= 23 %) erzielt werden, die bis zum Jahre 1980 sogar auf 420 000,- DM (= 27 %) jährlich anwachsen würde. Das Bild änderte sich jedoch, als die Ersparnisse der Alternative D gegenüber der Alternative A zu den gesamten Direktkosten in Beziehung gesetzt wurden. In dieser Relation machte die zu erwartende Kostenersparnis nämlich nur etwa 0,25 % jährlich aus. Die Geschäftsleitung entschloß sich wegen dieser relativ geringfügigen Differenzen, die zudem noch einen gewissen Schätzfehler enthielten, die Alternativen B und C von der weiteren Untersuchung auszuschließen und die besonders interessanten Alternativen A und D an Hand der nächstwichtigen Kriterien genauer miteinander zu vergleichen.

Als weitere standortabhängige Kostenart wurden nun die Lohnkosten in die Betrachtung einbezogen. Die zur Klärung dieser Frage beschafften Informationen ergaben, daß generell das Lohnniveau im Bereiche D merklich über dem des Bereiches A lag, so daß die Transportkostenersparnisse teilweise durch höhere Lohnzahlungen kompensiert würden. Schließlich wurden in dieser Endphase der Grobsuche auch noch die Kosten berücksichtigt, die durch die Verlagerung der gesamten Verwaltung der Unternehmung einschließlich der Geschäftsleitung in den Bereich D entstehen würden. Es war zu erkennen, daß eine Verlagerung der Verwaltung aus dem Bereich A hinaus sowohl mit erheblichen sachlichen Kosten als auch mit schwer vorhersehbaren personellen Konsequenzen verbunden sein würde, weil eine Reihe wertvoller Mitarbeiter nicht bereit sein würde, in den Bereich D umzusiedeln.

Insgesamt stand also zu erwarten, daß die ohnehin relativ geringfügigen Transportkostenvorteile der Alternative D durch andere zusätzliche Kosten weitgehend aufgezehrt würden. Die Geschäftsleitung entschloß sich daher, den neuen Standort im Bereich A zu suchen.

C. Die Detailsuche im Bereich A

Nachdem nunmehr die Entscheidung für einen bestimmten geographischen Bereich gefallen war, mußte wiederum die Suchstrategie geändert und eine neue Liste von Bewertungskriterien aufgestellt werden. Die besondere Wirtschaftsstruktur des gewählten Bereiches A machte es allerdings erforderlich, daß noch eine weitere grobe Einschränkung des Lösungsbereiches erfolgen mußte, bevor mit der Detailsuche nach einem geeigneten Grundstück begonnen werden konnte. Das gesamte Wirtschaftsgebiet läßt sich in einen großstädtischen Kern mit hoher wirtschaftlicher Konzentration und in einen Gürtel von teilweise noch ländlichen oder am Beginn ihrer wirtschaftlichen Aufschließung stehenden Randgemeinden unterteilen. Die Entscheidung zwischen beiden Teilgebieten war allerdings schnell gefallen. Innerhalb der Stadtgrenzen sind nicht nur die Grundstückspreise außerordentlich hoch; es wäre auch gar nicht ohne weiteres möglich gewesen, ein Grundstück der geforderten Größe und Gestalt ausfindig zu machen. Wie die eigenen Erfahrungen im gegenwärtigen Hauptbetrieb zeigen, wurde es zudem immer schwieriger, innerhalb des Stadtgebietes geeignete Arbeitskräfte zu finden. Das Stadtgebiet des Bereiches A wurde deshalb ebenfalls ausgeschlossen, und zugleich damit wurde der Neubau des Betriebes auf einer „grünen Wiese" beschlossen.

In dieser Phase des Entscheidungsprozesses sah sich die Geschäftsleitung zu einer Änderung in der generellen Planung für die Kapazitätserweiterung veranlaßt. Ursache dieser Umorientierung war das bisherige Untersuchungsergebnis:

Da sich nach der Abwägung aller für relevant gehaltenen Einflußfaktoren der Wirtschaftsbereich A als am günstigsten für den neuen Standort erwiesen hatte, in diesem Bereich sich aber auch der gegenwärtige Hauptbetrieb der Unternehmung befand, bot sich nun als weitere Lösungsalternative der Bau einer Satellitenfabrik an.

Die gesamte Verwaltung einschließlich der Labors sowie ein Teil der Produktionskapazitäten könnten bei dieser Konstruktion im gegenwärtigen Hauptbetrieb verbleiben, während die übrigen Produktionsanlagen und vor allem das zentrale Fertiglager im neuen Nebenbetrieb außerhalb der Stadtgrenzen untergebracht würden. Dieser Nebenbetrieb könnte wegen seiner geringen Entfernung vom Hauptbetrieb aus gesteuert und kontrolliert werden und würde deshalb nur einen kleinen Stab zur Betriebsleitung benötigen.

Die nähere Durchleuchtung dieser Konzeption zeigte, daß sie wahrscheinlich nicht die kostenminimale Lösung des Standortproblems sein würde. Höhere Kosten würden auf jeden Fall durch die doppelte Betriebsführung und außerdem dadurch entstehen, daß die Produktion des Hauptbetriebes regelmäßig zum Zentrallager der Satellitenfabrik transportiert werden müßte, bevor sie an die Auslieferungsläger weitergeleitet werden könnte. Demgegenüber würde diese Regelung die Vorteile bringen, daß

1. der für die Investition erforderliche Kapitalbedarf und dessen Verzinsung in den kommenden zwei Jahren beträchtlich geringer sein und damit auch die Gewinnsituation der Unternehmung wesentlich weniger beeinträchtigen würde;

2. langjährige Mitarbeiter der Unternehmung, denen der tägliche Anfahrtsweg zum neuen Standort nicht zugemutet werden könnte, nicht entlassen und abgefunden werden müßten, sowie

3. das Problem des wegen der ungünstigen Lage wahrscheinlich sehr schwierigen Verkaufs des Grundstückes des gegenwärtigen Hauptbetriebes vermieden würde.

Die Berücksichtigung des für 1974 und darüber hinaus projektierten Bedarfs an Produktions- und Lagerkapazitäten machte indes auch klar, daß die Satellitenkonstruktion kein Dauerzustand sein könnte. Mitte der siebziger Jahre würde der Nebenbetrieb wahrscheinlich einen Umfang erreichen, der nur noch von einer voll ausgebauten Betriebsführung an Ort und Stelle gesteuert werden könnte.

Nach Abwägung aller Argumente entschied sich die Geschäftsleitung zum Bau einer Satellitenfabrik. Um jedoch die Möglichkeit zur Zusammenlegung der beiden Werke im geeigneten Zeitpunkt nicht auszuschließen, wurde an den bisherigen Anforderungen an die Größe, Gestalt und sonstige Eigenschaften des zu beschaffenden Gründstückes nichts geändert.

Nach diesen Vorentscheidungen war der Lösungsbereich endlich soweit eingeschränkt, daß mit einer systematischen Suche nach dem bestgeeigneten Grundstück begonnen werden konnte. Die zu diesem Zweck erstellte neue Liste von Bewertungskriterien enthielt eine genaue Spezifizierung der an das Grundstück zu stellenden Anforderungen. Dieser Katalog berücksichtigte sowohl die bei einer kostengünstigen Lösung zu beachtenden Einflußfaktoren als auch zahlreiche Mindestanforderungen. Er umfaßte alle relevanten Merkmale des zu beschaffenden Grundstückes ebenso wie die technischen Voraussetzungen für den Produktionsbetrieb, die Bedingungen des Arbeitsmarktes sowie die Finanzierungsmöglichkeiten. Um die möglichst vollständige Beschaffung aller nunmehr benötigten Informationen zu gewährleisten, wurde die Kriterienliste in einen umfangreichen Fragebogen umgestaltet und an jene 28 Gemeinden verschickt, die im verbliebenen Lösungsbereich für die Bereitstellung eines Grundstückes in Frage kamen. Aus der Vielzahl der Bewertungskriterien wurden sodann die wichtigsten ausgewählt und entsprechend ihrem Gewicht bei der endgültigen Entscheidung angeordnet. Auf diese Weise entstand die in Spalte 1 der nachfolgenden Tabelle 3 wiedergegebene Kriterienliste.

Bei der Auswertung der von den Gemeinden zurückgeflossenen Informationen ergaben sich sowohl bei den „innerbetrieblichen" (vom Hauptbetrieb zum geplanten Satellitenwerk) als auch bei den durch die Versorgung der Auslieferungsläger entstehenden Transportkosten keine bemerkenswerten Unterschiede. Als kritisch stellten sich dagegen die lokalen Arbeitsmärkte sowie die Größe, Gestalt und der für den Beginn der Bauarbeiten wichtige Aufschließungsgrad der Grundstücke heraus. Allein an Hand dieser Kriterien wurden 23 der 28 vorgelegten Angebote als ungeeignet zurückgewiesen. Für die restlichen fünf Alternativen wurden alle wichtigen Informationen in einer systematischen Aufstellung zusammengefaßt (siehe Tabelle 3).

Bei dieser Gegenüberstellung traten die relativen Vor- und Nachteile der einzelnen Angebote klar zutage. So zeichnete sich die Alternative A 1 zwar durch ihre außerordentlich günstige Lage zum Hauptbetrieb aus; der sehr hohe Kauf-

Bewertungskriterien	Merkmale der letzten 5 Alternativen				
	A 1	A 2	A 3	A 4	A 5
Arbeitsmarktsituation	befriedigend	gut	befriedigend	befriedigend	gut
Entfernung vom Hauptbetrieb	20 km	60 km	50 km	30 km	30 km
Innerbetriebliche Transportkosten (TDM/Jahr)	140	300	300	200	200
Transportkosten zu Auslieferungslägern (TDM/Jahr)	760	835	815	820	790
Grundstücksgröße	50 000 qm	54 000 qm	50 000 qm	55 000 qm	55 000 qm
Gestalt und Aufschließungsgrad des Grundstücks	gut	gut	gut	gut	gut
Gleisanschluß	ja	ja	nein	nein	ja
Bevölkerungsentwicklung der Gemeinde bis 1975 (Tausend Einw.)	180–230	13–20	18–25	42–50	24–30
Kaufpreis des Grundstücks (TDM)	2 500	220	450	660	790
Anlernbeihilfen (fester Betrag)	nein	ja	ja	ja	ja
Investitionsbeihilfen (feste Beträge) verlorener Zuschuß	ja	ja	ja	ja	ja
Darlehen für 7 Jahre, (3,5 %)	nein	ja	ja	ja	ja

Tabelle 3

preis, zu dem noch erhebliche Kosten für Bodensanierungsarbeiten kamen, wurde dagegen als negatives Merkmal gewertet. Gegen die Alternativen A2 und A3 erhoben sich vor allem wegen ihrer vergleichsweise großen und überdurchschnittliche Transportkosten verursachenden Entfernung zum Hauptbetrieb Bedenken. Als weitere negative Faktoren wurden bei der Alternative A3 die relativ ungünstige Situation auf dem Arbeitsmarkt sowie das Fehlen eines Gleisanschlusses vermerkt. Gerade diese Nachteile waren aber auch mit der Alternative A4 verbunden. Damit verblieb allein die Alternative A5, die zwar bei keinem der Auswahlkriterien die günstigste Lösung bot, jedoch als die optimale Kombination aller Kriterien angesehen wurde. Die Geschäftsleitung entschloß sich, mit dieser Gemeinde, die auch Grundstückseigentümerin war, in nähere Verhandlungen einzutreten. Nachdem diese Verhandlungen auch für alle übrigen Punkte des detaillierten Anforderungskataloges befriedigende Lösungen erbracht hatten, stand fest, daß die ursprünglich für die Kapazitätsausweitung formulierten Zielsetzungen erfüllt werden konnten: Der langfristige, über 1980 hinausgehende Bedarf an Produktions- und Lagerkapazitäten konnte bei optimalem Produktionsablauf auf diesem Grundstück ebenso realisiert werden wie der für Anfang 1971 geplante Produktionsbeginn. Außerdem war zumindest eine starke Annäherung an den kostenminimalen Standort erreicht worden. Die Geschäftsleitung entschied sich daraufhin für das Grundstück A5 als neuen Standort. Diese Entscheidung wurde später von der Konzernspitze gebilligt.

IV. Einige allgemeine Schlußfolgerungen zum Entscheidungsprozeß

Durch die Wahl einer Standortentscheidung für diese Fallstudie erhielten einige der verwendeten Konzepte, wie „naheliegende Alternative" oder „Lösungsraum", einen konkreten Bedeutungsinhalt, der die Darstellung des Entscheidungsprozesses als eine ganz spezielle Untersuchung erscheinen lassen könnte, die keine allgemeinen Schlußfolgerungen zuläßt. Tatsächlich sind diese Konzepte jedoch nicht in geographischem, sondern im topologischen Sinne zu verstehen, und zwar so, daß jede Entscheidung für eine Lösungsalternative die Auswahl eines mit bestimmten Merkmalen versehenen Punktes aus dem großen Bereich aller zugelassenen Alternativen, dem Lösungsraum, bedeutet. Die entsprechenden Konzepte besitzen daher Gültigkeit für zahlreiche verschiedenartige Entscheidungssituationen. Mit ihrer Hilfe ist es zugleich möglich, einige generelle Aussagen über den Ablauf von Entscheidungsprozessen zu machen, zumal die untersuchte Entscheidung in wichtigen Phasen mit anderen Beobachtungen über Entscheidungsvorgänge übereinstimmt[2]). Eine auf dieser Basis entwickelte schematische Darstellung der Standortentscheidung findet sich in Abb. 1.

Es ist ein durchaus nicht ungewöhnliches Merkmal der untersuchten Entscheidung, daß zugleich mit der Wahrnehmung der Problemsituation eine erste, allerdings nur vage formulierte Lösung ins Auge gefaßt wurde. Diese Lösungsart läßt sich als Routinelösung bezeichnen, weil sie aus den Erfahrungen mit früher gelösten ähnlichen oder analogen Problemsituationen entwickelt wurde. Erweist sich eine

---
[2]) Vgl. Cyert, Richard M. – March, James G.: The Behavioral Theory of the Firm, Englewood Cliffs, N. J., 1963, S. 117 ff.

Der Entscheidungsprozeß bei einer Standortwahl

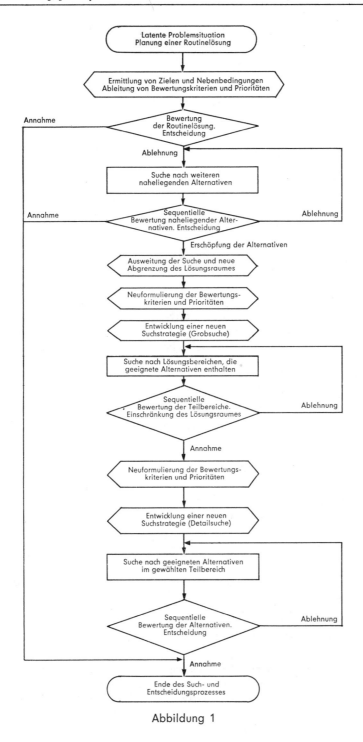

Abbildung 1

solche Routinelösung bei der näheren Überprüfung ihrer Eigenschaften und Konsequenzen an Hand der aus den Zielsetzungen und Nebenbedingungen abgeleiteten Bewertungskriterien als akzeptabel, so wird sie realisiert. Eine Suche nach weiteren Alternativen wird nicht durchgeführt.

Wenn die Routinelösung nicht den Zielvorstellungen und Nebenbedingungen entspricht, muß nach anderen, leistungsfähigeren Lösungsalternativen gesucht werden. Ausgehend von der grundlegenden Kausalvorstellung, daß eine neue Lösung des Problems in der Nähe der gegenwärtig realisierten Lösung zu finden ist, wird zunächst eine lokale Suche nach naheliegenden Alternativen vorgenommen. Die auf diese Weise gefundenen Alternativen werden in der Reihenfolge ihres Auftretens, also in sequentieller Form, bewertet. Die lokale Suche nach und sequentielle Bewertung von Alternativen dauert so lange an, bis entweder eine befriedigende Lösung ermittelt wurde oder keine weiteren Alternativen mehr gefunden werden können. Im ersten Fall wird die Suche abgebrochen und das Problem als gelöst betrachtet. Bleibt dagegen die lokale Suche erfolglos, so setzen verwickeltere und auf einen weiteren Lösungsraum ausgedehnte Suchbemühungen ein.

Die Ausweitung der Suchaktivitäten bringt erhebliche Komplikationen mit sich. Der Lösungsraum, also der Bereich, in dem nach zulässigen und geeigneten Lösungen geforscht werden soll, muß neu abgegrenzt werden. Wenn, wie im untersuchten Fall, der neue Lösungsraum eine sehr große Anzahl von zulässigen Alternativen enthält, muß das Suchverfahren so angepaßt werden, daß der Lösungsraum in wenigen Suchschritten auf einen überschaubaren Teilbereich eingeschränkt werden kann. Auch die Bewertungskriterien müssen modifiziert werden, da nun zunächst nicht mehr eine spezielle Lösung, sondern ein Teilbereich mit geeigneten Lösungen gesucht wird.

Erst wenn die Grobsuche einen geeigneten Teilbereich isoliert hat, kann wieder mit detaillierten Bewertungskriterien und einer feinmaschigen Suchmethode vorgegangen und durch sequentielle Bewertung der einzelnen Alternativen eine befriedigende Lösung gefunden werden.

Besonders bemerkenswert an diesem durchaus typischen Entscheidungsvorgang, der in Wirklichkeit aus einer Kette von Teilentscheidungen besteht, erscheint, daß

1. nicht alle möglichen Alternativen gesammelt und dann simultan, sondern einzelne Alternativen sequentiell in der Reihenfolge ihres Auftretens bewertet werden;

2. nicht alle Bewertungskriterien gleichzeitig herangezogen werden, um eine optimale Lösung zu ermitteln, sondern die Kriterien entsprechend den ihnen zugeordneten Prioritäten ebenfalls sequentiell berücksichtigt werden, und

3. die Liste der Bewertungskriterien durchaus nicht konstant für den gesamten Entscheidungsprozeß bleibt, sondern den Anforderungen der einzelnen Suchphasen angepaßt wird.

2

Erhöhung der Preßwerkzeugbaukapazität einer Automobilfabrik

Von Wolfgang Dworak

Alle in der nachfolgenden Arbeit genannten Zahlenangaben entsprechen nur in der Relation zueinander den wirklichen Verhältnissen; die Größenordnungen weichen von den tatsächlichen Zahlen ab.

Ausgangslage

Ein bedeutender A u t o m o b i l h e r s t e l l e r verfügt über eine Preßwerkzeugbaukapazität, die ausreicht, etwa 25 % aller Werkzeuge zu erzeugen, die für die Herstellung von Blechpreßteilen für seine beiden Hauptmodellinien notwendig sind.

Die sich verschärfende Konkurrenz auf dem Markt zwingt dazu, aus Kostengründen und zur Geheimhaltung zukünftiger Produktpläne die Erweiterung der Kapazität zur Erzeugung eines größeren Anteils der benötigten P r e ß w e r k z e u g e zu erwägen und eine Investitionsentscheidung herbeizuführen.

Für die g e f o r d e r t e A n a l y s e ergibt sich die folgende Fragestellung:

- Reicht die vorhandene westeuropäische Gesamt-Kapazität aus, um den Bedarf des Werkes in Zukunft zu sichern?
- Kann die Geheimhaltung gesichert werden, ohne den eigenen Werkzeugbau zu erweitern?
- Welche finanziellen Vor- und Nachteile würden sich nach einer Erweiterung des Werkzeugbaues ergeben?

Als e r s t e A n n a h m e n können gelten:

- Der europäische Markt wird im Zeitpunkt der Analyse von 16 großen und 45 kleinen westeuropäischen Automobilherstellern ausgenutzt.
- Eine neue Modellinie erfordert etwa 2 Millionen Werkzeugbaustunden, unabhängig von dem Produktionsumfang des Modells.
- Eine veränderte Modellinie, bei der die meisten Karosserieteile vom laufenden Modell übernommen werden, erfordert etwa 200 000 Werkzeugbaustunden.
- Lastwagenfahrerkabinen erfordern etwa 700 000 Stunden.

- Die nötige Investition wird, je nach Ausmaß der Expansion, zwischen 20 und 50 Millionen D-Mark kosten.
- Die vorhandene westeuropäische Werkzeugbaukapazität, die traditionell für Automobilhersteller zur Verfügung steht, wird gegenwärtig roh auf 30 Millionen Stunden geschätzt, wovon ein Teil in den Händen der Automobilhersteller liegt.

Welche Maßnahmen zur Vorbereitung?

Die Abteilung Investitionsanalyse wurde beauftragt, dem Vorstand eine S t u d i e v o r z u l e g e n, die grundsätzliche Auskunft über die vorhandene europäische Werkzeugbaukapazität, deren Verteilung und Ausnutzung und die Kostensituation im Verhältnis zu den benötigten Investierungen geben sollte.

Der Rahmen der Studie wurde daraufhin vom Leiter dieser Abteilung wie folgt festgelegt:

Analysen müssen Antwort geben auf folgende Probleme:
- Vorhandene und geplante Kapazitäten in West-Europa
- Derzeitiger und zukünftiger Bedarf in West-Europa und erwartete Beanspruchung vom Ostblock
- Preissituation und erwartete Entwicklung
- Geheimhaltungsproblem im Lichte wachsender Konkurrenz auf den Automobilmärkten
- Zeitprobleme in bezug auf die Flexibilität bei der Begegnung von Konkurrenzmaßnahmen auf den Automobilmärkten
- Qualitätsauswirkungen
- Kostenauswirkung
- Vertrauenswürdigkeit der Kostenanalyse
- Alternativen
- Folgerung und Empfehlung

Ergänzende Studien im Anhang der Arbeit sollten beinhalten:
- Detaillierte Kostenanalyse mit Erläuterungen
- Detaillierte Preisstudie
- Detaillierte Kapazitätsstudie, unterteilt nach unabhängigen und von Automobilherstellern abhängigen Werkzeuglieferanten
- Vorausschätzung des Bedarfs an Werkzeugen in West-Europa
- Ermittlung der benötigten Kapazität pro Modellumstellung unterteilt nach Groß- und Kleinserienfahrzeugen
- Ermittlung aller Werkzeugbaustunden, die im Durchschnitt der Jahre 1966–1970 von westeuropäischen Automobilherstellern bei unabhängigen Lieferanten voraussichtlich belegt werden
- Eigenkapazitäten der Hauptautomobilhersteller

- Voraussichtliche Ausnutzung der Kapazitäten unabhängiger Werkzeuglieferanten.

Die Studie wurde mit Hilfe aller Fachabteilungen entworfen, von den Leitern aller Fachabteilungen studiert und mit Änderungswünschen an die Abteilung Investitionsanalyse zurückgegeben, die danach die Arbeit vorlagereif machte. Der Aufbau der Vorlage wurde so gewählt, daß das Top-Management ohne großen Zeitaufwand einen umfassenden Überblick über das europäische Preßwerkzeuggeschäft erhielt.

Technischer Hinweis:
Es wurde jeweils für einen der Hauptpunkte auf DIN-A 4-Blättern im Querformat ein Abschnitt so eingerichtet, daß beim Aufschlagen immer zwei Seiten lesbar wurden, deren Inhalt aufeinander abgestimmt war (z. B. eine graphische Darstellung auf dem oberen Blatt, die Erklärung dazu auf dem unteren Blatt).

Resultate der Studie

Kapazitätsumfang

Derzeitige und zukünftige Preßwerkzeugkapazität in West-Europa im Vergleich zum Bedarf:

Mill. Stunden/Jahr	**Kapazität[1])**		**Bedarf**	
	1964/65	1966/70	1966/70	Durchschnittsjahr
Unabhängige	17	17	22.0	
Abhängige und Automobilhersteller	14	15	9.0	
	31	32	31.0	

Ergebnis:
Der Vergleich zeigt, daß die Gesamtkapazität ausreichen würde, wenn die Abhängigen voll genutzt werden könnten. Die Überschußkapazität bei Abhängigen rührt hauptsächlich von 2 großen Automobilherstellern her und würde nur bei der Aktivierung 2 voller Schichten entstehen.

<u>Für das eigene Unternehmen ergibt sich ein echtes Problem, da die Kapazität bei unabhängigen Herstellern in der Zukunft nicht mehr ausreichen wird, mit Sicherheit den Bedarf zu decken.</u>

Ein Ausweichen auf den USA-Markt würde die Kosten um über 50 % erhöhen. Die Daten enthalten noch keine Aufträge vom Ostblock.

Anzeichen deuten jedoch darauf hin, daß das **Ostblockgeschäft** 2 – 4 Millionen Stunden pro Jahr ausmachen wird. Eine gewisse Erleichterung wird der Markt durch den Zusammenschluß von Automobilherstellern erfahren. Dieser Effekt wurde in den obigen Zahlen schon berücksichtigt. Er ist relativ gering, weil Automobilmodelle kleinerer Serien lange Modellaufzeiten haben und mit einfachen Werkzeugen hergestellt werden, die nur einen Teil der Stunden für Großserienwerkzeuge benötigen. Erschwerend für die zukünftige Marktsituation wird sich die fortschreitende Automatisierung der Werkzeuge auswirken, was ebenfalls in der Analyse berücksichtigt wurde.

---

[1]) 80 % der theoretischen Kapazität in zwei Schichten mit je 42 Wochenstunden.

Preisanalyse

Die Kalkulation von Preßwerkzeugpreisen basiert auf dem Preis pro Stunde (Stundenrate) und den geschätzten aufzuwendenden Stunden sowie dem Materialbedarf. Die **Stundenrate allein** ist also **nicht aussagefähig**; besonders dann nicht, wenn sich der Maschinen- und Einrichtungsstand stark unterscheidet. Für Vergleichszwecke wurde die Leistungsfähigkeit bekannter US-Werkzeughersteller genommen und gleich 100 % gesetzt, weil die Modernität des erweiterten eigenen Preßwerkzeugbaues die dieser Lieferanten nur wenig übersteigen würde.

Preisvergleich

(DM pro Stunde berichtigt auf USA-Leistungsniveau)
(Zölle und Frachten eingeschlossen)

	DM/Stunde	Roh-Material pro Kilo Werkzeug[2]
Eigener Werkzeugbau[1]	13,00	1,50
Deutsche Hersteller	20,00	1,90
Britische Hersteller	25,00	1,20
Französische Hersteller	29,00	2,80
Italienische Hersteller	24,00	2,20
USA-Hersteller	37,00	2,25

Die Preise beruhen auf **normalem** Geschäftsverlauf und Zollstand 1966. Alle Käufe unter Zeitdruck kosten bis zu 25 % pro Stunde mehr. Dieser Punkt gewinnt im Hinblick auf die nicht ausreichende Kapazitätsreserve an Bedeutung. Um dem Werk die notwendige Sicherheit in der Durchführung seiner Produktpläne zu geben, mußten in der Vergangenheit Kapazitätsreserven bei den Werkzeugherstellern vereinbart werden, was die späteren Preisverhandlungen stark erschwert. Für diese bei den Werkzeugherstellern für ein Unternehmen reservierte Kapazität ist eine bestimmte Entschädigung zu zahlen, die um so geringer ausfällt, je früher die Reservierung bei Nichtbedarf aufgehoben wird.

Geheimhaltungsproblem

Die Erfahrung hat gezeigt, daß Automobilhersteller mit hoher eigener Werkzeugbaukapazität (Beispiele wurden in der Originalstudie genannt) ihre Modellpläne im Karosseriebereich leichter und länger geheimhalten können als solche mit geringerer Eigenkapazität. Es ist unmöglich, neue stilistische Ideen zu verbergen, sofern Werkzeuge für Karosserieteile bei Werkzeuglieferanten in Arbeit genommen werden, die auch für andere Automobilhersteller arbeiten. Werkzeuge, die die zukünftige Form der Karosserie bestimmen, gehen normalerweise 1–1½ Jahre vor Anlauf des Modells in die Fertigung. Die ins Auge gefaßte Erweiterung müßte also so umfassend sein, daß alle Werkzeuge für Außenteile der Karosserie sowie für die Instrumentenfront selbst hergestellt werden können.

[1] Voller 2-Schicht-Betrieb.
[2] Erfahrungswerte.

Zeitprobleme (Timing)

Um auf dem Markt flexibel zu sein, muß man rechnen, daß 2 Jahre nach Freigabe des Tonmodelles der Karosserie der erste Wagen vom Band läuft.

Für Werkzeugkonstruktion und -bau verbleiben dann noch 18 Monate.

(1) Während der Herstellungsperiode sind Änderungen, verursacht durch die Erprobung der Prototypen und Verbesserungen, die auf den Markt kommen, unvermeidbar. In der Vergangenheit konnten solche Änderungen nur unter Schwierigkeiten und hohen Preisnachforderungen erkauft werden. Die verschärfte Konkurrenz wird in Zukunft noch mehr dazu zwingen, schnell und öfter Änderungen durchzuführen.

(2) Ebenfalls aus Gründen der sich verschärfenden Wettbewerbslage muß erwartet werden, daß Modellveränderungen kurzfristiger als bisher durchgeführt werden müssen, ohne daß die Qualität durch ungenügende Reife des Modells beeinträchtigt werden darf, d. h., alle nutzlosen Zeitaufwendungen (z. B. Verhandlungen und Unterrichtung des Lieferanten) müssen beschnitten oder eliminiert werden.

Die geplante Erweiterung muß so geschehen, daß die Kapazität und die Organisation möglichst flexibel in bezug auf rasche Abwicklung der Aufträge gestaltet wird.

Qualitätssicherstellung

Die Qualität des Produktes (Karosserie) erfordert einwandfrei arbeitende Preßwerkzeuge, die genau auf die vorhandene Pressenausrüstung abgestimmt sind. Dieser Forderung wird ein Werk am besten gerecht, wenn der Werkzeugbau möglichst eng mit dem Preßwerkpersonal zusammenarbeitet und die Werkzeugprobeläufe auf den Pressen stattfinden, die später für die Herstellung der Karosserieteile benutzt werden. Dieses Verfahren ist kostengünstig, weil das spätere Adjustieren des Werkzeuges mit der „Heimpresse" entfällt.

Kostenauswirkung (Zahlen verändert)

Die Analyse einer Expansion des eigenen Werkzeugbaus ergab unter Zugrundelegung einer zusätzlichen Werkzeug-Fertigungskapazität von 800 000 Std. pro Jahr und einer Kapazität für Werkzeugprobeläufe von 50 000 Stunden pro Jahr folgende Situation:

Durch die Eigenerstellung der Werkzeuge entfallen Kosten für Werkzeugkäufe in Höhe von 25 000 000,– DM[1]) pro Jahr, die den folgenden Kosten bei eigener Herstellung der Werkzeuge gegenüberzustellen sind:

1. **Gebäude**	6 000 000,– DM
2. **maschinelle Grundausstattung**	25 000 000,– DM
Werkzeuge	2 500 000,– DM
Einrichtungskosten	500 000,– DM
Maschinelle Anlagen insgesamt:	28 000 000,– DM
Gesamte Anlagen = net assets	34 000 000,– DM

[1]) In diesem Betrag sind auch Preisvorteile enthalten, die daraus resultieren, daß auf Grund der starken Eigenkapazität die Verhandlungsbasis für die Werkzeuge, die weiterhin auswärts gekauft werden sollen, gestärkt wird und dadurch günstige Preise erzielt werden können.

3. Erhöhung des Umlaufvermögens
(Forderungen, Kassenhaltung, Rohstoffbestände)
= net working capital   1 000 000,— DM

Berechnung der Abschreibungen

Die Anlage hat eine Lebensdauer von 10 Jahren und wird linear abgeschrieben[1]), so daß die jährlichen Abschreibungen 2 800 000,— DM betragen. Für das Gebäude ergeben sich bei einer Lebensdauer von 20 Jahren und linearer Abschreibung jährliche Abschreibungsbeträge in Höhe von 300 000,— DM.

Die gesamten jährlichen Abschreibungen belaufen sich somit auf 3 100 000,— DM.

Berechnung des durchschnittlich gebundenen Kapitals

Das durchschnittlich gebundene Kapital (net added investment = net assets + net working capital; net working capital = inventories ± other working capital [cash + habilities — receiveables]), das als Grundlage für die Berechnung der returns on investment dient, ist folgendermaßen zu berechnen:

Im ersten Jahr sind durchschnittlich gebunden:

Anschaffungskosten	34 000 000,— DM
⁒ ½ Abschreibungen des 1. Jahres	1 550 000,— DM
	32 450 000,— DM
+ net working capital	1 000 000,— DM
	33 450 000,— DM

Im zweiten Jahr sind durchschnittlich gebunden:

Anschaffungskosten	34 000 000,— DM
⁒ Abschreibungen des 1. Jahres	3 100 000,— DM
⁒ ½ Abschreibungen des 2. Jahres	1 550 000,— DM
	29 350 000,— DM
+ net working capital	1 000 000,— DM
	30 350 000,— DM

Entsprechend ist das durchschnittlich gebundene Kapital der folgenden Jahre zu berechnen. Es ergeben sich

im 3. Jahr	27 250 000,— DM
im 4. Jahr	24 150 000,— DM
im 5. Jahr	21 050 000,— DM
im 6. Jahr	17 950 000,— DM
im 7. Jahr	14 850 000,— DM
im 8. Jahr	11 750 000,— DM
im 9. Jahr	8 650 000,— DM
im 10. Jahr	5 550 000,— DM

---

[1]) Bei der Gesamtfinanzplanung werden die steuerlichen Abschreibungsmöglichkeiten (degressiv) als zusätzliches Beurteilungskriterium herangezogen.

Im Durchschnitt der zehn Jahre, für die die Rechnung aufgemacht werden soll, sind gebunden:

½ Anlagekosten	14 000 000,— DM
Gebäudeanschaffungskosten ./. ½ Gebäudeabschreibungen für 10 Jahre	4 500 000,— DM
+ net working capital	1 000 000,— DM
	19 500 000,— DM

An laufenden Kosten (= Ausgaben) fallen an:

Fertigungslöhne	2 000 000,— DM jährlich
Fertigungsmaterial	5 000 000,— DM jährlich
Fertigungsgemeinkosten	6 000 000,— DM jährlich
Instandhaltung und Reparaturen	500 000,— DM jährlich
Vermögensteuer und Versicherung (jeweils 1,65 % vom Buchwert der Anlagen zu Beginn des Kalenderjahres – abgerundet –)	560 000,— DM im 1. Jahr
	510 000,— DM im 2. Jahr
	460 000,— DM im 3. Jahr
	410 000,— DM im 4. Jahr
	360 000,— DM im 5. Jahr
	310 000,— DM im 6. Jahr
	250 000,— DM im 7. Jahr
	200 000,— DM im 8. Jahr
	150 000,— DM im 9. Jahr
	100 000,— DM im 10. Jahr
Anlaufkosten	1 000 000,— DM im 1. Jahr

Die Steuern vom Einkommen sind mit 50 % anzusetzen.

Auf der Grundlage dieser Daten werden die „Returns on investment" und die „pay-off-period" errechnet.

Berechnung der „returns on investment" nach der Average-Return-Methode

Die „returns on investment" der einzelnen Jahre ergeben sich als Verhältnis der jeweiligen Gewinne nach Abschreibungen und nach Steuern zu dem jeweils im Jahresdurchschnitt gebundenen Kapital.

$$\text{Im ersten Jahr beträgt der „return" z. B. } \frac{3,42}{33,45} = 10,22\,\%.$$

Der „return" der Gesamtinvestition ergibt sich nach der Average-Return-Methode aus dem Verhältnis des durchschnittlich erzielten Gewinnes nach Steuern zu dem im Durchschnitt der 10 Jahre gebundenen Kapital. Er beträgt im vorliegenden Beispiel

$$\frac{3,9845}{19,5} = 20,43\,\%.$$

Übersicht der Kostenersparnisse
(alle Angaben in Mill. DM)

	1	2	3	4	5	6	7	8	9	10	10-Jahres-Durchschnitt
Kostenersparnisse durch entfallenden Fremdbezug	25	25	25	25	25	25	25	25	25	25	25
Kosten = Ausgaben = out of pockets costs:											
Fertigungslöhne	2	2	2	2	2	2	2	2	2	2	2
Fertigungsmaterial	5	5	5	5	5	5	5	5	5	5	5
Fertigungsgemeinkosten	6	6	6	6	6	6	6	6	6	6	6
Instandhaltungen und Reparaturen	0,5	0,5	0,5	0,5	0,5	0,5	0,5	0,5	0,5	0,5	0,5
Vermögensteuer und Versicherung	0,56	0,51	0,46	0,41	0,36	0,31	0,25	0,2	0,15	0,1	0,331
Anlaufkosten	1,0	—	—	—	—	—	—	—	—	—	0,1
Σ Kosten = Ausgaben	15,06	14,01	13,96	13,91	13,86	13,81	13,75	13,7	13,65	13,6	13,931
Gewinn vor Abschreibungen und Steuer	9,94	10,99	11,04	11,09	11,14	11,19	11,25	11,3	11,35	11,4	11,069
Abschreibungen	3,1	3,1	3,1	3,1	3,1	3,1	3,1	3,1	3,1	3,1	3,1
Gewinn vor Steuern	6,84	7,89	7,94	7,99	8,04	8,09	8,15	8,2	8,25	8,3	7,969
Steuern vom Einkommen (50 %)	3,42	3,945	3,97	3,995	4,02	4,045	4,075	4,1	4,125	4,15	3,9845
Gewinn nach Steuern	3,42	3,945	3,97	3,995	4,02	4,045	4,075	4,1	4,125	4,15	3,9845
Durchschnittlich gebundenes Kapital	33,45	30,35	27,25	24,15	21,05	17,95	14,85	11,75	8,65	5,55	19,5
Returns on investment = Gewinn nach Steuern, bezogen auf die Nettoinvestition	10,22 %	12,95 %	14,56 %	16,54 %	19,09 %	22,53 %	27,44 %	34,89 %	47,67 %	74,78 %	20,43 %
Cash flow = Abschreibungen + Gewinn nach Steuern	6,52	7,045	7,07	7,095	7,12	7,145	7,175	7,2	7,225	7,25	—
Abschreibungen und Gewinn nach Steuern kumuliert	6,52	13,565	20,635	27,730	34,850	41,995	49,170	56,37	63,595	70,845	—

Berechnung des internen Zinsfußes nach der Discounted Cash-Flow-Methode (interne Zinsfuß-Methode)

Liegt der nach der Average-Return-Methode errechnete Zins nicht über einer gewissen Mindestgrenze, so wird zur zusätzlichen Beurteilung der Investition der interne Zinsfuß berechnet. Der interne Zinsfuß ist dabei diejenige Verzinsung, die alle zukünftigen Einnahmenüberschüsse auf die Höhe der Investitionsausgabe diskontiert.

Die **Investitionsausgabe** setzt sich zusammen aus:

1.	Kosten des Gebäudes	6 000 000,— DM
2.	Kosten der maschinellen Anlagen	28 000 000,— DM
3.	Erhöhung des Umlaufvermögens	1 000 000,— DM
	insgesamt:	35 000 000,— DM

Die „Einnahmenüberschüsse" bestehen aus den jährlichen Gewinnen nach Steuern und den Abschreibungen (cash-flow), ferner aus dem Restwert des Gebäudes – wobei unterstellt wird, daß für das Gebäude am Ende des zehnten Jahres ein Erlös in Höhe des Buchwertes (3 000 000,— DM) erzielt werden kann[1] – und drittens aus den „Erlösen" durch Abbau des Umlaufvermögens am Ende des 10. Jahres (1 000 000,– DM).

Bezeichnet man die Anschaffungsausgaben mit A, die jährlichen Überschüsse mit $b_1, b_2, \ldots, b_n$, den Restwert und die Verminderung des Umlaufvermögens mit L, die Lebensdauer mit n und den internen Zinsfuß mit r, so ergibt sich folgender mathematischer Ansatz:

$$A = \frac{b_1}{1+r} + \frac{b_2}{(1+r)^2} \cdots\cdots\cdots + \frac{b_n}{(1+r)^n} + \frac{L}{(1+r)^n}$$

Setzt man die Zahlen des Beispiels ein, so erhält man in diesem konkreten Fall folgende Bestimmungsgleichung für r (in Mill. DM):

$$35 = \frac{6{,}52}{(1+r)} + \frac{7{,}045}{(1+r)^2} + \frac{7{,}07}{(1+r)^3} + \frac{7{,}095}{(1+r)^4} + \frac{4{,}9}{(1+r)^5} +$$
$$\frac{7{,}145}{(1+r)^6} + \frac{7{,}175}{(1+r)^7} + \frac{7{,}2}{(1+r)^8} + \frac{7{,}225}{(1+r)^9} - \frac{7{,}25}{(1+r)^{10}} + \frac{4}{(1+r)^{10}}$$

Durch Probieren läßt sich der interne Zinsfuß bestimmen; er beträgt ca. 16 %.

Die **Differenz** zwischen dem „return on investment" (20,43 %) und dem internen Zins (16,0 %) ist zum einen darauf zurückzuführen, daß die interne Zinsfußmethode mit Zinseszinsen rechnet, während der Average-Return-Methode nur eine einfache Verzinsung zugrunde liegt.

Zum andern rechnet die Average-Return-Methode mit einem durchschnittlichen Gewinn, der sich als arithmetisches Mittel der einzelnen Jahresgewinne ergibt, ohne daß dabei die zeitliche Verteilung der (unterschiedlich hohen) Gewinne berücksichtigt wird; sie unterstellt damit eine völlig gleichmäßige Verteilung der Gewinne über die Zeit. Bei der internen Zinsfußmethode hingegen wirkt sich der

---

[1] Die Wirkung des Restwertes auf den internen Zins ist so gering, daß sich der Ansatz eines Restwertes erübrigen könnte, die genaue Höhe daher relativ unbedeutend ist.

zeitliche Anfall der einzelnen Einnahmeüberschüsse voll auf den Zins aus. Im vorliegenden Fall muß die Tatsache, daß die Einnahmenüberschüsse im Zeitablauf steigen, ebenfalls zu einer Verminderung des internen Zinses gegenüber dem „return on investment" führen.

Die Amortisationszeit

Unter der Amortisationszeit ist der Zeitraum zu verstehen, in dem das investierte Kapital über die Einnahmen zurückfließt. Die zur Amortisation heranzuziehenden Rückflüsse setzen sich aus den Gewinnen nach Steuern und den Abschreibungsgegenwerten zusammen. Um die Amortisationszeit zu ermitteln, sind die jährlichen Gewinne nach Steuern und die jährlichen Abschreibungen zu addieren und anschließend von Jahr zu Jahr zu kumulieren.

In dem vorliegenden Beispiel ist die Investitionsausgabe in Höhe von 34 000 000,– DM zwischen dem 4. und 5. Jahr zurückgeflossen; am Ende des 5. Jahres betragen die Rückflüsse insgesamt 34 850 000,– DM. Interpoliert man zwischen den Ergebnissen des 4. und 5. Jahres, so erhält man eine Amortisationsdauer von 4,88 Jahren oder 4 Jahren und 10,5 Monaten.

Vertrauenswürdigkeit der Studie (Confidence Level)

Die Studie beruht grundsätzlich auf tatsächlichen Kosten- und Marktdaten, sofern die Vergangenheit und Gegenwart betroffen sind. Bei allen vorausschauenden Werten wurden leicht pessimistische Schätzungen vorgenommen. Eine maßgebliche Steigerung der Leistung unabhängiger Werkzeughersteller wurde nicht in Betracht gezogen, da die Ausdehnung abhängiger Kapazitäten, wie sie hier geplant ist, zu vorsichtiger Investitionstätigkeit zwingt. Alle Einzelheiten der Studie wurden von Fachleuten mehrfach geprüft, verbessert und danach bestätigt. Das ausgewertete Material war so umfassend, daß Zufallsdaten erkannt und ausgegliedert werden konnten.

Die G e n a u i g k e i t der Studie kann mit 92–98 % angenommen werden. Dieser Genauigkeitsgrad setzt sich zusammen aus den geschätzten Genauigkeiten der Einzelstudien innerhalb dieser Gesamtstudie.

Alternativen

Außer der Erhöhung der Kapazität durch Erweiterung des vorhandenen Werkzeugbaus käme die Beteiligung an einem vorhandenen Unternehmen oder der Kauf eines vorhandenen Unternehmens in Frage. Die Diskussion dieser Alternative führte zur A b l e h n u n g, da

a) bei einer Beteiligung das betroffene Unternehmen einen Teil der Beschäftigung durch andere Automobilhersteller verlieren würde (Geheimhaltung!);

b) ein Kauf bei der günstigen Ertragslage der Werkzeughersteller kaum zu verwirklichen ist und die Nachteile eines alten Betriebes mitübernommen werden müssen. Alle Modernisierungseffekte, die einen wesentlichen Teil der Rentabilität der Erweiterung ausmachen, würden entfallen.

Erhöhung der Preßwerkzeugbaukapazität 45

Eine zweite Alternative wäre, neben der Erweiterung des Werkzeugbaus den Modellbau so stark zu erweitern, daß der gesamte Guß für die Werkzeuge, die nach der Erweiterung noch von außen bezogen werden müssen, den Lieferanten kostenfrei beigestellt werden könnte. Es ergäben sich danach Einsparungen an Umsatzsteuer und billigere Beschaffungsmöglichkeiten.

Auch diese Alternative wurde verworfen im Hinblick auf die Umstellung der Umsatzsteuer auf das Mehrwertprinzip und die Unzumutbarkeit den Lieferanten gegenüber.

Folgerung und Empfehlung

(1) Die Erweiterung des eigenen Werkzeugbaus ist finanziell vorteilhaft mit einer erwarteten Verzinsung von 20,43 % nach Steuern.
Eine **Verbesserung der Verzinsung** bis m a x i m a l 33 % nach Steuern ist möglich, wenn folgende Möglichkeiten zusammenfallen:

- Überbeanspruchung des europäischen Marktes durch Ostblock und Japan und dadurch verursachtes Ausweichen auf den amerikanischen Markt mit jährlich 200 000 Stunden. Daraus würden entsprechend höhere Kosten resultieren, die im Falle der Ausweitung der eigenen Kapazität gespart werden könnten.
- Unterschätzung der Leistung des geplanten modernen Werkzeugbaus gegenüber der Leistungsfähigkeit der Lieferanten um 3 %.

(2) Mit der Erweiterung des eigenen Werkzeugbaus wird der Preisauftrieb im Werkzeuggeschäft (5–7 % pro Jahr) gemildert oder für einige Zeit gestoppt.

(3) Das Werk wird w e s e n t l i c h f l e x i b l e r in der Meisterung kurzfristiger Automobilmarktbedürfnisse.

(4) Die G e h e i m h a l t u n g von neuen Modellen wird v e r b e s s e r t.

(5) Die Q u a l i t ä t der Produkte s t e i g t.

(6) In Zusammenarbeit mit anderen Teilen des Konzerns muß die A u s l a s t u n g d e s W e r k z e u g b a u s g e s i c h e r t werden.

Es wird daher empfohlen, die Erweiterung des Werkzeugbaus so schnell wie möglich durchzuführen.

Die inzwischen geschehene Erweiterung wurde so durchgeführt, daß der Anlauf in eine Periode schwacher Auslastung fiel, damit die Personaleinstellung und -ausbildung ohne Schwierigkeiten erfolgen konnte. Die gute maschinelle Einrichtung ermöglichte auch die Verwendung von artverwandten Berufen an Stelle von Werkzeugmachern. Die eigenen Kosten werden bei voller Auslastung geringer sein, als projektiert. Der in der Studie angegebene Genauigkeitsgrad der Vorhersagen ist zutreffend gewesen. Als ebenfalls z u t r e f f e n d erwies sich die Stabilisierung der Preise.

3

Mit welchen Maßnahmen bekämpft ein Industrieunternehmen die Rezession?

Von Paul Buschmann

In dieser Fallstudie handelt es sich um ein Industrieunternehmen der Maschinenbau-Branche. Das Unternehmen wurde erst vor ungefähr 15 Jahren gegründet und erreichte jährlich Zuwachsraten zwischen 25 und 40 %.

Seit nunmehr sieben Jahren wird mit einer detaillierten Planung gearbeitet. Diese Planung ist eine bessere Grundlage für rechtzeitige Entscheidungen als nur Gefühls- und Vergangenheitswerte.

Da der Maschinenbau zur Investitionsgüterindustrie gehört, sind wesentliche Tendenzen der gesamtwirtschaftlichen Entwicklung (im Sinne eines Konjunkturbarometers) relativ frühzeitig zu erkennen. Gerade im Hinblick darauf ist das Jahr 1966 mit seiner Rezession besonders bemerkenswert.

1. Situationsanalyse

Das Unternehmen unterhält außer dem Hauptwerk in Hamburg siebzehn Außendienststellen, die relativ gleichmäßig über das Gebiet der Bundesrepublik Deutschland verteilt sind. Es handelt sich dabei um Verkaufsniederlassungen mit angeschlossenen Reparaturwerkstätten und Ersatzteillagern. Drei dieser Niederlassungen sind verbunden mit Werken, in denen Großreparaturen ausgeführt werden können.

Das Produktionsprogramm umfaßt 80 Erzeugnisse, die in verschiedenen Varianten angeboten werden. Die Aufträge werden über die Niederlassungen durch eigenes Personal des Unternehmens hereingeholt. Wichtig ist dabei die fachmännische Beratung der präsumtiven Kunden. Die Erfahrung in den vergangenen Jahren hat gelehrt, daß sich der Verkauf mit eigenen Büros und eigenen Mitarbeitern bezahlt macht, obwohl gegenüber der alten Regelung, mit fremden Vertretern auf Provisionsbasis zu arbeiten, eine stärkere Kapitalbindung in Kauf genommen werden muß.

Im Oktober 1965, als die Feinplanung für das Jahr 1966 erstellt wurde, strebte das Unternehmen noch eine Zuwachsrate von etwa 8 % an, nämlich eine Umsatzsteigerung von 66 Mill. DM auf 71 Mill. DM (optimistisches Planziel). Nach Auffassung der Geschäftsleitung war zu diesem Zeitpunkt bereits deutlich zu erkennen, daß eine Zuwachsrate, vergleichbar den Zuwachsraten in den Vorjahren in Höhe von 25 %, 30 % und 40 %, für das Jahr 1966 nicht zu erreichen sein würde. Diese Schlußfolgerung ergab sich aus der Entwicklung der Auftragseingänge. Immerhin erschien danach aber eine Umsatzsteigerung um 8 % durchaus möglich. Sie wurde zunächst als Ziel vorgegeben.

Auf Grund der weiteren Entwicklung der Auftragseingänge in den folgenden Monaten faßte die Geschäftsleitung im Februar 1966 den Entschluß, die Umsatzplanzahlen von 71 Mio. DM auf 66 Mio. DM zurückzuführen (pessimistisches Planziel); es wurde auf den „Pannenplan" umgeschaltet.

Die Planung des Unternehmens umfaßt folgende Teilpläne:

a) den Auftragseingangsplan, unterteilt nach Kostenträgern und Gebieten (Niederlassungen);

> Im Auftragseingangsplan wird festgelegt, welche Aufträge von den einzelnen Niederlassungen in den kommenden Monaten erwartet werden können. Die Erfahrung hat gezeigt, daß diese Vorausschätzungen im Durchschnitt mit einer Genauigkeit zutreffen, die z. B. im Jahre 1965 + 9,2 %, im Jahre 1966 ✗ 5,5 % betrug.

b) den Umsatzplan, abgeleitet aus dem Auftragseingangsplan, unterteilt nach Kostenträgern;

c) den Produktionsplan, der die Produktionsdurchführung regelt.

Ergänzt werden diese Pläne durch

d) einen Personalplan,

e) laufende Materialeinkaufspläne und

f) Pläne für alle Kostenarten.

g) Es findet ferner eine laufende vorausschauende Überwachung der Liquidität mit Hilfe eines Liquiditätsein- und -ausgangsplanes statt.

> Der Liquiditätsplan wird monatlich überprüft (Soll-Ist-Vergleich), alle anderen Pläne jeden zweiten Monat. Bei Planabweichungen erfolgt ein gesonderter Hinweis an den Verantwortlichen, der umgehend Maßnahmen zu treffen hat, um die Planabweichung in den kommenden Monaten wieder auszugleichen. Erscheint ein Ausgleich unmöglich oder unzweckmäßig, so ist dies zu begründen.

h) Das Unternehmen erstellt schließlich jeweils für das kommende Jahr eine Planbilanz und eine Plan-Gewinn- und Verlustrechnung.

> Die Finanzierung des Unternehmens war Ende 1965 ebenso wie seine Liquiditätslage gut. Dieser Umstand erwies sich im folgenden als sehr nützlich und ermöglichte Maßnahmen, die andernfalls nicht hätten ergriffen werden können.

> Das rechtzeitige Erkennen des Konjunkturumschwunges und seiner möglichen Folgen für die Firma an Hand der Planzahlen versetzte die Geschäftsleitung in die Lage, sich beizeiten Gegenmaßnahmen zu überlegen und in die Tat umzusetzen. Welche Maßnahmen waren dies nun?

2. Maßnahmen zur Bekämpfung der Rezession (Beschreibung der Maßnahmen, ihre Durchführung und Wirkung)

Die Maßnahmen, die die Geschäftsleitung beschloß, gingen im wesentlichen in drei Richtungen. Es handelte sich um

(1.) Maßnahmen zur Aufrechterhaltung der günstigen finanziellen Lage;

(2.) Maßnahmen zur Kostensenkung und

(3.) Maßnahmen zur Bekämpfung des Umsatzrückganges.

Am wichtigsten erschienen der Geschäftsleitung die Maßnahmen zur Bekämpfung des Umsatzrückganges. Die gute finanzielle Ausgangssituation ermöglichte es, sich insbesondere hierauf zu konzentrieren, und gab einen relativ weiten Spielraum für Maßnahmen dieser Art.

(1.) Maßnahmen im Finanzbereich

Wie eingangs erwähnt, war die Finanzlage des Unternehmens zu Beginn der Rezession sehr günstig. Die Geschäftsleitung konnte sich darum im wesentlichen auf Maßnahmen beschränken, deren Ziel es war, diese günstige Situation – insbesondere auch im Hinblick auf die Liquiditätslage – durch die Begleiterscheinungen der Rezession möglichst wenig beeinträchtigen zu lassen. Es sollte auf jeden Fall vermieden werden, daß vom Finanzsektor Einflüsse ausgehen würden, die den Bewegungsspielraum des Unternehmens auf anderen Gebieten über Gebühr einschränken oder gar zur Aufrechterhaltung der Liquidität Maßnahmen notwendig machen würden, die der Rentabilität des Unternehmens abträglich wären.

Überwachung der Lagerbestände und der Forderungen

Ein erhöhter Kapitalbedarf konnte sich als Folge der rezessiven Wirtschaftsentwicklung, insbesondere aus zwei Gründen ergeben:

1. Der sich verschärfende Wettbewerbsdruck zwingt zu kürzeren Lieferzeiten; kurzfristige Lieferung aber setzt höhere Lagerbestände voraus.
2. Es ist damit zu rechnen, daß die Kundenforderungen langsamer eingehen.

Zu 1: An Hand einer neuen Dispositionsformel wurde ein Weg gefunden, die Bestände an Rohmaterialien, Teilen usw. abzubauen, ohne die kurzfristige Liefermöglichkeit und damit die Wettbewerbsfähigkeit zu gefährden. Auf diese Weise konnte die Erhöhung der Bestände an Fertigfabrikaten weitgehend ausgeglichen werden.

Zu 2: Von der Verlangsamung des Zahlungseinganges, wie sie allenthalben zu beobachten war, wurde die Firma nur in geringem Ausmaß betroffen, da seit ihrem Bestehen ein sehr gut aufgebautes Mahnsystem existiert und sämtliche Kunden von Anfang an daran gewöhnt sind, bei nichtpünktlicher Zahlung eine Mahnung zu erhalten, und in den meisten Fällen auch entsprechend positiv reagieren. Günstig auf die Liquiditätslage der Firma wirkte es sich ferner aus, daß ein Teil der Kunden — um etwa 30 % mehr als üblich — statt ein längeres Ziel in Anspruch zu nehmen, per Wechsel bezahlte, die, soweit erforderlich, der eigenen Bank zur Diskontierung weitergegeben werden konnten. Nur wenige Kunden baten um Prolongation ihrer Wechsel. Im Verlauf des Jahres 1966 erhöhte sich die für die Liquidität des Unternehmens relevante Zielinanspruchnahme infolgedessen nur um rund 2,4 %.

Kontrolle der Beschaffungen

Als im Spätherbst 1966 bei der Feinplanung für das Jahr 1967 eine Verstärkung der Rezession sichtbar wurde – der für das Jahr 1967 zu erwartende Auftragseingang und Umsatz lagen um 10 % niedriger als die entsprechenden Zahlen des Jahres 1966 –, wurde unter dem Vorsitz eines Mitgliedes der Geschäftsleitung eine Sparkommission gebildet. Ihr wurde die Aufgabe übertragen, erstens bestimmte Ausgabenströme zu überwachen und möglichst einzudämmen, zweitens die Kosten zu senken. Hier interessiert zunächst die erste Aufgabe.

Sämtliche Bestellungen des Hauses, vom vielbelästerten Bleistift bis zur Großinvestition, mußten von einem bestimmten Stichtag an von der Sparkommission genehmigt werden. Vier Wochen lang wurden die Bestellungen scharf kontrolliert, etwa dreiviertel davon zurückgeschickt mit der Bitte um persönliche Überprüfung durch den zuständigen Abteilungsleiter, ob sie tatsächlich notwendig seien, oder, wenn ja, ob der Bedarf nicht aus noch vorhandenen Beständen befriedigt werden könnte. Es wurde bewußt etwas mehr gestrichen als nottat, um sämtliche Mitarbeiter aufzurütteln.

Überraschenderweise war die Mitarbeit des Betriebsrates – auch im Hinblick auf Maßnahmen zur Kostensenkung – teilweise besser als die mancher Abteilungsleiter, vielleicht weil ein gewisses Rivalitätsdenken weniger in Erscheinung trat, vielleicht aber auch, weil die einzelnen Betriebsratsmitglieder aus eigenverantwortlicher Anschauung wußten, wie notwendig Sparmaßnahmen sind, um Schlimmeres zu vermeiden[1]).

Besonderer Wert wurde darauf gelegt, kleinlich wirkende Maßnahmen zu vermeiden.

Die für die ersten Monate ermittelten Einsparungsraten waren infolge der Auflösung von Bestandspuffern relativ hoch; sie vermindern sich allmählich.

Die beschriebenen Maßnahmen reichten bislang aus, das im Hinblick auf den Finanzbereich Angestrebte zu verwirklichen.

(2.) Maßnahmen zur Kostensenkung

Allgemeines Sparprogramm

Die Sparkommission untersuchte ins einzelne gehend die nachstehend skizzierten Fälle und schlug entsprechende Änderungen vor·

> a) Die im Betrieb verwendeten Formulare wurden besser aufeinander abgestimmt, allgemein verbessert, vereinfacht, zum Teil ausgeschieden;
>
> b) die Anzahl der jeweils anzufertigenden Kopien wurde neu festgesetzt;
>
> c) eine Vielzahl von Organisationsabläufen wurde überprüft und verbessert;
>
> d) durch Aufstellen weiterer Getränke- und Essenautomaten wurden die Wegezeiten im Betrieb verkürzt;
>
> e) die Wertanalysegruppe wurde in verstärktem Maße eingesetzt (gerade die Bedeutung der Wertanalyse wird unseres Erachtens nach viel zuwenig von der deutschen Industrie erkannt)[2]);
>
> f) der Werkzeugbestand wurde aufgenommen, Normungsmöglichkeiten ausgeschöpft und dadurch eine Reduzierung der Bestände erreicht;
>
> g) es wurde festgestellt, wo welche Bürogeräte selten benutzt wurden und eine entsprechende Umverteilung vorgenommen.

---

[1]) Gesamtwirtschaftlich muß von den Unternehmern in ihrem eigenen Interesse angestrebt werden, daß der durch die Sparmaßnahme eingeleitete multiplikative Rezessionseffekt geringer ist als der multiplikative Erweiterungseffekt, der durch Einsatz der ersparten Beträge für Verwendungszwecke mit hohen Produktivitätsraten erreicht wird.

[2]) Vgl. hierzu Lawrence D. Miles, Wertanalyse, die praktische Methode zur Kostensenkung (München); ferner Wertanalyse — praktische Erfahrungen aus dem Maschinenbau, VDMA Maschinenbau-Nachrichten, 10/66, S. 23; „Cutting Costs by Analysing Values", hrsg. von NAPA (National Association of Purchasing Agents).

Die unter den beiden letzten Punkten erwähnten Maßnahmen dienten gleichzeitig einer Herabsetzung der Kapitalbindung.

Die genannten Punkte des Sparprogramms sollen lediglich einen Anhalt für die Arbeit der Sparkommission geben. Nicht erst die Rezession war Ursache, Sparmaßnahmen einzuleiten; sie war aber Anlaß, diese Sparmaßnahmen wesentlich zu intensivieren.

Auch hier wurde stets darauf geachtet, kleinlich wirkende Maßnahmen zu vermeiden. Dies und eine entsprechende Belehrung der Betroffenen mit dem Ziele, sie nach und nach von der zwingenden Notwendigkeit der neuen Maßnahmen zu überzeugen, ließ schon bald eine positive Einstellung gegenüber Vorschlägen der Sparkommission in Erscheinung treten.

Personalabbau

Im Laufe des Jahres 1966 wurde der Personalbestand um insgesamt rund 5 % verringert. Von dieser Reduzierung wurde besonders der Produktionsbereich betroffen. Im Vertriebsbereich fand nicht nur kein Abbau statt, sondern es wurde im Gegenteil sowohl die Anzahl der in der Werbeabteilung Arbeitenden als auch die Anzahl der Verkäufer und Monteure erhöht.

Die Verringerung des Personalbestandes wurde einmal dadurch erreicht, daß im Zuge der normalen Fluktuation ausscheidende Arbeitskräfte nicht wieder ersetzt oder doch an ihre Ersetzung wesentlich strengere Maßstäbe als bislang gültig angelegt wurden. Darüber hinaus trennte sich das Unternehmen von solchen Mitarbeitern, deren Leistungen und Verhalten den Erwartungen nicht entsprochen hatten. In Einzelgesprächen (hierbei kann sich nur derjenige Personalleiter bewähren, der mit dem Betrieb verwachsen ist und Unruheherden, die sich unter Umständen bilden, entgegenzutreten weiß) wurde eine Trennung zum nächstmöglichen Kündigungstermin erwirkt, allerdings mit der Maßgabe, daß sich das Arbeitsverhältnis um drei Monate verlängern würde, falls die Betreffenden kurzfristig keinen anderen Arbeitsplatz finden würden. Dank dieser Regelung verlief die Aktion reibungslos.

Zwangsurlaub

Um den zu erwartenden Auftragseingangsstoß im zweiten Halbjahr 1967, mit dem die Geschäftsleitung auf Grund der eingeleiteten Maßnahmen und der bisherigen Entwicklung nach wie vor rechnet, besser auffangen zu können, wurde angeordnet, daß grundsätzlich jeder Mitarbeiter zwei Wochen seines Urlaubs im März oder April zu nehmen hat. Dadurch, daß die Mitarbeiter zwischen einem unbezahlten Urlaub und der Anrechnung dieser zwei Wochen auf den regulären Jahresurlaub wählen konnten (nur wenige Mitarbeiter wählten unbezahlten Urlaub), wurde diese Regelung allgemein als tragbar empfunden.

Abbau von Überstunden

In den letzten Jahren gelang es nur selten, in überbeanspruchten Abteilungen zwei Schichten zu fahren, weil sich die Lohnempfänger gegen Schichtarbeit sträubten. Statt dessen mußten in erheblichem Maße Überstunden in Kauf genommen werden. Die für den Betrieb um 25 bis 50 %, bei Feiertagsarbeit sogar um 100 % teureren Überstunden wurden nun abgebaut, zum Teil auch dadurch, daß in stark belasteten Abteilungen jetzt im Bedarfsfalle eine zweite Schicht mit Lohnsätzen, die um 10 bis 25 % über den normalen liegen, gefahren wurde. Die Bereitschaft dazu war nun vorhanden.

Ab Januar 1967, nachdem der schlechtere Auftragseingang abzusehen war, war eine Zweischichtarbeit nicht mehr erforderlich.

Verlagerung der Fremdfertigung in den eigenen Betrieb

Für Maschinenbauunternehmen ist es üblich, in mehr oder weniger starkem Umfange die Dienste von Zulieferanten in Anspruch zu nehmen. Bis zu 25 %, wenn nicht sogar 30 % der Einkaufssummen kann auf Teile oder Baugruppen entfallen, die bei entsprechender Kapazität auch im eigenen Hause gefertigt werden könnten. Da das hier betrachtete Unternehmen auf Grund seiner starken Expansion in der Vergangenheit in erheblichem Umfange Fremdarbeiten vergeben hatte, bot sich nun die Möglichkeit, die eigene Kapazität durch Verlagerung dieser Arbeiten in den eigenen Betrieb besser auszunutzen.

Im Normalfalle ist es dann günstiger, Teile oder Baugruppen zu kaufen, wenn die Selbstkosten über den zu zahlenden Preisen liegen würden. (In der Regel trifft dies für alle Spezialartikel zu.) Dieses Kriterium gilt nicht mehr, wenn eigene freie Kapazität zur Verfügung steht.

(3.) Maßnahmen zur Umsatzsteigerung

Das Produktionsprogramm

Der beste Verkäufer ist nicht besser als sein „Programm". Nachdem bereits bei der Planung für das Jahr 1966 die ersten Anzeichen der kommenden Rezession erkannt worden waren, wurde die Entwicklung neuer und verbesserter Modelle verstärkt vorangetrieben. Eine spezielle Bedarfsforschung zeigte, in welche Richtung diese Entwicklungsarbeiten zu gehen hatten. Die Umstellung der wichtigsten Typenreihen auf preiswertere Modelle konnte so schon zu Beginn der Rezession abgeschlossen werden. Die neuen Modelle lagen um 10 bis 20 % niedriger im Preis als die alten Typen. Hand in Hand mit der Entwicklung eines möglichst attraktiven Produktionsprogrammes gingen die Bemühungen, die Lieferfristen zu kürzen. Je kürzere Lieferzeiten dem Kunden angeboten werden können, um so stärker ist die Stellung des Unternehmens im Wettbewerb.

Im Zuge des durch die Rezession verschärften Wettbewerbes wurde auch in erhöhtem Maße auf spezielle Wünsche der Kunden eingegangen. Um eine Übersicht über die Entwicklungskosten zu haben und die einzelnen Aufträge beurteilen zu können, wurden Planvorgaben entwickelt und Soll-Ist-Vergleiche durchgeführt. Die Einzelentwicklungsaufträge werden abgerechnet, Gesamtvergleiche mit dem kalkulierten Entwicklungskostensatz durchgeführt u. ä. m.

Ausbau des Service-Netzes und der Reparaturkapazität

Da zu erwarten war, daß manche Kunden infolge der verschlechterten Konjunkturlage auf Ersatzinvestitionen verzichten würden und statt dessen die Kosten für größere Reparaturen (Generalüberholungen) und bessere Pflege in Kauf nehmen würden, wurde beizeiten Vorsorge getroffen, solchen Anforderungen gerecht werden zu können. Die weitere Entwicklung bestätigte die Richtigkeit dieser Überlegungen. Die Umsätze auf diesem Sektor einschließlich des Verkaufs an Ersatzteilen stiegen inzwischen schon um rund 12 %.

Um den genannten, aus der Konjunktursituation resultierenden Anforderungen entsprechen zu können, gleichzeitig aber auch, um durch eine promptere Bedienung einen positiven Verkaufseinfluß auszuüben, wurde die Zahl der Monteure nach Beginn der Rezession um etwa 10 % erhöht. Die Anzahl der zu einer Niederlassung gehörenden Monteure richtet sich nach der Zahl unserer Produkte, die in dem Gebiet der Niederlassung eingesetzt sind. Bei dieser Maßnahme stand das Ziel im Vordergrund, den Kunden einen besseren Reparatur- und Pflegedienst zur Verfügung zu stellen; dennoch müssen auch hier die Kosten in einem entsprechenden Verhältnis zum Nutzen stehen. Der Nutzen des Kundendienstes darf aber nicht nur an den Reparatureinnahmen, sondern er muß auch an den darauf zurückzuführenden höheren Verkaufserfolgen gemessen werden.

Um den Kundendienst noch mehr zu verbessern und noch schlagkräftiger zu machen, aber auch um Generalüberholungen der bei unseren Kunden eingesetzten Maschinen schneller durchführen zu können, wurde die Planung eines völlig neuen Ersatzteil- und Reparaturwerkes auf einem neuerworbenen Gelände vorangetrieben. Für diesen Entschluß war auch die Überlegung maßgebend, daß man jetzt bauen soll, nicht nur, um niedrigere Baukosten zu erzielen, sondern auch um bei einem Wiedereinsetzen des Aufschwunges besonders leistungsfähig zu sein.

Ausbau des Vertriebsnetzes in Deutschland

Gerade in Zeiten einer Rezession zeigt es sich, welche Verkäufer Schwächen haben und bisher auf der Konjunkturwelle mitgeschwommen sind[3]). Gute Verkäufer sollen nicht nur verkaufen, sondern ihre Kunden beraten und betreuen können. Unsere Kunden kaufen keine Maschinen, sondern Problemlösungen. Drei Monate Ausbildung im Werk gehören deshalb zum normalen Ausbildungsprogramm. Um leistungsfähigere Verkäufer zu erhalten und die Möglichkeit der Auswahl zu haben, wurde die Schulung intensiviert. Dadurch und durch eine entsprechende Auslese konnte das Qualitätsniveau des Verkäuferstabes wesentlich erhöht werden. Gleichzeitig wurde die Zahl der im Verkauf Tätigen um 12 % erhöht.

Weiterentwicklung des Vorführwesens

Den in der Vergangenheit geübten Brauch, den potentiellen Käufer in einen benachbarten Betrieb einzuladen, um ihm die Maschine im Einsatz zu zeigen, hielt die Geschäftsleitung nicht mehr für marktgerecht: Der verschärfte Wettbewerb macht einerseits den zukünftigen Käufer anspruchsvoller, andererseits ist der frühere Kunde weniger bereit, Fremden – oder vielleicht sogar Konkurrenten – Einblick in seinen Betrieb zu geben. Es ergab sich daraus die Notwendigkeit, Interessenten in

---

[3]) Ähnliches gilt bis hin zu den Spitzenpositionen des Management.

ihrem eigenen Betriebe aufzusuchen und ihnen zu beweisen, was unsere Maschinen unter den praktischen Einsatzverhältnissen ihres Betriebs zu leisten imstande sind.

Da unsere Produktionseinheit (Maschine) zwischen 1 t und 3 t wiegt und, um dem präsumtiven Käufer die Möglichkeit der Wahl zu geben und ihn von der Breite unseres Lieferprogrammes zu überzeugen, meist drei bis fünf Maschinen mitgenommen werden müssen, ist der Einsatz von Sattelschleppern und schweren Lkw erforderlich. Es entstehen erhebliche Kosten (Kosten des Vorführzuges, der Vorführgeräte, Fahrtkosten, Spesen, Überholungs- und Reparaturkosten der zurückkommenden Produkte, Kapitalkosten usw.). Durch eine genaue Planung der einzelnen Vorführungen – bei den zum Teil weiten Anreisen vom Stammwerk sollen auf einer Vorführfahrt möglichst viele Interessenten besucht werden – wurde versucht, die Kosten möglichst niedrig zu halten. Sie dürfen allerdings nur so lange gesenkt werden, als dadurch nicht der Erfolg dieser Maßnahme in Frage gestellt wird.

Angesichts der relativ hohen Kosten kommt der Erfolgskontrolle besondere Bedeutung zu. Die Kosten der Vorführungen sind laufend mit den ihnen zu verdankenden zusätzlichen Verkaufserfolgen zu vergleichen.

Erschließung neuer Märkte

Neben der Intensivierung der Verkaufsanstrengungen im Inland standen die Bemühungen um die Erschließung ausländischer Märkte. Durch die Übertragung unseres Inlandsvertriebssystems – Verkauf über eigene Niederlassungen mit eigenen Mitarbeitern – auch auf die ausländischen Märkte konnten überdurchschnittliche Zuwachsraten im Exportgeschäft erreicht werden. Zu Beginn der Rezession wurde in England mit dem Aufbau der siebenten Verkaufsfirma im Ausland begonnen.

Ferner wurden neue Verbindungen nach Übersee geknüpft und Verkaufsbemühungen in den Ostblockländern aufgenommen.

Im Zuge der Erschließung neuer Märkte wurde die Beschickung von Messen intensiviert. Sowohl die Zahl der von uns besuchten Messen als auch der Umfang unseres Ausstellungsprogrammes wuchsen.

Neue Produktionsstätten im Ausland

Zur Stärkung der Position auf den Auslandsmärkten gehört nicht nur die Intensivierung der Verkaufsbemühungen. Wer alle Chancen im Ausland nutzen will, um der Rezession auf einem Teilmarkt zu begegnen, wird auch rechtzeitig an die Verlagerung von Produktionskapazität ins Ausland denken müssen. Es wurde darum beschlossen, die Produktion eines bestimmten Maschinentyps in Österreich aufzunehmen. Damit ist die Firma im Süden Europas wesentlich wettbewerbsfähiger geworden. Gleichzeitig wurde dadurch die Voraussetzung geschaffen, im EFTA-Raum neue Märkte ohne Behinderung durch Zollschranken zu erschließen.

Im Rahmen der Bemühungen um die Auslandsmärkte, gleichzeitig aber auch unter Kostengesichtspunkten, wird angestrebt, in den Ländern, in denen das Unternehmen durch eine eigene Handelsfirma vertreten ist, dieser Firma eine Produktion anzugliedern, um dort Ersatzteile herstellen und den jeweiligen einheimischen Markt schneller und besser beliefern zu können. Entsprechende Kalkulationen ergaben, daß die Vorteile, z. B. auch Erleichterungen im Falle von Einfuhrbeschränkungen, gegenüber dem Nachteil der stärkeren Kapitalbindung überwiegen.

Die beschriebenen Maßnahmen führten dazu, daß im Jahre 1966 ein Auftragseingang von 65,9 Mio. DM – bei einem Umsatz von 67,9 Mio. DM – erzielt werden konnte. Der Auftragseingang entsprach somit der Planzahl, der Umsatz überschritt die Planzahl sogar noch infolge der verkürzten Lieferfristen um 2 Mio DM. Die gegenüber den Planzahlen ab August 1966 niedrigeren Auftragseingänge des Inlandsmarktes konnten durch erhöhten Export voll ausgeglichen werden.

3. Zusammenfassung und kritische Würdigung

Aus der Entwicklung der letzten Monate und den bereits überschaubaren Entwicklungstendenzen ist zu erkennen, daß durch die Entwicklung neuer Typen, die zu einem breiter gestreuten Produktionsprogramm führten, durch die Intensivierung der Verkaufsbemühungen und den Ausbau des Kundendienstes, durch verstärkte Werbemaßnahmen, Besuch von Messen, Vorführungen, bessere Beratung usw. die Stellung des Unternehmens im Wettbewerb verbessert werden konnte.

Im Innendienst wurde die Organisation überprüft und verbessert, der Personalabgang gefördert und Sparmaßnahmen auf den verschiedensten Gebieten eingeleitet.

Als das Wichtigste erwies sich bei allen Maßnahmen, daß sie nicht nur erdacht, sondern auch durchgeführt werden, und ihre Durchführung von der Geschäftsleitung laufend kontrolliert wird. Im andern Falle geht es ihnen wie so mancher guten Idee, die mit viel Schwung und Freude geboren wurde, aber dann eines schnellen Todes starb! Anweisen, Durchführen und Kontrollieren sollten auch hier an erster Stelle stehen. Man soll ein festes Ziel vor Augen haben und es mit Freude und Entschlossenheit zu realisieren versuchen.

4

Kostenpolitik in der Rezession

Von Prof. Dr. Dietrich Adam

Ein Unternehmen, dessen Absatz infolge der Rezession zurückgegangen ist, muß seine Ausbringung entsprechend reduzieren. Welche Maßnahmen ergriffen werden können, um auch die Kosten anzupassen, wird im folgenden anhand eines konkreten Beispieles dargestellt. Die Fallstudie wurde in Anlehnung an die Verhältnisse in einem Unternehmen der Nährmittelindustrie entwickelt.

1. Situationsanalyse

a) Produktionsprogramm, Ausstattung des Betriebes, Entwicklung der Absatzsituation

Das Unternehmen produziert die vier Artikel A, B, C und D. Der Produktionsprozeß vollzieht sich in drei Stufen, jedoch können auch schon die Zwischenprodukte der Stufen 1 und 2 am Markte verkauft werden. Da sich Zwischenprodukte der Stufen 1 und 2 eines Artikels untereinander und von dem Enderzeugnis der Stufe 3 nicht in der Grundsubstanz, sondern nur in Form und Verpackung unterscheiden, sei im weiteren von „Verarbeitungsformen" gesprochen. Jeder Artikel wird in drei Verarbeitungsformen angeboten.

Die Produktionskosten je Tonne sind für jeden Artikel in der gleichen Produktionsstufe gleich hoch[1]).

---

[1]) Die folgenden Überlegungen und Berechnungen lassen sich auch dann anstellen, wenn für die einzelnen Artikel unterschiedlich hohe Produktionskosten anfallen würden. Dazu ein Beispiel: In Stufe 1 können in einer Stunde folgende Mengen der vier Artikel hergestellt werden: Von A_1 zwei Mengeneinheiten, von B_1 fünf Mengeneinheiten, von C_1 eine Mengeneinheit und von D_1 drei Mengeneinheiten. Die Produktionskosten je Stunde seien von dem jeweils gefertigten Artikel unabhängig. Mit Hilfe der Äquivalenzziffernrechnung sind hier zunächst die Mengeneinheiten der einzelnen Artikel in einheitlichen Recheneinheiten auszudrücken. Wird als solche Recheneinheit beispielsweise eine Mengeneinheit des Artikels C_1 gewählt, so ist beispielsweise die Herstellung von tausend Mengeneinheiten des Artikels B_1 gleichbedeutend mit der Erzeugung von fünftausend Mengeneinheiten des Artikels C_1 (als einheitliches Mengenmaß). Die weiteren Überlegungen beziehen sich alsdann auf dieses einheitliche Mengenmaß.

Unterschiede bestehen dagegen im Hinblick auf die Höhe der Materialkosten pro Tonne.

Neben den drei Produktionsabteilungen gehören zum Betrieb des Unternehmens eine Rohwarenannahme, ein Fertigwarenlager und eine Versandabteilung. Eine Übersicht der in den verschiedenen Abteilungen eingesetzten Arbeitskräfte, der Lohnsätze, der vorhandenen Maschinentypen, ihrer Anzahl und Leistung sowie der Energiekosten pro Maschinenstunde und pro Tonne Ausbringung gibt die folgende Tabelle 1.

Abteilung	Personal (1)	Lohnsatz pro Stunde (2)	Maschinentyp (3)	Anzahl der Maschinen (4)	Maschinenleistung t/Std. (5)	Energiekosten pro Std. in DM (6)	Energiekosten pro t in DM (7)
Rohwarenannahme Lagerbereich Versand	35	4,00	—	—	—	—	—
I. Fertigungsstufe	2 2	6,00 6,00	1 2	1 1	10 20	30 45	3,00 2,25
II. Fertigungsstufe	2 2	6,00 6,00	3 4	6 4	2 3	6 6	3,00 2,00
III. Fertigungsstufe	5 7	4,40 4,40	5 6	1 1	9 6	3,6 2,4	0,40 0,40
Gesamtbetrieb (Meister)	2	6,00	—	—	—	—	—

Tabelle 1

Bis zum Beginn der Rezession setzte das Unternehmen monatlich von Artikel A 1000 t, von Artikel B 500 t, von Artikel C 3000 t und von Artikel D 1500 t, also insgesamt 6000 t ab. 20 % des Gesamtabsatzes von 6000 t entfielen auf die Verarbeitungsform 1, 30 % auf die Verarbeitungsform 2 und die restlichen 50 % auf die Verarbeitungsform 3. Der Umsatz belief sich auf 1,1 Mill. DM monatlich[2]).

Als Folge der Rezession und des damit verbundenen Absatzrückganges muß die Ausbringung bis auf weiteres um 35 % auf 3900 t pro Monat zurückgenommen werden; davon entfallen auf Artikel A 600 t, B 500 t, C 1800 t und D 1000 t.

Da ein Teil jener Kunden, die vor Einsetzen der Rezession die Verarbeitungsform 2 kauften, nun die billigere Verarbeitungsform 1 vorziehen, hat sich auch der prozentuale Anteil der Verarbeitungsformen am Absatz geändert. Auf die Verarbeitungsform 1 entfallen jetzt 32,3 % (1260 t), auf 2 17,7 % (690 t), auf 3 nach wie vor 50 % (1950 t). Dem Absatzrückgang entspricht ein Umsatzrückgang um 25 % auf 825 000 DM. Die im Vergleich zum Absatzrückgang geringere Umsatzminderung

---

[2]) Aus Gründen der Übersichtlichkeit ist darauf verzichtet, die Verkaufspreise für die verschiedenen Artikel und Verarbeitungsformen im einzelnen anzugeben.

ist darauf zurückzuführen, daß die im Preis niedrigeren Artikel besonders stark von der Rezession in Mitleidenschaft gezogen wurden.

b) Kosten und Erfolgssituation vor der Rezession

Die Materialkosten pro t, unterschieden nach den einzelnen Artikeln, betragen: A 73 DM, B 217 DM, C 50 DM und D 213 DM. Materialverluste in den einzelnen Produktionsstufen entstehen nicht. Einer Ausbringung von 6000 t in der in Abschnitt 1a genannten Zusammensetzung entspricht ein Materialeinsatz in Höhe von 651 000 DM.

Die Belastung der einzelnen Produktionsstufen vor und nach Eintritt der Rezession zeigt die folgende Abbildung.

Der Ausstoß der Produktionsstufe 1 betrug vor der Rezession 6000 t, von denen 1200 verkauft, 4800 t in der Produktionsstufe 2 weiterverarbeitet wurden. Vom Ausstoß der Produktionsstufe 2 gelangten 3000 t in die Produktionsstufe 3, während 1800 t verkauft wurden.

Die in Abbildung 1 in Klammern stehenden Zahlen geben die entsprechenden Ausstoß- und Verkaufsmengen in der Rezession an.

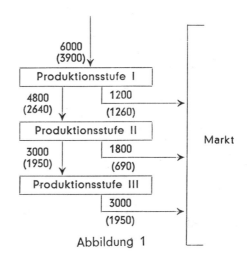

Abbildung 1

Die Leistungsquerschnitte der einzelnen Produktionsstufen entsprechen dem Produktions- und Absatzprogramm vor Beginn der Rezession. Um eine Ausbringung von 6000 t in der gezeigten Zusammensetzung zu erreichen, mußten die Maschinen aller Produktionsstufen 200 Stunden pro Monat arbeiten. Auf diese Arbeitszeit war der gesamte Betrieb eingestellt worden[3].

Da sich die tarifliche Arbeitszeit pro Monat auf 170 Stunden beläuft, mußten allen Arbeitskräften (einschließlich der Meister und des Personals in der Rohwarenannahme, im Lagerbereich und im Versand) jeweils 30 Überstunden pro Monat vergütet werden. Der Überstundenzuschlag beträgt 25 % des Grundlohnes.

Die bei einer monatlichen Ausbringung von 6000 t (in der erwähnten Zusammensetzung) anfallenden Produktionslöhne und Energiekosten sind in den Tabellen 2 und 3 zusammengestellt.

---

[3]) Bei einer Arbeitszeit je Maschine von 200 Stunden können z. B. in der Stufe 2 insgesamt 4800 t bearbeitet und ausgebracht werden, nämlich 200 (6 × 2 + 4 × 3).

Produkt.-Stufe	Maschin.-Typ	Anzahl	Arbeits-stunden	Energie-Stunden-satz	Kosten je Aggregat-gruppe	Kosten je Stelle
(1)	(2)	(3)	(4)	(5)	(6) (3) · (4) · (5)	(7)
I.	1 2	1 1	200 200	30,— 45,—	6 000 9 000	15 000
II.	3 4	6 4	200 200	6,— 6,—	7 200 4 800	12 000
III.	5 6	1 1	200 200	3,60 2,40	720 480	1 200

Energiekosten   Tabelle 2   28 200

Produkt.-Stufe	Personal-bestand	Arbeits-stunden	Grundlohn-satz	Grund-lohn	Überstd.	Überstd.-Zuschlag je Std.	Überstd.-Zuschlag für alle Arbeiter	Lohn je Stufe
(1)	(2)	(3)	(4)	(5) (2) · (3) · (4)	(6)	(7)	(8) (6) · (7)	(9) (5) + (8)
Meister	2	200	6	2 400	30	1,50	90	2 490
Roh-waren-annahme Lager-Versand	35	200	4	28 000	30	1,00	1 050	29 050
I.	4	200	6	4 800	30	1,50	180	4 980
II.	4	200	6	4 800	30	1,50	180	4 980
III.	12	200	4,40	10 560	30	1,10	396	10 956

Lohnkosten   Tabelle 3   52 456

Die Energiekosten und Produktionslöhne pro erzeugter Tonne in den einzelnen Produktionsstufen sind in der folgenden Tabelle 4 angegeben.

Produkt.-Stufe	Lohn	Energie	Kosten-summe	Produkt.-Menge	Bearbeitungs-kosten je Stufe und Tonne	Summe der Bearbeitungs-kosten je Tonne bis zur Stufe
(1)	(2)	(3)	(4) (2) + (3)	(5)	(6) (4) : (5)	(7)
I.	4 980	15 000	19 980	6 000	3,33	3,33
II.	4 980	12 000	16 980	4 800	3,54	6,87
III.	10 956	1 200	12 156	3 000	4,05	10,92

Tabelle 4

Die gesamte Kosten- und Ertragsrechnung eines Monats zeigte folgendes Bild:

Kostenart	Kostensumme	Prozentualer Anteil (aufgerundet)
1. Material, Hilfsst.	651 000	62,0 %
2. Energie	28 200	2,7 %
3. Produktionslöhne:		
Versand/Lager/Rohwaren/Meister	31 540	3,0 %
Produktionsstufen I, II, III	20 916	2,0 %
4. Hilfslöhne	11 500	1,1 %
5. Gehälter	52 480	5,0 %
6. freiw. Sozialleistungen	13 154	1,3 %
7. Abschreibungen	63 020	6,0 %
8. Reparatur, Wartung	31 500	3,0 %
9. Zinsen	21 000	2,0 %
10. abzugsfähige Steuern	20 950	2,0 %
11. Repräsentation	15 860	1,5 %
12. Werbung	31 050	3,0 %
13. Sonstige Verkaufsförderung	36 100	3,4 %
14. Sonstige Vertriebskosten	10 490	1,0 %
15. Sonstige Kosten (Verwaltung)	10 440	1,0 %
Gesamte Kosten	1 049 200	100,0 %
Erlöse	1 100 000	
Gewinn	50 800	

Tabelle 5

2. Die Reagibilität der Kosten

a) Materialkosten

Verringert der Betrieb seine Ausbringung von 6000 t auf 3900 t monatlich, so vermindern sich die Materialkosten – ohne daß es dazu besonderer Maßnahmen bedürfte – proportional zur Ausbringung von 651 000 DM auf 455 300 DM. Diese Reduzierung der Materialkosten ergibt sich allein auf Grund des geringeren Materialmengenverbrauchs.

Zusätzlich muß versucht werden, günstigere Einkaufspreise zu erreichen. Dies kann z. B. dadurch geschehen, daß man auf relativ teure Bezugsquellen verzichtet, die bei der höheren Absatzmenge von 6000 t zusätzlich herangezogen werden mußten. Bei der Auswahl der Lieferanten steht jetzt der Gesichtspunkt des Preises im Vordergrund, während vordem besonderer Wert auf kurzfristige Lieferbereitschaft gelegt wurde. Schon eine durchschnittliche Minderung der Einkaufspreise um 2 % würde eine Kostenersparnis von über 9000 DM erbringen. In den folgenden Kosten- und-Ertrags-Berechnungen ist diese Möglichkeit nicht berücksichtigt, da sich das Unternehmen außerstande sah, die daraus resultierende Kostenersparnis mit hinreichender Genauigkeit zu schätzen. Es wurden jedoch laufende Kontrollen eingeführt, die genaue Auskunft über die jeweils effektiv erreichte Kosteneinsparung geben sollten.

b) Zinskosten

Die veränderten Verhältnisse ermöglichen es dem Betrieb, seine Rohmaterialbestände zu verringern:

1. Der infolge des niedrigeren Produktionsniveaus geringere Rohstoffbedarf pro Zeiteinheit läßt es angebracht erscheinen, die Bestellmengen entsprechend zu kürzen und dadurch den durchschnittlichen Lagerbestand zu senken.
2. Die jetzt allgemein kürzeren Lieferfristen erlauben es, einen Teil der Sicherheitsbestände abzubauen.

Die Kapitalbindung in den Materialbeständen verringert sich dadurch dergestalt, daß Zinsen in Höhe von monatlich 500 DM gespart werden.

Die durchschnittlichen Lagerbestände an Fertigwaren zu senken, erwies sich als unmöglich, da diese Bestände stets sehr knapp gehalten wurden und es gerade jetzt auf rasche Lieferfähigkeit ankommt.

c) Produktionslöhne Rohwarenannahme, Lager und Versand

Im Bereich der Rohwarenannahme, des Lagers und des Versandes konnte der Betrieb in erheblichem Umfange Lohnkosten einsparen:

1. Zum einen entfallen die vor Eintritt der Rezession gezahlten 30 Überstunden für 35 Arbeiter und 2 Meister.
2. Zum anderen können auf Grund des geringeren Materialdurchsatzes 8 Aushilfsarbeitskräfte kurzfristig entlassen werden.

Für die in diesen Bereichen verbleibenden 27 Arbeitskräfte sind monatlich insgesamt Löhne von 18 360 DM zu zahlen (680 DM pro Arbeitskraft bei einer Arbeitszeit von 170 Stunden). Hinzu kommen die Löhne der beiden Meister – bei einer Arbeitszeit von 170 Stunden zusammen 2040 DM –, so daß insgesamt Lohnkosten in Höhe von 20 400 DM anfallen. Im Vergleich zu den Löhnen dieser Kostenstellen in der Hochkonjunktur von 31 540 DM (vergleiche Tabelle 3) ergibt sich somit eine Kosteneinsparung von 11 140 DM.

d) Hilfslöhne, Gehälter, sonstige Vertriebs- und Verwaltungskosten

Die Höhe der Kostenarten 4, 5, 14 und 15 der Tabelle 5 ist von der Höhe der jeweiligen Beschäftigungslage – jedenfalls kurzfristig gesehen – unabhängig. Die Höhe der Hilfslöhne (Arbeiter in Werkstätten, Laboratorien usw.) sowie der Gehälter kann der Betrieb nur langfristig durch organisatorische Neuordnungen senken (z. B. Verzicht auf eigene Werkstätten, Rationalisierung der Verwaltung). Ähnliches gilt für den Verwaltungsaufwand der Position 15 sowie die sonstigen im wesentlichen verwaltungstechnischen Vertriebskosten der Position 14.

e) Werbungskosten, Kosten der Repräsentation, der sonstigen Verkaufsförderung, freiwillige Sozialleistungen

Die Werbungskosten, die Kosten für Repräsentation und Verkaufsförderung sowie die freiwilligen Sozialleistungen sind unmittelbar von den Dispositionen der Geschäftsleitung – nicht aber vom jeweiligen Beschäftigungsgrad – abhängig. Im

Bereich der Werbung, der Verkaufsförderung kommt es allein darauf an, in welchem Umfange die Unternehmensleitung Maßnahmen zur Beeinflussung ihrer Absatzsituation zu ergreifen beabsichtigt. Um den Folgen einer Rezession aktiv entgegenzuwirken, kann es sogar unter Umständen vorteilhaft sein, die Verkaufsbemühungen und damit die Kosten zu erhöhen[4]).

Kürzt die Unternehmensleitung, um die Kosten zu senken, die freiwilligen Sozialleistungen, so muß sie etwaige nachteilige Folgen für das Betriebsklima bei ihrer Entscheidung berücksichtigen.

In dem hier betrachteten Falle ließ die Geschäftsleitung die in diesem Abschnitt genannten Kostenarten zunächst unverändert.

f) Abschreibungen, Reparaturkosten

Die Abschreibungen sind hier im wesentlichen zeitabhängig, gehören also zu den beschäftigungsunabhängigen Kosten. Ähnliches gilt für die Reparatur- und Wartungskosten der Maschinen.

g) Energiekosten und Produktionslöhne der Produktionsabteilungen I, II und III

Diese Kostenarten hängen unmittelbar vom Produktionsniveau ab. Für ihre Höhe ist von entscheidender Bedeutung, in welcher Weise die Unternehmensleitung den Betrieb an das gewünschte Produktionsniveau anpaßt. In den folgenden Abschnitten wird darauf ausführlich eingegangen.

3. Die kurzfristige Anpassung des Produktionsniveaus an die gegebenen Absatzmöglichkeiten

a) Das Instrumentarium

Von einer kurzfristigen Anpassung im Fertigungsbereich wird gesprochen, wenn der Betrieb die Leistungsbereitschaft für einen höheren Produktionsausstoß aufrechterhält und nur die Produktionsmenge dem reduzierten Absatz anpaßt. Konkret bedeutet das: Die Unternehmung entläßt keine Arbeitskräfte, auch ein Abbau von Produktionskapazitäten durch Verkauf von Maschinen findet nicht statt.

Für diese Situation kennt die Produktions- und Kostentheorie zwei generelle Anpassungsmaßnahmen[5]), die auch kombiniert eingesetzt werden können[6]):

1. Der Betrieb kann seine Ausbringung drosseln, indem er die Beschäftigungszeiten der Maschinen und Arbeitskräfte reduziert. Die Verringerung der Beschäftigungszeit kann einmal durch den Abbau von Überstunden herbeigeführt werden; darüber hinaus kann der Betrieb zu Kurzarbeit übergehen.

---

[4]) Vgl. Konrad Hirte, Wie kann durch Werbung und sonstige aktive Marketing-Verkaufsanstrengungen der Wirkung einer Rezession begegnet werden?, Band 1 der Schriften zur Unternehmensführung, S. 75 ff.
[5]) Gutenberg, E., Grundlagen der Betriebswirtschaftslehre, Bd. I: Die Produktion, Berlin - Heidelberg - New York 1965, 10. Aufl. S. 349 f.
[6]) Jacob, H., Produktionsplanung und Kostentheorie, in: Zur Theorie der Unternehmung. Festschrift für E. Gutenberg, Wiesbaden 1962, S. 205 ff.

2. Für eine Reihe von Betrieben besteht neben der zeitlichen Anpassung die Möglichkeit, die Ausbringung durch die sogenannte „intensitätsmäßige Anpassung" zu verändern. Von intensitätsmäßiger Anpassung wird gesprochen, wenn es dem Betrieb möglich ist, die Ausbringung der Maschinen pro Zeiteinheit – zum Beispiel pro Stunde – zu variieren.

Wie durch diese Maßnahmen im einzelnen und kombiniert die Kosten des betrachteten Betriebes beeinflußt werden können, soll im folgenden gezeigt werden.

b) Die zeitliche und die zeitlich-selektive Anpassung

Es sei zunächst angenommen, daß nur eine zeitliche bzw. zeitlich-selektive Anpassung des Betriebes technisch möglich ist.

Durch Abbau der Überstunden kann die Ausbringung der Stufe 1 auf 5100 t, die der Stufe 2 auf 4080 t und die der Stufe 3 auf 2550 t reduziert werden. Es werden dabei $^3/_{20}$ der Energiekosten (30 : 200 Stunden) sowie sämtliche für die Überstunden gezahlten Löhne – Grundlohn zusätzlich eines Zuschlages von 25 % – eingespart. Die auf 1 t entfallenden Lohn- und Energiekosten vermindern sich, wie sich leicht ausrechnen läßt, in der Produktionsstufe I um 0,03 DM, in der Produktionsstufe II um 0,04 DM und in der Produktionsstufe III um 0,13 DM. Durch den Abbau der Überstunden ergibt sich mithin eine Ersparnis an Verarbeitungskosten pro t bis zur 3. Stufe von 0,20 DM.

Das Wegfallen der Überstunden genügt nicht, um die Ausbringung in dem gewünschten Maße zu verringern. Angestrebt werden: in der Produktionsstufe I eine Ausbringung von 3900 t, in der Produktionsstufe II eine solche von 2640 t und in der Produktionsstufe III ein Ausstoß von 1950 t. Der Betrieb muß mithin zu Kurzarbeit übergehen. Zwei Wege stehen offen:

1. Die Arbeitszeit wird für alle in einer Abteilung zusammengefaßten Maschinen in gleichem Maße verringert.
2. Die Maschinen innerhalb einer Produktionsstufe arbeiten jeweils unterschiedlich lange.

Unterscheiden sich die Anlagen einer Produktionsstufe hinsichtlich ihrer Ausbringung pro Zeiteinheit und ihrer Kosten pro Zeiteinheit, so ist das zweite Verfahren generell kostengünstiger als das erste. Technische Gesichtspunkte, z. B. Fragen des Materialflusses, können jedoch unter Umständen dagegensprechen und eine einheitliche Arbeitszeit auf einer Produktionsstufe erzwingen. In unserem Falle hat der Betrieb die Möglichkeit, auch die Maschinen einer Stufe unterschiedlich lange arbeiten zu lassen.

Geht der Betrieb zur Kurzarbeit über, so hängt die Kostenwirksamkeit dieser Anpassungsmaßnahme entscheidend davon ab, ob die Löhne entsprechend herabgesetzt werden können (unbezahlte Feierschichten) oder ob sie für die gesamte tarifliche Arbeitszeit weiterbezahlt werden müssen[7]. Es sei hier – im Rahmen der kurzfristigen Anpassung – davon ausgegangen, daß die Löhne nicht gesenkt werden

---

[7] Vgl. hierzu P. Weinlig, Unternehmerische Entscheidungen: Personalpolitik in der Rezession, in: Schriften zur Unternehmensführung, Band 2, Wiesbaden 1967, S. 103 ff.

können. Sie sind darum zunächst als beschäftigungsunabhängige Kosten aufzufassen. Ihre Höhe beträgt in den drei Produktionsabteilungen nach Wegfall der Überstunden 17 136 DM. Die kurzfristige zeitliche Anpassung der Produktion hat damit lediglich einen Einfluß auf die Energiekosten. Diese Wirkung gilt es nun darzustellen.

Verfügt ein Unternehmen in einer Produktionsstufe über mehrere zwar funktionsgleiche, aber hinsichtlich ihrer Kosten unterschiedliche Maschinen, so wird es bevorzugt diejenigen zur Produktion einsetzen, die die geringsten vermeidbaren Kosten pro Tonne verursachen (selektive Anpassung). Vermeidbar sind hier im Rahmen der zunächst behandelten kurzfristigen Anpassung lediglich die Energiekosten. Es ist folglich in jeder Abteilung zuerst die Maschine zur Produktion heranzuziehen, deren Energiekosten pro Tonne am niedrigsten liegen. Reicht ihre Kapazität nicht aus, die verlangte Ausbringung zu erstellen, so ist die zweitgünstigste Maschine heranzuziehen usw. Um die Rangfolge der funktionsgleichen Maschinen festlegen zu können, muß der Betrieb die Energiekosten pro Tonne für jeden Maschinentyp berechnen. Diese Angaben finden sich in Tabelle 1, Spalte 7.

In der ersten Produktionsstufe ist der Maschinentyp 2 günstiger als der Maschinentyp 1. Es ist mithin zunächst die Maschine 2 zur Produktion heranzuziehen. Um die geforderte Ausbringung von 3900 t zu erreichen, müßte sie bei einer Leistung von 20 t pro Stunde 195 Stunden arbeiten. Da die Maschine 2 aber nur 170 Stunden während der normalen Arbeitszeit verfügbar ist, müßten von der 171. Stunde an Überstunden bezahlt werden. Es wird angenommen, daß die Arbeiter der **Maschine 1 die Maschine 2 nicht bedienen können.**

Jede Tonne, hergestellt auf der Anlage 2, würde folglich von der 171. Stunde an Bearbeitungskosten in Höhe von 3 DM verursachen, nämlich Produktionslöhne plus Überstundenzuschlag von 0,75 DM und Energiekosten in Höhe von 2,25 DM. Gleich hohe Bearbeitungskosten je t entstünden, wenn statt der Überstunden auf Maschine 2 die Maschine 1 eingesetzt wird: Die Energiekosten pro Tonne betragen auf Maschine 1 3 DM: Lohnkosten für Maschine 1 sind nicht anzusetzen, da die Löhne in jedem Falle, d. h. gleichgültig, ob auf der Anlage produziert wird oder nicht, gezahlt werden müssen. Im Hinblick auf die Kosten ist es **hier gleichgültig, ob das Unternehmen die restlichen 500 t mit Hilfe des Aggregates 2 in Überstunden oder mit Hilfe des Aggregates 1 innerhalb der normalen Arbeitszeit herstellen würde.**

Ähnliche Überlegungen im Hinblick auf die Produktionsstufe II – auch hier sind Umbesetzungen nicht möglich – führen zu dem Ergebnis, daß die Bearbeitungskosten einer Tonne auf den Maschinen des Types 4 von der 171. Stunde an 3,25 DM (Energiekosten 2 DM, Produktionslöhne 1,25 DM) betragen, während bei Verwendung der Maschinen des Types 3 nur zusätzliche Bearbeitungskosten in Höhe von 3 DM (lediglich Energiekosten) zusätzlich anfallen würden. Es ist mithin am **kostengünstigsten, 2040 t auf den Anlagen des Types 4, die restlichen 600 t auf den Anlagen des Types 3 herstellen zu lassen.**

Die Produktionsaufteilung in der Stufe 3 ist beliebig, da die hier verwendeten Maschinen gleiche Energiekosten pro Tonne verursachen.

Die folgende Tabelle zeigt die im Hinblick auf die Energiekosten günstigste Produktionsaufteilung und die dabei entstehenden Energiekosten.

Stufe	Masch.-Typ	Anz. d. Masch.	Leistg. pro Std.	Verl. Ausbring. in t/Stufe	Beschäftigungszeit in Stunden	Ausbringg. je Masch.-Typ	Energiekosten je Std.	Energiekosten je Masch.-Typ	Energiekosten je Stufe
(1)	(2)	(3)	(4)	(5)	(6)	(7) (3)·(4)·(6)	(8)	(9) (8)·(4)	(10)
I.	1 2	1 1	10 20	3 900	50 170	500 3 400	30,— 45,—	1 500,— 7 650,—	9 150,—
II.	3 4	6 4	2 3	2 640	50 170	600 2 040	6,— 6,—	1 800,— 4 080,—	5 880,—
III.	5 6	1 1	9 6	1 950	130 130	1 170 780	3,6 2,4	468,— 312,—	780,—

Summe der Energiekosten   15 810,—

Tabelle 6

Es zeigt sich, daß bei einem Ausstoß von 3900 t die Energiekostenbelastung in der Stufe I infolge des Selektionseffektes um 0,15 DM je t im Vergleich zu einer Ausbringung von 6000 t monatlich zurückgeht. In der Stufe II werden infolge des gleichen Effektes, wie leicht nachgeprüft werden kann, 0,17 DM pro t gespart. In der dritten Stufe bleiben die Energiekosten pro t unverändert, da hier die Möglichkeit einer Selektion nicht besteht.

Nach der soeben beschriebenen zeitlichen Anpassung des Produktionsprozesses ergibt sich das folgende Kosten- und Ertragsbild:

1. Erlöse   825 000,—
2. Materialeinsatz   455 300,—
3. Löhne der Rohwarenannahme, des Versandes und des Lagers   20 400,—
4. Löhne der drei Produktionsstufen   17 136,—
5. Energiekosten (Tabelle 6)   15 810,—
6. Übrige Kostenarten   317 044,—   825 690,—

Verlust   690,—[8])

Es sei hier noch kurz die Frage erörtert, welchen Kostenvorteil es dem Unternehmen bringen würde, wenn es die Bedienungsmannschaften der Aggregate 1 und 3 auch an den Maschinen 2 bzw. 4 einsetzen könnte und diese Arbeitskräfte bereit wären, die außerhalb der normalen Schichtzeit liegenden Produktionsstunden ohne Sondervergütung zu übernehmen[9]). Die Energiekostenersparnis würde in der ersten Stufe 500 mal 0,75 DM = 375 DM und in der zweiten Stufe 600 mal 1 DM =

---

[8]) Das Ergebnis ist um die nun nicht mehr anfallende Gewerbeertragsteuer besser, die noch in den unter 6. aufgeführten Positionen in ursprünglicher Höhe enthalten ist.

[9]) Da das Bedienungspersonal ohnehin nicht voll ausgelastet ist, könnte denjenigen, die bereit sind, außerhalb der üblichen Produktionszeit zu arbeiten, zum Ausgleich insgesamt eine kürzere Arbeitszeit angeboten werden als den übrigen während der normalen Schichtzeit arbeitenden Kräften.

600 DM, also insgesamt 975 DM monatlich betragen. Zusätzliche Produktionslöhne, die diese Einsparung kompensieren würden, fielen unter den gemachten Voraussetzungen nicht an.

c) Kostenbeeinflussung durch intensitätsmäßige Anpassung

Intensitätsmäßige Anpassung bedeutet Änderung der Ausbringung durch Variieren der Maschinenleistungen, gemessen in bearbeiteten Erzeugniseinheiten pro Zeiteinheit (z. B. pro Stunde).

Eine Veränderung der Leistung beeinflußt in der Regel auch die Kosten pro ausgebrachter Mengeneinheit. Die Beziehung zwischen den Energiekosten pro Tonne und der Maschinenleistung, ausgedrückt in Tonnen pro Stunde, weist im Falle des Maschinentyps 4 zum Beispiel folgendes Bild auf.

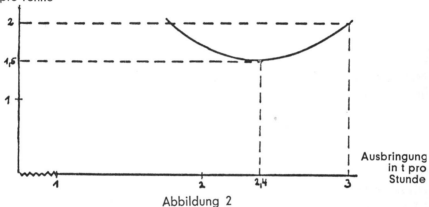

Abbildung 2

Aus der Zeichnung ist zu ersehen: Werden auf einer Maschine des Typs 4 2,4 t pro Stunde bearbeitet, so sind für jede Tonne 1,50 DM an Energiekosten aufzuwenden. Wird die Leistung auf 3 t je Stunde gesteigert, so wächst der Energiekostenbedarf auf 2 DM je t an. In dem hier vorliegenden Falle kann entweder der Intensitätsgrad 1 mit 2,4 t je Stunde oder der Intensitätsgrad 2 mit 3 t je Stunde verwirklicht werden. Intensitätsgrad 1 ist der kostengünstigere; freilich beträgt dabei die Ausbringung einer Anlage des Types 4 in 170 Stunden nur 408 t. Wird die Intensitätsstufe 2 gewählt, so läßt sich in der gleichen Zeit eine Ausbringung von 510 t erreichen; allerdings steigen dann die Energiekosten auf 2 DM pro Tonne an. Welcher Intensitätsgrad der gewinngünstigere ist, hängt mithin von der Absatzlage des Unternehmens ab.

> Häufig wird eine Intensitätsänderung nicht nur eine, sondern mehrere Kostenarten gleichzeitig beeinflussen. Für jede Kostenart besteht eine Kostenleistungsbeziehung, wie sie in Abbildung 2 gezeigt ist. Diese Kostenleistungskurven sind zu addieren, das heißt zu der Gesamtkostenleistungsfunktion der betreffenden Anlage zusammenzufassen. Zu den relevanten Kostenarten gehören auch solche, die zwar nicht von der Leistung, aber von der Laufzeit der Aggregate abhängen (zum Beispiel Lohn des Bedienungspersonals, wenn nach Zeit entlohnt wird). Kurven dieser Kostenarten weisen einen hyperbolischen Verlauf auf.

In dem hier vorliegenden Fall kann der Betrieb bei allen Maschinen, ausgenommen Typ 5, zwischen zwei Intensitätsstufen wählen. Die Leistungen pro Stunde der einzelnen Aggregate sowie die variablen Kosten pro Tonne, soweit sie von der Leistung oder der Laufzeit abhängen (hier nur die Energiekosten) sind in Tabelle 7 zusammengestellt.

Produkt.-Stufe	Masch.-Typ	Anzahl der Maschinen	Intensitätsstufe 1		Intensitätsstufe 2	
			t/Stunde	Energiekosten/t	t/Stunde	Energie-Kosten/t
(1)	(2)	(3)	(4)	(5)	(6)	(7)
1	1	1	8	3,75	10	3,—
	2	1	16	2,81	20	2,25
2	3	6	1,6	1,90	2	3,—
	4	4	2,4	1,50	3	2,—
3	5	1	—	—	9	0,40
	6	1	3	0,35	6	0,40

Tabelle 7

Sämtliche Aggregate wurden vor Eintritt der Rezession mit der Intensität 2 genutzt. Ein Vergleich der Energiekosten pro Tonne zeigt, daß der Betrieb bei den Maschinentypen 3, 4 und 6 Kosten einsparen könnte, wenn er statt des Intensitätsgrades 2 den Intensitätsgrad 1 wählen würde. Welche Möglichkeiten, Kosten einzusparen, eine kombinierte zeitliche und intensitätsmäßige Anpassung bieten würde, ist im folgenden Abschnitt untersucht.

d) Die kombinierte Anpassung

Die Verhaltensregel für die kombinierte Anpassung der Ausbringung an ein gewünschtes Produktionsniveau lautet:

Für jede Maschine ist zunächst die kostenminimale Intensität (minimale relevante Kosten pro Tonne) zu bestimmen. Ein Vergleich der Kosten bei kostenminimaler Intensität zeigt, in welcher Reihenfolge funktionsgleiche Maschinen zur Produktion herangezogen werden sollen. Das Aggregat mit den absolut niedrigsten Kosten bei kostenminimaler Intensität ist als erstes zur Produktion heranzuziehen und während der verfügbaren Arbeitszeit zu beschäftigen. Kann die verlangte Ausbringung dieser Stufe in der verfügbaren Zeit bei kostenminimaler Intensität vom ersten Aggregat nicht erbracht werden, so stehen zwei Möglichkeiten zur Verfügung, die Ausbringung zu erhöhen:

1. Entweder kann die Intensität der bereits genutzten Maschine erhöht werden. Als Folge steigen die relevanten Kosten pro Tonne (hier steigende Energiekosten).

2. Oder es kann die in der Rangfolge zweitgünstigste Maschine mit minimaler Intensität zusätzlich zur Produktion herangezogen und zeitlich angepaßt werden.
Ist auch das zweite Aggregat eingesetzt, und kann es zusammen mit dem ersten die verlangte Ausbringung in der verfügbaren Zeit nicht erbringen, so muß weiterhin darüber entschieden werden, ob ein drittes Aggregat (Aggregattyp) zur Produktion herangezogen werden soll, oder ob es günstiger wäre, die Intensität der beiden bereits eingesetzten Aggregate zu erhöhen.

Kostenpolitik in der Rezession

Diese Verhaltensregel sei auf die Gegebenheiten in der Produktionsstufe II angewandt: Ein Vergleich der Energiekosten pro Tonne der Anlagen vom Typ 3 und vom Typ 4 (Tabelle 7, Spalte 5 und 7) zeigt, daß Intensität 1 für beide Maschinentypen kostengünstiger ist als Intensität 2. Der Betrieb wird zunächst den Maschinentyp einsetzen und mit Intensität 1 während der verfügbaren Zeit von 170 Stunden fahren, der bei dieser Intensität die niedrigsten Energiekosten pro Tonne verursacht.

Es ist dies der Maschinentyp 4 mit 1,50 DM Energiekosten je Tonne. Läßt der Betrieb die vier verfügbaren Maschinen des Typs 4 mit der Intensität 1 (2,4 Tonnen pro Stunde) 170 Stunden im Monat arbeiten, so können 1632 Tonnen ausgebracht werden; die Energiekosten betragen 2448 DM. Da die Ausbringung dieser Stufe insgesamt 2640 Tonnen betragen soll, muß nun überlegt werden, in welcher Weise die restlichen 1008 Tonnen produziert werden sollen.

Durch Erhöhen der Intensität der Anlagen vom Typ 4 auf 3 Tonnen je Stunde (Intensität 2) ließe sich die monatliche Ausbringung um 408 Tonnen erhöhen. Jede produzierte Tonne würde dann allerdings Energiekosten in Höhe von 2 DM verursachen. Entschlösse sich die Unternehmensleitung, zur Intensität 2 überzugehen, so würden sich die gesamten Energiekosten von 2448 DM auf 4080 DM, also um 1632 DM, erhöhen, während die gesamte Ausbringung um 408 Tonnen zunimmt. Auf jede zusätzlich produzierte Tonne würden mithin 4 DM (1632 : 408) an Energiekosten entfallen. Dagegen würde eine Tonne, gefertigt auf den Anlagen des Types 3 mit der Intensität 1 lediglich zusätzliche Energiekosten in Höhe von 1,90 DM verursachen. Es ist also offensichtlich wesentlich günstiger, die Anlagen des Types 3 zusätzlich zur Produktion heranzuziehen und die Anlagen des Types 4 weiterhin mit der Intensität 1 arbeiten zu lassen. Um die noch fehlenden 1008 Tonnen herzustellen, benötigen die Maschinen des Types 3 je 105 Stunden und verursachen in dieser Zeit Energiekosten in Höhe von insgesamt 1915,20 DM[10]).

Stufe	Masch.-Typ	Masch.-Anzahl	Intensitäts-stufe	Leistung je Stunde	Kosten je Tonne	Arbeitszeit	Ausbringg. in Tonnen	Energie-kosten
(1)	(2)	(3)	(4)	(5)	(6)	(7)	(8)	(9) (8) · (6)
1	1	1	2	10	3,—	50	500	1500
	2	1	2	20	2,25	170	3400	7650
2	3	6	1	1,6	1,90	105	1008	1915,20
	4	4	1	2,4	1,50	170	1632	2448
3	5	1	2	9	0,40	160	1440	576
	6	1	1	3	0,35	170	510	178,50

Summe der Energiekosten 14267,70

Tabelle 8

---

[10]) Könnten die Maschinen des Typs 3 die noch fehlende Ausbringung in 170 Stunden nicht produzieren, so wäre als nächstes zu entscheiden, welcher Maschinentyp mit höherer Intensität gefahren werden sollte. Wie leicht einzusehen ist, wäre dies der Typ 4: Um eine Tonne mehr auszubringen, müßte die Anlage 1,67 Stunden mit der höheren Intensität 2 gefahren werden. In 1,67 Stunden wurden bisher bei Intensität 1 4 Tonnen hergestellt. Je Tonne erhöhen sich die Energiekosten um 0,50 DM, bei 4 Tonnen also um 2,— DM. Hinzu kommen die Energiekosten für die zusätzliche Tonne in Höhe von nochmals 2,— DM, so daß die Erhöhung der Ausbringung um 1 Tonne insgesamt ein Mehr an Energiekosten um 4,— DM mit sich bringt. Diese 4,— DM sind der zusätzlich hergestellten Tonne anzulasten. Sie sind mit dem entsprechenden Wert für den Anlagentyp 3 in Höhe von 7,40 DM zu vergleichen.

Ähnliche Überlegungen sind für die Produktionsstufen 1 und 3 anzustellen. Die Energiekosten bei optimaler kombinierter Anpassung, die Aufteilung der Produktion auf die Anlagen sowie deren Arbeitszeiten sind in der Tabelle 8 zusammengestellt.

Ein Vergleich der Tabelle 6, Spalte 10, mit Tabelle 8, Spalte 9, zeigt, um welchen Betrag die Energiekosten bei kombinierter Anpassung niedriger liegen als bei rein zeitlicher Anpassung. Die Differenz beträgt monatlich 1542,30 DM.

Ein noch günstigeres Ergebnis käme zustande, wenn das Bedienungspersonal der Anlagen 1 und 3 auch zur Bedienung der Maschinen des Types 2 bzw. 4 herangezogen werden könnte[11]).

Wäre es beispielsweise möglich, die „verfügbare Zeit" der Anlage 2 auf 195 Stunden, die der Anlagen vom Typ 4 auf 275 Stunden (2-Schicht-Betrieb) auszudehnen, so ließen sich die Energiekosten in der Stufe 1 um 375,– DM, in der Stufe 2 um 403,20 DM verringern[12]).

4. Mittelfristige Anpassung

Ist eine längere Dauer der Rezession zu erwarten, so wird ein Unternehmen bemüht sein, durch das Einlegen unbezahlter Feierschichten und Entlassungen auch die Lohnsumme dem niedrigeren Produktionsniveau anzupassen. Dabei müssen die arbeitsrechtlichen Bestimmungen beachtet werden[13]).

Im vorliegenden Falle kann damit gerechnet werden, mittelfristig Arbeitskräfte und Arbeitszeit auf das effektiv benötigte Maß herabsetzen zu können. Es ist festzustellen, wie unter dieser Voraussetzung die Anpassung vorgenommen werden soll, und in welchem Umfang dabei Arbeitskräfte eingespart werden können.

In der jetzt gegebenen Situation gehören auch die Produktionslöhne zu den „relevanten" Kosten. Die Anpassung ist so vorzunehmen, daß die Summe aus Energiekosten u n d Produktionslöhnen zu einem Minimum wird. Zu diesem Zwecke sind

Produkt.-Stufe	Anlagentyp	Lohn je Std. und Maschine	Lohn je t bei Intensität 1	Lohn je t bei Intensität 2	Lohn und Energie je t Intensität 1	Lohn und Energie je t Intensität 2	Arbeitszeit	Ausbringg. in Tonnen	Ges. Lohn- u. Energiekosten
(1)	(2)	(3)	(4)	(5)	(6)	(7)	(8)	(9)	(10)
I.	1	12,—	1,5	1,2	5,25	4,20	50	500	2100
	2	12,—	0,75	0,6	3,56	2,85	170	3400	9690
II.	3	2,—	1,25	1,—	3,15	4,—	105	1008	3175,20
	4	3,—	1,25	1,—	2,75	3,—	170	1632	4488
III.	5	22,—	—	2,444	—	2,844	170	1530	4352
	6	30,80	10,27	5,133	10,62	5,533	70	420	2324

Lohn- und Energiekosten   Tabelle 9   26129,20

---
[11]) Vergleiche hierzu die Ausführungen auf Seite 66.
[12]) Die Rechnung im einzelnen durchzuführen sowie die entsprechenden Zahlen für die Produktionsstufe 3 zu ermitteln, sei dem Leser überlassen.
[13]) Siehe hierzu Weinlig, P., Personalpolitik in der Rezession, Band 2 der Schriften zur Unternehmensführung, Seite 103 ff.

Kostenpolitik in der Rezession

zunächst für sämtliche sechs Maschinentypen unter Berücksichtigung der jeweils möglichen Intensitäten die Löhne und die Energiekosten pro Tonne zu errechnen.

Die Lohnkosten je Stunde für e i n e Maschine des jeweiligen Maschinentyps sind in Spalte 3 der Tabelle 9 zusammengestellt[14]). Sämtliche Arbeitskräfte werden nach Zeit entlohnt; mit welcher Intensität die Maschinen jeweils gefahren werden, ist mithin für die Höhe des Stundenlohnes irrelevant.

Um zu den Lohnkosten je Tonne zu gelangen, sind die Lohnkostenstundensätze durch die Ausbringung pro Stunde zu dividieren. Die Lohnkostenbelastung pro Tonne bei der Intensität 1 ist in der Spalte 4 der Tabelle 9, die Belastung bei der Intensität 2 in der Spalte 5 der gleichen Tabelle angegeben. Zu den Lohnsätzen der Spalten 4 und 5 sind nun die jeweiligen Energiekosten pro Tonne – siehe Tabelle 7 Spalte 5 und Spalte 7 – zu addieren. Die Summe der hier relevanten Kosten (Produktionslöhne plus Energiekosten je bearbeitete Tonne) finden sich in den Spalten 6 (Intensität 1) und 7 (Intensität 2) der Tabelle 9. Ein Vergleich der relevanten Kosten pro Tonne jeweils für die beiden möglichen Intensitätsstufen einer Anlage zeigt, daß die Kosten bei Intensität 1 lediglich für die Maschinen des Typs 3 und 4 niedriger liegen als die Kosten der höheren Intensitätsstufe 2. Der Betrieb wird folglich die Anlagen 1, 2, 5 und 6 auf jeden Fall mit der Intensität 2 arbeiten lassen, während er bei den Anlagen des Typs 3 und 4 zunächst versuchen wird, mit der Intensität 1 auszukommen[15]).

Ausgehend von den Zahlen der Tabelle 9 ist nun die bereits beschriebene Verfahrensregel für die kombinierte Anpassung anzuwenden. Unter Beachtung dieses Entscheidungskriteriums, das eine Minimierung der relevanten, der durch die Art der Anpassung beeinflußbaren Kosten bewirkt, ergeben sich für die verschiedenen Maschinentypen in den drei Produktionsstufen die in Spalte 8 der Tabelle 9 angegebenen Arbeitszeiten. Die dadurch gegebene Aufteilung der Produktion auf die Maschinen ist in Spalte 9 der Tabelle vermerkt. Dabei entstehen Lohn- und Energiekosten in Höhe von insgesamt 26 129,20 DM (siehe Spalte 10 der Tabelle). Von diesem Betrag entfallen 11 836 DM auf die Produktionslöhne, während die restlichen 14 293,20 DM Energiekosten darstellen.

Im Falle der ausschließlich kurzfristigen Anpassung entstanden dem Betrieb in den Produktionsabteilungen I bis III Löhne in Höhe von 17 136,– DM (vgl. S. 65) und Energiekosten in Höhe von 14 267,70 DM (siehe Tabelle 8, Spalte 9). Der bei mittelfristiger Anpassung mögliche Abbau von Arbeitskräften bringt mithin eine Ersparnis an Löhnen in Höhe von 5300 DM mit sich.

Die Aufteilung der Produktion, die bei mittelfristiger Planung zu einem Minimum der relevanten Kosten führt, weicht von der optimalen Aufteilung bei kurzfristiger Pla-

---

[14]) Für die Anlagen des Types 3 soll kurz gezeigt werden, wie sich der Stundensatz errechnet. Zur Bedienung der 6 Anlagen des Types 3 sind 2 Arbeitskräfte erforderlich, die pro Stunde zusammen 12,— DM verdienen. Daraus leitet sich ein Lohnkostensatz je Stunde und Maschine von 2,— DM ab.
[15]) Im Rahmen der mittelfristigen Planung ist es offensichtlich günstiger, die Anlage 6 mit der höheren Intensität zu fahren. Infolge des von der Intensität unabhängigen Arbeitslohnes betragen die Lohnkosten je Tonne bei der Intensität 2 nur 5,13 DM, während sie sich bei der Intensität 1 auf 10,27 DM belaufen. Der Anstieg der Energiekosten beim Übergang von der Intensität 1 zur Intensität 2 um 0,05 DM wird durch Einsparung an Lohnkosten je Tonne bei weitem überkompensiert.

nung (relevant sind allein die Energiekosten) ab. Hieraus erklärt sich das Steigen der Energiekosten um 25,50 DM.

Bei Verwirklichung der soeben beschriebenen mittelfristigen Anpassung sieht sich das betrachtete Unternehmen folgender Kosten- und Ertragssituation gegenüber:

		DM	DM
Erlöse			825 000,—
Kostenarten			
1	Wareneinsatz	455 300	
2	Energiekosten	14 293,20	
3	Löhne/Versand, Lager, Rohwarenannahme, Meister	20 400	
	Löhne der drei Produktionsstufen	11 836	
4	Hilfslöhne	11 500	
5	Gehälter	52 480	
6	freiwillige Sozialleistungen	13 154	
7	Abschreibungen	63 020	
8	Reparatur, Wartung	31 500	
9	Zinsen	20 500	
10	abzugsfähige Steuern	20 950	
11	Repräsentation	15 860	
12	Werbung	31 050	
13	sonstige Verkaufsförderung	36 100	
14	sonstige Vertriebskosten	10 490	
15	sonstige Kosten (Verwaltg.)	10 440	818 873,20
	Gewinn		6 126,80

Tabelle 10

Besteht die Möglichkeit, die Arbeitszeit der einen oder anderen Maschinengruppe über 170 Stunden auszudehnen, ohne daß dadurch zusätzliche Kosten entstehen, so könnte das Unternehmen seine Situation noch weiter dadurch verbessern, daß es die Anlagen 1, 3 und 6 stillegt und die Produktion allein auf den Anlagen 2, 4 und 5 durchzuführen sucht. Der Betrieb müßte dann allerdings in ca. 1½ Schichten arbeiten. Es könnten in diesem Falle weitere rund 2800 DM monatlich an Produktionslöhnen und Energiekosten eingespart werden. Werden die Anlagen 1, 3 und 6 für eine längere Zeit stillgelegt, so ließen sich gegebenenfalls weitere Einsparungen an Wartungskosten u. ä. erzielen.

5

Produktkostenanalyse

Von Wolfgang Dworak

1. Einführung

Für den finanziellen Unternehmenserfolg eines Herstellerunternehmens ist eine wichtige Voraussetzung, daß die Produktauswahl nach Rentabilitätsgesichtspunkten ausgeführt und die der Auswahlanalyse zugrundeliegenden Kosten-, Erlös-, Investitions- und Verkaufsmengen- (Volumen-) daten während der gesamten Entwicklungs- und Vorproduktionsphase laufend beobachtet, berichtigt und neu ausgewertet werden. Je früher sich zeigt, daß der vorgesehene Gewinn nicht eingehalten werden kann oder in Verlust umschlagen wird, desto geringer kann das Risiko für das Unternehmen gehalten werden. Vorwiegend in amerikanischen Unternehmen wird dem durch ein vom Controller koordiniertes Verfahren, „Design Cost Analysis", Rechnung getragen. Durch dieses Verfahren, das einem Budgetierungsverfahren für in Entwicklung befindliche Produkte gleichkommt, zusammen mit einer Entwicklungs- und Investitionskontrolle, die auf Risikobegrenzung ausgerichtet ist, wird sichergestellt, daß nur für mit großer Wahrscheinlichkeit rentable Zukunftsprodukte Entwicklungskosten und Investitionen freigegeben werden und nur rentable Produkte in die Produktion und den Vertrieb gelangen.

2. Beschreibung der Verfahren

a) Das Produktkostenanalyse-Verfahren

Dieses Verfahren erfüllt zwei Zwecke: die Rentabilitätsberechnung vor der Genehmigung zur Aufnahme der Entwicklungsarbeiten und die Verfolgung der voraussichtlichen Kostenentwicklung während der Entwicklungsphase. Während bei der Rentabilitätsanalyse alle Kosten, die Verkaufspreise, das Verkaufsvolumen, die Investitionen und die Auswirkung auf den Verkauf des übrigen Sortiments berücksichtigt werden müssen, genügt es für die laufende Kontrolle, nur den veränderlichen Teil der Kosten zu erfassen. Auf diese Vereinfachung, die der technische Kniff der amerikanischen „Design Cost Analysis" ist, muß zum weiteren Verständnis dieser Arbeit detaillierter eingegangen werden.

Jedes Kontrollsystem muß billig und verständlich sein, sonst taugt es in der Praxis nichts. Für die „Design Cost Analysis" heißt das, allen Kalkulationsballast abzuschütteln. Die Grundidee ist dabei, durch Zerlegen des Endproduktes in Teile oder Baugruppen und Vergleichen der Kosten mit bestehenden gleichen oder ähnlichen Teilen, die Neukalkulation nur auf die Unterschiede bei ähnlichen Teilen oder Baugruppen zu beschränken und nur völlig neue Teile komplett neu zu kalkulieren. In der Regel wird man komplette, bestehende Produkte kalkulatorisch zerlegen (Vergleichsprodukte) und mit dem Neuprodukt vergleichen. Beim Vergleich der Teile oder Baugruppen ergeben sich folgende Möglichkeiten:

Tabelle 1

	Vergleichsprodukt		Neuprodukt
Teilegruppe 1	gleich	(„carry over parts")	gleich
Teilegruppe 2	vorhanden	(„similar parts")	ähnlich
Teilegruppe 3	vorhanden	(„deleted parts")	nicht vorhanden
Teilegruppe 4	nicht vorhanden	(„additional parts")	vorhanden

Für die laufende Kontrolle der „Design Cost" ergibt sich danach folgendes Schema (Beispiel):

Tabelle 2

	Vergleichsprodukt	Neuprodukt	Design Cost
Teilegruppe 1	50,00 DM	50,00 DM	— DM
Teilegruppe 2	40,00 DM	45,00 DM	+ 5,00 DM
Teilegruppe 3	20,00 DM	— DM	⁒ 20,00 DM
Teilegruppe 4	— DM	14,00 DM	+ 14,00 DM
Montage	8,00 DM	11,00 DM	+ 3,00 DM
Gesamt	118,— DM	120,00 DM	+ 2,00 DM

Alle Kosten enthalten nur die variablen Bestandteile: „Direktes Material", „Direkte Löhne" und „Variable Fertigungsgemeinkosten". Sie werden unter Annahme gleicher Fertigungsverfahren, gleichen Einkaufsumfanges und gleicher Mengen ermittelt. Die „Design Cost" geben daher nur die zusätzlichen oder abzüglichen Kosten an, die durch die veränderte Konstruktion oder Spezifikation des Neuproduktes ausgelöst werden. „Design Cost" ist also ein Maßstab für die kostengünstige (oder ungünstige) Entwicklungsarbeit und für die Bewertung der funktionellen oder stilistischen Produktänderungen.

Bei „Newcomers" in einer Branche, die noch keine Vergleichsprodukte haben, können selbstverständlich Konkurrenzprodukte kalkuliert werden, wie sie mit eigenen Fertigungsmethoden und Einkaufspreisen zu stehen kämen. Verbilligt sich die Fertigung oder der Einkauf von Teilen für das Vergleichsprodukt, so wird das Neuprodukt entsprechend mit verändert, so daß die „Design Cost" unverändert bleiben. Dadurch werden nicht konstruktionsbedingte Änderungen aus der Produktbeurteilung herausgehalten, und es wird verhindert, daß Ergebnisverbesserungen, die mit bestehenden Produkten erreicht werden können, dem Neuprodukt eine erhöhte Scheinrentabilität bringen (Beispiel).

Tabelle 3

	Vergleichsprodukt (in DM)	Neuprodukt (in DM)	„Design Cost" (in DM)
Originalanalyse			
Teil X	1,50 (carry over)	1,50	—
Teil Y	0,80 (similar)	0,95	+ 0,15
	2,30	2,45	+ 0,15
1. Folgeanalyse			
Teil X	1,40 (carry over)	1,40	—
Teil Y	0,75 (similar)	0,85	+ 0,10
	2,15	2,25	+ 0,10

Das Beispiel zeigt: Obwohl das Neuprodukt sich von 2,45 auf 2,25, also um 0,20 verbessert hat, erscheinen die „Design Cost" nur um 0,05 verbessert. Das bedeutet, daß zwischen der Originalanalyse und der 1. Folgeanalyse (etwa nach einem Monat) die Kosten des Vergleichsprodukts durch billigere Herstellung oder billigere Konstruktion um 0,15 gesenkt wurden und zusätzlich die Konstruktion des Teils Y für das Neuprodukt zu 0,05 niedrigeren Kosten führen wird, als ursprünglich angenommen. Nur die 0,05 „Design Cost" Verbesserung wird durch das Neuprodukt der zusätzlich erzielbaren Rendite angerechnet, während die 0,15, weil mit dem bestehenden Produkt erzielt, die zusätzliche Rendite durch das neue Produkt nicht beeinflussen.

b) Das Produktentwicklungs-Kontrollverfahren

Dieses Verfahren baut auf dem geschilderten Produktkostenanalyse-Verfahren auf und ergänzt es durch die Risikobeschränkung für Entwicklungs-, Fertigungsanlauf- und Investitionskosten. Wirkungsweise: Auf Grund von Spezifikationen, Skizzen, Beschreibungen und Vergleichen mit bestehenden Produkten oder Zeichnungen wird im Produktkostenanalyse-Verfahren eine erste Kalkulation des Neuproduktes vorgenommen sowie die voraussichtlichen Investitionskosten (Maschinen, dauerhafte Werkzeuge und Umlaufvermögen) geschätzt. Danach wird die Rendite des Produktes im Zusatzkostenverfahren und im Vollkostenverfahren ermittelt („incremental cost" und „fully accounted cost"). Die Rendite auf das eingesetzte Kapital ist die Hauptbewertungskennzahl. Die Kapitalrückflußzeit („pay out period") bestimmt das Risiko für das ausgelegte Kapital. Diese erste Betrachtung ist desto unsicherer, je mehr neue Teile in das Neuprodukt eingehen, oder wenn es sich um eine absolute Neuentwicklung handelt (was sehr selten vorkommt). Die Auflösung des Produktes in Einzelteile wird zu diesem Zeitpunkt oft nur lückenhaft sein, so daß sich die Untergliederung auf Baugruppen beschränken muß.

Aus diesen Gründen muß damit gerechnet werden, daß die Weiterentwicklung des Produktes so starke Kostenänderungen erwarten läßt, daß der Beschluß, das Produkt in das Sortiment aufzunehmen, rückgängig gemacht werden muß. Um das finanzielle Risiko zu beschränken, erfolgt deshalb nur eine Teilfreigabe für Entwicklungskosten, die gerade ausreicht, die Entwicklung so weit zu treiben, daß eine sichere Kalkulation ermöglicht wird (Freigabeblock 1).

Während der Entwicklungsphase werden die variablen Kostenschätzungen des Produkts jeweils den Entwicklungseinzelheiten entsprechend berichtigt. Das geschieht unter Federführung der Produktkostenanalyse beim Controller in Zusammenhang mit den Entwicklungs- und Arbeitsvorbereitungsabteilungen. Am Ende der „Block-1-Phase liegen die verbesserten Kalkulationen vor. Zu diesem Zeitpunkt werden auch die nicht variablen und fixen Kosten, die Erlöse sowie die Investitionen überprüft und eine berichtigte Rentabilitätsberechnung vorgenommen. Ist das Ergebnis akzeptabel und zeigt es sich, daß die Produktanforderungen (Leistungsblatt, Spezifikation, „Product Package") erfüllbar erscheinen, wird die nächste Rate für die Entwicklungskosten freigegeben (Freigabeblock 2).

Block 2 führt bis zu einer Entwicklungsreife, die es zuläßt, ohne Risiko universell verwendbare Fertigungseinrichtungen zu bestellen und den Bau von Prototypen zu genehmigen. Am Ende dieser Phase liegen bereits ziemlich genaue Kalkulationen vor. Es erfolgt wie nach Block 1 eine erneute Rentabilitätsberechnung. Ist das Ergebnis zufriedenstellend, wird die dritte Rate der Entwicklungskosten freigegeben und gleichzeitig die Genehmigung von Anschaffungen für universelle Betriebsmittel und den Bau von Prototypen erteilt (Freigabeblock 3).

Zeigt sich, daß das Produkt nicht rentabel produziert und verkauft werden kann, erfolgt die Einstellung der Entwicklung.

Block 3 führt bis zu einer Entwicklungsreife, die zuläßt, typengebundene Betriebsmittel (Werkzeuge, Vorrichtungen, Sondermaschinen) zu bestellen. Prüfungsverfahren analog Block 2.

Block 4 beinhaltet die Entwicklung bis zu einer Reife, die es zuläßt, Produktionsmaterial zu bestellen, Block 5 führt schließlich zur Fertigungsfreigabe. Die Prüfungen bzw. Entscheidungen entsprechen analog denen der vorherigen Freigabeblöcke.

Dieses Verfahren stellt nicht nur die ständige finanzielle Kontrolle der zukünftigen Produkte sicher, sondern zwingt zu besserer Planung, besserem Kostenbewußtsein der Entwicklungsabteilung und der Fertigungsplanung und bildet eines der wichtigsten Glieder im Rahmen des Controllersystems, speziell in der Zukunftsbewertung des Unternehmens (Forecasting). Zusammen mit der zeitlichen Kontrolle der Produktentwicklung und der Fertigungsvorbereitung (Timing Management) sichert es das Unternehmen vor Fehlplanungen auf dem wichtigen Gebiet der Produktplanung ab.

3. Fallbeispiel

Die geschilderten Verfahren werden in diesem Beispiel erklärt. Um die Übersicht zu erhalten, wurden die Kalkulationsschemata verkürzt, ohne die Aussagekraft zu schmälern. Das heißt, es wurde ein Produkt mit mehreren Teilen und Baugruppen angenommen, aber nur einige einzeln durch die Kalkulationen gezogen, die restlichen wurden gruppiert.

a) Erstanalyse zur Produktentwicklungsentscheidung

Basis:	Das Neuprodukt ist ein verbessertes Nachfolgeprodukt für ein Haushaltsgerät (Kaffeemaschine). Die Spezifikation lautet:
Spezifikation für Kaffeemaschine KM-3	
Ablöseprodukt	Abgelöstes Produkt KM-2
Beschreibung	Das Ablöseprodukt muß die Leistungen des abzulösenden Produkts KM-2 erbringen und zusätzlich folgende Anforderungen erfüllen:
Styling	Modernes Styling in Anlehnung an das Konkurrenzprodukt SKM-4. Kunststoffteile wahlweise in elfenbein oder zartrosa, Beschläge in Chrom mit isolierten Kunststoffgriffen
Gehäuse	Verbesserter schlagunempfindlicher Kunststoff
Grundplatte	Erhöhte Hitzebeständigkeit auf 280°
Warmhalteplatte	Auf 150° erhöhte Temperatur mit Überhitzungsautomatik
Filtergehäuse	Wasserverteilung auf mindestens 9 cm² Oberfläche, Scheibenfilter (keine Filter-Tüten)
Gewicht	Mindestens 200 g unter KM-2
Kosten ohne Abschreibungen und Amortisation für Neuinvestitionen	KM-2 Kosten plus 3,00 DM
Verkaufsvolumen	250 000 pro Jahr über 4 Jahre
Bereitstellung	Am 1. 7. 1973 80 000 Stück
Vorgesehener Verkaufspreis	KM-2 plus 10,00 DM
Stylingmuster bis	1. 8. 1972
	Produktplanung
	_____
	(Unterschrift)

Die Ermittlungen des Controllers führen zu dem in Tabelle 4 dargestellten Resultat.

X Firma Produktkostenanalyse				Ermittlung der voraussichtlichen Produktkosten für:						
Vergleichsprodukt KM-2										
Teil-Nr.	Teil-Bezeichnung	Stck/Einh.	*Integrationsstand	variable Kosten für .... Einh.						
				Direktes Material DM	Direkter Lohn		var. FGK DM	var.Fertig.ko. DM	nv u. fixe Ko. DM	Herstell kosten
					Min.	DM				
KM-2 1305	Grundplatte	1	E	.30	1,1	.12	.15	.57	.33	.90
KM-2 1312	Gehäuse	1	E	.40	2,3	.25	.31	.96	.54	1.50
KM-2 1321	Filtergehäuse	1	E	.10	.5	.06	.09	.25	.20	.45
KM-2 1410	Warmhalteplatte	1	K	1.20				1.20		1.20
xx	Restliche Teile			11.50	20.0	2.20	3.10	16.80	6.40	23.20
	Montage	1	M		17.0	1.85	1.75	3.60	2.05	5.65
				13.50	40.90	4.48	5.40	23.38	9.52	32.90
Index-Lohn: April 1972				Material: Apr. 72			E-Abteilung Müller			

* E = Eigenfertigung, M=Montage im Hause, K=Kaufteil

Tabelle 4

Produktkostenanalyse

Haushaltskaffeemaschine												Leistungsblatt Nr.: 4711		
												Freigabeblock Nr.: für 1		
zu entwickelndes Produkt KM-3												Einheit = 1		

Teil-Nr.	Teil-Bezeichnung und Beschreibung d. Änderung	B.Ä.o.N***	Stck/Einh.	Integrations-stand	Variable Kosten für 1. Einh.							
					Direktes Material DM	Direkter Lohn Min.	Direkter Lohn DM	var. FGK DM	var.Fertio.ko. DM	nv u. fixe Ko** DM	Herstellko. DM	Spez. Werkz. DM 000
M-3 1305	Grundplatte	Ä	1	E	.35	1.1	.12	.15	.62	.33	.95	3.0
M-3 1312	Gehäuse	Ä	1	E	.45	2.3	.25	.31	1.01	.54	1.55	18.0
M-3 1321	Filtergehäuse	Ä	1	E	.12	0.6	.08	.10	.30	.17	.47	6.0
M-3 1410	Warmhalteplatte	Ä	1	K	1.35				1.35		1.35	12.0
x	Restliche Teile				12.30	22.0	2.50	3.60	18.40	6.60	25.00	280.0
	Montage	B	1	M		17.0	1.85	1.75	3.60	2.05	5.65	11.0
					14.57	43.0	4.80	5.91	25.28	9.69	34.97	330.0

PKA Schulze   Datum 3.4.1972   Blatt: 13   Seite 1   von 3

** Ohne Abschreibungen und Amortisation aus zus. Investierungen   *** B = bestehend, Ä = ähnlich, N = Neu

Tabelle 4

Die Herstellkosten ohne Amortisation und Abschreibungen für Neuinvestitionen des Vergleichsproduktes KM-2 wurden zu 32,90 DM ermittelt, die des Ablöseproduktes KM-2 zu 34,97 DM. Damit ist die Forderung der Spezifikation, Kosten KM-3 = Kosten KM-2 + 3,00 DM, erfüllt. Es besteht noch eine Reserve von 0,93 DM für das Produktkostenbudget KM-3. Der Controller (Produktkostenanalyse) läßt durch die Abteilung Fertigungstechnik die Investitionen und durch die Abteilung Fertigungslenkung die Erhöhung der Rohstoff- und Fertigwarenbestände ermitteln. Er selbst errechnet daraus und aus den Veränderungen der Forderungen und Verbindlichkeiten das durch die Produktentscheidung zusätzlich gebundene Kapital während der vorgesehenen Laufzeit des Produktes (vier Jahre). Danach führt er die Rentabilitäts- und Pay-out-Rechnung durch (Tabelle 5).

Tabelle 5

Rentabilitätsrechnung für KM-3

Preis- und Lohnindex: April 1972   Stückzahl: 1 000 000
Erlös: 80,00 DM/Stück   Investition: 4 Mio DM   Werkzeuge: 330 TDM

(TDM)	1. Jahr	2. Jahr	3. Jahr	4. Jahr	Langfristiger Durchschnitt
1. Erlös	20 000	20 000	20 000	20 000	20 000
2. Herstellkosten (Tab. 4)	8 975	8 975	8 975	8 975	8 975
3. Anlaufkosten	1 000	—	—	—	250
4. Vertriebs- und Verwaltungskosten	6 500	6 500	6 500	6 500	6 500
5. Markteinführung	2 000	—	—	—	500
6. Sonstige	600	600	600	600	600
7. Kosten 1—6	19 075	16 075	16 075	16 075	16 825
8. Gewinn vor zusätzlichen Abschreibungen	925	3 925	3 925	3 925	3 175
9. Zusätzliche Abschreibungen und Amortisation	882,5	722,5	594,5	492,1	582,5*
10. Gewinn vor Steuern	42,5	3 202,5	3 330,5	3 432,9	2 592,5
11. Gewinn nach 50 % Steuern	21,25	1 601,25	1 665,25	1 716,45	1 296,25
12. Anlagen und Spezialwerkzeuge	4 330	4 330	4 330	4 330	4 330
13. Abschreib. kumuliert (Jahresdurchschnitt)	(441,25)	(1 243,75)	(1 902,25)	(2 445,55)	(2 165)
14. Vorräte	2 150	2 150	2 150	2 150	2 150
15. Sonstiges Umlaufvermögen	1 020	1 020	1 020	1 020	1 020
16. Eingesetztes Kapital (12—15)	7 058,75	6 256,25	5 597,75	5 054,45	5 335,00
17. **Verzinsung des eingesetzten Kapitals in %** [(11:16) × 100]		25,5	30,0	34,0	24,0
18. Cash flow kumuliert (9+11)	903,75	3 227,50	5 485,25	7 693,80	Pay out (12:18) 2 Jahre, 6 Mon.

*) Abschreibungen 8 Jahre
   Amortisation 4 Jahre

Die Rentabilitätsrechnung ergibt für das zusätzlich eingesetzte Kapital eine durchschnittliche Verzinsung von 24 % und eine Amortisationszeit für die Investition von 4.330 TDM von etwa 2,5 Jahren. Beide Kennzahlen drücken ein befriedigendes, aber nicht hervorragendes Ergebnis aus, weil die Rendite auf das gesamte eingesetzte Kapital sehr viel geringer ist und das zusätzliche Kapital für ein so stark konkurrenzbedrohtes Produkt erst nach 2,5 Jahren zurückgeflossen sein wird.

Der Controller macht deshalb eine Kontrollrechnung für die Rendite auf das gesamte eingesetzte Kapital.

Tabelle 6

Rendite auf das gesamte eingesetzte Kapital

1. Langfristiger Durchschnitt laut Tabelle 5, Zeile 16:	5335	TDM
2. Durchschnittlicher Wert vorhandener, für das Produkt KM-3 benutzter Anlagen und Einrichtungen:	3205	TDM
3. Gesamtes eingesetztes Kapital:	8540	TDM
4. Gewinn nach Steuern laut Tabelle 5, Zeile 11:	1296,25	TDM
Verzinsung des gesamten eingesetzten Kapitals (4:3 × 100) 15 %		

Da auch das Ergebnis aus Tabelle 6 befriedigend ist und sowohl die Entwicklungsabteilung als auch die Abteilung Fertigungstechnik die Forderungen der Spezifikation für erfüllbar erklären, gibt die Produktplanungsabteilung das Produkt zur Entwicklung bis Ende Freigabeblock 1 frei.

b) Berichtswesen

Tabelle 7 zeigt den Kostenentwicklungsbericht, der aus der laufenden Berichtigung der Tabelle 4 gewonnen wird. Am Ende des Freigabeblocks 1 sagt er aus, daß sich das Vergleichsprodukt um 0,08 DM verbilligt hat, womit das Budget des Neuprodukts um den gleichen Betrag abgesenkt wird und daß die voraussichtlichen variablen Kosten des Erhitzersystems aus Konstruktionsgründen um 0,23 DM teurer werden.

Da das Produktkostenbudget weiterhin eingehalten wird, beschließt die Produktplanungsabteilung die Freigabe des Entwicklungsblocks 2. Am Ende des Blocks 2 haben sich die Kosten wie folgt geändert:

Auf Veranlassung der Produktplanung wurde das Anschlußkabel um 0,5 m verlängert, was zu einer Kostenerhöhung von 0,18 DM führt, im Verlauf der weiteren Entwicklung haben sich eine Reihe von Teilen geändert (Einzelheiten erscheinen in einem formlosen Bericht) und durch den Abschluß eines Tarifvertrages erhöhen sich die Lohnkosten um 0,50 DM. Es wurde daraufhin noch keine Änderung des Verkaufspreises vorgenommen. Die Material- und Kaufteilpreise bleiben vorläufig unverändert. Die Investierungen für Werkzeuge werden jetzt um 90 TDM höher auf 420 TDM geschätzt. Die Produktplanung gibt nunmehr den Entwicklungsblock 3 frei, womit die Fertigungstechnik Universalmaschinen kaufen darf.

X-Firma Produktkostenanalyse								KOSTENENTWICKLUNGSBERICHT über: KM-3 Abzulösendes bzw. Vergleichsprodukt: KM-2								Prod.-Gruppe: KM Blatt Nr.: 1	
1	2	3	4	5	6	7	8	9	10	11	12	13	14	15	16	17	18
	Entwickl.-stand	Jahres-stück-zahl	Netto-erlös	Her-* stell-kosten	Total var. Kosten	Budget	Abweich. zu Budget	Var. Kost. Änder. (Über-)-unter vorh. Design Design Econo-Market. Entv. mics			Fertig.-Meth.	Sonst.	Stand Änder.	Econo-mic Basis	Bemerkungen	Werk-zeug Kosten	Datum Unter-schrift
Vergleichsprodukt	3. Apr. 72	200.000	70,00	32,90	23,38	24,00	0,62	-	-	-	-	-	-	Apr. 72			
	5. Sept.72	200.000	70,00	32,50	23,30	24,00	0,70	-	-	-	0,08	-	8.9.72	Apr. 72	Polieroperation 5o entf. durch bessere Vor-operation	-	
	3. Sept.72	200.000	70,00	33,20	23,80	24,00	0,20	-	-	(0,50)	-	-	6.12.72	1.12.72	Neuer Tarifvertrag ab 1.12.1972	-	
	1. Apr. 73	200.000	70,00	33,00	23,60	24,00	0,40	-	-	-	0,20	-					
Neu-Produkt	Freigabe-block Prog-nose																
	1	1 Mio	80,00	34,97	25,28	26,21	0,93	-	-	-	-	-	-	-		TDM 33o	
	1	1 Mio	80,00	35,12	25,43	26,13	0,70	-	(0,23)	-	0,08	-	8.9.72	Apr. 72	Ende Freigabebl. 1 (5. Sept. 72) + DM 0,23 durch Mehrkosten i. Erhitzungssyst.	TDM 33o	
	2	1 Mio	80,00	36,05	26,16	26,63	0,47	(0,18)	(0,05)	(0,50)	-	-	6.12.72	1.12.72	Anschlußkabel um 0,5 m verlängert	TDM 42o	
	3	1 Mio	80,00	36,80	26,76	26,63	(0,13)	(0,20)	(0,40)	-	-	-	1.2.73	1.12.72	Verbesserung der Überhitzungsautomatik (0,20) Materialänderung f. alle Kunststofft.(0,20)	TDM 42o	
	4	1 Mio	80,00	36,35	26,36	26,43	0,07	-	0,20	-	0,20	-	1.4.73	1.12.72	Glaskrug m. Halterung vereinfacht	TDM 42o	
	5	1 Mio	80,00	35,40	25,56	26,43	0,87	0,20	-	-	0,60	-	1.5.73	1.12.72	Deckel für Filter entfällt		

* Die Herstellkosten verändern sich um die Änderung der variablen Kosten und die Änderungen in den festen und nicht variablen (sprungfixe) Kosten, die in der Fallstudie nicht detailliert behandelt und hier summarisch geschätzt wurden.

Leistungsblatt Nr.:
Prod. Gruppe:
Blatt Nr.:
Kosten in DM/Einheit =

Tabelle 7

Am Ende des Entwicklungsblocks 3 stehen im großen Ausmaß Teilzeichnungen zur Verfügung, die eine Erhöhung der geschätzten Kosten von 0,20 DM erbringen, Änderungen in der Kunststoffspezifikation bringen Mehrkosten von 0,20 DM und die Anpassung der Überhitzungsautomatik an verbesserte Konkurrenzfabrikate kostet weitere 0,20 DM. Die Produktplanung gibt den Entwicklungsblock 4 frei **und damit den Kauf von typengebundenen Werkzeugen.**

Am Ende des Freigabeblocks 4 ergibt die Vorkalkulation eine Verbilligung der variablen Kosten um 0,40 DM, wovon 0,20 DM aus verbesserten Fertigungsmethoden, die auch für das Vergleichsprodukt zutreffen, das Produktkostenbudget absenken. Die restlichen 0,20 DM rühren hauptsächlich von der Vereinfachung des Glaskruges her.

Die Freigabe des Blocks 5 wird beschlossen und damit der Kauf von Produktionsmaterial. Am Ende des Entwicklungsblocks 5 zeigt der Bericht eine Kostensenkung von 0,20 DM, weil die Produktplanung auf den Filterdeckel verzichtet und von 0,60 DM durch verbesserte Fertigungsmethoden, die durch geschicktere Werkzeugkonstruktionen und im Zusammenhang mit den Neuinvestitionen erzielt werden. Da die Investitionen voraussichtlich nicht überschritten werden, erfolgt die Fertigungsfreigabe.

In der Regel wird der Controller nunmehr eine neue Rentabilitätsrechnung, bezogen auf das gesamt eingesetzte Kapital und die vollen Kosten und Erlöse, durchführen, die später als „Soll"-Rentabilität in den Soll/Ist-Vergleich eingeht. Neben dem in Tabelle 7 dargestellten zusammengefaßten Kostenentwicklungsbericht wird ein „Design Cost Bericht" erstellt, der nur die konstruktionsbedingten Abweichungen enthält (Beispiel Tabelle 8). Die „Soll Design Cost" ergeben sich aus dem Unterschied der variablen Kosten in Tabelle 4 zu 25,28 DM minus 23,38 DM = 1,90 DM.

Design Cost Bericht (DM)

1. Soll-Design-Cost	1,90		
2. Design Cost laut Bericht vom 1. 4. 1973	2,76		
3. Design Cost dieser Bericht	2,56		
4. Abweichung zum Vorbericht (3 ./. 2) – (ungünstig) / günstig		0,20 Deckel Filtergehäuse entfällt	
5. **Abweichung Soll dieser Bericht** davon	0,66		siehe Bericht vom
		(0,23) Erhitzersystem	8. 9. 1972
		(0,18) Kabelverlängerung	6. 12. 1972
		(0,05) div. Teiländerung	6. 12. 1972
		(0,20) Überhitzerautom.	1. 2. 1973
		(0,20) Materialänderung Kunststoff	1. 2. 1973
		(0,20) Berichtigte Kalkulation	1. 2. 1973
		0,20 Vereinfachter Krug	1. 4. 1973
		0,20 Filterdeckel entfällt	1. 5. 1973

Tabelle 8

Der "Design Cost Bericht" gibt Aufschluß über die Entwicklungs- und Produktplanungseffizienz und ist ein einfaches, aber aufschlußreiches Mittel zur Überwachung dieser beiden Abteilungen.

4. Zusammenfassung

Das abgehandelte Fallbeispiel erklärt die vorwiegend in US-Unternehmen praktizierten Verfahren zur Kontrolle der Entwicklungs- und Produktplanungsabteilungen unter weitgehendem Einschluß der Selbstkontrolle ("Design Cost Kontrolle"), das Produktkostenanalyse-Verfahren zur einfachen und sicheren Ermittlung der voraussichtlichen Kosten eines Produkts im Vergleichsverfahren (Übernahme bestehender Kosten von einem Vergleichsprodukt) und das Verfahren zur Risikoeinschränkung durch die Freigabe von Entwicklungsblöcken nach Überprüfung der voraussichtlichen Kosten- und Investitionsentwicklung. Das Verfahren wird in manchen Fällen zum Abbruch der Entwicklung führen. In Fällen, in denen die Entwicklungs- und Investitionskosten bedeutend sind und zeitlich beträchtlich dem Verkauf der neuen Produkte vorlaufen, empfiehlt sich, den Zeitwert des Geldes durch die Abzinsung der Ausgaben und Einnahmen zu berücksichtigen.

6

Aufbau eines integrierten Systems der statistischen Qualitätskontrolle in einem Industriebetrieb

Von Prof. Dr. August-Wilhelm Scheer und Dr. Heiner Seibt

A. Problemstellung

Für einen Industriebetrieb, der dauerhafte Konsumgüter produziert, soll zur Überwachung der Qualität eines bestimmten Produkttyps ein Kontrollsystem aufgebaut werden.

Von dem betrachteten Produkt werden täglich 1000 ME produziert. Vor Beginn der täglichen Produktion werden die Produktionsanlagen gerichtet und die Werkzeuge neu eingestellt oder gegen neue ausgewechselt.

Der Materialfluß und das Produktionssystem sind in Abb. 1 dargestellt.

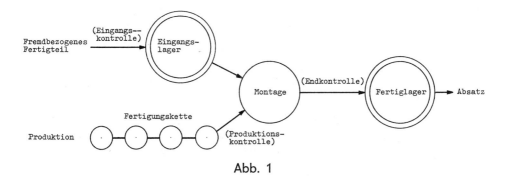

Abb. 1

Das Erzeugnis besteht aus einem fremdbezogenen Fertigteil und einem auf der eigenen Fertigungsstraße produzierten Teil, die in der Endmontage zusammengefügt werden.

Die Fremdteile werden täglich in Partien von der Höhe einer Tagesproduktion angeliefert und auf ein Eingangslager geleitet (auf dem ein Sicherheitsbestand ständig lagert); von dort werden täglich 1000 Einheiten in die Endmontage übernommen.

Die Aggregate der Fertigungskette sind starr miteinander verkettet, es bestehen zwischen ihnen keine Zwischenlager.

Nach der Endmontage wird eine Tagesproduktion jeweils als ein geschlossener Posten auf das Fertiglager geleitet.

An das Produkt werden vom Verbraucher bestimmte Mindestanforderungen hinsichtlich seiner Qualität[1]) gestellt, um den geforderten Preis im Vergleich zu Konkurrenzprodukten zu rechtfertigen. Ob eine fertiggestellte Produkteinheit den geforderten Qualitätsgrad erfüllt, kann durch die Messung einer bestimmten technischen Eigenschaft festgestellt werden. Diese technische Eigenschaft wird von den Eigenschaften sowohl des fremdbezogenen als auch des auf der Fertigungsstraße des Betriebes hergestellten Teiles beeinflußt. Weiterhin hat die Sorgfalt, mit der die Endmontage ausgeführt wird, einen Einfluß. Da diese Einflußgrößen von Tag zu Tag unterschiedlich wirken, schwankt auch die Zahl der fehlerhaften Erzeugniseinheiten pro Tag.

Das Unternehmen garantiert für die ausgelieferten Erzeugniseinheiten die Einhaltung der Mindestanforderungen. Sind sie bei einem Erzeugnis nicht erfüllt, so wird das Erzeugnis auf Kosten der Unternehmung nachgebessert. Da diese Kosten relativ hoch sind, soll ein Kontrollsystem aufgebaut werden, das die Auslieferung fehlerhafter Stücke weitgehend verhindert.

Mit der Einrichtung und Durchführung der Qualitätskontrolle entstehen ebenfalls Kosten. Es soll darum ein Kontrollsystem aufgebaut werden, das den Gewinn pro Tag unter Beachtung der Garantiekosten und der Kontrollkosten maximiert.

Im einzelnen muß entschieden werden, an welchen Stellen innerhalb des Produktionssystems Kontrollstellen eingerichtet werden sollen und wie intensiv die Kontrollen durchgeführt werden sollen. Die Intensität der Kontrolle wird durch die Art des angewendeten statistischen Testplanes bestimmt. Es ist festzulegen, ob z. B. grundsätzlich jede Erzeugniseinheit geprüft wird (Vollkontrolle) oder ob lediglich Stichproben untersucht werden und eine Vollkontrolle nur bei einem sehr schlechten Stichprobenergebnis durchgeführt wird.

Da es gilt, Garantiekosten in Form von Nachbesserungskosten möglichst zu vermeiden, erscheint es auf den ersten Blick sinnvoll, nach der Fertigmontage des Produkts eine E n d k o n t r o l l e vorzunehmen und lediglich einwandfreie Produkte auf das Fertiglager weiterzugeben.

Allerdings könnten durch eine Produktionskontrolle Fehler in der Fertigungskette bereits v o r der Endmontage entdeckt werden und durch eine Eingangskontrolle ebenfalls Mängel bei den bezogenen Fremdteilen. Durch Aussonderung der fehlerhaften Teile v o r der Endmontage könnten überflüssige Montagekosten für diese Teile vermieden werden.

---

[1]) Neben dem Preis und der Mengeneinheit ist die Qualität das dritte Merkmal zur ökonomischen Charakterisierung eines Gutes. Der Qualitätsgrad eines Gutes gibt damit die Ausprägung des Merkmals Qualität an und bezeichnet den Eignungsgrad, den die Gesamtheit der Eigenschaften des Produktes für den zugedachten Verwendungszweck besitzt. Die Qualität eines Produktes kann entweder bestimmten Kategorien zugeordnet werden oder intensitätsmäßig festgestell werden. Sogenannte qualitative Merkmale (z. B. Farbe, Geschmack, Form) können lediglich in Kategorien eingeordnet werden, während sogenannte quantitative Merkmale (z. B. Lebensdauer, Normabweichungen) auch intensitätsmäßig gemessen werden können. In der vorliegenden Arbeit werden stets attributive Merkmale unterstellt, die den Kategorien „gut" – „schlecht" zugeordnet werden.

Zwischen der Gestaltung dieser drei Kontrollmöglichkeiten: Endkontrolle, Eingangskontrolle und Produktionskontrolle bestehen Interdependenzen, so daß nur die Untersuchung eines integrierten Kontrollsystems alle Erlös- und Kostenkomponenten einbeziehen kann.

Zunächst soll die gewinnoptimale Gestaltung der Endkontrolle untersucht werden; anschließend werden Testpläne für die Eingangs- und die Produktionskontrolle entwickelt. Im abschließenden Teil werden dann die Testpläne zu einem integrierten System der statistischen Qualitätskontrolle zusammengefügt.

B. Gestaltung der Endkontrolle

Die Endkontrolle hat die Aufgabe, „schlechte" Produkteinheiten festzustellen und auszusondern. Durch die Aussonderung schlechter Einheiten wird der Qualitätsgrad der Tagesproduktion erhöht. Der Qualitätsgrad der Tagesproduktion läßt sich durch den durchschnittlichen Prozentsatz fehlerhafter Produkte, die nach Durchführung der Endkontrolle noch in der Tagesproduktion enthalten sind, zum Ausdruck bringen. Dieser Fehleranteil wird als Average Outgoing Quality (AOQ) bezeichnet.

Wie intensiv die Endkontrolle durchgeführt wird, hängt von dem angewendeten statistischen Testplan ab und dieser — bei einer gewinnoptimalen Gestaltung — von den Kosten- und Erlöskomponenten der Endkontrolle.

I. Kosten- und Erlöskomponenten

Zur Untersuchung der Erzeugniseinheiten muß eine Prüf- und Kontrolleinrichtung mit entsprechender sachlicher und personeller Ausstattung eingerichtet werden. Der Umfang dieser Ausstattung hängt von dem langfristigen Prüfaufwand ab und ist damit eine Funktion des Qualitätsgrades der Produktion und des statistischen Kontrollplanes. Es bestehen zwei Möglichkeiten der Kontrolle: Einmal kann grundsätzlich jede Einheit der Tagesproduktion vom Umfang N = 1000 überprüft werden (Vollkontrolle); zum andern kann eine Stichprobe der Größe n ($0 \leq n < N$) geprüft und lediglich bei einem sehr schlechten Stichprobenergebnis eine Vollkontrolle nachgeholt werden[2].

Im ersten Fall (Vollkontrolle) entsteht ein Gewinn pro Tag von:

(1) $G_1(p) = \underbrace{N \cdot d}_{\text{Bruttogewinn}} - \underbrace{N \cdot p \cdot k_B}_{\substack{\text{Kosten der}\\\text{Nachbearbeitung}}} - \underbrace{N \cdot k_p}_{\substack{\text{Prüf-}\\\text{kosten}}} - \underbrace{PK}_{\substack{\text{fixe}\\\text{Kontroll-}\\\text{kosten}}}$

---

[2] Eine Vollkontrolle scheidet aus, wenn die Prüfung einer Mengeneinheit mit der Zerstörung des Produktes verbunden ist (sog. zerstörende Kontrolle). In dem hier betrachteten Fall beeinträchtigt der Kontrollvorgang die weitere Verwendung des Produktes nicht. In dieser Arbeit soll von Inspektionsfehlern grundsätzlich abgesehen werden, d. h., alle fehlerhaften inspizierten Stücke werden als solche erkannt.

N = Umfang der Tagesproduktion

d = Deckungsspanne pro ME (ohne Berücksichtigung der Prüf- und Kontrollkosten)

p = effektiver Anteil fehlerhafter Stücke in einer Tagesproduktion

k_B = Kosten der Nachbearbeitung eines fehlerhaften Stückes

k_p = variable Prüfkosten pro Mengeneinheit

PK = fixe Kosten der Prüf- und Testeinrichtung pro Tag.

Eine als fehlerhaft festgestellte Einheit muß einer Nachbearbeitung unterzogen werden, wobei Kosten in Höhe von k_B anfallen. Garantiekosten entstehen im Fall der Vollkontrolle nicht, da alle vorhandenen fehlerhaften Stücke ausgesondert werden.

Wird die Tagesproduktion ungeprüft verkauft, d. h., n = 0, so entsteht ein Gewinn pro Tag in Höhe von

(2) $G_2^*(p) = N \cdot d - N \cdot p \cdot k_G$.

k_G bedeutet die je fehlerhafte Mengeneinheit anfallenden Garantiekosten[3]). Eine Kontrollstation braucht in diesem Fall nicht eingerichtet zu werden. Die Gewinnfunktionen (1) und (2) hängen beide von dem Fehleranteil p einer Tagesproduktion ab. Die Höhe von p ist vor Beginn der Qualitätskontrolle für eine bestimmte Tagesproduktion unbekannt. Für den hier für möglich gehaltenen Wertebereich[4]) von p sind die Gewinnfunktionen (1) und (2) in Abb. 2 dargestellt.

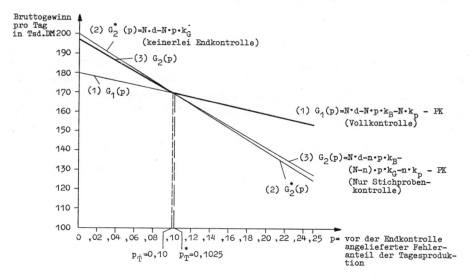

Abb. 2

[3]) Die Garantiekosten umfassen Kosten der Nachbearbeitung und den Ersatz von Auslagen des Abnehmers für Transport usw. Weiter sind in ihnen ein Betrag zur Berücksichtigung des durch den Absatz fehlerhafter Ware entstandenen Verlustes an akquisitorischem Potential enthalten.

[4]) Auf Grund von Erfahrungen wird höchstens ein Anteil von p = 0,25 (= 25 %) fehlerhafte Erzeugniseinheiten für möglich erachtet und in Abb. 2 entsprechend berücksichtigt.

Den Funktionen liegt folgende Datensituation zugrunde:

N = 1000; d = 200; k_B = 100; k_G = 300; k_p = 20; PK = 500.

Die Kostengrößen sind der Kostenstatistik des Unternehmens entnommen.

Die Funktionen (1) und (2) schneiden sich in p = p_T^* = 0,1025.

Bei Qualitätsgraden der Produktion von p < p_T^* ist es hiernach gewinngünstiger, keine Abnahmekontrolle vorzunehmen, im Fall p > p_T^* sollte hingegen eine Vollkontrolle vorgenommen werden.

Da aber der Qualitätsgrad p einer Tagesproduktion vor der Untersuchung unbekannt ist und mithin größer oder kleiner als p_T^* sein kann, ist es sinnvoll, an Hand der Untersuchung einer Stichprobe vom Umfang n (N > n > 0) aus der jeweiligen Tagesproduktion festzustellen, welche der beiden Alternativen: Vollkontrolle oder Absatz ohne Vollkontrolle, gewählt werden soll. Damit treten zu (2) die Kontrollkosten hinzu, da nunmehr die Einrichtung der Kontrollstation in jedem Fall nötig ist. Bei Wahl der ersten Alternative ist wieder $G_1(p)$ erfüllt, wenn unterstellt wird, daß durch die Stichprobenbeziehung der ersten n Elemente keine zusätzlichen Kosten entstehen. Wird nach der Stichprobenprüfung die zweite Alternative gewählt, so ergibt sich der Gewinn aus:

(3) $G_2(p) = N \cdot d - n \cdot p \cdot k_B - (N - n) \cdot p \cdot k_G - n \cdot k_p - PK$

        Brutto-   Kosten der   Garantie-   Prüf-   fixe
        gewinn   Nachbear-   kosten   kosten   Kontroll-
                beitung   kosten

Auch der Verlauf dieser Funktion für n = 100 ist in Abb. 2 eingezeichnet; es ergibt sich ein Schnittpunkt mit der Geraden der Vollkontrolle bei p_T = 0,10. Bei Qualitätsgeraden p > p_T ist eine Vollkontrolle günstiger, während bei Fehleranteilen von p ≤ p_T die Tagesproduktion nicht weiter untersucht wird.

Der starkausgezogene Linienzug in Abb. 2 gibt damit den für jeden Qualitätsgrad p höchsten Gewinn unter Berücksichtigung der besten Entscheidung an.

Nun ist es aber gerade das Wesen der Stichprobenprüfung, daß an Hand eines Stichprobenergebnisses nicht mit letzter Sicherheit ermittelt werden kann, ob der Qualitätsgrad der gesamten Produktionsmenge größer oder kleiner als p_T ist und welche Entscheidung damit „richtig" ist. Vielmehr kann eine Aussage jeweils nur mit einer gewissen Wahrscheinlichkeit gemacht werden, deren Höhe von dem Stichprobenverfahren abhängt. Es stellt sich damit die Aufgabe, das in der vorliegenden Situation günstigste Verfahren, den gewinnoptimalen Stichprobenplan, zu ermitteln.

II. Der gewinnoptimale Stichprobenplan

Ein Stichprobenplan besteht aus dem Stichprobenumfang n und der Annahmezahl c. Wenn eine Stichprobe vom Umfang n gezogen und die Zahl der fehlerhaften Stücke c' ausgezählt worden ist, wird anschließend nach folgender Regel entschieden: Die Tagesproduktion wird angenommen, d. h. nicht weiter kontrolliert, wenn die Zahl der fehlerhaften Stücke $c' \leq c$ ist; im Fall $c' > c$ wird das Produktionslos abgelehnt, d. h., es werden auch die restlichen (N − n) Mengeneinheiten des geschlossenen Fertigungspostens geprüft.

Ob die Entscheidung gemäß Abb. 2 „richtig" war, hängt davon ab, ob das Stichprobenergebnis den tatsächlichen Qualitätsgrad p der Tagesproduktion richtig widerspiegelt. Wie hoch das Risiko von Fehlentscheidungen auf Grund irrtümlicher Stichprobenergebnisse ist, kann mit Hilfe von Ergebnissen der statistischen Stichprobentheorie abgeschätzt werden.

Die Zahl der in einer zufällig[5]) gezogenen Stichprobe vom Umfang n enthaltenen fehlerhaften Stücke c' aus einer Tagesproduktion mit einem effektiven Fehleranteil von p folgt angenähert einer Binomialverteilung[6]). Für n = 100 und p = 0,10 sind in Abb. 3 die Wahrscheinlichkeiten für c' gemäß der entsprechenden Binomialverteilung dargestellt. Zum Beispiel ist hiernach die Wahrscheinlichkeit für das Auftreten von 5 fehlerhaften Stücken in einer Stichprobe vom Umfang n, gezogen aus einer Tagesproduktion, die 10 % fehlerhafte Stücke enthält, gleich 0,0339.

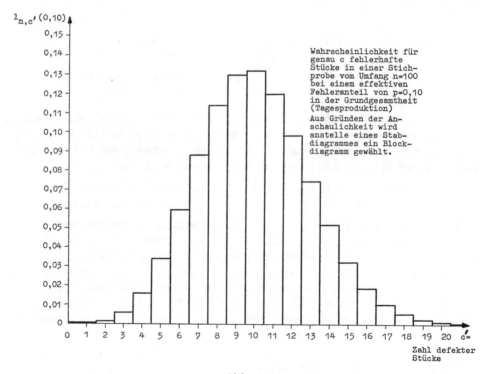

Abb. 3

---

[5]) Eine Stichprobe heißt hier zufällig gezogen, wenn jedes Element der Grundgesamtheit (der Tagesproduktion) die gleiche Wahrscheinlichkeit besitzt, gezogen zu werden.

[6]) Es wird unterstellt, daß N gegenüber n relativ groß ist.

Bei einem bestimmten effektiven Qualitätsgrad p ergibt sich die Wahrscheinlichkeit, daß genau c' schlechte Stücke in einer Stichprobe vom Umfang n enthalten sind, aus der Formel für die Binomialverteilung[7]):

$$(4) \quad l_{n,c'}(p) = \binom{n}{c'} p^{c'} (1-p)^{n-c'} \quad \text{für } c' = 0, 1, 2, \ldots, n.$$

Die Wahrscheinlichkeit, daß in der Stichprobe nicht mehr als c schlechte Stücke vorhanden sind und somit das Produktionslos angenommen wird, ist gleich

$$(5) \quad L_{n,c}(p) = \sum_{c'=0}^{c} \binom{n}{c'} p^{c'} (1-p)^{n-c'} \quad \text{für } c = 0, 1, 2, \ldots, n.$$

Diese Annahmewahrscheinlichkeit $L_{n,c}(p)$ wird auch als Operationscharakteristik eines Prüfplans bezeichnet. Für den Stichprobenplan n = 100, c = 8 ist in Abb. 4 der typische Verlauf der Operationscharakteristik in Abhängigkeit vom Qualitätsgrad p der Tagesproduktion eingezeichnet.

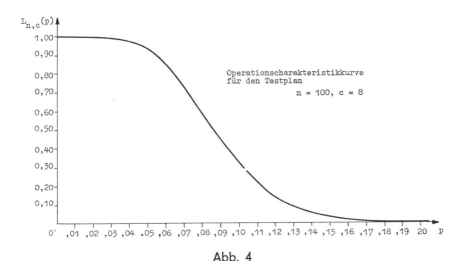

Abb. 4

Bei niedrigen Fehleranteilen in der Tagesproduktion ist die Wahrscheinlichkeit, weniger als 9 fehlerhafte Stücke in der Stichprobe zu erhalten, sehr hoch. Mit größer werdendem p nimmt diese Wahrscheinlichkeit ab und entsprechend nimmt die komplementäre Wahrscheinlichkeit $(1 - L_{n,c}(p))$ zu, mehr als 8 fehlerhafte Stücke zu finden.

Damit ist die Wahrscheinlichkeit, auf Grund der Stichprobe eine Tagesproduktion abzulehnen, gleich $1 - L_{n,c}(p)$. Eine Tagesproduktion mit dem Fehleranteil p wird also mit der Wahrscheinlichkeit $L_{n,c}(p)$ angenommen und mit der Wahrscheinlichkeit $1 - L_{n,c}(p)$ abgelehnt, d. h. vollständig geprüft.

---

[7]) $\binom{n}{c'} = \dfrac{n!}{c'! \cdot (n-c')!} = \dfrac{n \cdot (n-1) \cdot (n-2) \ldots (n-c'+1)}{c' \cdot (c'-1) \cdot (c'-2) \ldots 1}.$

Für einen gegebenen Qualitätsgrad p der Tagesproduktion und gegebenem Stichprobenplan (n, c) ergibt sich unter Verwendung der Annahme- und Ablehnungswahrscheinlichkeiten zur Gewichtung der Gewinnwerte gemäß (1) und (3) ein durchschnittlicher Gewinn pro Tag in Höhe von

(6) $\bar{G}(p) = \underbrace{L_{n,c}(p) \cdot G_2(p)}_{\text{bei Annahme}} + \underbrace{(1 - L_{n,c}(p)) \cdot G_1(p)}_{\text{bei Ablehnung}}$

$= L_{n,c}(p) \cdot [N \cdot d - n \cdot p \cdot k_B - (N-n) \cdot p \cdot k_G - n \cdot k_p - PK]$
$+ (1 - L_{n,c}(p)) \cdot [N \cdot d - N \cdot p \cdot k_B - N \cdot k_p - PK].$

Für den Stichprobenplan (n = 100, c = 8) ist der Verlauf dieser Gewinnfunktion in Abb. 5 eingezeichnet. Gleichzeitig sind zum Vergleich die Gewinngeraden bei Vollkontrolle und reiner Stichprobenkontrolle eingetragen. Die Gewinnfunktion $\bar{G}(p)$ verläuft wegen der auf Grund des Testplanes in Kauf genommenen „Fehl-

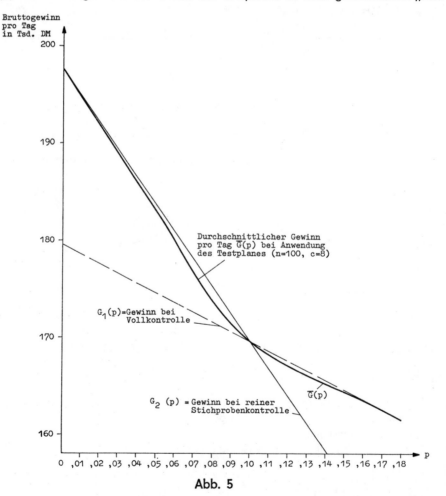

Abb. 5

entscheidungen" unterhalb der diese möglichen Entscheidungen nicht berücksichtigenden Gewinngeraden $G_2(p)$ für $p < 0{,}10$ und $G_1(p)$ für $p > 0{,}10$. Bei der Trennqualität $p = 0{,}10$ haben alle Gewinnfunktionen den gleichen Wert; hier ist es unerheblich, ob Vollkontrolle oder reine Stichprobenkontrolle vorgenommen wird und damit können auch keine Fehlentscheidungen auftreten.

Da der Fehleranteil der Tagesproduktion p von vielen Einflußfaktoren bestimmt wird, schwankt er von Tag zu Tag. Allerdings wird er nicht vollkommen regellos Werte zwischen 0 und 1 annehmen, sondern innerhalb eines engeren Bereiches um einen mittleren Fehleranteil $\bar{p}$ streuen. Wenn die Verteilung $f(p)$ des täglichen Fehleranteils p bekannt ist, kann der durchschnittliche Gewinn pro Tag gemäß Formel (7) errechnet werden. Die durchschnittlichen Gewinnwerte für die einzelnen Fehleranteile werden mit den Wahrscheinlichkeiten für das Auftreten der Fehleranteile gewichtet und addiert[8]).

Der Gewinnerwartungswert $\bar{G}$ kann als Maß für die Auswahl eines Testplans herangezogen werden.

Da p nunmehr selbst eine Zufallsvariable mit der diskreten Verteilung $f(p)$ ist, ergibt sich der durchschnittliche Gewinn pro Tag nach

(7) $\quad \bar{G} = \sum_{p=0}^{p=1} \bar{G}(p) \cdot f(p).$

Für jeden Plan (n, c) ist dann der erwartete Gewinn gemäß der Formel (7) auszurechnen und derjenige Testplan zu ermitteln, dessen Gewinnerwartungswert am größten ist[9]). Hierzu ist allerdings ein erheblicher Rechenaufwand erforderlich.

Im vorliegenden Fall haben Aufzeichnungen über Garantiefälle ergeben, daß sich der tägliche Fehleranteil p zwischen 0,10 und 0,18 bewegt. In diesem Fall erübrigt sich die Ermittlung eines Stichprobenplans, da aus Abb. 2 und 5 hervorgeht, daß in diesem Bereich jeweils die Vollkontrolle am gewinngünstigsten ist. Der durchschnittliche Bruttogewinn pro Tag liegt damit zwischen 169 500 DM (bei $p = 0{,}10$) und 161 500 DM (bei $p = 0{,}18$).

Da die Nacharbeitung eines in der Endkontrolle entdeckten fehlerhaften Stückes mit $k_B = 100$ erhebliche Kosten verursacht, entsteht die Frage, ob durch eine Vorverlagerung der Qualitätskontrolle diese Kosten gesenkt werden können.

Die hier untersuchte technische Eigenschaft des Endprodukts wird von dem fremdbezogenen Vorprodukt und dem Halberzeugnis der Fertigungsstraße bestimmt. Es liegt deshalb nahe, diese Vorprodukte bereits isoliert auf ihre Güte hin zu prüfen und defekte Teile erst gar nicht zur Montage gelangen zu lassen. Dadurch können überflüssige Montagekosten vermieden werden. Weiterhin bewirkt die vorgezogene Kontrolle, daß der Fehlerprozentsatz des Produktionsloses vor der Endkontrolle stark vermindert wird, so daß hier u. U. zu einem weniger aufwendigen Prüfverfahren übergegangen werden kann.

---

[8]) In dieser Arbeit wird der Fehleranteil p in Hundertstel gemessen und damit eine diskrete Verteilung unterstellt.

[9]) Da die Verteilung f (p) als bekannt vorausgesetzt wird, ist der Erwartungswert eine sinnvolle Zielgröße. Ist dagegen f (p) unbekannt bzw. nur ein Bereich möglicher p-Werte gegeben, so besteht eine andere sinnvolle Entscheidungsregel darin, denjenigen Testplan (n.c) zu wählen, der im Bereich der relevanten p-Werte den größten kleinsten Gewinn aufweist (Maxi-Min-Regel).

Allerdings sind nunmehr zusätzlich eine Kontrolle der bezogenen Fertigteile (Eingangskontrolle) und eine Kontrolle der Produktion (laufende Produktionskontrolle) erforderlich. Da aber dort entdeckte defekte Stücke geringere Nacharbeitungskosten verursachen als erst bei der Endkontrolle entdeckte, können eventuell die Kosten insgesamt gesenkt werden. Um zu prüfen, wie sich die Kostensituation ändert, wird zunächst ein Plan für die Eingangskontrolle des Fertigteils und anschließend ein Plan für die Kontrolle der Produktion aufgestellt.

C. Wareneingangskontrolle

I. Die Größen des Stichprobenplans

In der Wareneingangskontrolle soll das angelieferte Fertigteil auf seine Übereinstimmung mit den im Kaufvertrag festgelegten Qualitätsnormen überprüft werden. Der langfristige Liefervertrag, den das Unternehmen abzuschließen gedenkt, soll auch Bestimmungen über die Art der Qualitätskontrolle enthalten. Die Verhandlungen mit den Lieferfirmen haben zu folgendem Ergebnis geführt: Eine Lieferung gilt als einwandfrei, wenn der Anteil fehlerhafter Stücke nicht größer als $p_0 = 0{,}04$ ist. Sind mindestens 10 % der gelieferten Teile defekt, also $p_1 = 0{,}10$, so wird die Lieferung von der Unternehmung abgelehnt, der Lieferer muß die gesamte Sendung einer 100-%-Kontrolle unterziehen. Ob eine Sendung angenommen oder abgelehnt wird, soll mit einer Stichprobenkontrolle bei der Anlieferung festgestellt werden. Wegen des Zufallcharakters eines Stichprobenergebnisses ist es nun aber möglich, daß auf Grund eines „schlechten" Stichprobenergebnisses eine Lieferung abgelehnt wird, obwohl ihr Fehleranteil nicht größer als $p_0 = 0{,}04$ ist; andererseits kann es vorkommen, daß aus einer Lieferung mit einem hohen Fehleranteil eine relativ „gute" Stichprobe gezogen wird. In dem Vertrag wird deshalb vereinbart, daß ein Stichprobenplan (n, c) bei der Eingangskontrolle angewendet werden soll, der folgenden Bedingungen genügt:

1. Für einen tatsächlichen Fehleranteil in der Lieferung von $p_0 = 0{,}04$ soll die Wahrscheinlichkeit, diese Sendung auf Grund eines Stichprobenergebnisses gemäß dem Testplan a b z u l e h n e n, höchstens gleich $\alpha = 0{,}05$ sein[10]). Man nennt dieses Risiko, da es zu Lasten des Lieferers geht, das „Produzentenrisiko".

2. Für einen tatsächlichen Fehleranteil in der Lieferung von $p_1 = 0{,}10$ soll die Wahrscheinlichkeit, diese Lieferung auf Grund eines Stichprobenergebnisses a n z u n e h m e n, höchstens gleich $\beta = 0{,}10$ sein[11]). Da dieses Risiko zu Lasten des Käufers geht, wird es auch als „Konsumentenrisiko" bezeichnet.

Es muß also ein Testplan gefunden werden, dessen Operations-Charakteristik-Kurve (OC-Kurve), also die Kurve der Annahmewahrscheinlichkeit $L_{n,c}(p)$, bei

---

[10]) Eine Hypothese auf Grund eines Stichprobenergebnisses abzulehnen, obwohl sie richtig ist, wird als Fehler 1. Art bezeichnet.

[11]) Eine Hypothese auf Grund eines Stichprobenergebnisses anzunehmen, obwohl sie falsch ist, wird als Fehler 2. Art bezeichnet.

$p = p_0 = 0{,}04$ einen Wert von $(1-\alpha) = 0{,}95$ und bei $p = p_1 = 0{,}10$ einen Wert von $\beta = 0{,}10$ aufweist.

II. Stichprobenpläne

1. Einfacher Stichprobenplan mit festem n

Der Stichprobenumfang n und die kritische Zahl defekter Stücke c müssen so bestimmt werden, daß die OC-Kurve dieses Plans den angegebenen Daten genügt. Da der Umfang der Lieferung N sehr groß ist, müssen folgende Bedingungen, abgeleitet aus der Binomialverteilung, erfüllt sein.

$$(8) \qquad 1 - L_{n,\,c}(p_0) = \sum_{r=c+1}^{n} \binom{n}{r} p_0^r (1-p_0)^{(n-r)} = \alpha = 0{,}05$$

$$(9) \qquad L_{n,\,c}(p_1) = \sum_{r=0}^{c} \binom{n}{r} p_1^r (1-p_1)^{(n-r)} = \beta = 0{,}10$$

Durch gezieltes Probieren für n und c kann der geeignete Sichprobenplan gefunden werden[12].

Ein Plan, der die Bedingungen hinreichend erfüllt, ist $n = 150$, $c = 10$, die zugehörige OC-Kurve ist in Abb. 6 gezeichnet.

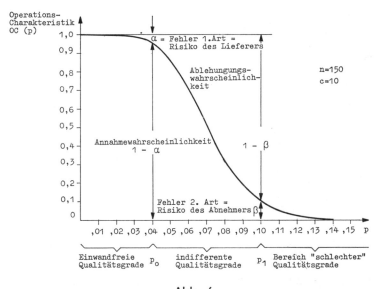

Abb. 6

---

[12] Da dies aber relativ mühselig ist, kann bei p · n relativ klein im Verhältnis zu N die Binomialverteilung durch eine Poissonverteilung angenähert und dann an Hand tabellierter kumulierter Poissonverteilungen n und c bestimmt werden. Vgl. dazu z. B. R. Wild, The Techniques of Production Management, Holt, Rinehart and Winston Ltd. 1971, S. 383 ff.

Lieferungen mit einem niedrigeren Fehleranteil als p_0 gelten als einwandfrei, Lieferungen mit einem höheren Fehleranteil als p_1 als unzureichend. Die Qualitätsgrade zwischen p_0 und p_1, über die im Vertrag nichts ausgesagt ist, gelten als indifferent.

Fehlentscheidungen zu Lasten des Produzenten können sich bei allen p-Werten ergeben, die kleiner als p_1 sind; Fehlentscheidungen zu Lasten des Abnehmers treten bei Lieferungen auf, deren Fehleranteil größer oder gleich p_1 ist.

Laut Vertrag gehen die Kontrollkosten zu Lasten des Beziehers. Die variablen Prüfkosten belaufen sich pro Mengeneinheit auf 15 DM. Die Kosten der gesamten Eingangskontrolle setzen sich aus den fixen Kontrollkosten pro Tag in Höhe von 1000 DM und den variablen Stichprobenkosten in Höhe von 150 · 15 zusammen und betragen damit insgesamt pro Tag 3250 DM. Ob sich die Einrichtung dieser Kontrolle für das Unternehmen lohnt, kann erst entschieden werden, wenn die Auswirkungen auf die Endkontrolle betrachtet werden, d. h., wenn festgestellt wird, wieviel Prüfkosten bei der Endkontrolle und wieviel Nachbearbeitungskosten dort entfallen. Während bei der Eingangskontrolle abgelehnte Partien auf Kosten des Lieferers zu 100 % geprüft und fehlerhafte Teile ausgesondert werden, führt das Entdecken eines Fehlers nach der Montage zu hohen Nachbearbeitungs- bzw. Garantiekosten.

Es muß untersucht werden, wie sich durch den Testplan der Eingangskontrolle die durchschnittliche Anzahl fehlerhafter Teile – die AOQ – des Eingangslagers verändert. Bei der Eingangskontrolle ergeben sich jeweils in Abhängigkeit von c', der Zahl defekter Einheiten in der Stichprobe, zwei Entscheidungsalternativen:

1. Annahme der gesamten Lieferung bei $c' \leq c$;
2. Ablehnung, d. h. 100 %-Inspektion der Lieferung und Ersatz der defekten Teile durch einwandfreie bei $c' > c$.

Im Fall 1) sind nach der Kontrolle n einwandfreie Fertigteile vorhanden (da fehlerhafte Teile in der Stichprobe vom Käufer ersetzt werden), während in der Restlieferung $(N-n)$ die Zahl der fehlerhaften Stücke gleich $p(N-n)$ ist.

Im Fall 2) sind alle N-Stücke fehlerfrei.

Für einen Fehleranteil von p ist damit nach der Eingangskontrolle der erwartete Fehleranteil, also die Average Outgoing Quality[13]), $AOQ(p) = \dfrac{L_{150,10}(p) \cdot (N-n) \cdot p}{N}$

Da der Fehleranteil p von Lieferung zu Lieferung schwankt, wird die AOQ(p) für unterschiedliche Fehlerprozentsätze p für den Testplan in Abb. 7 tabelliert.

Das Maximum – AOQ-Limit – gibt den Fehlerprozentsatz p an, bei dem die AOQ am schlechtesten ist.

---

[13]) Ausführlich lautet die Formel für AOQ (p):

$$\frac{L_{150,10}(p) \cdot (N-n) \cdot p + (1 - L_{150,10}(p)) \cdot O \cdot p}{N}$$

Integriertes System der statistischen Qualitätskontrolle

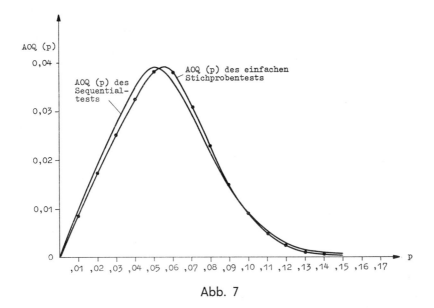

Abb. 7

Der Lieferer wird versuchen, um Garantiekosten zu vermeiden, den Fehleranteil niedrig, d. h. in der Nähe von p_0 zu halten[14]. Deshalb sind nicht alle p gleich wahrscheinlich, sondern es kann eine Verteilung $f_1(p)$ der p-Werte mit dem Maximum in der Nähe von p_0 erwartet werden. Die AOQ ist dann gleich

(10) $$AOQ = \sum_{p=0}^{p=1} \frac{L_{150,10}(p) \cdot (N-n) \cdot p \cdot f_1(p)}{N}.$$

Im weiteren wird folgende Verteilung $f_1(p)$ der Fehlerprozentsätze in den Lieferungen angesetzt.

p =	0	,01	,02	,03	,04	,05	,06	,07	,08	,09	,10	,11	,12	,13	,14	,15	,16	,17
$f_1(p)$	,04	,04	,05	,06	,07	,08	,09	,10	,09	,08	,07	,06	,05	,04	,03	,02	,02	,01

Durch das Einsetzen der Werte in (10) beträgt der durchschnittliche Fehleranteil bei Anwendung des Prüfplanes (n = 150, c = 10) AOQ = 0,02. Wird dagegen keine Eingangskontrolle vorgenommen, so ist er bei Unterstellung der gleichen Verteilung der angelieferten p-Werte gleich 0,074.

2. Verringerung des Prüfaufwands durch Anwendung komplizierter Stichprobenpläne

Da sowohl die fixen Kontrollkosten von 1 000 DM pro Tag als auch die variablen Prüfkosten sehr hoch sind, wird überlegt, ob durch eine geschickte Gestaltung des Tests der Prüfaufwand verringert werden kann, ohne daß die Größen α und β für p_0 und p_1 wesentlich beeinträchtigt werden.

---

[14] Zumal die Lieferfirma befürchten muß, daß der Liefervertrag anderenfalls nicht verlängert wird.

Als erste Möglichkeit liegt es nahe, den Test vor der Untersuchung aller n Stichprobenelemente abzubrechen, wenn bereits vorher feststeht, daß eine der beiden Bedingungen $c' \leq c$ oder $c' > c$ mit Sicherheit erfüllt ist. So kann der Test abgebrochen werden, sobald $c + 1$ schlechte Stücke gefunden werden, da dann bereits feststeht, daß die Lieferung vom Lieferer sowieso zu 100 % kontrolliert werden muß.

Weiterhin könnte der Test z. B. nach $n - c$ untersuchten Stücken abgebrochen werden, wenn bis dahin noch kein schlechtes Stück aufgetreten ist. Im allgemeinen ist diese zweite Möglichkeit allerdings wegen der geringen Einsparungsmöglichkeit von untergeordneter Bedeutung.

Neben diesen Möglichkeiten können Überlegungen angestellt werden, die Testvorschriften selbst zu verändern, d. h., zu komplizierteren Verfahren zu greifen, die den Stichprobenumfang bei annähernd gleicher Aussage reduzieren.

Dem sogenannten zweifachen Stichprobenplan liegt der Gedanke zugrunde, daß schon eine kleinere Stichprobe genügt, die Ablehnungs- oder Annahmeentscheidung zu treffen, wenn der Test b e s o n d e r s schlecht oder b e s o n d e r s gut ausfällt. Ist weder das eine noch das andere der Fall, wird die endgültige Entscheidung an Hand einer zweiten Stichprobenziehung getroffen[15]). Im allgemeinen kann bei der Anwendung dieses Verfahrens der Stichprobenumfang bereits erheblich gesenkt werden.

Besonders wirksam wird dieses Prinzip beim Sequentialtest.

3. Aufstellung eines sequentiellen Stichprobenplans

Der Sequentialtest wurde bereits 1943 von A. Wald für die Qualitätskontrolle kriegswichtigen Materials in den USA entwickelt, aber erst nach dem 2. Weltkrieg veröffentlicht. Beim Sequentialtest ist der Stichprobenumfang n keine festgelegte Größe, sondern hängt von dem Testergebnis ab. Nach der Prüfung jedes Stichprobenelements wird eine der drei Entscheidungen getroffen:

1. Lieferung wird angenommen und der Test abgebrochen.
2. Lieferung wird abgelehnt und der Test abgebrochen.
3. Test wird weitergeführt und ein neues Stichprobenelement gezogen.

Der Stichprobenraum wird damit in die drei Bereiche Annahmebereich, Ablehnungsbereich und Indifferenzbereich eingeteilt, wie es in Abb. 8 dargestellt ist. Obwohl die Testvorschrift relativ einfach a n z u w e n d e n ist, ist die B e s t i m m u n g des Plans schwierig. Aus diesem Grund soll hier zunächst die Testvorschrift erläutert und anschließend die Ableitung des Testplans für den hier geschilderten Fall nur kurz angedeutet werden.

Es werden sukzessive Stichprobenelemente gezogen und nach jedem Zug an Hand der in den n gezogenen Stichprobenelementen gefundenen c'_n defekten Teile die folgenden Ungleichungen geprüft:

---

[15]) Auf die Ableitung der Testvorschrift soll hier verzichtet werden. Der Leser sei auf die Ausführungen von W. Uhlmann, Statistische Qualitätskontrolle, Stuttgart 1966, S. 119 ff. verwiesen. Vgl. ferner K. Stange, Die wirtschaftliche Verteilung des Prüfaufwandes auf die zwei Stufen eines Modells mit unterschiedlichen Erhebungskosten der Einheiten zweiter Stufe, in: Metrika, 1965, S. 195-211.

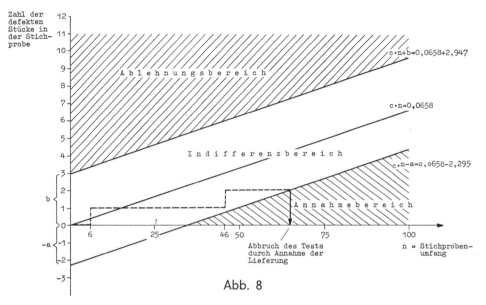

Abb. 8

(11) $c'_n \geq c \cdot n + b$ (Stichprobenergebnis liegt im Ablehnungsbereich).
(12) $c'_n \leq c \cdot n - a$ (Stichprobenergebnis liegt im Annahmebereich).
(13) $c \cdot n + b > c'_n > c \cdot n - a$ (Stichprobenergebnis liegt im Indifferenzbereich).

Sobald (11) oder (12) erfüllt ist, wird der Test abgebrochen – trifft dagegen (13) zu, so wird das n + 1-te Stichprobenelement gezogen und die Ungleichungen für die n + 1 Stichprobenelemente geprüft. In dem in Abb. 8 dargestellten Beispiel ist bis n = 64 jeweils die Ungleichung (13) erfüllt und es wird ein weiteres Stichprobenelement gezogen. Nach der Untersuchung des 65ten Stichprobenelementes wird der Test abgebrochen und die Lieferung angenommen.

Der sequentielle Stichprobenplan soll für den vorliegenden Fall so gestaltet werden, daß eine Lieferung mit einem Anteil schlechter Stücke von $p_0 = 0,04$ mit der Wahrscheinlichkeit von ungefähr $1-\alpha = 0,95$ und eine Lieferung mit einem Fehleranteil von $p_1 = 0,10$ mit einer Wahrscheinlichkeit von ungefähr $\beta = 0,10$ angenommen wird.

Als Testgröße L wird der Quotient aus den Wahrscheinlichkeiten gebildet, bei den Hypothesen H_1 ($p = p_1$) und H_0 ($p = p_0$) bei einem Stichprobenumfang von n Mengeneinheiten genau c'_n schlechte Stücke zu erhalten[16]).

(14) $L = \dfrac{\binom{n}{c'_n} \cdot p_1^{c'_n}(1-p_1)^{n-c'_n}}{\binom{n}{c'_n} \cdot p_0^{c'_n}(1-p_0)^{n-c'_n}} = \dfrac{p_1^{c'_n}(1-p_1)^{n-c'_n}}{p_0^{c'_n}(1-p_0)^{n-c'_n}}$

---

[16]) Da sowohl im Zähler als im Nenner Wahrscheinlichkeiten stehen, wird der Test als „sequential probability ratio test" bezeichnet. Die Testgröße L wird später in die bequemer zu handhabende und in (11) bis (13) angesetzte Testgröße c'_n transformiert.

Für diese Testgröße werden für die drei Entscheidungsfälle die Grenzen A und B bestimmt. Im Fall L ≥ B wird die Lieferung abgelehnt, bei L ≤ A wird die Lieferung angenommen und bei B > L > A wird weiter geprüft. In die Definitionsformeln für A und B gehen die geforderten Werte für α und β ein:

$$A = \frac{1-\beta}{\alpha} \qquad B = \frac{\beta}{1-\alpha}$$

Durch geeignetes Umformen der Formel (14) sowie der Formeln für A und B kann die Testgröße L (Wahrscheinlichkeitsverhältnis) zu der leichter zu handhabenden Größe c'_n (fehlerhafte Mengeneinheiten) transformiert werden, für die dann die Größen a, b und c als kritische Werte gelten (die Bestimmungsformeln für a, b und c ergeben sich bei der Umformung).

An Hand der gegebenen Größen $\alpha = 0,05$ und $\beta = 0,1$ sowie $p_0 = 0,04$ und $p_1 = 0,10$ errechnen sich die bereits in Abb. 8 berücksichtigten Größen a = 2,295, b = 2,947 und c = 0,0658 des Sequentialtests.

Auch die OC-Kurve läßt sich für den sequentiellen Test nur auf ziemlich komplizierte Art berechnen[17]). Für das Beispiel ist sie in Abb. 9 eingezeichnet. Aus ihr geht hervor, daß der hier benutzte Sequentialtest die geforderten Eigenschaften erfüllt.

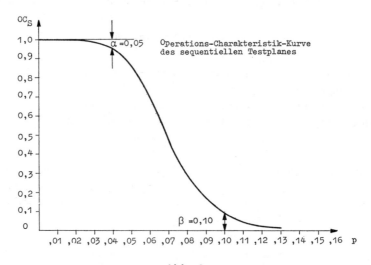

Abb. 9

In Abb. 10 ist der durchschnittliche[18]) Stichprobenumfang (Average Sample Number) ASN (p) des Sequentialtests in Abhängigkeit vom tatsächlichen Fehleranteil p eingezeichnet und zum Vergleich dazu der Stichprobenumfang von n = 150 des ein-

---

[17]) Vgl. z. B. A. Wald, Sequential Analysis, New York 1947, S. 48 f.; W. Uhlmann, Statistische Qualitätskontrolle, a. a. O., S. 139 ff.

[18]) Da die Anzahl der bei e i n e m Testvorgang geprüften Stücke eine Zufallsvariable ist, muß der bei häufiger Anwendung des Tests zu erwartende durchschnittliche Stichprobenumfang als Kriterium gewählt werden.

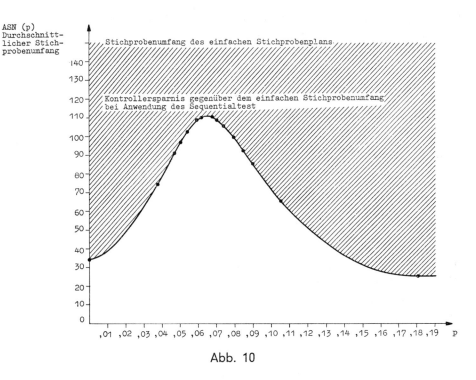

Abb. 10

fachen Stichprobenplans. Hieraus geht die Reduktion des Stichprobenumfanges bei allen p-Werten klar hervor.

Bei relativ hohen und relativ niedrigen Werten für p ist die Reduktion des Stichprobenumfanges am stärksten, da hier bereits an Hand weniger Stichprobenelemente die Lieferung angenommen (Hypothese H_0) oder abgelehnt (Hypothese H_1) wird.

Zur Untersuchung der Wirkung des Sequentialtests der Eingangskontrolle auf den Prüfaufwand der Endkontrolle ist noch die AOQ(p)-Kurve des Sequentialtests interessant, da die AOQ(p)-Kurve der Eingangskontrolle den Fehleranteil von der Endkontrolle bestimmt[19]).

In Abb. 7 ist deshalb die AOQ(p)-Kurve des Sequentialtests eingezeichnet, die sich approximativ nach

(15) $$AOQ(p) = \frac{OC(p) \cdot (N - ASN(p)) \cdot p}{N}$$

errechnet.

Da die Verteilung der Fehleranteile in den Lieferungen bekannt ist, kann der durchschnittliche Fehleranteil n a c h der Eingangskontrolle und auch die durchschnitt-

---

[19]) Zu den durch das Fertigprodukt hervorgerufenen Fehlern treten beim Endprodukt noch die Fehler des Halbfabrikats und Montagefehler hinzu.

liche Stichprobengröße errechnet werden. Dazu werden die AOQ (p)- und ASN (p)-Werte jeweils mit $f_1(p)$ gewichtet und für alle p-Werte aufaddiert.

Für die angegebene Verteilung der Fehleranteile in den Lieferungen ergibt sich dann ein durchschnittlicher Fehleranteil in Höhe von 0,019[20]).

Der durchschnittliche Stichprobenumfang ASN ist gleich 74.

Durch den gegenüber dem einfachen Test reduzierten Kontrollaufwand verringern sich die variablen Kontrollkosten auf $74 \cdot 15 = 1110$ DM. Zusätzlich können Kontrolleinrichtungen eingespart werden, so daß sich die fixen Kosten pro Tag von 1 000 DM auf 750 DM verringern.

Damit wird durch die Anwendung des sequentiellen Stichprobenplans eine Kosteneinsparung pro Tag in Höhe von $3250 - 1860 = 1390$ DM erzielt.

4. Verfeinerung des Sequentialtests durch Berücksichtigung von A-priori-Informationen

Hinweise auf eine Weiterentwicklung des Sequentialtests sollen folgende Ausführungen geben:

Bisher wurde bei der Entwicklung der Testpläne nicht berücksichtigt, daß die beiden Hypothesen H_0 und H_1 eine unterschiedliche Wahrscheinlichkeit für ihr Eintreffen haben. Wie aus der Verteilung der p-Werte hervorgeht, ist die Wahrscheinlichkeit, daß eine bestimmte, zufällig betrachtete Lieferung einen Ausschußprozentsatz p_0 enthält, größer als die Wahrscheinlichkeit für eine Partie mit p_1. Darum kann man von vornherein geneigt sein, der Hypothese H_0 gegenüber der H_1 den Vorzug zu geben. Dies geschieht z. B. dadurch, indem a-priori-Wahrscheinlichkeiten in die Testgröße eingehen[21]).

Die Testgröße setzt sich dann aus den a-priori-Wahrscheinlichkeiten und dem Stichprobenergebnis zusammen.

$$(16) \qquad L_B = \frac{a_1}{a_0} \cdot \frac{p_1^{c'_n}(1-p_1)^{n-c'_n}}{p_0^{c'_n}(1-p_0)^{n-c'_n}}$$

wobei a_1 und a_0 die a-priori-Wahrscheinlichkeiten für das Auftreten der Ausschußprozentsätze p_1 und p_0 sind[22]).

Gegenüber der Testgröße (14) des einfachen Sequentialtests wird das Wahrscheinlichkeitsverhältnis aus der Stichprobe mit dem Verhältnis der a-priori-Information $\frac{a_1}{a_0}$ gewichtet.

Nach der Untersuchung jeder Stichprobe wird das Stichprobenergebnis mit den a-priori-Informationen zu der a-posteriori-Wahrscheinlichkeit der beiden Hypothesen zusammengeführt. Diese a-posteriori-Wahrscheinlichkeiten sind dann die a-priori-Wahrscheinlichkeiten der nächsten Stichprobenziehung.

Auf Grund der auf dem Bayes'schen Theorem aufbauenden Verfeinerungen des Tests werden die Annahme- und Ablehnungsgrenzen in Abhängigkeit von der Höhe der a-priori-Wahrscheinlichkeiten verändert. Die Grenze der Hypothese mit der geringeren

---

[20]) Der durchschnittliche Fehleranteil ergibt damit annähernd den gleichen Wert wie beim einfachen Stichprobentest.

[21]) Weitere a-priori-Informationen über das Zutreffen der Hypothesen können auch beigelegte Prüfungsunterlagen der Endkontrolle der Lieferfirma geben.

[22]) Es werden damit lediglich die Werte $p = p_0$ oder $p = p_1$ für möglich gehalten.

Wahrscheinlichkeit wird dabei erweitert, die Grenze für die wahrscheinlichere Hypothese eingeengt, d. h., einem Stichprobenergebnis wird die Annahme der ersten Hypothese erschwert und die Annahme der zweiten (d. h. Ablehnung der ersten) erleichtert[23].

D. Entwicklung des Testplans für die Kontrolle der laufenden Produktion

Der Fehleranteil einer Tagesproduktion vor der Endkontrolle wird neben den Fehlern des Fertigteils und der Montage auch von den Fehlern der Produktionsstraße bestimmt. Deshalb soll auch die Einführung einer statistischen Qualitätskontrolle für die Produktion überlegt werden.

1. Laufende Produktionskontrolle bei einstufiger Fertigung

Obwohl von der Fertigungsstraße mehrere Arbeitsgänge an unterschiedlichen Aggregaten durchgeführt werden, soll zunächst der gesamte Fertigungsablauf als e i n e Produktionsstufe betrachtet werden[24].

Bei der Produktionskontrolle kommt es darauf an, eine s y s t e m a t i s c h e Vergrößerung des Fehlerprozentsatzes der Produktion möglichst schnell zu entdecken, um regulierend eingreifen zu können. Die sogenannten „oszillierenden" Schwankungen des Fehlerprozentsatzes sind dabei weniger wichtig als eine systematische Vergrößerung infolge falscher Maschineneinstellung, Werkzeugverschleiß, unzureichender Arbeitsleistung, Verwendung ungeeigneter Werkstoffe u. ä. m.[25]. Das einfachste Verfahren zur Überwachung der Produktqualität ist die Anwendung der sog. Kontrollkarten.

1. Anwendung von Kontrollkarten

In bestimmten Zeitabständen wird aus der Produktion eine Zufallsstichprobe vom Umfang n gezogen. Der augenblickliche Ausschußanteil ist gleich p. Ist n gegenüber der Produktionsgeschwindigkeit klein, so ist die Zahl der fehlerhaften Stücke annähernd binomialverteilt.

An Hand der Testgröße c (Zahl der defekten Einheiten) kann geprüft werden, ob der augenblickliche Fehleranteil p einen vorgegebenen maximalen Anteil p_1 übersteigt. Dabei wird unterschieden zwischen Warngrenzen, bei deren Überschreiten lediglich eine erhöhte Aufmerksamkeit angebracht ist und Kontrollgrenzen, bei deren Überschreiten regulierend in den Produktionsprozeß eingegriffen wird.

---

[23] Zu weiteren Ausführungen über die Anwendung des Bayes'schen Theorems in diesem Zusammenhang vgl. J. Cornfield, A Bayesian Test on some Classical Hypotheses – with Applications to Sequential Clinical Tests, Journal of the American Statistical Association, Vol. 61 (1966), S. 577 ff.; ferner die am Institut für Unternehmensforschung der Universität Hamburg 1969 erstellte Halbjahresarbeit von M. Flamm, Die Anwendung des Bayes'schen Theorems bei der Ausarbeitung von Prüfplänen als möglicher Weg zur Verbesserung der betrieblichen Qualitätskontrolle.

[24] Diese Vereinfachung ist dann gerechtfertigt, wenn lediglich der letzte Arbeitsgang für die Verursachung von Ausschuß verantwortlich ist. Verursacht dagegen jedes Produktionsaggregat Produktmängel, so entsteht die Frage, ob innerhalb der Kette weitere Kontrollvorgänge eingeschaltet werden sollen (vgl. dazu S. 107).

[25] Falls die technische Ursache der Produktionsverschlechterung direkt bekannt ist, z. B. die Verschleißanfälligkeit eines b e s t i m m t e n Aggregatteils, so kann auch durch eine Verbindung von vorbeugenden Instandhaltungsmaßnahmen und Qualitätskontrolle der Fehleranteil verringert werden. Vgl. z. B. M. Klein, Inspection-Maintenance-Replacement Schedules under Markovian Deterioration, in: Management Science, Vol. 9 (1962/63), S. 25 ff.; A.-W. Scheer, Instandhaltungspolitik, Wiesbaden 1974; S. M. Ross, Quality Control under Markovian Deterioration, in: Management Science, Vol. 17 (1971), S. 587-596; R. Savage, A production Model and Continuous Sampling Plans, in: American Statistical Association Journal, 1959, S. 231 ff.

Der Test ist von der Fragestellung her mit den bereits dargestellten Tests der Eingangskontrolle verwandt. Deshalb soll hier nicht weiter auf ihn eingegangen werden. Der Nachteil dieses Tests liegt vor allem in dem festen Stichprobenumfang sowie den Zeitlücken zwischen zwei Kontrollen, in denen bereits erhebliche Ausschußverluste auftreten können. Diesen Nachteil vermindern kontinuierliche Stichprobenpläne; im vorliegenden Fall ist für den Produktionsbereich ein kontinuierlicher Stichprobenplan aufzustellen.

2. Aufstellung des kontinuierlichen Stichprobenplanes nach Dodge

Um auftretende systematische Produktionsverschlechterungen unverzüglich aufdecken zu können, soll die Produktion kontinuierlich überprüft werden. Dabei soll die Kontrolle intensiv sein, wenn an Hand der Stichprobenergebnisse der Verdacht einer Verschlechterung besteht, und locker, wenn dieser Verdacht nicht besteht.

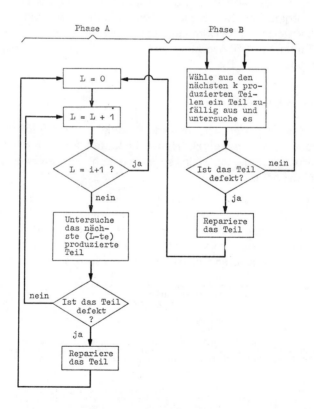

Abb. 11

Der einfachste und bekannteste dieser kontinuierlichen Stichprobenpläne ist der bereits 1943 von Dodge veröffentlichte CSP-Plan[26]). Da die Charakteristika dieses Plans für viele Parameter veröffentlicht sind und deshalb der Plan leicht aufgestellt werden kann, soll er zur Überwachung der Fertigungsstraße eingesetzt werden.

Der CSP-1-Plan wird durch die zwei natürlichen Zahlen $i \geq 1$ und $k > 1$ charakterisiert. Der Ablauf der Testvorschrift ist in Abb. 11 angegeben. Die Größe L wird dort als Laufvariable verwendet. Zunächst wird eine 100 %-Kontrolle der laufenden Produktion durchgeführt, bis i aufeinanderfolgende fehlerfreie Teile gefunden sind (Phase A). Dann wird lediglich von den nächsten k produzierten Teilen ein Teil zufällig entnommen (Phase B). Ist dieses Teil einwandfrei, so wird Phase B wiederholt, anderenfalls wird wieder zur Phase A übergegangen. Die gefundenen fehlerhaften Teile werden sofort nachgebessert.

Es soll hier auf eine mathematische Ableitung des Testplans verzichtet und dafür mehr Gewicht auf seine Anwendung in dem hier betrachteten Fall gelegt werden. Insbesondere gilt es wieder festzustellen, wie der Test den durchschnittlichen Fehleranteil, also die AOQ, der Produktion beeinflußt.

Dabei soll ein Plan mit den Werten $i = 50$ und $k = 20$ angewendet werden[27]).

Wichtig zur Charakterisierung dieses Prüfplans ($i = 50$, $k = 20$) sind der durchschnittliche Prüfaufwand und die AOQ. Beide Größen hängen von dem effektiven Ausschußanteil der Produktion und dem gewählten Prüfplan ab[28]).

Für den Plan $i = 50$ und $k = 20$ sind in Abb. 12 der durchschnittliche Anteil der Produktion, der bei Anwendung des Planes geprüft wird, und in Abb. 13 die AOQ – beide jeweils in Abhängigkeit von p – eingetragen.

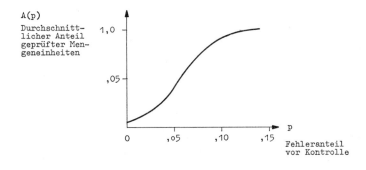

Abb. 12

---

[26]) H. F. Dodge, A Sampling Plan for continuous production, in: The Annals of mathematical Statistics, Vol. 14 (1943), S. 264–279; vgl. ferner die klare Darstellung bei W. Uhlmann, Statistische Qualitätskontrolle, a. a. O., S. 200 ff. Der CSP-1-Plan ist in mehreren Modifikationen weiterentwickelt worden.

[27]) Vgl. dazu W. Uhlmann, Statistische Qualitätskontrolle, a. a. O., S. 202 f. Den weiteren Ausführungen liegen die von Uhlmann angegebenen Daten des Plans $i = 50$ und $k = 20$ zugrunde.

[28]) Die Berechnungsformeln für den durchschnittlichen Anteil der geprüften Stücke A(p) und die AOQ(p) lauten

$$A(p) = \frac{1}{1 + (k-1)(1-p)^i}; \quad AOQ(p) = \frac{(k-1)\, p\, (1-p)^i}{1 + (k-1)(1-p)^i}$$

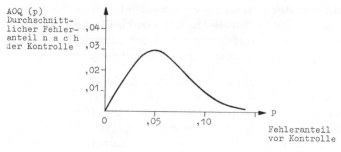

Abb. 13

Enthält die Produktion beispielsweise einen Fehleranteil von 0,05, so wird durch Anwendung des Tests eine AOQ (0,05) von 0,03 erreicht (vgl. Abb. 13), wobei gemäß Abb. 12 rund 37 % der Produktion geprüft wird. Liegt dagegen ein p von 0,07 vor, so ist die AOQ gleich 0,023 bei dem nunmehr erheblich gesteigerten Prüfaufwand von fast 70 %.

Auf Grund von Probeläufen der Fließkette und deren statistischer Auswertung liegt der Fehleranteil der Produktion im betrachteten Fall zwischen $p = 0,03$ und $p = 0,13$. Die genaue Verteilung $f_2(p)$ des Fehlerprozentsatzes der täglichen Produktionsmenge ist:

p =	0	,01	,02	,03	,04	,05	,06	,07	,08	,09	,10	,11	,12
$f_2(p)$	0	0	0	,05	,10	,15	,20	,15	,10	,10	,05	,05	,05

Daraus resultiert insgesamt ein durchschnittlicher Fehlerprozentsatz von $\sum_p AOQ(p) \cdot f_2(p) = 0,021$. Der durchschnittliche Prüfaufwand ist dabei gleich $\sum_p A(p) \cdot f_2(p) = 0,60$, d. h. bei einer Tagesproduktion von 1 000 ME werden durchschnittlich 600 ME überprüft. Nachbesserungskosten fallen für 38 ME an, da durchschnittlich 59 ME defekt sind und 38 ME entdeckt werden[29]).

Die gesamten Prüfkosten für die Produktion belaufen sich auf:

fixe Prüfkosten pro Tag	500 DM
variable Prüfkosten pro geprüfte ME = 5 DM; bei durchschnittlich 600 kontrollierten ME pro Tag ergeben sich	3 000 DM
Durchschnittliche Nachbesserungskosten entstehen pro ME in Höhe von rd. 19 DM, für durchschnittlich 38 ME pro Tag	720 DM
	4 220 DM

Diese Daten müssen der in Teil E durchgeführten Beurteilung des gesamten Kontrollsystems zugrunde gelegt werden.

---

[29]) Der durchschnittliche Fehleranteil in der Produktion ist $\sum_p p \cdot f_2(p) = 0,059$.

II. Laufende Kontrolle bei mehrstufiger Fertigung

Falls die Nachbesserungskosten davon abhängen, wie früh innerhalb der Fertigungskette ein Fehler entdeckt wird, entsteht die Frage, ob nicht schon innerhalb der Fertigung Kontrolleinrichtungen geschaffen werden sollen. Voraussetzung dafür ist, daß entweder der Produktionsfluß durch Pufferläger unterbrochen ist oder sich die Kontrolle in den zeitlichen Fertigungstakt[30]) einpaßt.

Bei der Entwicklung eines solchen Kontrollsystems muß überlegt werden, **wieviele** Kontrolleinrichtungen an **welchen Stellen** der Fertigungskette vorgesehen und nach **welchen Plänen** die Kontrollen durchgeführt werden sollen.

Die Situation (vgl. dazu die Abb. 1) ist allerdings so kompliziert, daß lediglich mit Hilfe von Simulationsmodellen die Wirksamkeit unterschiedlicher Kontrollstrategien getestet werden kann[31]).

E. Das integrierte Kontrollsystem

Nachdem für das Fertigteil und das auf der Produktionskette produzierte Vorprodukt jeweils Kontrollsysteme entwickelt wurden, gilt es, diese mit der Endkontrolle zu einem integrierten System der statistischen Qualitätskontrolle zusammenzufassen.

Durch die Einführung des Sequentialtests im Rahmen der Eingangskontrolle wird der durchschnittliche Fehleranteil des Fertigteils von ursprünglich 0,074 (keine Eingangskontrolle) auf 0,019 gesenkt. Die Kosten der Eingangskontrolle belaufen sich dabei auf durchschnittlich 1860 DM pro Tag (vgl. oben S. 102).

Die kontinuierliche Kontrolle der Produktion der Fertigungskette führt dazu, daß der durchschnittliche Fehleranteil der täglichen Produktion von 0,059 auf ebenfalls 0,02 gesenkt wird. Die Kosten des Kontrollverfahrens betragen hier 3500 DM pro Tag. Nachbesserungskosten in Höhe von 720 DM pro Tag treten hinzu. Vor Anwendung dieses Verfahrens beläuft sich der durchschnittliche Fehleranteil der Stücke, die in die Endmontage gehen, auf $0,074 + 0,059 - 0,074 \cdot 0,059 = 0,13$[32]).

Hinzu tritt der Fehleranteil, der in der Montage entsteht. Er wird auf 0,01 bis 0,02 veranschlagt. Nach Einführung der Kontrollverfahren sinkt der Fehleranteil der angelieferten Stücke auf $0,02 + 0,02 - 0,02 \cdot 0,02 = 0,04$. Insgesamt wird der durchschnittliche Fehleranteil vor der Endkontrolle auf 0,05 geschätzt. Für den Fall, daß weder eine Eingangs- noch eine Produktionskontrolle durchgeführt wird, erwies sich eine Vollkontrolle nach der Montage als am gewinngünstigsten

---

[30]) In neuerer Zeit gewinnt auch die Übernahme der Produktionskontrolle durch Prozeßrechner im Rahmen der gesamten elektronischen Produktionssteuerung an Bedeutung.

[31]) Der Aufbau derartiger Simulationsmodelle ähnelt in der Struktur Modellen zur Simulation von vorbeugenden Ersatzstrategien. Vgl. dazu A.-W. Scheer, a. a. O., S. 206 ff.
Für den Fall, daß lediglich die Fälle: keine Kontrolle oder 100 % Kontrolle zur Wahl stehen, hat White ein Modell zur örtlichen Anordnung von Kontrolleinrichtungen innerhalb einer Fertigungskette aufgestellt. Vgl. L. S. White, Shortest Route Models for the Allocation of Inspection Effert in a Production Line, in: Management Science, Vol. 15 (1969), S. 249-259.

[32]) Es wird dabei statistische Unabhängigkeit zwischen dem Fertigteil und dem produzierten Vorprodukt unterstellt.

(vgl. S. 93). Ob sie es dann noch ist, wenn die genannten Vorkontrollen eingeführt werden, muß geprüft werden.

Aus Abb. 2 geht hervor, daß es bei einem Fehleranteil von 0,05 am gewinngünstigsten ist, keinerlei Endkontrolle vorzunehmen. Da aber die Fehleranteile der Tagesproduktion (nach Vorkontrollen) um diesen durchschnittlichen Anteil streuen (und gegebenenfalls über 0,1 liegen können), kann es dennoch sinnvoll sein, eine Endkontrolle in Form einer Stichprobenprüfung vorzusehen, wie sie in Abschnitt B II dargestellt ist[33]). Nach Abb. 2 ist im Bereich der p-Werte $\leq$ 0,10 die Alternative: keine Vollkontrolle, im Bereich p > 0,10 dagegen die Alternative: Vollkontrolle am gewinngünstigsten.

An Hand einer Stichprobe soll entschieden werden, welche der Alternativen zu wählen ist.

Damit treten die oben erörterten Probleme der Irrtumswahrscheinlichkeit bei Annahme einer der Alternativen auf.

Als Testplan soll in der Endkontrolle der auf S. 91 vorgestellte einfache Stichprobenplan mit n = 100 und c = 8 verwendet werden[34]).

Der durchschnittliche Gewinn pro Tag ergibt sich nunmehr aus dem Deckungsbeitrag in Höhe von 200 000 DM und den Kosten der End-, Eingangs- und Produktionskontrolle.

Da der vor der Endkontrolle angelieferte Fehleranteil einer Tagesproduktion nach Durchlauf aller Kontrollen zwischen 0,03 bis 0,12 vermutet wird, ist in nachstehender Tabelle für mehrere p-Werte der Deckungsbeitrag abzüglich der Kosten der Endkontrolle einschließlich Nachbesserungen eingetragen. Um den durchschnitt-

Bei der Endkontrolle angelieferte Fehleranteile	p = 0,04	p = 0,06	p = 0,08	p = 0,10	p = 0,12
Deckungsbeitrag abzüglich Kosten der Endkontrolle (vgl. Abb. 5)	186 500	179 600	173 600	169 500	167 000
abzüglich durchschnittliche Kosten der Eingangskontrolle	1 860	1 860	1 860	1 860	1 860
abzüglich durchschnittliche Kosten der Produktionskontrolle	4 220	4 220	4 220	4 220	4 220
Durchschnittlicher Gewinn pro Tag	180 420	**173 520**	167 520	163 420	160 920

[33]) Die Streuung resultiert aus nicht zu vermeidenden Fehlentscheidungen der Eingangskontrolle (Fehler 2. Art), der Produktionskontrolle sowie außergewöhnlich hohen Montagefehlern.

[34]) Es liegt nahe, diesen Plan später durch die genannten Möglichkeiten wie Sequentialtests usw. zu verfeinern. Vgl. dazu die oben gemachten Ausführungen auf S. 98.

lichen Gewinn pro Tag zu erhalten, sind davon die durchschnittlichen Kosten der Eingangs- und der Produktionskontrolle abzuziehen[35]).

Die letzte Zeile der Tabelle zeigt, daß durch Einführung von Vorkontrollen der durchschnittliche Gewinn pro Tag gegenüber der alleinigen Voll-Endkontrolle erheblich gesteigert werden kann. Da, wie oben abgeleitet, der häufigste angelieferte Fehleranteil zwischen 0,04 bis 0,06 liegen wird, ist ein durchschnittlicher Gewinn zwischen 173 500 DM und 180 420 DM zu erwarten (vgl. dazu Abb. 5: für einen durchschnittlichen Fehleranteil in Höhe von 0,13 beträgt der durchschnittliche Gewinn pro Tag rund 166 000 DM).

Die Einführung des integrierten Kontrollsystems erbringt mithin gegenüber einer reinen Endkontrolle einen täglichen Mehrgewinn von rund 10 000 bis 15 000 DM.

Symbolverzeichnis

N	Umfang der Tagesproduktion
n	Stichprobengröße
d	Deckungsspanne pro ME
p	effektiver Anteil fehlerhafter Stücke einer Partie vor der Kontrolle
k_B	Kosten der Nachbearbeitung
k_p	variable Prüfkosten pro ME
PK	fixe Prüfkosten pro Tag
c	Annahmezahl
c'	Zahl defekter Einheiten in einer Stichprobe
$l_{n,c'}(p)$	Wahrscheinlichkeit für genau c' defekte Einheiten in einer Stichprobe vom Umfang n und einem Fehleranteil der Grundgesamtheit von p
$L_{n,c}(p)$	Wahrscheinlichkeit für nicht mehr als c defekte Einheiten in einer Stichprobe vom Umfang n und einem Fehleranteil der Grundgesamtheit von p
$\bar{G}(p)$	durchschnittlicher Gewinn pro Tag in Abhängigkeit von p
$\bar{G}$	durchschnittlicher Gewinn pro Tag
p_0	Fehleranteil der Hypothese H_0
p_1	Fehleranteil der Hypothese H_1
α	Produzentenrisiko
a, b	Ordinatenabschnitt beim Sequentialtest
c'_n	Zahl defekter Einheiten in einer Stichprobe vom Umfang n
i, k	Parameter des CSP-1-Plans
AOQ(p)	Average Outgoing Quality = durchschnittlicher Fehleranteil einer Partie nach der Qualitätskontrolle in Abhängigkeit von p
AOQ	durchschnittlicher Fehleranteil einer Partie nach der Qualitätskontrolle
ASN(p)	durchschnittlicher Stichprobenumfang in Abhängigkeit des Fehleranteils p
ASN	durchschnittlicher Stichprobenumfang

---

[35]) Strenggenommen müßten hier ebenfalls für die einzelnen p-Werte unterschiedliche Kosten angesetzt werden – für die hier hinreichende Überschlagsrechnung genügen aber bereits die Durchschnittswerte.

7

Anwendung der Netzplantechnik beim Umbau eines Schiffes

Von Prof. Dr. Dieter B. Pressmar

I. Bedeutung der Netzplantechnik für den Schiffbau

Ähnlich wie im Hoch- und Tiefbau werden auch im Schiffbau Netzplanmethoden bei der Planung und Überwachung des Produktionsprozesses seit mehreren Jahren mit Erfolg angewandt. Beide Industriezweige zeichnen sich durch vergleichbare Produktionsverhältnisse aus: Die zu erstellenden Produkte sind vielfach Einzelobjekte, deren Produktionsprozeß sich über einen langen Zeitraum (im Schiffbau 0,5 bis 3 Jahre) erstreckt. Schwerpunkte der Produktion sind Montagearbeiten; dabei bildet die rechtzeitige Bereitstellung der eigengefertigten bzw. fremdbezogenen Montageteile eines der schwierigsten Probleme. Ein Schiff besteht aus mehreren tausend Montageteilen, wobei im Falle fremdbezogener Baugruppen bis zu tausend Zulieferanten eingesetzt werden. Die daraus resultierende Koordinationsaufgabe läßt sich nur mit Hilfe der Netzplantechnik fehlerlos bewältigen.

II. Aufgabenstellung des Umbauprojekts

Ein Frachtschiff, das bereits auf großer Fahrt eingesetzt war, soll nachträglich ein Schwergutladegeschirr, d. h. eine bordeigene Krananlage erhalten, die bis zu 550 t schwere Lasten zu tragen vermag[1]). Der Einbau eines derartigen Hebezeuges erfordert es, daß auch am Schiffskörper Umbauten vorgenommen werden müssen, um bei voller Kranbelastung die Stabilität des Schiffes zu erhalten. In diesem Zusammenhang werden Zusatztanks für Ballastwasser seitlich am Schiff angebaut. Neben den Aufbauten für die Winden und die Steuerungsanlage des Ladegeschirrs werden z. B. noch zusätzliche fahrbare Schienenkräne auf dem Hauptdeck installiert.

III. Entwicklung der Netzpläne

Der Netzplan soll nicht nur als Unterlage für den Planungsstab dienen; im vorliegenden Fall werden Teilnetzpläne auch an die Führungskräfte der Unternehmung als Arbeitspapiere ausgehändigt. Daher werden für jede Stufe des Managements

---

[1]) Es war damals das leistungsfähigste Ladegeschirr der Welt. Gebaut wurde diese Anlage in den Jahren 1967/68 bei der Werft Blohm & Voss in Hamburg. Der Verfasser ist Herrn Dipl.-Ing. W. Häger für die freundliche Unterstützung zu besonderem Dank verpflichtet.

gesonderte Netzpläne erstellt. Sie unterscheiden sich durch den Detaillierungsgrad und die sachliche bzw. zeitliche Ausdehnung des abgebildeten Teilnetzes.

Der **höchsten Führungsebene** (Vorstands- und Direktionsebene) werden vollständige Netzpläne des Gesamtprojektes zur Verfügung gestellt. Ein tätigkeitsorientierter Plan des gesamten Netzes dient der allgemeinen Information über das Projekt, sein Detaillierungsgrad ist so grob gewählt, daß eine angemessene Übersichtlichkeit gewährleistet ist. Dazu kommt noch ein **Meilensteinplan**, der die für das Projekt und den Betrieb wichtigsten Termine (Meilensteine) zeigt (vgl. Abb. 1). Der Meilensteinplan stellt ein ereignisorientiertes Netz des Planungsobjektes dar, seine Knoten sind auch in den detaillierten Gesamtnetzplan zu Vergleichszwecken eingezeichnet.

Für die **mittlere Führungsebene** (Hauptabteilungs- und Abteilungsleiter) werden Teilnetzpläne mit zunehmendem Detaillierungsgrad erstellt. Sie umfassen aber nicht die gesamte Planungsperiode, sondern reichen im allgemeinen nur etwa drei Monate in die Zukunft. Diese zeitliche Beschränkung wird aus zwei Gründen angewandt. Einmal läßt sich eine Detailplanung wegen der Datenunsicherheit nur für eine nahe Zukunft sinnvoll durchführen; zum anderen soll damit ein psychologischer Effekt erzielt werden. In der Praxis wurde festgestellt, daß die Abteilungsleiter bestrebt sind, aus Sicherheitsgründen vorsorglich Zeitreserven für spätere Arbeiten anzulegen, die das Gesamtprojekt erheblich verzögern können. Je längerfristig die Planung ist, desto mehr Möglichkeiten zu einer derartigen Zeitverzögerung bestehen; bei einer kurzfristigen Planung können die Entscheidungsspielräume für den einzelnen Vorgesetzten so klein gehalten werden, daß diese Gefahr einer Zeitreservenbildung nicht besteht.

Schließlich erhalten auch die Meister und Vorarbeiter auf der **unteren Führungsebene** sehr detaillierte Ausschnitte aus dem Gesamtnetzplan (vgl. dazu Abb. 2). Die Detailnetze sind sachlich eng auf das jeweilige Arbeitsgebiet des Vorgesetzten beschränkt; sie erfassen aus den oben erwähnten Gründen nur die nächste Zukunft, z. B. einen Zeitraum von 2 bis 4 Arbeitswochen.

Der Gesamtnetzplan, aus dem durch Detaillierung bzw. Komprimierung die einzelnen Varianten entstehen, wird in enger Zusammenarbeit mit der technischen Konstruktionsabteilung und der Abteilung Arbeitsvorbereitung der Werft entworfen. Alle Tätigkeiten und Termine werden zunächst auf Listen erfaßt und durch weitere Angaben (Textbeschreibung, Zeitdauer, vorangehende bzw. nachfolgende Tätigkeit usw.) ergänzt. Sodann kann das graphische Schaubild des Netzes entworfen werden. Um die Lesbarkeit und Überschaubarkeit zu verbessern, können die Netzknoten (vgl. Abb. 1) entsprechend ihrer Bedeutung durch unterschiedliche Symbole (Rechtecke, Rauten, Sechsecke usw.) angedeutet sein. Auf diese Weise lassen sich z. B. Meilensteine gegenüber den Tätigkeiten hervorheben; auch ist es sinnvoll, Eigenleistungen und Fremdleistungen auf diese Weise zu unterscheiden.

Anhand des **Meilensteinplanes** (Abb. 1) soll nun der wesentliche Ablauf des Projekts – stark vereinfacht – aufgezeigt werden. Der Startpunkt kennzeichnet den Termin des Auftragseingangs; in diesem Zeitpunkt beginnen die technischen und organisatorischen Planungen zur Durchführung des Projektes (technische

Netzplantechnik beim Umbau eines Schiffes

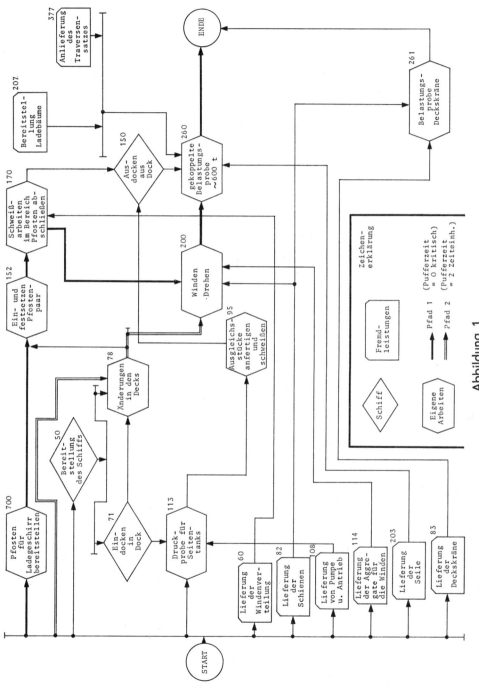

Abbildung 1

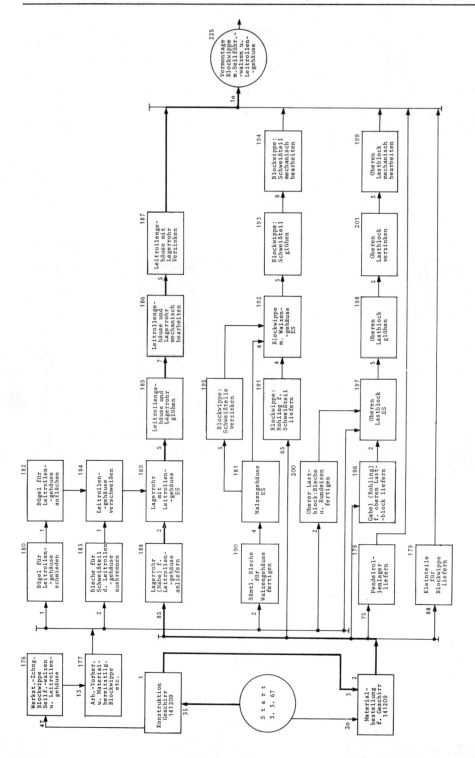

Abbildung 2

Konstruktion, Bestellung fremdbezogener Baugruppen, Vorbereitung der Produktion für eigene Teile usw.). Noch bevor das umzubauende Schiff eingedockt ist (Knoten 71), sind diese Arbeiten abgeschlossen. Die Zeitpunkte bis zur Lieferung der Fremdteile sind durch die Knoten 60, 82, 83, 108, 114 und 203 dargestellt. Die Pfosten des Ladegeschirrs werden selbst gefertigt; ihr Bereitstellungstermin ist ebenfalls im Meilensteinplan enthalten (Knoten 700). Nach Bereitstellung des Schiffes werden die Änderung am Schiffskörper vorgenommen und die Erprobung der Ballasttanks durchgeführt (Knoten 78, 113). Nun können die Pfosten eingesetzt und mit dem Schiffskörper verbunden werden (Knoten 152, 170); der nächste Meilenstein bezeichnet den Zeitpunkt, an dem die Hilfsaggregate des Ladegeschirrs zum ersten Mal in Betrieb genommen werden (Knoten 200). Nach dem Ausdocken (Knoten 150) und dem Einbau der Ladebäume und der Traverse (Knoten 207, 377) kann die Belastungsprobe des Ladegeschirrs (Knoten 260) und der Deckskräne (Knoten 261) erfolgen; damit ist das Projekt abgeschlossen.

Die wenigen Knoten des Meilensteinplans lassen keinen Schluß auf das Ausmaß der Detailnetzpläne zu. Insgesamt umfaßt das tätigkeitsorientierte Gesamtnetz dieses Projektes ca. 200 Knoten; dazu kommen noch rund zehn stark detaillierte Teilnetze mit durchschnittlich 30 Knoten.

IV. Das Verfahren der Netzplananalyse

Zur Untersuchung und Dokumentation der einzelnen Netzpläne wird ein speziell für den Schiffbau entwickeltes Verfahren der elektronischen Datenverarbeitung, die sogenannte Hamburger Methode der Netzplantechnik (HMN)[1]) eingesetzt.

Grundlage dieses Netzplan-Programmsystems ist das Prinzip der Metrapotentialmethode[2]); dabei wird vorausgesetzt, daß tätigkeitsorientierte Netze vorliegen. Ereignisknoten des Meilensteinplans können wie Aktivitäten mit der Dauer Null behandelt werden; somit eignet sich dieses Verfahren auch für gemischt strukturierte Netzpläne. Die praktischen Erfahrungen haben gezeigt, daß eine möglichst universelle Verknüpfung der Knoten im Netzplan möglich sein muß. Daher sind in der neuesten Version des Programmsystems folgende Beziehungen zwischen den Knoten zugelassen:

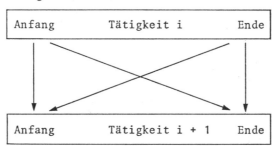

---
[1]) Siehe dazu: Häger, W., und H.-G. Tschiersch: Hamburger Methode der Netzplantechnik, Blohm & Voss technische Berichte, Nr. 1, Hamburg 1967.
[2]) Die ursprüngliche Fassung des HMN-Programms geht im Unterschied zur MPM von einer Ende-Ende-Beziehung zwischen den Vorgangsknoten des Netzes aus; siehe dazu: Häger, W., und H.-G. Tschiersch, a. a. O., S. 3 ff.

Die HMN ist gegenwärtig nur für eine reine Zeitanalyse einzelner Netze eingerichtet. Mehrere Zeitschätzungen, wie sie durch PERT bekannt sind, werden nicht berücksichtigt, da sich in der Schiffsbaupraxis die Ansicht durchgesetzt hat, daß die Dreizeitenschätzung ebenso ungenau sein kann wie eine direkte Schätzung eines einzigen Erwartungswertes für den Zeitbedarf.

Wichtig für die Verwendung der Netzpläne als Führungsunterlagen ist das Dokumentationssystem der HMN. Durch entsprechende Steuerdaten lassen sich mehr als hundert verschiedene Netzplanlisten in unterschiedlicher Sortierung und verschiedenem Detaillierungsgrad mit Hilfe der elektronischen Datenverarbeitungsanlage erstellen.

V. Organisatorische Durchführung der Netzplanung

Bevor die Auftragsverhandlungen zum Abschluß gebracht sind, wird im Rahmen einer manuell durchgeführten Projektstudie geprüft, ob die geforderten Liefertermine mit Rücksicht auf die verfügbaren Fertigungs- und Montagekapazitäten zu garantieren sind. Dabei können Erfahrungen mit ähnlichen Aufträgen, deren Netzplandaten von der elektronischen Datenverarbeitungsanlage gespeichert worden sind, zusätzlich benutzt werden.

Nach Auftragserteilung wird die für den Netzplan verbindliche technologische Struktur in Zusammenarbeit mit den technischen Abteilungen der Werft festgelegt; dann folgt die erste Zeituntersuchung. Anhand der Daten des kritischen Pfades und anderer Pfade, die sich nur durch kleine Pufferzeiten vom kritischen Weg unterscheiden (vgl. Abb. 1 Pfad 1 bzw. Pfad 2), läßt sich eine Empfindlichkeitsanalyse durchführen. Dabei werden mögliche Engpaßkapazitäten und kritische Liefertermine für fremdbezogene Bauteile festgestellt. Sind Überlastungen im Netz zu erwarten, so versucht die Planungsabteilung mit den Zulieferbetrieben neue Termine abzusprechen und gegebenenfalls in den eigenen Produktionsabteilungen neue Dispositionen bei der Kapazitätsbelegung zu treffen. Im Verlaufe mehrerer derart simulierter Netzplanmodifikationen werden dann die endgültigen Daten der Projektdurchführung festgelegt.

Nach Beginn der Arbeiten in den technischen Abteilungen und den Fertigungsbetrieben setzt eine laufende Kontrolle des Projektfortschritts ein. Wöchentlich wird ein Soll-Ist-Zeitvergleich durchgeführt; bei längerfristigen Großprojekten genügt bisweilen eine monatliche Kontrolle. Um verläßliche Ist-Zahlen zu erhalten, werden sowohl die Aussagen der verantwortlichen Führungskräfte als auch die Recherchen von unabhängigen Kontrolleuren ausgewertet, die an Ort und Stelle den Stand der Arbeiten prüfen. Eine zusätzliche Kontrolle läßt sich mit Hilfe eines Systems der doppelten Rückmeldung erzielen. Jeder, der eine Arbeit abgeschlossen hat, teilt dies der Planungsabteilung mit; zugleich ist auch derjenige, der auf die Beendigung dieser Arbeit zur Ausführung einer nachfolgenden Tätigkeit gewartet hat, verpflichtet, den Beginn seiner Arbeit zu melden.

Ergibt der Soll-Ist-Vergleich Abweichungen, die eine vorgegebene Toleranz von z. B. 20 % überschreiten, dann werden im Rahmen einer Abweichungsanalyse die Gründe hierfür festgestellt. Außerdem müssen in diesem Fall neue

Netzpläne mit den veränderten Ausgangsdaten berechnet und gedruckt werden. Dieser Rückkoppelungsprozeß kann sich im Verlauf der Projektdurchführung wiederholen, wenn unvorhergesehene Ereignisse auftreten. Werden dadurch z. B. die Meilensteintermine wesentlich verzögert, so muß automatisch der Vorstand informiert werden, um gegebenenfalls mit dem Auftraggeber eine Änderung des Ablieferungstermins auszuhandeln.

VI. Aufwand und Erfolg der Netzplanmethode

Eine Abschätzung über den Nutzen dieser Planungstechnik wird immer problematisch sein, da zumindest die Quantifizierung des Erfolges z. B. wegen der Interdependenzen zu anderen Aufträgen des Betriebes mit gravierenden Fehlern behaftet sein kann. Trotz dieser Einschränkung vermittelt die folgende Gegenüberstellung von Aufwand und Erfolg einen deutlichen Eindruck von den Vorteilen der Netzplanmethode in diesem Fall.

Der Planungsaufwand setzt sich aus dem Aufwand für Personaleinsatz und Rechnerbenutzung zusammen. Um möglichst objektive Zahlen zu erhalten, werden die Aufwandsmengen zu Opportunitätskosten im Falle einer Fremdplanung, z. B. durch eine Beratungsfirma, bewertet.

1. Personalaufwand

a) Zusammenstellung der Netzplandaten durch drei Ingenieure (Fachschulausbildung):

Insgesamt 1100 Arbeitsstunden zu 25,– DM = 27 500,– DM.

b) Überwachung und Kontrolle des Projektfortschritts durch zwei Ingenieure (Fachschulausbildung):
Insgesamt 900 Arbeitsstunden zu 25,– DM = 22 500,– DM.

2. Rechenzeitaufwand (mittlere Datenverarbeitungsanlage, z. B. Zuse Z 25)

Insgesamt 40 Stunden zu 250,– DM   10 000,– DM.
Gesamter Planungsaufwand: **60 000,– DM.**

Der Auftragswert dieses Projektes beläuft sich auf rund 7 000 000 DM; für die Anwendung der Netzplantechnik müssen demnach rund 0,9 % hiervon aufgewandt werden. Dieser Prozentsatz erniedrigt sich auf ca. 0,4 %, falls die betriebsinternen Faktorpreise bei dieser Aufwandsberechnung angesetzt werden.

Die Zahlen der Erfolgsrechnung basieren auf einer Bewertung der Zeiteinsparungen, die mit Hilfe der Netzplanung erzielt werden. Für jeden Tag der Liegezeit des Schiffes in der Werft entstehen dem Reeder Kosten; außerdem hat er einen Gewinnentgang in Kauf zu nehmen. Bei dem Umbau eines Schiffes von der hier angesprochenen Größenordnung können der Schätzung für den täglichen Nutzenentgang z. B. folgende Mindestbeträge zugrunde gelegt werden:

a) feste Kosten der Werftliegezeit	6000,– DM
b) entgangener Brutto-Betriebsgewinn	2000,– DM
täglicher Gesamtnutzenentgang:	**8000,– DM**

Vertragsgemäß sollte das Schiff 110 Tage nach Auftragseingang abgeliefert werden. Auf Grund der Ergebnisse der Netzplanung konnten u. a. mit den Zulieferbetrieben derart günstige Termine abgestimmt und dadurch die Montage beschleunigt werden, daß das Schiff nach 90 Tagen, also 20 Tage früher, fertig war. Wird z. B. unterstellt, daß die Reederei der Werft eine Prämie in Höhe ihres nun für 20 Tage nicht mehr anfallenden Nutzenentgangs gutschreibt, so läßt sich der Erfolg der Netzplantechnik in diesem Fall mit rund 100 000 DM veranschlagen.

Neben diesem direkt zurechenbaren Erfolg der Netzplanung kommt der Werft ein weiterer Nutzenbetrag zugute. Da der Schiffsumbau beschleunigt fertiggestellt wurde, können bestimmte Produktionskapazitäten, wie z. B. im Dock oder am Ausrüstungskai, früher als zunächst angenommen mit anderen Bauvorhaben belegt werden. Wird unterstellt, daß die Werft vollbeschäftigt ist und über entsprechende Aufträge für diese Produktionskapazität verfügt, so entstehen dadurch zusätzliche Gewinne für das Unternehmen. Grundlage der zahlenmäßigen Abschätzung dieses Zusatznutzens ist der einer jeden zusätzlich gewonnenen Kapazitätseinheit pro Arbeitstag zurechenbare durchschnittliche Betriebsgewinn. Dieser Betrag läßt sich näherungsweise aus dem zu Umsatzpreisen bewerteten zusätzlichen Produktionsvolumen abzüglich der entsprechenden Produktionskosten berechnen. Auf Zahlenangaben soll in diesem Zusammenhang verzichtet werden; im vorliegenden Fall dürfte dieser Zusatznutzen in einer ähnlichen Größenordnung liegen wie die bereits angedeuteten Einsparungen für den Auftraggeber.

VII. Verbesserung des Planungsverfahrens für den Schiffbau

Da die Hamburger Methode der Netzplantechnik ausschließlich eine Zeitanalyse durchführt, lassen sich mehrere Erweiterungen und Verbesserungen zugunsten einer betriebswirtschaftlich optimalen Planung aufzeigen. Zunächst wird die **Planung von Engpaßkapazitäten** zu berücksichtigen sein; sofern mehrere alternative Produktions- oder Bezugsmöglichkeiten für Baugruppen bestehen, sind Kostenüberlegungen in die Planung einzubeziehen. Schließlich dürften auch die Interdependenzen zu dem gesamten Produktionsprogramm der Werft nicht mehr vernachlässigt werden, d. h., die Einprojektanalyse sollte durch eine **Mehrprojektanalyse** ersetzt werden.

Neben den methodischen Erweiterungen sind auch organisatorische Maßnahmen zur Erleichterung der Planungsarbeit denkbar. So können für häufig wiederkehrende Aufträge Standardnetzpläne entwickelt werden, die von einer Datenbank durch die elektronische Datenverarbeitungsanlage abzurufen und nach geringfügigen Datenänderungen an das aktuelle Projekt anzupassen sind. Durch eine enge Zusammenarbeit mit der Arbeitsvorbereitung der Werft ließe sich die Produktionsplanung mit der Stücklistenplanung verbinden, so daß sämtliche Arbeitspapiere für den Produktionsbereich und gegebenenfalls auch für die Zulieferbetriebe in einem Arbeitsgang von der elektronischen Datenverarbeitungsanlage erstellt werden.

8

Kostenüberlegungen im Rahmen der Netzplantechnik

Von Dr. Günter Czeranowsky und Dr. Harald Strutz

I. Problemstellung

Neben einer reinen Terminplanung sind in vielen Situationen Kostenüberlegungen wichtig. Grundsätzlich ist dies nur dann der Fall, wenn zwischen Tätigkeitsdauer und den für diese Tätigkeit aufzuwendenden Kosten ein Zusammenhang besteht und das Gesamtkostenminimum – unter Berücksichtigung von Opportunitätskosten – nicht bei der „Normaldauer" des Projektes erreicht wird.

Die für eine kombinierte Kosten- und Terminplanung wichtigsten Alternativen der Gesamtprojektdauer sind:

1. Die längste Projektdauer (Normaldauer). Sie ist charakterisiert durch die Summe der Aktivitätszeiten auf dem kritischen Weg, wenn keine der Aktivitäten beschleunigt wird.
2. Die minimale Projektdauer. Alle Beschleunigungsmöglichkeiten sind voll ausgenutzt. Auf dem kritischen Weg existieren keine Beschleunigungsreserven mehr.
3. Die kostenoptimale Projektdauer. Sie ist gekennzeichnet durch das Minimum der Kosten, gebildet aus der Summe der Beschleunigungskosten der einzelnen Aktivitäten und den Opportunitätskosten (unter Opportunitätskosten soll der Gewinnentgang für eine zusätzliche Zeiteinheit der Projektdauer verstanden werden).

Der Zusammenhang zwischen diesen Terminalternativen und ihre Berechnung soll anhand eines Beispiels verdeutlicht werden.

II. Beispiel

a) Ausgangssituation

Folgende Liste der Arbeitsvorgänge für einen Projektablauf ist gegeben:

Arbeits-gang	Dauer i.Wochen	folgt auf Arbeitsgang	notwendig ist Abschluß von Arbeitsgang
A	8		
B	8	A	
C	12	A	
D	6	A	
E	6	B	
F	16	C	
G	20	C	
H	3	D	C
J	14	D	C
K	5	F/H	
L	10	F/H	
M	4	G	
N	8	E/J/K	
P	2	L/M/N	

Tabelle 1

Für die variablen Kosten soll vereinfachend angenommen werden, daß sie sich innerhalb des Variationsbereiches proportional zur Dauer der Arbeitsgänge verhalten. Variiert werden können lediglich die Zeiten der Arbeitsgänge D, F, K, L, M, N, P.

Für den Zusammenhang zwischen Arbeitsgangdauer und den variablen Kosten gilt folgende Tabelle 2:

Arbeitsgang	Normaldauer ND	Minimaldauer MD	variable Kosten in DM ND	MD
D	6	4	4.100	7.100
F	16	13	9.700	12.700
K	5	4	2.100	2.500
M	4	2	1.400	1.800
N	8	5	3.300	4.200
P	2	1	2.000	4.000

Tabelle 2

Arbeitsgang L kann entweder in 10, 8 oder 6 Wochen durchgeführt werden. Die entsprechenden variablen Kosten betragen jeweils 8 100,– DM, 8 600,– DM und 10 000,– DM.

Eine Verzögerung der Fertigstellung führt pro Woche zu einem Gewinnentgang (Opportunitätskosten) in Höhe von 1 100,– DM.

b) Bestimmung der Projektzeiten

1. Bestimmung der längsten Projektzeit

Zur Lösung des Problems wird ein Netzplan und eine Lösungstabelle angefertigt. Beide können aus den angegebenen Daten ermittelt werden.

Lösungstabelle

Arbeitsgang	Knoten i	Knoten j	Dauer a	frühester Anfg.-termin b	spätester Anfg.-termin c=e-a	frühester End-termin d=b+a	spätester End-termin e	ges. Pufferzeit f=e-d	kritischer Weg
A	1	2	8	0	0	8	8	0	x
B	2	3	8	8	27	16	35	19	
C	2	4	12	8	8	20	20	0	x
D	2	5	6	8	21	14	27	13	
E	3	8	6	16	35	22	41	19	
Scheintätigkeit	4	5	0	20	27	20	27	7	
F	4	6	16	20	20	36	36	0	x
G	4	7	20	20	25	40	45	5	
H	5	6	3	20	33	23	36	13	
J	5	8	14	20	27	34	41	7	
K	6	8	5	36	36	41	41	0	x
L	6	9	10	36	39	46	49	3	
M	7	9	4	40	45	44	49	5	
N	8	9	8	41	41	49	49	0	x
P	9	10	2	49	49	51	51	0	x

Tabelle 3

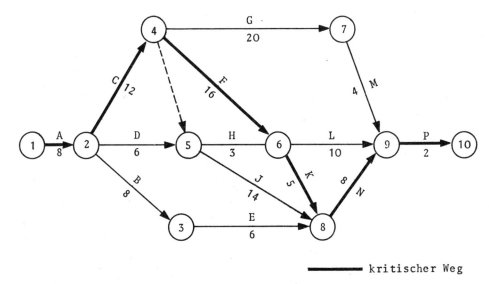

——— kritischer Weg

Abbildung 1: Darstellung des Netzwerkes

Aus der Darstellung ergibt sich ein kritischer Weg bei Normaldauer von A – C – F – K – N – P.

Die Gesamtprojektzeit beträgt 51 Wochen (vgl. Tabelle 3).

Die Höhe der Kosten setzt sich zusammen aus den variablen Kosten bei Normaldauer der Arbeitsgänge, deren Dauer variiert werden kann, der Summe der Kosten der nichtbeeinflußbaren Arbeitsgänge und den Opportunitätskosten.

variable Kosten der Arbeitsgänge D, F, K, M, N, L, P	= 30 700 DM
+ Opportunitätskosten für 51 Wochen	= 56 100 DM
+ Summe der nicht beeinflußbaren Kosten der restlichen Arbeitsgänge	= 65 000 DM
	151 800 DM

2. Bestimmung der kostenoptimalen Projektzeit

Grundlage für die kostenoptimale Projektzeit bildet das Kostenverhalten der beeinflußbaren Arbeitsgänge in Abhängigkeit von der Dauer. Da eine proportionale Steigerung der Arbeitsgangkosten mit Abnahme der Zeit je Arbeitsgang eintritt, ergibt sich für die Arbeitsgänge D, F, K, M, N, P generell folgender Verlauf in Abhängigkeit von der Bearbeitungszeit.

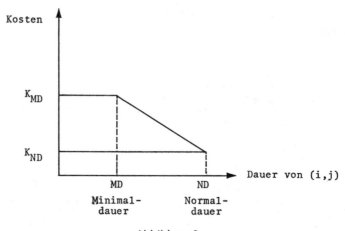

Abbildung 2

Die Beschleunigungskosten pro Zeiteinheit (ZE) betragen:

$$\frac{KMD - KND}{ND - MD}$$

Für den Arbeitsgang L gilt eine dreistufige Treppenkurve. Die Beschleunigungskosten können entsprechend umgelegt werden.

Das Kostenoptimum bzw. die minimalen Kosten sind dann erreicht, wenn die Beschleunigungskosten pro ZE gleich den Opportunitätskosten sind bzw. in diesem Falle, wenn die nächste eingesparte ZE höhere Beschleunigungskosten verursacht als durch die Opportunitätskosten eingespart wird.

Allgemein kann formuliert werden: Solange die Beschleunigungskosten kleiner sind als die Opportunitätskosten, sinken die Gesamtkosten; sobald die Beschleunigungskosten über den Opportunitätskosten liegen, steigen die Gesamtkosten.

Eine Beschleunigung des Projektes ist in folgenden Schritten möglich:

1. Auf dem kritischen Weg (nur so läßt sich die Gesamtprojektdauer verkürzen) wird eine Beschleunigung der Tätigkeit vorgenommen, bei der die Kosten der Verkürzung pro ZE am geringsten sind.

2. Ist die Minimaldauer der Tätigkeit mit den geringsten Beschleunigungskosten erreicht, so ist für eine weitere Verkürzung die Tätigkeit (auf dem kritischen Weg) mit den nächst höheren Beschleunigungskosten heranzuziehen.

3. Im Laufe der Beschleunigungsschritte ist es möglich, daß mehrere Wege gleichzeitig kritisch werden. Dies führt dazu, daß gleichzeitig mehrere Vorgänge beschleunigt werden müssen, um eine Verkürzung der Gesamtprojektdauer zu erreichen. Die Folge sind entsprechend höhere Beschleunigungskosten.

Als Beschleunigungskosten der Arbeitsgänge ergeben sich in vorliegendem Falle pro Woche folgende Werte:

$$D = \frac{7\,100 - 4\,100}{6 - 4} = 1\,500 \text{ DM}$$

$$F = \frac{12\,700 - 9\,700}{3} = 1\,000 \text{ DM}$$

$$K = \frac{2\,500 - 2\,100}{1} = 400 \text{ DM}$$

$$M = \frac{1\,800 - 1\,400}{2} = 200 \text{ DM}$$

$$N = \frac{4\,200 - 3\,300}{3} = 300 \text{ DM}$$

$$P = \frac{4\,000 - 2\,000}{1} = 2\,000 \text{ DM}$$

L von 10 auf 8 Wochen = 8 600 − 8 100 = 500 DM
 von 8 auf 6 Wochen = 10 000 − 8 600 = 1 400 DM

Mit diesen Werten läßt sich eine kostenoptimale Beschleunigung der Projektdauer durchführen.

Erste Kürzung der Projektdauer

Die geringsten Beschleunigungskosten auf dem kritischen Weg verursacht N. N wird bis auf die Minimaldauer (von 8 auf 5 Wochen) beschleunigt. Es ergeben sich Beschleunigungskosten in Höhe von 900,– DM; die eingesparten Opportunitätskosten betragen 3 300,– DM. Die Projektdauer wird von 51 auf 48 Wochen verkürzt.

Zweite Kürzung der Projektdauer

In Frage kommt eine Kürzung von F (1 000,– DM pro Woche) oder von K und L gleichzeitig (L von 10 auf 8 Wochen und K von 5 auf 4 Wochen). Die Beschleunigungskosten bei K und L betragen 400 + 500 = 900 DM und sind somit geringer als die Kosten der Beschleunigung von F. Die Projektdauer wird durch Beschleunigung der Arbeitsgänge K und L um eine Woche auf 47 Wochen gekürzt.

Dritte Kürzung der Projektdauer

F kann von 16 auf 15 Wochen gekürzt werden. Die Beschleunigungskosten (1 000 DM) sind geringer als die Opportunitätskosten (1 100 DM). Gleichzeitig werden die Arbeitsgänge G und M kritisch. Bei einer weiteren Kürzung müssen F und M gleichzeitig beschleunigt werden. Die Kosten pro Woche (1 000 + 200 = 1 200 DM) sind höher als die Opportunitätskosten (1 100 DM).

Eine weitere Kürzung ist somit nicht sinnvoll. Die kostenoptimale Projektdauer beträgt 46 Wochen. An Kosten ergeben sich für das Gesamtprojekt:

variable Kosten der Arbeitsgänge	D	4.100 DM
	F	10.700 "
	K	2.500 "
	L	8.600 "
	M	1.400 "
	N	4.200 "
	P	2.000 "
		33.500 DM
Opportunitätskosten für 46 Wochen		50.600 DM
Summe der nicht beeinflußbaren Kosten der übrigen Arbeitsgänge		65.000 DM
Gesamtkosten:		149.100 DM

Die minimalen Gesamtkosten (149 100 DM) sind um 2 700 DM geringer als die Kosten bei Normaldauer (151 800 DM).

Der Netzplan mit zwei kritischen Wegen hat folgende Gestalt:

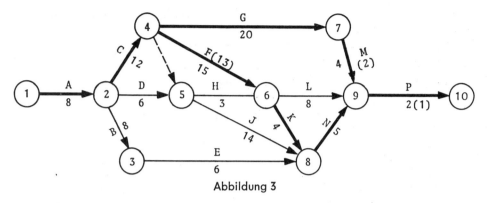

Abbildung 3

3. Ermittlung der minimalen Projektdauer

Ohne Berücksichtigung der Beschleunigungskosten wird die Projektzeit so lange wie möglich verkürzt. Außer den bereits bei der kostenoptimalen Verkürzung der Projektdauer beschleunigten Arbeitsvorgängen werden noch verkürzt:

Arbeitsgang F von 15 auf 13

M von 4 auf 2

P von 2 auf 1

Die minimale Projektdauer beträgt 43 Wochen. Es ergeben sich wieder zwei kritische Wege, die den gleichen Verlauf haben wie bei der kostenminimalen Projektzeit. In Abbildung 3 geben die Zahlen in Klammern die Durchführungszeiten bei minimaler Projektdauer an.

An Kosten ergeben sich:

Kosten der Arbeitsgänge	D	4.100 DM
	F	12.700 "
	K	2.500 "
	L	8.600 "
	M	1.800 "
	N	4.200 "
	P	4.000 "
		37.900 DM
+ Opportunitätskosten für 43 Wochen		47.300 DM
+ Kosten der übrigen Arbeitsgänge		65.000 DM
Gesamtkosten:		150.200 DM

Die Gesamtkosten sind bei minimaler Projektdauer (150 200 DM) noch um 1 600 DM geringer als bei Normaldauer (151 800 DM).

III. Lösung der Kostenplanung mit Hilfe der elektronischen Datenverarbeitung

In der Praxis sehen die Netzpläne wesentlich umfangreicher und komplizierter aus, so daß es oft unmöglich und unwirtschaftlich ist, sie manuell durchzurechnen.

Eine besondere Hilfe bietet hier die Anwendung der elektronischen Datenverarbeitung. Für die verschiedenen Gebiete der Netzplantechnik sind von den einzelnen Herstellern von Datenverarbeitungsanlagen Standardprogramme ausgearbeitet worden, die so modifiziert werden können, daß sie auch auf spezielle Situationen anwendbar sind.

Die einzelnen Programme fußen auf den gleichen Überlegungen, wie sie in obigem Beispiel dargestellt worden sind; es werden im wesentlichen die gleichen Rechenschritte ausgeführt, jedoch in Form eines automatisch ablaufenden Rechenverfahrens, das mit den Möglichkeiten der Rechenanlage abgestimmt worden ist. Unterschiede bestehen nur bei der Eingabe der Daten und der Ausgabe der Ergebnisse[1].

---

[1] Vgl. in diesem Zusammenhang D. B. Pressmar, Programmsysteme der elektronischen Datenverarbeitung zur Netzplananalyse, in: Schriften zur Unternehmensführung, Band 9, Wiesbaden 1969, S. 81 ff.

9

Problemanalyse und Entwicklung eines EDV-Systems

Von Dipl.-Kfm. Horst Futh und Dipl.-Kfm. Rolf Katzsch

I. Einführung

1. Organisatorische und personelle Voraussetzungen

Kaum eine Tätigkeit in den Unternehmen scheint mehr durch Unsicherheit und Unwägbarkeiten gekennzeichnet als die Einführung eines EDV-Systems. Starke Verzögerungen, eine hohe Überschreitung der geplanten Kosten und eine lange Anlaufzeit, bis das umgestellte System fehlerfrei und sicher funktioniert, sind in vielen Unternehmen die Folge.

Analysiert man solche Schwierigkeiten nun im einzelnen, stößt man immer wieder auf die gleichen Ursachen, und zwar

- eine grobe Unterschätzung von Umfang und Schwierigkeitsgrad bei der Einführung eines EDV-Systems,
- ein mangelnder organisatorischer Reifegrad des Unternehmens und
- die nicht genügende Qualifikation des eingesetzten Personals bzw. dessen fehlende Erfahrungen.

Hier seien die wichtigsten Punkte hervorgehoben, auf die es bei der Planung, Entwicklung und Einführung eines EDV-Systems ankommt[1]):

1. Es bedarf immer der Aktivität und Zusammenarbeit von EDV-Fachkräften, Mitarbeitern der Fachabteilungen und Führungskräften.
2. Alle Beteiligten müssen eine ausreichende betriebswirtschaftlich-organisatorische und verfahrenstechnische Qualifikation und Ausbildung besitzen.
3. Anstelle von Duldung und Wohlwollen müssen bei der Geschäftsführung Kenntnisse und Verstehen der EDV-Technik und ihrer Möglichkeiten und Grenzen treten.
4. Es muß ein System angestrebt werden, daß sich mehr am Daten- und Informationsfluß des Unternehmens als an hierarchischen Abteilungsgrenzen orientiert.
5. Die Einführung einer EDV muß systematisch und planvoll und unter Einsatz moderner Hilfsmittel, wie beispielsweise der Netzplantechnik, ablaufen.

---
[1]) Siehe hierzu auch M. P. Wahl, Betriebswirtschaftliche Probleme bei der Einführung der EDV in der Unternehmung, in: Schriften zur Unternehmensführung, Band 13, Wiesbaden 1970, S. 5 ff

	Problemanalyse	Entwurf des neuen Gesamtsystems	Projektantrag und Detailplanung	Entwurf der Arbeitsabläufe	Ausarbeitung der Detailorganisation	Programmierung	Übernahme	Abschlußarbeit
1. Tätigkeiten	– Fixierung des Org.-Auftr. – Aufnahme u. Darst. des Ist-Zustandes – Kritische Beurteilung des Ist-Zustandes – Formulierung der Forderungen und Ziele	– Festlegung des Daten- und Informationsflusses	– Projektidee – Ausarbeitung des Projektantrages – Entscheidung – Durchführung – Aufgaben- und Personalplanung	– Grobabläufe – Feinabläufe	– Ein-/Ausgabe – Speicherorganisation – Verarbeitungsregeln – Datensicherung – Testbeispiele	– Progr.-Vorbereitung – Progr.-Ablaufpläne – Verschlüsselung – Progr.-Teste	– Systemtest – Planung und Vorbereitung – Durchführung	– Starthilfe – Dokumentation – Überprüfung des Projektes
2. Unterteilung	Gesamtsystem				Teilsysteme			
3. Zeitbezogenheit	gegenwärtige Arbeitsabläufe			geplante Arbeitsabläufe				

Bild 1: Übersicht über die Planung, Entwicklung und Einführung eines EDV-Systems

2. Übersicht über die Planung, Entwicklung und Einführung eines EDV-Systems

Bild 1 zeigt die Übersicht über die Tätigkeiten und Aufgaben bei der EDV-Umstellung. Wie ersichtlich, ist zunächst eine P r o b l e m a n a l y s e vorzunehmen. Bei dieser Tätigkeit analysieren die Organisatoren die Daten und Einzelheiten des gegenwärtigen Systems und weisen auf die Engpässe und Schwierigkeiten hin. Es folgt der Entwurf des Gesamtsystems, in dem der neue Daten- und Informationsfluß festgelegt wird, wobei die Tatbestände und Pläne des Unternehmens auf der einen Seite und die Forderungen und Ziele, die an das neue System gestellt werden, auf der anderen Seite in die Entwicklung einzubeziehen sind.

An die Beschäftigung mit dem Gesamtsystem schließen sich die Umstellungsarbeiten für die einzelnen Teilsysteme an, wobei es vom Einzelfall abhängt, ob Teilsysteme parallel oder nacheinander umgestellt werden. Für jedes Teilsystem ist zunächst ein Projektantrag zu formulieren und danach Personaleinsatz und Aufgabenverteilung zu planen. Nach der Freigabe des Projektes durch die Geschäftsführung werden die Arbeitsabläufe für das neue System entworfen und die Detailorganisation mit den Programmvorgaben ausgearbeitet. Der Programmierung folgt die Übernahme des Teilsystems auf die EDV-Anlage zum vorgesehenen Zeitpunkt. Die Arbeiten werden beendet mit dem Anlaufen des neuen Verfahrens, der Ausarbeitung der Dokumentation und der Überprüfung des Projektantrages mit Hilfe des Soll-Ist-Vergleiches.

II. Problemanalyse

1. Fixierung des Organisationsauftrages

Grundlage und Ausgangspunkt für die Durchführung der Problemanalyse und den Entwurf des EDV-Gesamtsystems bildet der Organisationsauftrag. Um Fehldeutungen und Mißverständnisse auszuschließen, sollten bei der Vergabe des Organisationsauftrages folgende Punkte beachtet werden:

- Der Organisationsauftrag sollte von der Unternehmensführung selbst erteilt und schriftlich fixiert werden.
- Der Organisationsauftrag muß klar und unmißverständlich die organisatorischen Tatbestände und Pläne ausweisen.
- Die Erfüllung des Organisationsauftrages sollte zeitlich begrenzt und durch ein Mitglied der Unternehmensführung überwacht werden.

Bei dieser Gelegenheit sollte die Unternehmensführung prüfen, ob unantastbare Gegebenheiten und jahrzehntealte Überlieferungen im Zeitalter der Automation noch Gültigkeit besitzen. Eine zu starke Einengung bei der Gestaltung der neuen Systeme und Abläufe kann zudem dazu führen, daß die gegenwärtigen Arbeitsabläufe kritiklos auf die EDV umgestellt werden. Eine bloße Nachbildung vorhandener Abläufe kann aber nicht die Möglichkeiten und Vorteile der EDV ausschöpfen.

Der Organisationsauftrag muß weiter darüber Auskunft geben, welche organisatorischen Pläne die Unternehmensführung für die nächste Zeit hat. Da EDV-Systeme aus organisatorischen und wirtschaftlichen Gründen über einen längeren Zeitraum genutzt werden müssen, ist es unerläßlich, daß die Organisatoren die Planung der Unternehmensführung für die nächsten 5 bis 10 Jahre kennen. Nur so können Kapazität und Ausrüstung der EDV-Anlage richtig gewählt und die zu entwerfenden Systeme der Entwicklung des Unternehmens angepaßt werden. Sowohl ein Austausch des gewählten maschinellen Systems als auch die Neuorganisation und Umprogrammierung sind nur langfristig und unter erheblichem Zeit- und Kostenaufwand möglich.

2. Aufnahme und Darstellung des Ist-Zustandes

Die Untersuchung des Ist-Zustandes im Hinblick auf den Einsatz der EDV sollte immer zweckorientiert sein, d. h. sich weniger auf die Art der gegenwärtigen Durchführung als auf den Sachinhalt der Aufgaben beziehen. Hierbei sind nicht das Verfahren des heutigen Ablaufs, sondern die organisatorischen Tatbestände, wie Datenmengen, Rechenformeln, Verarbeitungstermine, Gesetze, Bestimmungen und betriebliche Erfordernisse, wichtig.

Die Analyse wird in gemeinsamer Arbeit von der EDV-Abteilung und den Sachbearbeitern und Führungskräften der betreffenden Abteilungen durchgeführt. Sie muß deshalb in enger Zusammenarbeit mit den Mitarbeitern der Fachabteilungen erfolgen, weil diese die Einzelheiten und Zusammenhänge ihrer Arbeitsgebiete besonders gut kennen.

Für die Aufnahme des Ist-Zustandes hat es sich bewährt, die Mitarbeiter und Führungskräfte der Fachabteilungen an ihren Arbeitsplätzen zu befragen. Dies geschieht am besten dadurch, daß die EDV-Organisatoren an Hand vorbereiteter Erfassungsbogen die Daten und weitere interessierende Einzelheiten aufnehmen. Bild 2 zeigt das Muster eines solchen Erfassungsbogens.

Wie aus Bild 2 ersichtlich, werden die einzelnen Arbeitsgänge fortlaufend numeriert und bezeichnet, wobei die Darstellung des Sachinhalts der erwähnten Zweckorientierung folgt, indem alle Daten nach Eingang, Verarbeitung (unter Verwendung der benötigten Karteien) und Ausgang erfaßt werden. Im einzelnen sind bei der Aufnahme des Ist-Zustandes die folgenden Fragen von Bedeutung:

Eingang

- Anzahl und Belege je Zeiteinheit?
- Absender der Belege (außerhalb oder innerhalb des Unternehmens)?
- Fallen die Belege fortlaufend oder nur in bestimmten Zeitabständen an?
- Form und Inhalt der Belege?

Verarbeitung

- Welche Karteien oder andere Hilfsmittel werden benötigt?
- Welche Prüfungen, Ergänzungen und Korrekturen sind vorzunehmen?

Problemanalyse und Entwicklung eines EDV-Systems

EDV Unternehmensberatung : Futh — ERFASSUNG DES DATEN- UND BELEGFLUSSES — Datum: 1.7.70

Istaufnahme bei Firma : Meyer-Großhandel EDV-Organisator : Schulz Blatt -1- von 5

Sachbereich: tägl.Auftragsbearbeitung und Fakturierung Sachgebiet : tägl.Auftragsabwicklung durch Verkaufsabteilung Fachabteilung: Verkauf Sachbearbeiter : Müller

Lfd. Nr.	Teilgebiet/ Bezeichnung	Absender/ Aussteller	Zu verarbeitende Belege je Zeiteinheit Min.	Ø	Max.	Karteien/ verwendete Hilfsmittel	Prüfung/ Korrektur/ Verarbeitung	Ausgabe Belege/Listen je Zeiteinheit Min.	Ø	Max.	Weiterleitung an/ Anschlußpunkte	Bemerkungen/ Zielvorstellungen
01	Kunden Aufträge schriftlich mündlich	Kunden Kunden	100 20	120 30	140 40	Kunden-Kartei	Prüfung auf vollständige Angaben Weiterbearbeitung entsprechend 02 und 03	40 120	50 150	60 180	Kunden-Aufträge Registratur nach Auftragsausführung Auftragsbestätigung siehe 02 Lieferaufträge siehe 03	Bemerkungen/ Zielvorstellungen unverändert siehe 02 und 03
02	Auftragsbestätigungen	Verkauf	40	50 tägl.	60	Kunden-Kartei	Kontrolle	-	-	-	Kunden Registratur	Auftragsbestätigungen per EDV
03	Liefer-Aufträge	Verkauf	120	150 tägl.	180	Kunden-Kart. Dispo-Kart.	Kontrolle	-	-	-	Lager Registratur(nach Auftragsausführung)	Liefer-Aufträge per EDV
04	Lieferscheine	Lager	80	100 tägl.	120	Kunden-Kartei	a)Kontrolle mit Auftragsbestätig. b)Ergänzung der Lieferscheine um Preis u.Prov.Angab.	20	70 30	80 40	Auftragsbestätigung Registratur Lieferscheine tägl.Fakturierung dek. Fakturierung	Lieferscheine per EDV
05	Rechnungen	Verkauf Fahrer	60 20 20	70 30 täglich dekadisch	80 40	Kunden-Artikel-Vertreten-Kartei	a)Kontrolle mit Lieferscheinen b)Ergänzung der Kunden-Artikel-u.Vertreten-Kart.	-	-	0	Rechnungen a)Kunde b)Buchhaltung c)Kunden-Akte Artikel-Kartei für monatl.Artikel-umsatz-Darstellung Vertreter-Kartei f.monatl.Prov.-Abrech	Rechnungen per EDV Fortfall der versch. Karteien, da entspr. Monatsauswertung über EDV
06	Retouren-Schein	Lager	4	6 täglich	8	Kunden-Kartei	Ergänzung um Preis und Prov.Angaben	4	6	8	Zur tägl.Gutschrifterstellung	unverändert
07	Gutschriften	Verkauf	4	6 täglich	8	Kunden-Vertreter-Artikel-Kartei	a)Kontr.m.Retouren-Schein b)Ergänz.d.Kunden-u.Vertr.-Kart.	-	-	-	a)Kunde b)Buchhaltung c)Kunden-Akte	Erfassung der Gutschriften über EDV für die Buchhaltung und Auswtg.

Bild 2: Erfassungsbogen

- Werden die Daten sofort bei Anfall einzeln verarbeitet?

- Oder werden die Daten paketweise und in bestimmten Zeitabständen verarbeitet?

- Welche Verarbeitungsverfahren gelten für den Regel- und welche für den Ausnahmefall?

Ausgang

- Gehen die Daten einzeln oder verdichtet, fortlaufend oder gesammelt weiter?
- Welche Prüfung und Abstimmung der Ergebnisse wird durchgeführt?
- Wer erhält die Daten und Ergebnisse?

Die Aufteilung nach Eingang, Verarbeitung und Ausgang entspricht in ihrer Systematik der Grundlegung von EDV-Abläufen mit

- Eingabe
- Verarbeitung, unter Verwendung von Dateien und
- Ausgabe.

Die letzte Spalte des Formulars dient nicht allein zur Aufnahme ergänzender Angaben wie Ausnahmefälle, Varianten und Bedingungen, sondern auch, um erste Zielvorstellungen festzuhalten. Bei diesen Zielvorstellungen handelt es sich nur um erste Gedanken für die künftige Neugestaltung des Ablaufes mit Hilfe der EDV. Unabhängig hiervon muß bei der Erfassung die Aufnahme und Darstellung des Datenmengengerüstes, d.h. der Daten und Belege je Zeiteinheit, im Vordergrund stehen.

Die geschilderte Verfahrensweise hat den Vorteil, daß die für eine EDV-Umstellung benötigten Daten und Informationen des gegenwärtigen Arbeitsablaufes mit einem Minimum an Zeit und Kosten ermittelt werden können. In vielen Unternehmen genügen 1 bis 2 Monate, um eine solche Analyse durchzuführen, was im einzelnen nicht ausschließt, daß zusätzliche detaillierte Untersuchungen und die graphische Darstellung der Ist-Abläufe erforderlich sind. Dies gilt vor allem dann, wenn es sich um intransparente, stark verzahnte Abläufe handelt oder die beauftragten Organisatoren nicht über ausreichende Sachkenntnisse des betreffenden Arbeitsgebietes verfügen. Als Beispiel eines Hilfsmittels für eine weitergehende Untersuchung dient die nachstehende Tabelle.

Fragen	Antworten	Grad der Bedeutung*
● Wer arbeitet?	= Arbeitsträger (Arbeitskraft, EDV-Anlage)	(1)
● Warum wird gearbeitet?	= Anstoßinformation (auslösender Befehl)	(2)
● Wonach wird gearbeitet?	= Steuerinformation (Programm, Arbeitsrichtlinien)	(3)
● Woran wird gearbeitet?	= Arbeitsgegenstand	(3)
● Womit wird gearbeitet?	= Arbeitshilfsmittel	(1)
● Was wird erreicht?	= Arbeitsergebnis	(3)
● Welche Arbeit wird ausgeführt?	= Verrichtungskategorie (Vervielfältigungen, Rechnen, Schreiben)	(3)
● Wo wird gearbeitet?	= Arbeitsort	(1)
● Wann wird gearbeitet?	= Erledigungszeitpunkt (Beginn, Ende)	(3)
● Wie lange wird gearbeitet?	= Erledigungsdauer	(2)
● Wie oft wird gearbeitet?	= Erledigungshäufigkeit (absolut und relativ)	(3)
● Wieviel wird gearbeitet?	= Ergebnis (pro Fall oder Zeiteinheit)	(3)

(1) = von untergeordneter Bedeutung
(2) = beachtenswert
(3) = von besonderer Bedeutung

3. Kritische Beurteilung des Ist-Zustandes

Der Aufnahme und Darstellung muß sich die kritische Beurteilung des organisatorischen Ist-Zustandes anschließen, mit der die Organisatoren die schwachen Stellen und Engpässe der untersuchten Arbeitsabläufe besonders herausheben. Nicht selten zeigt sich, daß bei der Untersuchung festgestellte Mängel und Schwierigkeiten durch Sofortmaßnahmen beseitigt werden können. Dies ist schon deshalb von Bedeutung, weil in der Regel 1 bis 2 Jahre bis zur Umstellung auf die EDV vergehen.

Immer sollten bei der Durchleuchtung und Beurteilung des Ist-Zustandes die folgenden Organisationsregeln berücksichtigt werden:
● Gleichförmigkeit und Standardisierung
● Lückenlosigkeit
● Anpassungsfähigkeit

- Unterscheidbarkeit
- Schnelligkeit und Einfachheit, Klarheit und Übersichtlichkeit
- Kontrollierbarkeit und Messung der Tätigkeiten und Leistungen
- Einmaligkeit zwecks Vermeidung von Doppelarbeiten
- Verantwortlichkeit, um Tätigkeiten und Verantwortung klar abgrenzen zu können

4. Formulierung der Forderungen und Ziele

Bevor nun als nächster Schritt das EDV-Gesamtsystem entworfen wird, müssen die Forderungen und Ziele fixiert werden. Hierbei handelt es sich einmal um Forderungen, die an das neue EDV-System gestellt werden, zum anderen um unternehmerische Zielsetzungen.

Als Beispiele für generelle Forderungen und Ziele können genannt werden:

- Die Straffung und gleichzeitige Vereinfachung des Verwaltungsablaufs.
- Eine Verkürzung der innerbetrieblichen Durchlaufzeiten und die beschleunigte Abwicklung der Geschäftsvorfälle.
- Die allgemeine Verbesserung des Berichts- und Informationswesens.
- Die qualitative und quantitative Durchleuchtung des Betriebsgeschehens zur Erhöhung der Transparenz.
- Eine bessere Einhaltung der Termine.
- Eine beschleunigte Bereitstellung von Unterlagen für wirklichkeitsnahe Entscheidungen.

Beispiele für Forderungen und Ziele im einzelnen sind zum Beispiel:

- Eine bessere Dispositionsmöglichkeit und optimale Lagerhaltung.
- Kostensenkung in der industriellen Produktion durch bessere Arbeitsvorbereitung.
- Einsparung von Vertriebskosten durch maschinelle Marktanalysen.
- Die Verminderung der Personalabhängigkeit und der Überstunden in der Verwaltung.
- Eine schnellere Rechnungsprüfung, um Skonti in voller Höhe ausnutzen zu können.
- Schaffung von Anwendungsmöglichkeiten für neue Verfahren, z. B. auf dem Gebiet der Unternehmensforschung.
- Freisetzung von Mitarbeitern durch Verlagerung von Massen- und Routinearbeiten auf die EDV-Anlage.

Je nach dem betriebswirtschaftlich-organisatorischen Reifegrad und der Struktur des Unternehmens können die Forderungen und Ziele betriebsindividuell verschieden sein.

Da die Einführung eines EDV-Systems hohe Investitionen verursacht und das Unternehmen langfristig organisatorisch und verfahrenstechnisch bindet, ist eine Präzisierung und Festlegung durch die Unternehmensführung selbst unerläßlich. Nur so ist gewährleistet, daß das neue System zum integrierten Bestandteil der Unternehmenspolitik wird.

III. Entwurf eines Gesamtsystems

Bei der Einführung einer EDV sollte heute immer von einer umfassenden Gesamtkonzeption ausgegangen werden. Dies bedeutet, daß nicht mehr einzelne Arbeitsgebiete als Insellösungen isoliert auf die EDV umgestellt werden. Statt dessen wird zunächst ein Gesamtsystem entwickelt, das sich über Abteilungs- und Bereichsgrenzen hinweg am gesamten Daten- und Informationsfluß orientiert und die Interdependenzen zwischen den Arbeitsgebieten berücksichtigt. Dieses integrierte Gesamtsystem wird dann in Teilsysteme aufgelöst. Nicht nur die Daten- und Informationsströme in allen Ebenen des Unternehmens, sondern auch das Angebot an leistungsfähigen Techniken auf den Gebieten der Datenerfassung, Datenübertragung und Datenverarbeitung fordern heute eine solche ganzheitliche Betrachtungsweise[2]).

Welche Faktoren müssen nun beim Entwurf eines EDV-Gesamtsystems berücksichtigt werden? Ausgehend von den Tatbeständen und Plänen des Unternehmens und unter Beachtung der fixierten Forderungen und Ziele ist ein Gesamtsystem zu entwickeln, dessen Rahmen die beiden nachstehenden Leitgrundsätze bilden:

1. Grundlage eines neuen EDV-Systems sollte die Schaffung einer modernen, rationellen betriebswirtschaftlich-organisatorischen Konzeption und eines entscheidungsorientierten Informationssystems sein.

2. Es sind Abläufe zu entwickeln, die die moderne Mittel- und Verfahrenstechnik bestmöglich nutzen.

Bei einer umfassenden Rationalisierung mit Hilfe der EDV kann es niemals Sinn und Zweck sein, an jahrzehntealten und überlieferten Traditionen festzuhalten. Abgesehen von der Weiterentwicklung der Betriebswirtschaftslehre selbst besteht ein enger Zusammenhang zwischen Sachinhalt und Mitteltechnik. Das bedeutet, daß Leistungsfähigkeit und Kapazität moderner Computer die Anwendung neuer Verfahrenstechniken, wie beispielsweise der Unternehmensforschung (Operations Research), gestatten und damit die Voraussetzungen für eine Änderung im Bereich der Betriebswirtschaft schaffen[3]).

Bild 3 zeigt ein Gesamtsystem, dargestellt am Beispiel eines Großhandelsunternehmens. Im Vordergrund der Darstellung steht der Daten- und Informationsfluß innerhalb und zwischen den Teilsystemen, wobei es hier noch nicht auf eine Detaillierung der einzelnen Abläufe ankommt.

---

[2]) Siehe hierzu auch W. Müller, Aufgaben und Gestaltung betrieblicher Informationssysteme, in: Schriften zur Unternehmensführung, Band 13, Wiesbaden 1970, S. 19 ff.

[3]) Siehe hierzu auch H. Jacob, Der Einsatz von EDV-Anlagen im Planungs- und Entscheidungsprozeß der Unternehmung, in: Schriften zur Unternehmensführung, Band 12, S. 91 ff. und Band 13, S. 41 ff.

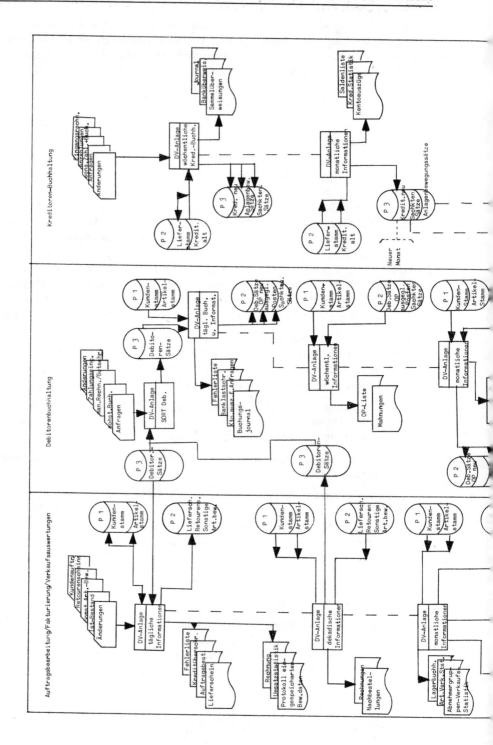

Problemanalyse und Entwicklung eines EDV-Systems

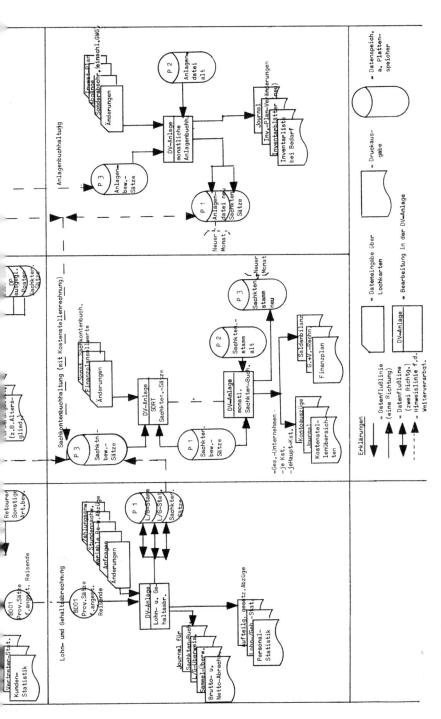

Bild 3: Gesamtsystem einer Daten- und Informationsverarbeitung in einem Großhandelsunternehmen

IV. Entwicklung und Einführung eines Teilsystems

1. Projektantrag und Detailplanung

Wie in Bild 1 dargestellt, beginnt die Entwicklung eines Teilsystems mit der Ausarbeitung des Projektantrages und der Detailplanung. Es wurde eingangs erwähnt, daß die EDV-Umstellung immer des Zusammenwirkens der verschiedenen Aktivitäten im Unternehmen bedarf. Hierzu gehört nicht nur die EDV-Abteilung als Hauptaktivität, sondern auch die Betriebsorganisation, die betriebswirtschaftliche Abteilung, die Revision und die Fachabteilungen, die von der Umstellung unmittelbar betroffen sind. Die Auswirkungen einer Umstellung und die mit der EDV-Einführung verbundenen Kosten, aber auch der Dienstleistungscharakter der EDV-Abteilung erfordern die Erteilung eines Organisationsauftrages. Hiervon ausgehend hat es sich in der Praxis bewährt, vor der Umstellung eines Arbeitsgebietes einen Projektantrag auszuarbeiten, der dann der Geschäftsführung zur Genehmigung vorgelegt wird. Der Projektantrag entsteht durch Zusammenarbeit der oben genannten Gruppen und enthält alle wichtigen Einzelheiten für die Umstellung oder die Änderung bestehender Abläufe. Die Stufen seiner Abwicklung sind:

a) Projektidee

Die Idee für die Umstellung oder Verbesserung eines Arbeitsablaufes kann von jeder Stelle des Unternehmens ausgehen, d. h. sowohl von den Fachabteilungen als auch von der betriebswirtschaftlichen Abteilung, der Organisation oder Datenverarbeitung.

b) Ausarbeitung des Projektantrages

Unter der Voraussetzung, daß die gemeinsame Erörterung zu dem Ergebnis kommt, die Projektidee in der ursprünglichen oder einer abgewandelten Form zu verwirklichen, wird gemeinsam ein Projektantrag formuliert und der Geschäftsführung vorgelegt. Er enthält (vgl. auch das folgende Muster):

- die Beschreibung des Projektes
- die Aufzählung der Einsparungen und Vorteile
- das Ergebnis der Besprechung und die vorgeschlagene Lösung
- der geschätzte erforderliche Aufwand
- die erwartete Belastung der EDV-Anlage.

c) Entscheidung der Geschäftsführung

Die Geschäftsführung wird den Projektantrag ablehnen oder genehmigen, wobei sie gewünschte Änderungen hinzufügt. Außerdem wird sie für die Verwirklichung des Projektes eine Priorität festlegen.

d) Durchführung des genehmigten Projektes

Der genehmigte Projektantrag ist gleichbedeutend mit einem schriftlichen Organisationsauftrag der Geschäftsführung. Entsprechend diesem Auftrag hat der Leiter der EDV-Abteilung das Projekt verantwortlich abzuwickeln.

EDV-UNTERNEHMENS-BERATUNG Futh	PROJEKT - ANTRAG

1 Aussteller: Müller   Abteilung: Verkauf   Datum: 6.5.1970

2 Beschreibung des Projektes/der Änderung (evtl. Beiblatt benutzen)

Abwicklung der täglichen Auftragsbearbeitung, Fakturierung und Erstellung von Verkaufsauswertungen mit Hilfe von EDV

1. zur Auftragsbearbeitung
   Erstellung von Auftragsbestätigungen und Lieferscheinen mit Hilfe von EDV

2. zur Fakturierung
   Erstellung der Rechnungen mit Hilfe von EDV; dabei ist eine tägliche Fakturierung (Normalfall) und für bestimmte Kunden eine Dekaden-Fakturierung vorzusehen.

3. zur Verkaufsauswertung
   monatlich sind folgende Verkaufsauswertungen mit Hilfe von EDV zu erstellen:
       a) Kunden-Statistik
       b) Vertreter-Statistik
       c) Abnehmergruppen-Statistik
       d) Artikel-Statistik
       e) Prov.-Abrechnung

3 Vorteile/Einsparungen:

1. Fortfall der manuellen Erstellung von Auftragsbestätigungen und Lieferscheinen
2. Fortfall der Fakturierung mit Hilfe des Fakturierautomaten
3. Fortfall der Kunden-Kartei, Vertreter-Kartei, Artikel-Kartei und einer zusätzlichen Rechnungskopie für die Erstellung der Abnehmergruppen-Statistik
4. Die Angaben der Rechnungs-/Gutschriftskopien brauchen nicht mehr in die verschiedenen Karteien manuell übertragen und zu genannten Statistiken verdichtet zu werden.

Aus oben genannten Vorteilen ergeben sich folgende Einsparungen:

Personal: 5 Personen = DM 100.000,-- p.a. (DM 20.000,-- p.a. pro Person)
Material (Karteikarten, Lieferscheine usw. = DM 5.000,-- p.a.
Fakturierautomat   = DM 3.000,-- (Restwert)
Nicht bewertbarer Vorteil: größere Aktualität der Informationen

4 Gewünschter Fertigstellungstermin 1.4.1971

5 Diskussion Organisation/Fachabteilungen fand statt am ..26.5.1970.......

Ausstellende Abteilung

| 6 | **Ergebnis der Besprechung und vorgeschlagene Lösung:**

Der Projektantrag fand die Zustimmung der Organisation und Fachabteilungen mit folgender Ergänzung:

1. Im Rahmen der täglichen Auftragsabwicklung soll
   a) eine Kreditprüfung mit Erstellung von Kreditüberschreibungskarten
   b) eine Verfügbarkeitskontrolle
   eingeführt werden.
2. Darüber hinaus soll in dekadischen Abständen eine maschinelle Disposition mit maschineller Artikel-Bestellschreibung vorgenommen werden.
3. Auftragsbestätigungen sollen nur für solche Aufträge geschrieben werden, bei denen aufgrund der Verfügbarkeitskontrolle eine sofortige Lieferung nicht möglich ist.
4. In den Monatsauswertungen Kunden-, Vertreter-, Abnehmergruppen- und Artikelstatistik sollen sowohl Mengenangaben als auch Verkaufserlöse ausgewiesen werden. Dabei sind außer den Monatsangaben auch die Bis-Angaben seit Jahresbeginn anzuschreiben.
5. Die Ergebnisse aus der Fakturierung werden maschinell in das System der Kunden- und Finanzbuchhaltung übernommen.

Es wurde vereinbart, daß die Organisationsabteilung einen detaillierteren Vorschlag über die einzelnen Auswertungen ausarbeitet und das Ergebnis mit den Fachabteilungen und der Geschäftsleitung abstimmt.

| 7 | **Arbeits-/Anwendungsbereich:** Verkauf

vorliegender Antrag erfordert: Neue Programme [x]
                                  Programmänderungen [ ]

Empfohlene Priorität: Prioritätsziffer ....1....

Sofortaktion [ ]   mittelfristig [x]   langfristig [ ]

Auszufüllen durch Betriebsorganisation

Organisation und EDV

8 Schätzung des erforderlichen Aufwands

Funktionen	Geschätzte Mann-Wo.	Anzahl Mitarbeiter	Geschätzt. Termin	Geschätzte Kosten in DM
EDV-Organisation	74	6	30.12.70	55.000
Programmierung	82	4	15.3.71	40.000
Übernahme	54	9	1.4.71	35.000
Sonstiges	–	–		
Gesamt	210	9	1.4.71	130.000

Rechenzentrum

9 Stellungnahme und Empfehlung des Rechenzentrums

- Geschätzte Maschinenstunden für dieses Projekt: 50 Std. per Monat
- Geschätzte Speicherkapazität: Magnetplatte 3 Mio. Bytes
- Einsparungen an Maschinenzeit (falls zutreffend): ___ Std. per
- Gibt es seitens des Rechenzentrums aufgrund der erforderlichen Maschinenzeit Einwendungen gegen dieses Projekt? nein
  Falls Einwendungen erhoben werden, bitte nachstehend erläutern:

		GENEHMIGUNG		
10	Genehmigung des Antrages durch die Bereichsleiter der antragstellenden Abteilung und der betroffenen Abteilungen		Datum	Unterschrift
			1.6.70	Müller/Verkauf
			5.6.70	Schulze/Rechnungswesen
11	Genehmigung durch den Leiter der Organisation		10.6.70	Franke
12	Genehmigung durch den Leiter der Revision		12.6.70	Krüger
13	Projektgenehmigung durch den EDV-Bereichsleiter		15.6.70	Meier
14	Änderungen/Ergänzungen der Geschäftsleitung zur vorgeschlagenen Lösung: Die Kunden-Statistik, Abnehmergruppen-Statistik und Artikel-Statistik sollen außer den Jahres-Angaben auch die entsprechenden Vorjahres-Angaben (Menge, Netto-Erlös für Monat und kumulativ im Vorjahr) enthalten.			
	PRIORITÄT:			
15	Genehmigung/Ablehnung durch die Geschäftsleitung		Datum	Unterschrift
			25.6.1970	

Bevor nun mit dem Entwurf der Arbeitsabläufe begonnen wird, ist eine Aufgaben- und Personalplanung auszuarbeiten. Hierbei wird die Planung in folgende Unterpläne aufgelöst:

- Aufgabenplanung je Teilsystem (Bild 4)
- Personalplanung je Teilsystem (Bild 5)
- Organisations-Vorgabe (Bild 6)
- Programmierungs-Vorgabe (Bild 7)

Liegt der Umstellungstermin eines Projektes auf Grund einer Entscheidung der Geschäftsführung bereits fest, so wird eine retrograde Zeitrechnung ergeben, wieviele Mitarbeiter für das Projekt einzusetzen sind. Steht demgegenüber die Anzahl der einsetzbaren Mitarbeiter fest, so wird man nur über eine progressive Zeitrechnung den voraussichtlichen Fertigstellungstermin errechnen können. Nicht selten gerät man bereits dadurch in eine kritische Situation, daß sowohl der Fertigstellungstermin als auch die verfügbare Mitarbeiterzahl in Organisation und Programmierung fixe Größen sind, die nicht miteinander in Einklang gebracht werden können.

Für die Errechnung des Zeitbedarfs für Organisation und Programmierung gibt es keine speziellen Verfahren. Deshalb muß der Leiter der EDV-Abteilung für jedes Projekt eine auf den vorhandenen Ist-Zustand und das angestrebte Soll abgestimmte Zeitbedarfsrechnung aufstellen, wozu ihm Erfahrungsgrößen aus anderen Betrieben als Durchschnittswerte dienen können.

Als Richtgrößen für eine solche Zeitbedarfsrechnung können die nachfolgend genannten Prozentsätze gelten:

- Vorbereitung und Entwurf der Arbeitsabläufe ca. 15 %
- Ausarbeitung der Detailorganisation ca. 30 %
- Programmierung einschl. Programmteste ca. 40 %
- Übernahme auf die EDV-Anlage und Abschlußarbeiten ca. 15 %.

Hierbei handelt es sich jedoch nur um Richtgrößen, die sich je nach Umfang und Schwierigkeitsgrad eines Projektes schwerpunktmäßig zur Detailorganisation oder Programmierung verschieben können. Auch sollte der Zeitbedarf für die Umschulung der Mitarbeiter und die Einführung in den Fachabteilungen nicht unterschätzt oder vergessen werden.

Aus den geschätzten Mann-Tagen für die einzelnen Projektphasen lassen sich die erforderlichen Kalenderwochen und – bei Berücksichtigung der festgelegten Prioritäten – auch Beginn und Ende des Projektes als Sollgrößen ermitteln. Eine solche Rechnung ist aber nur möglich, wenn der Fertigstellungstermin nicht bereits eine fixe Größe ist, deren Einhaltung dann nur durch einen entsprechenden Personaleinsatz ausgeglichen werden kann. Doch sollte berücksichtigt werden, daß die Anzahl an Organisatoren und Programmierern für ein Projekt nicht frei erhöht werden kann, weil die einzelnen Aufgaben nicht beliebig teilbar sind.

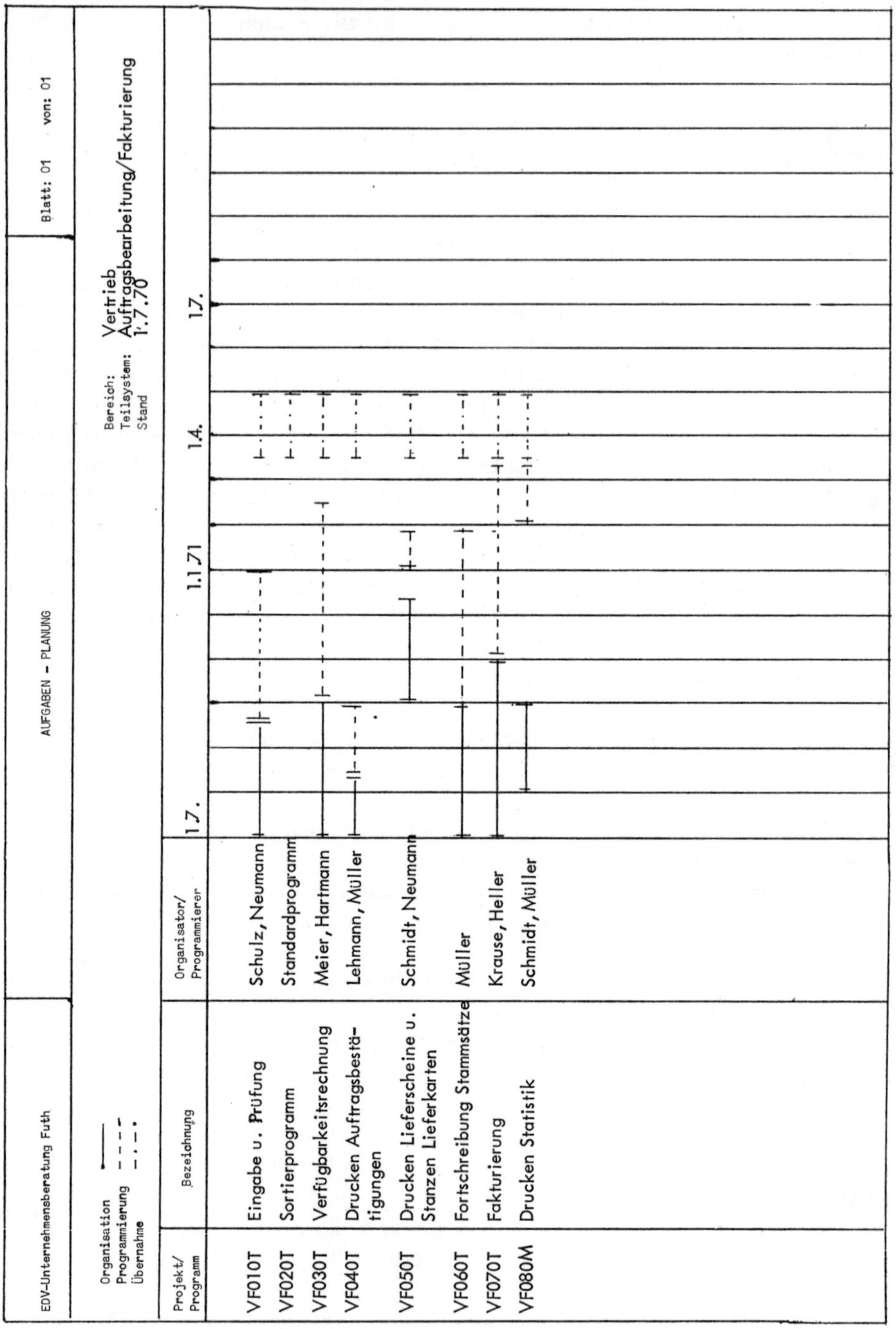

EDV-Unternehmensberatung Futh			AUFGABEN - PLANUNG				Blatt: 01 von: 01
Organisation ——— Programmierung - - - - Übernahme -·-·-						Bereich: Vertrieb Teilsystem: Auftragsbearbeitung/Fakturierung Stand 1.7.70	
Projekt/ Programm	Bezeichnung	Organisator/ Programmierer	1.7.	1.1.71	1.4.	1.7.	
VF010T	Eingabe u. Prüfung	Schulz, Neumann					
VF020T	Sortierprogramm	Standardprogramm					
VF030T	Verfügbarkeitsrechnung	Meier, Hartmann					
VF040T	Drucken Auftragsbestä- tigungen	Lehmann, Müller					
VF050T	Drucken Lieferscheine u. Stanzen Lieferkarten	Schmidt, Neumann					
VF060T	Fortschreibung Stammsätze	Müller					
VF070T	Fakturierung	Krause, Heller					
VF080M	Drucken Statistik	Schmidt, Müller					

Bild 4

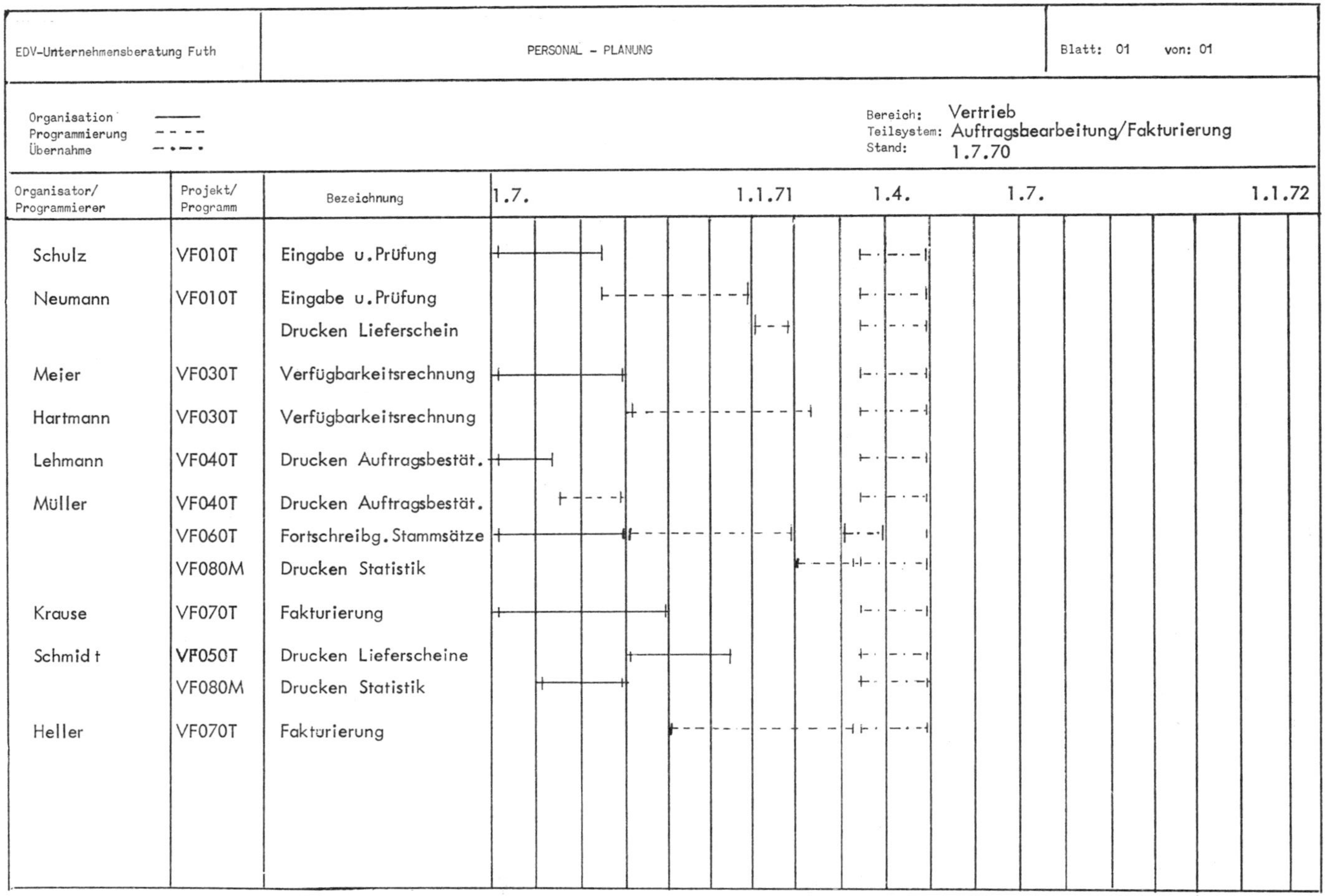

Problemanalyse und Entwicklung eines EDV-Systems

EDV-Unternehmensberatung Futh			PERSONAL - PLANUNG					Blatt: 01 von: 01
Organisation ————— Programmierung – – – – Übernahme – · – · –					Bereich: Vertrieb Teilsystem: Auftragsbearbeitung/Fakturierung Stand: 1.7.70			
Organisator/ Programmierer	Projekt/ Programm	Bezeichnung	1.7.	1.1.71	1.4.	1.7.		1.1.72
Schulz	VF010T	Eingabe u. Prüfung						
Neumann	VF010T	Eingabe u. Prüfung						
		Drucken Lieferschein						
Meier	VF030T	Verfügbarkeitsrechnung						
Hartmann	VF030T	Verfügbarkeitsrechnung						
Lehmann	VF040T	Drucken Auftragsbestät.						
Müller	VF040T	Drucken Auftragsbestät.						
	VF060T	Fortschreibg. Stammsätze						
	VF080M	Drucken Statistik						
Krause	VF070T	Fakturierung						
Schmidt	VF050T	Drucken Lieferscheine						
	VF080M	Drucken Statistik						
Heller	VF070T	Fakturierung						

Bild 5

EDV-Unternehmensberatung Futh	VORGABE ORGANISATION	Blatt: 01 von: 01
Projekt-Nr.: VF070T	Projekt-Bezeichnung: Fakturierung	Name: Krause, Org.

Aufgaben	Vorgabe Soll Anf-Term.	Wo.	End-Term.	Woche Ist 27	28	29	30	31	32	33	34	35	36	37	38	39	40	41	42	43	44	45	Bemerkungen
1. <u>Entwurf der Arbeitsabläufe</u>	1.7.70	2	15.7.70	X	X	X																	
2. <u>Detailorganisation</u> Ein-/Ausgabe Speicherorganisation Verarbeitungsregeln Datensicherung Testbeispiele	16.7.70	15	31.10.70			X	X	X	X	X	X	X	X	X	X	X	X	X	X	X	X		
3. <u>Übernahme</u> Systemtest Planung u. Vorbereitung Durchführung	15.3.71	6	30.4.71																				in 1971
4. <u>Abschlußarbeiten</u> Starthilfe Dokumentation Überprüfung Projekt	15.3.71	6	30.4.71																				

Bild 6

Problemanalyse und Entwicklung eines EDV-Systems

EDV-Unternehmensberatung Futh			VORGABE PROGRAMMIERUNG																			Blatt: 01	von: 01
Projekt-Nr.: VF070T			Projekt-Bezeichnung: Fakturierung																			Name: Heller, Progr.	
	Vorgabe Soll										1971	Woche Ist											Bemerkungen
Aufgaben	Anf-Term.	Wo.	End-Term.	45	46	47	48	49	50	51	52	53	01	02	03	04	05	06	07	08	09	10	11	12	13	14	15	16	17	
1. Programm-Vorbereitungen Ergänzen der Vorgabe Entwickeln der Programmstruktur	2.11.70	1	6.11.70	X																									
2. Programmierung Programmabläufe Verschlüsselung Schreibtischtest Testvorbereitungen Maschinentests	9.11.70	18	15.3.71			X	X	X	X	X	X	X	X	X	X	X	X	X	X	X	X							
3. Übernahme Systemtest Planung und Vorbereitung Durchführung	15.3.71	6	30.4.71																			X	X	X	X	X	X	
4. Abschlußarbeiten Starthilfe Dokumentation Überprüfung Projekt	15.3.71	6	30.4.71																			X	X	X	X	X	X	

Bild 7

2. Entwurf der Arbeitsabläufe

Im Gegensatz zum Entwurf des Gesamtsystems, bei dem der Daten- und Informationsfluß im Vordergrund stehen, sind bei der Ausarbeitung der Arbeitsabläufe für ein Teilsystem alle Einzelheiten aufzuführen: Von der Erfassung der Daten über ihre Speicherung und Verarbeitung bis hin zur Auswertung der Ergebnisse ist jeder Vorgang graphisch und verbal darzustellen. Diese Tätigkeit bedingt eine genaue Kenntnis von Aufbau und Ausrüstung der eingesetzten EDV-Anlage, damit die neuen Arbeitsabläufe in ihrem maschinellen Teil so festgelegt werden, daß die Anlage günstig genutzt werden kann[4]).

Handelt es sich um ein komplexes Teilsystem, so empfiehlt es sich, zunächst einen Grobablauf anzufertigen. Erst danach werden Feinablaufpläne entwickelt, die jetzt bereits alle einzelnen, zu diesem Arbeitsgebiet gehörenden Programme einschl. der angesprochenen Ein-/Ausgabeeinheiten und externen Speicher einschließen. Dies bedeutet, daß der betreffende Teil des Gesamtsystems, der dort noch einen hohen Abstraktionsgrad besitzt, vom EDV-Organisator unter Ausweis aller Einzelheiten und Angaben in die einzelnen Arbeitsschritte aufgelöst wird. Hierzu gehören auch alle der EDV vor- und nachgelagerten Tätigkeiten.

Bild 8 zeigt das Beispiel der täglichen Auftragsbearbeitung und Fakturierung (als Teil des in Bild 3 dargestellten Gesamtsystems). Alle Programme und verwendeten Dateien erhalten Programm- bzw. Dateinummern. So werden beispielsweise in Bild 8 (1), im Programm VF020T, die **Dateien**

BD01 (= unsortierte Auftragssätze auf Magnetband)

P4 (= Sortierbereiche auf Magnetplatte) und

BD02 (= sortierte Auftragssätze auf Magnetband)

verwendet.

Aus dem in Bild 8 dargestellten Ablaufplan sind die folgenden Programme für die Auftragsbearbeitung und Fakturierung zu ersehen:

- Auftragseingabe und Auftragsprüfung (VF010T)
- Sortieren der Aufträge nach Kundennummern (VF020T)
- Verfügbarkeitsrechnung und Kreditlimit-Prüfung (VF030T)
- Drucken von Auftragsbestätigungen für zur Zeit nichtlieferbare Aufträge (VF040T)
- Drucken der Lieferscheine und Stanzen der Lieferkarten (VF050T)
- Fortschreibung der Stammsätze und Protokollierung der eingespeicherten Bewegungsdaten (VF060T)

---

[4]) Siehe hierzu auch D. B. Pressmar, Organisationsformen des Datenverarbeitungsprozesses, in: Schriften zur Unternehmensführung, Band 12, Wiesbaden 1970, S. 67 ff. Zum Problem der Auswahl einer geeigneten EDV-Anlage siehe A. Henne, Der Entwurf eines Datenverarbeitungssystems, S. 167 ff. dieses Buches.

Problemanalyse und Entwicklung eines EDV-Systems

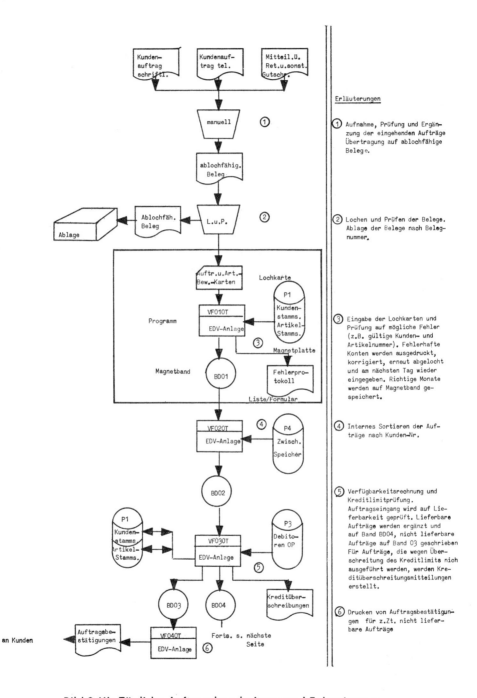

Bild 8 (1): Tägliche Auftragsbearbeitung und Fakturierung

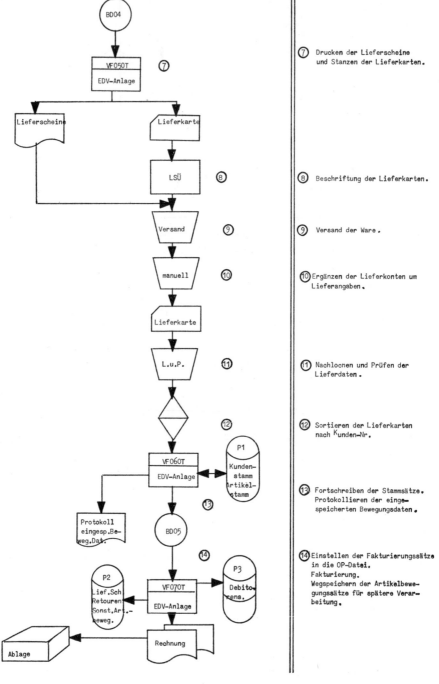

Bild 8 (2)

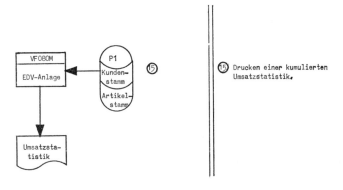

Bild 8 (3)

- Fakturierung und Weitergabe der Fakturiersätze an die Debitorendatei (VF070T)
- Drucken einer kumulierten Auftrags- und Umsatzstatistik (VF080M).

Soweit es zum besseren Verständnis erforderlich scheint, kann die graphische Darstellung durch Kurztext ergänzt werden.

3. Ausarbeitung der Detailorganisation

Die Ausarbeitung der Detailorganisation besteht in der Festlegung der EDV-Abläufe, im einzelnen der Ein-/Ausgabesätze, der Speicherorganisation, der Verarbeitungsregeln, der Datensicherung und der Ausarbeitung der Testbeispiele. Insgesamt handelt es sich um die Anfertigung der Programmvorgaben für die sich anschließende Programmierung. Die Programmvorgaben sind für jedes einzelne Programm auszuarbeiten und enthalten genaue, detaillierte Beschreibungen mit allen Einzelheiten. Zur Detailorganisation gehört auch die Festlegung aller der EDV vor- und nachgelagerten Tätigkeiten einschl. der Beleg- und Formularentwürfe. Die Phase der Detailorganisation bildet neben der Programmierung den zeitlich umfangreichsten Abschnitt der Aufgaben bei der EDV-Umstellung.

Die Vorgaben für jedes einzelne Programm sind wie folgt zu gliedern:

1) Grundinformationen

   (1) Überblick über die Einzelaufgabe mit Hinweis auf die Funktion dieser Einzelaufgabe im gesamten Arbeitsablauf

   (2) Funktionsschema mit Ein- und Ausgabeübersicht (Maschinendiagramm)

2) Verbale Beschreibung des Programms

   (1) Eingabe (Input)
       Lochkarten- oder Lochstreifeneingabe
       Magnetbandeingabe
       Magnetplatteneingabe

             direkte Belegeingabe
             Konsoleingabe
             andere Direkteingaben
    (2) Ausgabe (Output)
             Lochkarten- oder Lochstreifenausgabe
             Magnetbandausgabe
             Magnetplattenausgabe
             Druckausgabe
             Konsolausgabe
             andere Ausgaben (z. B. optische Anzeiger oder Sprachausgabe)
    (3) Aufbau der Speicherdateien
         a) Eingabedateien
             Speicherform
             Verarbeitungsform
             Satzeinteilungen
         b) Ausgabedateien
             Speicherungsform
             Verarbeitungsform
             Satzeinteilungen
    (4) Verarbeitungsregeln
         a) Schlüsselaufbau
         b) Rechenvorschriften
         c) Entscheidungstabellen
         d) Druckvorschriften
         e) Kontrollen und Datensicherung mit Prüfprogrammen und Kontrollpunkten
         f) Programmabschluß

3) Testbeispiele

Entsprechend der dargestellten Gliederung für eine Programmvorgabe soll nachfolgend die Beschreibung für das im Ablaufplan umrandete P r o g r a m m V F 0 1 0 T gezeigt werden.

P r o g r a m m b e s c h r e i b u n g f ü r V F 0 1 0 T

1) Grundinformationen

(1) Ü b e r b l i c k

Dieses Programm soll die einzugebenden Auftrags- und Gutschriftskarten und andere Artikel-Bewegungskarten auf ihre Richtigkeit, Vollständigkeit und Plausibilität prüfen. Fehlerhafte und nicht vorhandene Artikel- und Kundennummern sowie fehlerhafte Bestellmengen und Liefertermine werden auf einem Fehlerprotokoll ausgedruckt, während die richtigen Aufträge und Gutschriften zur späteren Weiterverarbeitung auf einem Magnetband gespeichert werden.

(2) Funktionsschema (Maschinendiagramm)

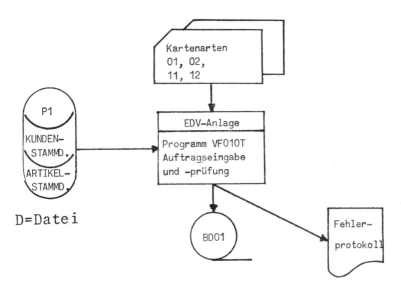

D=Datei

2) Verbale Beschreibung des Programms

(1) Eingabe

a) Lochkarteneingabe
Kartenarten 01, 02, 11 und 12 lt. vorliegendem Lochkarten-Entwurfsformular (Bild 9)

b) Magnetplatteneingabe

Kundenstammsätze

Artikelstammsätze

(2) Ausgabe

a) Magnetbandausgabe BD01

b) Druckausgabe Fehlerprotokoll (Bild 10)

(3) Aufbau der Speicherdateien

a) Eingabedateien

Kundenstammdatei

Speicherungsform: index-sequentiell

Verarbeitungsform: wahlfrei

Satzeinteilung: siehe Bild 11

Artikelstammdatei:

Speicherungsform: gestreut mit direkter Adressierung

Verarbeitungsform: wahlfrei

Satzeinteilung: siehe Bild 12

b) Ausgabedateien: Magnetband BD01

    Speicherungsform: seriell, ungeblockt, variable Satzlänge (max. 360 Bytes)

    Verarbeitungsform: sequentiell

    Satzeinteilung: siehe Bild 13

(4) Verarbeitungsregeln

Die Eingabekarten der Kartenarten 01, 02, 11 und 12 sollen unsortiert eingelesen werden. Besteht ein Auftrag oder eine Gutschrift aus mehreren Artikelkarten, so sind die Folgekarten mit einer 9 in Spalte 3 gekennzeichnet. Die Kundennummer ist 5stellig, mit der letzten Stelle als Prüfziffer nach Verfahren Modulus 10. Die Artikelnummer ist 4stellig und enthält keine Prüfziffer. Der Liefertag wird in der Form eines Betriebskalenders angegeben und kann somit die Zahl 366 Tage nicht überschreiten. In einer Artikelkarte sind max. 10 Artikelpositionen in den Spalten 11 bis 80 gelocht; alle Lochfelder der Eingabekarten müssen numerisch sein.

Für alle vom Programm als richtig erkannten Aufträge und Gutschriften ist ein Bandsatz gemäß vorliegender Satzeinteilung auszugeben.

Sämtliche als fehlerhaft oder ungültig erkannten Karten sind mit ihrem vollständigen Inhalt, zusammen mit einer entsprechenden Fehlerliste, über den Drucker auszugeben, wobei die fehlerhaften und ungültigen Daten auf dem Fehlerprotokoll mit einem Stern gekennzeichnet werden. Auf diese Weise können sie bei der Auswertung des Fehlerprotokolls schneller identifiziert werden.

3) Testbeispiele

Außer den gültigen Verarbeitungsfällen sind folgende Fehlermöglichkeiten beim Maschinentest zu prüfen:

    Kartenart ungleich 01, 02, 11 oder 12

    Prüfziffer der Kundennummer nicht nach Modulus 10 gebildet

    Liefertag größer als 366

    Folgekarten eines Auftrages mit mehr als 10

    Artikelpositionen ohne 9 in Spalte 3

    Artikelnummern nicht numerisch

    Mengenangaben nicht numerisch

    Kundenstammsatz in Datei nicht enthalten

    Artikelstammsatz in Datei nicht enthalten

    (fehlt auch nur für einen Artikel der entsprechende Artikelstammsatz, ist der gesamte Auftrag nicht zu bearbeiten, sondern auf dem Fehlerprotokoll auszugeben).

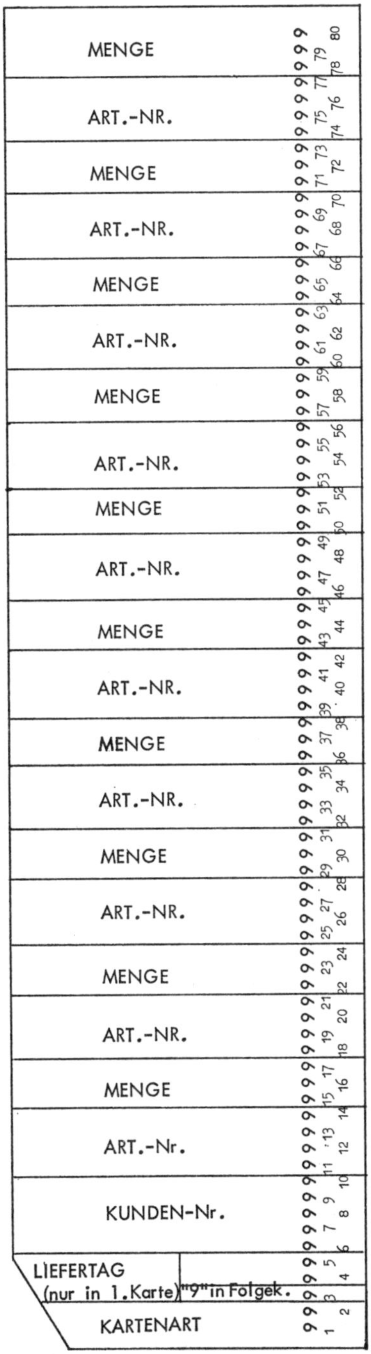

Problemanalyse und Entwicklung eines EDV-Systems 155

AUFTRAGS- und GUTSCHRIFTS-KARTE

Spalten 1 - 2 : Kartenarten

  01 = Auftrag

  02 = Nachbelastung von gelieferten Artikeln

  11 = Zur Gutschrift zurück = gesandte Artikel

  12 = sonstige Artikel-Gutschrift

Spalten 3 - 5 : Liefertag nach Industriekalender (darf "366" nicht überschreiten). Nur in jeder ersten Karte eines Auftrages oder einer Gutschrift.

Spalte 3 (in Folgekarten eines Auftrages) : "9"

Spalten 6 - 10 : Kundennummer mit Prüfziffer nach Modulus 10 in Spalte 10.

Spalten 11 - 80 : Artikelnummern und Mengen (max. 10 Positionen)

Datum: 10.7.1970
Aussteller: RK

Bild 9: Lochkartenentwurf

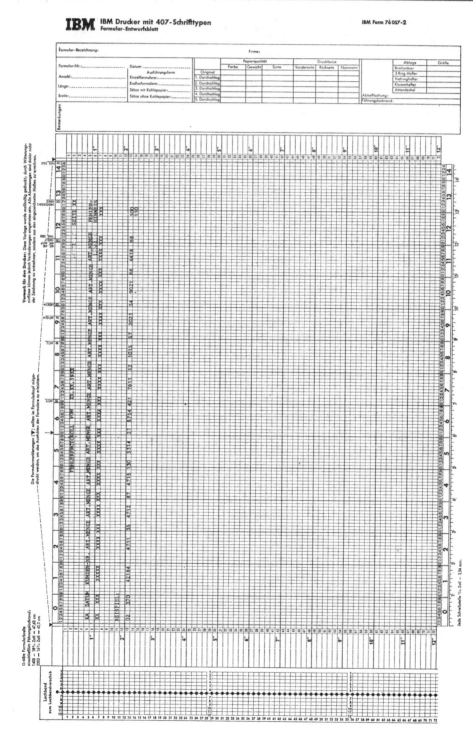

Bild 10: Druckbild Fehlerprotokoll für Auftragseingabe und Prüfung Programm-Nr. VR010T

Bezeichnung	SATZART	KUNDEN-NR.	POSTLEITZAHL	KUNDEN-NAME UND -ANSCHRIFT x——x * x——
entpackt				
gepackt				
BYTE Nummer *	00 01	02 03 04 05 06	07 08 09 10	11 12 13 14 15 16 17 18 19 20 21 22 23 24 25 26 27 28 29 30 31 32 33 34 35 36 37 38 39 40 41 42 43 44 45 46 47 48 49

Bezeichnung	KUNDEN-NAME UND -ANSCHRIFT (FORTS.) ——x——	KREDIT-LIMIT (IN DM)
entpackt		
gepackt		
BYTE Nummer *	50 51 52 53 54 55 56 57 58 59 60 61 62 63 64 65 66 67 68 69 70 71 72 73 74 75 76 77 78 79 80 81 82 83 84 85 86 87 88 89 90 91 92 93 94 95	96 97 98 99

Bezeichnung	SU. MAHNUNGEN 1. 2. 3.	UMSATZ JE MONAT (VOLLE DM) JAN.	FEBR.	MAERZ	APRIL	MAI	JUNI	JULI	AUGUST	SEPT.
entpackt										
gepackt										
BYTE Nummer *	00 01 02 03 04 05	06 07 08 09 10	11 12 13 14 15	16 17 18 19 20	21 22 23 24 25	26 27 28 29 30	31 32 33 34 35	36 37 38 39 40	41 42 43 44 45	46 47 48 49

Bezeichnung	SEPT. (FORTS.)	OKTOB.	NOVEMB.	DEZEMB.	RABATTSATZ	RABATT-SU. IN DM	SKONTO-SU. IN DM	FRACHT IN DM	LETZTER RECHNUNGSBETRAG	S A L D O	NOCH FREI
entpackt											
gepackt											
BYTE Nummer *	50	51 52 53 54 55	56 57 58 59 60	61 62 63 64 65	66 67	68 69 70 71 72	73 74 75 76	77 78 79 80	81 82 83 84 85 86 87	88 89 90 91 92 93 94 95	96 97 98 99

* Bei mehr als 100 Stellen wird hier die Hunderterstelle vorgesetzt (1, 2, ...)

Bild 11: Satzeinteilung für Plattendatei: Kundenstammsatz, index-sequentiell, 200 Bytes

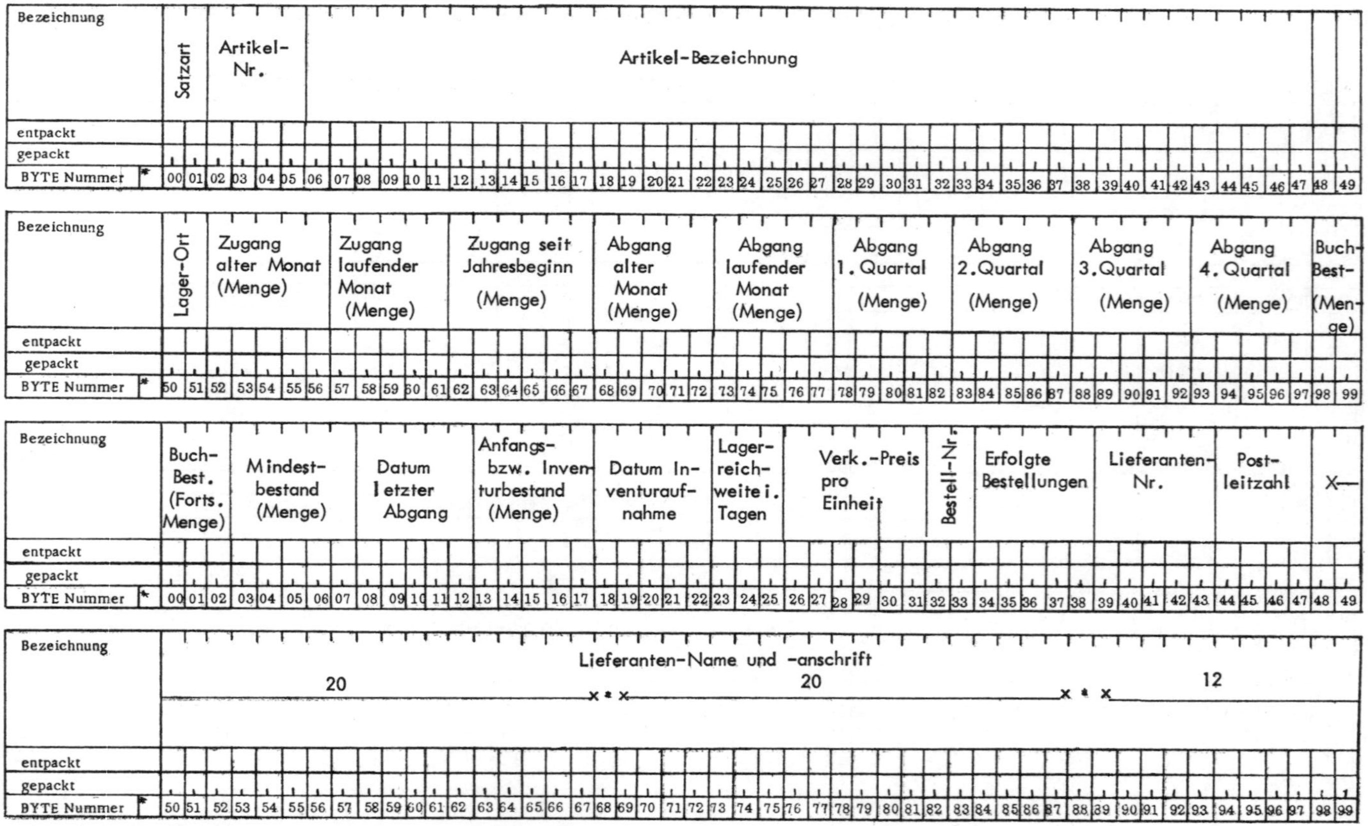

Bild 12: Satzeinteilung für Plattendatei: Artikelstammsatz, gestreute Speicherung mit direkter Adressierung, 200 Bytes

* Bei mehr als 100 Stellen wird hier die Hundertstelle vorgesetzt (1, 2, ...).

BYTE Nummer *	00	01	02	03	04	05	06	07	08	09	10	11	12	13	14	15	16	17	18	19	20	21	22	23	24	25	26	27	28	29	30	31	32	33	34	35	36	37	38	39	40	41	42	43	44	45	46	47	48	49
Bezeichnung	Satzart		Liefer- bzw. Gutschr. Tag			Kunden-nummer					Art.-nummer				Menge			Art.-Nr.				Menge			Art.-Nr.				Menge			Art.-Nr.				Menge			Art.-Nr.				Menge			Art.-Nr.				
entpackt																																																		
gepackt																																																		

BYTE Nummer *	50	51	52	53	54	55	56	57	58	59	60	61	62	63	64	65	66	67	68	69	70	71	72	73	74	75	76	77	78	79	80	81	82	83	84	85	86	87	88	89	90	91	92	93	94	95	96	97	98	99
Bezeichnung	Menge		Art.-Nr.				Menge			Art.-Nr.				Menge			Art.-Nr.				Menge			Art.-Nr.				Menge			→ usw. bis max. 360 Bytes																			
entpackt																																																		
gepackt																																																		

BYTE Nummer *	00	01	02	03	04	05	06	07	08	09	10	11	12	13	14	15	16	17	18	19	20	21	22	23	24	25	26	27	28	29	30	31	32	33	34	35	36	37	38	39	40	41	42	43	44	45	46	47	48	49
Bezeichnung																																																		
entpackt																																																		
gepackt																																																		

BYTE Nummer *	50	51	52	53	54	55	56	57	58	59	60	61	62	63	64	65	66	67	68	69	70	71	72	73	74	75	76	77	78	79	80	81	82	83	84	85	86	87	88	89	90	91	92	93	94	95	96	97	98	99
Bezeichnung																																																		
entpackt																																																		
gepackt																																																		

* Bei mehr als 100 Stellen wird hier die Hunderterstelle vorgesetzt (1, 2, ...)

Bild 13: Satzeinteilung für Banddatei BD 01: ungeblockt, variable Satzlänge, max. 360 Bytes

4. Programmierung

Die vom EDV-Organisator ausgearbeitete Programmvorgabe mit allen Angaben und Einzelheiten bildet die Grundlage für die sich anschließende Programmierung. Außer der Programmvorgabe hat der Programmierer Größe und Ausrüstung der eingesetzten EDV-Anlage sowie generelle Programmierungsrichtlinien zu beachten.

Jede Programmierungsarbeit beginnt mit dem Entwurf des Programmablaufplans, der die Reihenfolge der einzelnen Programmschritte unter Beachtung aller logischen Verzweigungen in schaubildlicher Weise darstellt. Wie an unserem Beispiel (Bild 14) für das Programm VF010T gezeigt, entwickelt der Programmierer zunächst einen Grobprogrammablaufplan. Jedes Programm beginnt in START mit dem Vorprogramm, das das Programm einleitet und die benötigten Dateien eröffnet. Es folgt das Hauptprogramm, das alle Programmschritte für die Verarbeitung jedes einzelnen Datensatzes (hier über Lochkarten eingegeben) umfaßt und dementsprechend für jeden Datensatz einmal durchlaufen wird. Erst wenn die letzte Lochkarte eingelesen ist, wird bei Anschlußpunkt 5 in das Schlußprogramm verzweigt, das die Dateien abschließt und das Programm bei ENDE stoppt.

Ein Grobprogrammablaufplan stellt immer nur das Strukturprogramm dar, das neben logischen Verzweigungen eine Reihe von Unterprogrammen enthält, die innerhalb des Strukturprogramms angesprochen werden. Jedes Unterprogramm wird nun als Detailprogramm im Feinprogrammablaufplan aufgelöst. Dies geschieht, wie am Beispiel des Unterprogramms „Kartenarten- und Plausibilitätsprüfung" in Bild 15 dargestellt, bis zu jedem einzelnen Programmschritt. Natürlich können in einem Unterprogramm auch wieder andere Unterprogramme aufgerufen werden. Während also das Strukturprogramm (im Grobprogrammablaufplan) nur das Programmskelett darstellt, in dem die einzelnen Unterprogramme aufgerufen werden, enthält erst das Unterprogramm die einzelnen Programmschritte.

Nachdem alle Programmablaufpläne entwickelt und sorgfältig geprüft sind, folgt als nächster Schritt der Programmierung die Programmverschlüsselung, in der Praxis meist als Codierung bezeichnet.

<u>Die Codierung besteht in der Auflösung und Übertragung der Programm-Ablaufpläne in die einzelnen Programmschritte, wie sie später in der Maschine ablaufen sollen. Welche Programmsprache der Programmierer benutzt, hängt von der eingesetzten EDV-Anlage und dem verfügbaren Programmsystem ab[5]).</u>

Nicht selten werden in der Praxis auch zwei bis drei unterschiedliche Programmsprachen bei einer Anlage benutzt. Während jedoch kleinere und mittlere EDV-Anlagen meist in einer maschinenorientierten Symbolsprache (Assembler) oder mit Hilfe von Generatoren programmiert werden, stehen für größere EDV-Anlagen in der Regel auch problemorientierte Programmsprachen, wie COBOL, FORTRAN und PL1, zur Verfügung. Ist die Programmierung in einer problemorientierten Sprache

---

[5]) Vgl. W. Goldberg, Die Programmierung elektronischer Rechenautomaten, Schriften zur Unternehmensführung, Bd. 12, Wiesbaden 1970, S. 35 ff.

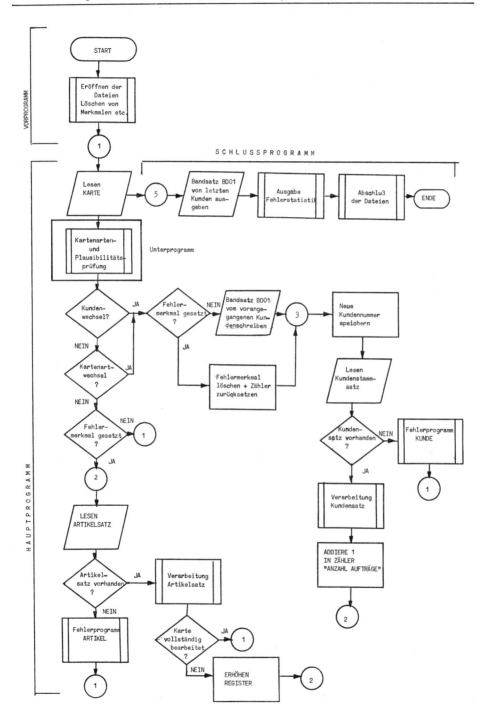

Bild 14: Grobprogrammablaufplan für VF010T

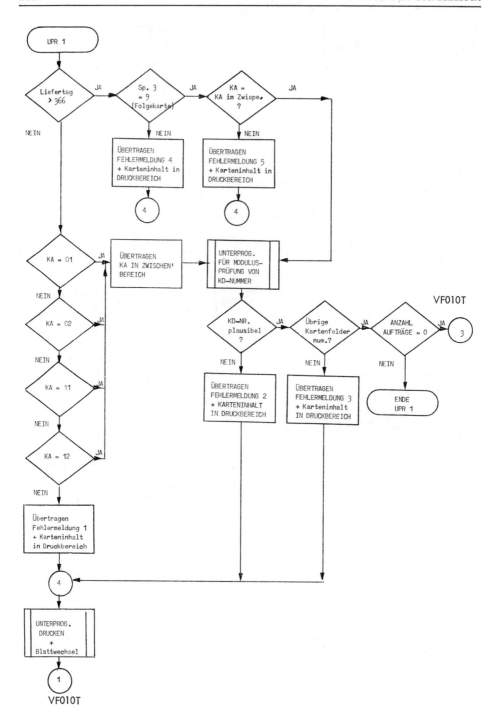

Bild 15: Unterprogramm „Kartenarten- und Plausibilitätsprüfung"

möglich, so gilt, daß die Programmierung selbst zwar weniger aufwendig ist, dagegen jedoch eine etwas höhere Laufzeit des Programms und ein größerer interner Speicheraufwand in Kauf genommen werden müssen. Bild 16 zeigt den Arbeitsablauf bei der Programmierung[6]).

Nach einer Überprüfung der Codierung werden die Codierblätter nun zum Ablochen gegeben. Beim Lochen entsteht aus jeder Zeile des Programmschemas eine symbolische Programmkarte. Da auch die Seiten- und Zeilennummern der Codierblätter mitgelocht werden, können die Karten anschließend mit Hilfe einer Sortiermaschine in die richtige Reihenfolge gebracht werden. Die gelochten, geprüften und sortierten symbolischen Programmkarten sind jetzt bereit zur Umwandlung in das eigentliche Maschinenprogramm.

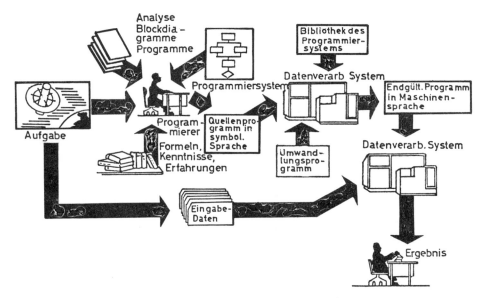

Bild 16: Arbeitsablauf bei der symbolischen Programmierung (Darstellung IBM)

Mit Hilfe eines Umwandlungsprogramms werden nun die symbolischen Programmkarten eingelesen und in das Maschinenprogramm übersetzt. Während der Umwandlung druckt die Maschine eine Umwandlungsliste, die sowohl das symbolische als auch das umgewandelte Maschinenprogramm enthält.

Gleichzeitig werden die Instruktionen im echten Maschinencode in Lochkarten gestanzt oder auf Magnetbänder oder Magnetplatten geschrieben. Außerdem führt das Umwandlungsprogramm eine Vielzahl von Fehlerprüfungen durch und druckt die entsprechenden Fehlerbemerkungen mit auf die Umwandlungsliste. Bei den Fehlern kann es sich natürlich nur um formale Fehler handeln.

---

[6]) Ein ausführliches Programmierungsbeispiel gibt D. B. Pressmar, Die problemorientierten Programmiersprachen, in: Schriften zur Unternehmensführung, Band 12, Wiesbaden 1970, S. 115 ff.

Selbst bei sorgfältigster Programmverschlüsselung und trotz gewissenhafter Überprüfung ist es der Regelfall, daß ein Programm nicht frei von Fehlern ist. Deshalb sollen durch den folgenden Programmtest alle Fehler des Programms ermittelt werden, die der Programmierer dann anschließend berichtigt. Da alle formalen Fehler bereits bei der Umwandlung entdeckt wurden, kann es sich hier nur um sachliche Fehler handeln, die die Eingabe, die Verarbeitung und die Ausgabe der Daten betreffen. Immer wird der Programmtest mit Hilfe bestimmter Testbeispiele durchgeführt, die der Programmierer vorher auszuarbeiten hat. Eine Reihe verschiedener Testhilfen, von den Herstellern als Standardprogramme zur Verfügung gestellt, erleichtern dem Programmierer die Testarbeit und die Suche nach Programmfehlern. Das Testen der Programme sollte im Closed-Shop-Betrieb vor sich gehen, d. h. nicht durch den Programmierer an der Maschine, sondern durch den Operator durchgeführt werden. Diese Methode spart Maschinenzeit und zwingt den Programmierer, die Testergebnisse sorgfältiger zu prüfen und die Fehlerkorrekturen gewissenhafter durchzuführen. Die Maschinenteste werden so oft wiederholt, bis das Programm frei von Fehlern ist.

5. Übernahme

Rechtzeitig und parallel mit den Organisations- und Programmierungsarbeiten muß die Übernahme der neuen Arbeitsabläufe auf die EDV geplant und vorbereitet werden. Ziel dieser Maßnahmen ist es, das betreffende Arbeitsgebiet möglichst reibungslos vom alten auf das neue Verfahren umzustellen. Hierbei ist anzustreben, dieses Ziel innerhalb einer kurzen Übergangszeit bei geringem Personaleinsatz und möglichst niedrigen Umstellungskosten zu erreichen. Es müssen ferner alle Maßnahmen ergriffen werden, um den Verwaltungsablauf während der eigentlichen Übernahme nicht zu stören und zu beeinträchtigen.

Von dem betreffenden Arbeitsgebiet hängt es ab, ob direkt auf das neue Verfahren umgestellt wird oder aber altes und neues Verfahren eine Zeitlang parallel laufen. Der Vorteil einer direkten Übernahme liegt in der organisatorischen Einfachheit und den geringen Kosten. Voraussetzung ist jedoch, daß der Organisationsablauf funktioniert und die neuen Programme richtig und sicher arbeiten. Da eine solche Annahme nur in wenigen Fällen voll zutrifft, kann die Methode der Direktübernahme nur bei nichttermingebundenen Arbeiten angewandt werden.

<u>Handelt es sich dagegen um streng termingebundene Abläufe oder um Arbeiten, die dem Geschäftsverkehr mit außerbetrieblichen Stellen dienen, so ist die Methode der Direktübernahme ungeeignet. An ihre Stelle tritt der Parallellauf. Vorteile des Parallellaufs sind die hohe Sicherheit und die guten Kontrollmöglichkeiten.</u> Tauchen innerhalb des neuen Verfahrens Fehler auf, so kann auf die Ergebnisse der Bearbeitung nach dem alten Verfahren zurückgegriffen werden.

Um die Übernahme reibungslos abzuwickeln, ist es notwendig, allen Mitarbeitern, die mit der Übernahme betraut sind, genaue Informationen und Anweisungen zu erteilen. Zu diesem Zweck sollten schriftliche Arbeitsanweisungen und Musterbeispiele ausgearbeitet werden. Außerdem muß gewährleistet sein, daß sich die Übernahme nach den Weisungen des mit der Umstellung beauftragten Projektleiters vollzieht. Ziel aller dieser Maßnahmen ist es, vom Übernahmebeginn an so wenig wie möglich zu improvisieren und statt dessen bereits nach festen organisatorischen Regeln zu arbeiten.

Zu den Übernahmearbeiten gehört auch die Durchführung der Systemtests. Sinn und Zweck dieser Testläufe ist es, die Verknüpfung der einzelnen getesteten Programme innerhalb des Teilsystems zu prüfen. Dies geschieht am besten mit Hilfe von simulierten, der Praxis entsprechenden Daten. Um alle Mißverständnisse und Fehlinterpretationen, die sich zwischen den Beteiligten während der Umstellung ergeben haben könnten, aufzudecken, müssen die Beispiele für den Systemtest von der betreffenden Fachabteilung unter Mitwirkung der EDV-Abteilung zusammengestellt werden. Auch die Ergebnisse aus den Testläufen sind vorher zu ermitteln.

Nach Abschluß aller Vorbereitungsarbeiten und Testarbeiten erfolgt die eigentliche Übernahme der Arbeitsläufe des neuen Verfahrens zum vorgesehenen Termin. Hierzu gehört, daß die betreffenden EDV-Organisatoren, Programmierer und delegierten Mitarbeiter der Fachabteilungen das Anlaufen des neuen Verfahrens überwachen und kontrollieren, ob die Arbeiten dem Plan und den Anweisungen gemäß ausgeführt werden.

6. Abschlußarbeiten

Nach Übernahme der neuen Arbeitsabläufe kommt es darauf an, daß

- das neue Verfahren in allen seinen Teilen reibungslos und fehlerfrei funktioniert und die Anlaufzeit so kurz wie möglich ist
- das Rechenzentrum und die betroffenen Fachabteilungen die neuen Abläufe übernehmen und sie eigenverantwortlich handhaben können.

Während der Übergangszeit ist sicherzustellen, daß alle Mitarbeiter des Umstellungsteams das Anlaufen des EDV-Systems überwachen und bereitstehen, um bei Schwierigkeiten, Fehlern und Programmabbrüchen sofort eingreifen zu können.

Sofort nach Abschluß der Umstellungsarbeiten muß die Ausarbeitung der Dokumentation erfolgen. Die Dokumentation dient der Sicherstellung aller Unterlagen und Programme. Sie soll gewährleisten, daß Ablaufpläne und andere Unterlagen jederzeit verfügbar sind, wodurch auch der Änderungsdienst vereinfacht und beschleunigt wird. Aufbauend auf den Organisationsunterlagen und Programmvorgaben stellen EDV-Organisatoren und Programmierer die Dokumentation zusammen: Sie bringen die bereits vorhandenen Unterlagen auf den neuesten Stand und ergänzen sie um fehlende Angaben. Jede Dokumentation hat aber nur dann einen Sinn, wenn alle Programmänderungen und Ergänzungen ebenfalls dokumentiert werden.

Neben der Dokumentation gehört auch die Überprüfung der im Projektantrag enthaltenen Angaben zu den Abschlußarbeiten. Diese Maßnahme dient dazu, festzustellen, ob die damals aufgestellten Plandaten und Zielsetzungen erreicht wurden. Erkenntnisse aus Soll-Ist-Vergleichen zwischen Projektplanung und -realisierung sind für künftige EDV-Projekte von großer Bedeutung.

10

Der Entwurf eines Datenverarbeitungssystems

Von Dipl.-Kfm. Albert Henne

1. Die Aufgabenstellung

Ein Nahrungsmittelhersteller hat außer verschiedenen Werken 50 Niederlassungen mit Verkaufslagern. 500 Verkaufsfahrer beliefern 140 000 Einzelhändler mit Ware. Für diesen Hersteller soll eine Datenverarbeitungsanlage konzipiert werden. Eine der wesentlichen Aufgaben dieser Anlage soll die tägliche Verkaufsabrechnung sein. An Hand dieser Aufgabe soll eine Hardware-Konfiguration entwickelt und begründet werden.

Bei der Verkaufsabrechnung sind folgende Datenmengen zugrunde zu legen:

Datenbestand	Anzahl der Sätze	Satzlänge	Mill. Bytes	Karten Zeilen
Kundenstammsätze	140 000	200	28	—
Kundensonderkonditionen	20 000	500	10	—
Bestellung pro Tag à 8 Artikel	20 000	80	1,6	20 000 Karten
Rechnungen pro Tag à 12 Zeilen zu 75 Bytes	20 000	900	18	240 000 Zeilen
Artikelbestand	5 000	50	0,25	—

Auf Grund der Datenmengen für die Verkaufsabrechnung, der Größe des abzulösenden Systems und der zusätzlich zu übernehmenden Aufgaben werden folgende Annahmen gemacht:

1. Die Probleme können mit einem System IBM/360 Modell 40 mit einer Hauptspeichergröße von 192 K (1 K = 1024 Bytes) oder 256 K gelöst werden.
2. Das einzusetzende Betriebssystem ist das IBM/360 Operating System.
3. Zur Lösung des Anwendungsproblems gibt es zwei Wege
   1. Die Plattenlösung
   2. Die Bandlösung

   Bei beiden Lösungen sollen Bänder und Platten eingesetzt werden.

2. Der Einfluß der Software auf die Hardware

Bei der Verkaufsabrechnung müssen 20 000 Rechnungen à 12 Zeilen = 240 000 Zeilen gedruckt werden. Der schnellste verfügbare Drucker (IBM 1403 Modell N 1) schreibt maximal 66 000 Zeilen pro Stunde. Bei einer Rechnungsschreibung sollten wir wegen der vielen Vorschübe und wegen der Rüstzeiten mit einer effektiven Stundenleistung von 50 000 Zeilen rechnen. Das hat zur Folge, daß das Drucken der Rechnungen ca. 5 Stunden dauert. Da dies bei dieser Anwendung nicht akzeptabel ist, gilt es, die Rechnungen gleichzeitig auf 2 Druckern zu drucken und damit die Druckzeit zu reduzieren. Aus diesem Grunde sollen die Druckausgaben zunächst auf Band ausgegeben werden und dann von Band gedruckt werden.

Dieser Umweg über das Band lohnt sich nur, wenn das Drucken des Bandinhalts gleichzeitig mit dem Erstellen neuer Rechnungen erfolgt. Das wird mit Hilfe des Multiprogrammings erreicht. In unserem Beispiel könnten zunächst 3 Programme parallel ablaufen:

1. Die Rechnungsschreibung mit Druckausgabe auf Band
2. Das Drucken der Rechnungen von Band auf dem 1. Drucker
3. Das Drucken der Rechnungen von Band auf dem 2. Drucker

Dieses Multiprogramming ist mit Hilfe des Operating Systems in der Version Multiprogramming mit fester Anzahl von T a s k s möglich.

<u>Eine Task ist die Ausführung eines Programmes. Die Programme werden in festzugeordneten Hauptspeicherbereichen (P a r t i t i o n s) ausgeführt. Den parallelen Ablauf der Programme steuert der Supervisor. Dieses Systemprogramm steht daher ständig im Hauptspeicher. Der Supervisor startet ferner jede Ein/Ausgabeoperation und schließt sie auch ab.</u>

Im Hauptspeicher stehen also folgende Programme, denen bestimmte Ein/Ausgabeeinheiten zugeordnet wurden.

Hauptspeicher	Supervisor	**Rechnungs-schreibung** mit Ausgabe der Rechnungen auf Band	**Drucken** der Rechnungen von Band	**Drucken** der Rechnungen von Band
Zugeordnete Ein/Ausgabeeinheiten		1 Bandeinheit für die Druckausgabe u. a. Einheiten	1 Bandeinheit 1 Drucker	1 Bandeinheit 1 Drucker

Der Entwurf eines Datenverarbeitungssystems

Die Programme werden von Platte geladen. Für das IBM/360 Operating System sind 2 Platten IBM 2314 sinnvoll einzusetzen. Diese Platten enthalten Programmbibliotheken und Arbeitsbereiche. Das Operating System benötigt ferner eine 1052 Konsolschreibmaschine.

Sollen große Mengen von Lochkarten gelesen werden oder große Mengen gedruckt werden, so wird die Verarbeitung durch die langsamen Einheiten verzögert. Während der gesamten Verarbeitungszeit bleibt der Hauptspeicher durch das große Verarbeitungsprogramm belegt, obwohl für das Kartenlesen oder Drucken nur wenig Hauptspeicherplatz benötigt wird. Deshalb trennt man das Kartenlesen und Drucken von den Hauptprogrammen.

Man liest mit S p o o l - P r o g r a m m e n (Spool = Simultaneous peripheral operations on line) Karteninhalte auf Band und druckt vom Band. Beim Einsatz eines Karteleseprogrammes für die Rechnungsschreibung würde dieses Programm die Bestellkarten auf Platte oder Band lesen.

Sollen geringe Mengen von Lochkarten (z. B. Steuerkarten) gelesen werden oder sollen wenig Zeilen (z. B. Systemnachrichten) gedruckt werden, so wären direkt zugeordnete Kartenleser und Drucker nicht ausgelastet, da sie während der gesamten Dauer der Task nur dieser zugeordnet wären. Außerdem müßten für jedes der parallel ablaufenden Programme andere Kartenleser und Drucker zugeordnet werden. Dieses Problem wird dadurch gelöst, daß das Systemprogramm Input Reader alle Steuerkarten und Datenkarten des Eingabestroms auf Platte liest. Von dort werden die Informationen durch den Initiator gelesen und die Programme werden gestartet. Kleinere Druckmengen (z. B. Systemnachrichten) werden auf Platte ausgegeben und automatisch durch den Output Writer geschrieben.

Folgende Darstellung soll die bis jetzt absehbare Hauptspeicheraufteilung und Einheitenzuordnung zeigen.

Haupt-speicher	Supervisor	P4	P2	P2	P0
		Input Reader	Band-Drucker für Rechn.	Band-Drucker für Rechn.	Output Writer für kleine Druckmengen
		Rechnungs-schreibung			
192 K*)	50 K	96 K	16 K	16 K	14 K
E/A-Einheiten	OS: 1052 Konsolschreibm. 2 × 2314 Platten	Input Reader 1 × 2540 Karteneinheit Plattenbereiche Rechnungs-schreibung Plattenbereich f. Bestellungen 1 Band f. Rechnungen	1 Band 2415/5 1 Drucker 1403 Mod. N1	1 Band 2415/5 1 Drucker 1403 Mod. N1	Plattenbereiche 1 Drucker 1443

*) 1 K = 1204 Bytes

3. Die Plattenlösung

3.1 Einlesen der Bestellungen

Da beim Einlesen der Bestellungen der Kartenleser der Engpaß ist, können wir als Verarbeitungszeit in etwa die Kartenlesezeit ansetzen. Sie beträgt 25 Minuten.

3.2 Sortieren der Bestellungen

Das Sortieren von 20 000 Sätzen à 80 Bytes mit 4 Arbeitsplatten und 96 K Hauptspeicherplatz dauert laut Sortierzeitentabelle 3 Minuten.

3.3 Einzelrechnungsschreibung

Bei der Einzelrechnungsschreibung werden für jeden Kunden die Konditionen geprüft und die Rechnung dementsprechend ausgeschrieben. In den Kundenstammsätzen ist die Adresse eines Sonderpreissatzes enthalten, wenn dieser Kunde Sonderpreise erhält. Wenn Einzelhandelsfilialen von Großkunden beliefert werden, so sind neben den Einzelrechnungen Sammelrechnungen auszustellen. Die Eingaben für die Sammelrechnungsschreibung werden bei der Einzelrechnungsschreibung erstellt. Die Artikelbestandsführung wird für jedes der 60 Lager getrennt durchgeführt. Die Artikelbestände im Datenbestand „Auslieferungslager" werden später verändert. Während der Rechnungsschreibung wird nicht geprüft, ob ein Artikel auf Lager ist. Dies ist deshalb nicht erforderlich, weil die Lager auf Grund der Rechnungen laufend aufgefüllt werden. Ausnahmsweise nicht vorrätige Artikel werden nachgeliefert, oder es wird eine Gutschrift erteilt. Im Datenbestand „Artikel" sind Artikelbeschreibungen, Preise und der Gesamtbestand aller Lager enthalten.

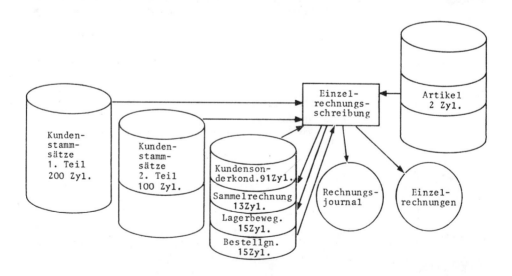

Die Zeit- und Kapazitätsberechnungen brachten folgendes Ergebnis:

Suchzeit	32 Minuten
Belastung Selektorkanal 1 (Plattenoperationen)	53 Minuten
Belastung Selektorkanal 2 (Bandoperationen)	25 Minuten
Belastung der Zentraleinheit durch E/A-Operationen	18 Minuten
Hauptspeicherplatz für Puffer	4670 Bytes
Plattenspeicherplatz	436 Zylinder

Diese Ergebnisse hängen wesentlich von den für die Dateien gewählten B l o k kungsfaktoren und von der Verteilung der Daten auf die Platten und Bänder ab. Dabei gelten folgende Regeln:

Mit steigendem Blockungsfaktor

- nimmt die Kapazität eines Bandes degressiv zu, da die Anzahl der Klüfte zwischen den Blöcken abnimmt **(Regel 1)**;
- nimmt die Kapazität einer Platte degressiv zu, wenn die Ausnutzung der Spurkapazität gleich ist, d. h. wenn am Spurende gleich viel ungenutzte Bytes sind **(Regel 2)**;
- nimmt die CPU-Zeitbelastung durch E/A-Operationen ab, da die Anzahl der E/A-Operationen verringert wird **(Regel 3)**;
- steigt der Hauptspeicherplatzbedarf für Ein/Ausgabe-Puffer proportional **(Regel 4)**;
- sinken die Suchzeiten degressiv, wenn zwei Dateien auf einer Platte gleichzeitig sequentiell verarbeitet werden **(Regel 5)**;
- sinken die Aufsuchzeiten bei sequentieller Verarbeitung degressiv **(Regel 6)**;
- steigen die Schreib/Lesezeiten bei wahlweiser Verarbeitung proportional **(Regel 7)**.

Ferner gilt:

- Werden 2 Dateien zur gleichen Zeit in der Form bearbeitet, daß immer abwechselnd zu den Dateien zugegriffen wird, so empfiehlt es sich, die Dateien auf verschiedene Platten zu legen **(Regel 8)**.
- Werden 2 Dateien zur gleichen Zeit in der Form bearbeitet, daß gleichzeitig zu beiden Dateien zugegriffen wird, so empfiehlt es sich, zu beiden Dateien über verschiedene Steuereinheiten und Kanäle zuzugreifen **(Regel 9)**.

Während die bisherigen Regeln Hardwareabhängigkeiten aufzeigten, verweist die folgende Regel auf organisatorische Bedingungen:

- Die von der Blocklänge abhängige physische Kapazität einer Platte kann bei gestreuter Speicherung im allgemeinen nicht voll genutzt werden, da nicht alle verfügbaren Plätze belegt werden **(Regel 10)**.

Die Anwendungen dieser Regeln soll an einigen Beispielen erläutert werden.

Die Datenbestände sollten auf 4 Platten untergebracht werden. Der Datenbestand mit den meisten Zugriffen ist der Artikelbestand. Es gilt hier, die Suchzeiten zu minimieren. Durch die hohe Blockung wurde erreicht, daß der Datenbestand in zwei Zylinder paßte. Dabei wurde die Blocklänge so gewählt, daß am Spurende wenig unausgenutzter Platz blieb **(Regel 2)**. Die Speicherung erfolgte gestreut. Es war nur möglich, die Daten in 2 Zylindern unterzubringen, weil der Nummernkreis der Artikelnummern lückenlos war und daher eine lückenlose Speicherung möglich war **(Ausnahmefall von Regel 10)**. Die kurzen Suchzeiten kamen dadurch zustande, daß der Artikelbestand als einziger Bestand auf dieser Platte verarbeitet wurde **(Regel 8)**.

Der größte Datenbestand enthält die Kundenstammsätze. Die Blocklänge wurde nicht so hoch gewählt (600), weil sonst die Lesezeit bei der wahlweisen Verarbeitung zu hoch würde **(Regel 7)**. Dem steht ein erhöhter Platzbedarf auf der Platte gegenüber **(Regel 2)**. Der Platzbedarf wird bei diesem gestreut gespeicherten Datenbestand mit direkter Adressierung aus organisatorischen Gründen erhöht, da der Nummernkreis der Kundennummern nur zu 80 % belegt ist **(Regel 10)**. Die übrigen Dateien stehen alle auf einer Platte. Dadurch entstehen erhöhte Suchzeiten **(Regel 8)**. Die Suchzeiten werden durch Blockung gemindert **(Regel 5)**.

Welche Folgerungen sind aus den errechneten Werten zu ziehen?

1. Die Suchzeiten

Die Suchzeit beträgt 1908 Sekunden, also ca. 32 Minuten. Während des Suchens könnte von anderen Platten gelesen oder geschrieben werden. In unserem Falle kann die Suchzeit bei den Artikelsätzen vom Rechnungsschreibungsprogramm nicht genutzt werden, da während der Artikelverarbeitung keine anderen Plattenoperationen stattfinden. Die Suchzeiten für die auf einer Platte stehenden Dateien können nicht für das Lesen oder Schreiben einer anderen Datei auf derselben Platte genutzt werden, da die Einheit nur eine Operation zu einer Zeit ausführen kann. Die Suchzeiten für Kundenstammsätze können mit Operationen auf anderen Platten überlappt sein bzw. die Leseoperationen für Kundenstammsätze können gleichzeitig mit Suchoperationen auf anderen Platten ausgeführt werden. Da nicht sicher ist, daß dies geschieht, gehen die Suchzeiten voll als nicht überlappte Zeiten in die Verarbeitungszeit ein.

2. Die Aufsuch- und Lese/Schreib/Schreibprüfungszeiten auf Platten

Da nur eine Plattensteuereinheit vorhanden ist, sind diese Zeiten voll in die Gesamtzeit aufzunehmen (3171 Sekunden = ca. 53 Min.).

3. Die Start/Stop- und Schreibzeiten auf Bändern

Da diese Operationen über eine Bandsteuereinheit und über den 2. Selektorkanal ausgeführt werden, braucht die Zeit (1480 Sek. = 25 Min.) nicht zur Verarbeitungszeit hinzugezählt zu werden, da sie mit der Arbeit des 1. Selektorkanals überlappt wird.

4. CPU[1])-(Zentraleinheit-)zeit für E/A-Operationen

Diese Zeit ist die Zeit, die der Supervisor benötigt, um eine E/A-Operation zu starten und abzuschließen sowie ein eventuell erforderliches Umschalten von einer Task zu anderen durchzuführen. Ferner enthält diese Zeit die Zeit, die benötigt wird, um die Daten vom Kanal in den Hauptspeicher zu transportieren (K a n a l i n t e r f e r e n z). Die Zeit von 1060 Sek. = 18 Min. enthält also keine Verarbeitung der Daten.

5. Die Gesamtverarbeitungszeit

Bisher gilt:

Suchzeiten	32 Minuten
andere Plattenzeiten	53 Minuten
Bandzeiten	— Minuten (voll überlappt)
E/A-Zeiten	85 Minuten
CPU-Zeit für E/A-Operationen	18 Minuten

Wenn die Gesamtverarbeitungszeit 85 Minuten wäre, würde die CPU-Belastung 85 : 18 = ca. 20 % allein auf Grund der E/A-Operationen sein. Es wären also 80 % der CPU-Zeit für die Verarbeitung frei, was bei derartigen Anwendungen völlig ausreicht, um die CPU nicht zum Engpaß werden zu lassen. Da die Rechnungsschreibung jedoch im Multiprogramming erfolgt, steht dem Programm wesentlich weniger CPU-Zeit zur Verfügung. Der Einfluß des Multiprogrammings auf die Gesamtverarbeitungszeit soll in den nächsten Abschnitten erläutert werden.

Während des größten Teils der Rechnungsschreibung laufen folgende Tasks:

	P 3	P 2	P 1	P 0
Supervisor (keine Task)	Rechnungsschreibung	Band-Drucker	Band-Drucker	Output-Writer

Jedes der 3 parallel zur Rechnungsschreibung ablaufenden Programme benötigt je nach Programmierung und Blockung 10–20 % CPU-Zeit.

Die Prioritäten sind P0 > P1 > P2 > P3, d. h. der Output Writer in P0 hat die höchste Ausführungspriorität, es folgen die Band-Drucker-Programme und schließlich das Rechnungsschreibungsprogramm. Wenn der CPU-Zeitbedarf der Partitions P1 und P2 je 20 % wäre und das Rechnungsschreibungsprogramm 20 % allein für die E/A-Operation benötigt, blieben also nur 20 % für die Verarbeitung

---
[1]) CPU = Central Processing Unit = Zentraleinheit

im Rechnungsschreibungsprogramm. Es ist also wichtig, bei den Band-Drucker-Programmen auf CPU-zeitsparende Programmierung zu achten. Dies ist, da praktisch keine Verarbeitung vorliegt, nur über eine Verringerung der Zahl der E/A-Operationen zu erreichen. Dies ist bei Bändern und Platten über hohe Blockung und bei den Druckern durch K a n a l b e f e h l s k e t t u n g möglich. Wir können daher von einer CPU-Zeit-Belastung von 10 % je Partition (P0–P2) ausgehen. Damit verbleiben für die Verarbeitung in der Rechnungsschreibungstask 50 % CPU-Zeit (je 10 % sind für P0–P2 und 20 % für E/A-Operationen in P3 abzusetzen). Ob die 50 % CPU-Zeit ausreichen, um die Verarbeitung durchzuführen, ohne daß die CPU zum Engpaß wird, hängt außer von der Anwendung von der gewählten Programmiersprache und der Qualität der Programmierer ab. Diese Zeit sollte jedoch ausreichen, so daß die E/A-Zeiten zur Grundlage der Zeitberechnungen gemacht werden können. Dabei ist jedoch zu beachten, daß die angegebene CPU-Belastung die durchschnittliche CPU-Belastung ist, d. h. daß es gerade beim Rechnungsschreibungsprogramm vorkommt, daß die CPU-Zeit dann nicht verfügbar ist, wenn sie benötigt wird und daß damit die CPU-Zeit häufig zum Engpaß wird. Auf Grund dieser Tatsachen ist auf die E/A-Zeiten ein Zuschlag von 30–50 % vorzunehmen. Wir wählen für die weiteren Überlegungen den 50%igen Zuschlag und gehen davon aus, daß damit auch Rüstzeiten abgedeckt sind. Die tatsächliche Laufzeit läßt sich erst nach Fertigstellung der Programme exakt ermitteln. Es ist einer der Vorteile des Operating-Systems, daß die Blockgrößen dann ohne Veränderung der Programme lediglich durch Änderung der Steuerkarten den Bedürfnissen angepaßt werden können. Für die weiteren Überlegungen wollen wir von einer Gesamtverarbeitungszeit von 2 Stunden ausgehen.

3.4 Sortieren der Lagerbewegungen

20 000 Sätze mit durchschnittlich 80 Bytes Länge können bei 96 K Hauptspeicher und Sortierarbeitsbereichen auf 4 Platten in 3 Minuten sortiert werden.

3.5 Verbuchen der Lagerbewegungen

Die Lagerbewegungen werden pro Artikel und Lager im Datenbestand „Auslieferungslager" verbucht. Die Gesamtsumme aller Bewegungen eines Lagers wird auch in den entsprechenden Sätzen im Datenbestand „Artikel" vermerkt. Die Laufzeit dieses Programmes beträgt 5 Minuten.

3.6 Zusammenfassung

Die Gesamtzeit der Verkaufsabrechnung, soweit sie hier untersucht wurde, setzt sich aus folgenden Zeiten zusammen:

1. Lesen der Bestellungen	25 Min.
2. Sortieren der Bestellungen	3 Min.
3. Einzelrechnungsschreibung	120 Min.
4. Sortieren der Lagerbewegungen	3 Min.
5. Verbuchen der Lagerbewegungen	5 Min.
	156 Min.

Der Entwurf eines Datenverarbeitungssystems

Tabelle I

Die Rüstzeiten sind minimal, da die Platten nicht ausgewechselt werden. Die Druckausgabe teilt sich wie folgt auf:

	Drucker 1	Drucker 2
Rechnungen	150 Min.	150 Min.
Rechnungsjournal		25 Min.
Artikelbestandsliste	70 Min.	
	220 Min.	175 Min.

Wenn der 1. Drucker 10 Minuten nach Beginn der Einzelrechnungsschreibung (Druckausgabe auf Band bis dahin 20 000 Zeilen = 25 Druckminuten) bzw. 38 Minuten nach Beginn des Lesens der Bestellungen startet, ist die gesamte Arbeit nach 38 + 220 = 258 Minuten bzw. 4 Stunden und 18 Minuten abgeschlossen.

Die Arbeit wurde mit folgender Konfiguration durchgeführt:

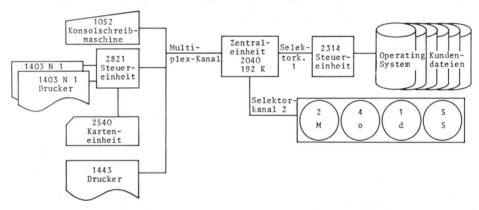

Der zeitliche Ablauf der Arbeit und die Belegung der Einheiten ist in Tabelle I dargestellt.

Eine Bewertung der Gesamtkonfiguration erfolgt später.

4. Die Bandlösung

4.1 Einlesen der Bestellungen

Die Einlesezeit dauert wie bei der Plattenlösung 25 Minuten.

4.2 Sortieren der Bestellungen

Das Sortieren von 20 000 Sätzen à 80 Stellen in 96 K Hauptspeicher bei 4 Arbeitsbändern 2401 Modell 5 (120 000 Bytes/sec., Start-Stop-Zeit 8 ms) dauert nach den Sortierzeittabellen 5 Minuten.

4.3 Einzelrechnungsschreibung

Im Unterschied zur Plattenlösung bilden die Kundenstammsätze und Kundensonderkonditionen eine Datei. Die Artikelsätze stehen auf einer der Systemplatten.

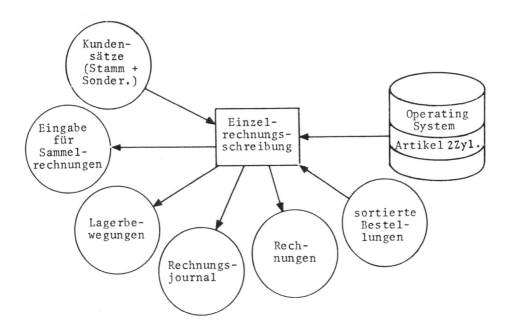

Die Zeit- und Kapazitätsberechnungen ergaben:

Suchzeit	17 Minuten
Belastung Selektorkanal 1 (Plattenoperationen)	41 Minuten
Belastung Selektorkanal 2	17 Minuten
Belastung der Zentraleinheit durch E/A-Operationen	18 Minuten
Hauptspeicherplatz für Puffer	5570 Bytes (10090 Bytes, 7570 Bytes)
Plattenspeicherplatz	2 Zylinder

Wenn alle Bänder am Selektorkanal 2 angeschlossen sind und 1 Puffer pro Datei zugeordnet ist, können die E/A-Operationen trotzdem nur nacheinander ausgeführt werden, weil zunächst ein Bestellblock, dann ein oder mehrere Kundenblöcke eingelesen werden müssen. Anschließend werden die Artikelsätze verarbeitet und die Einzelrechnungssätze und Lagerbewegungssätze aufgefüllt. Nach Abschluß einer Rechnung wird eventuell ein Sammelrechnungssatz erstellt und geschrieben. Die Gesamt-E/A-Zeit beträgt bei dieser Version 75 Minuten, der Hauptspeicherplatzbedarf für Puffer beträgt 5570 Bytes. Wenn 2 Puffer für alle Band-E/A-Bereiche gewählt werden, können Band- und Plattenoperationen überlappt werden. Die Gesamt-E/A-Zeit beträgt dann 58 Minuten und der Hauptspeicherbedarf für Puffer 10 090 Bytes. Ein Kompromiß wäre es, für die Kundensätze 2 Puffer und für alle anderen Dateien 1 Puffer zuzuordnen. Dann könnte das Lesen der Kundensätze überlappt werden, und die Gesamt-E/A-Zeit beträgt 66 Minuten und der Hauptspeicherbedarf für Puffer beträgt 7570 Bytes. Die absolute CPU-Zeit-Belastung für die E/A-Operationen beträgt in allen 3 Fällen 18 Minuten. Schlägt man wie bei der Plattenlösung 50 % auf, so ergeben sich für die Verarbeitungszeit und die relative CPU-Zeit-Belastung durch E/A-Operationen folgende Werte:

Puffer	Hauptspeicher-bedarf für Puffer Bytes	Gesamt-E/A-Zeit Min.	Gesamt-Verarb.-Zeit Min.	CPU-Zeit f. E/A-Op. Min.	relative CPU-Zeit-Belastung f. E/A %
immer 1 Puffer	5570	75	112	18	16
2 Puffer für alle Bandbereiche	10090	58	87	18	21
2 Puffer für Kundensätze	7570	66	100	18	18

4.4 Sortieren der Lagerbewegungen

20 000 Sätze mit durchschnittlich 80 Bytes Länge können bei 96 K Hauptspeicher und 4 Arbeitsbändern in 5 Minuten sortiert werden.

4.5 Verbuchen der Lagerbewegungen

Die Verbuchung dauert 5 Minuten

4.6 Zusammenfassung

Die Gesamtzeit der Verkaufsabrechnung, soweit sie hier untersucht wurde, setzt sich aus folgenden Zeiten zusammen:

1. Lesen der Bestellungen   25 Min.
2. Sortieren der Bestellungen   5 Min.
3. Einzelrechnungsschreibung   112 Min. (87 Min., 100 Min.)
4. Sortieren der Lagerbewegungen   5 Min.
5. Verbuchen der Lagerbewegungen   5 Min.

152 Min. (127 Min., 140 Min.)

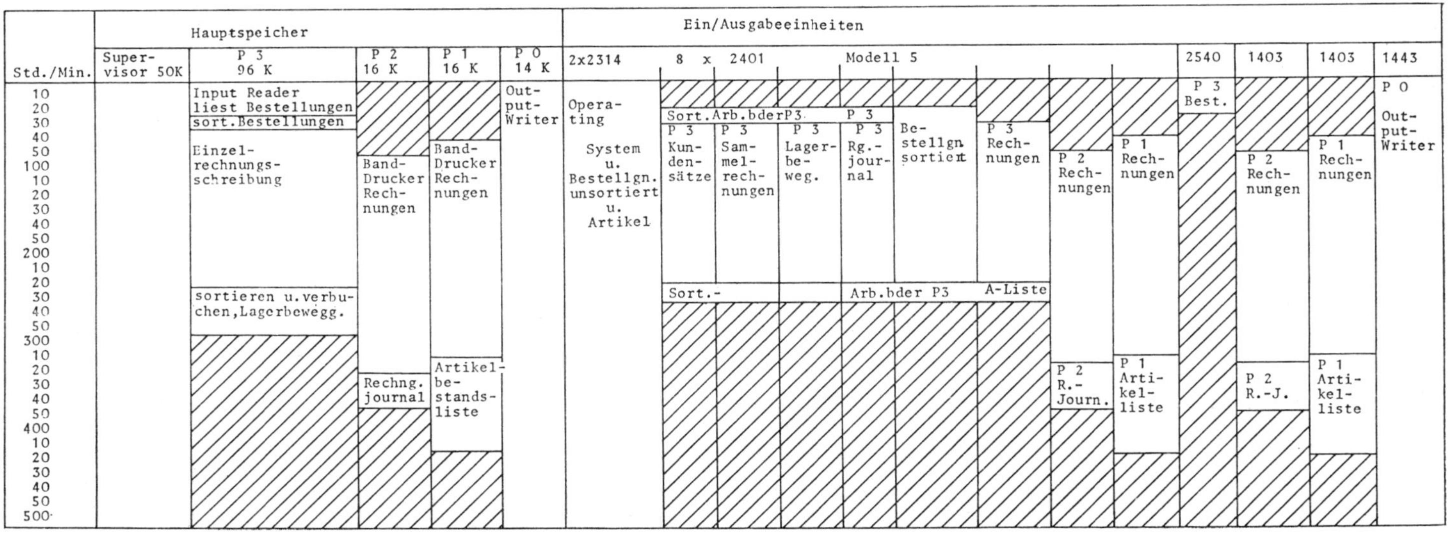

Hauptspeicher
Ein/Ausgabeeinheiten
Std./Min.
Super-visor 50K
P 3 96 K
P 2 16 K
P 1 16 K
P 0 14 K
2x2314
8 x 2401
Modell 5
2540
1403
1403
1443
10 20 30 40 50 100 10 20 30 40 50 200 10 20 30 40 50 300 10 20 30 40 50 400 10 20 30 40 50 500
Input Reader liest Bestellungen
sort.Bestellungen
Einzel-rechnungs-schreibung
sortieren u.verbu-chen,Lagerbewegg.
Band-Drucker Rech-nungen
Rechng. journal
Band-Drucker Rech-nungen
Artikel-be-stands-liste
Out-put-Writer
Opera-ting
System u. Bestellgn. unsortiert u. Artikel
Sort.Arb.bderP3
P 3
P 3 Kun-den-sätze
P 3 Sam-mel-rech-nungen
P 3 Lager-be-weg.
P 3 Rg.-jour-nal
Be-stellgn sortiert
P 3 Rech-nungen
Sort.-
Arb.bder P3
A-Liste
P 2 Rech-nungen
P 2 R.-Journ.
P 1 Rech-nungen
P 1 Arti-kel-liste
P 3 Best.
P 2 Rech-nungen
P 2 R.-J.
P 1 Rech-nungen
P 1 Arti-kel-liste
P 0
Out-put-Writer

Tabelle II

Es entstehen Rüstzeiten beim Auswechseln der Bänder. Die Druckzeiten entsprechen denen der Plattenlösung und sind für Drucker 1 220 Min. und Drucker 2 175 Min. Wenn der Drucker 1 40 Minuten nach Beginn des Lesens der Bestellungen startet, dauert die gesamte Arbeit 40 + 220 = 260 Minuten bzw. 4 Stunden und 20 Minuten.

Die Arbeit wurde mit folgender Konfiguration durchgeführt:

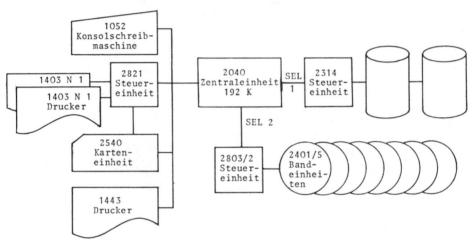

Der zeitliche Ablauf der Arbeit und die Belegung der Einheiten ist in der Tabelle II dargestellt.

5. Vergleich der Lösungen

5.1 Rechnerischer Vergleich

Soweit die Unterschiede beider Lösungen zahlenmäßig auszudrücken sind, sind sie in nachfolgender Tabelle enthalten.

	Plattenlösung		Bandlösung	
Preise	100 %		111 %	
absolute Ausführungszeiten ohne Drucker	156 Min.	152 Min.	127 Min.	140 Min.
relative Ausführungszeiten ohne Drucker	100 %	98 %	81 %	90 %
Preis-Leistungsverhältnis	100 %	109 %	90 %	100 %
Hauptspeicherplatz f. Puffer bei Einzelrechnungsschreibung	4670 Bytes	5570 Bytes	10090 Bytes	7570 Bytes
Belastung d. CPU durch E/A-Operationen bei Einzelrechnungsschreibung	15 %	16 %	21 %	18 %

Was sagen diese Zahlen aus? Die Plattenlösung und die 1. Bandlösung sind in den Ergebnissen fast identisch. Die 2. und 3. Variation der Bandlösung bringen zwar zeitliche Vorteile, jedoch eine höhere Belastung der Leistungsfaktoren Hauptspeicherplatz und CPU-Zeit. Sollten diese beiden Leistungsfaktoren zum Engpaß werden, so würde mangelnder Hauptspeicherplatz die Wahl der 2. und 3. Variation verhindern. Mangelnde CPU-Zeit könnte den Ablauf der Programme in der 2. und 3. Variation so verzögern, daß der Zeitgewinn gegenüber der 1. Bandlösung oder Plattenlösung verlorengeht. Sowohl die Platten- als auch die Bandlösung sind rechnerisch gleichwertig. Eine Entscheidung für oder gegen eine Lösung ist aus den auf die Verkaufsabrechnung bezogenen Berechnungen nicht zu erhalten.

5.2 Begründung der Hardware-Entscheidungen und Ausbaufähigkeit der einzelnen Komponenten

Die Leistungsfähigkeit eines Datenverarbeitungssystems hängt von den Leistungsfaktoren ab, die zum Engpaß werden und dadurch die Ausnutzung der anderen Leistungsfaktoren verhindern. Engpässe können beseitigt werden, indem man entweder den Leistungsfaktor, der den Engpaß verursacht, verstärkt oder indem man ihn entlastet. Eine Entlastung kann durch Verteilung der Arbeit auf andere Leistungsfaktoren erfolgen.

In den folgenden Abschnitten sollen einesteils die Hardware-Entscheidungen begründet werden und anderenteils die Ausbaufähigkeit bei den einzelnen Leistungsfaktoren untersucht werden.

5.2.1 Die Ein/Ausgabeeinheiten

5.2.1.1 Die Platteneinheiten für das Operating System

Die Entscheidung für die 2314 Plattensteuereinheit mit 2 Platteneinheiten gibt uns eine Maximalkapazität von 56 Mill. Bytes Speicherplatz im direkten Zugriff. Eine Lösung mit 4 2311 Platten hätte maximal 29 Mill. Kapazität gebracht und wäre teurer gewesen.

5.2.1.2 Die Platteneinheiten für die Benutzerdaten

Bei der Plattenlösung genügten 4 zusätzliche 2314 Platteneinheiten zur Aufnahme der Daten. Eine Erweiterung um 2 weitere 2314 Platten ist möglich und bei Übernahme zusätzlicher Anwendungen sinnvoll. Da die Rüstzeit für einen Plattenstapel 2 Minuten beträgt, kann es bei häufigem Plattenwechsel und kurz laufenden Jobs sinnvoll sein, genügend Platteneinheiten zum Vorrüsten der Platten zu haben.

5.2.1.3 Die Bandeinheiten bei der Plattenlösung

Es stehen folgende Bandeinheiten zur Auswahl:

Type	Schreib- dichte Bytes per Zoll	Start-/Stop- zeit in ms	Schreib-/ Lesegeschwin- digkeit Bytes/sec.	E/A-Zeit f. Rechn. Schreiben u. Lesen*) sec.	Preisrelation f. 4 Einheiten einschl. Steuereinheiten
2415/2	800	32	15 000	3 680	44 %
2415/5	1 600	32	30 000	2 480	53 %
21401/1	800	16	30 000	1 840	77 %
2401/4	1 600	16	60 000	1 240	90 %
2401/2	800	8	60 000	920	100 %

*) 40 000 Blöcke à 900 Bytes

Die Belastung von ca. 1 Stunde Bandlese/Schreibzeit während der 2½ Stunden Druckzeit ist niedrig genug, um volle Druckergeschwindigkeit zu gewährleisten. Damit gibt es von seiten der Rechnungsschreibung keinen Grund, schnellere Bandeinheiten als 2415 Modell 2 einzusetzen. Anderenteils gehört zur Rechnungsschreibung mittelbar die Datensicherung der Plattenbestände. Das Kopieren einer vollen Platte 2314 am Selektorkanal 1 auf ein Band 2415 Modell 2 am Selektorkanal 2 würde jedoch über eine halbe Stunde dauern, während es bei 2401 Modell 2 Bändern ca. 10 Min. dauert. Dabei ist in beiden Fällen vorausgesetzt, daß die Platte spurweise gelesen wurde. Anderenteils werden bei der Rechnungsschreibung nur wenige Dateien täglich verändert, so daß der tägliche Datensicherungsanteil unwesentlich ist. Als Kompromiß wurden die 2415 Modell 5 Bandeinheiten gewählt.

Sollten bei weiteren Anwendungen die Bandeinheiten in Zahl und Geschwindigkeit zum Engpaß werden, so könnten entsprechende Modelländerungen vorgenommen werden.

5.2.1.4 Die Bandeinheiten bei der Bandlösung

Hier kommt es im Gegensatz zur Plattenlösung darauf an, schnelle Bandeinheiten für große Datenmengen einzusetzen. Folgende Bandeinheiten stehen zur Auswahl:

Type	Schreib- dichte Bytes per Zoll	Start-/ Stop- Zeit in ms	Schreib-/ Lese- geschwind. Bytes/Sek.	E/A-Zeit Kunden- sätze*) Sek.	relative CPU-Zeit- Belastung d. E/A Op. %	Preisrelation f. 4 Einheiten einschl. Steuereinheit
2401/2	800	8	60 000	833	13	61 %
2401/3	800	5,3	90 000	555	19	93 %
2401/5	1 600	8	120 000	500	21	68 %
2420/5	1 600	6	160 000	375	28	72 %
2401/6	1 600	5,3	180 000	333	32	100 %

*) 21 000 Blöcke à 1900 Bytes

Es zeigt sich, daß bei den schnellsten Bandeinheiten die Belastung der Zentraleinheit durch die E/A-Operationen derart hoch ist, daß mit Sicherheit anzunehmen ist, daß die Bänder nicht mit voller Geschwindigkeit arbeiten. Die Bandeinheit 2401 Modell 5 bietet sich als guter Kompromiß an. Von den 8 Bändern werden in dieser Anwendung 4 für die Druckausgabe verwendet. Hier besteht grundsätzlich die Möglichkeit, die langsameren Bandeinheiten mit gleicher Steuereinheit und gleicher Schreibdichte 2401 Modell 4 zu verwenden. Aus Gründen der Austauscharbeit der Bandeinheiten wurde darauf verzichtet.

5.2.2 Die Steuereinheiten und Kanäle

5.2.2.1 Die Plattensteuereinheit

In unseren Beispielen ist die Plattensteuereinheit jeweils am Selektorkanal 1 und die Bandsteuereinheit jeweils am Selektorkanal 2 angeschlossen. Obwohl zumindest bei der Plattenlösung die Plattensteuereinheit ein Engpaß war, mußten wir darauf verzichten, eine weitere Plattensteuereinheit am Selektorkanal 2 anzuschließen, weil dies zu einer Gesamt-Übertragungsgeschwindigkeit von 624 000 Bytes pro Sekunde führen könnte, für die die Geschwindigkeit der Zentraleinheit nicht ausreicht.

Eine Beseitigung des Engpasses Plattensteuereinheit ist bei dem System/360 Modell 40 vor allem durch Verlagerung von sequentiellen Plattenbeständen auf Band möglich. Bei /360 Systemen ab Modell 50 aufwärts können 2314 Platten an mehrere Kanäle angeschlossen werden.

5.2.2.2 Die Bandsteuereinheit

Da die Platten am Selektorkanal 1 bei unserer Verarbeitung der Engpaß waren, genügte für die Bänder eine Steuereinheit. Wenn bei anderen Anwendungen die Bandsteuereinheiten zum Engpaß werden, empfiehlt es sich, die Bänder an 2 Kanäle anzuschließen. Dies kann durch Verteilung der Bänder auf zwei 2803 Steuereinheiten, die an beide Selektorkanäle angeschlossen sind, geschehen. Dann könnte gleichzeitig auf 2 Bändern gelesen oder geschrieben werden. Eine andere Möglichkeit ist die Verwendung einer 2804 Steuereinheit, die es ermöglicht, auf ein Band zu schreiben, während ein anderes Band gelesen wird.

5.2.3 Der Hauptspeicher

Der Hauptspeicherplatz wird bei der geplanten Anwendung nicht zum Engpaß werden. Eine Erweiterung für andere Anwendungen auf 256 K ist beim Modell 40 möglich. Das System /360 Modell 50 hat Hauptspeichergrößen bis 512 K. Zusätzlicher Hauptspeicherplatz sollte bei dem Modell 40 eher dazu verwendet werden, die Zentraleinheit durch hohe Blockung der Datensätze zu entlasten, als dazu, neben der Rechnungsschreibung noch ein Hauptprogramm laufen zu lassen.

5.2.4 Die Zentraleinheit

Die Zentraleinheit dürfte bei dieser Anwendung gut ausgelastet sein. Wenn sie bei anderen Anwendungen zum absoluten Engpaß wird, können die auf dem Modell 40 laufenden Programme ohne Veränderung auf jedem anderen der größeren Modelle der Serie /360 ausgeführt werden.

6. Zusammenfassung

In den vorhergehenden Abschnitten wollten wir an Hand der Analyse eines Anwendungsgebietes zeigen, welche Überlegungen bei der Konfiguration eines Datenverarbeitungssystemes anzustellen sind. Wir haben gesehen, daß beide Lösungen brauchbar sind. Welche Lösung zum Schluß gewählt wird, hängt von den anderen hier nicht untersuchten Anwendungsgebieten ab. Es sollte ferner gezeigt werden, daß eine Reihe von Ausbaumöglichkeiten bestehen, die das System zukunftssicher machen. Bei der Auswahl des Beispiels wurde bewußt eine Standardanwendung gewählt, weil an ihr die System-Design-Probleme gezeigt werden konnten, die in der Mehrzahl der System-Design-Fälle auftreten.

11

Zur Gestaltung des Produktionsprogramms: Entwicklung und Einführung eines neuen Erzeugnisses

Von Dipl.-Kfm. Jürgen F. Stolte

Vorbemerkung

Zur Sicherung seiner mittel- und langfristigen Rentabilität und damit letztlich seiner Existenz ist die Entwicklung neuer Produkte für ein Unternehmen, das dem Wettbewerb in einer hochindustrialisierten Wirtschaft ausgesetzt ist, von entscheidender Bedeutung. Unter anderem können es folgende Gründe sein, die die Entwicklung und Einführung eines neuen Erzeugnisses erforderlich machen oder doch mindestens wünschenswert erscheinen lassen:

- Die Produkte eines jeden Unternehmens unterliegen einem natürlichen Lebenszyklus. Die Lebensdauer wird in starkem Maße von der technischen Entwicklung, der Intensität des Wettbewerbs und dem Verbraucherverhalten bestimmt. Neigt sich die Lebenskurve eines Erzeugnisses ihrem Ende zu, so muß, wenn das bislang verwirklichte Umsatzniveau gehalten werden soll, ein neues Produkt bereitstehen, um den Platz des alten einzunehmen.
- Der Absatz auf den traditionellen Märkten des Unternehmens stagniert oder ist rückläufig. (Wachsender Wettbewerb auf relativ gesättigten oder gar rezessiven Märkten).
- Die Bereitstellung neuer Produkte schafft Absatzreserven, die im Bedarfsfalle schnell nutzbar gemacht werden können[1].

Jede Neueinführung ist mit relativ hohen Kosten und Ausgaben verbunden. Man denke beispielsweise an die Kosten der Einführungswerbung, an zusätzlich notwendig werdende Investitionen u. ä. m. Damit ist auch das mit der Neueinführung verbundene Risiko entsprechend hoch. Dieses Risiko muß die Unternehmensleitung bei rationalem Verhalten versuchen, soweit wie möglich einzudämmen. Bevor über eine Neueinführung entschieden werden kann, müssen darum Untersuchungen angestellt werden, die möglichst umfassend über die Aussichten der Neueinführung Aufschluß geben.

---

[1] Vgl. hierzu H. Jacob, Preis und Produktionsprogramm als Mittel betrieblicher Konjunkturpolitik, in: Schriften zur Unternehmensführung, Band 2, Wiesbaden 1967, S. 37 ff.

Neben der Darstellung der dabei auftretenden Probleme und der Lösungswege an Hand eines praktischen Falles sollen im folgenden auch einige methodische Erläuterungen gegeben werden.

Ausgangslage und Problemstellung

Das betrachtete Unternehmen hat sich bisher ausschließlich auf einem der traditionellen Nahrungsmittelmärkte betätigt. Der Geschäftsleitung ist es inzwischen klargeworden, daß auf diesem Markt langfristig kein entscheidendes Wachstum mehr zu erwarten ist. Überdies muß unter Umständen mit einer Verschärfung des Wettbewerbs gerechnet werden, so daß die Gefahr künftiger Absatzeinbußen nicht völlig von der Hand gewiesen werden kann. Die Unternehmensleitung trägt sich darum mit dem Gedanken, in ein neues Produktfeld einzudringen. Es werden vor allem Produktionsfelder ins Auge gefaßt, die von ihrer Struktur her dem Unternehmen verwandt sind.

Eine solche Verwandtschaft kann beispielsweise auf der Rohstoffseite bestehen. Es werden die gleichen Materialien verarbeitet wie bisher. Sie kann sich auch darin zeigen, daß für das neue Erzeugnis die gleichen Vertriebswege benutzt werden können wie für die bislang angebotenen Produkte, daß die gleichen Verbraucherschichten angesprochen werden u. ä. m. Eine Verwandtschaft produktionstechnischer Art besteht dann, wenn bereits vorhandene Anlagen in nennenswertem Umfange auch zur Herstellung des neuen Produktes herangezogen werden können, so daß zusätzliche Investitionen zunächst nur in geringem Maße erforderlich werden.

Wie aus Vorüberlegungen hervorging, kommt diesem letztgenannten Aspekt allerdings in dem hier betrachteten Falle wegen der sehr starken Orientierung des Unternehmens am Absatzmarkt keine weitergehende Bedeutung zu: Das technische Wissen zur Herstellung der u. U. neu einzuführenden Produkte läßt sich aneignen; fremde Patente stehen nicht im Wege; die Bedeutung der Anlageninvestitionen tritt im Gesamtzusammenhang hinter anderem zurück. Von entscheidender Bedeutung ist dagegen, daß sich das neue Produkt dem Vertriebsbereich des Unternehmens einpassen läßt.

Eine Reihe von Möglichkeiten bot sich unter Berücksichtigung der soeben genannten Gesichtspunkte an. Zunächst galt es darum, durch eine Voruntersuchung herauszufinden, welche der zunächst ins Auge gefaßten Möglichkeiten die besten Erfolgsaussichten versprächen und deshalb einer gründlicheren – und damit entsprechend kostspieligeren – Untersuchung unterzogen werden sollten.

Auf den Nahrungsmittelmärkten hatten sich in den letzten Jahren insbesondere zwei Entwicklungstendenzen bemerkbar gemacht. Es waren dies einmal der Wunsch nach höherwertigen Lebensmitteln, zum andern der Wunsch nach Bequemlichkeit, d. h. nach solchen Produkten, die der Hausfrau einen Teil der Arbeit abnehmen. Einer der von diesen Entwicklungstendenzen positiv beeinflußten Märkte war der Markt der Fertigsoßen. Innerhalb von fünf Jahren hatte er sich verdreifacht und damit ein Volumen erreicht, das ihn für das betrachtete Unternehmen interessant erscheinen ließ. Die Ergebnisse der Voruntersuchungen legten es nahe, auf diesem Markte aktiv zu werden. Die weiteren Überlegungen sollten demzufolge in dieser Richtung angestellt werden.

Nachdem diese Vorentscheidung gefallen war, wurde die Produktentwicklung organisatorisch an die Marketing-Abteilung, die direkt der Geschäftsleitung untersteht, delegiert. Da fertigungstechnische Fragen, wie schon erwähnt, gegenüber den Absatzmöglichkeiten zurücktraten, lag der Schwerpunkt der weiteren Untersuchungen auf der Analyse des Marktes, der Gestaltung des Produktes, der Planung der verkaufsfördernden Maßnahmen und schließlich auf der Vorausschätzung des Umsatzes und des Marktanteils für die ersten Jahre nach der Einführung.

In der ersten Stufe der Untersuchung ging es darum, ein klares Bild über den Gesamtmarkt und seine künftige Entwicklung, über die Verbraucher und ihr Verhalten und über die Konkurrenzverhältnisse zu gewinnen. Man war sich klar darüber, daß von dem Wert dieser Informationen in starkem Maße der Erfolg oder Mißerfolg der späteren Einführung abhängen würde.

Weitere Fragen stellten sich im Hinblick auf das Produkt selbst. Welche Eigenschaften soll das neue Erzeugnis haben? Wie soll es genannt und deklariert werden? Welche Verpackung, Form- und Farbgebung soll gewählt werden?

Auf Grund der Antworten auf diese Fragen sollte dann die am Absatzmarkt orientierte Marketing-Zielsetzung und der Marketingplan festgelegt werden. Dieser Plan enthält u. a. den Preis, legt den Umfang und die Gestaltung der Werbung fest, bestimmt über die Verkaufsförderung.

In einem weiteren Schritt galt es nun, den Umsatz und den Marktanteil für die ersten Jahre vorauszuschätzen. Sie stellen den entscheidenden Faktor für die Kostenlage (Kostendegression in Abhängigkeit von der Höhe der Ausbringung) und die Gewinnsituation sowie für die Höhe des einzusetzenden Kapitals dar.

Um das mit der nationalen Einführung verbundene hohe Risiko noch weiter zu mindern, wurde in der letzten Stufe der vorbereitenden Untersuchung die vorgesehene Produktkonzeption und Werbung einem Verkaufstest unterworfen. Die Ergebnisse eines solchen Testes sollen zeigen, ob man den Zahlen der vorausschauenden Planung und den ihnen zugrunde liegenden Überlegungen vertrauen darf, inwieweit sie mithin eine tragfähige Grundlage für die endgültige Entscheidung darstellen. Werden die Planzahlen durch die Ergebnisse des Verkaufstestes bestätigt und sind sie entsprechend günstig, so steht der Weg offen für die allgemeine Einführung des Produktes.

In den folgenden Abschnitten ist dargelegt, welche Wege beschritten werden können, um die hier anstehenden Probleme zu lösen, und wie sie in dem hier betrachteten konkreten Falle von der Marketing-Abteilung des Unternehmens gelöst wurden.

A. Analyse

I. Tendenzen im Nahrungsmittelmarkt

Die Nachfrage auf dem Nahrungsmittelmarkt wird von verschiedenen Faktoren bestimmt:

(1) von der Gesundheitswelle, deren wachsende Bedeutung in vielen Nahrungsmittelbereichen beobachtet werden kann;

(2) von der Neigung zu convenience, d. h. zu größerer Bequemlichkeit in der Essenszubereitung, forciert durch die Berufstätigkeit der Hausfrau: Nahrungsmittel, die einen Teil der Arbeit ersparen, haben überdurchschnittliche Zuwachsraten (Konserven, Tiefkühlkost u. ä.);

(3) von der als Edeleßwelle bezeichneten Vorliebe für neuartige verfeinerte Genüsse, die durch steigenden Wohlstand und zunehmenden Auslandstourismus ausgelöst wurde.

Für den hier gezeigten Markt der sogenannten Fertigsoßen kommen insbesondere convenience und Edeleßwelle als Indikatoren in Frage.

II. Marktstruktur Fertigsoßen

a) Allgemein

Der Markt der Fertigsoßen ist außerordentlich unübersichtlich, so daß eine globale Aussage über Größe und Wachstumsrate schwierig ist. Der amtlichen Produktionsstatistik konnten folgende Zahlen entnommen werden:

Brüherzeugnisse, Soßen und Würzen
    Nettoerlös 1966   207 Mill. DM
    Steigerungsrate seit 1960   19 %

Mayonnaise (zum Absatz bestimmt)
    Nettoerlös 1966   120 Mill. DM
    Steigerungsrate seit 1960   158 %

Gewürze
    Nettoerlös 1966   149 Mill. DM
    Steigerungsrate seit 1960   30 %

Der Entwicklungsstand war bereits 1962 anläßlich der ersten Überlegungen über die Konzipierung eines Produktes für diesen Marktsektor bekannt. Auf Grund von Marktforschungsunterlagen ließ sich abschätzen, daß der Fertigsoßenmarkt von 1958–1962 von ca. 1200 t auf 4600 t gestiegen war. Für die weitere Zukunft rechnete man mit jährlichen Zuwachsraten von 850 t, so daß der Markt 1964 ein Volumen von etwa 6300 t im Wert von ca. 18 Mill. DM (Endverbraucherpreis) erreicht haben dürfte.

b) Die Angebotssituation

Um die Angebotssituation des Marktes analysieren und insbesondere die Marktanteile der einzelnen Marken feststellen zu können, wurde ein Marktforschungsinstitut beauftragt, Einzelhandelserhebungen durchzuführen[1]). Die so ermittelten Absatzzahlen sind in den Tabellen 1 und 2 dargestellt.

Tabelle 1 zeigt, daß über 50 % des Marktes von der Marke A beherrscht wurden, die sich ihre Position mit ausgesprochenen Billigpreisangeboten aufgebaut hatte. Der zweite Hersteller – er bot ein breites Sortiment von ähnlichen Feinkostartikeln an – konnte mit einem teureren und qualitativ etwas besseren Produkt (Marke B) nur einen relativ kleinen Teil des Marktes für sich erobern, während der Rest von etwa 30 % des Marktes von kleinen Anbietern behauptet wurde, die sich zum größten Teil an der Preispolitik von A orientierten. Lediglich zwei Feinkosthersteller in dieser Gruppe boten qualitativ hochwertige Produkte an, konnten jedoch wegen des außerordentlich hohen Preises keine nennenswerten Marktanteile erreichen.

Marktanteile und Durchschnittspreise

	Marktanteile (Basis DM)		Durchschnittspreise (Preis pro Packungseinheit in DM)	
	Ende 1961	Ende 1962	Ende 1961	Ende 1962
Marke A	60 %	51 %	1,20	1,15
Marke B	10 %	15 %	1,35	1,35
übrige	30 %	34 %	1,30	1,21
Total	100 %	100 %	1,25	1,20

Tabelle 1

Wie Tabelle 1 zeigt, war die 1961/62 vorgenommene Preissenkung der Marke A nicht sehr erfolgreich; sie führte zwar zu einer Ausweitung des Marktes, nicht jedoch zu einer Vergrößerung des Marktanteils von A. A erlitt sogar Anteilsrückgänge. Der Hersteller der Marke B konnte mit seiner mittleren Preislage seinen Anteil vergrößern. Es ließ sich daraus folgern, daß einer Marke mit besserer Qualität und mittlerer Preislage langfristig ein größerer Markterfolg beschieden sein dürfte als einem Erzeugnis minderer Qualität zu niedrigem Preis.

Die bei der Einzelhandelserhebung ermittelten Daten über die Verbreitung der Fertigsoßen in Lebensmittelgeschäften wurden nach Gebieten, Ortsgrößen und Größen der Lebensmittelgeschäfte untergliedert, um Aufschlüsse über etwaige Unterschiede im Verhalten der Verbraucher und der Lebensmittelhändler zu erhalten. Die Ergebnisse sind in Tabelle 2 zusammengefaßt.

---

[1]) Die gesamte Absatzmenge eines Marktes während eines Zeitraums (Marktvolumen) und die Marktanteile einzelner Marken werden hauptsächlich auf zwei Arten statistisch ermittelt: Die erste Methode besteht darin, daß in repräsentativ ausgewählten Einzelhandelsgeschäften inventurartige Erhebungen durchgeführt werden, während bei der zweiten Methode von Verbrauchern geführte Haushaltstagebücher (Haushaltspanel) herangezogen werden. Derartige Daten werden von einer Reihe von Marktforschungsinstituten (z. B. der „Gesellschaft für Konsum-, Markt- und Absatzforschung" in Nürnberg) erhoben und der Industrie angeboten.

**Distribution und durchschnittlicher Monatsabsatz
bei Fertigsoßen nach Gebieten, Ortsgrößen und Einkaufsquellen**

	insgesamt 1*)	2*)	Marke A 1*)	2*)	Marke B 1*)	2*)	übrige 1*)	2*)
Bundesgebiet	76	5,0	46	4,2	30	1,5	25	4,5
I. Schleswig-Holstein, Hamburg, Niedersachsen, Bremen	92	5,3	55	4,4	38	1,7	36	3,8
II. Nordrhein-Westfalen	72	5,3	44	4,7	22	1,6	23	5,0
III. Hessen, Rheinland-Pfalz, Saarland, Baden-Württemberg	75	2,8	43	2,5	30	1,1	17	3,2
IV. Bayern	73	4,1	43	3,9	33	1,3	18	3,7
V. Berlin	94	16,0	36	11,5	24	4,4	77	11,0
Große Städte	85	7,5	53	5,9	29	2,2	32	6,6
Kleine Städte	82	4,0	53	3,3	32	1,2	28	3,0
Landorte	61	2,0	32	1,9	29	1,0	13	1,5
Große Lebensmittelgeschäfte	98	10,3	75	6,3	37	3,1	43	8,1
Mittlere Lebensmittelgeschäfte	82	2,5	49	2,1	33	1,2	26	2,3
Kleine Lebensmittelgeschäfte	48	1,2	17	1,7	27	0,5	10	1,1
Filialgeschäfte	94	13,5	63	10,5	12	6,4	43	10,3

*) 1 = Prozentsatz der befragten Einzelhandelsgeschäfte, in denen Fertigsoßen geführt wurden,
2 = durchschnittlicher Monatsabsatz in Flaschen

Tabelle 2

Die Produkte waren in etwa 80 % der Läden des Lebensmitteleinzelhandels vertreten, wobei gewisse Schwerpunkte in Norddeutschland und der oberen Ortsgröße festzustellen waren. Marke A erreichte etwa 50 % der Geschäfte, während B in etwa einem Drittel und die Gruppe der übrigen Anbieter in einem Viertel der Läden vertreten waren. Aus diesen Zahlen geht hervor, daß offenbar ein großer Teil des Handels bei dem relativ niedrigen Monatsabsatz von fünf Packungen nicht bereit war, mehrere Marken zu führen.

c) Die Abnehmerstruktur

Neben den Einzelhandelserhebungen wurde von einem Marktforschungsinstitut eine Untersuchung über spezielle Verbrauchsgewohnheiten bezüglich Fertigsoßen vorgenommen (vgl. Tabelle 3). Diese Befragung sollte Aufschlüsse über regionale Verbrauchsunterschiede geben, um daraus regionale Schwerpunkte für den Vertrieb bei der Einführung des Produktes ermitteln zu können.

Weiter sollten auch für die Auswahl der Werbemedien für die später erfolgende Werbung Einflüsse der Sozialstruktur des Verwenderhaushalts auf die Verbrauchsgewohnheiten untersucht werden.

Im Bundesdurchschnitt verwendeten **41 % aller Haushalte Fertigsoßen**. Die in Tabelle 3 aufgeführten unterschiedlichen Verbrauchsmengen ließen

demographische Gruppen	Fertigsoßen-Verwender nach demographischen Gruppen 1962 Verwenderhaushalte in %	Verwendete Fertigsoßen-Menge (Zahl der Flaschen 1962)	
		bezogen auf alle Haushalte	bezogen auf Verwenderhaushalte
Bundesdurchschnitt	41	0,6	1,4
Gebiet I (Schleswig-Holstein, Hamburg, Niedersachsen, Bremen)	45	0,7	1,6
Gebiet II (Nordrhein-Westfalen)	43	0,6	1,4
Gebiet III a (Hessen, Rheinland-Pfalz, Saarland)	40	0,3	0,9
Gebiet III b (Baden-Württemberg)	23	0,3	1,5
Gebiet IV (Bayern)	45	0,5	1,2
Große Städte	51	0,9	1,7
Kleine Städte	37	0,5	1,3
Landorte	28	0,2	0,8
Obere soziale Schicht*)	69	1,3	1,9
Mittlere soziale Schicht*)	52	0,9	1,7
Untere soziale Schicht*)	30	0,2	0,7
Alter der Hausfrau			
bis 34 Jahre	43	0,7	1,6
35—49 Jahre	44	0,6	1,4
50 und mehr Jahre	37	0,4	1,1
Haushaltsgröße 1 Person	37	0,6	1,6
2 Personen	39	0,3	0,8
3 Personen	37	0,6	1,6
4 Personen	45	0,7	1,6
5 u. mehr Personen	41	0,6	1,5
Haushalte mit Kindern	41	0,6	1,4
Haushalte ohne Kinder	40	0,6	1,5
berufstätige Hausfrau	47	0,9	1,9
nichtberufstätige Hausfrau	38	0,4	1,1

*) Die befragten Verbraucherhaushalte wurden von den Interviewern an Hand der Kriterien Ausbildung, Beruf und Einkommen in eine der drei Schichten eingeordnet.

Tabelle 3

sich sämtlich aus der relativen Neuheit dieser Produkte erklären. Haushalte, die von ihrer psychologischen Grundeinstellung her für Neuerungen aufgeschlossen waren, griffen eher zu diesem Produkt. So fanden sich überproportionale Verwenderzahlen

(1) in der oberen und mittleren sozialen Schicht;
(2) in den Großstädten;
(3) bei berufstätigen Hausfrauen.

Die unterdurchschnittliche Verwenderzahl im Gebiet III b erklärte sich aus einem hohen Anteil der Selbstherstellung, was u. a. auf die besonders sparsame Haushaltsführung der Bewohner dieses Landstriches zurückzuführen war. Die von den relativ wenigen Verbrauchern in diesem Gebiet verwendete Menge übertraf dagegen geringfügig den Bundesdurchschnitt. Stark überproportionaler Verbrauch konnte bei den oberen sozialen Schichten, bei berufstätigen Hausfrauen und in den Großstädten festgestellt werden.

Insgesamt zeigte sich jedoch, daß mit noch nicht einmal eineinhalb Packungen per anno der Verbrauch pro Verwenderhaushalt noch gering war. Ziel mußte es also sein, nicht nur die Zahl der Verwender, sondern auch die Verbrauchsfrequenz zu erhöhen.

III. Verwendungsgewohnheiten und Vorstellungen

Weiteren Aufschluß über Verbrauchsgewohnheiten gab bei der Verbrauchererhebung die Frage nach den Verwendungsarten der Fertigsoßen (vgl. Tabelle 4). Hierbei wurden vom Interviewer keine Antwortalternativen vorgegeben, sondern es wurde eine „offene Fragestellung" gewählt, d. h. die Befragten nannten von sich aus die von ihnen bevorzugten Verwendungsarten. Dieses Verfahren bereitete zwar bei der Auswertung größere Schwierigkeiten als die Vorgabe von Alternativen, war in diesem Fall aber die einzig mögliche Methode, da noch keine früheren Erhebungen über die Verwendungsmöglichkeiten vorlagen. Der häufigste Verwendungszweck war die Zubereitung von Nudelgerichten. Überproportional bei Intensiv-Verwendern war die Anwendung bei Nudel- und Fleischgerichten sowie bei (belegten) Broten. Wegen der offenen Fragestellung wurde eine Vielzahl von Verwendungsmöglichkeiten angegeben, die bei jeweils 2–3 % lagen.

Fertigsoßen-Verwendung 1962

von allen Fertigsoßen-Verwendern verwendeten für ...	Alle Verwender in %	Intensiv-Verwender in %	übrige Verwender in %
Nudelgerichte	32	37	28
Fleischgerichte	23	27	18
Suppen	15	13	17
Brote	14	19	7
zum Garnieren	12	12	11
Salate	9	9	10
zum Würzen	7	7	6

Tabelle 4

Der Verbraucher unterschied grundsätzlich zwei Verwendungsbereiche:
(1) Verwendung bei der Speisezubereitung durch die Hausfrau (in der Küche);
(2) Nachwürzen in Selbstbedienung beim Essen nach persönlichem Geschmack;

Im ersten Falle wurde das Produkt auf das Gericht gegeben bzw. mit diesem verkocht oder vermischt. Die verwendete Menge schwankte zwischen einem Teelöffel und einer halben Flasche, und zwar
(1) zur Zubereitung von Salaten 1–3 Teelöffel
(2) bei Soßen, Gulasch und Nudelgerichten 3–4 Eßlöffel
(3) bei Reis ¼ bis ½ Flasche
   (jeweils berechnet auf etwa 4 Personen).

Beim Nachwürzen wurde die Soße direkt auf die Speisen gegeben, die verwendete Menge lag zwischen 1–3 Teelöffeln.

Nach einer von dem Marktforschungsinstitut vorgenommenen qualitativen Studie, die in der Form einer Gruppendiskussion mit eingeladenen Hausfrauen durchgeführt wurde[2]), sollte das Produkt pikant, würzig aber mild, nicht zu scharf, nicht zu süß schmecken, der Geschmack sollte durch die Gewürze entschieden werden, andererseits sollte man aber auch den Grundstoff „herausschmecken" können.

Über die Art der Gewürze hatte man keine Vorstellungen, sie wurden als Fabrikationsgeheimnis bezeichnet. Soße, die zu sauer sei, enthalte zuviel Essig, ein sehr scharfes Produkt enthalte zuviel Pfeffer und nur billige Gewürze.

B. Konzeption

I. Marketing-Ziel

Ziel der Firma war es, durch den Vorstoß in einen interessanten und von ihr noch nicht bearbeiteten, aber seit Jahren stark expandierenden Markt zusätzliche Möglichkeiten für die Ausweitung des Geschäftes zu erlangen und sich gleichzeitig auf dem Feld der Feinkostartikel – auch zu Lasten der Konkurrenzprodukte – entsprechende Marktanteile zu sichern.

Für das erste Marketing-Jahr wurde ein Marktanteil von ca. 10 % in diesem Produktfeld angestrebt, der einer Tonnage von 600 t entsprach.

II. Produktkonzeption

Aus den Ergebnissen der Analyse des bisher erhobenen statistischen Materials (Marktanalyse) und der Gruppendiskussionen zwischen Hausfrauen (qualitative Studie) war zu ersehen, daß
(1) mit einem qualitativ besseren Produkt mit entsprechend höherem Preis langfristig ein besserer Markterfolg gewährleistet wäre (Marktanalyse);

---
[2]) Die Hausfrauen wurden von Einladerinnen des Instituts repräsentativ ausgewählt und in den Räumen des Instituts bewirtet. Die Gespräche, an denen jeweils 10 Personen teilnahmen, wurden von einem Psychologen geführt.

(2) der Verbraucher ein Produkt wünscht, bei dem der Hauptrohstoff noch „herausschmeckt" (Studie).

Es wurde daher beschlossen, daß das Produkt mit einem hohen Anteil von natürlichen Ingredienzien hergestellt werden sollte. Das Produkt wurde mit einer gut ausgewogenen Gewürzkomposition versehen. Sie beeinträchtigte den Eigengeschmack der Speise nicht und hatte eine appetitliche Farbe.

Produkttests[3] (vgl. Schaubild 1) hatten außerdem ergeben, daß eine Verbrauchergruppe mehr eine „herzhaft-würzige", die andere mehr eine milde Fertigsoße schätzte.

Ergebnisse des Produkttests (Muster I : Muster II)
(blind product test)

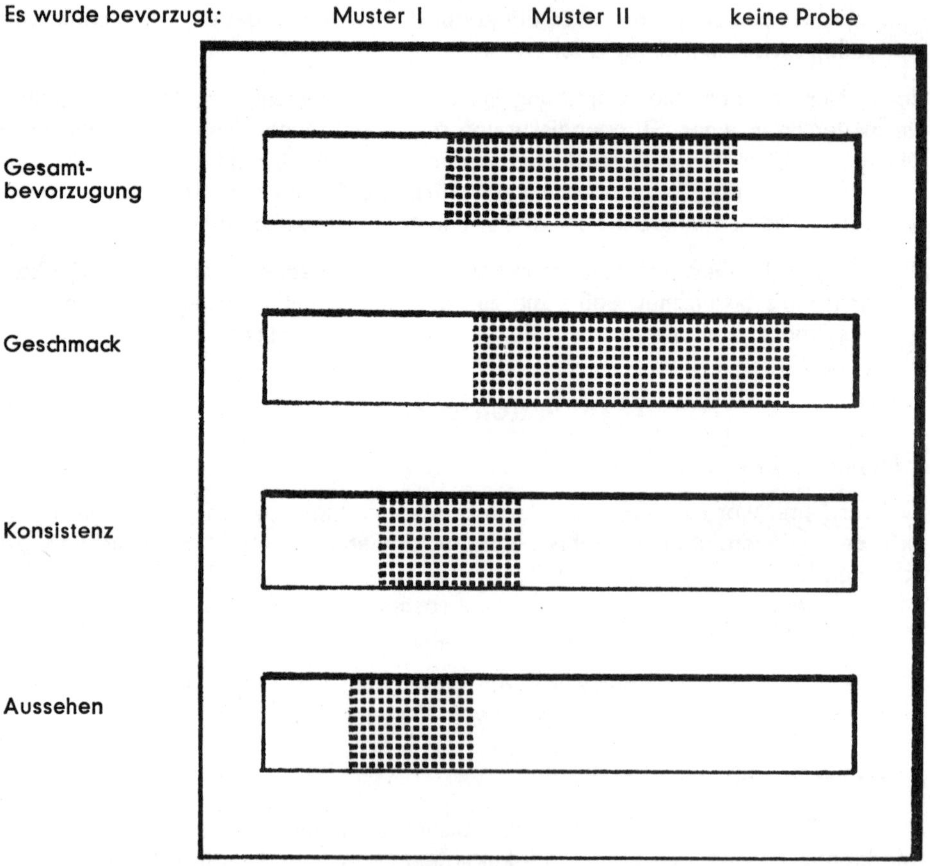

Es wurde bevorzugt: Muster I   Muster II   keine Probe

Gesamtbevorzugung

Geschmack

Konsistenz

Aussehen

Schaubild 1

---

[3] Bei der Entwicklung der Produktkonzeption wurden zahlreiche Produkttests durchgeführt. Es wurden jeweils rund 500 ausgewählten Verbrauchern zwei Muster in neutraler Aufmachung zugesandt, die sie hinsichtlich der gerade zur Entscheidung anstehenden Eigenschaften beurteilen sollten. Schaubild 1 zeigt das Ergebnis eines solchen Tests, wobei die Flächen jeweils die Häufigkeit der Bevorzugung eines der Muster angeben bzw. die Häufigkeit, mit der keine der Proben bevorzugt wurde. Derartige Produkttests wurden für eigene Produktalternativen und für Vergleiche des eigenen Produktes mit Konkurrenzprodukten durchgeführt. Aus den Ergebnissen der Tests ergab sich die endgültige Produktkonzeption.

Die Geschmackskomposition wurde so ausgewogen, daß es möglich war, dieses Produkt beiden Verwendergruppen anzubieten.

III. Verpackung

a) Material

Bis auf einen unmaßgeblichen Hersteller, der sein Produkt in der Tube anbot, hatte sich bisher auf dem Markt als geschmacksneutrale Verpackung die Glasflasche durchgesetzt. Außerdem war diese Verpackung leicht wieder zu verschließen. Wie die Untersuchungen der Verbrauchsgewohnheiten gezeigt hatten, wurde das Produkt kaum auf einmal verbraucht, so daß die Wiederverschließbarkeit nicht unwichtig war. Darüber hinaus signalisierte die Glasflasche die Vorzüge des Produktes (appetitliche Farbe) am besten und gestattete es der Hausfrau, den noch vorhandenen Vorrat abzuschätzen.

b) Formgebung

Die Flaschenform sollte:
(1) einzigartig gestaltet – aber doch produktcharakteristisch sein;
(2) von den Verbrauchern gut zu handhaben sein;
(3) das Etikett optimal zur Geltung bringen.

Vorhergegangene Tests mit Hausfrauen hatten gezeigt, daß Hausfrauen in der Küche oft mit nassen Händen die Flasche anfaßten und daher auf gute Griffigkeit Wert legten; daher schien sich eine besonders griffige und handliche Flaschenform anzubieten. In Rangreihenexperimenten mußten Hausfrauen die drei zur Wahl stehenden Flaschenmuster A, B und C sowie ein Flaschenmuster D der Konkurrenz nach der Güte der Handhabung in eine Reihenfolge bringen. Damit erhielt jede Flasche von jeder Hausfrau einen der Rangplätze 1 bis 4 zugewiesen, wobei die Flasche, die nach Meinung der Hausfrau am besten zu handhaben war, den Rangplatz 1 erhielt. Nach dem Experiment wurde für jede Flasche ermittelt, wie oft sie von den Hausfrauen die einzelnen vier Rangplätze zugeteilt bekommen hatte.

<u>Für jede Flasche wurden die einzelnen Rangplätze mit ihren erreichten Häufigkeiten multipliziert, dann addiert und das Ergebnis durch die Zahl der Versuche (hier gleich der Zahl der Versuchspersonen) dividiert.</u>

Dieses mit den Häufigkeiten gewogene arithmetische Mittel der Rangplätze wurde als Maß für die Güte der Handhabung der Flaschen genommen.

Die Experimente wurden jeweils für unetikettierte und etikettierte Flaschen vorgenommen (vgl. Schaubilder 2a und 2b, die Flächen geben jeweils die Häufigkeiten des erzielten Rangplatzes an und in der rechten Spalte ist jeweils das gewogene arithmetische Mittel des Rangplatzes eingetragen).

Bei den Experimenten schnitt das Flaschenmuster A besser ab als die mitgetestete Konkurrenz. Während das Muster B der Konkurrenz nur wenig unterlegen war,

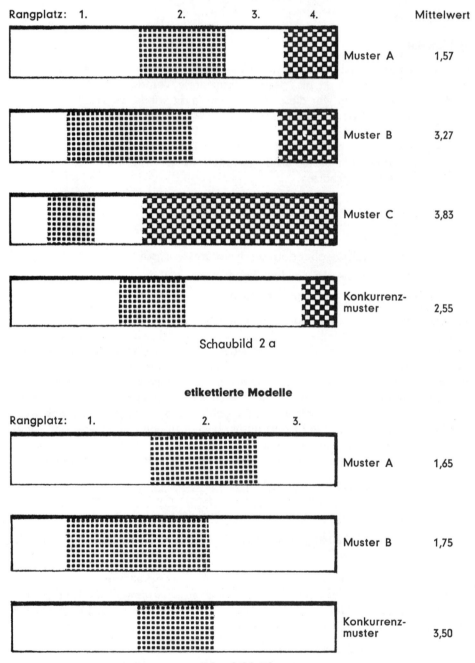

Zur Gestaltung des Produktionsprogramms

Rangreihentest: Beurteilung der Etiketten

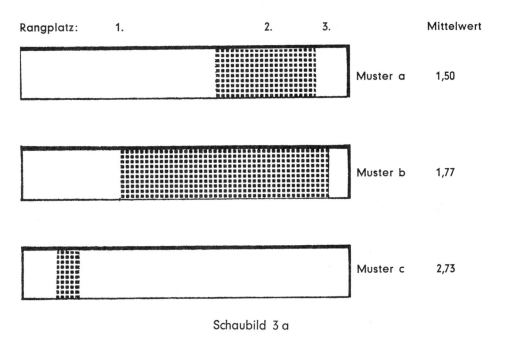

Schaubild 3 a

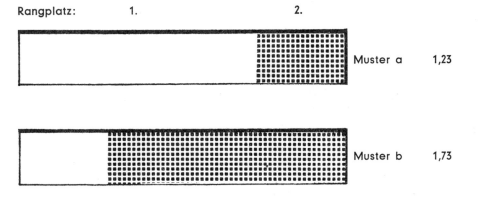

Schaubild 3 b

brachte C ein besonders schlechtes Ergebnis und konnte schon in einem frühen Stadium von weiteren Untersuchungen ausgeschlossen werden. A und B wurden deshalb anschließend allein in einem Handhabungstest untersucht[4]). Es zeigte sich, daß die schon im Rangreihenversuch favorisierte Flasche auch besser gehandhabt wurde.

Da auch ein Rangreihenversuch hinsichtlich der allgemeinen Wertschätzung für A keine schlechteren Ergebnisse als für das Muster B ergab, konnte die Entscheidung zugunsten des Flaschentyps A gefällt werden.

c) Etikettengestaltung

Es waren drei verschiedene Etiketten entworfen worden, die sich insbesondere dadurch unterschieden, daß

- bei Muster **a** die wesentlichsten geschmacksbildenden Zutaten dargestellt wurden,
- bei Muster **b** die Zutaten nur als zusätzliche Signale aufgenommen wurden;
- Muster **c** auf jegliche Zutatendarstellung verzichtete.

Hinsichtlich des Gesamteindrucks wurde die Etikettengestaltung **a** sowohl auf der eigenen Testflasche A als auch auf einer Konkurrenzflasche (vgl. Schaubilder 3a, 3b) bevorzugt.

Im indirekten Geschmackstest wurden den Probanden drei Flaschen mit gleichem Inhalt, aber unterschiedlichen Etiketten (a, b, c) vorgelegt und dazu erklärt, es handele sich um unterschiedliche Geschmacksrichtungen. Die Versuchspersonen sollten die Muster probieren und wieder nach der Güte des Geschmacks in eine Rangreihe legen. Die Etiketten mit der Zutatendarstellung wurden der neutralen Darstellung signifikant vorgezogen. Zwischen den beiden Etiketten mit Zutatenabbildungen zeigten sich jedoch keine Unterschiede.

Auf Basis der so erhaltenen Ergebnisse entschied man sich für die Etikettenrichtung mit einer reichhaltigen Darstellung der Ingredienzien.

IV. Werbung

In ersten Gesprächen mit der betreuenden Agentur wurde festgestellt, daß werblich herausgestellt werden sollten:

(1) der besonders angenehme Geschmack,
(2) die sparsame, aber raffinierte Würzung, die die Klarheit des Geschmacks erhalte,
(3) die besonders gute Bekömmlichkeit durch Verwendung erstklassiger Rohwaren.

Vor Konzipierung der fertigen Werbemittel wurden sechs auf Basis dieser V o r g e s p r ä c h e entwickelte werbliche Formulierungen an Hausfrauen getestet. Dabei wurden untersucht:

---

[4]) Ein vorhandener Einfluß des Etiketts auf das Ergebnis des Versuchs wurde wiederum berücksichtigt, indem sowohl unetikettierte als auch etikettierte Flaschen getestet werden.

(1) die Merkfähigkeit (Merkfähigkeitsversuch)[5]
(2) der assoziative Gehalt (Projektionsversuch)[6]
(3) die Produkterwartung (Rangreihenexperimente)[7] (vgl. Schaubilder 4 a u. 4 b)

Es zeigte sich, daß Formulierungen, die mit unspezifischen Aussagen (wie z. B. „alles schmeckt interessanter") arbeiteten, bei allen drei Versuchsanlagen den produktspezifischen Aussagen unterlegen waren.

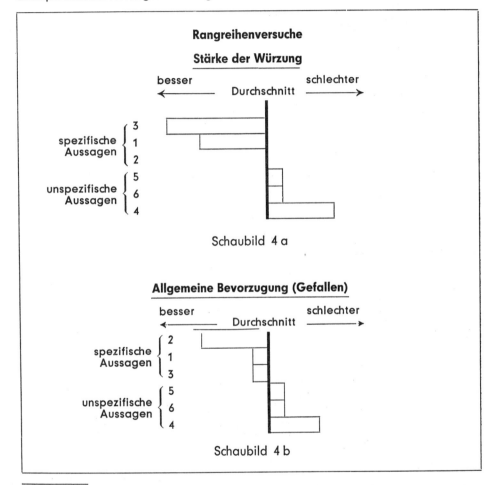

Schaubild 4 a

Schaubild 4 b

[5]) Beim Merkfähigkeitsversuch wurden Hausfrauen die zur Auswahl stehenden Werbemittel eine gewisse Zeit (etwa 1½ Minuten) zur Betrachtung vorgelegt. Danach wurden die Versuchspersonen eine Zeitlang von dem Versuch abgelenkt und anschließend mußten sie aus dem Gedächtnis die betrachteten Werbemittel wiedergeben. Hierbei zeigte sich, welche Formulierungen sich am stärksten eingeprägt hatten.
[6]) Beim Projektionsversuch wurden die Versuchspersonen gebeten, die Vorstellungen (Assoziationen) zu nennen, die sie mit den auf den Werbemitteln aufgeführten Formulierungen verbanden.
[7]) Der Test über die Produkterwartung sollte zeigen, welche der werblichen Formulierungen nach Meinung der Hausfrauen ein besonders gutes Produkt erwarten ließen. Die Versuchspersonen wurden gebeten, die zur Auswahl stehenden sechs Formulierungen jeweils nach den Kriterien:
    Stärke der Würzung
    Natürlichkeit und Reinheit der Farbe
    allgemeine Bevorzugung (Gefallen)
in eine Rangreihe zu ordnen.

Auf Grund dieser Erkenntnisse wurde eine Kampagne für die Testeinführung entwickelt. Gleichzeitig gingen jedoch die Arbeiten an der Werbung für die nationale Einführung weiter.

Für die Testeinführung wurden zwei werbliche Ideen (x und y) in die engere Wahl gezogen; sie enthielten die gesamte verbale Aussage der Werbung. Aus der Werbung des wichtigsten Konkurrenten wurde ebenfalls die Werbeidee extrahiert und jeweils der eigenen Idee entgegengestellt, so daß sich drei Paarvergleiche ergaben.

Diese Ideen wurden in einem „simulierten Kauf" gegeneinander getestet. Es wurden hierzu Hausfrauen als „Kunden" ausgesucht, die sich, nachdem die einzelnen Werbeideen vorgetragen worden waren, für eines der Produkte und damit für eine bestimmte Werbeidee entscheiden mußten. Diese Entscheidung mußte von ihnen anschließend begründet werden. Beide Ideen (x und y) waren den Konkurrenzideen eindeutig überlegen. Während sich bei dem Vergleich der Werbeidee x mit der Konkurrenzidee $2/3$ der Versuchspersonen für die Idee x aussprachen, äußerten sich bei dem Vergleich der eigenen Werbeidee y mit der Konkurrenzidee sogar 80 % der Versuchspersonen zugunsten von y. Im indirekten Vergleich siegte außerdem y über x. Es stellte sich jedoch im weiteren Verlauf der Arbeit heraus, daß nicht alle bei y gegebenen Produktversprechen von der produktionstechnischen Seite her erfüllt werden konnten, so daß man sich für x entscheiden mußte.

Auf der Grundlage von x wurden drei Werbekampagnen entwickelt, wobei wichtige Gestaltungsschritte durch kleinere Hausfrauen-Befragungen abgesichert wurden. Für die Werbekampagnen wurde je eine repräsentative Anzeige ausgewählt, mit der jeweils eine Kaufentscheidung gegen zwei Konkurrenzmarken simuliert wurde, um eine Prognose über die Verkaufskraft der Kampagnen machen zu können. Die Versuchspersonen mußten sich jeweils für eine der drei Marken entscheiden, wobei einem Teil der Personen die Anzeigen vorher dargeboten wurden und dem anderen Teil nicht. Damit konnte die Wirkung der Anzeigen abgeschätzt werden. Schaubild 5 zeigt, wie sich die Anteile der einzelnen Marken ändern, je nachdem, ob den Versuchspersonen die Anzeigen bekannt oder unbekannt waren. Außerdem wurde anhand der Begründungen die Verständlichkeit der Anzeigen überprüft, um Anhaltspunkte für gestalterische Verbesserungen zu erhalten.

Während Anzeige 2 im Verkaufstest schlecht abschnitt, gab es zwischen 1 und 3 keinen Unterschied. Allerdings gelang es Anzeige 1 besser, die wichtigsten Elemente der Werbebotschaft zu übermitteln. Anzeige 1 wurde also als Prototyp für die nationale Einführung ausgewählt, ihre Thematik auch auf andere Werbemittel, wie Ladenwerbematerial und Fernseh-Spots, übertragen.

V. Kontrolle (Testmarkt)

Zur Überprüfung des Zusammenspiels aller Absatzbemühungen im „Marketing-Mix" wurde das Produkt in zwei Teststädten eingeführt.

Bei der Auswahl der Teststädte wurde darauf geachtet, daß sie hinsichtlich ihrer Kaufkraft und ihrer demographischen Merkmale hinreichend übereinstimmten, um

Zur Gestaltung des Produktionsprogramms 201

**Test von 3 Anzeigen-Prototypen
(simulierter Kauf)**

vor nach Anzeigendarbietung:

Anzeige 1

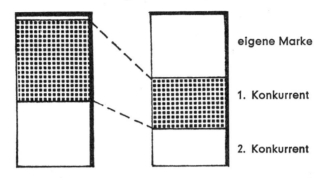

Anzeige 2

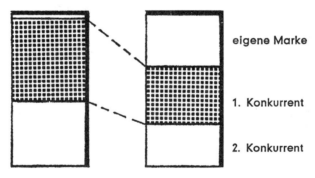

Anzeige 3

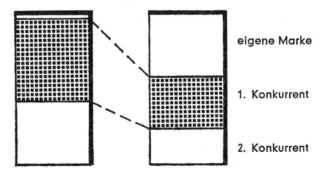

Schaubild 5

vergleichbare Ergebnisse zu erhalten. Um die Märkte klar abgrenzen zu können, wurden die Produkte nicht über den Großhandel vertrieben, sondern wurde der Einzelhandel direkt beliefert. Da auch eine Begrenzung der Werbemedien (z. B. Tageszeitungen) auf die Test-Städte erforderlich war, erwiesen sich zwei Mittelstädte hinsichtlich dieser Kriterien am geeignetsten.

Um den optimalen Preis ermitteln zu können, wurde als einzige Variable ein unterschiedlicher Preis eingeführt. Bereits in der zweiten Berichtsperiode nach Einführung, d. h. nach 8 Wochen, konnte im Testgebiet mit dem relativ niedrigen Preis ein Marktanteil von 20 % erreicht werden. Das Ergebnis in der Stadt mit höherem Preis lag nur bei 10 %.

Aus diesem Ergebnis wurde geschlossen, daß es auch bei der nationalen Einführung des Produktes möglich sein müsse, zu dem niedrigeren Preis einen Marktanteil von rund 15 bis 20 % zu erzielen.

Auf Grund dieser zahlenmäßigen Vorstellung über den zu erwartenden Marktanteil wurden die sich daraus ergebenden Absatzmengen errechnet. Diese wurden mit dem Preis und den geschätzten (variablen) Kosten bewertet, so daß damit quantitative Aussagen über die bei einem bestimmten Preis zu erwartenden Erlöse und variablen Kosten vorgenommen werden konnten. Bei dieser Gegenüberstellung der Kosten und Erträge mußten neben den variablen Kosten vor allem auch die hohen fixen Kosten (wie z. B. die Kosten der Werbekampagnen, Errichtung neuer Produktionsstätten u. a. m.) beachtet werden. Aus den Berechnungen ergab sich, daß ein Marktanteil von 15 bis 20 % ausreichte, auch unter Beachtung der anfänglich hohen fixen Kosten ein gutes finanzielles Ergebnis zu zeitigen.

12

Entscheidung über die Einführung eines Produktes

(Dr. August Oetker, Bielefeld)

Von Prof. Dr. Karl Alewell
zusammen mit Dipl.-Kfm. Ernst Knut Sill und Dipl.-Kfm. Peter Burg

Einführung

Die Einführung neuer Produkte gehört zu den wichtigsten Aufgaben der Unternehmungsführung in fast allen Stufen und Branchen der Wirtschaft. Zentrales Problem ist hierbei die Beurteilung der Absatzaussichten des neuen Produktes. Eine Extrapolation von Trends – Grundlage der meisten Prognosen – ist zunächst überhaupt nicht und auch nach dem Anlaufen des Produktes nur beschränkt möglich. Zahlreiche Einflußfaktoren müssen aufgedeckt, in ihrer Wirkung prognostiziert und beurteilt werden, bevor eine Entscheidung über die Produkteinführung getroffen werden kann.

Ein besonderes Problem werfen dabei die nicht quantifizierbaren Faktoren auf, die in der Regel die rechenbaren Größen ersetzen müssen und oft sogar entscheidenden Einfluß gewinnen. Die Situation ist weiter dadurch gekennzeichnet, daß mit dem Entschluß über Einführung oder Nichteinführung des Produktes auch Entscheidungen über die Gestaltung der Produkteigenschaften und der Produktpräsentation verknüpft sind. Preis, materielle Produkteigenschaften, Image, Werbekonzeption und Zielgruppen sind in den frühen Stadien des Entscheidungsprozesses vielfach Variable.

Ein großer Teil dieser Fragen wird im folgenden Fall aufgeworfen. Das Ausgangsmaterial, das vor allem bei den Zahlenangaben und bei den Firmennamen – mit Rücksicht auf die erforderliche Vertraulichkeit – verändert wurde, stellte dankenswerterweise die Firma Dr. August Oetker zur Verfügung.

Für großzügige Einblicke in ihre Unterlagen und zeitraubende Auskünfte danken wir den Produktmanagern Frau Dr. Nütten-Hart und Herrn Krause. Von ihren Berichten haben wir z. T. Originalauszüge mit in den Fall hineingearbeitet.

Fall

Die Oetker-Gruppe stellt ein Konglomerat mit über 1,5 Mrd. DM Gesamtumsatz dar. Das Tätigkeitsfeld erstreckt sich auf so vielfältige Gebiete wie z. B. Nahrungsmittel, Getränke, Schiffahrt, Fischfang, Textilien, Handel, Banken- und Versicherungsgeschäfte. Ihren Ursprung verdankt die Gruppe dem Apotheker Dr. August Oetker, der um die Jahrhundertwende begann, ein Pulver zu vertreiben, das die Verwendung der bis dahin vorwiegend gebräuchlichen Backtriebmittel, wie Hefe und Hirschhornsalz, entbehrlich machte. Gegenüber Hefe zeichnete sich dieses Backpulver insbesondere durch größere Haltbarkeit und einfachere Verwendbarkeit beim Backen aus. Der große Erfolg des Oetker-Backpulvers ist aber vor allem darauf zurückzuführen, daß es – für damalige Verhältnisse noch ungewöhnlich – in gleichbleibenden Portionen abgepackt und, durch Werbung unterstützt, überregional angeboten wurde. Heute hat die Marke „Backin" der Firma Dr. August Oetker auf dem Backpulvermarkt einen Anteil von etwa 70 %. Zusammen mit den Backpulverumsätzen der Tochtergesellschaft Reese kommt die Oetker-Gruppe sogar auf ca. 80 % Marktanteil. Eine weitere Ausdehnung der Anteile auf diesem Markt scheint kaum mehr möglich, weil Oetker hierzu in das wenig rentable Geschäft der Niedrigpreisanbieter eindringen müßte. Auch wären neue Vertriebskanäle, wie z. B. Discounter und Verbrauchermärkte, zu erschließen, die Oetker wegen seiner damaligen strikten Preisbindungspolitik nicht beliefert.

Größere Aussicht zur Expansion auf dem Triebmittelmarkt bietet dagegen ein neues Produkt, mit dem man möglicherweise den Hefemarkt erobern könnte. Es handelt sich hierbei um eine durch Flüssigkeitsentzug in einem Spezialverfahren haltbar gemachte Backhefe. Nach entsprechender Behandlung vor dem Backvorgang erlangt sie wieder die volle Treibkraft von Frischhefe.

Schon seit längerer Zeit liegt bei der Oetker-Nährmittelfabrik von der Spezialmolkerei Joh. Gurth KG in Detmold ein Angebot zum Bezug dieser dauerhaft haltbaren Hefe (kurz: Dauerbackhefe) vor. Obgleich es auf den ersten Blick eine ideale Möglichkeit zur Ergänzung des Oetker-Sortiments zu sein scheint, schenkte man ihm in der Marketingabteilung bisher nur wenig Beachtung. Hierfür haben die Gegner dieses Erzeugnisses eine Reihe von Argumenten vorzubringen. Zunächst einmal ist die Führung eines Erzeugnisses als Handelsprodukt für die Oetker-Gruppe im allgemeinen weniger rentabel als der Vertrieb selbsthergestellter Produkte. Darüber hinaus fürchtet der Produktmanager von Backpulver um das Image des ihm anvertrauten Erzeugnisses. Er erinnert in diesem Zusammenhang daran, daß Backpulver unter dem Namen „Oetker" ursprünglich mit einer polemischen Spitze gegen Hefe eingeführt wurde. Man könnte sich deshalb nun nicht plötzlich unter dieser Bezeichnung für ein Hefeerzeugnis einsetzen. Aber selbst wenn diese Vermutung nicht zutreffen sollte, könne die Dauerbackhefe dem Backpulver schaden, wenn die Verbraucher in größerem Maße das neue Erzeugnis anstelle von Backpulver verwenden würden.

Bei der Suche nach weiteren Expansionsmöglichkeiten besinnt man sich jedoch in letzter Zeit innerhalb der Marketingabteilung auch wieder auf jene Argumente, die eine Einführung von Dauerbackhefe nahelegen. Immer mehr Anhänger findet die Meinung, der Name „Oetker" würde heute nicht mehr nur mit Backpulver assoziiert. Man könne deshalb alles, was in der Küche – insbesondere zum Backen – verwendet wird, unter dieser Bezeichnung anbieten. Oetker brauche deshalb auch die ganze Sortiments-Palette auf dem Triebmittelmarkt.

Nicht ohne Widerspruch bleibt jedoch die Behauptung, der Backvorgang mit Dauerbackhefe sei wesentlich einfacher als der mit Frischhefe und man könne deshalb mit einer schnellen Verdrängung letzterer rechnen. Den Ausschlag für die Aufnahme der Dauerbackhefe in das Programm des Arbeitskreises Produktentwicklung gibt schließlich die Überlegung: Wenn Oetker das Produkt nicht auf den Markt bringt, wird dies irgendwann ein Konkurrenzunternehmen tun.

Der Arbeitskreis Produktentwicklung setzt sich bei Beratungen über Dauerbackhefe aus Mitgliedern der Konzernleitung, der Abteilungen Marketing, Marktforschung und Verkaufsförderung sowie der Leiterin der Versuchsküche zusammen. Wegen der Eigenart des Produktes hat man darauf geachtet, daß stets mehrere Damen an den Besprechungen teilnehmen. Um die Mitglieder mit dem Produkt näher vertraut zu machen, wird als erstes ein kurzer Bericht von der Versuchsküche erbeten, der Aufschluß über die Zubereitung von Dauerbackhefeteigen gibt sowie Vor- und Nachteile von Dauerbackhefe gegenüber anderen Triebmitteln beschreibt.

Sämtlichen Mitgliedern des Arbeitskreises geht bald darauf folgende Information aus der Versuchsküche zu:

> Praktisch gelangen beim Backen seit Jahrzehnten nur noch zwei Triebmittel zur Verwendung: Backpulver (chemisches Triebmittel) und Hefe (organisches Triebmittel – Hefepilze). Hirschhornsalz – vor Entwicklung des Backpulvers als Triebmittel weit verbreitet – wird heute nur noch ganz selten zur Herstellung von Kleinbackwaren (Plätzchen) verwendet. Backpulver ist in der Verwendungsbreite universeller als Hefe, doch gibt es bestimmte, sehr beliebte Kuchenarten, die nur mit Hefe hergestellt werden können, wie Streuselkuchen, Christstollen, Hefezopf, Berliner.
>
> Das Backen mit Hefe ist schwieriger und verlangt von der Hausfrau mehr Können und Erfahrung als die Herstellung von Gebäck mit Backpulver. Backpulver ist nahezu temperaturunempfindlich, während die Hefepilze nur innerhalb eines ganz bestimmten Temperaturbereichs ihre Tätigkeit entfalten: 37° Celsius ist am günstigsten. Bei wesentlich tieferen Temperaturen arbeiten die Hefepilze nicht, bei höheren sterben sie ab. Der Hefeteig wird daher zweckmäßigerweise mit lauwarmer Milch zubereitet und muß an einem warmen Ort „vorgegangen" sein, bevor er in den heißen Backofen kommt (besonders gewissenhafte Hausfrauen bereiten einen Vorteig, mancherorts „Dampferl" genannt, der erst nach gründlichem Aufgehen mit den restlichen Zutaten vermengt wird).
>
> Zu dieser recht umständlichen Manipulation bei der Herstellung eines Hefeteiges kommt noch die begrenzte Lagerfähigkeit der Hefe: Während Backpulver Monate hindurch gelagert werden kann, ohne seine Triebkraft zu verändern, trocknet Hefe schon nach wenigen Tagen (auch im Kühlschrank) aus. Durch Auflösen in lauwarmer Milch kann man auch eine mehrere Tage gelagerte Hefe wieder verwenden, doch wissen dies nur wenig Hausfrauen. Zudem ist das Problem der richtigen Dosierung einer solcherart „restaurierten" Hefe schwierig. Nach etwa 2 bis 3 Wochen Lagerzeit ist die Hefe dann völlig unbrauchbar geworden.

> Dauer-Backhefe ist eine in einem Spezialverfahren (Dehydrierung) haltbar gemachte Backhefe mit der vollen Triebkraft von Frischhefe. Das Produkt ist fein bis mittel gekörnt und von hellbrauner Farbe.
>
> 7 g Dauerbackhefe reichen für einen Hefeteig aus 500 g Weizenmehl. Man muß sie zunächst in lauwarmer Milch auflösen und etwa 15 Minuten aufgehen lassen. Dann kann man sie wie Frischhefe verwenden, d. h. mit den übrigen Küchenzutaten vermengen, und nach der jeweiligen Rezeptvorschrift backen.
>
> Die Dauer-Backhefe behält in einer Spezialverpackung 12 Monate ihre volle Triebkraft bei normaler trockener Lagerung (keine Kühlung erforderlich).
>
> Die in unserer Küche durchgeführten Versuche nach verschieden langen Lagerzeiten brachten durchweg gute Backergebnisse.

In der ersten Sitzung des Arbeitskreises Produktentwicklung im Februar 1967 prallen die Meinungen der Verfechter einer Einführung von Dauerbackhefe und ihrer Gegner heftig aufeinander. Neben bereits erwähnten Argumenten führen die Verfechter von Dauerbackhefe an, daß man nicht nur den Verbrauchern, sondern auch den Händlern mit diesem Erzeugnis einen Dienst erweise. Für den Handel sei es nämlich sehr lästig, den Pfennigartikel Hefe stets frisch am Lager zu haben. Da Handelsbetriebe die Hefe nicht wie Bäckereien in größeren Mengen selbst verbrauchen, betreiben sie das Hefegeschäft lediglich als nicht kostendeckenden Service. Es müsse deshalb leicht sein, mit Dauerbackhefe rasch eine breite Distribution zu finden.

Die Gegner von Dauerbackhefe bezweifeln dagegen, daß es selbst bei guter Distribution gelingen wird, die Hefeverwender von den Vorzügen der Dauerbackhefe zu überzeugen. Alle bei der Sitzung Anwesenden seien sich darüber einig, daß Dauerbackhefe im Vergleich zu Frischhefe ein wenig ansehnliches Produkt sei. Dieser psychologisch wirkende Aspekt sollte in seiner Bedeutung für das Backerlebnis und die Kaufentscheidung nicht unterschätzt werden. Die Argumentation dieser Seite gipfelt schließlich in der Frage, wie man angesichts der geringen Produktvorteile von Dauerbackhefe den typischen Hefeverwender von seinen Backgewohnheiten abbringen wolle. Heute würden doch nur noch alte Leute mit Hefe backen, und diese würden bekanntlich sehr zäh an überkommenen Bräuchen festhalten! Hierauf erhebt sich starker Protest aus der Reihe der Damen, die dieses Argument als polemisch zurückweisen. Fräulein Koch, die Leiterin der Versuchsküche, verweist auf Beobachtungen in ihrem Bekanntenkreis, die zeigen, daß auch viele junge Leute mit Hefe backen.

Zwar sind die Gesprächsteilnehmer grundsätzlich gegenüber solchen „Ein-Mann-Panels" skeptisch eingestellt. Man gelangt dann aber zu dem Schluß, daß über diese wie andere Meinungsverschiedenheiten nur genauere Marktstudien Klärung verschaffen können.

Das Oetker-Stammhaus vergibt daraufhin an drei bekannte Marktforschungsinstitute spezielle Aufträge zur Analyse des Triebmittelmarktes. Die hierauf vorgenommene Untersuchung der Holgerson GmbH verschafft u. a. Aufschluß über Einkaufsgewohnheiten, Distribution und Preise auf diesem Markt. Die folgende knappe Zusammenfassung gibt Einblick in die wichtigsten Ergebnisse:

Frischhefe kaufen die Haushaltungen hauptsächlich in Bäckereien. Sie wird fast durchweg in Molkereien mit regionalem Absatzgebiet hergestellt und in Verbraucherpackungen von 42 g angeboten. Diese Menge reicht für 1000 g Mehl. Rund 90 % der Hausfrauen bereiten aber Hefeteig aus nur 500 g Mehl zu. Der Rest wird anders verwendet oder, was wohl öfter vorkommt, weggeworfen. In kleineren Bäckereien auf dem Lande wird Frischhefe allerdings auch ausgewogen. 90 % aller Bäcker halten Frischhefe vorrätig, während nur knapp 60 % des Lebensmittelhandels sich an diesem Geschäft beteiligen. Für den Lebensmitteleinzelhandel ist das Führen von Frischhefe wenig interessant, da dieses Produkt kostspieligen Kühlraum erfordert und trotzdem schon nach wenigen Tagen austrocknet.

Der Preis von Frischhefe ist nicht gebunden und schwankt zwischen 10 und 15 Pfennig für die 42-g-Packung.

Dr. Oetker Backpulver „Backin", wird in der 17-g-Packung, ausreichend für 500 g Mehl, angeboten und hat einen gebundenen Verbraucherpreis von 12 Pfennig. Die namhaften Mitbewerber bieten zum gleichen Preis an.

Der Arbeitskreis Produktentwicklung beschließt auf Grund dieser Angaben, daß man Dauerbackhefe – im Falle einer Einführung – in 7-g-Päckchen anbieten würde. Diese Menge reicht für einen Hefeteig aus 500 g Weizenmehl. Die Spezialverpackung aus Polyäthylen, Aluminium und Polyester würde das Format 65 × 115 mm erhalten. Über den Verbrauch von Backpulver und Hefe geben sowohl die Untersuchungen der Holgerson GmbH wie auch jene des Forrest-Instituts Auskunft. Darüber hinaus liegt noch eine Studie aus dem Jahre 1960 vor, die ebenfalls entsprechende Angaben enthält. Sämtlichen Mitgliedern des Arbeitskreises Produktentwicklung gehen zur schnelleren Information folgende Zusammenfassungen und Auszüge aus den umfangreichen Berichten zu:

Die Kuchenarten, die speziell nur mit Hefe hergestellt werden können, sind regional unterschiedlich beliebt. Daneben gibt es Kuchenarten, wie z. B. Zwetschenkuchen und Apfelkuchen, die in einzelnen Gebieten vorzugsweise mit Hefe, in anderen häufiger mit Backpulver gebacken werden.

Dementsprechend ist der Anteil der Haushalte, die vorwiegend oder nur mit Hefe backen, in den einzelnen Ländern der Bundesrepublik verschieden hoch (s. Tabelle 1).

Im November 1967 nahm Holgerson die kontinuierlichen Marktuntersuchungen für Backpulver und Frischhefe auf. Der Sonderbericht darüber enthält Panel-Daten für zwei Monate oder ein Vierteljahr (bis einschl. Januar 1968) und zeigt die Absatzschwerpunkte für Backpulver und Frischhefe. In den Tabellen 2 und 3 sind einige wichtige Hochrechnungsergebnisse der Panelwerte angeführt.

	Bundesgebiet	Schleswig-Holstein	Hamburg-Bremen	Niedersachsen	Nordrhein-Westfalen	Hessen	Rh.-Pfalz/Saar	Baden-Württemberg	Bayern
Nur Hefe-Kuchen	3	1	5	2	1	4	13	4	4
Vorwiegend Hefe-Kuchen	10	10	3	3	5	20	12	17	12
Backpulver-/Hefe-Kuchen zu gleichen Teilen	29	28	20	25	25	33	31	37	32
Vorwiegend Backpulver-Kuchen	30	25	37	43	35	22	11	24	29
Nur Backpulver-Kuchen	9	10	7	4	15	4	4	5	8

Tabelle 1: Die Backtätigkeit in den Privat-Haushaltungen im Jahr 1960
(Anteil der Haushalte in %)

Land	November				Dezember			
	Backpulver		Hefe		Backpulver		Hefe	
	Mill. Pck.	%	Mill. Pck.	%	Mill. Pck.	%	Mill. Pck.	%
Schlesw.-Holst./Hamburg	2,151	88	0,294	12	2,189	71	0,886	29
Bremen/Niedersachsen	4,702	86	0,770	14	5,083	75	1,666	25
Industriegeb. Nordrh.-Westf.	3,248	90	0,336	10	3,073	86	0,505	14
Restgeb. Nordrh.-Westf.	6,069	84	1,171	16	6,111	77	1,843	23
Hessen	3,602	78	1,036	22	4,330	72	1,706	28
Rhld.-Pfalz/Saar	3,330	84	0,617	16	3,202	75	1,043	25
Baden-Württemberg	5,027	69	2,214	31	5,823	67	2,869	33
Bayern	7,463	83	1,574	17	8,671	66	4,445	34
Bundesgebiet ohne West-Berlin	35,592	82	8,012	18	38,482	72	14,963	28

Tabelle 2: Vergleich Hefe-/Backpulver-Konsum im November und Dezember 1967

	November		Dezember	
	Mill. DM	%	Mill. DM	%
Backpulver	4,094	76,8	4,458	67,0
Hefe	1,236	23,2	2,197	33,0
		100,0		100,0

Tabelle 3: Finanzieller Aufwand für den Kauf von Hefe/Backpulver im November und Dezember 1967 in der Bundesrepublik ohne West-Berlin

Im zweiten Teil des Berichtes untersucht Holgerson das Verbraucherverhalten bei Backpulver und Frischhefe. Zunächst einige Angaben über Käuferzahlen:

Als Käufer von Frischhefe kommen 41,3 % der Haushalte, das sind 7,361 Mill., in Frage. Bei Backpulver lautet der Anteil 63 % (11,226 Mill.).

	Über 50 000 Einw.		3 000 – 50 000 Einw.		Unter 3 000 Einw.	
	Mill.	%	Mill.	%	Mill.	%
Hefe	2,296	31	2,790	46	2,275	53
Backpulver	4,125	55	3,986	66	3,115	72

Tabelle 4 a: Hefe-/Backpulver-Käufer im letzten Quartal 1967 nach Ortsgrößenklassen und ihr Anteil an den Gesamthaushalten der betr. Ortsgrößenklasse

	A- und B-Schicht		C-Schicht		D-Schicht	
	Mill.	%	Mill.	%	Mill.	%
Hefe	0,911	49	3,573	41	2,877	39
Backpulver	1,151	62	5,475	63	4,600	63

Tabelle 4 b: Hefe-/Backpulver-Käufer nach soziologischen Gruppen im letzten Quartal 1967 und ihr Anteil an den Gesamthaushalten der betr. Schicht[1])

	Bis 34 Jahre		35 – 49 Jahre		50 Jahre u. darüber	
	Mill.	%	Mill.	%	Mill.	%
Hefe	1,088	30	2,454	42	3,819	45
Backpulver	2,065	58	3,890	67	5,271	63

Tabelle 4 c: Hefe-/Backpulver-Käufer im letzten Quartal nach Altersgruppen und ihr Anteil an den Gesamthaushalten der betr. Altersgruppe

	Mit Kindern		Ohne Kinder	
	Mill.	%	Mill.	%
Hefe	3,200	43	4,161	40
Backpulver	5,195	69	6,031	58

Tabelle 4 d: Hefe-/Backpulver-Käufer im letzten Quartal 1967, unterteilt nach Haushalten mit und ohne Kinder, und ihr Anteil an den Gesamthaushalten

Holgerson stellte ferner Statistiken über die gekauften Mengen im Berichtsquartal auf.

---

[1]) A- und B-Schicht = höchste Einkommensstufe
  C-Schicht = mittlere Einkommensstufe
  D-Schicht = untere Einkommensstufe

	Unter 3 000 Einw.		3 000 – 50 000 Einw.		Über 50 000 Einw.	
	Mill.	%	Mill.	%	Mill.	%
Hefe	8,622	27	11,684	37	11,501	36
Backpulver	29,144	30	34,303	36	33,074	34

Tabelle 5a: Gekaufte Mengen an Hefe/Backpulver nach Ortsgrößenklassen im 4. Quartal 1967

	A- und B-Schicht		C-Schicht		D-Schicht	
	Mill.	%	Mill.	%	Mill.	%
Hefe	4,355	14	15,949	50	11,503	36
Backpulver	9,145	10	47,793	49	39,583	41

Tabelle 5b: Gekaufte Mengen an Hefe/Backpulver nach soziologischen Schichten[1] im 4. Quartal 1967

	Bis 34 Jahre		34 – 49 Jahre		50 Jahre u. darüber	
	Mill.	%	Mill.	%	Mill.	%
Hefe	4,218	13	11,376	36	16,213	51
Backpulver	16,990	18	36,178	37	43,353	45

Tabelle 5c: Gekaufte Mengen an Hefe/Backpulver nach Altersgruppen im 4. Quartal 1967

Der jährliche Gesamtverbrauch an Hefe und Backpulver muß aus den Quartals-Hochrechnungen geschätzt werden. In der Marktforschungsabteilung gelangt man zu folgendem Ergebnis:

Nach unserer Hochrechnung wurden im Berichts-Quartal 38,807 Mill. Einheiten Frischhefe (à 42,5 g) und 96,521 Mill. Einheiten Backpulver (à 17 g) von den Privathaushaltungen im Bundesgebiet ohne West-Berlin verbraucht.

Unter Berücksichtigung unserer Marktkenntnisse und unter Hinzunahme der saisonalen Käufer- und Mengenziffern für Hefe und Backpulver bis zum Jahre 1960 läßt sich das gegenwärtige jährliche Verbrauchervolumen für Frischhefe maximal mit knapp 120 Mill. Einheiten, minimal mit 104 Mill. Einheiten ansetzen.

Bei Backpulver kommen wir auf eine Jahresverbrauchsziffer von maximal 380 Mill. Packungen, minimal 355 Mill. Einheiten. Für die Absatzplanung ist es sicherlich besser, von den Minimum-Verbrauchszahlen auszugehen. Für langfristige Schätzungen wird man ein konstantes Marktvolumen annehmen können.

Dem Test der Dauerbackhefe bei den Verbrauchern widmen sich besonders das Forrest-Institut und die Freiburger Konsumforschungsgesellschaft. Das Forrest-Institut ermittelt, daß die Verbraucher diesem neuen Produkt durchaus positiv gegenüberstehen:

> So bewerten 46 % aller 300 Test-Haushaltungen, die regelmäßig Frischhefe verwenden, Dauerbackhefe mit „sehr gut" und 34 % mit „gut". Ihr positives Urteil begründen die meisten Haushalte mit der längeren Haltbarkeit von Dauerbackhefe und der Möglichkeit zu ihrer Vorratshaltung.

Allerdings gibt es auch schwache Seiten in dem Bild, das sich der Verbraucher von Dauerbackhefe macht. Diese Schwächen kommen in einer Marktsonde der Freiburger Konsumforschungsgesellschaft zum Ausdruck, die auf einer Gruppendiskussion und zehn ausführlichen Einzelexplorationen mit anschließenden Backversuchen in Freiburg, Hannover und Hamburg aufbaut. Der Bericht beginnt mit der Frage nach den Konsequenzen einer Einführung von Dauerbackhefe für das Oetker-Image und fährt dann fort:

> Die psychologische Marktsonde hat bestätigt, daß die assoziative Beziehung des Stammhauses zum Bereich des Backens sehr eng und durchaus aktuell ist. Gerade weil Dr. Oetker mit dem Backpulver als Pionier auf dem Feld der Backprodukte ausgewiesen ist und das Stammhaus bei aller Traditionalität als modernes, expansives, finanzkräftiges Unternehmen gilt, erschien es den Versuchspersonen so, als könne überhaupt nur Oetker ein solches neues Produkt „Dauerbackhefe" entwickeln. Frauen, die über den Hersteller der ihnen vorgelegten Trockenbackhefe nicht informiert waren, vermuteten häufig spontan, das Test-Erzeugnis sei doch sicherlich von Oetker. – Nun ist die Trockenbackhefe als Produkt nicht problemlos (vgl. weiter unten); wenn die explorierten Hausfrauen die neue Hefeform dennoch vorbehaltlos zu akzeptieren bereit waren, dann um so eher bei der Versicherung, daß es sich um ein Oetker-Produkt handele ...
>
> Dagegen kann auch der Name „Dr. Oetker" der Dauerbackhefe nicht dieselbe Originalität und „Echtheit" verleihen, die das Backpulver hat. Backpulver, Backin, ist ein originäres Erzeugnis, es wurde als spezielles Triebmittel entwickelt, um alte Triebmittel wie Hirschhornsalz usw. verbessernd zu ersetzen; ... Hefe ist ein originäres Erzeugnis als Naturprodukt, als lebende Substanz; die Dehydrierung entblößt diese Substanz von wesentlichen organischen Produktmerkmalen, Trockenhefe ist damit ein Derivat, hat sogar schwach den Charakter des Ersatzprodukts. Im Vergleich mit dieser „künstlichen" Trockenbackhefe wirkt das Backpulver „echt" ...
>
> Wie oben schon angedeutet, hat Hefe bestimmte organische Merkmale: Feuchtigkeit, Frische und Kurzlebigkeit. Hefe ist temperaturabhängig. Sie läßt sich nicht bevorraten; eine Unbequemlichkeit, die die Lebendigkeit der Hefe bestätigt. Die Dauerbackhefe ist erwünscht, insofern sie eine Vorratshaltung gestattet; sie zeigt aber nun Merkmale, wie sie erfahrungsgemäß zur schlechten, überalterten, nicht mehr verwertbaren Bäckereihefe gehören: trocken, dunkler im Farbton, hart, bröckelig. Während die Naturhefe für die Hausfrau etwas ist, das an Substanz zunimmt, das „wächst und wächst und wächst", macht die Trockenhefe auf sie zunächst den Eindruck einschneidender Substanzverringerung. Da auch der Geruch im Umgang mit der natürlichen Hefe eine nicht geringe Rolle spielt, wenn Qualität und Brauchbarkeit begutachtet werden, die Trockenhefe der Nase jedoch nichts anbietet, muß die Hausfrau ihr traditionelles Hefe-Erlebnis in erheblichem Ausmaß umstrukturieren.

Zugleich verändert sich das Backerlebnis. Pointiert: Das Backen mit Backpulver fordert mehr technisches Kalkül, das Backen mit Hefe erfordert dagegen Fingerspitzengefühl, lang andauernde, sorgsame Beschäftigung. Beide Erlebnisstile können gleich geschätzt und je nach Situation gleich gewichtet und bewertet werden. Die Dauerbackhefe jedoch nimmt etwas von diesem sinnlich-gefühlsbetonten Prozeß weg. Hefe gilt als „gesund". Vom angerührten Hefestück wird darum gern etwas gekostet, wozu die mit Trockenhefe angerichteten Substanzen nicht auffordern.

Da die Produktidee Dauerbackhefe jedoch insgesamt auf Interesse bei den Hausfrauen stieß, wird wohl damit zu rechnen sein, daß ein Teil der Hausfrauen sich eines Tages umstellt. Diese Umstellung wird einen Markt für Dauerbackhefe freisetzen; die Gutachter zweifeln allerdings daran, daß mit einer Verdrängung der Frischhefe gerechnet werden darf.

Das Forrest-Institut hatte die Aufgabe übernommen, Unterlagen für die Wahl des Einführungspreises zu beschaffen. Dabei sollten nur solche Preise in Betracht gezogen werden, die mit den Ziffern null oder fünf enden. Das Resultat der Befragung von 300 Test-Haushaltungen wird durch Abbildung 1 veranschaulicht.

Für Preise von 40 Pfennig und mehr sind keine Angaben gemacht worden, weil sie von den Testhaushalten nicht mehr akzeptiert wurden und deshalb für die Preispolitik ausscheiden. Außerdem sind Preise von 20 Pfennig und weniger nicht untersucht worden, weil bei ihnen vermutlich keine Kostendeckung erzielt würde.

Nach Abschluß der Untersuchungen sind die Fronten innerhalb des Arbeitskreises Produktentwicklung nicht mehr so scharf gezogen. Auf der im April 1968 einberufenen Sitzung sind die Meinungen zwar immer noch nicht einheitlich. Die Teilnehmer beharren jedoch nicht mehr so entschieden auf der Richtigkeit ihrer gegensätzlichen Standpunkte.

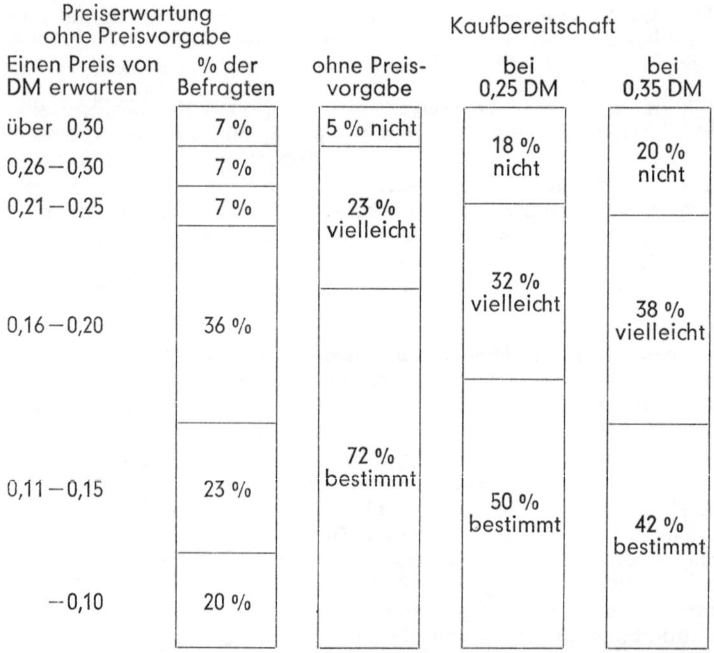

Preiserwartung ohne Preisvorgabe		Kaufbereitschaft		
Einen Preis von DM erwarten	% der Befragten	ohne Preisvorgabe	bei 0,25 DM	bei 0,35 DM
über 0,30	7 %	5 % nicht	18 % nicht	20 % nicht
0,26—0,30	7 %			
0,21—0,25	7 %	23 % vielleicht	32 % vielleicht	38 % vielleicht
0,16—0,20	36 %			
0,11—0,15	23 %	72 % bestimmt	50 % bestimmt	42 % bestimmt
—0,10	20 %			

Abbildung 1

Die extremen Optimisten sehen in vielen der Ergebnisse eine Bestätigung der schon früher für eine Einführung von Dauerbackhefe vorgebrachten Argumente. Sie möchten deshalb sofort zur Diskussion der von ihnen schon grob formulierten Werbealternativen übergehen und bitten hierzu gleichzeitig um weitere Vorschläge. Jedem Mitglied des Arbeitskreises ist einige Tage vorher folgender Entwurf von Werbealternativen zugegangen, der nur als Grundlage der Diskussion gelten soll:

Vorschläge zu Werbekonzeptionen für das Produkt Dauerbackhefe

Zunächst einmal liegt es nahe, Dauerbackhefe unter dem Image-Dach des Hauses Oetker anzubieten. Dieses wurde in der Vergangenheit stark geprägt durch das Backpulver „Backin" und die von der Firma herausgebrachten Kochbücher, die bewirkten, daß der Name „Oetker" in den meisten Haushalten als Garant für ein erfolgreiches Backergebnis angesehen wird. Man könnte deshalb mit der Werbung an den Sicherheitsaspekt appellieren und an einen Slogan denken, wie z. B. „sicheres Gelingen – weil von Dr. Oetker". Die Gefahr einer solchen Konzeption besteht darin, daß der Verbraucher die Dauerbackhefe nicht wie Hefe als etwas Lebendes, sondern ähnlich wie Backpulver als künstliches Erzeugnis empfindet. Der besondere Charakter der Dauerbackhefe als lediglich haltbar gemachtes Naturprodukt könnte auf diese Weise in der Vorstellung der Verbraucher leiden.

Um diesen Nachteil zu umgehen, bietet sich ein weiteres Konzept an: Man könnte für Dauerbackhefe ein Image anstreben, das jeglichen Bezug zum Backpulver vermeidet. Um dies zu erreichen, müßte wohl auf den Namen „Oetker" verzichtet und ein neuer einprägsamer Name gefunden werden.

Für jede der beiden Konzeptionen müßte das Motto der Werbeaussage noch näher spezifiziert werden. Das Motto „sicheres Gelingen – weil von Dr. Oetker" scheidet für die zweite Konzeption sowieso aus. Für beide Konzeptionen bieten sich dagegen Mottos an, welche den Hefeursprung der Dauerbackhefe hervorheben. Dies könnte ratsam sein, weil die Gefahr besteht, daß die Verbraucher das optisch wenig bietende Produkt als gegenüber Frischhefe minderwertig ansehen. Der Tenor der Werbung könnte somit etwa besagen: „Dauerbackhefe ist genauso gut wie Hefe."

Zu erwägen wäre weiter, ob man das gleiche Ziel nicht auch indirekt erreichen kann, indem man den Schwerpunkt der Werbeaussage auf die Haltbarkeit der Dauerbackhefe legt. Die Spezialverpackung bietet sich hier als Anknüpfungspunkt an. Man könnte betonen, daß sie erforderlich ist, um das natürliche Grundprodukt haltbar zu machen. Die (sicher noch nicht perfekte) Formulierung eines solchen Mottos könnte z. B. lauten: „Sicher in der Haltbarkeit – weil spezialverpackt."

Für welche Werbeaussage man sich auch entscheidet, in jedem Fall dürfte es sich empfehlen, keine Kampfpostion gegenüber Frischhefe zu beziehen, sondern jede Abwertung von Frischhefe streng zu vermeiden.

Bezüglich der Höhe des Werbebudgets besteht nach Ansicht der Werbeagenturen nur Spielraum nach oben. Für eine wirksame Einführungswerbung sollten hiernach folgende Beträge nicht unterschritten werden:

1,3 Mill. DM im 1. Jahr
0,9 Mill. DM im 2. Jahr
0,7 Mill. DM im 3. Jahr
0,5 Mill. DM im 4. Jahr
0,3 Mill. DM im 5. Jahr

Die Skeptiker auf der Sitzung der Produktentwicklungsgruppe halten die vorgeschlagene Diskussion über Werbealternativen zum gegenwärtigen Zeitpunkt für verfrüht. Für sie ist nach Durchsicht sämtlicher Unterlagen der Erfolg einer Einführung von Dauerbackhefe noch keineswegs gesichert. Vielmehr seien sie bei der Auswertung teilweise zu Ergebnissen gelangt, die auch die Optimisten nachdenklich stimmen sollten. Zunächst einmal sei die Gruppe der Hefeverbraucher, an die man sich doch vor allem richten will, viel zu heterogen, um sie durch eine einheitliche klare Werbeaussage insgesamt ansprechen zu können. Wie wolle man darüber hinaus die für den Hefekonsum zumindest bedeutsamen älteren Frauen für Dauerbackhefe gewinnen? Das gelte vor allem für diejenigen, die auf dem Lande leben, wo noch mit großen Blechen gebacken werde. Die ländliche Bevölkerung und ältere Leute stellten sowieso die einkommensschwächeren Schichten dar. Wie wolle man sie dazu bewegen, statt des gewohnten Hefewürfels für wenige Pfennige nun Dauerbackhefe zu kaufen, die im Preis vermutlich wesentlich höher liegen dürfte?

Schließlich falle nach den vorliegenden Ergebnissen die Masse des Hefekonsums in Süddeutschland an. Um hier an die Hefekonsumenten heranzukommen, sei aber die Oetker-Vertriebsorganisation wenig geeignet. Für die Hefeversorgung in Süddeutschland spielten Bäckereien und kleinere ländliche Einzelhändler eine größere Rolle als anderswo. Gerade diese Betriebe würden aber von Oetker nicht erreicht, weil sich die Bemühungen der Vertriebsorganisation auf jene 30 % der Händler konzentriere, die 70 % des gesamten Lebensmittelumsatzes erbringen. Die zuletzt vorgetragenen Bedenken werden von sämtlichen Teilnehmern des Arbeitskreises widerspruchslos akzeptiert.

Zur Ergänzung der Unterlagen wird dann noch nach dem gegenwärtigen Stand der Preisverhandlungen mit der Bezugsfirma Joh. Gurth KG gefragt. Man hätte gehört, daß mit einem Bezugspreis für Dauerbackhefe gerechnet werden müsse, der dem Endverbraucherpreis von Backpulver entspräche.

Diese Information wird bestätigt, doch hätte man kürzlich Mengenrabatte ausgehandelt, wonach nun folgende Preise für bestimmte Mengenintervalle gelten[2]):

Abnahmemenge (Päckchen)	Preis je Päckchen (DM)
unter 10 Mill.	−,12
10 bis unter 15 Mill.	−,11
15 bis unter 19 Mill.	−,10
19 Mill. und mehr	−,09

Preisstaffel beim Bezug von Dauerbackhefe

---

[2]) Die Höhe sämtlicher zur Kalkulation angegebenen Kosten entspricht nicht den tatsächlichen Werten, sondern der branchenüblichen Situation, wie sie aus R. Seyffert, Wege und Kosten der Distribution der industriell gefertigten Konsumwaren, Köln-Opladen 1960, hervorgeht.

Entscheidung über die Einführung eines Produktes

Hierauf werden Bedenken angemeldet, ob es mit dieser Kostenbelastung gelingen würde, einen Deckungsbeitrag von etwa 800 000 DM zu erzielen. Dieser müsse aber langfristig mindestens anfallen, da die Vertriebsleitung glaubt, das Handelssortiment von Oetker jederzeit durch andere Erzeugnisse ergänzen zu können, die, nach Überwindung der Anlaufzeit, bei etwa ähnlicher Kapazitätsinanspruchnahme wie Dauerbackhefe einen Deckungsbeitrag in dieser Höhe erbringen würden.

Die Diskussion nimmt eine rasche Wende, als sich der gerade von einer Geschäftsreise zurückkehrende Leiter der Marketingabteilung verspätet in die Konferenz einschaltet. Ihm ist bei seinem jüngsten Gespräch angedeutet worden, daß ein auf dem deutschen Markt tätiger ausländischer Nahrungsmittelkonzern ebenfalls den Vertrieb von Dauerbackhefe erwägt.

Diese Nachricht löst erhebliche Unruhe unter den Gesprächsteilnehmern aus. Der Markt wird nämlich nach den bisherigen Untersuchungen von niemandem als so **ergiebig eingeschätzt, daß zwei Marken Dauerbackhefe nebeneinander existieren könnten.** Nur derjenige Anbieter, der als erster mit nationaler Distribution am Markt erscheint, kann damit rechnen, in absehbarer Zeit eine zufriedenstellende Verteilung im Handel zu finden. Die Händler würden sich danach vermutlich erst einmal weigern, eine weitere Marke mit ähnlicher Preispolitik in ihr Sortiment aufzunehmen. Dem Nachzügler unter den Anbietern bliebe dann nur noch die Aussicht, über die wenig attraktive Position eines Niedrigpreisanbieters Marktanteile zu gewinnen. Diese Marktanteile bleiben jedoch erfahrungsgemäß sehr niedrig.

Eile scheint somit geboten, wenn man als erster am Markt erscheinen will. Für die Auswertung der bisherigen Unterlagen bleibt nicht mehr viel, für die Vornahme weiterer Untersuchungen keine Zeit. Auch die mögliche Erprobung auf dem Testmarkt „Holgerson 007" (so benannt durch das Marktforschungsinstitut) muß nun unterbleiben.

Man beschließt deshalb, den bisherigen Erkenntnisstand entscheidungsreif für die Geschäftsleitung zusammenzufassen. Um eine grobe Kalkulation aufstellen zu können, erbittet man vom Rechnungswesen eine Zusammenstellung der relevanten Absatzkosten. Mit den Erlösschätzungen wird der Marktforscher Dr. Fuchs beauftragt. Dr. Fuchs war seit Beginn der Beratungen um die Dauerbackhefe an sämtlichen Gesprächen beteiligt und hat sich schon mehrmals zugunsten einer Einführung von Dauerbackhefe geäußert. Er scheint für die schwierige Absatzschätzung besonders geeignet zu sein, weil er durch seine enge Zusammenarbeit mit den Marktforschungsinstituten vielfach in die Verbraucheruntersuchungen mit eingeschaltet war.

Aus dem Rechnungswesen treffen schon am nächsten Tag folgende Daten in der Marketingabteilung ein:

Bei den Absatzkosten ist zu unterscheiden zwischen

— Absatzeinzelkosten und

— Absatzgemeinkosten.

Kostenart	Kosten je Päckchen (DM)
Versand- und Verpackungsmaterial	0,005
Frachten	0,005

Absatzeinzelkosten bei Dauerbackhefe

Außer den Absatzeinzelkosten, die je Päckchen anfallen, rechnen Provisionen (an Vertreter und Reisende) zu den Einzelkosten des Absatzbereiches. Sie hängen vom Umsatz ab. Bei ähnlichen Produkten, wie Backpulver und Puddingpulver, beträgt die Provision 5 % vom Abgabepreis an den Handel (Endverkaufspreis abzüglich 30 %).

Dauerbackhefe als Handelsprodukt von Oetker würde über die bestehende Vertriebsorganisation abgesetzt. Von daher ist mit folgenden Absatzgemeinkosten zu rechnen:

Kostenart	Kosten je Päckchen (DM)
Personalkosten	0,009
Reisekosten und Spesen	0,007
Fuhrpark der Reisenden	0,003
Fuhrpark der Auslieferungsfahrzeuge	0,004
Lagerkosten	0,010
Kalkulatorische Zinsen	0,001

Absatzgemeinkosten, aufgeschlüsselt auf ein Päckchen Dauerbackhefe

Dr. Fuchs will sich bei seiner Erlösschätzung auf die Ergebnisse der vom Forrest-Institut durchgeführten Preisbefragung stützen. Nach Rücksprache mit den zuständigen Herren des Instituts glaubt er davon ausgehen zu können, daß die bei der Befragung unterschiedenen Gruppen entsprechend ihrem Anteil an den insgesamt befragten Personen zum Hefeumsatz beitragen; d. h. mit anderen Worten: Wenn sich z. B. 32 % der befragten Hefeverbraucher mit „vielleicht" zu einem späteren Kauf von Dauerbackhefe äußerten, so wird angenommen, daß diese Gruppe sich nicht vorwiegend aus Hefeintensivverwendern oder Käufern schwachen Hefekonsums zusammensetzt, sondern repräsentativ strukturiert ist. Sie müßte somit auch mit 32 % zum Hefekonsum beitragen.

Entscheidung über die Einführung eines Produktes

Auf Grund weiterer Gespräche mit informierten Herren des Forrest-Instituts sowie eigenen Beobachtungen und Eindrücken bei den Befragungen kommt Fuchs dann zu folgendem Ergebnis: Von dem Hefekonsum jener Gruppe, die sich mit Bestimmtheit für einen späteren Kauf von Dauerbackhefe (zu einem bestimmten Preis) aussprach, müßte man langfristig etwa 30 bis 40 % durch Dauerbackhefe substituieren können. Auch von dem Hefekonsum der Gruppe, die sich mit „vielleicht" über einen späteren Dauerbackhefekauf äußerte, müßte man einen Teil auf Dauerbackhefe umlenken können. Die entsprechende Spanne der Schätzungen reicht hier von 15 bis 20 %. Bei der Umrechnung von Hefe- in Dauerbackhefe-Packungen erscheint es Fuchs sinnvoll, davon auszugehen, daß eine 42-g-Hefepackung durch eine 7-g-Dauerbackhefe-Packung ersetzt wird.

Als Dr. Fuchs seine Ergebnisse dem Arbeitskreis vorträgt, findet er nicht bei sämtlichen Anwesenden kritiklose Zustimmung. Er muß sich auch sagen lassen, daß seine Schätzungen zu hoch angesetzt seien. Je mehr man sich jetzt vorgaukle, desto größer könne später die Enttäuschung sein. Die Befragten äußerten sich bekanntlich leicht zugunsten eines neuen Produktes, ohne daß sich dann später ihre tatsächlichen Konsumgewohnheiten nennenswert ändern müßten. Man solle deshalb statt 30 % besser nur 15 % als untersten Wert ansetzen, wenn man den substituierbaren Hefekonsum jener Gruppe berechne, die sich bei der Befragung mit „bestimmt" geäußert hatte. Ebenso sei es ratsam, bei der Bewertung der Gruppe, die „vielleicht" angab, nur 7 % statt 15 % für die pessimistische Schätzung anzusetzen. Im übrigen gelange man bei der Rechnung mit diesen neuen unteren Werten zu Absatzmengen, die etwa mit den Erwartungen des als vorsichtig bekannten Holgerson-Instituts übereinstimmen würden.

Fuchs betont dann noch, daß es sich bei sämtlichen auf diese Weise (für unterschiedliche Preise) ermittelbaren Absatzmengen von Dauerbackhefe selbstverständlich um langfristige Schätzungen handele. Man stimmt ihm zu, daß diese Mengen erst etwa im fünften Jahr nach der Einführung zu erreichen seien. Während der ersten vier Anlaufjahre könne man nur mit Bruchteilen dieses Endwertes rechnen. Die anwesenden Mitglieder des Arbeitskreises Produktentwicklung einigen sich schließlich darauf, der Kalkulation

im 1. Jahr etwa 30 %,

im 2. Jahr etwa 55 %,

im 3. Jahr etwa 75 % und

im 4. Jahr etwa 90 %

des für das fünfte Jahr zu ermittelnden Absatzvolumens zugrunde zu legen.

Aufgabenstellung

1. Für welchen Preis würden Sie sich auf Grund der vorhandenen Unterlagen – im Falle einer Einführung von Dauerbackhefe – entscheiden?

2. a) Diskutieren Sie die Vor- und Nachteile der vorgeschlagenen Werbealternativen, und entwickeln Sie evtl. bessere Vorschläge.

   b) Überlegen Sie auch, ob man sich mit der Werbegestaltung und Verkaufsförderung an sämtliche Hefeverbraucher wenden sollte oder ob eine Beschränkung auf eine bestimmte Zielgruppe sinnvoll erscheint.

3. Was spricht – nachdem Sie sich für die jeweils beste der vorstehend angesprochenen Alternativen entschieden haben – für und was gegen die Aufnahme von Dauerbackhefe in das Oetker-Sortiment? Legen Sie dabei den Schwerpunkt auf die nichtquantitativen Aspekte, welche die quantitativen Unterlagen ergänzen müssen.

Lösung

1. Vorbemerkungen

Bei der Entscheidung über die Einführung eines neuen Produktes muß eine Vielzahl von Aspekten überprüft werden. Man geht deshalb zweckmäßigerweise an Hand eines Schemas oder einer Check-Liste vor. Auf Grund des Aufgabenkataloges des vorliegenden Falles werden dabei einige Fragen vorgezogen, so zur Preis- und Werbepolitik. Gesichtspunkte aus dem Finanz- und dem Produktionsbereich bleiben außer acht, da darüber keine Angaben vorhanden sind.

Es handelt sich bei dem vorliegenden Fall um einen offenen Fall, d. h., daß mehrere, unter Umständen grundverschiedene Lösungen denkbar sind. Bei der folgenden Darstellung handelt es sich dementsprechend nicht um die einzig mögliche Lösung, sondern nur um eine unter mehreren denkbaren Lösungen.

2. Entscheidung über den Preis von Dauerbackhefe

a) Ausgangspunkte

Um die Frage über den Preis entscheiden zu können, lassen sich folgende Angaben im Fall verwerten:

  – Angaben über die Preisvorstellungen und über die Zahlungswilligkeit der Verbraucher,

  – Angaben über die Kostensituation der Firma.

Preisvorstellungen und Zahlungswilligkeit der Verbraucher können (mit Vorbehalten!) aus dem Gutachten des Forrest-Institutes entnommen werden. Die darin angegebenen Zahlen sind aber aus nachstehenden Gründen kritisch zu betrachten:

— Die Untersuchungen wurden vor dem Zeitpunkt der Einführung angestellt, als die Verbraucher noch keine gründliche Kenntnis von dem betr. Produkt haben konnten.

— Das Forrest-Institut hat seinen Untersuchungen lediglich 300 Testhaushalte zugrunde gelegt. Der Umfang der Stichprobe erscheint zu niedrig.

Diese Zweifel an der Genauigkeit der Zahlen sollten aber nicht dazu führen, auf eine Wirtschaftlichkeitsrechnung zu verzichten, sondern in eine vorsichtigere Schätzung des künftigen Verbrauchsvolumens eingehen.

Die Angaben zur Kostensituation sind aus den Unterlagen über Absatzeinzel- und -gemeinkosten zu entnehmen, die das Rechnungswesen der Marketingabteilung zur Verfügung gestellt hat, und aus der ausgehandelten Preisstaffel beim Bezug von Dauerbackhefe. Außerdem müssen bei einer Wirtschaftlichkeitsrechnung über die zukünftigen Preise die Auszahlungen für Werbung in Betracht gezogen werden, die nach Ansicht der Werbeagenturen mindestens notwendig sind, um das Produkt bekannt zu machen und die geschätzten Absatzmengen am Markt unterzubringen.

b) Wirtschaftlichkeitsrechnungen bei verschiedenen ansetzbaren Preisen

Endverbraucherpreise von 40 Pfennig oder mehr wurden laut Forrest-Gutachten von den Testhaushaltungen nicht mehr akzeptiert und bleiben deshalb im folgenden außer acht.

Preise von 20 Pfennig und weniger sind von Forrest ebenfalls nicht in Erwägung gezogen worden. Die Unterstellung, daß solche Preise nicht kostendeckend seien, müßte allerdings noch überprüft werden.

Schon als die Untersuchungen des Forrest-Institutes in Auftrag gegeben wurden, war nur von solchen Preisen ausgegangen worden, die auf null oder fünf enden. Es empfiehlt sich, bei dieser Annahme zu bleiben.

Bei den Erlösschätzungen stützt sich der Sachverständige Dr. Fuchs auf die Ergebnisse der Preisbefragungen des Forrest-Institutes. Forrest hat bei seiner Untersuchung Preise von 25 und 35 Pfennig zugrunde gelegt. Für diese beiden Preise können Wirtschaftlichkeitsrechnungen aufgestellt werden, bei denen man jeweils von einer optimistischen Schätzung (Obergrenze von Dr. Fuchs), von einer mittleren Schätzung (Untergrenze von Dr. Fuchs) und von einer pessimistischen Schätzung (rund die Hälfte der Untergrenze von Dr. Fuchs) ausgehen kann; diese Schätzungen werden zweckmäßigerweise in einer Gesamtrechnung vereinigt.

Bei einem Preis von 30 Pfennig kann man das arithmetische Mittel der Ausgangswerte von Forrest zugrunde legen. Einen Preis von 20 Pfennig sollte man ebenfalls überprüfen. Dabei wären die Zahlen von Forrest — ausgehend von den erfragten Werten bei 25 Pfennig — nach oben zu extrapolieren.

Die Erlösschätzungen sind laut Dr. Fuchs langfristig zu verstehen, d. h., sie werden etwa 1973 realisiert. Für die Jahre von 1969–1972 muß mit weit geringeren Absatzvolumina gerechnet werden. Grundlage dieser Rechnungen bilden die Prozentsätze, auf die sich der Arbeitskreis geeinigt hat.

Für einen Preis von 0,25 DM würde die Schätzung des Absatzvolumens wie folgt aussehen:

1. optimistische Schätzung (Obergrenze von Dr. Fuchs)
   Gruppe „bestimmt": 50 %
   davon 40 % (optimistische Schätzung): 20 %
   Gruppe „vielleicht": 32 %
   davon 20 % (optimistische Schätzung): 6,4 %
   26,4 % vom Hefevolumen

2. normale Schätzung (Untergrenze von Dr. Fuchs)
   Gruppe „bestimmt": 50 %
   davon 30 % (normale Schätzung): 15 %
   Gruppe „vielleicht": 32 %
   davon 15 % (normale Schätzung): 4,8 %
   19,8 % vom Hefevolumen

3. pessimistische Schätzung
   Gruppe „bestimmt": 50 %
   davon 15 % (pessimistische Schätzung): 7,5 %
   Gruppe „vielleicht": 32 %
   davon 7 % (pessimistische Schätzung): 2,2 %
   9,7 % vom Hefevolumen

Gesamter Hefekonsum minimal 104 Mill. Packungen
geschätzter Dauerbackhefekonsum 1973
1. optimistische Schätzung: 27,5 Mill.
2. normale Schätzung: 20,6 Mill.
3. pessimistische Schätzung: 10,1 Mill.

Geschätzter Dauerbackhefekonsum (in Mill. Päckchen) für einen Preis von 0,25 DM

	1969 30 %	1970 55 %	1971 75 %	1972 90 %	1973 100 %
optimistische Schätzung	8,25	15,13	20,63	24,75	27,5
normale Schätzung	6,18	11,33	15,45	18,54	20,6
pessimistische Schätzung	3,03	5,56	7,58	9,09	10,1

Bei den Kosten ist zwischen Absatzgemeinkosten und Absatzeinzelkosten zu unterscheiden. Dem Produkt Dauerbackhefe können nur die Absatzeinzelkosten zugerechnet werden, d. h. die Kosten, die bei einer Entscheidung über die Einführung von Dauerbackhefe zusätzlich anfallen. Dazu zählen:

— Einstandskosten der Dauerbackhefe (Stückpreis laut Mengenstaffel).
— Werbungskosten, soweit für das Produkt allein geworben wird, aber nicht Kosten für Werbeaktionen, die das Produkt beispielsweise zusammen mit anderen Oetker-Produkten zeigen.
— Vertriebseinzelkosten, die von Menge bzw. Gewicht abhängig sind (Versand, Verpackung, Frachten).

  Dabei wird unterstellt, daß die Kosten für den Versand, insbesondere die Frachten, ebenfalls nur für Dauerbackhefe allein anfallen.
— Vertriebseinzelkosten, die vom Erlös abhängig sind (Provisionen).

Zur Deckung der Absatzgemeinkosten eines Jahres dient die Differenz zwischen Erlösen und Einzelkosten (Deckungsbeitrag).

Entscheidung über die Einführung eines Produktes 221

Beispielhaft soll die Erlös- und- Kostenschätzung für einen Preis von 0,25 DM vorgenommen werden, und zwar jeweils getrennt für die maximale und minimale Schätzung von Dr. Fuchs und für die Schätzung der Pessimisten.

Wirtschaftlichkeitsrechnung für einen Verbraucherpreis von **0,25 DM** (bzw. Herstellerabgabepreis in Höhe von 0,70 · 0,25 [30 % Handelsspanne] = 0,18 DM):

1. Maximale Schätzung von Dr. Fuchs	1969	1970	1971	1972	1973
Menge	8,25	15,13	20,63	24,75	27,5
Erlöse (Menge × Preis)	1,49	2,72	3,71	4,46	4,95
Kosten:					
Stückpreis (in DM)	(0,12)	(0,10)	(0,09)	(0,09)	(0,09)
Einstandswert (Menge × Bezugspreis) (in Mill. DM)	0,99	1,51	1,86	2,23	2,48
Werbung (in Mill. DM)	1,3	0,9	0,7	0,5	0,3
Vertriebseinzelkosten (in Mill. DM):					
Versand, Verpackung, Frachten	0,08	0,15	0,21	0,25	0,28
Provisionen	0,07	0,14	0,19	0,22	0,25
Kosten insges. (in Mill. DM)	2,44	2,70	2,96	3,20	3,31
Deckungsbeiträge (in Mill. DM)	⁒ 0,95	0,02	0,75	1,26	1,64

2. Minimale Schätzung von Dr. Fuchs	1969	1970	1971	1972	1973
Menge	6,18	11,33	15,45	18,54	20,6
Erlöse (Menge × Preis)	1,11	2,04	2,78	3,34	3,71
Kosten:					
Stückpreis (in DM)	(0,12)	(0,11)	(0,10)	(0,10)	(0,09)
Einstandswert (Menge × Bezugspreis) (in Mill. DM)	0,74	1,25	1,55	1,85	1,85
Werbung (in Mill. DM)	1,3	0,9	0,7	0,5	0,3
Vertriebseinzelkosten (in Mill. DM):					
Versand, Verpackung, Frachten	0,06	0,11	0,15	0,19	0,21
Provisionen	0,06	0,10	0,14	0,17	0,19
Kosten insges. (in Mill. DM)	2,16	2,36	2,54	2,71	2,55
Deckungsbeiträge (in Mill. DM)	⁒ 1,05	⁒ 0,32	0,24	0,63	1,16

3. Minimale Schätzung der Pessimisten	1969	1970	1971	1972	1973
Menge	3,03	5,56	7,58	9,09	10,1
Erlöse (Menge × Preis)	0,55	1,00	1,36	1,64	1,82
Kosten:					
Stückpreis (in DM)	(0,12)	(0,12)	(0,12)	(0,12)	(0,11)
Einstandswert (Menge × Bezugspreis) (in Mill. DM)	0,36	0,67	0,91	1,09	1,11
Werbung (in Mill. DM)	1,3	0,9	0,7	0,5	0,3
Vertriebseinzelkosten (in Mill. DM):					
Versand, Verpackung, Frachten	0,03	0,06	0,08	0,09	0,10
Provisionen	0,03	0,05	0,07	0,08	0,09
Kosten insges. (in Mill. DM)	1,72	1,68	1,76	1,76	1,60
Deckungsbeiträge (in Mill. DM)	⁒ 1,17	⁒ 0,68	⁒ 0,4	⁒ 0,12	0,22

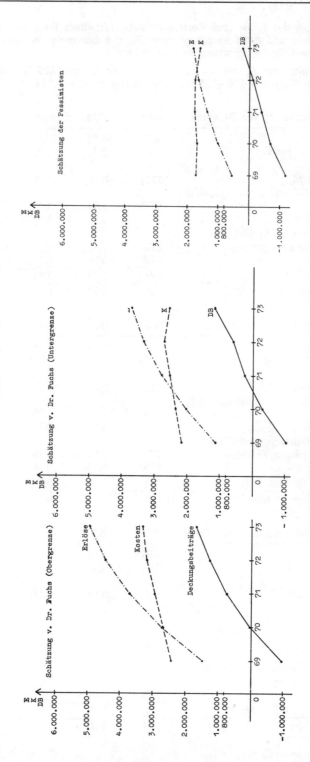

Abbildung 2

Entscheidung über die Einführung eines Produktes

Erwartete Erlöse, Einzelkosten und Deckungsbeiträge von Dauerbackhefe bei einem Preis von 0,35 DM in den Jahren 1969 bis 1973

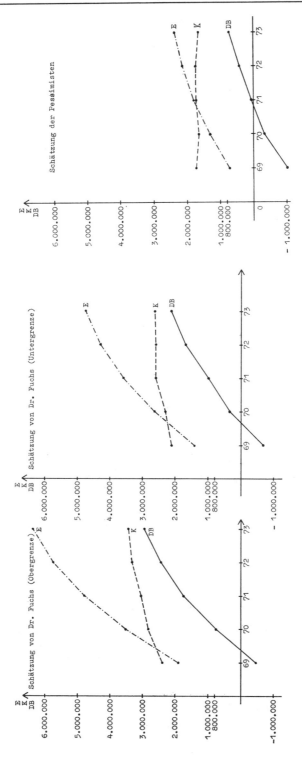

Abbildung 3

In den Abbildungen 2 und 3 sind die Ergebnisse der Erlös- und Kostenschätzungen für die Preisalternativen 0,25 DM und 0,35 DM eingezeichnet.

Aus den Zeichnungen kann man ersehen, daß bei pessimistischen Absatzerwartungen bei keinem der beiden Preise der angegebene Deckungsbeitrag von 800 000,- DM erreicht wird.

Nimmt man dagegen an, daß die Spanne von Dr. Fuchs der Realität am nächsten kommt, so werden genügend hohe Deckungsbeiträge bei beiden Preisen erzielt.

Die Deckungsbeiträge sind bei einem Preis von 0,35 DM in jedem Fall höher als bei 0,25 DM. Infolgedessen erscheint ein Preis von 0,35 DM günstiger als ein Preis von 0,25 DM. Analog ergibt sich, daß 0,35 DM auch günstiger als 0,30 DM ist.

3. Produktimage und Produktkonzeption

a) Zielgruppen

Die Gestaltung der Werbung und Verkaufsförderung kann grundsätzlich auf alle Hefeverwender ausgerichtet werden oder auf eine oder mehrere Zielgruppen.

Die Gruppe der Hefeverwender ist in sich sehr heterogen. Werbeaktionen, die auf die Gesamtheit dieser Gruppe zielen, wären zu wenig differenziert und könnten relativ homogene Untergruppen nicht gezielt ansprechen, weil das spezifische Informations- und Konsumverhalten solcher Gruppen nicht genügend berücksichtigt werden könnte.

Selektive werbe- und verkaufsfördernde Maßnahmen, die auf einzelne Zielgruppen abgestimmt sind, setzen voraus, daß eine Schichtung der Hefeverwender vorgenommen werden kann und daß die einzelnen Schichten isoliert mit vertretbaren Kosten ansprechbar sind.

Es sind grundsätzlich zwei Zielgruppen erkennbar:
- die Gruppe der älteren Hausfrauen, die sich die Aufgabe gesetzt haben, ihren Haushalt möglichst sparsam nach erprobten Methoden zu versorgen. Eine Analyse der Altersgruppen der Hefeverwender zeigt, daß über 50 % des Hefekonsums Hausfrauen über 50 Jahren zuzuschreiben ist;
- die Gruppe der jüngeren Hausfrauen, die mehr zur abwechslungsreichen, experimentierfreudigen Hauswirtschaft neigen. Diese Hausfrauen sind modern und aufgeschlossen für Neuerungen und haben ein Einkommen zur Verfügung, das sie weniger auf den „Groschen" achten läßt.

Beide Gruppen können durch die Gestaltung von Werbebotschaft und Verpackung isoliert angesprochen werden.

Von dem Umfang des Verbrauchsvolumens her ist eine Ausrichtung auf die erste Gruppe angezeigt. Berücksichtigt man aber, daß die älteren Hausfrauen wohl am wenigsten dazu neigen, ihre Verhaltensgewohnheiten zu ändern, also z. B. von Hefe auf Dauerbackhefe überzugehen, so dürften als Zielgruppe eher die jüngeren, innovationsfreudigen Hausfrauen in Frage kommen. Diese Gruppe weist zwar zur Zeit ein weitaus geringeres Nachfragevolumen auf, verspricht dafür aber langfristig ein größeres Potential. Angesichts des Marktvolumens erscheint es aber unerläßlich, eine Werbekonzeption zu entwickeln, die beide Gruppen hinreichend anspricht!

b) Image und Werbestrategien

Für das Produktimage sind Markenname und Produkteigenschaften von ausschlaggebender Bedeutung.

Der vorgesehene Markenname hat die beiden Bestandteile „Dr. Oetker" und „Dauerbackhefe". Die Befürchtungen, wonach durch die Bezeichnung „Dr. Oetker" der Eindruck entstehen könnte, Dauerbackhefe sei ein künstliches Produkt, überzeugen nicht, da der Name „Dr. Oetker" im Koch- und Backbereich generell gutes Ansehen genießt. Das rührt von der Entwicklung von Produkten mit „eingebauter Dienstleistung", wie „Backin", her. Die Meinung in der Marketingabteilung von Oetker ist dafür kennzeichnend: „Man könne ... alles, was in der Küche – insbesondere zum Backen – verwendet wird, unter dieser Bezeichnung („Dr. Oetker") anbieten".

Der zweite Bestandteil des Markennamens „Dauerbackhefe" erscheint keinesfalls ideal, muß jedoch besser bewertet werden als die alternative Bezeichnung „Trockenbackhefe", die unangenehme Assoziationen u. a. zu Trockenmilch wachruft. Erwägenswert wären ferner Namen wie „H-Hefe" (Analogie zu H-Milch) und „Hefin" (Analogie zum Backpulver „Backin"), die von Teilnehmern Gießener Fallstudienseminare vorgeschlagen wurden.

Die Produktmerkmale haben ebenfalls psychologische Relevanz. Hier ergeben sich erhebliche Probleme:

- Dauerbackhefe hat nicht dieselbe Originalität wie z. B. Backpulver und in anderer Weise auch Hefe. Hefe ist ein originäres Erzeugnis (als Naturprodukt, als lebende Substanz); die Dehydrierung entblößt diese Substanz von wesentlichen organischen Produktmerkmalen. Dauerbackhefe ist damit ein Derivat, hat sogar schwach den Charakter eines Ersatzproduktes wie z. B. Milchpulver, Kaffee-Ersatz.
- Dauerbackhefe zeigt „Merkmale, wie sie erfahrungsgemäß zur schlechten, überalterten, nicht mehr verwertbaren Bäckereihefe gehören: trocken, dunkler im Farbton, hart, bröckelig".

Bei der Verwendung von Dauerbackhefe ergeben sich weitere Nachteile:

Das Backerlebnis ändert sich (laut Gutachten der Konsumforschungsgesellschaft): Die Dauerbackhefe macht im Gegensatz zur Hefe zunächst den Eindruck einschneidender Substanzverringerung. Da zum Teil auch der Geruch der Frischhefe wegfällt, muß die Hausfrau ihr „traditionelles Hefe-Erlebnis" in erheblichem Ausmaß umstellen. Dauerbackhefe nimmt etwas vom „sinnlich, gefühlsbetonten Prozeß" weg.

Dem könnte die Verpackung entgegenwirken, indem sie Assoziationen zu dem lebenden Produkt Hefe hervorzurufen sucht und gleichzeitig durch geeignete Farbtöne zu dem toten Produkt „Dauerbackhefe" überleitet. Das kann durch moderne Farbgebung und lebendige Schriftzeichen geschehen, die das Braun der Dauerbackhefe der Hausfrau schmackhaft machen. Auch ein schlankes Format der Packung kann dazu beitragen, das Produkt zu „aktualisieren".

Hauptaufgabe der Werbung ist es, den Hefeursprung der Dauerbackhefe zu betonen. Die Argumentation sollte sich deshalb nicht gegen die Frischhefe selbst, sondern gegen das Vertrocknen (Verderben) von Frischhefe richten, was wohl in jedem Haushalt irgendwann einmal vorkommt.

Weiterhin müßten Werbung und Verkaufsförderung statt des fehlenden „Backerlebnisses" bei Dauerbackhefe ein Ersatzerlebnis schaffen, das ebenso irrational sein kann wie das bisherige „sinnlich-gefühlsbetonte Verhältnis" zur Hefe.

Man könnte z. B. die Hefepilze als sympathische kindlich-wirkende Zeichentrickfiguren in der Werbung herausstellen. Das Motto der Werbung wäre dann: „Wecken Sie die Hefepilze aus ihrem Dornröschenschlaf!"

4. Produkteignung

a) Für den Konsumenten

(aa) Technische Produkteignung

Echte Produktvorteile der Dauerbackhefe sind

— längere Haltbarkeit
— günstigere Packungsgröße.

Nachteile gegenüber anderen Backhilfsmitteln, insbesondere Frischhefe, sind nicht bekannt.

(bb) Psychologische Produkteignung

Die psychologischen Auswirkungen der Dauerbackhefe werden unter 3 b) behandelt, weil sie das Produktimage weitgehend bestimmen.

(cc) Ökonomische Produkteignung

Der unter Punkt 2. ermittelte Preis für Dauerbackhefe muß in Relation zu

— den anderen Triebmitteln, wie Frischhefe und Backpulver,

— den anderen Backzutaten, wie Mehl, Eier, Zucker, eventuell Obstbelag, untersucht werden.

Das erste Preisverhältnis ist für die Dauerbackhefe ungünstig. Sie dürfte im Preis erheblich höher liegen als Backpulver und Frischhefe. Das zweite Preisverhältnis fällt weniger zuungunsten der Dauerbackhefe aus. Die anderen Backzutaten sind zum Teil erheblich teurer (Mehl, Eier, Obst).

Allerdings dürfte die Preisrelation insbesondere zu Frischhefe, aber auch zu Backin von erheblich stärkerer Bedeutung sein als die zu den anderen Backzutaten. Auch fällt dieses ungünstige Preisverhältnis mit zunehmender Backhäufigkeit mehr ins Gewicht.

b) Für den Handel

Frischhefe war bisher für den Lebensmittelhandel, an den sich die Oetker-Vertriebsorganisation vorwiegend wendet, wenig interessant, da das Produkt kostspieligen Kühlraum erfordert und trotzdem nur wenige Tage haltbar war.

Dauerbackhefe braucht dagegen keinen Kühlraum und wegen der Packungsgröße kaum Regalfläche. Die Lagerhaltung des Händlers wird also vereinfacht. Die dadurch erzielte Entlastung der Händlertätigkeit dürfte schwerer wiegen als die anfänglich sporadisch anfallende Mehrbelastung durch Beratung, weil Dauerbackhefe für den Verbraucher – wenigstens zu Beginn – kein problemloser Artikel sein wird.

Dauerbackhefe bringt dem Handel außerdem absolut höhere Gewinnspannen als Frischhefe. Die Verluste bei Frischhefe durch Vertrocknen fallen weg.

Oetker gewährt ferner Gruppenrabatte, was den Handel zusätzlich zum Führen von Dauerbackhefe anregen könnte.

c) Für die anbietende Firma

(aa) Beziehung zum Firmensortiment

Oetker bietet bisher als Backhilfsmittel Backpulver „Backin", Vanillinzucker, Tortenguß u. ä. an. Auf den ersten Blick ist Dauerbackhefe eine ideale Ergänzung des Oetker-Sortiments. Auf dem Triebmittelmarkt würde das Unternehmen mit Dauerbackhefe eine vollständige Sortiments-Palette anbieten. Es besteht aber die Gefahr, daß das neue Produkt Umsätze zu Lasten der anderen Backhilfsmittel der Firma Oetker erzielt. Dies gilt insbesondere für Backpulver „Backin".

Die Gegner der Einführung von Dauerbackhefe haben in diesem Zusammenhang vorgebracht, daß Backin mit einer polemischen Spitze gegen Hefe eingeführt worden sei. Diese Werbung gegen die Frischhefe müßte bei Einführung der Dauerbackhefe aufgegeben werden, da Dauerbackhefe ja aus Frischhefe hergestellt wird. Möglicherweise könne es deswegen zu einem Umsatzrückgang bei Backpulver kommen.

Das erscheint nicht sehr wahrscheinlich, denn die Einführung von „Backin" liegt zeitlich sehr weit zurück.

Es gibt aber, wenn die Ergebnisse der Studie von 1960 heute noch zutreffen, eine Gruppe von Hausfrauen (knapp ein Drittel der in Frage kommenden Haushalte), die zu gleichen Teilen mit Hefe und mit Backpulver backen. Ein Teil dieser Hausfrauen, die mit Backpulver nur deshalb backen, weil sie keine Frischhefe zu Hause haben, werden wahrscheinlich in Zukunft Dauerbackhefe verwenden. Außerdem können einige Kuchenarten (Apfelkuchen, Zwetschgenkuchen) sowohl mit Backpulver als auch mit Hefe gebacken werden. Bei einer erfolgreichen Einführung von Dauerbackhefe mag deshalb der Umsatz an Backpulver zurückgehen.

Die Befürworter einer Einführung von Dauerbackhefe können folgende Argumente vorbringen:

— Es hat sich gezeigt, daß der Hefekonsum von einem zum anderen Monat unabhängig vom Backpulververbrauch stark anstieg (Forrest-Untersuchung 1967), z. B. vom November zum Dezember. Forrest führt diesen Anstieg auf die saisonal beliebte Kuchenart Christstollen zurück und sieht darin eine Bestätigung für die Annahme bzw. „Vermutung, daß beide Produkte, Backpulver wie Frischhefe, ein eigenständiges Leben nebeneinander führen".

— Das Backen mit Hefe und das Backen mit Backpulver sind bei den Hausfrauen sehr unterschiedlichen Erlebnisbereichen zugeordnet; Backpulver und Hefe laufen nebeneinander her, sie sind durch relativ wandfeste seelische Systeme gegeneinander abgetrennt. „Das Backen mit Backpulver fordert mehr technisches Kalkül; das Backen mit Hefe erfordert dagegen Fingerspitzengefühl, lang dauernde, sorgsame Beschäftigung."

Im ganzen gesehen scheinen mehr Argumente gegen die Gefahr zu sprechen, daß Dauerbackhefe Umsätze von anderen Produkten des Oetker-Sortiments wegnimmt.

Durch die Hinzunahme des Artikels ergeben sich keine speziellen Probleme im Produktionsbereich, da Dauerbackhefe ein Handelsprodukt ist, d. h. von außerhalb bezogen wird.

(bb) Beziehung zum Firmenimage

Da der Name Oetker auf der Verpackung erscheinen soll, würde das Oetker-Image durch mögliche Erfolge von Dauerbackhefe verbessert, insbesondere aktualisiert. Andererseits wird das Firmenimage aber auch durch eventuelle Mißerfolge tangiert.

(cc) Beziehung zur vorhandenen Absatzorganisation

Die Reisenden von Oetker würden durch diesen zusätzlichen Artikel, der sich überdies relativ gut in das Backhilfsmittelsortiment einfügt, kaum mehr belastet. Allerdings ist auch zu bezweifeln, ob die Reisenden bei der Vielzahl der von ihnen zu betreuenden Artikel dem Produkt Dauerbackhefe noch eine hinreichende Aufmerksamkeit widmen können. Außerdem muß berücksichtigt werden, daß die Oetker-Absatzorganisation zwar im Lebensmittelhandel stark ist, daß aber die Kontakte zu den Bäckereien, in denen bisher ein Großteil des Hefeabsatzes erfolgt, noch auszubauen wären. Von daher würde eine Mehrbelastung der Reisenden entstehen, und es ist fraglich, ob sie sich lohnen würde. In den Bäckereien dürfte nach wie vor die Frischhefe das entscheidende Produkt sein.

5. Zusammenfassung

Die Aussichten des Produktes sind insgesamt eher positiv zu werten. Es wird von keiner Seite in der Falldarstellung bezweifelt, daß ein Teil der Hausfrauen sich entscheiden wird, mit Dauerbackhefe statt mit Frischhefe zu backen. Man wird damit rechnen können, daß die psychologischen Nachteile des Produktes mit der Zeit von den Hausfrauen immer schwächer gewichtet werden. Ebenso wird man davon ausgehen können, daß das ungünstige Preisverhältnis zu Frischhefe mit steigendem Einkommen immer unwichtiger wird.

Für den Handel und den Hersteller überwiegen die Vorteile von Dauerbackhefe die Nachteile bei weitem. Mit einer positiven Aufnahme beim Handel ist zu rechnen.

Äußerst fraglich erscheint dagegen die Höhe des zu realisierenden Absatzpotentials. Die Schätzungen von Dr. Fuchs und die Abschläge der pessimistischeren Mitglieder des Arbeitskreises Produktentwicklung können kaum überzeugend belegt werden. Noch fraglicher erscheinen die Prozentzahlen, die für das Absatzvolumen in den Jahren 1969–1972 vom Arbeitskreis angenommen werden. Diese Absatzvolumina werden sehr stark von Werbung und Verkaufsförderung beeinflußt werden. In diesem Zusammenhang wird es zweckmäßig sein, sich in Produktgestaltung und Werbung stark auch an die Gruppe der jüngeren Hausfrauen zu wenden und den höheren Preis nicht zu scheuen. Doch ist anzunehmen, daß die Ertragskraft des neuen Produktes nicht das entscheidende Argument für seine Einführung sein kann, sondern die aufgeführten, nicht unmittelbar meßbaren Vorteile.

13

Der Lebensweg eines Markenartikels

Von Peter Wolff

Vorbemerkung

In dieser Fallstudie wird eine Case History dargestellt, die auch jetzt noch eine hohe Aktualität besitzt und die ein Beispiel darstellen soll für eine langfristige Marketing-Operation. Dies bedingt, daß eine Reihe von Informationen, die zum Verständnis des dargestellten Problems notwendig sind, verändert wurden, um notwendige Geschäftsgeheimnisse zu wahren. Ferner können aus rechtlichen Gründen eine Reihe von Marktinformationen nur in einer verschlüsselten Weise mitgeteilt werden.

Die E.-G. GmbH ist eine der größeren Unternehmungen im Körperpflegemittelbereich. Sie ist Tochterfirma eines internationalen Konzerns und operiert in den Produktbereichen Zahnpflegemittel, Haarpflegemittel, Hautpflegemittel und im Feld der Feinseifen. Ferner betreibt eine Zweigunternehmung, die K. GmbH, das Geschäft mit Damenfriseuren in den Produktbereichen Haarfarben, Haartönungen, Haarpflegemitteln usw. Zum Zeitpunkt der Einführung des hier betrachteten Produktes hatte die E.-G. GmbH ca. 800 Mitarbeiter, davon etwa 150 Verkaufskräfte im Außendienst. Diese Verkaufsorganisation besuchte sowohl den Fachhandel (Drogerien, Seifengeschäfte, Parfümerien, Apotheken, Kosmetikabteilungen der Warenhäuser) als auch den Lebensmittelhandel, der seit Anfang der 50er Jahre ebenfalls Kosmetikprodukte führt. Während im Fachhandel jedes Geschäft besucht wird, hat sich die E.-G. GmbH — wie übrigens auch ihre Wettbewerber — entschlossen, eine begrenzte Anzahl umsatzstarker Lebensmittelgeschäfte direkt zu besuchen. Die Großhandelsfirmen des Lebensmittelhandels werden ausnahmslos besucht, da sie im nicht direkt besuchten Einzelhandel für die Distribution sorgen.

I. Das Marketingkonzept und die Marketing-Strategie

Auf Grund einer früheren Marketingoperation im Bereich der desodorierenden Mittel (Einführung von „F" 1957, Einstellung der Operation 1961) existierte der technische und Marketing-Know-how in der Firma, so daß viele Vorarbeiten, die bei der erstmaligen Bearbeitung eines neuen Produktfeldes durchgeführt werden müssen, entfielen. Diese Vorarbeiten sollen jedoch des Zusammenhanges wegen hier ebenfalls beschrieben werden.

Die erste Arbeit, die der Produktmanager in Zusammenarbeit mit der Marktforschungsgruppe durchführte, ist die Kompilation sämtlicher erreichbarer Informationen über ein Produktfeld, und zwar nach folgender Ordnung:

- Geschätzte effektive Marktgröße, z. B.
    nach Wert (Herstellererlöse),
    nach Packungen,
    nach Packungsgrößen,
    nach Endverbraucherpreisen,
    nach Marken und deren ungefähren Anteilen.

- Informationen über den Verbraucher, z. B.
    Wie können die Verbraucher in soziodemographischen Kategorien beschrieben werden?
    Welche Vorstellungen haben sie von den Produkttypen, Marken usw.?
    Was gefällt ihnen? Was gefällt ihnen nicht?

- Analyse der Werbung für die Marken, z. B.
    Werbeausgaben insgesamt für die Marken,
    zeitliche Gliederung,
    eingeschaltete Medien und Anteile,
    Werbeaussagen und Begründungen dafür.

Auf Grund der Fortschreibung der Informationen ergab sich Anfang 1965 für die E.-G. GmbH folgendes Bild:

Deomittel Gesamtmarkt in Mill. DM NSV[1])

1961	1962	1963	1964	1965
19,7	26,0	32,0	48,0	61,0

Folgende Produkttypen wurden verkauft: (1965, Anteile auf Basis DM)

Aerosole	65 %
Stifte	20 %
Flüssige Mittel	3 %
Roller	3 %
andere	9 %

Preise und Preisgruppen der Standardeinheiten:

Aerosole (3½ oz)	zwischen 4,75 DM und 5,95 DM
Stifte	zwischen 2,50 DM und 3,90 DM
Flüssige Mittel	zwischen 2,95 DM und 4,90 DM
Roller	zwischen 3,75 DM und 4,90 DM

---
[1]) Net-Sales-Value = Nettoerlös.

Marktanteil

	1965	1966
Marke A ca.	34 %	27 %
Marke B ca.	28 %	27 %
Marke C ca.	8 %	8 %
Marke D ca.	3 %	7 %
alle anderen ca.	27 %	31 %

II. Informationen über den Verbraucher

Hier existierten diverse Untersuchungen, die in den Jahren 1957 bis 1961 von der Werbeagentur durchgeführt worden waren, die die Marke „F" betreute. Diese Ergebnisse ließen sich auf den folgenden Nenner bringen:

> Die Verbraucher von Deodorants aller Produkttypen sind vor allem Frauen (1961 hatten ca. 25 % Deodorants verwendet), kaum Männer (weniger als 10%).
>
> Die Verwendung war damals recht unregelmäßig (die Hälfte der Verwenderinnen hatte angegeben, Deodorants nur zu bestimmten Gelegenheiten zu verwenden, z. B. beim Ausgehen, auf Reisen usw.), bei den Männern hatte die diesbezügliche Rate ungefähr 70 % betragen.
>
> Die Verwender zeichneten sich durch Urbanisation aus (in Großstädten war der Verwenderanteil etwa doppel so hoch wie auf dem Land), sowie durch überdurchschnittliches Einkommen. Sie waren überwiegend berufstätig und gehörten überdurchschnittlich jüngeren Jahrgängen an.
>
> Eine weitere interessante Information war ein deutlich erkennbares Nord-Südgefälle (setzte man die Verwendung in Norddeutschland gleich 100, so ergaben sich für Westdeutschland 93, für Hessen/Rheinland-Pfalz/Saar/Baden-Württemberg ein Wert von 83, für Bayern von 71). Eine Korrelation mit den klimatischen Verhältnissen war damals vermutet worden; es ergaben sich keine Anhaltspunkte für einen solchen Zusammenhang; eher schien das Durchschnittseinkommen eine Rolle zu spielen, ferner die Schulbildung.

Um hier neueres Material zu beschaffen, wurde eine Verbraucherbefragung in Auftrag gegeben, die folgende Fragen zu beantworten hatte:

> Welche Produkttypen werden heute verwendet?
>
> Wie ist die Einstellung dazu?
>
> Gibt es Doppelverwendung von Produkttypen;
>
> wenn ja, welche?
>
> Welche Rolle spielt die Parfümierung (oder nach welchen Kriterien wählt die Verbraucherin „ihr" Deodorant aus)?
>
> Welches sind die Erwartungen, die an Deodorants gestellt werden (mit Gewichtung der verschiedenen Kriterien)?
>
> Welche Clusters lassen sich bilden, und wie groß sind diese Clusters[2]?

---

[2] Die Clusteranalyse ist ein Verfahren, bestimmte Verbrauchertypen zu bilden, die in Kaufverhalten, Verbraucherverhalten usw. erkennbar voneinander abweichen. Siehe auch H. O. Stellwagen, Die Organisation und Arbeitsweise einer Marketinggruppe, in: Schriften zur Unternehmensführung, Band 14, Wiesbaden 1971, S. 23 ff., hier S. 32.

Diese Untersuchung wurde im Frühjahr 1965 durchgeführt und erbrachte an konkreten Daten, daß

>   70 % der Verwender ein Aerosol,
>   15 % der Verwender einen Deo-Stift,
> ca. 2—3 % der Verwender einen Roller,
> ca. 2—3 % der Verwender ein Deo-Puder,
> ca.   3 % der Verwender ein flüssiges Mittel,
> ca.   4 % der Verwender ein Antiperspirant

verwendeten. Das war insofern von großer Bedeutung, als eine starke Tendenz zum A e r o s o l erkennbar wurde, während alle anderen Produkttypen außer Stiften kaum noch Bedeutung hatten. Auch der Stift-Teilmarkt schrumpfte ständig (ein Grund dafür war die stark gestiegene Verwendung des Deomittels durch die gesamte Familie, wobei ein Aerosol viel praktischer ist als z. B. ein Stift, der ja mit der Haut direkt in Berührung kommt und deshalb als nicht sehr hygienisch, als „unkosmetisch", angesehen wird).

Dabei werden die Aerosole als sehr wirksam angesehen, aber mit einer gewissen Tendenz zu „scharf", „aggressiv", während die Puder und Stifte als weniger wirksam, aber „hautfreundlicher" gelten.

Die D o p p e l v e r w e n d u n g war seltener als erwartet werden konnte. Es gab im Produktmanagement eine Vermutung, daß Aerosole wegen ihrer Größe nur zu Hause verwendet werden würden — und zwar von der gesamten Familie —, während Stifte wahrscheinlich im größeren Umfang von Frauen in der Handtasche mitgeführt würden. Die Doppelverwendung lag indessen unter 20%. (Das hatte gewisse Konsequenzen für die Produktentwicklung, auf die noch eingegangen wird.) Die Aerosolverwender bezeichneten sich selbst als modern, kosmetisch orientiert, aufgeschlossen gegenüber Neuerungen, während die Stiftverwender eher eine konservative Grundeinstellung hatten und ökonomischer veranlagt zu sein schienen als die Aerosolverwender. Die Fragestellung nach der Rolle des Parfüms enthüllte einen wichtigen Aspekt des Problems. Fast alle Verbraucher wiesen darauf hin, daß die P a r f ü m i e r u n g neutral und mit dem sonst noch verwendeten Parfüm vereinbar sein solle, einige haben eine anhaltende Parfümierung gewünscht, weil offensichtlich am Parfümeindruck (oder besser am Parfümtest) der Effekt des Mittels nach mehreren Stunden gemessen werden kann. Darüber hinaus gab es eine Leitvorstellung hinsichtlich der Parfümierung, nämlich der Phänotypus der leicht männlich anmutenden, jedoch „leichten" Note.

Die P r ä f e r e n z s k a l a für Deodorants ließ sich eindeutiger herausarbeiten. Die Verbraucherin erwartet vor allem die Bewahrung der körperlichen Frische (in den Achselhöhlen, wo die Deodorants fast ausschließlich verwendet werden). An nächster Stelle wird das angenehme Parfüm genannt und die dermatologische Unbedenklichkeit des Mittels, das auch von empfindlicher Haut vertragen werden müsse.

In diesem Zusammenhang ist es interessant, daß die Verbraucher in der Überzahl den objektiven Wirkmechanismus eines Deodorants nicht kannten. Es wurde fast allgemein vermutet, daß Deodorants u. a. das Schwitzen verhindern und auf die (vermutete) Doppelwirkung von Antitranspiration und Zerstörung von Körpergeruch sei der Effekt zurückzuführen.

Der Versuch, mit diesem Test eine Clusterbildung zu vollziehen, ließ sich nicht realisieren, da sich die angefallenen Kenndaten über die Versuchspersonen nicht widerspruchsfrei interpretieren ließen[3]).

Auch war die Zahl der Befragten zu gering. Wenn man davon ausgeht, daß eine Verbrauchertyp-Charakterisierung, wie z. B. „kosmetisch anspruchsvoll, modern, extrovertiert und an den Prominenz-Leitbildern orientiert, finanziell nicht limitiert", vielleicht von 5 % der erwachsenen Bevölkerung repräsentiert wird, ist zu verstehen, daß die Befragtenzahl von etwa 600 Personen nicht ausreicht, eine klare Bestimmung durchzuführen. Dagegen wurde klar, daß sich der Verbraucher von Deodorants recht gut an Hand der von den Befragten selbst projektiv charakterisierten Merkmalen beschreiben ließ.

Auf Grund dieser breit angelegten Untersuchung (600 Versuchspersonen) war es möglich, die noch ausstehenden Daten der „Brand Marketing Strategy" zu ermitteln und in den Sektoren

Produktentwicklung

Verpackungsentwicklung

Preisstrategie

finanzielle Planung

Werbekampagnenentwicklung

mit der Arbeit zu beginnen. Im folgenden wird eine auf das zum Verständnis notwendige Maß reduzierte Form der „Brand Marketing Strategy" dargestellt.

III. „Brand Marketing Strategy"

1. Allgemeine Strategie

Aufgabe der neuen Marke sollte es sein, einen Marktanteil an diesem expandierenden Markt zu schaffen, der eine den übrigen Marken äquivalente Profitabilität erlauben sollte. Das erschien — so zeigte eine Reihe von Differenzkalkulationen — am besten unter dem Markennamen „R" möglich, der im Feld der desodorierenden Seifen einen führenden Marktanteil erzielt hatte und auf Grund starker Werbung ein hervorragendes Image aufwies. Das bedeutete jedoch nicht, daß sich ein neues Produkt lückenlos in den Rahmen der bestehenden „Muttermarke" einfügen sollte. Wegen der damals relativ festgefügten Wettbewerbsverhältnisse im Deomittelmarkt war es notwendig, durch eine getrennte Marketingoperation (d. h. vom Marketingmix der Seifenmarke „R" getrennt) dem Verbraucher eine Alternative zu den Konkurrenzmarken zu ermöglichen.

---

[3]) Die Clusteranalyse hat zum Ziel, das Verbraucheruniversum durch Verhaltenskategorien zu gliedern. Solche Clusters sind z. B. Innovator-Verhalten, wirtschaftliches Verhalten und dgl. als primäre Kennzeichen.

2. Produktstrategie

Bei der Entwicklung des Produktes war darauf zu achten, daß die Wirksamkeit gegen Körpergeruch gegenüber den Konkurrenzmarken optimiert wurde; dies war erforderlich, damit der Anspruch der Marke, den Standard auf diesem Feld zu setzen, eingehalten werden konnte. Selbstverständlich mußte dies im Rahmen des eng bemessenen Spielraums dermatologischer Unbedenklichkeit geschehen.

Bei der Entwicklung der Seifenmarke „R" wurden umfangreiche Erfahrungen über die Wirksamkeit sog. Deodorant-Kombinationen gewonnen. (Die Kombinationen sind Mischungen von Wirkstoffen, die die Körpergeruch verursachenden Bakterien am Wachstum hindern, indem sie in den Metabolismus dieser Organismen eingreifen.)

Man entschied sich, drei Anwendungstypen zu entwickeln, um den divergierenden Ansprüchen der Konsumenten gerecht zu werden:

> ein A e r o s o l (weil ca. 70 % der Verbraucher diesen Typ bevorzugten),
>
> einen S t i f t (weil damit die Interessen der eher konservativen Verbraucher berücksichtigt werden konnten) und schließlich
>
> einen neuartigen Produkttyp, den es zu diesem Zeitpunkt im deutschen Deodorantmarkt gar nicht gab, nämlich ein P u d e r s p r a y (dieser Produkttyp war besonders geeignet für Deodorantverwender mit zarter Haut und unterstrich auch die Modernität der Serie).

Bei allen diesen Produkttypen war darauf zu achten, daß der Wirkungsanspruch der Marke „R" zu erfüllen war; mit anderen Worten: die Wirksamkeit der verschiedenen Produkttypen war sowohl im Labortest (an Kulturen von Körpergeruchsbakterien) als auch im klinischen Test (an Verwendern selbst) auf die Maximalisierung (im Vergleich zu Konkurrenzprodukten) zu prüfen.

3. Verpackungsentwicklung

Hierbei war davon auszugehen, in jedem Fall die funktionellste Verpackung zu entwickeln. Dies war kein Problem bei der Aerosolverpackung, weil dieser Produkttyp den im Markt befindlichen Produkten relativ ähnlich war; bei dem Deostift jedoch ergaben sich Probleme hinsichtlich der Dichtigkeit der sog. Stifthülse, während bei dem Puderaerosol die Ventilkonstruktion Schwierigkeiten bereitete.

Die Gestaltungsprobleme waren relativ einfach, weil kein grundlegend neues Packungsdesign entwickelt werden mußte. Hier lautete die Aufgabenstellung, das Design der einzelnen Verpackungsformen möglichst nahe an das Design der Muttermarke anzugleichen.

4. Preisstrategie

Die E.-G. GmbH stand damals vor der Frage, ob sie eine Strategie der Preisaggressivität einschlagen sollte. Hierfür sprachen eine Reihe von Gründen:

Die Einführung eines neuen Sortiments im Handel ist allgemein leichter, wenn die Umsatzerwartungen des Handels im Hinblick auf die neue Marke gut sind. Das sind sie normalerweise eher bei einer Marke, die sich in der herkömmlichen Preisgruppe bewegt. Ferner war bei konkurrenzaktivem Preisverhalten zu erwarten, daß die Verbraucher das Produkt schneller akzeptieren würden als bei einem höheren oder den Konkurrenten äquivalenten Preis.

In dieser Situation gab ein sog. Preisbandtest Hinweise dafür, daß für den Verbraucher von Deodorants der Preis nur eine untergeordnete Rolle spielt. Hierauf wird im einzelnen noch eingegangen.

5. Die finanzielle Planung

Die damaligen Finanzziele lassen sich wie folgt zusammenfassen:

a) Marktanteil Basiswert im ersten nationalen Marketingjahr mindestens 7 %.

b) Erreichen der Gewinnschwelle im dritten Jahr nach der nationalen Einführung.

c) Eigener, von „R"-Seife getrennter Werbeetat, der in seiner Größenordnung denen der beiden Marktführer entsprach.

d) Für einen Testmarkt wurde ein Marktanteil von ebenfalls 7 % Basiswert angestrebt, und die Werbeausgaben sollten im gleichen Verhältnis zu denen der geplanten nationalen Operation stehen.

Wegen des Risikos, das in den Operationen lag, war beschlossen worden, die Abfüll- und Verpackungsinvestitionen zunächst nicht vorzunehmen, sondern Drittherstellern mit der Produktion zu beauftragen. Das hatte Konsequenzen für die Fertigungskosten, die ja bei Drittherstellung im allgemeinen höher liegen als bei eigener Herstellung, jedoch ergaben die Kalkulationen nur eine unbedeutende Gesamtdifferenz, zumindest für die für den Testmarkt zu produzierenden Mengen.

6. Werbekampagnenentwicklung

In der „Brand Marketing Strategy" hatte man folgende Forderungen aufgestellt:

- Die Werbekampagne für „R"-Deodorant sollte sich von der Seifenkampagne deutlich abheben, sowohl in formaler als auch in materieller Hinsicht. Die Kampagne sollte sich als Deodorant-Kampagne manifestieren und als die wichtigsten Eigenschaften der Serie die maximierte, wissenschaftlich geprüfte Wirksamkeit gegen Körpergeruch, die langanhaltende Wirkung und den Vorteil für den Verbraucher, nämlich den Abbau von Aversionen im Partnerverhältnis durch die Beseitigung des Körpergeruchs, kommunizieren.

- Als Verbrauchergruppe sollten vor allem Deodorantverwender angesprochen werden, die an einem wirksamen Mittel interessiert sind und regelmäßige Verwendung zeigen. Es sollten vor allem urbanisierte Verwender sein, allerdings in allen sozialen Klassen mit einem Schwerpunkt in den Mittelschichten. Vorzugsweise sollten jüngere Verwender (im Alter von 18—30 Jahren) gewonnen werden, und zwar sowohl Männer als auch Frauen. Berührungspunkte mit den bereits eingeschalteten Kampagnen der Konkurrenten sollten vermieden werden.

Nachdem die Geschäftsleitung Mitte August 1965 die „Brand Marketing Strategy" genehmigt hatte, wurde mit den Arbeiten an den einzelnen Elementen des Marketingmix begonnen.

Vor der Darstellung dieser weiterführenden Aktionen, die mit der Entscheidung für eine Markteinführung der Deomittel anliefen, sei zunächst das Ablaufschema der Arbeiten am Marketingplan selbst, d. h. das Ablaufschema für die Erstellung der „Brand Marketing Stategy" über desodorierende Mittel, skizziert.

Ablaufschema für die Erstellung der „Brand Marketing Strategy"

Lfd. Nr. der Aktion	Interdependenz von Aktion-Nr. zu Aktion-Nr.	Art der Aktion	Aktionsträger
1		Auftrag der Geschäftsleitung zur Untersuchung des Feldes der Desodorantien auf Erfolgsmöglichkeiten für eine eigene Marketing-Operation	Geschäftsleitung
2		Durchforschung der bereits erwähnten Testmarktoperation „F" auf relevante Fakten für die neue Fragestellung. (E. hatte einen ersten Versuch, in das Deomittelfeld einzudringen, 1961 aus Produktionsschwierigkeiten eingestellt)	Marketing-Gruppe
3		Zusammenfassung aller erreichbaren Marktforschungsdaten im Deomittelfeld	Marktforschungsabteilung
4		Zusammenfassung aller Kenntnisse über Deomittelverwender	Marktforschungsinstitut
5		Zusammenfassung aller Konkurrenzaktivitäten	Marketing-Gruppe, Werbeagentur, Verkaufsabteilung
6		Zusammenfassung aller technischen Know-how's	Technische Entwicklungsabteilung

7	von 6 zu 6 von 5 zu 5	Prüfung von Patentgegebenheiten	Patentabteilung
8	von 6 zu 6	Zusammenfassung dermatologischer Erfahrungen	Marketing-Gruppe, Universitäts-Institut
9	von 6	Beschaffung von Kalkulationsbasismaterial	Abt. Einkauf
10	von 3 von 5 von 9	Finanzielle Analyse der Konkurrenz	Marketing-Gruppe, Kalkulationsabteilung
11		Sicherstellung der Verwendbarkeit des Markennamens „R" für die Operation (Klärung bei der Konzernspitze auf internationaler Ebene)	Geschäftsleitung, Marketing-Gruppe
12	von 2 von 3 von 4 von 11	Preisbandbestimmungen (Test, während der Erstellung der „Brand Marketing Strategy" waren die „R"-Preisbandbestimmungen der einzige durchgeführte Test)	Marktforschungsinstitut
13	von 9 von 10 von 12	Potentielle Verkaufsschätzungen mit Alternativen	Marketing-Gruppe, Verkaufsabteilung, Zentralplanung
14	von 13	Eigene Ergebnisrechnungen mit Alternativen, Basis: nationale Einführung (auf diese Basis bezogen wurden Zahlen für die Vorschaltung eines regionalen Verkaufstestes mit 1 Jahr Dauer gerechnet)	Marketing-Gruppe, Kalkulationsabteilung
15	von 14 von 7	Integration aller Befunde zur Dokumentation, Formulierung des Marketingziels, Fertigstellung der „Brand Marketing Strategy"	Marketing-Gruppe
16	von 15	Diskussion der „Brand Marketing Strategy" mt der Geschäftsleitung, Genehmigung der „Brand Marketing Strategy".	Geschäftsleitung Marketing-Gruppe

Als zeitlicher Arbeitsaufwand für die Erstellung der „Brand Marketing Strategy" für desodorierende Mittel wurden 3 Monate fixiert (Auftragserteilung Mitte Mai 1965. Einreichung an die Geschäftsleitung Mitte August 1965). In diesem Zusammenhang ist jedoch wichtig zu wiederholen, daß durch die in den Jahren 1957 bis 1961 vorangegangenen Aktionen im Deomittelfeld unter dem Markennamen „F" bereits Erfahrungen gewonnen wurden, die, selbst wenn sie inzwischen 5 Jahre zurücklagen, genutzt werden konnten.

IV. Abläufe der „Brand Marketing Strategy"

1. Produktentwicklung

Das „R"-Deodorant-Sortiment sollte — wie bereits an anderer Stelle begründet — aus folgenden drei Produkttypen bestehen:

>   Deostift,
>   normales Aerosol (Flüssigspray) und
>   Puder-Aerosol (Puderspray).

Im einzelnen waren hier zu bestimmen und zu klären:

- die Trägersubstanzen des Deostifts,
- die chemophysikalischen Eigenschaften, wie Farbe, Transluzenz, Viskosität und Abrieb, Wärme- und Kältebeständigkeit,
- technische Überlegenheit gegenüber Konkurrenzstiften,
- Zusammensetzung der Treibmittel für die Aeorosole (Treibmittelgemische, Verdampfungsgeschwindigkeiten),
- Wirkstofflösungen (Alkoholgemische und hautfreundliche Zusätze),
- Konkurrenzüberlegungen in technischer Hinsicht,
- Festlegung der Puderart,
- organische und anorganische Substanzen, deren Qualität und Puderkörnung.

Zunächst wurden für die drei Varianten die Basisansätze konzipiert. Die Marketing-Gruppe hatte in ihrem E n t w i c k l u n g s b r i e f i n g an die Entwicklungsabteilung festgelegt, daß für diese Ansätze Wirkstoffkompositionen geschaffen werden müssen, die denjenigen der wichtigsten Wettbewerber überlegen sind, wobei als Kriterium eine In-vitro-Testmethode (Labortest) anzusehen sei. Die Entwicklungsabteilung konnte dabei auf Arbeiten zurückgreifen, die sie bei der Entwicklung von „R"-Seife bereits vor Jahren unternommen hatte. Es waren damals umfangreiche Arbeiten und Tests über eine Wirkstoffkomposition durchgeführt worden, die aus zwei in der Literatur beschriebenen Germiciden bestanden und und deren synergistische Wirkung gegenüber Bakterien, die Körpergeruch verursachen, bereits sowohl in klinischen Versuchen als auch in In-vitro-Testen begutachtet worden waren. Diese Wirkstoffkombinationen waren nun in die Basisansätze zu inkorporieren. Zur gleichen Zeit mußten die Parfums eingearbeitet werden, die von den Lieferanten (Parfumherstellern) geliefert worden waren[4]). Nachdem die Basisansätze mit Germiciden und Parfum versehen waren, wurden sie in die Lagerung gegeben. Diese t e c h n i s c h e Lagerung erfolgt zu bestimmten Extremtemperaturen, um festzustellen, ob die Produkte während der Lagerzeit in den Regalen des Handels und bei den Konsumenten keine Veränderungen zeigen. Es sei hier angemerkt, daß, da verschiedene Parfums von verschiedenen Herstellern vorlagen, eine große Anzahl von Ansätzen in die Lagerversuche gegeben wurden, aus denen später ein Ansatz auszuwählen war, der im jeweiligen Produkttyp verwendet werden sollte. Die Entscheidung wurde sowohl auf Grund der technischen Prüfung als auch auf Grund eines Verbrauchertests durchgeführt.

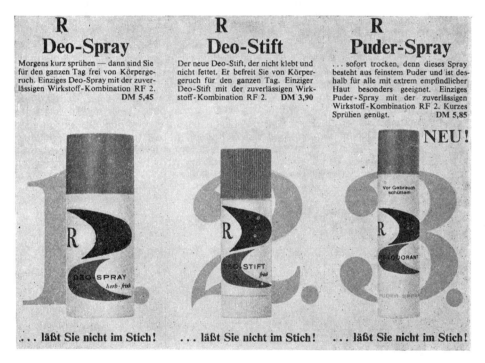

2. Die Parfumentwicklung

Nachdem die Basisansätze vorlagen, erstellte die Marketing-Gruppe in Zusammenarbeit mit der Technik den sog. P a r f u m b r i e f i n g. Das ist eine Zusammenstellung der wichtigsten technischen Daten über das Produkt und eine Beschreibung

      der Parfumnote,

      des Charakters des Parfums, den das Produkt später haben soll,

      des Verwendertyps, der dieses Produkt verwenden soll,

---

[4]) Zur Parfumentwicklung siehe den nächsten Abschnitt.

der Verwendungsart,

der Situation des Marktes und der Parfums der Konkurrenten.

Die große Schwierigkeit eines solchen Parfumbriefings lag darin, daß zu diesem Zeitpunkt nicht genau bekannt war, welche die von den Verbrauchern am meisten akzeptierte Duftnote im Markt war.

Die Parfumentwicklung nahm einen ziemlich großen Zeitraum in Anspruch. Nach etwa 20 Wochen wurden die letzten Parfums angeliefert (die zu diesem Zeitpunkt von den Herstellern bereits auf ihre Lagerfähigkeit mit unseren Basisansätzen getestet waren) und zur Beurteilung vorgelegt. Diese Ansätze, ungefähr 30, wurden in einem Screening-Verfahren auf nur drei Ansätze reduziert (pro Variante), die dann dem Produkttest unterworfen wurden.

> Über die Screening-Methode läßt sich kurz folgendes sagen: Da man die außerordentlich hohen Kosten eines repräsentativen Verbrauchertestes vermeiden will, gibt man die Ansätze in ein Gremium von willkürlich benannten Nichtexperten, die die Ansätze an verschiedenen Tagen und unter jeweiliger Änderung der Reihenfolge durchriechen und die von ihnen nicht gewünschten aussondern. Auf diese Weise bekommt man bestimmte Häufungen, die eine gewisse Indikation für ein späteres Verhalten im Test geben. Jeder Marketing-Mann ist sich darüber im klaren, daß diese Methode ihre Mängel hat, aber um eine praktische Annäherung an das Problem zu geben, wird sie zum gegenwärtigen Zeitpunkt als ausreichend angesehen.

3. Die Entwicklung der Verpackung

Um zu einer optimalen Verpackung für die drei Varianten zu kommen, waren folgende Probleme zu klären:

Für die **A e r o s o l e**

>die Art der Dosen, d. h. des Materials, Aluminium oder Weißblech,
>die Bedruckungsmöglichkeiten,
>die technischen Vorschriften (Gasdruckgarantie),
>die Innenschutzlacke der Dosen,
>die Korrosionsbeständigkeit gegenüber dem Inhalt, besonders gegenüber Germiciden und Parfums,
>die Dichtungen und die Sprüheinsätze,
>die Ventile,
>die Sprühbilder,
>die Handhabungsart,
>das Material,
>die Art und Halterung der Dosenverschlußkappen.

Die Problematik war für das flüssige Aerosol die gleiche wie für das Puderaerosol. Für den Stift war eine neue Stifthülse zu entwickeln, da der Basisansatz auf einem sehr hohen Alkoholgehalt aufgebaut war, gegenüber dem die herkömmlichen Stifthülsen nicht die genügende Dichtigkeit aufwiesen. Hier konnte auf eine internationale Stiftentwicklung zurückgegriffen werden. Es waren aber lange Lagerversuche erforderlich, um gegenüber der speziellen Art des Germicids die erforderliche Beständigkeit der Dichtungen dieser Hülse zu prüfen.

Nach Abschluß dieser Arbeiten, die zusammen ungefähr 9 Monate dauerten, lag der technisch fertige Ansatz (mit Germicid, Parfum und mit einwandfreier Verpackung) vor. Dieser Ansatz ging nun in einen Lagertest. Gleichzeitig mußte dieser Ansatz technisch hergestellt werden, um genügend Muster für die verschiedenen weiteren Versuche zu erhalten.

Die einzelnen Schritte, die in der Folgezeit bei den einzelnen Problemkreisen durchgeführt wurden, zeigt Abbildung 1 (Seite 244/245).

4. Produkttest

Nach Abschluß der Vorarbeiten wurde mit dem ersten Produkttest begonnen (Anzahl der befragten Personen: 300). Nach einem monadischen Verfahren[5]) wurden unsere zuletzt ausgewählten drei Aerosole (Basisansatz mit drei verschiedenen Parfumnoten) gegen die am stärksten verkauften Parfumnoten der beiden Hauptkonkurrenzprodukte gestellt. Der Produkttest wurde blind durchgeführt, d. h., dem Verbraucher war der Markenname der einzelnen Produkte nicht bekannt. In gleicher Weise wurden die Stift-Parfumvarianten gegen die Hauptkonkurrenten getestet. Die Ergebnisse sind im folgenden kurz tabellarisch dargestellt:

Rangordnungen (Rangplatz von 1 bis 6)*)

	Eigenansatz Parfüm 17	Eigenansatz Parfüm 2/4	Eigenansatz Parfüm Kb 3	Konkurrent A	Konkurrent B	Konkurrent C
Kaufindex	1,5	5	4	1,5	2	3
Wirksam gegen Körpergeruch	1	5	3	4	6	2
Duftet anhaltend	1,5	4	5	3	2	1,5
Hautfreundlich	3	1	4	2	5,5	5,5
Gute Qualität	2	5	3	1	6	4
Angenehmes Parfüm	3	4	1	2,5	2,5	5
Modern	3	6	5	4	2	1

*) Aus urheberrechtlichen Gründen können hier nur Rangordnungen dargestellt werden. Die Originalzahlen erlaubten auf Grund eines Signifikanzverfahrens (T-Test) gesicherte Aussagen.

[5]) Siehe D. Loh, Die Bedeutung der Marktforschung im Marketing, in: Schriften zur Unternehmensführung, Band 14, Wiesbaden 1971, S. 51 ff.

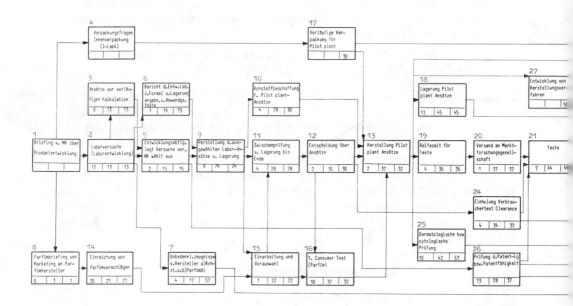

Abb. 1: Netzplan

Der Lebensweg eines Markenartikels

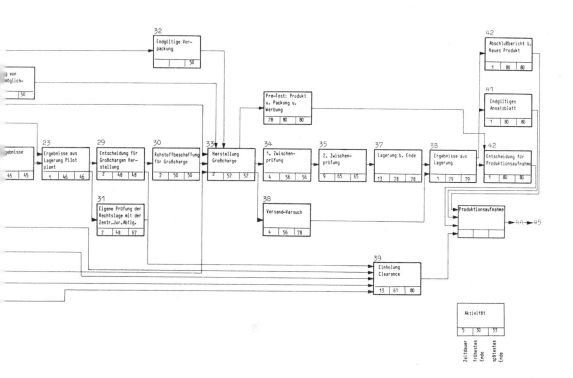

Abb. 1: Netzplan

Aus diesen Zahlen läßt sich klar ablesen, daß die Produktvariante 17 gegenüber den Konkurrenten eine leichte Superiorität aufwies. Auf Grund dieser Tatsache wurde mit der Geschäftsleitung der Beschluß gefaßt, den Produktansatz für die Einführung mit dem ausgewählten Parfüm vorzusehen. In einem späteren Abschnitt werden die weiteren Tests dieses Ansatzes noch näher behandelt.

5. Entwicklung der Werbekampagne

Es war allen Beteiligten von Anfang an klar, daß bei diesem Markt und bei der relativen Gleichartigkeit aller Produkte (wobei nicht vergessen werden darf, daß unser Produkt sowohl in den klinischen Testen als auch in den Produkttesten eine erkennbare Superiorität gegenüber den Konkurrenzprodukten aufwies) das Hauptaugenmerk auf eine die Vorzüge unseres Produktes deutlich herausstellende Werbekampagne zu legen war. Damit wurde die gleiche Agentur beauftragt, die bereits den Etat von „R"-Seife betreute und deshalb sehr gute Erfahrungen auf dem Gebiet der desodorierenden Mittel hatte. Der Werbeagentur wurden alle bis dahin vorhandenen Daten vorgestellt und in einem Briefing zusammengefaßt. Auf der Basis dieser Daten entwickelte die Agentur die sog. „Copy Strategy" und die kreative Konzeption, deren Hauptaspekte so zusammenzufassen sind:

> Das „R"-Deodorant-Sortiment besteht aus Produkten, die auf der Basis der neueren Erkenntnisse der Germicid-Wirkstoffe eine hervorragende, klinisch beweisbare Wirkung gegenüber Körpergeruch haben und deshalb dem Verbraucher den z. Z. bestmöglichen Schutz gegen Körpergeruch geben. Diese Produkte sind klinisch so getestet, daß gleichzeitig ihre Sicherheit in der Anwendung garantiert ist. Der Käufer dieser Produkte ist der moderne, aufgeschlossene, kosmetisch interessierte Verbraucher, der das Problem des Körpergeruchs als soziale Barriere erkannt hat und deshalb grundsätzlich ein desodorierendes Mittel verwendet. Gleichzeitig sollen die nichtregelmäßigen Verbraucher angesprochen und von dem sozialen Nutzen der ständigen Verwendung überzeugt werden. „R"-Verwender sollen den C- und D-Schichten[6]) angehören, also nicht zu exklusiv sein. Deshalb wurden diese Produkte auch im mittleren Preisfeld angesiedelt.

Nach einschlägigen Vorarbeiten entwickelte die Agentur ihre ersten kreativen Vorschläge. Die sowohl von der Agentur als auch von der E.-G. GmbH b e v o r - z u g t e   K o n z e p t i o n war: „R"-Deodorants lassen Sie nicht im Stich". Damit wurde sowohl das Problem des umfassenden Schutzes gegen Körpergeruch als auch die Langzeitwirkung gegen Körpergeruch beschrieben und hervorgehoben. Letztere war in einem klinischen Versuch bei einem führenden Dermatologen als besonders positiv begutachtet worden. Die kreative Umsetzung dieser Idee ist am besten illustriert durch die Einführungsanzeige (vgl. Seite 249).

---

[6]) Die soziodemographische Bevölkerungsschichtung umfaßt die Gruppen A bis D. Mit C und D werden die Mittel- und Unterschicht bezeichnet.

6. „As-Marketed-Test"

Nach dem Vorliegen der Werbekampagne war es möglich, die Ansätze mit dem fertigen „R"-Design (das von der „R"-Seife übernommen worden war, um die Harmonie und die Verwandtschaft der beiden Produktreihen zu betonen) zu testen. „R"-Deodorant mit Werbung wurde nun einem monadischen V e r b r a u c h e r t e s t ausgesetzt, bei dem folgende Punkte untersucht wurden:

Kaufeinstellung,
Duftbeurteilung,
Wirksamkeit gegen Körpergeruch,
Hautverträglichkeit,
Langzeitwirkung,
Gefühl auf der Haut,
Frischewirkung,
Qualitätseinschätzung gegenüber dem Preis,
Preiswürdigkeit,
Verträglichkeit bei Kindern,
Eignung für Männer,
Eignung für Familiengebrauch,
Modernität.

Auf Grund des Polaritätenprofils, das für die genannten Eigenschaften zustande kam, konnte erkannt werden, wie dieses Produkt von den Verbrauchern beurteilt wurde. Da gleichzeitig zwei führende Konkurrenzmarken mitgetestet wurden, konnte geschlossen werden, wie „R"-Deodorant sich gegenüber diesen beiden Marken ceteris paribus verhalten würde.

7. Die Testeinführung

Nach diesen Vorarbeiten konnte am 7. Februar 1967 das „R"-Sortiment von desodorierenden Mitteln im Testgebiet eingeführt werden. Wie bereits erwähnt, wurde als Testgebiet Hessen ausgewählt. Für die Wahl des Gebietes Hessen sprachen eine Reihe von Gesichtspunkten, die hier kurz erwähnt seien:

- Hessen hat nach demographischen Gesichtspunkten einen weitgehend repräsentativen Bevölkerungsquerschnitt. Im Kommunikationsmix lassen sich in Hessen Verhältnisse antreffen, die denen im Gesamtbundesgebiet weitgehend entsprechen. So ist z. B. in Hessen der Einsatz von Fernsehspots unter guter Abgrenzung, d. h. unter Vermeidung von Streuverlusten, möglich.
- Die Verhältnisse im Distributionsmix sind in Hessen insofern ideal, als die Handelsstruktur ebenfalls der im gesamten Bundesgebiet entspricht.
- Neben diesen objektiven Gesichtspunkten sprachen auch firmeninterne Gründe für die Wahl des Gebietes Hessen, da in anderen Gebieten bereits Testeinführungen anderer E.-G.-Produkte vorgenommen wurden.

Wie bereits erwähnt, gab es zwei Zielsetzungen für das „R"-Sortiment im Testmarkt Hessen. Es galt einmal, vorgegebene Distributionszahlen für das Gesamtsortiment in den beiden Handelskategorien Fach- und Kolonialwarenhandel zu erreichen und darüber hinaus auch einen Wert- und Mengenanteil in den Endverbrauchabsätzen zu erzielen.

Die Einführungsergebnisse sahen wie folgt aus:

Erreichung des erstrebten Marktanteils nach Wert	107 %,
Erreichung der Distributionszahlen im Fachhandel	126 %,
im Lebensmittelhandel	93 %.

Die hohe Erfolgsziffer für den Fachhandel resultiert aus der Ansetzung einer zu geringen Zielgröße für diesen Bereich des Handels. Die etwas unterproportionalen Zahlen im Lebensmittelhandel verstehen sich aus der zeitlichen Terminierung, da die Konkurrenten zum Teil über Terminaufträge bereits große Mengen von Deomitteln in diesem Teilbereich des Handels untergebracht hatten.

Die Mediasituation für „R"-Deo im Testgebiet läßt sich so beschreiben:

Ein Drittel der Etatsumme wurde im Werbefernsehen eingesetzt, ein Drittel in Funkspots und ein Drittel im Plakatanschlag.

Auf die Einschaltung von Anzeigen in der illustrierten Presse mußte verzichtet werden, um sehr hohe Streuverluste zu vermeiden.

Das Plakat der Testeinführung und die „Story boards" sind auf den drei folgenden Seiten dargestellt. (Vgl. auch die Indexzahlen der Marktanteile für das „R"-Sortiment über die einzelnen Erhebungsperioden im Gebiet Hessen in Abbildung 2 auf S. 252.)

Die Entscheidung für die nationale Einführung durch die E.-G.-Geschäftsleitung war nicht später als im August 1967 zu fällen. Auf Basis der obigen Entwicklung konnte im August abgeleitet werden, daß bei einer nationalen Einführung der zu erwartende Marktanteil höher als im Testgebiet anzusetzen war.

Die Gesichtspunkte, unter denen diese Voraussage möglich schien, waren:

- Der Einführungszeitpunkt für die nationale Einführung mußte früher liegen.

- Der Februartermin, wie er in Hessen gewählt war, lag zu spät, weil erkannt wurde, daß der Handel, besonders der Kolonialwarenhandel und der Großhandel desodorierende Mittel bereits im Dezember/Januar ganzjährig disponierten und einkauften.

- Entsprechend mußten die Anfangsauftragsmengen höher als seinerzeit in Hessen angesetzt werden. Es zeigte sich, daß zur Durchsetzung der richtigen, d. h. der abverkaufsorientierten Auftragsgrößen[7]) eine Valutierung nötig war. Auf diese Weise sollte vermieden werden, daß im Jahresver-

---

[7]) Auftragsmenge, die dem geschätzten Verkauf bis zum nächsten Besuch des Vertreters entspricht.

Der Lebensweg eines Markenartikels

R wirkt ...

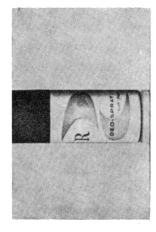

R-Deodorant läßt Sie nicht im Stich.

... Deo-Dauer-Zone –
Körpergeruch kommt nicht wieder!

... wirkt bis spät in den Abend!

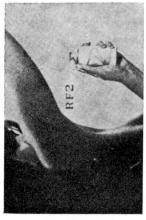

Sprecher:
RF 2 bildet eine sichere ...

... wirkt ...

lauf, besonders im Sommer, Bestandslücken im Handel auftraten („Out-of-Stock-Situation"), die erfahrungsgemäß dann nicht markenorientiert gedeckt wurden.

- Der Preis für das Puderspray erwies sich als zu hoch in der Mengenrelation und mußte gesenkt werden.

Alle die hier mitgeteilten Ergebnisse sind in einem Posttest aus dem Gebiet Hessen ermittelt worden. In allen übrigen Erhebungsfragen hatte sich in diesem Test keine Abweichung von den Zielvorstellungen ergeben. Entsprechend wurde die nationale Einführung für Januar 1968 beschlossen.

8. Die nationale Einführung

Der Marktanteil für die nationale Einführung entwickelte sich in der Folge, wie aus Abbildung 2 zu entnehmen ist (um das Sortiment als Ganzes darzustellen, sind W e r t a n t e i l s z a h l e n die Basis für die Indexberechnung). Wie bereits erwähnt, unterschied sich der Mediaeinsatz auf Bundesebene von der Testeinführung dadurch, daß auf Plakatanschlag verzichtet wurde und die für nationale Ausdehnung kostengünstigere illustrierte Presse eingesetzt wurde.

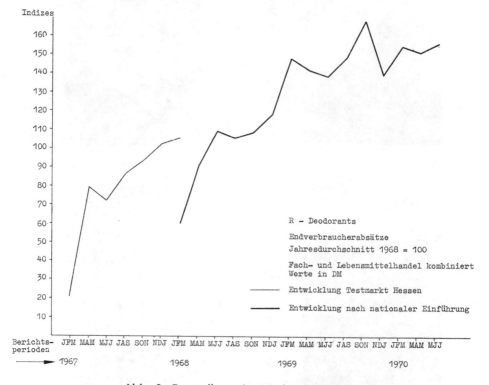

Abb. 2: Darstellung der Marktanteilindizes

Beispiele aus dem Werbefernsehen

Sprecher:
„Körpergeruch"

Und sie glaubte wirklich frisch zu sein!

Sprecher:
R Deo-Spray ganz neu!
/Musik beginnt/

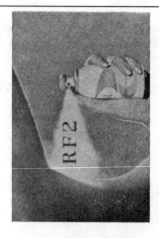

Sprecher:
Nur R Deo-Spray enthält RF 2!

Mädchen:
Wo finde ich ein Deodorant, das mich nicht im Stich läßt?

Der Lebensweg eines Markenartikels

Die Anzeigensujets waren in Zusammenhang mit der Kampagne für das Testgebiet bereits entwickelt und im europäischen Ausland bereits eingesetzt und getestet worden.

Die bemerkenswerten Ergebnisse des Einführungsjahres lassen sich wie folgt charakterisieren:

- Was die Marktanteilentwicklung anbetrifft, wurden bereits im Juli die Durchschnittsergebnisse des Testgebietes überschritten. Das war in erster Linie auf die höheren Einführungsmengen zurückzuführen, die, abverkaufsorientiert bemessen, den Handel nicht in die „Out-of-Stock-Situation" brachten und damit im Jahresverlauf Distributionsverluste vermieden.

- Es ergab sich eine noch stärker ins Gewicht fallende Differenzierung zwischen Lebensmittel- und Fachhandel hinsichtlich der Marktanteilentwicklung. Der Lebensmittelhandel übertraf die Umsatzerwartungen insofern, als „R" dort auf schwächere Konkurrenz traf. Im Bereich des Lebensmittelhandels zeigte sich besonders, wie das „R"-Deodorant-Sortiment von dem hohen Bekanntheitsgrad der Seifen-Muttermarke profitierte.

- Durch den erfolgreichen „R"-Absatz im Lebensmittelhandel läßt sich generell in diesem Zusammenhang eine Verschiebung der Absatzanteile dieser Produktgattung zugunsten des Lebensmittelhandels bemerken.

- Nach der Einführungsperiode waren die Distributionsziele jedoch nur zu 85 % erreicht, was eine Nachbearbeitung bei den nichtkaufenden Kunden nötig machte.

- Der „R"-Aktion wurde von der Konkurrenz erstmalig größere Aufmerksamkeit insofern geschenkt, als Konkurrenzmarken mit Extrarabatten und einer verstärkten Mediawerbung ihr Terrain zu behaupten trachteten.

9. Das Jahr 1969

Der erfolgreiche Start des „R"-Deodorant-Sortiments verschärfte besonders im Jahre 1969 die Wettbewerbsverhältnisse. Bereits zum Jahresbeginn begannen alle Konkurrenten im Handel Auftragorders für das Gesamtjahr zu plazieren. „R" konnte indessen seine Vorrangstellung wahren.

Eine größere Bewegung erhielt der Markt durch die Aktion eines der Hauptkonkurrenten, der für die Hauptvarianten seines Aerosolsortiments den Preis um 20 % senkte.

Dieser Aktion folgte zwei Monate später auch der Marktführer. Er vollzog einen ähnlichen Schritt durch eine Preissenkung um 30 % und verband damit die Einführung einer Luxusversion im Bereich des Fachhandels.

In dieser Situation entwickelte die E.-G. GmbH ein strategisches Modell, das auf einem Advanced-Managers-Kurs unter verschiedenen Zielsetzungen durchgespielt wurde und innerhalb von 14 Tagen zu einer klärenden Gesamtinterpretation der Marktlage, die sich durch die Konkurrenzaktionen ergeben hatte, führte. Das

Hauptresultat der Überlegungen war dabei, daß eine Preisanpassung von „R" an das Niveau der beiden erwähnten Konkurrenten im Jahre 1969 für die eigene Firma keinen Vorteil hätte bringen können. Es wurde deswegen beschlossen, die Preisanpassung, falls sie dann noch notwendig sein sollte, im November/Dezember des Jahres zu vollziehen. In diesem Zusammenhang sei der Hauptgrund für den Verzicht auf eine unmittelbare Beantwortung des Preiskampfes der erwähnten Konkurrenten in folgenden Punkten gegeben: Einmal hätte ein starkes Auseinanderklaffen von effektiv geforderten Verkaufspreisen mit den auf Packungen aufgedruckten verbindlich erklärten Markenartikelpreisen für das neueingeführte „R"-Sortiment zu einem Abbau des Qualitätsimages geführt, zum anderen wäre die in Partnerschaft zum Handel bestehende Preisbindung gefährdet gewesen.

Ein weiteres wichtiges Ereignis des Jahres 1969 war der rasch fortschreitende Verfall der Preisbindung nach der Neueinführung von Deodorant-Sortimenten durch bedeutende Konkurrenten.

Das gestiegene Verbraucherinteresse am Produkttyp der Deomittel, kräftig angeregt durch die starke werbliche Expansion aller Wettbewerber in diesem Bereich, führte wiederum zu einer Marktausweitung von mehr als 10 % für 1969.

10. Das Jahr 1970

Zu dieser Zeit lassen sich erst die Indizes der ersten beiden Perioden übersehen (siehe Abbildung 2).

Es zeigt sich, daß alle bis dahin existierenden Wettbewerber nur noch geringe Zuwächse an Marktanteilen hatten, daß aber das starke Wachstum des gesamten Marktes nahezu jeder der konkurrierenden Marken noch eine Mengenausdehnung brachte.

Der beherrschende Faktor war der wiederum zu beobachtende Neueintritt weiterer Konkurrenten in den Markt der Deomittel, die, allerdings unter starker Media-Unterstützung, auf Anhieb nennenswerte Marktanteilgewinne in der Einführungsphase erzielen konnten.

Die weiterhin expansive Entwicklung des Gesamtvolumens läßt aber alle Wettbewerber bei stagnierenden Marktanteilen oder marktanteilmäßig sogar leicht rückläufiger Tendenz immer noch Umsatzzuwächse erzielen.

Die in 1970 auch im Bereich des Fachhandels zu bemerkende Durchbrechung der Preisbindung für die meisten Marken führte zur Senkung der Verbrauchspreise, wodurch der Mehrverbrauch einen weiteren Impuls erhält.

Diese partielle Mengenkonjunktur läßt es als wahrscheinlich ansehen, daß die doppelt so hoch liegenden Pro-Kopf-Verbrauchszahlen der USA auch in der Bundesrepublik in absehbarer Zeit erreicht werden können.

14

Kapitalbedarfsrechnung bei Einführung eines neuen Produktes

Von Prof. Dr. Dietrich Adam und Dipl.-Kfm. Hans-Kurt Wellensiek

I. Situationsanalyse und Problemstellung[1])

Ein Markenartikelunternehmen der Nahrungsmittelindustrie beabsichtigt, sein Produktionsprogramm um ein Erzeugnis zu ergänzen. Bei diesem Erzeugnis handelt es sich um eine weitere Variante eines bereits geführten Grundartikels. Die Produktion aller Erzeugnisse des Fertigungsprogramms findet weitgehend auf den gleichen Maschinen statt (Sortenfertigung). Lediglich für die letzte Produktionsstufe existieren spezielle Maschinen für jede Sorte. Die Kapazität der gemeinsam genutzten Maschinen reicht aus, um das geplante Produktionsvolumen der neuen Sorte von 20 Mill. ME jährlich auszubringen. Für die letzte Produktionsstufe ist die Entwicklung einer neuartigen Maschine erforderlich.

Der Absatz der neuen Sorte ist starken Saisoneinflüssen unterworfen. In den ersten der insgesamt acht Monate umfassenden Verkaufssaison ist der Absatz noch gering, wächst dann langsam bis zur Hochsaison, um dann ziemlich rasch abzufallen. Der geplante Absatz stellt sich auf 20 Mill. ME für eine Saison. Die Produktion ist auf zehn Monate ausgelegt. In jedem Monat soll eine Ausbringungsmenge von 2 Mill. ME erreicht werden. Die Produktionsmengen gehen bis zu ihrem Verkauf auf Lager.

Zwischen den einzelnen Sorten des Fertigungsprogrammes existieren aus der Sicht der Konsumenten Substitutionsbeziehungen, d. h., die Sorten gehören im wesentlichen der gleichen Bedarfsrichtung an und können einander im Verbrauch ersetzen. Die Einführung der neuen Sorte schmälert daher zum Teil die Absatzmöglichkeiten und Umsätze des bisherigen Produktionsprogramms. Durch Produktgestaltung – Entwicklung einer neuen Anbietungsform – versucht die Unternehmensleitung allerdings, den Substitutionseffekt möglichst schwach zu halten.

Der Entwicklungsprozeß des neuen Erzeugnisses wird im folgenden an Hand eines Netzwerks aufgezeigt. Um dieses Netzwerk möglichst übersichtlich zu halten, sind nur die wesentlichsten Aktivitäten und Ereignisse in die Darstellung aufgenommen worden.

---

[1]) Die im folgenden genannten Zahlen entsprechen zum größten Teil nicht der Realität. Die Zahlen wurden bewußt verändert, damit kein Rückschluß auf den analysierten Artikel und die Firma möglich ist.

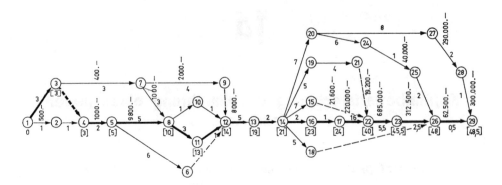

Abb. 1: Netzplan für die Produktentwicklung

Jeder Knoten des Netzes gibt den Eintritt eines Ereignisses an. Jede Verbindung zwischen den Knoten (Kante) kennzeichnet eine Tätigkeit[2]. Alle Tätigkeiten mit Ausnahme der Scheinaktivitäten[3] (gestrichelte Kanten) beanspruchen eine bestimmte Ausführungszeit (waagerechte Zahlenangaben an den Kanten in Wochen)[4]. Durch diese Zeiten wird bestimmt, wann ein Ereignis frühestens – gerechnet vom Beginn der Entwicklungsarbeiten – eintreten kann. Diese Zeitpunkte sind jeweils unter den Knoten eingetragen. Die Summe der Zeiten der stark markierten Aktivitäten im Netz (kritischer Weg) bestimmt die kürzest mögliche Zeitspanne zwischen dem Beginn der Entwicklungsarbeiten und der Einführung des Erzeugnissses im Handel. Dieser Zeitraum beläuft sich im betrachteten Fall auf 48,5 Wochen.

Da das Erzeugnis saisonalen Absatzeinflüssen sehr stark ausgesetzt ist, liegt der mögliche Zeitpunkt der Einführung des Produktes jahreszeitlich genau fest. Mit Hilfe der Netzplantechnik kann dann in einfacher Weise retrograd vom Einführungszeitpunkt ausgehend bestimmt werden, wann die Entwicklungsarbeiten spätestens aufgenommen werden müssen, um den Einführungszeitpunkt gerade einhalten zu können. Durch das Netzwerk wird deutlich, welche Aktivitäten die gesamte Entwicklungsdauer bestimmen, und bei welchen Tätigkeiten für die Ausführung Schlupfzeiten existieren. Innerhalb der Schlupfzeiten kann der Beginn dieser Aktivitäten verändert werden, ohne daß es zu einer Verlängerung der gesamten Entwicklungsdauer für das Erzeugnis kommt, gleichzeitig kann dadurch die zeitliche Entwicklung des Kapitalbedarfs beeinflußt werden.

Ein Vergleich zwischen dem jeweilig effektiv erreichten Entwicklungsstadium und dem errechneten Zeitpunkt für dieses Stadium im Netzplan ermöglicht eine sehr übersichtliche Kontrolle, ob die Entwicklungsarbeit rechtzeitig zum vorgeschriebenen Einführungszeitpunkt abgeschlossen werden können und welche Aktivitäten Ursache für eine Verzögerung sein können.

---

[2]) Erläuterung siehe nächste Seite.
[3]) Die Scheinaktivitäten dienen lediglich zur einwandfreien logischen Verknüpfung der Ereignisse, d. h., sie zeigen an, daß ein Ereignis nur gleichzeitig mit einem anderen oder später eintreffen kann.
[4]) Die senkrechten Zahlenangaben geben die Kapitalbindung durch die einzelnen Aktivitäten wieder.

Nummer der Aktivität	Aktivität zwischen den Knoten Nr.	Erläuterung des Netzwerkes	Kapitalbindung durch die Aktivitäten
1.	1 und 2	Entwicklung der Rezeptur für die Produktidee	500,—
2.	1 und 3	Entwicklung der Anbietungsform für das Produkt	
3.	2 und 4	Lebenmittelrechtliche Prüfung der Rezeptur	
4.	3 und 4	Scheinaktivität: Handmuster sind erst herzustellen, wenn die Produktform vorliegt	
5.	3 und 7	Entwicklung der Versuchsverpackung für die Testprodukte	400,—
6.	4 und 5	Erstellung eines Handmusters	1 000,—
7.	5 und 6	Entwicklung des Markennamens und die rechtliche Prüfung des Namens	
8.	5 und 8	Prod. v. Testerzeugnissen [Versuchsprodukttion]	9 800,—
9.	6 und 12	Scheinaktivität. Der Test kann erst beginnen, wenn Aktivität 16 abgeschlossen ist	
10.	7 und 8	Produktion der Testverpackung	1 000,—
11.	7 und 9	Gestaltung der Verpackung	2 000,—
12.	8 und 10	Vorgespräche über die Sicherung bestimmter Rohstoffe	
13.	8 und 11	Vorgespräche über die Entwicklung der Maschine für die letzte Produktionsstufe	
14.	9 und 12	Scheinaktivität. Der Test kann erst beginnen, wenn Aktivität 16 abgeschlossen ist	
15.	10 und 12	Überprüfung des Produktpreises	
16.	11 und 12		
17.	12 und 13	Verbrauchertests und Auswertung für [Produkt, Verpackung, Markenname]	8 000,—
18.	13 und 14	Überprüfung der Kalkulation und Entscheidung über die Weiterführung der Entwicklung	
19.	14 und 15	Disposition über die erforderlichen Rohstoffe und Lieferzeit der Rohstoffe	
20.	14 und 16	Kapazitäts- und Maschinenbelegungsplanung	
21.	14 und 18	Veranlassung und Ausführung administrativer Maßnahmen (Artikelnummer, Rechnungen)	
22.	14 und 19	Endgültige Gestaltung der Verpackung	
23.	14 und 20	Entwicklung der Werbekonzeption	
24.	15 und 22	Scheinaktivität: Die Produktion kann nicht vor der Rohstofflieferung beginnen	21 600,—
25.	16 und 17	Bestellung erforderlicher Maschinen	
26.	17 und 22	Lieferzeit und Aufstellund der Maschinen	220 000,—
27.	18 und 26	Scheinaktivität: Die Einführung kann erst beginnen, wenn die administrativen Maßnahmen beendet sind	
28.	19 und 21	Produktion der Verpackung	
29.	20 und 24	Produktion der Werbemittel für den Handel	
30.	20 und 27	Produktion der Werbemittel für die Verbraucherwerbung	
31.	21 und 22	Scheinaktivität: Produktion kann erst beginnen, wenn die Verpackung geliefert ist	19 200,—
32.	22 und 23	Vorlauf für Produktion und Bestandsaufbau	685 000,—
33.	23 und 26	Einführung des Produktes durch die Vertreter	312 500,—
34.	24 und 25	Verteilung der Werbemittel an den Handel	40 000,—
35.	25 und 26	Beginn der Werbung vor der Einführung beim Handel	
36.	26 und 29	Auslieferung der Produkte an den Handel	62 500,—
37.	27 und 28	Verteilung der Werbemittel für die Verbraucherwerbung	290 000,—
38.	28 und 29	Beginn der Verbraucherwerbung	300 000,—
			1 973 500,—

Im Rahmen der Kapitalbedarfsrechnung für die Entwicklung und Einführung des neuen Produktes versucht die Unternehmensleitung Antwort auf folgende Fragen zu bekommen, um die notwendigen Finanzdispositionen treffen zu können:

1. Wieviel Kapital muß zusätzlich zur Verfügung gestellt werden, um das Produkt entwickeln und einführen zu können?
2. Zu welchen Zeitpunkten des Entwicklungs- und Produktionsstadiums muß das Kapital bereitgestellt werden?

II. Die Höhe des zur Einführung erforderlichen Kapitals

Im Rahmen der Kapitalbedarfsrechnung für die neue Sorte ist nur das Kapital von Bedeutung, das zusätzlich zum bislang gebundenen Kapital aufgebracht werden muß. Die Kapitalbedarfsrechnung betrifft somit nur die Veränderungsrate der Kapitalbindung. Der Frage, welcher Anteil des in den gemeinsam genutzten Maschinen gebundenen Kapitals auf die neue Sorte zu verrechnen ist, kommt in diesem Zusammenhang keine Bedeutung zu, da es sich hierbei um keine Kapitalbedarfsrechnung, sondern um die Aufspaltung eines bereits gebundenen Kapitalbetrages handelt.

Für die Kapitalbedarfsrechnung wird im folgenden zunächst vereinfachend davon ausgegangen, daß die Einführung der neuen Sorte keine Substitutionswirkung auslöst; die Einführung der neuen Sorte hat keine Verringerung des Absatzvolumens und damit der Kapitalbindung für die Sorten des bisherigen Fertigungsprogramms zur Folge. Die Einführung der neuen Sorte bindet damit nur zusätzliches Kapital und hebt keine bestehende Kapitalbindung auf.

a) Kapitalbindung für die Entwicklung des neuen Produktes

Die Entwicklungsarbeiten für das neue Erzeugnis – Rezeptur, rechtliche Prüfungen, Produktform, Verpackungsform usw. – werden von Mitarbeitern durchgeführt, die das Unternehmen ständig beschäftigt, so daß kein Kapitalbedarf für zusätzliche Arbeitskräfte entsteht. Zusätzliches Kapital muß im Entwicklungsstadium des Produktes nur in geringem Umfang für folgende Arbeiten bereitgestellt werden:

1. Rohwareneinsatz zur Entwicklung einer geeigneten Rezeptur und zur Produktion der Handmuster	1 500,– DM
2. Rohwareneinsatz und Verpackungsmaterial für die Versuchsproduktion und den Verbrauchertest	9 000,– DM
3. Löhne und Energie für die Versuchsproduktion	2 200,– DM
4. Ausgaben für die Durchführung und Auswertung des Verbrauchertestes (Fremdauftrag)	8 000,– DM
5. Graphische Gestaltung der Verpackung	2 000,– DM
	22 700,– DM

b) Kapitalbindung für den Umsatzprozeß

1. Kapitalbindung im Anlagevermögen

Für die letzte Produktionsstufe des neuen Artikels ist eine neuartige Maschine zu entwickeln. Die Entwicklungsarbeiten und der Fertigungsauftrag werden bei einer Maschinenbaufirma in Auftrag gegeben. Die Entwicklung, Produktion sowie die Aufstellung der Maschine erfordert einen Kapitaleinsatz von 220 000,- DM. Weitere Maschineninvestitionen sind für das neue Produkt nicht erforderlich, da in den Vorstufen noch ausreichende Kapazitäten für die Fertigung des neuen Artikels verfügbar sind.

2. Kapitalbindung im Umlaufvermögen

Die Kapitalbindung im Umlaufvermögen wird von drei Faktoren bestimmt:

1. Der Produktions- und Absatzmenge pro Zeiteinheit.
2. Den laufenden Ausgaben für Material, Verpackung, Energie, Lohn usw. je Erzeugniseinheit.
3. Der Dauer des Umsatzprozesses, für die die Produktionsmengen zu finanzieren sind. Unter der Dauer des Umsatzprozesses wird der Zeitraum zwischen der Ausgabe zur Beschaffung von Produktionsfaktoren und der Einnahme für verkaufte Erzeugnisse verstanden.

Im folgenden wird die Kapitalbedarfsrechnung für die relevanten Positionen des Umlaufvermögens durchgeführt.

Rohwarenlager:

Zur Produktion der neuen Sorte sind zum Teil leicht verderbliche nicht lagerfähige Rohstoffe einzusetzen. Diese Rohstoffe werden täglich in der für die Produktion erforderlichen Menge angeliefert, eine Kapitalbindung im Lager findet somit nicht statt. Die zur Produktion weiterhin erforderlichen lagerfähigen Rohstoffe werden gleichfalls kurzfristig zum Teil mehrmals täglich beschafft. Um jedoch gegen kurzfristig mögliche Stockungen der Materialzufuhr gesichert zu sein, hält der Betrieb einen Sicherheitsbestand für drei Tagesproduktionen für ausreichend. Die Tagesproduktionsmenge der neuen Sorte beläuft sich bei 25 Arbeitstagen pro Monat auf 80 000 ME täglich, so daß durchschnittlich Materialien für 240 000 ME der Sorte am Lager sind. Bei Ausgaben von 9,- DM für je 100 ME der Sorte errechnet sich somit ein Kapitalbedarf von 21 600,- DM für das Rohwarenlager. Dieses Kapital ist allerdings nur zehn Monate im Jahr gebunden. Während der zweimonatigen Produktionspause werden die Läger voll abgebaut.

Verpackungsmateriallager:

Für je 100 ME der Sorte sind Ausgaben für Verpackungsmaterial in Höhe von 2,- DM erforderlich. Das Verpackungsmaterial wird von dem Unternehmen jeweils in Abständen von zehn Tagen bezogen. Jede Lieferung umfaßt das Verpackungsmaterial für zehn Tagesproduktionen (für 800 000 ME). Im Laufe von zehn Tagen wird jede Lieferung kontinuierlich verbraucht, so daß sich durchschnittlich Verpackungsmaterial für 400 000 ME am Lager befindet. Zusätzlich hält der Betrieb einen Sicherheitsbestand von zwei Tagesproduktionen (160 000 ME) für erforderlich.

Das folgende Schaubild verdeutlicht die Entwicklung der Lagerbestände und damit zugleich der Kapitalbindung.

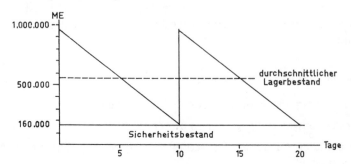

Abb. 2: Entwicklung des Lagerbestandes an Verpackungsmaterial

Der Lagerbestand verändert sich im Laufe von zehn Tagen zwischen den Grenzen von 960 000 ME und 160 000 ME, d. h., die Kapitalbindung schwankt zwischen 19 200,- DM und 3200,- DM. Bei einem durchschnittlichen Lagerbestand für 560 000 ME stellt sich das erforderliche Kapital auf durchschnittlich 11 200,- DM.

Halbfabrikate:

Um den Kapitalbedarf für die in Arbeit befindlichen Halbfabrikate bestimmen zu können, ist zunächst eine kurze Kennzeichnung des Produktionsprozesses notwendig. Die Herstellung des Erzeugnisses findet in wenigen Stunden statt. Das gesamte Material und fast die gesamten Lohnkosten fallen innerhalb dieses Zeitraumes an. An den eigentlichen Fertigungsprozeß schließt sich ein Reifelager für die Produkte von etwa drei Tagen an. Insgesamt nach drei Tagen sind die Produkte verkaufsfähig, d. h. zu Fertigerzeugnissen geworden. Bei dieser Form der Produktion fällt annähernd der gesamte Kapitaleinsatz für die Halbfabrikate mit dem Beginn der Produktion zusammen, so daß in einer Mengeneinheit der Halbfabrikate fast das gleiche Kapital gebunden ist wie in einem Fertigerzeugnis[5]).

---

[5]) Verteilt sich der Kapitaleinsatz bei längerer Produktionsdauer auf den gesamten Fertigungsprozeß, so ist das bei der Kapitalbedarfsrechnung zu berücksichtigen. In diesem Falle wäre dann der durchschnittliche Kapitaleinsatz für eine Mengeneinheit des Halberzeugnisses geringer als für eine Mengeneinheit des Fertigerzeugnisses. Dazu ein Beispiel. Der Produktionsprozeß für ein bestimmtes Erzeugnis dauert 4 Wochen. Zu Beginn jeder Woche nimmt der Betrieb die Produktion von jeweils 10 neuen Erzeugnissen auf. Am Ende einer jeden Woche hat der Betrieb somit jeweils 10 Halberzeugnisse in Arbeit, die $1/4$, $1/2$, $3/4$ bzw. die ganze Fertigungszeit durchlaufen haben. Die Kapitalbindung in den einzelnen Produktionsstadien für 10 Erzeugniseinheiten stellt sich auf 200,-; 300,-; 400,- bzw. 500,- DM. Die gesamte Kapitalbindung für 40 in Arbeit befindliche Mengeneinheiten beträgt somit 1400,- DM, das entspricht einer durchschnittlichen Kapitalbindung von 35,- DM für jedes in Arbeit befindliche Erzeugnis. Die Kapitalbindung für ein Fertigerzeugnis beläuft sich hingegen auf 50,- DM.

Bei einer Tagesproduktion von 80 000 ME und einem dreitägigen Produktionsprozeß ist in den Halbfabrikaten für 240 000 ME des Produktes Kapital gebunden. Die Kapitalbindung setzt sich aus Material-, Lohn- und Energieausgaben zusammen. Für 100 ME der Sorte sind Ausgaben in Höhe von 25,- DM erforderlich, so daß in den Halbfabrikaten insgesamt ein Kapital von 60 000 DM gebunden ist. Auch diese Kapitalbindung erstreckt sich wiederum nur auf zehn Monate des Jahres.

Fertigfabrikate:

Der Saisonartikel wird von dem Unternehmer in zehn Monaten des Jahres produziert, während sich der Absatz auf nur acht Monate konzentriert. Der Produktionsausstoß ist auf 2 Mill. DM pro Monat festgelegt worden. Es liegt damit der Fall einer Emanzipation der Produktion von der Absatzentwicklung vor, d. h. der Betrieb baut zunächst erhebliche Lagerbestände auf, die dann allmählich abgebaut werden. Um die Kapitalbindung im Fertigwarenlager berechnen zu können, muß daher ein Überblick über die Lagerbestandsentwicklung gewonnen werden.

Der Lagerzugang bzw. Abgang entspricht der Differenz aus der Produktionsmenge eines Monats und dem Lagerabgang (Verkaufsmenge). Übersteigt die Produktions- die Absatzmenge, so wächst das Lager. Im entgegengesetzten Fall findet ein Lagerabbau statt. Die Lagerdauer der Erzeugnisse setzt sich aus zwei Bestandteilen zusammen, der eigentlichen Einlagerungszeit und der Zeit für die Verteilung der Ware an den Handel (rollende Läger). Die Zeit für die Verteilung der Waren beträgt dabei durchschnittlich vier Tage.

Die folgende Tabelle gibt einen Überblick über die Produktion, den Lagerabgang durch Verkauf und die Lagerbestände zum Ende eines jeden Monats.

Tabelle 1

Produktions-monat	Produktion in Mill. ME	Absatz in Mill. ME	Bestand am Monatsende in Mill. ME	durchschnittl. Monatsbestand[6] in Mill. ME
1	2	—	2,0	1,00
2	2	—	4,0	3,00
3	2	0,1	5,9	4,95
4	2	0,5	7,4	6,65
5	2	1,5	7,9	7,65
6	2	2,4	7,5	7,70
7	2	3,5	6,0	6,75
8	2	5,0	3,0	4,50
9	2	4,0	1,0	2,00
10	2	3,0	0,0	0,50

[6] Der durchschnittliche Monatsbestand errechnet sich aus der Summe von Anfangs- und Endbestand eines Monats dividiert durch 2.

Der Lagerbestand verändert sich zwischen den Extremwerten Null zu Anfang und Ende der Produktionsperiode und 7,9 Mill. ME zum Ende des 5. Monats. Bei laufenden Ausgaben für Material, Löhne und Energie in Höhe von 25,– DM je ME entspricht das einer Kapitalbindung im Lager zwischen 0,– DM und 1 975 000,– DM[7]).

Die Höhe der Bestände im Fertigwarenlager macht deutlich, welche ausschlaggebende Kapitalwirkung von der Emanzipation der Produktions- von der Absatzentwicklung ausgeht. Angesichts der hohen z. T. allerdings nur kurzfristigen Lagerinvestitionen wäre daher zu untersuchen, ob die gewählte kontinuierliche Produktion die optimale Lösung darstellt oder ob eine leicht veränderliche Produktion in den einzelnen Monaten, verbunden mit niedrigeren Lagerbeständen, nicht zu Kostensenkungen bei gleichzeitig geringerer Kapitalbindung führt. Dabei ist allerdings zu berücksichtigen, daß eine teilweise zeitliche Angleichung von Produktion und Absatz nur bei höheren Fertigungskapazitäten mit einer steigenden Kapitalbindung im Anlagevermögen möglich ist.

Forderungen:

Aus Erfahrung weiß die Unternehmensleitung, daß sie etwa 70 % der gesamten Absatzmenge bar verkauft, während der Rest von 30 % auf Ziel veräußert wird. Der Zeitraum, in dem die Unternehmung auf den Eingang der Gelder aus den Zielverkäufen warten muß, stellt sich durchschnittlich auf 25 Arbeitstage. Die Unternehmensleitung muß daher auch noch die Zielverkäufe für 25 Tage finanzieren. Zu finanzieren ist dabei nur der Teil der Forderungen, der den laufenden Ausgaben für den Materialeinsatz und die Fertigung entspricht, also 25,– DM pro 100 ME im vorliegenden Fall.

Tabelle 2

Produktions-monat	Absatz in Mill. ME	Zielverkäufe in Mill. ME [0,30 · Absatz]	Kapitalbindung am Ende des Monats
(1)	(2)	(3) = (2) · 0,3	(4) = (3) · 0,25
1	–	–	0
2	–	–	0
3	0,1	0,03	7 500
4	0,5	0,15	37 500
5	1,5	0,45	112 500
6	2,4	0,72	180 000
7	3,5	1,05	262 500
8	5,0	1,50	375 000
9	4,0	1,20	300 000
10	3,0	0,90	225 000
11	–	–	0

---

[7]) Der durchschnittlich erforderliche Kapitalbetrag ist mit Hilfe der durchschnittlichen monatlichen Lagerbestände zu bestimmen. Der Durchschnittsbestand für die zehnmonatige Produktionsperiode errechnet sich, indem die Summe der durchschnittlichen Monatsbestände (44,7 Mill. ME) durch die Anzahl der Monate dividiert wird. Bei einem Durchschnittsbestand von 4,47 Mill. ME resultiert daraus ein Kapitalbedarf von 1 117 500 DM im Mittel. Dem durchschnittlichen Kapitalbedarf kommt allerdings für die Finanzpolitik keine Bedeutung zu, wie insbesondere der Abschnitt III zeigen wird.

Die Kapitalbindung in den Forderungen ist wiederum abhängig von der Absatzentwicklung in den einzelnen Monaten. Die erforderliche Kapitalbindung ist der Tabelle 2 zu entnehmen.

Die Kapitalbindung in den Forderungen erstreckt sich bei acht Verkaufsmonaten und einem Monat Ziel auf insgesamt neun Monate. Dabei schwankt die Kapitalbindung zwischen 0 zum Ende des elften Monats nach Produktionsbeginn und 375 000,– DM zum Ende des achten Produktionsmonats[8]).

c) Kapitalbedarf für Werbung

Zur Einführung des neuen Produktes setzt die Unternehmensleitung aus werbemediatechnischen Gründen eine Kombination von Werbemitteln ein, um bei guter Streuung der Werbebotschaft eine optimale Werbewirkung zu erzielen. Gewählt wird eine Einschiebung im Fernsehen für vier Wochen bei einem Aufwand von 300 000,– DM. Zugleich wird eine nationale Plakatierung für weitere 290 000,– DM durchgeführt. Für Display-Material im Handel werden weitere 40 000,– DM ausgegeben. Der Gesamtbetrag für Werbung stellt sich damit auf 630 000,– DM.

Bedingt durch die spezielle Art der Werbung ist es jedoch nicht möglich, diese Werbeausgaben der neu einzuführenden Sorte eindeutig zuzurechnen. Alle Werbemittel werben gleichzeitig für die neue Sorte und den Firmennamen, der Inbegriff für das gesamte Produktions- und Verkaufsprogramm ist. Dominierend für die Werbung ist dabei eher der Firmenname als der spezielle Markenname der neuen Sorte. Diese mehr firmen- als markenorientierte Werbung führt dazu, daß der gesamte Werbeetat nicht erhöht zu werden braucht, um die Einführungswerbung für das neue Erzeugnis betreiben zu können. Der Werbeetat wird lediglich anders auf die Produkte des Fertigungsprogrammes verteilt. Die Einführung der neuen Sorte zieht daher keinen zusätzlichen Finanzbedarf für die Werbung nach sich, da die nötigen Kapitalien durch Umschichtung des Werbeetats freigesetzt werden können.

d) Zusammenstellung des gesamten Kapitalbedarfs für das neue Erzeugnis

Der Kapitalbedarf für das neue Produkt stellt sich damit auf maximal 3 323 500,– DM. Dieser Kapitalbetrag muß jedoch nicht zu einem einzigen Zeitpunkt zur Verfügung gestellt werden, wie die unter III behandelte zeitliche Verteilung des Kapitalbedarfs zeigen wird. Zudem kann ein Teil des Kapitals aus dem laufenden Umsatzprozeß aufgebracht werden, so daß der maximale Finanzbedarf hinter der maximalen Kapitalbindung zurückbleibt.

---

[8]) Die durchschnittliche Kapitalbindung, die vereinfachend aus der Summe der neun Endbestände an Forderungen errechnet werden soll (1,5 Mill. dividiert durch 9) beläuft sich auf aufgerundet 166 700,– DM.

Tabelle 3

Kapitalbindungsart	Kapitalbedarf für das neue Erzeugnis	
	mindestens	höchstens
Entwicklung	22 700	22 700
Anlagen	220 000	220 000
Rohwarenlager	21 600	21 600
Verpackungsmateriallager	3 200	19 200
Halbfabrikate	60 000	60 000
Fertigwarenlager	0	1 975 000
Forderungen	0	375 000
Werbung	630 000	630 000
		3 323 500

Der errechnete Kapitalbedarf für das neue Erzeugnis gilt zudem nur unter der Voraussetzung, daß keine Substitutionsbeziehungen zwischen dem neuen Erzeugnis und dem bisherigen Fertigungsprogramm existieren. Besteht ein derartiger Substitutionseffekt, so führt die Einführung des neuen Produktes zu einer Verringerung des Absatzes der bisher geführten Sorten. Wegen des sinkenden Absatz- und Produktionsvolumens sinkt dann auch die Kapitalbindung für die bisher geführten Sorten, und zwar wird Kapital im Lager für Verpackungsmaterial, Halbfabrikate, Fertigwaren sowie in den Forderungen freigesetzt. Die Höhe der Kapitalfreisetzung errechnet sich durch Vergleich der Kapitalbindung für die alten Sorten vor und nach der Einführung der neuen Sorte.

Ein Substitutionseffekt kann zwischen zwei Sorten des bisherigen Programms und der neuen Sorte festgestellt werden. Der Substitutionseffekt wirkt sich so aus, daß Nachfrage von Produkten einer geringeren Preisgruppe auf das teuere neue Erzeugnis umgelenkt wird, wobei das Absatzvolumen insgesamt noch anwächst. Ein Vergleich der Kapitalbindung der beiden schon im Programm befindlichen Sorten vor und nach Einführung des neuen Erzeugnisses zeigt folgende Kapitalfreisetzung:

Tabelle 4

	Kapitalfreisetzung	
	mindestens	höchstens
Verpackungsmaterial/Rohstoffe	9 000	15 000
Halbfabrikate	30 000	30 000
Fertigwaren	0	1 110 000
Forderungen	0	150 000
Werbung	630 000	630 000
		1 935 000

Einer maximalen Kapitalbindung von 3 323 500,- DM für das neue Produkt steht damit eine maximale Kapitalfreisetzung in Höhe von 1 935 000,- DM gegenüber, so daß sich der zusätzliche Finanzbedarf auf mindestens 1 388 500,- DM beläuft.

Im folgenden soll nun gezeigt werden, wie sich die Kapitalbindung und der Finanzbedarf auf die einzelnen Entwicklungs- und Produktionsstadien verteilt.

III. Die zeitliche Verteilung der Kapitalbindung und des Finanzbedarfs

Bei einer Kapitalbedarfsrechnung ist neben der Höhe des erforderlichen Kapitals auch von Bedeutung, in welchem Zeitraum und zu welchen Zeitpunkten des Entwicklungs- und Produktionsstadiums die Kapitalbeträge bereitzustellen sind. Die Darstellung der zeitlichen Verteilung des Kapitalbedarfs soll im folgenden, soweit möglich, an die Netzplananalyse für die Entwicklung des Produktes angelehnt werden. Um eine bessere Übersicht zu erreichen, sollen zwei Phasen der Kapitalbindung unterschieden werden:

a) Phase 1: Sie umfaßt die Produktentwicklung sowie die Produktion bis zum Zeitpunkt der Einführung des Produktes im Handel nach 48,5 Wochen (gesamte Netzplanzeit).

b) Phase 2: Sie umfaßt den Zeitraum nach der Einführung des Produktes bis zum Ende der Verkaufssaison.

P h a s e   1 : Der Kapitalbedarf für die Produktentwicklung in Höhe von 22 700,– DM ist nach Ablauf des Verbrauchertestes am Ende der 19. Woche in voller Höhe angefallen. Dieser Kapitalbedarf verteilt sich folgendermaßen auf die einzelnen Wochen und Aktivitäten:

1. 1.–5. Woche: Materialeinsatz für die Rezeptur [Aktivität (1/2) 500,– DM][9]) und die Handmuster [Aktivität (4/5) 1000,– DM]   1 500,– DM

2. 6.–10. Woche: Material, Verpackung und Lohn für die Versuchsproduktion [Aktivität (5/8) 9800,– DM und (7/8) 1000,– DM] und die Entwicklung der Verpackung [Aktivität (3/7) 400,– DM]   11 200,– DM

3. 10.–14. Woche: Graphische Gestaltung der Verpackung [Aktivität (7/9)]   2 000,– DM

   Da die graphische Gestaltung nicht zu den Tätigkeiten auf dem kritischen Weg zählt, wird die Aufnahme dieser Arbeit bis zum spätest möglichen Zeitpunkt (10. Woche) verzögert, da die Gestaltung der Verpackung erst zum Testbeginn in der 14. Woche vorliegen muß. In gleicher Weise werden alle nicht kritischen Aktivitäten z. B. (3/7), (7/8), (7/9), (9/12) usw. behandelt, um einen möglichst späten Zeitpunkt für die Kapitalbindung zu erreichen.

4. 15.–19. Woche: Ausgaben für den Verbrauchertest [Aktivität (12/13)]   8 000,– DM

---

[9]) Die Zahlenangaben zur Kennzeichnung der Aktivitäten geben den Anfangs- und Endknoten im Netz an, zwischen denen die Aktivität liegt.

Weitere Kapitalien sind erst in der 40. Woche bereitzustellen. Zu diesem Zeitpunkt sind alle Voraussetzungen zur Aufnahme der Produktion erfüllt. In der 40. Woche ist die Rechnung für den Kauf der Maschine in Höhe von 220 000,- DM fällig [Aktivität (17/22)]. Außerdem baut der Betrieb das Materiallager für 21 600,- DM [Aktivität (15/22)] sowie das Lager für Verpackungsmaterial 19 200,- DM [Aktivität (21/22)] auf. Der Kapitalbedarf für das Verpackungsmateriallager schwankt dabei im Rhythmus von zehn Tagen zwischen 19 200,- DM und 3200,- DM. Insgesamt ist damit bis zum Ende der 40. Woche Kapital in Höhe von 283 500,- DM für die Entwicklung des neuen Produktes bereitzustellen, davon entfallen 22 700,- DM auf die Entwicklungsarbeiten und 260 800,- DM auf die Beschaffung der nötigen Produktionsfaktoren.

Das in der 40. Woche bereitzustellende Kapital von 260 800,- DM braucht jedoch nicht in voller Höhe zusätzlich zum bisher verfügbaren Kapital beschafft zu werden. Da zwischen dem neuen Produkt und zwei bereits im Produktionsprogramm befindlichen Erzeugnissen ein Substitutionseffekt besteht, schränkt das Unternehmen die Produktion der zwei Sorten ein und verringert die entsprechenden Material- und Verpackungsläger. Dadurch wird Kapital in Höhe von 9000,- DM bis maximal 15 000,- DM freigesetzt. Die Schwankungen in der Freisetzung erklären sich durch die Bestandsveränderungen im Lager für Verpackungsmaterial. Im folgenden soll mit einer durchschnittlichen Freisetzung von 12 000,- DM gerechnet werden. Eine Kapitalbindung für das neue Erzeugnis von 283 500,- DM zum Ende der 40. Woche steht damit nur ein zusätzlicher Finanzbedarf in Höhe von 271 500,- DM bis zu diesem Zeitpunkt gegenüber (vgl. Tabelle 5, Spalte 8).

Tabelle 5

Kapital-bindung für	Woche	Kapitalbindung im neuen Erzeugnis		Kapital-freisetzung		zusätzlich erforderliche Finanzmittel	
		3	4	5	6	7 = 3-5	8 = 4-6
1	2	in .. Woche	bis .. Woche	in .. Woche	bis .. Woche	in .. Woche	bis .. Woche
Entwicklung	19	22 700	22 700	–	–	22 700	22 700
Produktionsmittel	40	260 800	283 500	12 000	12 000	248 800	271 500
Halbfabrikate	40,5	60 000	343 500	30 000	42 000	30 000	301 500
Fertigwaren	40,5–48,5	1 000 000	1 343 500	150 000	192 000	850 000	1 151 500
Werbung	48,5	630 000	1 973 500	630 000	822 000	–	1 151 500

In der 41. Woche nimmt der Betrieb die Produktion auf und baut innerhalb von drei Tagen Halbfabrikateläger in Höhe von 60 000,- DM [1. Teil der Aktivität 22/23)] auf. Der Substitutionseffekt führt jedoch zu einer Kapitalfreisetzung von 30 000,- DM. Aus der dritten Zeile der Tabelle 5 ist dann die Kapitalbindung und das zusätzlich erforderliche Kapital bis zur 41. Woche zu entnehmen.

Von Mitte der 41. Woche bis Mitte der 49. Woche produziert der Betrieb acht Wochen lang (zwei Monate) und baut Fertigwarenläger auf. Bis zur Mitte der 49. Woche hat das Lager eine Bestandshöhe von 4 Mill. ME erreicht. Das entspricht bei 25,– DM Kapitalbedarf für 100 ME einer Kapitalbindung von 1 Mill. DM[10]). Durch den Substitutionseffekt werden bis zu diesem Zeitpunkt 150 000,– DM Kapital im Fertigwarenlager freigesetzt.

Zum Zeitpunkt der Einführung des Produktes muß auch die Werbekampagne in Höhe von 630 000,– DM bezahlt werden[11]), dieser Betrag kann jedoch aus dem bisher verfügbaren Werbeetat bestritten werden, erfordert also keine zusätzlichen Finanzmittel. Bis zur Einführung des neuen Erzeugnisses 48,5 Wochen nach Beginn der Entwicklungsarbeiten muß das Unternehmen damit 1 151 500,– DM zusätzliche Finanzmittel aufbringen. Die Kapitalbindung für das neue Erzeugnis beläuft sich bis zu diesem Zeitpunkt auf 1 973 500,– DM.

P h a s e 2 : 48,5 Wochen nach der Aufnahme der Entwicklungsarbeiten werden die ersten Mengeneinheiten des neuen Erzeugnisses verkauft. Die Erlöse nach Abzug von Rabatten, Skonti und Mehrwertsteuer belaufen sich auf 45,– DM je 100 ME. Bei laufenden Ausgaben für die Produktion (Material, Verpackung, Löhne und Energie) in Höhe von 25,– DM je 100 ME ergibt das einen Überschuß (cash flow) von 20,– DM je 100 ME. Dieser Überschuß entspricht dem Gewinn vor Abzug der Abschreibungen für die Entwicklungskosten, die Maschinen, die Werbung sowie die Distributions-, Verkaufs- und Verwaltungskosten. Aus dem Umsatz fließen dem Unternehmen somit 20,– DM liquide Mittel für 100 ME zu, die nicht zur Aufrechterhaltung der laufenden Produktion benötigt werden und die zur Finanzierung eines zusätzlich auftretenden Kapitalbedarfs für den weiteren Aufbau von Fertigungslägern und für das Entstehen von Forderungen herangezogen werden können.

In den einzelnen Absatzmonaten errechnet sich nun der folgende zusätzliche Kapitalbedarf.

Während des ersten Monats der Verkaufssaison produziert das Unternehmen 2 Mill. ME, setzt aber nur 0,1 Mill. ME ab, so daß der Lagerbestand um 1,9 Mill. ME wächst[12]). Bei einem Kapitalbedarf von 25,– DM für 100 ME entspricht das einer zusätzlichen Kapitalbindung von 475 000,– DM. Von den im 1. Absatzmonat verkauften 0,1 Mill. ME werden 70 % bar und der Rest von 30 % auf Ziel verkauft. Die Zielverkäufe von 0,03 Mill. ME müssen von der Unternehmung für einen Monat finanziert werden. Bei einer Kapitalbindung von 25,– DM je 100 ME resultiert daraus ein zusätzlicher Kapitalbedarf von 7500,– DM. Der gesamte zusätzliche Kapitalbedarf für Lagerhaltung und Forderung stellt sich damit im ersten Verkaufsmonat auf 482 500,– DM.

Dieser zusätzliche Kapitalbedarf kann jedoch zum Teil aus den Liquiditätsüberschüssen der Verkäufe und zu einem weiteren Teil durch Kapitalfreisetzung aufgebracht werden.

---
[10]) Dieser Betrag verteilt sich zeitproportional auf die folgenden Aktivitäten: 22/23 625 000 DM für einen Bestand von 2,5 Mill. ME ; 23/25 312 500 DM für weitere 1,25 Mill. ME; 26/29 62 500 DM für 0,25 Mill. ME.
[11]) Die Werbeausgaben verteilen sich auf die Aktivitäten: 24/25 mit 40 000,– DM; 27/28 mit 290 000,– DM; 28/29 mit 300 000,– DM.
[12]) Zu den Absatz- und Produktionszahlen vgl. Tabelle 1.

Die im 1. Monat bar verkauften 0,07 Mill. ME erbringen einen Liquiditätsüberschuß von 14 000,- DM[13]). Die Einnahmen für die Zielverkäufe gehen im zweiten Verkaufsmonat ein – 6000,- DM Liquiditätsüberschuß –. Im Fertigwarenlager der Substitutionsgüter werden 140 000,- DM weniger Kapital gebunden als vor der Einführung des neuen Produktes. Außerdem ist bei gesunkenem Absatzvolumen die Kapitalbindung in den Forderungen um 8 000,- DM geringer. Insgesamt ergibt das eine Kapitalfreisetzung von 140 800,- DM – vgl. Tabelle 6 –.

Tabelle 6

Absatz-monat	Kapitalfreisetzung durch den Substitutionseffekt		Summe der Freisetzungen
	Lager	Forderungen	
1	140 000	800	140 800
2	185 000	3 700	188 700
3	198 000	11 300	209 300
4	187 000	18 000	205 000
5	150 000	26 200	176 200
6	75 000	37 500	112 500
7	25 000	30 000	55 000
8	–	22 500	22 500
Freisetzung in Phase 1	150 000	–	150 000
	1 110 000	150 000	1 260 000

Dem zusätzlichen Kapitalbedarf im ersten Verkaufsmonat des neuen Produktes von 482 500,- DM steht somit aus den Liquiditätsüberschüssen ein Betrag von 14 000,- DM und der Freisetzung ein weiterer Betrag von 140 800,- DM gegenüber. Zusätzliche Finanzmittel sind somit in Höhe von 327 700,- DM (vgl. Tabelle 7, Spalte 9) erforderlich.

Tabelle 7

Ende des Absatzmonats	Zusätzl. Kapitalbedarf für das neue Erzeugnis in Tsd.		Summe der zusätzl. Kapitalbindg. i. Tsd.	Liquiditätsüberschüsse aus Verkäufen i. Tsd.		Summe der Überschüsse in Tsd.	Freisetzg. durch den Substitutionseffekt i. Tsd.	Zusätzlicher Finanzbedarf i. Tsd.
	Lager	Forderg.		bar	Ziel			
1	2	3	4 = 2 + 3	5	6	7 = 5 + 6	8	9 = 4 – 7 – 8
1	475	7,5	482,5	14	–	14	140,8	327,7
2	375	30,0	405,0	70	6	76	188,7	140,3
3	125	75,0	200,0	210	30	240	209,3	– 249,3
4	– 100	67,5	– 32,5	336	90	426	205,0	– 663,5
5	– 375	82,5	– 292,5	490	144	634	176,2	– 1 102,7
6	– 750	112,5	– 637,5	700	210	910	112,5	– 1 659,0
7	– 500	75,0	– 425,0	560	300	860	55,0	– 1 340,0
8	– 250	– 75,0	–325,0	420	240	660	22,5	–1 007,5
9		– 225,0	– 225,0	–	180	180	–	– 180,0

---

[13]) 70 000 ME zu 20,- DM je 100 ME.

Für den zweiten Verkaufsmonat errechnet sich nur ein zusätzlicher Bedarf an Finanzierungsmitteln in Höhe von 140 300,- DM. Dieser Finanzbedarf resultiert aus folgender Rechnung. Bei einer Produktionsmenge von 2 Mill. ME und einem Absatz von 0,5 Mill. ME wächst der Fertigwarenbestand um 1,5 Mill. ME an, was einer zusätzlichen Kapitalbindung von 375 000,- DM entspricht, (vgl. zu den DM-Angaben jeweils die zweite Zeile der Tabelle 7). Von den 0,5 Mill. abgesetzten ME werden 0,15 Mill. ME auf Ziel geliefert. Daraus resultiert eine Erhöhung der Kapitalbindung in den Forderungen von 7500,- DM auf 37 500,- DM, also um 30 000,- DM. Der zusätzlichen Kapitalbindung von 405 000,- DM im Lager und in den Forderungen stehen Freisetzungsbeträge in Höhe von 188 700,- DM – vgl. Tabelle 6 – und Liquiditätsüberschüsse von 76 000,- DM (Barverkäufe des zweiten Monats – 70 000,- DM[14]) und die Einnahmen für die Zielverkäufe des ersten Monats – 6000,- DM) gegenüber, so daß sich der zusätzliche Finanzbedarf mit 140 300,- DM errechnet.

Im dritten Monat der Verkaufssaison ergibt sich kein Finanzbedarf mehr. Vielmehr übersteigen die Liquiditätsüberschüsse sowie die Freisetzungsbeträge aus dem Substitutionseffekt die zusätzliche Kapitalbindung in den Lägern und Forderungen um 249 300,- DM, so daß sich in dieser Höhe liquide Mittel ansammeln. Vom dritten Monat an ist damit die Finanzierung aus dem Umsatzprozeß möglich.

Der zusätzliche Finanzmittelbedarf für das neue Erzeugnis stellt sich damit auf 1 151 500,- DM in der ersten Phase (Tabelle 5, Spalte 6) und weitere 468 000,- DM in den ersten beiden Monaten der zweiten Phase (Tabelle 7, Spalte 9, Summe der Zeile 1 und 2). Der gesamte Kapitalbedarf beläuft sich damit auf maximal 1 619 500,- DM.

Obwohl der Finanzierungsbedarf für das neue Erzeugnis am Ende des zweiten Verkaufsmonats seinen Höhepunkt erreicht und vom dritten Monat an eine Rückzahlung etwaig aufgenommener Kredite aus dem Umsatzprozeß möglich ist, steigt die Kapitalbindung für das neue Erzeugnis noch bis zum Ende des dritten Verkaufsmonats (5. Produktionsmonat) an (Tabelle 7, Spalte 4). Die Höhe des maximal für das neue Erzeugnis gebundenen Kapitals beträgt 3 061 000,- DM. Dieser Betrag setzt sich wie folgt zusammen: 1 973 500,- DM am Ende der ersten Phase (Tabelle 5, Spalte 8) und weitere 1 087 500,- DM in der zweiten Phase (Tabelle 7, Spalte 4, Summe der positiven Zahlen). Die sich aus der zeitlichen Verteilung ergebende maximale Kapitalbindung für das neue Erzeugnis von 3 061 000,- DM zum Ende des dritten Verkaufsmonats weicht damit von der nach Tabelle 3 durch Summierung der Maxima der einzelnen Positionen errechneten Kapitalbindung in Höhe von 3 323 500,- DM erheblich ab. Die Differenz von 262 500,- DM erklärt sich daraus, daß die maximale Kapitalbindung in den Forderungen nicht zum Ende des dritten, sondern erst zum Ende des sechsten Verkaufsmonats erreicht ist. Vom vierten bis zum sechsten Verkaufsmonat steigt die Kapitalbindung in den Forderungen genau um 262 500,- DM (Tabelle 7, Spalte 3, Summe der Zeilen 4 bis 6). Da das Fertigwarenlager jedoch zum Ende des dritten Verkaufsmonats die maximale Kapital-

---

[14]) 350 000 ME Barverkäufe – 70 % von 0,5 Mill. ME – bei einem Liquiditätsüberschuß von 20,- DM je 100 ME.

bindung erreicht, wird die steigende Kapitalbindung in den Forderungen durch die sinkende Kapitalbindung im Fertigwarenlager mehr als kompensiert[15]).

Die Tabelle 7 zeigt weiterhin, daß zum Ende der Produktions- und Verkaufssaison die Kapitalbindung im Fertigwarenlager auf Null absinkt (die Summe der negativen Beträge in Spalte 2 entspricht gerade der maximalen Kapitalbindung im Lager). Das Kapital aus den Forderungen ist einen Monat nach Ende der Verkaufssaison freigesetzt. Außerdem werden zum Ende der Verkaufssaison die Läger für Rohstoffe, Verpackungsmaterial und Halbfabrikate aufgelöst. Die Kapitalbindung im Umlaufvermögen beläuft sich damit zum Ende der Verkaufssaison auf Null; die gesamten Kapitalien sind in liquide Mittel umgewandelt oder zur Rückzahlung von Krediten eingesetzt worden. Eine erneute Kapitalbindung im Umlaufvermögen findet erst wieder zu Beginn der neuen Produktionssaison statt.

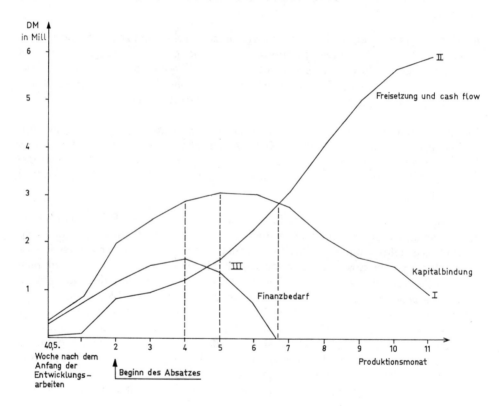

Abbildung 3

---

[15]) In der Berechnung der maximalen Kapitalbindung ist nicht berücksichtigt worden, daß die Kapitalbindung in den Anlagen der Entwicklung und der Werbung mit zunehmender Produktions- bzw. Verkaufszeit sinkt. Da sich diese Minderung der Kapitalbindung nicht theoretisch einwandfrei messen läßt, soll auf ihre Erfassung verzichtet werden.

Die zeitliche Entwicklung der Kapitalbindung, des Finanzbedarfs sowie der Kapitalfreisetzung durch den Substitutionseffekt und der Liquiditätsüberschüsse [cash-flow] soll noch in Form einer Zeichnung veranschaulicht werden. Die Zeitachse der Zeichnung beginnt aus didaktischen Gründen 40,5 Wochen nach dem Beginn der

Entwicklungsarbeit, also mit der Fertigstellung der ersten verkaufsfähigen Erzeugnisse. In der Abbildung ist einmal die Höhe der Kapitalbindung in den einzelnen Produktionsmonaten erfaßt – Kurve (I) – zum zweiten ist die Summe der Liquiditätsüberschüsse zuzüglich der Freisetzungsbeträge bis zum jeweiligen Betrachtungsmonat eingetragen – Kurve (II) –[16].

Solange die Kurve des Kapitalbedarfs (I) noch über der der Rückflüsse und Freisetzungen (II) liegt, sind die in das neue Erzeugnis investierten Beträge aus dem Umsatzprozeß noch nicht wieder zurückgeflossen. Nach gut 6,5 Produktionsmonaten entsprechen sich jedoch Kapitalbindung und Rückflüsse [pay-off-period], d. h. die Investition für das neue Erzeugnis hat sich nach 6,5 Produktionsmonaten amortisiert und beginnt Gewinne abzuwerfen.

Die Bestimmung der pay-off-periode ist im vorliegenden Fall allerdings etwas ungenau, da der Substitutionseffekt zu Umsatzeinbußen im bisherigen Produktionsprogramm führt, die im Kurvenzug II nicht berücksichtigt sind. Diese Umsatzeinbußen müssen von den Überschüssen von 20,– DM pro 100 ME des neuen Erzeugnisses abgesetzt werden, um die durch Neueinführung des Erzeugnisses zusätzlich erzielbaren Überschüsse bestimmen zu können. Werden die Umsatzeinbußen für das bisherige Programm berücksichtigt, so verläuft die Kurve der Freisetzungen und des cash-flow (II) nicht so steil wie in der Abbildung, so daß die pay-off-periode verlängert wird [der Schnittpunkt der beiden Kurven wandert nach rechts].

Aus der Abbildung ist weiterhin zu entnehmen, welcher zusätzliche nicht aus dem Umsatzprozeß und bei der Freisetzung zu deckende Finanzbedarf auftritt. Solange der vertikale Abstand zwischen der Kapitalbindung (I) und der Kurve der Überschüsse und Freisetzungsbeträge (II) mit fortschreitender Produktionszeit noch zunimmt, wächst die Kapitalbindung stärker als die Überschüsse und die Freisetzungen, d. h., es müssen zusätzliche Finanzmittel für die Produktion aufgebracht werden[17]. Der Finanzbedarf (III) erreicht am Ende des 4. Monats den maximalen Betrag. Von Ende des 4. bis Mitte des 6. Monats fließen dann alle aufgebrachten Finanzmittel aus dem Umsatzprozeß zurück.

---

[16]) Die Kurve der Kapitalbindung ist durch Akkumulation der zusätzlichen Kapitalbindung in den einzelnen Monaten (Tabelle 5, Spalte 3 und Tabelle 7, Spalte 4) entstanden. Die Kurve der Freisetzungsbeträge und Überschüsse entspricht der Akkumulation der zusätzlichen Freisetzungen bzw. der zusätzlichen Überschüsse in den einzelnen Betrachtungsmonaten (Tabelle 5, Spalte 5 und Tabelle 7, Spalte 7 und 8).
[17]) Die Kurve des Finanzbedarfs (III) ergibt sich, wenn von der Kurve der Kapitalbindung (I) die der Überschüsse und Freisetzungen (II) abgezogen wird.

15

Die Erschließung eines Exportmarktes

Eroberung des US-Marktes durch das Volkswagenwerk

Von Dr. Werner Bartram und Dr. Wolfgang Hilke[1]

A. Gründe für Exportbemühungen einer Unternehmung

Für ein Unternehmen, das seine Produkte bisher nur auf einem Inlandsmarkt absetzte, kann es verschiedene Gründe geben, nach zusätzlichen Absatzmöglichkeiten auf ausländischen Märkten zu suchen. Wie unterschiedlich die Gründe auch immer sind, sie resultieren letztlich alle aus jener Zielsetzung, die für Unternehmen in einer Marktwirtschaft typisch ist: langfristige Gewinnmaximierung bzw. Unternehmenssicherung.

Kurzfristig kann der Wunsch, zusätzlich zu exportieren, beispielsweise darauf zurückzuführen sein, daß der Inlandsabsatz – etwa infolge einer Rezession – nicht mehr ausreicht, die vorhandenen Kapazitäten auszulasten.

Langfristig können folgende Gründe für die Suche nach Exportmärkten eine Rolle spielen:

Absatzstabilisierung – „Ein Unternehmen, das sowohl auf Inlands- als auch auf Auslandsmärkten anbietet, hat im allgemeinen eine gute Chance, Absatzrückgänge im Inland durch steigende Exporte auszugleichen"[2] (und umgekehrt), da es unwahrscheinlich ist, daß alle Märkte von einer Rezession gleichzeitig betroffen werden.

Marktintegration – Das Unternehmen will seine Chancen, die durch ein Zusammenwachsen von nationalen Märkten zu einem Großmarkt (z. B. EWG-Markt) entstehen, wahren, indem es rechtzeitig in jene Marktgebiete exportiert.

Marktsättigung im Inland – Auf lange Sicht erscheint oftmals das Wachstum der Unternehmung bei einer Beschränkung auf den Inlandsmarkt nicht möglich.

Exportaktivität der Konkurrenz – Eine Unternehmung beobachtet, daß ihre Konkurrenten mit der Erschließung von Exportmärkten beginnen. Dies kann ein Grund für sie sein, selbst die Belieferung dieser Märkte in Angriff zu nehmen, um dort ebenfalls vertreten zu sein.

---

[1] Die Verfasser danken an dieser Stelle der Volkswagenwerk AG, Wolfsburg, für die zahlreichen Angaben und Unterlagen, die sie zur Verfügung stellte. Erst durch diese Zusammenarbeit konnten insbesondere die meisten Zahlen für diejenigen Tabellen, für die im Text keine Quellen nachgewiesen werden, und die Ergebnisse der Marktanalysen zusammengestellt werden. – Der Studie liegen die Verhältnisse von 1969 zugrunde.

[2] H. Jacob: Preis und Produktionsprogramm als Mittel betrieblicher Konjunkturpolitik, in: Schriften zur Unternehmensführung, Band 2, Wiesbaden 1967, S. 37 ff., hier S. 57.

Absatzstabilisierung³) und zukünftige Marktsättigung im Inland können auch als Gründe dafür angesehen werden, warum die Volkswagenwerk AG, Wolfsburg, sich Exportmärkte geschaffen hat. Am Beispiel eines dieser Märkte, des US-Marktes, werden im folgenden die wesentlichen Probleme der Erschließung von Exportmärkten dargestellt.

Der bereits 1948 gefaßte Entschluß, VWs nach den USA auszuführen, wurde allerdings durch die besondere Situation erzwungen, in der sich das Volkswagenwerk in jener Zeit befand. Es benötigte dringend Maschinen, die nur in Amerika erhältlich waren. Welche Bedeutung die Beschaffung amerikanischer Maschinen für das Volkswagenwerk besaß, ist daraus zu ersehen, daß selbst im Jahre 1965 noch 40 % aller in Wolfsburg verwendeten Karosseriepressen aus Amerika stammten, ebenso die Maschinen für die Bearbeitung von Teller- und Kegelrad⁴). Um die für den Kauf der Maschinen erforderlichen Dollars zu beschaffen, mußte unbedingt versucht werden, VWs in Amerika zu verkaufen. Damit stellte sich für die Leitung des VW-Werkes die Aufgabe, den US-Markt für die Produkte des Wolfsburger Werkes zu erschließen.

B. Planung der Absatzpolitik auf dem Exportmarkt

Gegenstand der Absatzpolitik einer Unternehmung ist allgemein, über den Einsatz des sogenannten „absatzpolitischen Instrumentariums" zu entscheiden. Dieses besteht nach Gutenberg aus: Preispolitik, Produktgestaltung, Werbung und Absatzmethoden⁵). Bevor die Unternehmensleitung Art und Umfang der absatzpolitischen Maßnahmen auf dem Exportmarkt festlegt, muß geklärt sein, woran sie ihre Entscheidungen orientieren will. Die denkbaren Möglichkeiten seien im folgenden kurz umrissen.

I. Möglichkeiten der Orientierung der eigenen Absatzpolitik

Zu unterscheiden sind im wesentlichen zwei Alternativen:

1. Orientierung an Ergebnissen von Marktanalysen

Häufig werden Unternehmen bestrebt sein, die Verhältnisse auf dem Exportmarkt kennenzulernen, bevor sie ihre absatzpolitischen Maßnahmen für diesen Markt festlegen. Hierbei können sie sich der Marktforschung bedienen⁶). Die Ergebnisse der Marktforschung stellen, wenn dieses Instrument richtig gehandhabt wird, die beste Grundlage dar, an der sich die Absatzpolitik des Unternehmens orientieren kann.

---

³) So heißt es beispielsweise im Geschäftsbericht der Volkswagenwerk AG, Wolfsburg, von 1966, S. 7: „Die Politik des Volkswagenwerkes, neue Exportmärkte zu erschließen und bestehende auszubauen, machte es möglich, einen gegen Jahresende auf dem Inlandsmarkt eingetretenen Absatzrückgang noch weitgehend durch verstärkten Export auszugleichen."
⁴) Vgl. W. H. Nelson: „Die Volkswagen-Story", München 1965, S. 169.
⁵) Vgl. E. Gutenberg: „Grundlagen der Betriebswirtschaftslehre", Bd. 2: Der Absatz, 9. Aufl., Berlin - Heidelberg - New York 1966, S. 48 ff.
⁶) Vgl. hierzu W. K. A. Disch: Die Möglichkeiten der Marktforschung für das Unternehmen, Auslandsmärkte zu erschließen und den Absatz zu sichern, in: Schriften zur Unternehmensführung, Band 8, Wiesbaden 1969, S. 61 ff.

In der Praxis ist zu beobachten, daß manche Firmen aus Zeit- oder Kostengründen auf eine umfassende Analyse des Exportmarktes verzichten. Sie beschränken sich vielmehr beispielsweise darauf, sich über die Absatzpolitik der im Exportland ansässigen Konkurrenten zu informieren und dann ihre eigenen absatzpolitischen Maßnahmen danach auszurichten. Eine andere Möglichkeit wäre, das Vorgehen der Exporteure von Konkurrenzgütern zu analysieren und hieraus die eigenen Aktivitäten zum Erschließen des Exportmarktes abzuleiten.

2. Orientierung an erfolgreicher Inlandsmarkt-Politik

Nicht immer stellt ein Unternehmen die Erforschung eines potentiellen Exportmarktes an den Beginn seiner Exportbemühungen. Vielmehr kann es bestrebt sein, zunächst eine bestimmte Menge seines Produktes auf dem Exportmarkt abzusetzen und die Durchleuchtung des ausländischen Marktes an den Absatzergebnissen anzuknüpfen[7]). Da in diesem Falle im Zeitpunkt des ersten Eindringens Kenntnisse über den Exportmarkt weitgehend fehlen, wird sich das Unternehmen bei seinem Vorgehen an seiner inländischen Absatzpolitik orientieren.

Bei der Erschließung des US-Marktes hat das VW-Werk die zweite der – in den Abschnitten 1 und 2 – beschriebenen Orientierungsmöglichkeiten gewählt, insbesondere deshalb, weil es überzeugt war, daß die im Inland betriebene Art der Absatzpolitik auf dem US-Markt erfolgreich sein würde.

II. Entscheidungen über die absatzpolitischen Instrumente

Wie sah die für den amerikanischen Markt entwickelte Absatzpolitik des VW-Werkes aus? Für die einzelnen absatzpolitischen Instrumente ergibt sich:

1. Produktstrategie

Grundsätzlich stellt sich für jedes am Export interessierte Unternehmen die Frage, ob es neue Produkte für den Exportmarkt entwickeln

oder

ob es das bisherige Produktionsprogramm ganz oder teilweise – gegebenenfalls mit gewissen Variationen – auf dem Auslandsmarkt anbieten soll.

Voraussetzung für den erfolgreichen Absatz eines Produktes ist in jedem Falle, daß seine Eigenschaften den Anforderungen des Marktes gerecht werden. Es muß Bedarf für ein Erzeugnis mit gerade diesen Merkmalen bestehen; eine Marktlücke muß vorhanden sein.

Das Volkswagenwerk entschied sich dafür, einige von den in Deutschland bereits angebotenen Produkten auch auf dem US-Markt einzuführen. Es ging dabei von der Überzeugung aus, daß dort für den VW eine Marktlücke bestand, weil sich in den USA das Pkw-Angebot auf relativ große und teure Modelle beschränkte. Naheliegend war es anzunehmen, daß auch Nachfrage für Autos kleineren Ausmaßes und/oder niedrigeren Preises vorhanden war, insbesondere dann, wenn diese einen hohen Qualitätsstand aufweisen.

---

[7]) W. K. A. Disch spricht in diesem Zusammenhang treffend von „Vorab-Export", a. a. O., S. 68.

Zur Erschließung des US-Marktes wurde in erster Linie an die VW-Limousine gedacht, daneben waren jedoch auch Karman-Ghias, VW-Busse und -Transporter vorgesehen.

Wie zu Beginn des Exportes wurde auch später niemals die gesamte VW-Produktlinie in Amerika angeboten. Während in Deutschland und in einigen anderen Ländern beispielsweise der „Käfer" mit 1200er, 1300er und 1500er Motor verkauft wird, gibt es diesen Typ in den USA heute nur als VW 1500. Ebenso wird der VW-Variant in Amerika nur mit dem 1,6-Liter-Motor, in Deutschland indessen wahlweise mit 1,5- oder 1,6-Liter-Motor abgesetzt. Ferner wird der VW 1600 in Nordamerika nur mit Fließheck, nicht jedoch alternativ mit Stufenheck angeboten.

Diese Beschränkungen in der Produktlinie werden insbesondere aus folgendem Grunde notwendig: Das VW-Werk hatte schon frühzeitig erkannt, daß ein langfristiger Erfolg auf dem US-Markt nur dann möglich ist, wenn zu allen angebotenen Modellen jederzeit und überall in den USA ausreichend Ersatzteile erhältlich sind. Die Ersatzteilversorgung soll genauso reibungslos erfolgen wie bei amerikanischen Wagen. Deshalb mußte und muß jeder VW-Händler ein umfangreiches Ersatzteillager halten. Um nun die mit den Ersatzteillagern verbundenen hohen Kosten in einem noch tragbaren Rahmen zu halten, war von Anfang an eine Beschränkung der Produktlinie in den USA auf einige wenige Modelle unvermeidbar.

2. Preispolitik

Auch das absatzpolitische Instrument „Preispolitik" muß auf die besonderen Verhältnisse des Marktes abgestimmt sein. Eine „marktgerechte" Preispolitik stellt – neben der Produktgestaltung – die zweite Voraussetzung für das Eindringen in einen neuen Markt dar. Im allgemeinen wird es einem Unternehmen um so eher gelingen, in einen Markt vorzustoßen, je niedriger die Preise für seine Erzeugnisse im Vergleich zur Konkurrenz sind.

So orientierte sich auch das VW-Werk hinsichtlich der Preishöhe für seine Produkte an den Preisen der billigsten amerikanischen Wagen und den Preisen anderer europäischer Importwagen. Die Preispolitik zielte darauf ab, mit den VW-Preisen eine bestimmte Spanne u n t e r den Konkurrenzpreisen zu liegen. Der VW sollte also nicht nur hinsichtlich seiner Produktgestaltung etwas Neues darstellen, sondern auch durch niedrige Preise attraktiv sein. So kostete der VW-Käfer im Jahre 1956 etwa 1495 $ und war damit 249 $ billiger als der billigste amerikanische Wagen.

In späteren Jahren sah sich das VW-Werk zu Änderungen seiner ursprünglichen Preise veranlaßt (vgl. Tabelle 1). Als Gründe hierfür sind zum einen die allgemeine Kostenentwicklung und zum anderen die teils erheblichen Produktverbesserungen zu nennen. Bei diesen Preiskorrekturen ging es immer darum, eine attraktive Preis-Spanne zwischen VW und den billigsten Konkurrenzwagen zu halten. Die Entwicklung dieser Preis-Spanne zeigt Tabelle 1.

Die Erschließung eines Exportmarktes 277

Jahr	Preis für VW-Käfer	Preis des jeweils billigsten amerikanischen Pkws	Preis-Differenz (3) – (2)
(1)	(2)	(3)	(4)
1956	1 495 $	1 744 $	249 $
1960	1 565 $	1 684 $	119 $
1965	1 595 $	1 846 $	251 $
1968	1 750 $	1 998 $	248 $

Tabelle 1

Die auffällig geringe Preis-Differenz im Jahre 1960 war zurückzuführen auf die gerade auf dem Markt erschienenen amerikanischen Compacts (siehe hierzu Abschnitt C, II). 1968 kostete der VW-Käfer in den USA zunächst etwa 1750 $; Ende 1968 wurde sein Preis wegen der 4%igen Exportsteuer auf 1799 $ heraufgesetzt. Damit ist die Spanne wieder einmal zusammengeschrumpft.

3. Werbung

Im Gegensatz zu allen anderen absatzpolitischen Instrumenten wurde die Werbung auf dem amerikanischen Markt nicht von der in Deutschland betriebenen Werbepolitik abgeleitet. In der ersten Einführungsphase wurde sogar von besonderen Werbemaßnahmen abgesehen. Das VW-Werk vertraute auf den hohen Qualitätsstand seiner Erzeugnisse sowie ihre attraktiven Preise und war überzeugt, daß sie sich auf Grund dessen auch in den USA durchsetzen würden. Diese Überlegung erwies sich als richtig.

Erst 1959 – als bereits ca. 270 000 VWs in den USA verkauft worden waren – wurde dort begonnen, für den VW in großem Stile zu werben. Der Werbung wurde also nicht die Aufgabe zugewiesen, die Verkäufe von VWs in Gang zu bringen, sondern die Verkäufe zu erhöhen. Wagen zu verkaufen, „ist Aufgabe des Händlers"[8]. Aufgabe der Werbung ist es, die Leute mit den Vorzügen des VWs bekannt zu machen[9].

Die vom VW-Werk festgelegte Werbepolitik äußerte sich beispielsweise in folgenden Richtlinien:
- Die Werbeaussage soll sich streng an die Tatsachen halten.
  Beispiel: In einer Anzeige wurde ein Normverbrauch von 8 Litern auf 100 km angegeben; als mehrere VW-Besitzer diese Angabe kritisierten, veranlaßte VW seine Werbeagentur zu folgendem Zusatz: „Mal mehr, mal weniger – je nach Ihrer Fahrweise".
- Die Intelligenz der Leser darf nicht unterschätzt werden.
- Jedes Inserat soll ein spezielles Thema behandeln und gleichzeitig originell sein.
  Beispiel: Bei der Werbung für VW-Kleinbusse wurde wie folgt argumentiert: „Wie wir genau wissen, wird niemand diesen Wagen als Überraschungsgeschenk für die Familie kaufen. Und niemand kann, wenn er damit zu Hause vorfährt, einen begeisterten Empfang erwarten. Es gehört schon Mut dazu, einen unserer kastenförmigen Wagen zu kaufen. Genau da haken wir beim Leser ein. Wir fragen ihn klipp und klar, ob er Manns genug ist, ihn vor seine Türe zu stellen. Wir packen ihn bei seinem

---

[8] P. R. Lee, von 1955–1965 einer der verantwortlichen Werbefachleute für VW in Amerika, zitiert nach: W. H. Nelson: „VW-Story", a. a. O., S. 204.

[9] W. Bernbach, Präsident der Doyle-Dane-Bernbach-Werbeagentur, zitiert nach: W. H. Nelson: „VW-Story", a. a. O., S. 215.

Mut. Ja, wir fragen ihn sogar, ob er für so ein Fahrzeug überhaupt die richtige Frau habe."[10])

- Bewußtes Aufgreifen von zu erwartenden Gegenargumenten.

  Beispiel: Den VW-Werbefachleuten war bekannt, daß vor allem Frauen nichts von dem VW-Kleinbus wissen wollten und daher ihre Männer vom Kauf dieses Wagens abhielten. Daher setzte die Werbung hier ein und formulierte beispielsweise folgende Schlagzeile: „Why Won't Your Wife Let You Buy This Car?" („Warum läßt Ihre Frau Sie diesen Wagen nicht kaufen?"). Durch das bewußte Hervorheben der möglichen Einwände in der Anzeige war es VW möglich, sie zu widerlegen.

- Die Werbung soll humorvoll sein, darf kleine Seitenhiebe auf VW, niemals gegen Konkurrenten enthalten.

  Beispiele: In einer Anzeige, in der überhaupt nichts abgebildet war, fand sich lediglich die Zeile: „We Don't Have Anything to Show You in Our New Models". Anzeigen, die den Amerikaner an die geringen Ausmaße des VWs und seine Schlichtheit gewöhnen sollten, trugen die Überschrift: „Think Small" oder „Ugly's Only Skin-deep".

Nachdem in den ersten zehn Jahren – wie bereits oben erwähnt – kaum Werbung getrieben wurde, hat das VW-Werk ab 1959 auch dieses absatzpolitische Instrument verstärkt eingesetzt. Es sollte die Produktstrategie, die Preispolitik und die Absatzmethoden in ihrer Wirkung auf die Höhe des Absatzes unterstützen. In der Werbung wurde immer wieder betont, daß der VW ein zuverlässiger, solider und wirtschaftlicher Wagen ist, für den ein engmaschiges Händlernetz einwandfreie Ersatzteilversorgung und einen soliden Kundendienst garantiert.

Die Abbildungen 1 bis 4 sind Beispiele der Insertions-Werbung von VW in Amerika in den Jahren 1961/62. Sie zeigen, wie bildnerisch und textlich die Zuverlässigkeit – auch in den heißen Sommern in den USA – (vgl. Abbildung 1), die Bedeutung des Kundendienstes (Abbildung 2), der geringe Modellwechsel und damit der hohe Wiederverkaufswert (Abbildung 3) und die Wirtschaftlichkeit (Abbildung 4) zum Ausdruck gebracht wurden.

Welche Beträge in den Jahren 1959 bis 1965 für die VW-Werbung ausgegeben wurden, ist aus Tabelle 2 zu entnehmen.

	Ausgaben für VW-Werbung in den USA (in Mill. $)		
Jahr	VWoA[11])	Händler und Großhändler	insgesamt
1959	1,030	2,922	3,952
1960	2,340	4,000	6,340
1961	3,245	4,800	8,045
1962	4,360	5,425	9,785
1963	4,840	6,775	11,615
1964	6,667	7,825	14,492
1965	8,850	8,940	17,790

Tabelle 2

[10]) P. R. Lee, zitiert nach: W. H. Nelson: „VW-Story", a. a. O., S. 213.
[11]) VWoA = Volkswagen of America, Inc., die Verkaufsniederlassung der Volkswagenwerk AG, Wolfsburg, in Nordamerika; vgl. hierzu auch Abschnitt C, I, 3.

Die Erschließung eines Exportmarktes 279

Abbildung 1

Abbildung 2

Abbildung 3

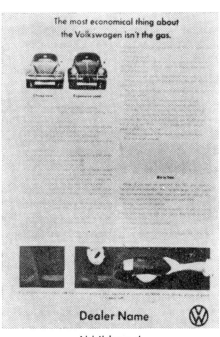

Abbildung 4

In den letzten Jahren sind die Werbungs-Ausgaben weiter erhöht worden. Sie betragen heute mehr als 20 Mill. $.

4. Absatzmethoden

Die Geschäftsleitung des VW-Werkes war der Auffassung: Marktgerechte Produktgestaltung und niedrige Preise sind zwar die Voraussetzungen für ein erfolgreiches Eindringen in den US-Markt, und die Werbung muß unterstützend hinzutreten; jedoch ist ein langfristiger Erfolg auf dem Exportmarkt nur dann erreichbar, wenn zusätzlich die „Absatzmethoden" als z e n t r a l e s Instrument eingesetzt werden.

Die zentrale Bedeutung der Absatzmethoden, insbesondere des Service, für den Absatz von VWs war dem Werk nicht nur aus seinen Erfahrungen in Deutschland bekannt. Auch Ben Pon, der erste „Kundschafter" für die Absatzchancen des VWs in Amerika, stellte 1949 fest: Viele europäische Hersteller stießen beim Absatz ihrer Automobile in den USA auf Schwierigkeiten, weil sie ihre Wagen exportierten, ohne entsprechende Service-Möglichkeiten anzubieten.

Bei der Festlegung der Absatzmethoden für den US-Markt lehnte sich das VW-Werk eng an die in Deutschland ergriffenen Maßnahmen an. Die hinsichtlich der Absatzmethoden verfolgte Politik zeigt sich in den nachstehend beispielhaft genannten Prinzipien:

- Gewährleistung eines für den VW-Kunden jederzeit schnell verfügbaren und qualitativ hohen Service. Es gilt die Nordhoff-Parole: „Ein Produkt ist immer nur so gut wie sein Kundendienst." Dies macht den Aufbau eines möglichst engmaschigen Netzes von VW-Händler- und Großhändler-Betrieben erforderlich.

- Händler-Betriebe mittlerer Größe. Hierunter sind solche Betriebe zu verstehen, die zwischen 200 und 400 Einheiten pro Jahr verkaufen; sowohl Händler mit größerem, als auch solche mit kleinerem Jahresabsatz sollten nur ausnahmsweise vorkommen. Denn zum einen hatte die Erfahrung gezeigt, daß mittlere Betriebe die höchste Rentabilität aufweisen; zum anderen ist einem größeren Händler vor allem die intensive Kundenbetreuung in der Regel kaum noch möglich. Deshalb errichtet VWoA lieber zwei mittlere Händlerbetriebe mit 300 als einen größeren Betrieb mit 600 Einheiten Jahresabsatz. Wesentlich kleinere Händler hingegen haben nur relativ geringe Chancen, mit Gewinn zu arbeiten.

- Allein-Vertretung der Händler für VW. In den USA ist es üblich, daß ein Importwagen-Händler mehrere Herstellerfirmen gleichzeitig vertritt. Im Gegensatz dazu zielt die Politik des VW-Werkes darauf ab, Händler zu gewinnen, die sich allein auf den Vertrieb von VW-Erzeugnissen beschränken. Denn nur solche Händler werden sich, so überlegt das VW-Werk, mit ganzer Kraft für den VW einsetzen.

- Festlegung von sog. „Vertriebsrichtlinien" als Bestandteil des Händlervertrages. Diese Normen betreffen die einzelnen Tätigkeitsbereiche eines VW-Händlers, vor allem:
Service,
Verkaufsbemühungen,
Personalwesen, einschließlich Schulung des Personals,
Organisation des Händlerbetriebes,
Buchhaltung und Kostenrechnung,
Ersatzteil-Lagerhaltung,
Gebrauchtwagengeschäft.

Die Erschließung eines Exportmarktes

Diese „Vertriebsrichtlinien" erleichterten dem einzelnen Händler die Abwicklung seiner Geschäfte und waren die Grundlage für sehr gute Geschäftsergebnisse. Hierauf ist es zurückzuführen, daß der Wunsch, auch andere Automarken zu vertreten, bei VW-Händlern selten war und immer seltener wurde[12]).

- Beratung und Überwachung der Händler durch die Außendienst-Stäbe der Großhändler[13]) und durch eine zentrale Stelle (VWoA), die laufend die Kosten- und Erlössituation jedes Händlerbetriebes analysiert und bei der Lösung von Problemen hilft. Dazu dienen als Orientierungshilfe Durchschnittszahlen vergleichbarer Händlerbetriebe.
- Vereinheitlichung des äußeren Erscheinungsbildes der VW-Stationen sowie ihrer Werkstatteinrichtungen. Die Händlerbetriebe sollen einen typischen VW-Baustil aufweisen; sogar die Anordnung der Innenräume soll einheitlich sein. Zu diesem Zweck werden den Händlern detaillierte Bau- und Ausstattungspläne von der Gesellschaft zur Verfügung gestellt.

Der Aufbau der VW-Absatzorganisation auf der Grundlage der geschilderten Prinzipien war – wie im folgenden deutlich wird – auch in den USA erfolgreich.

C. Durchführung der Erschließung des Exportmarktes

Bei der Analyse, wie der US-Markt für den VW erschlossen wurde, sollen einerseits das Vordringen des Volkswagenwerkes auf dem US-Markt und andererseits die Reaktionen der Konkurrenz hierauf dargestellt werden.

I. Das Vordringen des Volkswagenwerkes auf dem US-Markt

1. Erste Anläufe

Das Volkswagenwerk gehörte zu den wenigen deutschen Automobilherstellern, die sich bereits 1949 mit dem Exportgeschäft befaßten. In diesem Jahr wurde der erste Beauftragte von Wolfsburg aus mit einem VW in die USA geschickt, um die Absatzchancen zu erkunden. Bei der Vorführung des Wagens zeigten sich die Händler völlig desinteressiert. „Sämtliche ‚Experten' gaben dem Fahrzeug wegen seiner mangelhaften Konstruktion eine schlechte Note und nicht die geringste Chance."[14])

Den zweiten Vorstoß in diesem Jahre unternahm H. Nordhoff – von dem Ergebnis der ersten Marktsondierung enttäuscht – selbst; er kam jedoch zu keinem anderen Ergebnis. Die von ihm aus Wolfsburg mitgebrachten Fotos vom VW stießen bereits beim amerikanischen Zoll auf Unverständnis: „Das ist bestimmt kein Automobil ...; das können nur Zeichnungen sein oder Werbegraphik – und sind daher zollpflichtig."[15])

Auch die amerikanischen Händler und Journalisten, denen Nordhoff nacheinander die Fotos vorlegte, meinten übereinstimmend, der VW würde in den USA nie Käufer

---

[12]) Schon 1961 verkauften 73 % der VW-Händler in den USA nur Volkswagen; von vielen der verbleibenden Händler wurde neben VW nur eine andere Marke, und zwar meistens Porsche, vertreten; vgl. hierzu: Harvard Business School: „Volkswagen of America, Inc. – Selection of New Dealership –", Boston, Mass. 1962, S. 4. Heute stützt sich VWoA praktisch auf eine rein exklusive Händlerorganisation.
[13]) Vgl. hierzu Abschnitt C, I, 3 b.
[14]) C. H. Hahn, zitiert bei: W. H. Nelson: „VW-Story", a. a. O., S. 182.
[15]) Vgl. W. H. Nelson: „VW-Story", a. a. O., S. 182.

finden. Diese Reaktionen waren insofern verständlich, als in Amerika zu jener Zeit gerade schwere, breite und lange Autos mit viel Chrom und vielen PS verlangt wurden. Obendrein wurde der VW als Produkt eines von Hitler geförderten Werkes angesehen und stieß deshalb als „Hitler's Car" auf Ablehnung.

Die Leitung des Volkswagenwerkes ließ sich jedoch nicht entmutigen.

2. Aufbauphase der Absatzorganisation

Bereits im folgenden Jahr (1950) setzte die Gesellschaft zu einem neuen Vorstoß an. Sie ernannte den New Yorker Importwagenhändler Max Hoffmann zum ersten VW-Generalimporteur für die USA und zu ihrem Vertreter für den Absatzbereich östlich des Mississippi. Hoffmann verkaufte in erster Linie viele andere bekannte Importmarken, beispielsweise Porsche und Jaguar. Der Verkauf der ersten VWs bedeutete ein reines Nebengeschäft: Kunden, die wegen einer der anderen Importmarken zu Hoffmann kamen, sahen sich überrascht dem „funny little German car" gegenüber; manche kauften ihn.

Ähnlich wie Hoffmann erging es den Händlern, die er als Importeur zwang, außer den gewünschten Importwagen auch jeweils eine bestimmte Anzahl von VWs abzunehmen. Die Händler stellten – wie er – fest, daß die so ungern übernommenen Volkswagen sich bald leichter verkaufen ließen als die anderen Marken, und bestellten nach. Der Absatz von Volkswagen in den USA entwickelte sich in diesen Jahren wie folgt (Tabelle 3):

Jahr	VW-Absatz
1950	157
1951	392
1952	611
1953	1 013
1954	6 614

Tabelle 3

Die Entwicklung der Absatzzahlen entsprach den Erwartungen Max Hoffmanns jedoch nicht; er kündigte Ende 1953 seine Verträge mit dem Volkswagenwerk. In den folgenden beiden Jahren waren es mehrere unabhängige Importeure, über die der VW-Export nach Amerika abgewickelt wurde. Auch sie führten den VW – wie Max Hoffmann – nur als „Nebenprodukt" in ihrem Sortiment.

Das Volkswagenwerk erkannte hieraus: Um in den US-Markt entscheidend eindringen zu können, muß neben die marktgerechte Produktstrategie und die niedrigen Preise noch eine e i g e n e und straff geführte Absatzorganisation treten. Es müssen Händler gesucht werden, die sich mit ganzer Kraft ausschließlich für den Verkauf von VWs und einen soliden Kundendienst einsetzen. Diese Überlegungen führten schließlich (Oktober 1955) zur Gründung der „Volkswagen of America, Inc." (VWoA), die als eine reine Tochtergesellschaft der Volkswagenwerk AG in Wolfsburg gleichzeitig den Allein-Import von VWs nach den USA übernahm.

Die Erschließung eines Exportmarktes 283

3. VWoA als Zentrum der Absatzorganisation

Mit der Gründung der VWoA begann eine systematische Bearbeitung des amerikanischen Marktes. Hierzu übte VWoA sämtliche Marketing-Funktionen aus: Sie versuchte, durch gründliche Marktforschung den US-Markt zu durchleuchten; sie trieb aktive Preispolitik, entwickelte eine besonders originelle Art von Werbung, trieb systematisch den Aufbau des Händlernetzes voran. Außerdem war sie ständig um eine Erhöhung der Qualität des Kundendienstes bemüht und schuf eine zuverlässige Ersatzteilversorgung.

Die folgenden Ausführungen zeigen, wie VWoA bei Marktuntersuchungen vorgegangen ist und zu welchen Ergebnissen sie gelangte, nach welchen Gesichtspunkten sie die Erweiterung des Händlernetzes vornimmt und wie sie das Absatzvolumen plant.

a) Analyse der VW-Kunden

Ein Beispiel für die von VWoA durchgeführten Marktuntersuchungen stellt die Analyse von VW-Käufern dar. Bei einer der ersten derartigen Analysen wurde 1961 etwa folgendermaßen vorgegangen:

Die Verkäufer in den einzelnen Händlerbetrieben mußten versuchen, während des Verkaufsgespräches bestimmte Informationen über den Kunden zu erhalten. Die Angaben waren auf sogenannten „Verkaufs-Analyse-Karten" (vgl. Abbildung 5) einzutragen, die von VWoA zentral ausgewertet wurden.

Abbildung 5[16])

Bei dieser im Jahre 1961 vorgenommenen Kundenanalyse erhielt VWoA u. a. folgende Daten über die Zusammensetzung der VW-Käufer[17]):

- VW-Käufer stammten aus kleineren Haushalten (46 % aus Ein- oder Zwei-Personen-Haushalten);

---

[16]) Quelle: Harvard Business School, a. a. O., S. 3.
[17]) Vgl. Harvard Business School, a. a. O., S. 2.

- VW-Kunden waren jünger als der Durchschnitt der Neuwagen-Käufer (33 % waren weniger als 30 Jahre alt);
- VW-Käufer hatten ein niedriges bis mittleres Einkommen (das Einkommen von 76 % der Neu-VW-Käufer wurde auf 8000 $ oder weniger geschätzt).

Für spätere Marktuntersuchungen wurden nicht mehr die Verkäufer als „nebenamtliche" Interviewer eingesetzt, weil sie in der Regel dadurch überfordert waren. Vielmehr analysierten nach 1961 Marktforschungs-Spezialisten der Abteilung „Marketing Planning" von VWoA in Zusammenarbeit mit renommierten Marktforschungsinstituten den amerikanischen Markt. Ihre Marktuntersuchungen in den Jahren 1963 und 1965 führten zu folgenden Ergebnissen[18]):

- Nur 37 % (1963) bzw. 32 % (1965) der Neu-VW-Käufer erwarben den VW-Käfer als Erstwagen; dementsprechend wurden 63 % (1963) bzw. 68 % (1965) aller „Käfer" an Familien mit mehreren Autos („multi-car-families"), also als Zweit- oder Drittwagen verkauft.
- Das Durchschnittseinkommen der VW-Käufer lag um etwa 1000 $ unter dem Durchschnittseinkommen der Käufer amerikanischer Wagen.
- 27 % (1963) bzw. 32 % (1965) aller Käufer des VW-Käfers waren weniger als 30 Jahre, 9,6 % (1963) bzw. 14 % (1965) sogar weniger als 25 Jahre alt.

Aus diesen Marktforschungsergebnissen wurden Folgerungen für die Preispolitik, die Werbung, den Kundendienst und die Absatzplanungen[19]) gezogen: Der VW mußte zu einem fühlbar niedrigeren Preis als die amerikanischen Konkurrenzwagen angeboten werden. Die Werbung mußte sowohl die „one-car-families" als auch die „multi-car-families" ansprechen und hervorheben, daß der VW ein wirtschaftlicher und zuverlässiger Wagen ist, den man sich auch bei niedrigerem Einkommen leisten kann. Ein solider Kundendienst mußte zu niedrigen Preisen von einem engmaschigen Händlernetz durchgeführt werden.

b) Die Ausdehnung des Großhändler- und Händler-Netzes

Zur Zeit der Gründung von VWoA gab es für den gesamten US-Markt nur zwei Großhändler (distributor), von denen der eine für das Gebiet östlich und der andere für das Gebiet westlich des Mississippi zuständig war. Um den Markt intensiver bearbeiten zu können, erschien eine Unterteilung der beiden großen Absatzräume unbedingt notwendig. Bereits in dem ersten Jahr, das der Gründung von VWoA folgte, wurde die Zahl der Großhändler auf 11 erhöht. Sie stieg schrittweise auf 16 im Jahre 1961 und liegt heute wieder bei 14.

Die Aufgabe eines Großhändlers besteht hauptsächlich darin, die Händler seines Bezirkes bei der Ausübung ihrer Geschäfte zu beraten und zu überwachen. Zu diesem Zweck beschäftigt jeder Großhändler jeweils Außendienst-Spezialisten für Verkauf, Kundendienst und Ersatzteil-Lagerhaltung. Jeder Außendienst-Mitarbeiter betreut auf seinem Fachgebiet 10—15 Händler. Der VWoA gegenüber ist der Großhändler für eine erfolgreiche Tätigkeit seiner Händler verantwortlich. Er faßt auch die Bestellungen seiner Händler zusammen und gibt sie an VWoA

---

[18]) Zusammengestellt aus Unterlagen der Volkswagenwerk AG, Wolfsburg.
[19]) Vgl. hierzu Abschnitt c auf der nächsten Seite.

Die Erschließung eines Exportmarktes

weiter. Der Großhändler stellt seinen Händlern die gelieferten Wagen in Rechnung, obwohl diese vom Importhafen direkt zu den Händlern transportiert werden.

Jeder Großhändler ist der VWoA gegenüber für die Ausschöpfung des Verkaufspotentials in seinem Gebiet verantwortlich. Deshalb obliegt es ihm, neben der Betreuung der Händler in seinem Gebiet geeignete Standorte für neue Händlerbetriebe ausfindig zu machen und Bewerber, die als neue Händler in Frage kommen, auszuwählen. Da jeder Großhändler am Gesamtumsatz seiner Händler beteiligt ist, hat er ein Eigeninteresse daran, neue Betriebe und Händler vorzuschlagen, um dadurch das Marktpotential ausschöpfen zu können. Sein Vorschlag muß durch eine Reihe von Angaben begründet werden, die die Absatzchancen des Ortes charakterisieren.

Die Entscheidung über Errichtung und Besetzung neuer Händlerstationen liegt bei VWoA. Sie wandte bei der Auswahl eines Standortes für einen neuen Händlerbetrieb vor allem folgende Kriterien an:

- Für jeden VW-Besitzer soll der Weg zum nächsten VW-Händler nicht weiter als 25 Meilen sein (Ausnahme: ländliche Gebiete).
- Im Einzugsbereich jedes Händlers soll ein ausreichendes Verkaufs- und ein für den Händler ausreichendes Profitpotential erreichbar sein. Das Verkaufspotential wird geschätzt, indem die Zahl der Zulassungen der billigsten amerikanischen Wagen und Importwagen (also der Fahrzeuge im direkten Konkurrenzbereich) für dieses Gebiet ermittelt und diese Zahl mit dem erfahrungsgemäß von VW erzielbaren Prozentsatz multipliziert wird.

Bei der Beantwortung der Frage, mit welchem Bewerber der geplante Betrieb zu besetzen ist, wird in ähnlicher Weise vorgegangen; im Vordergrund steht eine Analyse der persönlichen Verhältnisse (bisher ausgefüllte Positionen, Erfahrungen, Vermögensverhältnisse und Kreditwürdigkeit usf.).

Die Zahl der Händlerbetriebe in den USA entwickelte sich in den Jahren 1956 bis 1968 wie folgt: 228; 327; 365; 457; 539; 628; 687; 750; 845; 909; 947; 1017; 1064.

c) Die Planung des Absatzvolumens

Bei der Aufstellung ihrer kurz- und langfristigen Absatzpläne stützte sich VWoA auf Kunden-Analysen, wie sie oben beschrieben wurden. Aus diesen ging insbesondere hervor, daß zum einen in zunehmendem Maße VWs als Zweit- oder Drittwagen von „multi-car-families" gekauft wurden und zum anderen ein erheblicher Teil der VW-Käufer sehr jung war.

Um nun zu Absatzprognosen zu gelangen, mußte VWoA im Wege weiterer Marktuntersuchungen vor allem noch ermitteln:

(1) Wie entwickelt sich die Zahl der „multi-car-families" im Vergleich zu den „one-car-families"?

Marktanalysen zeigten für die „multi-car-households" einen eindeutigen Trend nach oben: 1960 waren erst 17,8 % aller Pkw-Besitzer-Haushalte Familien mit mehr als einem Wagen, 1965 waren es bereits 25,9 % und für 1970 schätzt man den Anteil der „multi-car-families" sogar auf 31 %. Da nun rund zwei Drittel aller VW-Käufe von Mehrwagen-Familien getätigt werden, läßt sich von der ansteigenden Zahl der Mehrwagen-Haushalte auf eine wachsende Nachfrage nach VWs schließen.

(2) Welche Entwicklung nimmt die Zahl der Personen in den USA, die in den nächsten Jahren das Alter von 20 bis 30 erreichen?

Auf diese Altersstufe entfielen – wie oben beschrieben – etwa 32 % aller VW-Käufe. Auch die Zahl dieser Personen entwickelte sich so, daß VWoA mit weiteren – zum Teil sprunghaften – Steigerungen ihres Absatzes rechnen konnte (vgl. Abbildung 6).

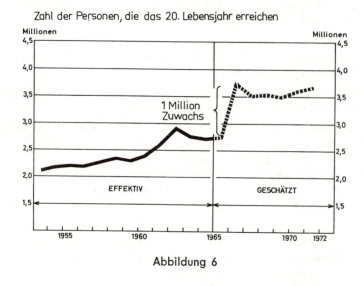

Abbildung 6

4. Erfolge der Absatzpolitik des Volkswagenwerkes in den USA

Die Richtigkeit der für die Erschließung des US-Marktes vom VW-Werk entwickelten Absatzpolitik zeigte sich in den Absatzerfolgen, die aus Tabelle 4 hervorgehen:

Jahr	VW-Absatz in den USA[20]
1950	157
1952	611
1954	6 614
1956	55 000
1959	150 581
1961	203 863
1964	338 381
1966	479 210
1968	568 000

Tabelle 4

---

[20]) Quellen: W. H. Nelson: „VW-Story", a. a. O., S. 185 und 195 ff.; Harvard Business School, a. a. O., S. 14; VW-Geschäftsbericht 1964, S. 16; VW-Geschäftsbericht 1966, S. 24; H. Michaels: „411 im ersten Gang – Nach einem Rekordjahr nun Sorgen in Wolfsburg?", in: DIE ZEIT v. 17. 1. 1969, S. 17.

Die Erschließung eines Exportmarktes 287

Noch deutlicher als an den absoluten Zahlen ist das schnelle Vordringen des VWs auf dem amerikanischen Markt aus der Tabelle 5 zu ersehen. Sie zeigt in Spalte 2 die Entwicklung der Gesamtzulassungen von Pkws in den USA, in Spalte 3 den Anteil der Importwagen an der Gesamtzahl der Zulassungen, in Spalte 4 den Anstieg des Marktanteils von VW in den USA und in Spalte 5 den Anteil von VW an der Zahl der Gesamtimporte.

Jahr	Gesamtzulassungen von Pkws in USA	Anteil von Importwagen an den gesamten Zulassungen in USA	VW-Anteil an Gesamt-Zulassungen in USA	VW-Anteil an den gesamt. Importen
1	2	3	4	5
1950	6 326 438	0,3 %	—	—
1954	5 535 464	0,6 %	0,1 %	19,1 %
1959	6 041 275	11,0 %	2,4 %	22,5 %
1961	5 854 747	6,5 %	3,5 %	46,0 %
1964	8 065 150	6,7 %	3,8 %	63,5 %
1966	9 008 488	7,0 %	4,3 %	62,0 %
1968	9 500 000	10,0 %	5,3 %	53,0 %

Tabelle 5[21])

Um die genannten Marktanteile von VW und seine Anteile an den Importwagen noch deutlicher werden zu lassen, ist es notwendig, auch die Absatzzahlen anderer Importmarken zu betrachten. Für 1961, 1964 und 1967 zeigt sich beispielsweise folgendes Bild (Tabelle 6):

Ausgewählte Import-Pkw-Zulassungen in USA[22])			
Marke	1961	1964	1967
VW	**177 308**	**307 173**	**409 000**
Renault	44 122	18 432	20 218
Mercedes-Benz	12 903	11 234	20 691
Volvo	12 787	17 326	34 392
Fiat	11 839	8 988	15 932
Triumph	11 683	21 214	15 562
Austin-Healey	8 935	8 397	8 191
M. G.	8 806	24 128	22 036

Tabelle 6

Der VW hat sich aber nicht nur im Vergleich zu den wichtigsten Importmarken eine Vorrangstellung erkämpft. Er hatte auch bis zum Jahre 1961 in den USA bereits den 10. Platz der nach ihren Zulassungen geordneten Unternehmen erreicht und lag damit schon vor Firmen wie Cadillac, Chrysler und Studebaker[23]). Vier Jahre

---

[21]) Quellen: wie zu Tabelle 4; ferner: Automobile Manufacturers Association, Inc. (Hrsg.): „Automobile – Facts and Figures", Detroit - Washington - New York, Jg. 1954, 1955–60, 1962, 1964, 1965; Unterlagen der Volkswagenwerk AG, Wolfsburg.
[22]) Die Tabelle 6 wurde zusammengestellt aus Angaben in: Harvard Business School, a. a. O., S. 14; „Die Auto-Modelle 1966/67", Ausgabe No. 10, IV, Stuttgart 1966, S. 177 und Unterlagen des VW-Werkes.
[23]) Vgl. Harvard Business School, a. a. O., S. 1.

später war es bereits der 8. Platz. 1968 verkaufte das Volkswagenwerk „mehr als doppelt so viele Autos wie American Motors, der viertgrößte Produzent der USA"[24]).

II. Reaktionen der Konkurrenz-Unternehmen

Betrachtet man das rasche Vordringen des Volkswagens auf dem US-Markt, so drängt sich die Frage auf, ob er dadurch keine Gegenmaßnahmen der ansässigen Automobilhersteller hervorgerufen hat. In der Tat blieben Reaktionen dieser Firmen nicht aus. Sie traten jedesmal dann auf, wenn der Anteil importierter Pkws an der Gesamtzahl der Zulassungen eines Jahres eine bestimmte Höhe – und zwar 10 % – überstieg.

Dies war zum ersten Mal im Jahre 1959 der Fall (vgl. Spalte 3 der Tabelle 5). Alle bedeutenden amerikanischen Autohersteller, insbesondere Ford („Falcon"), Chevrolet („Corvair") und Rambler sahen sich zu einer forcierten Entwicklung von Modellen gezwungen, die den zunehmenden Strom von Importwagen eindämmen sollten. Diese Modelle – sie kamen Ende 1959 auf den Markt und wurden als „compact-cars" bezeichnet – waren kleiner und billiger als die bisher üblichen amerikanischen Wagen. Sie erwiesen sich als ein wirksamer Schlag gegen die meisten europäischen Importwagen, wie Tabelle 7 deutlich zeigt:

	Import-Pkw-Zulassungen in USA	
Jahr	VW	übrige Importmarken
1958	79 038	303 560
1959	120 442	493 689
1960	159 995	338 790
1961	177 308	201 314
1962	192 570	146 590

Tabelle 7

Nur der VW konnte sich behaupten und sogar seine Verkäufe weiter steigern (vgl. Tabelle 7). Hierfür lassen sich insbesondere folgende Gründe nennen. Der VW war ein Produkt, das der Nachfrage eines speziellen Marktsegmentes entsprach und das bereits weitgehend akzeptiert war. Ferner wurde der VW im Gegensatz zu den anderen europäischen Importwagen über eine gesunde und vor allem exklusive Absatzorganisation vertrieben; d. h., die meisten VW-Händler verkauften ausschließlich VWs und mußten sich daher mit ganzer Kraft für den VW einsetzen. Außerdem hatte von allen Importmarken nur VW einen soliden Kundendienst und eine ausreichende Ersatzteilversorgung anzubieten. Hierdurch und durch die originelle Werbung hatte VW bereits damals – im Gegensatz zu den anderen Importwagenmarken – ein besonderes Image, das ihm zu einer festen Stellung im US-Markt verhalf.

Die „kritische" Importwagenquote von 10 % wurde 1968 zum zweiten Mal erreicht (vgl. Spalte 3 der Tabelle 5). Und wieder versuchen Ford und General Motors, auf

---
[24]) H. Michaels, a. a. O., S. 17.

Die Erschließung eines Exportmarktes

diese hohe Importwagenrate mit neuen Modellen zu reagieren: Ford will bereits im Frühjahr 1969 und General Motors 1970 mit einem „subcompact" der Importwagenflut begegnen. Diese „Kleinwagen" werden rund 30 cm länger, etwas schwerer und mit einem Preis von ca. 2 000 Dollar teurer sein[25]) als der VW-Käfer, der z. Zt. – einschließlich 4 % Exportsteuer – 1 799 Dollar kostet.

Der drittgrößte US-Auto-Konzern – Chrysler – bezweifelt, daß die „subcompact-cars" geeignet sind, die Importwagenquote erheblich zu senken. Auch andere Fachleute sind skeptisch, ob Ford oder General Motors zu dem genannten Preis einen konkurrenzfähigen Kleinwagen werden auf den Markt bringen können. Sie geben zu bedenken: Je kleiner ein Modell ist, desto höher ist der Anteil der Lohnkosten an den Gesamtkosten; aber gerade die Löhne betragen in den USA ein Mehrfaches der Löhne in Europa. Es ist daher fraglich, ob Kleinwagen in den USA bei gleicher Qualität ebenso billig produziert werden können wie die ausländischen Konkurrenzwagen[26]).

Diese Skepsis kann auch noch durch folgende Tatsache untermauert werden: 1955 hatte das Volkswagenwerk versucht, in Amerika zu produzieren. Zu diesem Zweck wurde das Studebaker-Montagewerk in New Brunswick, New Jersey, gekauft. Doch sehr bald mußte das Volkswagenwerk feststellen, daß es bei der Herstellung oder Montage seiner Wagen in den USA zuzahlen müßte; deshalb wurde das erworbene Werk bereits sechs Monate nach der Übernahme wieder verkauft[27]).

Die genannten Argumente berechtigen zu der Annahme, daß der US-Markt, dessen Eroberung durch das Volkswagenwerk hier exemplarisch für die Erschließung eines Exportmarktes stehen sollte, auch weiterhin als wichtigster Auslandsmarkt für den VW erhalten bleiben wird.

D. Exportmarkterschließung und Marketing Mix

Zusammenfassend läßt sich feststellen: Am Beispiel der Eroberung des US-Marktes durch den VW wurde deutlich, daß die Erschließung eines Exportmarktes nur erfolgreich sein kann bei **kombiniertem** Einsatz aller absatzpolitischen Instrumente oder – anders formuliert – des „Marketing Mix". Das zu exportierende Erzeugnis muß von seinen Produkteigenschaften her – wie der VW – in eine Marktlücke treffen und zu einem konkurrenzfähigen Preis angeboten werden. Ferner muß es durch eine qualitativ hochwertige Absatzorganisation vertrieben werden und durch eine überdurchschnittlich gute Werbung ein positives, lang wirkendes Image erhalten.

---

[25]) Vgl. H. Michaels, a. a. O., S. 17.
[26]) Das Gesagte gilt in entsprechendem Sinne auch für andere Industriezweige, so z. B. für den Maschinenbau.
[27]) Vgl. hierzu W. H. Nelson: „Small Wonder", Boston - Toronto 1965, S. 187.

16

Betriebswirtschaftliche Überlegungen am Beispiel einer Exportkalkulation für eine Druckereimaschine cif Matadi

Von Dr. Ralf Tschmarke

Die nachfolgende Fallstudie aus dem Export will die Erkenntnis vermitteln, welcher vielfältigen betriebswirtschaftlichen Überlegungen es bedarf, um trotz der erheblichen Risiken den weltweiten Konkurrenzkampf erfolgreich zu bestehen.

I. Situation

Ein Hamburger Exporthändler erhält eine spezifizierte Anfrage aus Matadi (Kongo, Kinshasa) für eine Druckereimaschine. Der Kunde bittet um ein Angebot in DM auf Basis cif Matadi unter Einschluß einer Kommission für ihn in Höhe von 15 % auf den fob-Hamburg-Wert, um die Offerte seinem Interessenten im Original weiterzureichen. Die Maschine soll mit 10 % über dem cif-Wert versichert sein, um im Schadensfall außer dem cif-Wert alle Vorleistungskosten einschl. etwaiger Ersatzansprüche des Endabnehmers zu decken. Der Kunde erwartet eine mittelfristige Finanzierung (ca. 3 Jahre bei geringer Anzahlung).

Die Exportfirma bemühte sich sofort um entsprechende Angebote von leistungsfähigen Fabrikanten. Aus dem Bundesgebiet erhielt sie darauf u. a. folgendes Angebot:

Druckereimaschine XY 301 000,– DM fob Hamburg einschließlich 4 % Exportabgabe + 11 % Mehrwertsteuer

Lieferzeit: 9 Monate nach Auftragserteilung

Zahlungsbedingungen: ⅓ bei Auftragserteilung, ⅔ gegen Kai-Empfangsschein,

Gewährleistungsgarantie: 6 Monate nach Lieferung

Die Exportfirma muß in der Kalkulation f o l g e n d e D a t e n berücksichtigen:
1. Einzelkosten als V o r l e i s t u n g s k o s t e n für Anfertigung technischer Übersetzungen mit vorausgehender technischer Überprüfung auf die im Abnehmerland gegebenen Bedingungen wie Energieverhältnisse, Klima, behördliche Auflagen u. dgl. 500,– DM.
2. Einzelkosten für K o n t r a k t a b w i c k l u n g wie z. B. Gebühren für Konsulatsfaktura, Ursprungszeugnisse, Abnahmezertifikate 75,– DM.

Der Fallstudie liegen die Verhältnisse von 1969 zugrunde. Da die in ihr angestellten Erwägungen jedoch auch heute interessant sind, veröffentlichen wir sie unverändert.

3. **Garantie zur Deckung des Fabrikationsrisikos**[1]) für die Produktionsdauer der Maschine von der Auftragserteilung bis zur Lieferung an den Exporteur (9 Monate). Kosten: Grundentgelt 0,75 von 90 % der gesamten Selbstkosten. Selbstbeteiligung im Schadensfall 15 %.

4. **Gemeinkosten** 2 %.

5. **Gewinn für den Exporthändler** von 7,5 % auf den vorläufigen fob-Verkaufswert.

6. **Für den Auslandsvertreter des Exporthändlers** sollen 2,5 % Provision von dem vorläufigen fob-Verkaufswert eingerechnet werden.

7. **Seefracht Hamburg-Matadi** s 300/- je lgt (1016 kg); Schwergewichtszuschlag für 1 Kollo über 1000 kg: s 127/6 per 1000 kg; Bruttogewicht 9600 kg. Die Sendung besteht aus einem Packstück.

   Der Exporteur nimmt die Vorteile einer Zeichnung eines Konferenzkontraktes wahr, wodurch er einen Zeitrabatt in Höhe von 10 % auf die Grundrate erhält[2]).
   Der Zeitrabatt wird mit einer Verzögerung von durchschnittlich 6 Monaten nach Bezahlung der Fracht überwiesen.
   Kurs: 1 £stg = 9,50 DM.

8. **Austuhrgarantie** zur Abdeckung des politischen und wirtschaftlichen Risikos[3]) unter Berücksichtigung eines Selbstbehaltes im Normalfall von 20 % im wirtschaftlichen Garantiefall, 15 % für Konvertierungs-, Transferverbote und Moratorien; 10 % für sonstige politische Risiken.
   Kosten:

   a) Bearbeitungsgebühr ⅓ ‰ vom Gesamtauftragswert, maximal 200,- DM; hier mit 150,- DM (einschl. eigener Kosten) anzusetzen.

   b) Grundentgelt: 0,5 % für 20 % des cif-Wertes,
   1,5 % für 80 % des cif-Wertes.

   c) Zeitentgelt: 0,1 % pro Monat für jeden angefangenen Monat über die Kreditlaufzeit von 6 Monaten hinaus vom jeweils kreditierten Betrag.

---

[1]) Der Bund kann zur Förderung der deutschen Ausfuhr folgende Sicherheitsleistungen und Gewährleistungen für Geschäfte deutscher Exporteure mit privaten ausländischen Firmen übernehmen:
a) **Garantien zur Deckung von Fabrikationsrisiken** von Gütern, die eine Spezialanfertigung oder lange Herstellungsfristen erfordern. Bei Kreditverkäufen an den ausländischen Abnehmer ist der Exporteur dadurch geschützt, daß dem Exporteur wegen eines Vermögensverfalles des ausländischen Bestellers oder aus im Ausland liegenden politischen Gründen die Fertigstellung und Versendung der Ware unmöglich ist, nicht mehr zugemutet werden kann, und er bei der anderweitigen Verwertung der zu exportierenden Güter einen Ausfall an seinen Selbstkosten erleidet.
b) **Ausfuhrgarantien** zur teilweisen Deckung wirtschaftlicher und politischer Risiken des Exporteurs nach erfolgter Lieferung.

[2]) Der Exporthändler verpflichtet sich, seine Waren nur mit Schiffen einer der Konferenz angeschlossenen Reedereien zu versenden. Die Konferenz gewährt dafür einen nachträglichen Rabatt auf Frachtbeträge, die vom Exporthändler im Laufe des vergangenen Jahres oder Halbjahres bezahlt wurden.

[3]) Das wirtschaftliche Risiko umfaßt die Uneinbringlichkeit der Forderungen infolge Zahlungsunfähigkeit des ausländischen Schuldners. Das politische Risiko umfaßt die Uneinbringlichkeit der Forderungen infolge allgemeiner staatlicher Maßnahmen des Schuldnerlandes oder bestimmter politischer Ereignisse, wie z. B. Moratorien, Zahlungs- und Transferverbote, das Einfrieren im Schuldnerland gezahlter Landeswährungsbeträge. Als „Uneinbringlichkeit infolge politischer Ereignisse" gilt Beschlagnahme durch ausländische staatliche Stellen und Verlust, Vernichtung oder Beschädigung der Waren infolge politischer Ereignisse, soweit diese Gefahren nicht durch Versicherungen gedeckt werden konnten. Mandatar des Bundes aller Ausfuhrgarantien und Garantien zur Deckung von Fabrikationsrisiken sind: Hermes Kreditversicherungs-AG, Hamburg, und Deutsche Revisions- und Treuhand-AG, Frankfurt/M.

9. **Seeversicherung:** Grundprämie einschl. Bruchversicherung ⁵/₈ ‰, Kriegszuschlag ³/₈ ‰. Die Prämiensätze beziehen sich auf die Versicherungssumme, die lt. Kontrakt 10 % über dem cif-Wert liegt[4]).

10. Für Verzögerung bei der Dokumentenaufnahme und Akzeptleistung sollen **60 Tage kalkulatorisch** berücksichtigt werden bei einem Zinsfuß von 8 % p. a.

11. Die **Zahlungsbedingungen** des Exporthändlers an seinen Kunden lauten: 20 % durch unwiderrufliches Akkreditiv zahlbar in Hamburg gegen Vorlage der Verschiffungsdokumente[5]), Rest in 12 gleichen Raten, die in einem Abstand von je 3 Monaten fällig werden zuzüglich 8 % Zinsen auf die ausstehenden Salden. Die erste Rate wird fällig 3 Monate nach Ausstellung der Verschiffungsdokumente. Für die einzelnen Raten ist Zahlung durch Akzept vorgesehen. Wechselsteuer zu Käufers Lasten.

12. Bei allen kalkulatorischen Überlegungen ist ein **Zinssatz von 8 %** zugrunde zu legen. Der Exporthändler soll auf Fremdfinanzierung durch Banken angewiesen sein. Es müssen 8 % Finanzierungskosten p. a. berücksichtigt werden, wenn nicht auf günstigere Finanzierungsmöglichkeiten ausdrücklich hingewiesen wird (vgl. Abschnitt II/5.3 und III/5.3).

II. Aufgaben

1. Kalkulation

Es ist in einem übersichtlichen Kalkulationsschema unter Berücksichtigung der genannten Bedingungen der cif-Preis Matadi zu ermitteln.

2. Errechnung der Zahlungsquoten

Es ist für die 12 Tratten der jeweilige Wechselbetrag zu errechnen, der sich aus den Tilgungsraten und dem Zinsbetrag auf den Restsaldo ergibt.

Alternativ sollen zwei Arten der Berechnung durchgeführt werden:

2.1 gleichbleibende Tilgungsraten bei veränderlichen Zahlungsquoten,

2.2 gleichbleibende Zahlungsquoten bei veränderlichen Tilgungsraten.

3. Finanzplan

Auf Grund der in der Vorkalkulation gegebenen Daten und der unter II, 2.1 errechneten Zahlungsquoten soll ein Finanzplan erstellt werden für den gesamten Zeitraum der Abwicklung des Kontraktes. Es ist dabei eine Einteilung in Perioden von je drei Monaten zu berücksichtigen. Angegebene kalkulatorische Verzögerung bei der Akzeptleistung müssen beachtet werden. Diskontsatz 6 % p. a., Auftragserteilung 1. März 1969.

---

[4]) Damit für den Schadensfall außer dem Verkaufswert auch alle Aufwendungen und der voraussichtliche Gewinn des Käufers gedeckt werden, ist es bei Außenhandelsgeschäften allgemein üblich, die Versicherungssumme entsprechend höher zu bemessen als der vereinbarte Verkaufswert. Die Differenz zwischen Versicherungssumme und kontrahiertem Verkaufswert wird als „imaginärer Gewinn" bezeichnet. Laut Incoterms 1953 soll bei cif-Geschäften die Versicherungssumme den cif-Preis zuzüglich 10 % decken.

[5]) Hierzu gehören ein vollständiger Satz „reiner", d. h. ohne Mängelvermerk der Reederei versehene Konnossemente, ferner Versicherungszertifikate, Handelsrechnung, u. U. Ursprungszeugnis, Konsulats-Rechnung, technische Abnahme-Zertifikate und dergleichen.

Die Provision an den Auslands-Vertreter wird fällig bei der ersten Akzeptleistung des Kunden. Die Kommission für den Kunden soll mit der Einlösung des sechsten Akzeptes auf ein Konto einer Bank in der Schweiz von dem Exporthändler überwiesen werden.

4. Auswirkungen alternativer Zahlungsbedingungen im Einkauf

Welchen zusätzlichen Gewinn würde der Exporthändler erzielen, wenn er dem Lieferanten folgende Gegenvorschläge hinsichtlich der Zahlung macht:

4.1 75 % bei Versandbereitschaft ./. 2 % Skonto,

4.2 10 % Anzahlung bei Auftragserteilung, 40 % bei Versandbereitschaft, Rest nach erfolgter fob-Lieferung.

5. Auswirkungen alternativer Zahlungsbedingungen im Verkauf

Der Kunde in Matadi akzeptiert die angebotenen Zahlungsbedingungen nicht. Sein Gegengebot lautet: 5 % des cif-Wertes bei Auftragserteilung, 10 % des cif-Wertes bei Lieferung Matadi, Rest in 5 Jahren bei gleichen Raten in Abständen von je 3 Monaten zuzüglich der Zahlung von 7 % Zinsen.

5.1 Errechnen Sie die Höhe der einzelnen Raten alternativ für gleichbleibende Tilgungsraten bei veränderlichen Zahlungsquoten und für gleichbleibende Zahlungsquoten bei veränderlichen Tilgungsraten.

5.2 Wie verändert sich bei Annahme dieser Bedingungen der Reingewinn?

5.3 Wie verändert sich der Reingewinn, wenn dem Exporthändler eine Refinanzierungsmöglichkeit zu 4 % zur Verfügung steht?

5.4 Stellen Sie Entscheidungskriterien auf, ob unter den genannten veränderten Bedingungen der Exporthändler den Kontrakt schließen soll.

6. Rationelle Gelddisposition

Der Leiter der Finanzabteilung soll die betriebswirtschaftlich beste Entscheidung treffen, wann die Überweisungsaufträge an den Lieferanten auf Grund der ursprünglichen Zahlungsbedingungen zu veranlassen sind. Die durchschnittliche Postlaufzeit beträgt drei Tage. Die Auftragserteilung ist vorgesehen für den 1. März 1969.

7. Risiken durch Folgeleistungen

Der in der Vorkalkulation aufgegebene Gewinn muß ggf. für bestimmte Folgeleistungen des Exporthändlers verwandt werden, die in der Vorkalkulation nicht berücksichtigt werden konnten. Um welche Folgeleistungen könnte es sich handeln?

8. Auswirkungen alternativer Fälligkeiten der Provisionen

Die Fälligkeit der Provision an Auslandsvertreter wird in der Praxis sehr unterschiedlich geregelt. Wie ändert sich der Reingewinn für den Exporthändler, wenn die Provision statt zum Zeitpunkt der ersten Akzeptleistung durch den Kunden ausgezahlt wird:

a) bei Auftragsbestätigung durch den Exporthändler,

b) nach Eingang aller Zahlungen beim Exporthändler?

9. Optimale Provisionsregelung

Welche Gesichtspunkte hinsichtlich der Höhe und Fälligkeit der Provision sind zu berücksichtigen, um einen möglichst gerechten Interessenausgleich zwischen Exporthändler und Vertreter nahe zu kommen?

10. Alternativen zur Absicherung des Transfer-Risikos

Im Handel, besonders mit Entwicklungsländern, ist das Transfer-Risiko besonders groß. Selbst wenn die Kunden pünktlich ihren Verpflichtungen nachkommen, benutzen die Staatsbanken diese Mittel nicht selten für kurzfristige Finanzierung. Transfer-Verzögerungen von 6 Monaten sind daher nicht ungewöhnlich.

Die Hermes-Kreditversicherungs-AG deckt das KT-Risiko (Konvertierungs- und Transfer-Risiko) mit einem Selbstbehalt von 15 % für den Exporthändler. Die Bedingungen der Hermes-Kreditversicherungs-AG sehen nach Ländern unterschiedliche Karenzzeiten vor. Erst nach deren Ablauf zuzüglich einer Bearbeitungszeit von 8 Wochen nach Eingang des Antrages auf Entschädigung seitens des Exporteurs hat dieser einen Anspruch auf Auszahlung der Versicherungssumme. In Kreisen des Exporthandels wird seit langer Zeit gefordert, den Selbstbehalt von z. Z. 15 % des KT-Risikos auf 10 % zu senken (Vorschlag I).

Demgegenüber vertreten manche Exporthändler die Meinung, daß es sinnvoller wäre, den Anspruch bereits mit dem Zeitpunkt der Einzahlung des Kunden entstehen zu lassen – also ohne Berücksichtigung einer Karenzzeit. Der Selbstbehalt von 15 % könnte nach ihrer Ansicht bestehen bleiben (Vorschlag II).

Nehmen Sie kritisch Stellung zu den genannten Vorschlägen durch eine kalkulatorische Gegenüberstellung unter folgender Voraussetzung: Transfer-Verzögerung 6 Monate, Zinssatz 8 % p. a.; Karenzzeit bei Vorschlag I sechs Monate. Bearbeitungs-Karenzzeit soll für beide Vorschläge unberücksichtigt bleiben.

11. Berechnung der Risiken im Forderungsausfall

Außer dem genannten KT-Risiko kann der Exporteur seine Forderungen gegen das wirtschaftliche Risiko versichern [vgl. Fußnoten [1]) und [3])]. Die Höhe des Selbstbehalts hängt u. a. von der Bonität des Kunden, der Kreditergahrung der Hermes-Kreditversicherungs-AG mit dem Empfängerland und vom Liefergegenstand selbst ab.

Für den genannten Kontrakt soll angenommen werden, daß 50 % der Forderungen wegen Zahlungsunfähigkeit des ausländischen Kunden ausfallen. Der Selbstbehalt des Exporteurs beträgt für diesen Fall 20 %. Die Abwicklung dauert 3 Jahre. Es ist von einem kalkulatorischen Zinsfuß von 8 % p. a. auszugehen.

a) Wie hoch ist der effektive Verlust aus dem genannten Kontrakt?
b) Es ist der zusätzlich zu erzielende Umsatz zu errechnen, der notwendig ist, um den erzielten Verlust zu kompensieren, bei einem durchschnittlichen Reingewinn von 4,5 %, bezogen auf den Umsatz.

12. Auswirkung der Berlin-Präferenz für den Einkauf

Durch die sog. Berlin-Präferenz soll ein Anreiz gegeben werden, Aufträge nach West-Berlin zu vergeben. Der Exporteur, der beispielsweise eine Anlage in West-Berlin bestellt, erhält eine Vergütung in Höhe von 4,2 % auf den Einkaufswert. Außerdem wird der Selbstbehalt von üblicherweise 15 bis 20 % bei der Ausfuhrgarantie auf 10 % gesenkt.

Die Geschäftsleitung der Exportfirma erwartet von ihrem Einkäufer, daß er v o r der Aufstellung eines Angebotsvergleichs den Prozentsatz errechnet, bis zu dem bei sonst gleichen Bedingungen Angebote aus West-Berlin teurer sein dürfen als Angebote aus dem Bundesgebiet, um noch für den Exporteur vorteilhaft zu sein. Dieser Prozentsatz ist zu bestimmen.

13. Überlegungen zur Kontrahierung in Fremdwährungen

In vielen Ländern bestehen Vorschriften für die Fakturierung in bestimmten Währungen.

Welche neuen Gesichtspunkte ergeben sich für den Exporthändler, wenn er in Fremdwährungen kontrahieren muß, hinsichtlich der einzukalkulierenden Risiken und der Möglichkeiten einer Risikopolitik?

14. Testfrage

Ist die Überlegung des Exporthändlers, 8 % Zinsen von dem Kunden auf den cif-Wert zu verlangen, kalkulatorisch exakt?

III. Lösung

1. Kalkulation

Siehe nächste Seite.

2. Errechnung der Zahlungsquoten

2.1 Ableitung der Formel für konstante Tilgungsraten und abnehmenden Zinsanteil

K = zu tilgendes Kapital
q_n = Zahlungsbetrag der nten Rate (Zinsen + Tilgung)
t = Tilgung
p = Zinssatz in % per anno
r = Anzahl der Raten pro Jahr
J = Anzahl der Jahre

In J Jahren zu je r Raten werden insgesamt $n = J \cdot r$ Raten gezahlt.

Bei konstanten Tilgungsraten gilt: $t = \dfrac{K}{n}$

Bei der ersten Rate ist $\dfrac{1}{r}$ der Zinsen auf das gesamte Kapital plus der Tilgung zu zahlen:

$$q_1 = \frac{K}{n} + \frac{p}{100} K \cdot \frac{1}{r}$$

Exportkalkulation

Kalkulation

	%	%	DM	DM
Einkaufspreis fob Hamburg einschl. Exportabgabe				301 000,—
+ Vorleistungskosten				500,—
+ Zinsen auf DM 101 500,—/9 Monate				6 090,—
+ Einzelkosten				75,—
Einstandspreis fob Hamburg Wert 1. 12. 1969 excl. Deckung Fabrikationsrisiko				307 665,—
+ Gemeinkosten 2 %				6 153,30
Zwischensumme		99,2845		313 818,30
+ Kosten für Deckung des Fabrikationsrisikos einschl. Zinsen/9 Mon. [0,75 + (6 % von 0,75 %)] · 0,9		0,7155		2 261,55
Selbstkosten fob Hamburg Wert 1. 12. 1969	90,0	100,0		316 079,85
+ Gewinn für Exporthändler	7,5			26 339,98
+ Provision für Auslands-Vertreter	2,5			8 780,—
vorläufiger Verkaufspreis fob Hamburg	100,0	85,0		351 199,83
+ Kommission für Kunden in Matadi		15,0		61 976,44
endgültiger Verkaufspreis fob Hamburg Wert 1. 12. 1969		100,0		413 176,27
+ Seefracht Grundrate $\frac{9\,600 \times 300 \times 9,50}{1\,016 \times 20}$			1 346,48	
Schwergutzuschlag $\frac{9,6 \times 127,5 \times 9,50}{20}$			581,40	
./. 10 % Zeitrabatt auf Grundrate/ 6 Monate spätere Auszahlung			./. 129,26	1 798,62
C & F Matadi Wert 1. 12. 1969				414 974,89
+ Kosten der Ausfuhrgarantie a) Bearbeitungsgebühr				150,—
Zwischensumme		96,423		415 124,89
b) Grundentgelt 0,5 % von 20 % des cif-Wertes	0,100			
1,5 % von 80 % des cif-Wertes	1,200			
c) Zeitentgelt[6])	1,100			
+ Seeversicherungskosten Grundprämie 0,625 ‰ Kriegszuschlag 0,375 ‰ 1,000 ‰		3,577		15 399,88
10 % imaginärer Gewinn 0,100 ‰	0,110			
Zinsen für Verzögerung von 80 % des cif-Wertes für 60 Tage	1,067			
cif-Matadi Wert 1. 2. 1970		100,000		430 524,77

[6]) Die Errechnung des Zeitentgelts erfolgt nach folgender Formel:

$$PS = \frac{1}{2} [2a + (n-1)d] \cdot \frac{x}{100}$$

PS = In der Kalkulation zu berücksichtigender Prämiensatz
a = Prämiensatz der ersten entgeltpflichtigen Rate
n = Zahl der entgeltpflichtigen Raten
d = Differenz zweier aufeinanderfolgender Prämiensätze
$\frac{x}{100}$ = Prozentsatz des für die Berechnung des Zeitentgelts maßgebenden Grundwertes

$$PS = \frac{1}{2} [2 \cdot 0,3 + 9 \cdot 0,3] \cdot 66^{2}/_{3} \% = \underline{1,1 \%}.$$

Bei der zweiten Rate sind die Zinsen nur noch auf das restliche Kapital zu zahlen.
Das beträgt $K - \frac{K}{n} = K\left(1 - \frac{1}{n}\right)$

Die Zinsen beziehen sich also auf $K\left(1 - \frac{1}{n}\right) \frac{p}{100} \cdot \frac{1}{r}$.

Daher gilt $\quad\quad\quad\quad q_2 = \frac{K}{n} + K\left(1 - \frac{1}{n}\right) \frac{p}{100} \cdot \frac{1}{r}$

Die dritte Rate beträgt $\quad q_3 = \frac{K}{n} + K\left(1 - \frac{2}{n}\right) \frac{p}{100} \cdot \frac{1}{r}$

Die xte Rate beträgt $\quad\quad q_x = \frac{K}{n} + K\left(1 - \frac{x-1}{n}\right) \frac{p}{100} \cdot \frac{1}{r}$

Die letzte Rate beträgt $\quad \boxed{q_n = \frac{K}{n} + K\left(1 - \frac{n-1}{n}\right) \frac{p}{100} \cdot \frac{1}{r}}$

2.2 Formel für konstante Zahlungsquoten

$$\boxed{q = K \cdot i \left(\frac{(1+i)^n}{(1+i)^n - 1}\right)} \quad\quad i = \frac{p}{100 \cdot r}$$

Auf eine Ableitung der Formel muß aus Platzgründen an dieser Stelle verzichtet werden.

2.3 Errechnung der Zahlungsquoten

Cif Matadi lt. Kalkulation	430 524,77 DM
./. Anzahlung von 20 %	86 104,95 DM
an den Kunden zu gewährender Kredit (Wert 1. Febr. 1970)	344 419,82 DM

Unter Anwendung der in den vorangegangenen Abschnitten genannten Formeln ergeben sich folgende Quoten unter den Bedingungen:

Rate	Abnehmende Zahlungen (gleichgroße Tilgungsraten, Zinsen auf Restsaldo)	Konstante Zahlungen (wachsende Tilgungsraten, Zinsen auf Restsaldo)
1.	35 590,05	32 567,84
2.	35 016,01	32 567,84
3.	34 441,98	32 567,84
4.	33 867,95	32 567,84
5.	33 293,92	32 567,84
6.	32 719,88	32 567,84
7.	32 145,85	32 567,84
8.	31 571,82	32 567,84
9.	30 997,78	32 567,84
10.	30 423,75	32 567,84
11.	29 849,72	32 567,84
12.	29 275,68	32 567,84

3. Finanzplan in TDM

Periode	Vorfall	Ausgaben	Einnahmen	Vortrag	Über-/Unter-Deckung
1.3.69 bis 31.5.69	1. Anzahlg. an Lieferer einschl. entst. Ausgaben	103,7	—	—	./. 103,7
1.6.69 bis 31.8.69	anteilige Zinsen und sonstige Ausgaben	2,8	—	./. 103,7	./. 106,5
1.9.69 bis 30.11.69	anteilige Zinsen und sonstige Ausgaben	2,8	—	./. 106,5	./. 109,3
1.12.69 bis 28.2.70	2. u. 3. Zahlg. an Liefer. + Einzel- u. Gemeinkost. 20 % Anzahlg. v. Kunden 1. Diskonterlös 1.2.1970	239,3	86,1 35,1[7])	./. 109,3	./. 227,4
1.3.70 bis 31.5.70	2. Diskonterlös 1.5.1970 Zinsen	5,8	34,5[7])	./. 227,4	./. 198,7
1.6.70 bis 31.8.70	3. Diskonterlös 1.8.1970 Zinsen	5,2	33,9[7])	./. 198,7	./. 170,0
1.9.70 bis 30.11.70	4. Diskonterlös 1.11.1970 Zinsen	4,7	33,4[7])	./. 170,0	./. 141,3
1.12.70 bis 28.2.71	5. Diskonterlös 1.2.1971 Zinsen	4,1	32,8[7])	./. 141,3	./. 112,6
1.3.71 bis 31.5.71	6. Diskonterlös 1.5.1971 Zinsen	3,5	32,2[7])	./. 112,6	./. 83,9
1.6.71 bis 31.8.71	7. Diskonterlös 1.8.1971 Zinsen Kommissionszahlung	2,9 62,0	31,7[7])	./. 83,9	./. 117,1
1.9.71 bis 30.11.71	8. Diskonterlös 1.11.1971 Zinsen	2,4	31,1[7])	./. 117,1	./. 88,4
1.12.71 bis 29.2.72	9. Diskonterlös 1.2.1972 Zinsen	1,9	30,5[7])	./. 88,4	./. 59,8
1.3.72 bis 31.5.72	10. Diskonterlös 1.5.1972 Zinsen	1,3	30,0[7])	./. 59,8	./. 31,1
1.6.72 bis 31.8.72	11. Diskonterlös 1.8.1972 Zinsen	0,6	29,4[7])	./. 31,1	./. 2,3
1.9.72 bis 30.11.72	12. Diskonterlös 1.11.1972 Zinsen	0,1	28,8[7])	./. 2,3	+ 26,4

[7]) Es wurden nur die diskontierten Beträge berücksichtigt. Der Diskonterlös des ersten Wechsels (ausgestellt am 1.2.1969 – akzeptiert bei einkalkulierter Verzögerung am 1.2.1970) – könnte demnach frühestens am 1.2.1970 zur Verfügung stehen. Das letzte Akzept kann frühestens am 1. November 1972 diskontiert werden. Die Einlösung sollte, wenn sie planmäßig erfolgt, am 1. Februar 1973 geschehen.

Wie der Finanzplan zeigt, wird der in der Kalkulation ausgewiesene Gewinn unter den gegebenen Voraussetzungen erst in der letzten Periode realisiert. Geht man jedoch davon aus, daß dem Exporthändler in einem konkreten Fall wesentlich günstigere Finanzierungskonditionen als dem ausländischen Kunden zur Verfügung stehen, so würde der im Finanzplan ausgewiesene Überschuß den voraussichtlichen Gesamtgewinn ausweisen, der sowohl aus dem Waren- als auch aus dem Finanzierungsgeschäft resultiert[8]).

4. Auswirkung alternativer Zahlungsbedingungen im Einkauf

4.1 Zinsbelastung bei ursprünglichen Zahlungsbedingungen   DM
für 101 000,— DM Vorauszahlung 9 Monate zu 8 %   6 060,—
∠ Skontovorteile 2 % von 225 750,— DM   4 515,—
                                                                              1 545,—

∠ Zinskosten für 225 750,— DM für 10 Tage zu 8 %   501,67
                                                                              1 043,33

+ Zinsgewinn für eine um 4 Wochen spätere Zahlung von
75 250,— DM zu 8 %   501,67

Zusätzlicher Gewinn gegenüber ursprünglichen Zahlungsbedingungen
= 6 % Steigerung gegenüber dem ursprünglich kalkulierten Gewinn   1 545,—

4.2 Zinsbelastung bei ursprünglichen Zahlungsbedingungen   6 060,—
∠ Zinsen für 10 % Anzahlung = 30 100,— DM
9 Monate zu 8 %   1 806,—
∠ Zinsen für 40 % Anzahlung für 120 400,— DM
10 Tage zu 8 %   267,55 2 073,55
Zusätzlicher Gewinn gegenüber ursprünglichen Zahlungsbedingungen
= 15 % Steigerung gegenüber dem ursprünglich kalkulierten Gewinn   3 987,45

5. Auswirkungen alternativer Zahlungsbedingungen im Verkauf

5.1 Errechnung der Zahlungsquoten

Cif-Matadi lt. Kalkulation[9])   430 524,77 DM
∠ Anzahlung von 15 %   64 578,72 DM
an den Kunden zu gewährender Kredit (Wert 1. Febr. 1970)   365 946,05 DM

Unter Anwendung der im Abschnitt III/2.1 bzw. III/2.2 genannten Formel ergeben sich folgende Quoten unter den Bedingungen:

---

[8]) Ist der Unterschied zwischen den an den ausländischen Kunden berechneten Zinsen und dem vom Exporthändler zu zahlenden Diskontsatz erheblich (z. B. 8 % Zinsen – Diskontsatz 4 %), so kann der Finanzierungsgewinn wesentlich den kalkulierten Warengewinn übersteigen. In der Exportpraxis werden daher nicht selten Warengeschäfte durchgeführt, die nahezu ausschließlich nur einen Finanzierungsgewinn erwarten lassen. Über die Auswirkungen einer günstigeren Refinanzierungsmöglichkeit des Exporthändlers auf den Gewinn vgl. das im Abschnitt III/5.3 aufgezeigte Beispiel.

[9]) Aus Vereinfachungsgründen ist vom ursprünglich kalkulierten cif-Preis ausgegangen worden. Eine exakte Kalkulation müßte die Zinsvor- bzw. -nachteile hinsichtlich der unterschiedlichen Anzahlungshöhe und Fälligkeit der Anzahlung gegeneinander verrechnen.

Exportkalkulation

Rate	Abnehmende Zahlungen (gleichgroße Tilgungsraten, Zinsen auf Restsaldo)	Konstante Zahlungen (wachsende Tilgungsraten, Zinsen auf Restsaldo)
1.	24 701,30	21 843,81
2.	24 381,10	21 843,81
3.	24 060,90	21 843,81
4.	23 740,70	21 843,81
5.	23 420,50	21 843,81
6.	23 100,30	21 843,81
7.	22 780,10	21 843,81
8.	22 459,90	21 843,81
9.	22 139,70	21 843,81
10.	21 819,50	21 843,81
11.	21 499,30	21 843,81
12.	21 179,10	21 843,81
13.	20 858,90	21 843,81
14.	20 538,70	21 843,81
15.	20 218,50	21 843,81
16.	19 898,30	21 843,81
17.	19 578,10	21 843,81
18.	19 257,90	21 843,81
19.	18 937,70	21 843,81
20.	18 617,50	21 843,81

5.2 Änderung des Reingewinns bei alternativen Zahlungsbedingungen im Verkauf

Ein exakter Vergleich hinsichtlich der Auswirkungen verschiedener Zahlungsziele zu unterschiedlichen Zinssätzen auf den erzielten Gewinn ist nur möglich, wenn man zunächst den Barwert aller Raten bei den verschiedenen Konditionen getrennt ermittelt. Der Barwert B wird bei abnehmenden Zahlungsquoten nach der Formel ermittelt:

$$B = r_1 \cdot a_n - \frac{d}{q-1}(a_n - nv^n)$$

$q = \left(1 + \frac{p}{100}\right)$; p = Zinssatz

a_n = Rentenbarwertfaktor bei n Jahren
d = Zinsdifferenz zwischen aufeinanderfolgenden Raten
r = Höhe der einzelnen Rate

$$v^n = q^{-n} = \frac{1}{q^n} = \left(\frac{1}{q}\right)^n$$

Demnach ergibt sich für die Zahlungskondition fallender Raten bei

8 % Zinsen: 3 Jahre Kredit		7 % Zinsen: 5 Jahre Kredit	
q	= 1,02	q	= 1,0175
q − 1	= 0,02	q − 1	= 0,0175
n	= 12	n	= 20
r_1	= 35 590,05	r_1	= 24 701,30
a_{12}	= 10,57534	a_{20}	= 16,752851
d	= 574,033	d	= 320,20
B	= 344 418,74	B	= 365 945,50

Ergebnis: Die von dem Kunden vorgeschlagene Änderung der Zahlungskondition bedeutet für den Exporthändler eine Barwertdifferenz von rd. 21 530,– DM zu seinen Gunsten. Um die Auswirkung auf den Gewinn festzustellen, muß jedoch noch die Erhöhung der Kosten für die Ausfuhrgarantie berücksichtigt werden, die im vorliegenden Fall fast 3 000,– DM beträgt.

5.3 Änderung des Reingewinns infolge günstigerer Refinanzierung des Exporthändlers

Für den konkreten Fall wird man bei alternativen Zahlungsbedingungen auch die Auswirkungen auf den Reingewinn berücksichtigen müssen, die sich durch die häufig wesentlich günstigeren Refinanzierungsmöglichkeiten des Exporthändlers ergeben, im Vergleich zu den dem Kunden berechneten Zinsen.

In Fortführung des im vorangegangenen Abschnitt erläuterten Beispiels sind 20 konstante Vierteljahresraten angenommen. Zinssatz für den Kunden 7 %, Diskontsatz für den Exporthändler 4 %. Die Änderung des Reingewinns wird auch hier durch einen Vergleich der Barwerte ermittelt.

Liegen die Raten fest, so ist ihr Barwert um so geringer (höher), je höher (niedriger) der Zinssatz ist. Daher haben die Raten für den Exporthändler einen höheren Barwert (B_E) als für den Kunden (B_K).

$B_K = r(q^{-1} + q^{-2} + \ldots q^{-20}) = r \cdot 16{,}752\,851$

$q_K = 1{,}0175$

$B_E = r(q^{-1} + q^{-2} + \ldots q^{-20}) = r \cdot 18{,}045\,555$

$q_E = 1{,}01$

Demnach gelten: $r = \dfrac{B_K}{16{,}752\,851}$

$$B_E = \dfrac{B_K}{16{,}752\,851} \cdot 18{,}04555 = B_K \cdot 1{,}077\,163$$

Für den Exporthändler ist der Barwert der Raten 1,077 ... mal höher als für den Kunden. Das entspricht einem Finanzierungsgewinn von 28 237,46 DM.

5.4 Entscheidungskriterien

Ob im konkreten Fall auf das Gegengebot des Kunden hinsichtlich der Zahlungsbedingungen eingegangen werden kann, hängt nicht ausschließlich von dem erzielten Mehrgewinn ab. Zu berücksichtigen sind u. a. langfristige Liquiditätsplanung, Kreditlimit des Exporteurs bei den Banken; Bereitschaft der Hermes-Kreditversicherungs-AG, die Ausfuhrgarantie für 5 Jahre zu gewähren (i. d. R. eine wesentliche Voraussetzung für die Finanzierungszusage der Banken). Selbst wenn diese Garantie gegeben wird, müssen besonders sorgfältig die zahlreichen Risiken bedacht werden, die vom Exporthändler entweder gar nicht oder nur zum Teil abgesichert werden können und die erfahrungsgemäß besonders im Außenhandel mit Entwicklungsländern überproportional zur gewährten Kreditdauer steigen. Andererseits wird man überlegen, ob das Eindringen in einen entwicklungsfähigen Markt es dennoch geraten erscheinen läßt, auf den langfristigeren Finanzierungswunsch des Kunden einzugehen. An diesem Beispiel wird ersichtlich, daß der Entscheidungsprozeß in der Praxis des Außenhandels außerordentlich vielschichtig ist und nicht ausschließlich das Streben nach Gewinnmaximierung innerhalb eines bestimmten Zeitraumes ausschlaggebend sein muß.

6. Rationelle Gelddisposition

Entsprechend den Zahlungsbedingungen und einer geplanten Auftragserteilung am 1. März 1969 müssen zur Verfügung des Lieferanten folgende Beträge stehen:

> 100 333,— DM am 1. 3. 1969
> 200 667,— DM am 10. 12. 1969

Berücksichtigt man eine Postlaufzeit für die Überweisungen von 3 Tagen, dann müßten diese vom Exporthändler am 25. 2. bzw. 6. 12. 1969 spätestens veranlaßt werden. Hierdurch entsteht dem Exporthändler ein Zinsaufwand für 3 Tage, zu rechnen von 100 333,— DM bzw. von 200 667,— DM. Bei einem kalkulatorischen Zinsfuß von 8 % sind das 200,67 DM. Um die genannten Zinskosten zu ersparen, wäre es günstiger, die entsprechenden Beträge am Fälligkeitstag t e l e g r a f i s c h zu überweisen. Bei angenommenen Kabelspesen von insgesamt 7,50 DM würden Kosten von 193,17 DM vermieden werden.

7. Risiken durch Folgeleistungen

Zu den möglichen Folgeleistungen des Exporthändlers gehören beispielsweise

a) Gewährung von Nachlässen wegen Reklamationen aus Lieferungsverzögerung, Beschädigungen, Fehlen bestimmter Teile usw. Bei Reklamationen, deren Berechtigung man nicht im einzelnen prüfen kann bzw. bei denen eine persönliche Prüfung im Abnehmerland zu aufwendig wäre, wird nicht selten von dem ausländischen Kunden ein im Vergleich zum Schaden unverhältnismäßig hoher Nachlaß gefordert und häufig auch gewährt, um spätere Anschlußgeschäfte nicht zu blockieren. Bei gravierenden Reklamationen ist persönliche Klärung im Empfangsland erforderlich. Leitende Kräfte fallen während dieser Zeit für die Wahrnehmung anderer Aufgaben aus. Der in der Vorkalkulation errechnete Gewinn mindert sich daher um Reisekosten, kalkulatorische Gehälter, Aufenthaltskosten und Kosten der Nachbesserung. Besonders gravierend sind derartige Risiken, wenn der Exporthändler seinem Kunden eine längere Garantielaufzeit einräumen muß, als sie seitens des Fabrikanten ihm gewährt wird.

b) Häufig lehnt es der ausländische Kunde ab, entsprechende Ersatzteile, beispielsweise für einen Zweijahresbedarf, bei einschichtigem Betrieb bei Lieferung der Maschine mit zu übernehmen. Er verpflichtet den Exporthändler bzw. seinen Vertreter, entsprechende Verschleißteile auf Lager zu nehmen, um eine spätere Wartung jederzeit durchführen zu können, ohne jedoch die Kosten hierfür zu tragen.

c) Finanzierung von Besuchern des ausländischen Kunden vor, während und nach der Zeit der Abwicklung des Kontraktes. Häufigkeit und Dauer der Besuche lassen sich kaum vorher bestimmen. Ausländische Kunden erwarten während ihres Aufenthaltes – nicht selten in Begleitung von Angehörigen – vom Exporthändler eine weitgehende Betreuung während ihres Aufenthaltes in der Bundesrepublik. Dadurch allein wird bereits der Zeitetat der leitenden Kräfte erheblich belastet. Nicht unerwähnt sollen in diesem Zusammenhang die hohen Kosten für Bewirtung und Repräsentation bleiben.

d) Vielfach müssen vom Exporthändler bzw. seinem Lieferanten noch die Kosten der Einweisung für einheimische Ingenieure, Fach- und Hilfskräfte übernommen werden. Selbst wenn hierfür Beträge zusätzlich vereinbart werden, reichen diese infolge unvorhergesehener Ereignisse nicht immer aus, so daß sie zu Lasten des kalkulierten Gewinnes gehen.

e) Die jüngste Vergangenheit hat durch das Gesetz über Maßnahmen zur außenwirtschaftlichen Absicherung (November 1968) deutlich werden lassen, mit welchen nicht voraussehbaren Folgeleistungen der Export durch staatliche Maßnahmen selbst noch n a c h Abschluß von Verträgen belastet werden kann. So sind die sogenannten Altverträge vom Gesetzgeber nicht von der Exportabgabe in Höhe von 4 % bzw. 2 % ausgenommen (§ 8 AbsichG). Kontraktvorbehalte, die den Exporteur von einer innerstaatlichen, noch dazu nachträglichen Belastung seiner Kalkulation schützen könnten, sind nicht üblich und widersprechen dem Grundsatz, daß jeder Partner für die Belastungen seines Landes selbst aufzukommen hat.

8. Auswirkung alternativer Fälligkeiten der Provision

a) Ist die Provision bereits zum Zeitpunkt der Auftragsbestätigung durch den Exporthändler am 1. März 1969 fällig statt zum Zeitpunkt der ersten Akzeptleistung durch den Kunden am 1. Mai 1970 (vgl. Finanzplan), so müßte der Exporthändler den Provisionsanspruch in Höhe von 8 780,- DM vierzehn Monate zu 8 % vorfinanzieren. Das entspricht einer zusätzlichen Zinsbelastung von 819,50 DM bzw. einer Gewinnreduzierung von 3 %.

b) Richtet sich die Fälligkeit der Provision nach dem Eingang aller Zahlungen, dann kann mit der Einlösung des letzten Akzeptes vom Kunden, ausgestellt am 1. 11. 1972, erst am 1. 2. 1973 gerechnet werden. Der Exporthändler würde unter den genannten Umständen 3 Jahre später als im ursprünglichen Beispiel angenommen die Provision zu zahlen haben. Das entspricht einer Zinsersparnis (ohne Zinseszins) von 2 107,20 DM. Allein durch die Änderung der Fälligkeit der Provision würde der kalkulierte Gewinn um 8 % verbessert werden können.

9. Optimal-Provisionsregelung

Um für den konkreten Fall eine optimale Provisionsregelung finden zu können, muß zunächst bekannt sein, für welche Aufgaben der Vertreter eingesetzt ist. Übernimmt er z. B. zu Lasten seines Gewinnes die Inbetriebnahme oder den

Service an der gelieferten Maschine, oder wird das eine oder beides durch den Exporthändler wahrgenommen? Ferner könnte berücksichtigt werden, inwieweit der Vertreter bei Zahlungsverzögerungen des Kunden mit eingesetzt werden soll.

Will der Exporthändler durch die Provisionszahlung kein zusätzliches Risiko und keine nicht voraussehbaren Finanzierungskosten übernehmen, wäre folgende Regelung für vorliegenden Kontrakt denkbar: 20 % sofort nach erfolgter Akkreditivzahlung, Rest proportional zu den eingelösten Tratten.

Unberücksichtigt bei dieser Regelung bleibt jedoch für den Exporthändler, daß das Interesse seines Auslandsvertreters bei auftretenden Zahlungsverzögerungen, besonders bei den letzten Raten oder gar Zahlungsausfällen, nicht gleich groß zu sein braucht, die Forderungen einzutreiben. Während man in der Regel davon ausgehen kann, daß der Exporthändler erst mit dem Eingang der letzten Raten seinen Gewinn realisiert (vgl. Finanzplan), kann der Auslandsvertreter schon früher diesen Punkt erreicht haben. Daher ist zu überlegen, die Fälligkeit eines größeren Teils der Provision auf den Zeitpunkt der Einlösung des l e t z t e n Akzeptes zu vereinbaren.

Berücksichtigt man zusätzlich die Interessenlage des Auslandsvertreters, der seine wesentlichen Vorleistungen bereits vor Kontraktabschluß erbracht hat, wobei ihm erhebliche Ausgaben entstanden sind, so ist sein Anliegen gerechtfertigt, die Fälligkeit der Provision möglichst vorzuverlegen.

Um einen möglichst gerechten Interessenausgleich zwischen Exporthändler und seinem Auslandsvertreter für den vorliegenden Fall zu schaffen, wäre folgende Regelung denkbar: 50 % der Provision fällig bei Auftragsbestätigung durch den Exporthändler, 50 % nach Einlösung des letzten Akzeptes durch den Kunden.

10. Alternativen zur Absicherung des Transfer-Risikos

Geht man von einer Kontraktsumme von 100 000 DM aus, so beträgt die Versicherungssumme nach Vorschlag I unter Berücksichtigung eines Selbstbehaltes von 10 % 90 000 DM, bei Vorschlag II unter Berücksichtigung von 15 % des Selbstbehalts 85 000 DM. Nach der bisherigen Regelung und den gegebenen Voraussetzungen werden die 90 000 DM erst nach Ablauf von 12 Monaten gezahlt. Würde demgegenüber der Anspruch bereits mit dem Zeitpunkt der Einzahlung des Kunden entstehen (Vorschlag II), so stünden dem Exporthändler 85 000 DM bereits 12 Monate früher zur Verfügung. Bei einem Zinssatz von 8 % entspricht das einem Zinsertrag von 6 800 DM. Damit würde der Vorschlag II trotz des höheren Selbstbehaltes um 1 800 DM günstiger für den Exporthändler sein als Vorschlag I. Daher ist es verständlich, daß besonders Exportfirmen, die größere Anlagen exportieren und oft langfristige Kredite an ihre Kunden gewähren müssen, eine Änderung der Ausfuhrgarantiebedingungen im Sinne des Vorschlages II anstreben, da u. a. ihre Liquidität wesentlich verbessert würde.

11. Berechnung der Risiken im Forderungsausfall

a) Da von der Höhe und dem Zeitpunkt möglicher Forderungsausfälle einschließlich der Bearbeitungszeit der Schadensregulierung die weitere Geschäftstätigkeit u. U. wesentlich beeinflußt werden kann, wird ein Exporteur aus dem Prinzip der Vorsicht trotz bestehender Ausfuhrgarantien versuchen, eine möglichst konkrete Vorstellung von der möglichen Eigenbelastung infolge des vereinbarten Selbstbehaltes zu gewinnen.

Im vorliegenden Beispiel soll mit einem Ausfall von 172 208,41 DM gerechnet werden (50 % des kreditierten Betrages). Das bedeutet für den Exporthändler

20 % von 172 208,41 DM Selbstbehalt	= 34 441,68 DM
Zinsverlust für 137 766,73 DM für 3 Jahre bei einem Zins von 8 % p. a.[10])	= 33 064,32 DM
Eigenbelastung des Exporthändlers	= 67 506,— DM

b) Um den erzielten Verlust infolge des wirtschaftlichen Risikos aus dem genannten Kontrakt zu kompensieren, ist ein zusätzlicher Umsatz von 1 500 133,– DM notwendig, wenn eine Gewinnspanne von 4,5 % vom Umsatz unterstellt wird.

$$\left(\frac{67\,506 \cdot 100}{4,5}\right)$$

12. Auswirkung der Berlin-Präferenz für den Einkauf

Berücksichtigt man einen fob-Einkaufswert von 100 000 DM, so beträgt die Vergütung der Berlin-Präferenz 4 200 DM. Angebote aus dem Bundesgebiet, die bis zu 4,384 % **unter** den Geboten aus West-Berlin liegen, sind demnach bei sonst gleichen Bedingungen für den Exporthändler unvorteilhaft. Dieser Prozentsatz ändert sich noch zugunsten eines Bezuges aus West-Berlin, wenn man die geringere Höhe des Selbstbehaltes berücksichtigt, die für zum Export bestimmte Lieferungen aus West-Berlin gelten.

13. Überlegungen zur Kontrahierung in Fremdwährungen

Es gibt viele Gründe dafür, daß der Exporteur nicht in der einheimischen Währung, sondern in fremder Währung kontrahieren muß (z. B. wirtschaftliche Machtstellung des ausländischen Kunden, Bestimmungen des Import- bzw. Exportlandes, Möglichkeiten zu Kompensationsgeschäften). Änderungen des Austauschverhältnisses der heimischen Währung zu der ausländischen – z. B. bei einer Aufwertung der DM – lösen das Kursrisiko für den Exporteur aus: Wie nachstehendes Beispiel zeigt, erhält er beim Eintausch seines Devisenerlöses weniger DM, als er seiner Kalkulation (vgl. Fallstudie) zugrunde gelegt hat:

Kalkulierter Erlös beim Kurs 1 £stg = 9,50 DM	= 430 524,77 DM
effektiver Erlös beim Kurs 1 £stg = 9,— DM	= 407 865,57 DM
Verlust durch DM-Aufwertung	= 22 659,20 DM

---

[10]) Würde man mit Zinseszinsen rechnen, dann beträgt der Zinsverlust insgesamt 35 779,40 DM.

Wenn aus genannten Gründen in einer Fremdwährung kontrahiert werden muß, wird der Exporteur versuchen, das Kursrisiko möglichst auszuschalten bzw. gering zu halten. Das kann beispielsweise durch die Aufnahme einer Kursklausel in den Vertrag geschehen: „Der Preis in £stg versteht sich zum Kurs von 1 £stg = 9,50 DM." Sofern es die Devisenvorschriften zulassen, ist auch an eine Einigung in einer Drittwährung zu denken. Vorzugsweise werden stabile („harte") Welthandelswährungen vereinbart. Diese können einmal nur als Bezugsgrundlage dienen (z. B. Kontrakt in sfrs, effektive Zahlung erfolgt jedoch in £stg). Der ausländische Kunde hat am Fälligkeitstag denjenigen £stg-Betrag anzuschaffen, der dem in sfrs vereinbarten Preis entspricht. Legt dagegen der Exporteur Wert auf den Erhalt der Drittwährung, kann er die Klausel „sfrs effektiv" vereinbaren.

Die Erfahrung in den vergangenen Jahren zeigt jedoch, daß trotz rechtlicher Absicherung durch Klauseln das Kursrisiko auf den ausländischen Kunden nicht immer abgewälzt werden konnte. Vielmehr hängt es von der jeweiligen Marktsituation, der Art und Dauer der geschäftlichen Verbindungen zwischen den Vertragspartnern, der bestehenden Rechtsordnung im Käuferland und anderen Imponderabilien ab, ob der Anspruch durchgesetzt werden kann oder ob es sinnvoller ist, einen Kompromiß hinsichtlich des aufgetretenen Kursrisikos anzustreben. So sind Fälle bekannt, in denen Hersteller, Exporthändler und ausländischer Kunde ohne vorherige Abmachung die entstandenen Kursverluste teilten.

Schließlich besteht die Möglichkeit, das Kursrisiko durch ein Devisentermingeschäft zu verringern bzw. auszuschalten. Für den Anlagenexporteur kommt diese Art der Risikobegrenzung kaum in Betracht wegen der Länge der Finanzierungszeiten. (Die üblichen Devisentermingeschäfte beziehen sich auf 3 Monate.) Ob die Möglichkeit besteht, das Kursrisiko durch Versicherung abzusichern oder entsprechende Rücklagen zu bilden, dürfte ebenfalls von der konkreten Situation abhängen. Von einer vollständigen Absicherung des Kursrisikos wird man in der Praxis nur in den wenigsten Fällen sprechen können.

14. Testfrage

Der cif-Wert schließt nicht nur die Einzel- und Gemeinkosten, sondern auch den Gewinn des Exporthändlers ein. Im vorliegenden Fall ist zusätzlich noch der erhebliche Rohgewinn (Kosten + Reingewinn) des ausländischen Kunden berücksichtigt. Da nur die kreditierten Kosten Zinsaufwand verursachen, ist der cif-Wert als Berechnungsgrundlage kalkulatorisch ungerechtfertigt. Es müßten im Beispiel 88 316,42 DM abgezogen werden, wenn man eine „gerechtere" Berechnungsgrundlage sucht.

In der Praxis wird dennoch der cif-Wert häufig zugrunde gelegt, weil der effektiv berechnete Zinssatz so optisch niedriger erscheint. Berücksichtigt man ferner die Vielzahl der möglichen Verzögerungen, z. B. bei der Dokumentenaufnahme, der Akzeptleistung, der Transferierung, so könnte die nicht exakte Zinsberechnung von einem zu hohen Wert als zusätzliche Risikoprämie interpretiert werden.

17

Entwicklung einer Werbekampagne für eine Whiskey-Marke

Von Konrad Hirte

I. Aufgabenstellung

Die Firma Distillers Corp. — Seagram's Ltd. hat sich Mitte 1969 entschlossen, die Whiskey-Marke Seagram's Seven Crown in Deutschland einzuführen. Seagram's ist der größte Spirituosenhersteller der Welt. Seagram's Seven Crown — ein American Blended Whiskey — ist bei weitem die größte Whiskey- und damit Spirituosenmarke der USA.

Die Einfuhr und der Vertrieb wurde von der Firma Schneider-Import GmbH übernommen, ein bei den Handelsorganisationen gut eingeführtes und als Spezialist hochwertiger ausländischer Spirituosen bekanntes Unternehmen.

Die Entwicklung, Planung und Durchführung der Werbekampagne einschließlich Promotions wurde der LINTAS Werbeagentur übertragen.

II. Aufgabenlösung durch die Werbeagentur

a) Werbevorbereitung

Vor der Entwicklung der Marketing- und Werbekonzeption wurde der Spirituosenmarkt und speziell der Whiskeymarkt gründlich analysiert. Die folgenden Tatsachen mußten Ausgangspunkt der strategischen Überlegungen sein:

1. Marktbedeutung

Im Rahmen des gesamten Spirituosenmarktes spielt der Whiskey in Deutschland eine untergeordnete Rolle. Nur 3,7 % (1968) des Gesamtverbrauchs entfallen auf Whiskey (USA: 66,4 %). Die deutschen Verbraucher bevorzugen eher Weinbrand, Korn und Likör.

   S c h l u ß f o l g e r u n g : Whiskey wird als eine S p i r i t u o s e n s p e z i a l i t ä t angesehen.

2. Marktsegmente

Der Hauptanteil des Whiskey-Verbrauchs entfällt auf schottischen Whiskey. Andere Whiskey-Sorten spielen eine untergeordnete Rolle.

Whiskey-Importe 1968

England	84 %
Irland	1 %
USA	12 %
Kanada	2 %
EWG	1 %
	100 %

> Schlußfolgerung: Produkterfahrung und Vorstellungsbild des Whiskeys wird in Deutschland mit schottischem Whiskey gleichgesetzt.

3. Verbraucherkreis und Verbrauchereinstellung

Als intensive Whiskey-Verbraucher können höchstens 5 % der Männer (und in geringerem Maße Frauen) im Alter zwischen 20 und 65 Jahren angesehen werden.

Der Whiskey-Verbrauch ist stärker ausgeprägt bei Männern
- zwischen 20 und 39 Jahren in Großstädten,
- in höheren Einkommensklassen,
- mit gehobenen Berufen.

Der Geschmack wird von vielen Verbrauchern strikt abgelehnt. Er wird — aus Erfahrung mit schottischem Whiskey — als zu hart bezeichnet.

> Schlußfolgerung: Eine mögliche Ausdehnung des Whiskey-Verbraucherkreises kann nur über ein besseres Geschmacksangebot erfolgen.

4. Die Wettbewerber

In der Bundesrepublik werden schätzungsweise 60—70 Whiskey-Marken vertrieben, die größtenteils eine nur sehr geringe Marktbedeutung besitzen. Die stärksten Marken dürften Black & White, Johnnie Walker, VAT 69, Ballantines und Haig sein.

Alle Marken wendeten im Jahre 1969 rund 12 Mill. DM für klassische Werbung auf. Ein ausgeprägtes Markenbewußtsein ist nicht vorhanden, da kaum Produktunterschiede vorhanden sind und auch nicht gesehen werden; daher spielt der Angebotspreis eine starke Rolle bei der Markenwahl.

Der Handel zeigt starke Widerstände, eine neue Marke aufzunehmen, die keine einzigartigen Produktvorteile bietet.

> Schlußfolgerung: Überzeugende Kommunikation der Einzigartigkeit der Marke Seagram's Seven Crown.

b) Konzeption

1. Ansatzpunkte des Whiskey-Marktes

- Verhältnismäßig wenig Verwender (Geschmack):
  — Chancen für einen weicheren Whiskey und/oder Placierung eines Whiskeys im Long-Drink-Markt.

- Hohes Prestige des Whiskeys, das allgemein von den schottischen Whiskeys aufgebaut wurde, jedoch negative Produkterwartung:
  — Schaffung einer Markenpersönlichkeit mit einem akzeptierbaren Geschmacksansatz.
- Keine Spirituosen, außer Likör, die für Damen geeignet sind:
  — Nutzung dieses Verwenderpotentials.

2. Verkaufsidee

Seven Crown ist weicher als alle anderen Whiskeys. Er ist kein Scotch, kein Canadien, kein Irish, sondern American Whiskey: weich, dunkel, aromatisch.

3. Angestrebtes Marken-Image

- Rationale Argumente:
  — Seven Crown ist so weich (soft), wie nur ein American Blended Whiskey sein kann.
  — American Blended Whiskey ist identisch mit Seven Crown.
  — Seven Crown ist so weich, daß selbst Frauen ihn genießen können, wenn sie dazu eingeladen werden.
  — Man spürt den vollen, milden Charakter von Seven Crown sowohl pur als auch im Long Drink.
- Emotionale Argumente

  Seven Crown bedeutet:

  — Harmonie, Ruhe, Entspannung;
  — Aufgeschlossenheit, Liebenswürdigkeit, Sympathie;
  — wertvoll, Seriosität, Prestige, Großzügigkeit;
  — Geschmack.

4. Zielgruppe

- Männer als Käufer und Verwender:
  — zwischen 20 und 40 Jahren in Großstädten (über 100 000 E.),
  — in Einkommensklassen von mehr als 1000,— DM.
- Frauen als Verwender:
  — gelegentliche Whiskey-Verwender,
  — Nicht-Whiskey-Verwender,
  — Whiskey-Verwender, die Nicht-Scotch-Whiskeys suchen.
- Verbraucher, die den Prestigewert von Whiskey schätzen, aber Whiskey wegen des Geschmacks ablehnen.
- Männer, die ihre Frauen als Partner betrachten.

c) Gestaltung

1. Rohentwurfsphase

In der Rohentwurfsphase wurden etwa 20 Gestaltungsideen entwickelt.
Einige **Beispiele:**

Die Selektion erfolgte nach den vorher festgelegten Kriterien der Konzeption.

2. Reinentwurfsphase

3. Produktionsphase

d) Kommunikations- und Mediaplanung

Die Planungsüberlegungen wurden mit dem Ziel durchgeführt, eine schnelle Bekanntmachung der Marke bei der Zielgruppe zu erreichen.

Aus der Vielzahl möglicher Zeitschriftentitel wurden mit Hilfe von Leserdaten diejenigen ausgewählt, die die Zielgruppe am ökonomischsten erreichen konnten:

— Stern
— Spiegel
— Jasmin
— „M"
— Die Zeit

Zeitlich erfolgte eine starke Konzentration in der Einführungsphase.

e) Kommunikations-Kontrolle

Während und im Anschluß an die Rohentwurfsphase wurden Informationstests durchgeführt. Sie erbrachten das Ergebnis, daß die Kampagne „Trink sanft mit ihr" überzeugend die erstrebten Informationen übermitteln konnte.

Eine Markenbekanntheits-Untersuchung bestätigte ein Jahr nach Einführung eine starke Zunahme der Bekanntheit der Marke Seagram's Seven Crown.

18

Der Preis als Marketinginstrument

Von Dr. Wolfgang Hilke

A. Einführung: Preiswettbewerb in der Praxis

Üblicherweise werden vier absatzpolitische Instrumente unterschieden: Preispolitik, Produkt- und Programmgestaltung, Werbung, Absatzmethoden und -wege[1]). Von diesen vier Marketinginstrumenten kommt der Preispolitik sicherlich auf vielen Märkten besondere Bedeutung zu.

So wurde unlängst in einer Studie nachgewiesen, daß in der Mehrzahl der Industriezweige der US-Wirtschaft — entgegen einer häufig vertretenen Meinung — heute immer noch erheblicher Preiswettbewerb herrscht[2]).

Auch ein Blick auf die Verhältnisse in der deutschen Wirtschaft zeigt, wie häufig die Preisgestaltung als Mittel zur Absatzbeeinflussung eingesetzt wird. Dies kommt schon rein optisch darin zum Ausdruck, daß in zahlreichen Prospekten (z. B. von Reisebüros, Photohändlern, Fertighausfabrikanten, Versandhäusern u. a.) die „Preise" den eigentlichen Blickfang darstellen. Nach Erhebungen des Ifo-Instituts sehen beispielsweise im Photohandel 100 % der Verbrauchermärkte, 96 % der Fachdiscounter, 89 % der Warenhäuser und 88 % des Versandhandels den Preis als das entscheidende Wettbewerbsmittel an[3]).

Zu denken ist ferner an die zum Teil erbitterten Preiskämpfe zwischen den Herstellern von Markenbenzin und den sog. „freien Tankstellen"; oder an das immer noch mit Erfolg praktizierte Vorgehen der Kaufhäuser, durch preislich besonders attraktive Angebote den Kunden erst einmal in die Verkaufsräume zu locken. Oder an die Nahrungsmittelindustrie, wo z. B. bei 15 Marken von Eiernudeln für die gleiche Abpackmenge Preise zwischen 0,45 DM und 1,10 DM verlangt werden; und dies, obwohl — wie das Bundeskartellamt kürzlich hierzu feststellte — wegen der strengen Produktionsvorschriften des Lebensmittelgesetzes kaum Qualitätsunterschiede bei den Eiernudeln auftreten dürften. Ein letztes Beispiel: Wie eine

---

[1]) Vgl. E. Gutenberg: „Grundlagen der Betriebswirtschaftslehre", Bd. II: Der Absatz, 8. Auflage, Berlin/Heidelberg/New York 1965, S. 46 ff.

[2]) Vgl. hierzu: „Economic Concentration. Hearings before the Subcommittee on Antitrust and Monopoly of the Committee on the Judiciary United States Senate about Economic Concentration", Bd. IV, S. 561 ff. und L. Jüttner-Kramny: „US-Hearings über die Konzentration in der Wirtschaft", in: Der Betrieb, 22. Jg. (1969), S. 1517 ff.

[3]) Vgl. E. Batzer u. a.: „Marktstrukturen und Wettbewerbsverhältnisse im Einzelhandel", hrsg. v. Ifo-Institut für Wirtschaftsforschung, Berlin/München 1971, S. 190 ff.

Verbraucherzentrale in Köln ermittelte, wurden für das gleiche Farbfernsehgerät eines bestimmten Herstellers als Folge des Wettbewerbs zwischen den Kölner Händlern Preisforderungen gestellt, die sich bis um 500,— DM unterschieden[4]).

Selbstverständlich werden alle preispolitischen Maßnahmen in der Regel nicht isoliert ergriffen, sondern mit der Werbung, den Verkaufsförderungsaktivitäten (sales promotions), den Maßnahmen der Produktgestaltung u. ä. abgestimmt. Wie Abstimmung und kombinierter Einsatz der absatzpolitischen Instrumente in der Praxis geschehen, wird an Hand verschiedener Fallstudien in diesem Buch ausführlich beschrieben[5]).

In der folgenden Fallstudie wird deshalb weitgehend von diesem kombinierten Einsatz des absatzpolitischen Instrumentariums abgesehen. Auf diese Weise können die Bedeutung und vor allem die verschiedenen Möglichkeiten der Preispolitik als Instrument des Marketing klarer herausgearbeitet werden.

<u>Die Aufgabe der Preispolitik im Rahmen des Marketing besteht darin, die in bezug auf das Unternehmensziel „richtigen" Preisforderungen für die produzierten (oder gehandelten) Güter auf dem Absatzmarkt zu stellen. Dabei ist das oberste Ziel der betrachteten Unternehmung das Streben nach einem möglichst hohen Gewinn in der Planungsperiode.</u>

Diese Zielsetzung „Gewinnstreben" steht — wie empirische Untersuchungen zeigen[6]) — nach wie vor in der Praxis mit weitem Abstand an der ersten Stelle. Welche preispolitischen Maßnahmen zu ergreifen sind, hängt somit zum einen von der Zielsetzung der Unternehmung ab. Zum anderen sind dafür die Daten bestimmend, auf die das Unternehmen in einer konkreten Situation stößt.

Die Daten lassen sich in zwei Gruppen aufteilen:

1. die U n t e r n e h m e n s d a t e n ; hier sind vor allem die quantitativen und qualitativen Produktionskapazitäten und daraus resultierend die Kostenlage zu nennen; weitere, den preispolitischen Spielraum oftmals begrenzende Daten sind durch die Finanzlage der Unternehmung gegeben.

2. die M a r k t d a t e n ; hierher gehören vor allem die Aufnahmefähigkeit und Entwicklung eines Marktes, das Verhalten der Käufer bei Preisänderungen, Werbemaßnahmen u. ä., ferner die Anzahl und Größe der Konkurrenten, deren Produkte, Preisforderungen und sonstigen absatzpolitischen Aktivitäten, der Einfluß des Staates auf die Preisbildung am Markt (z. B. durch Vorgabe von Höchst- oder Mindestpreisen), die Mög-

---

[4]) Lt. ARD-Nachrichten v. 26. 11. 1971.

[5]) Vgl. J. F. Stolte: „Zur Gestaltung des Produktionsprogramms: Entwicklung und Einführung eines neuen Produktes", S. 185 ff.; K. Alewell u. a.: „Entscheidung über die Einführung eines Produktes", S. 203 ff.; P. Wolff: „Der Lebensweg eines Markenartikels", S. 231 ff.; W. Bartram und W. Hilke: „Die Erschließung eines Exportmarktes", S. 273 ff.

[6]) Vgl. E. Heinen: „Grundlagen betriebswirtschaftlicher Entscheidungen", 2. Aufl., Wiesbaden 1971, S. 37 ff.; G. Czeranowsky und H. Strutz: „Ergebnisse einer empirischen Untersuchung über Unternehmensziele", in: Schriften zur Unternehmensführung, Bd. 11, Wiesbaden 1970, S. 121 ff.

lichkeiten von Marktzugang oder -beschränkung (z. B. durch Patente, staatliche Konzessionen, Importbeschränkungen).

Wie noch zu zeigen ist, wird die Preispolitik immer dann n i c h t als Marketinginstrument genutzt, wenn die Preisforderungen allein aus den Unternehmensdaten abgeleitet, d. h. insbesondere auf der Basis von (Voll-)Kosten „kalkuliert" werden. Marketing heißt ja gerade, auf den Markt ausgerichtet sein. Dies impliziert die Forderung nach einer „marktorientierten" Preispolitik; sie mißt gerade den Marktdaten für den Entscheidungsprozeß über die zu fordernden Preise besondere Bedeutung bei. Wie dies zu geschehen hat, ist für verschiedene Kosten- und Marktsituationen im folgenden dargestellt.

B. Ausgangslage und Problemstellung

Das zu betrachtende Unternehmen hat sich schon relativ bald nach Gründung darum bemüht, durch das Angebot von zum Teil recht verschiedenen Produkten einen gewissen Risikoausgleich zu schaffen[7]. Damit versucht es, der Strategie so erfolgreicher Unternehmer wie Oetker zu folgen, dessen Firmengruppe im Handels-, Bank- und Versicherungsgeschäft genauso vertreten ist wie in der Nahrungsmittel-, Getränke- und Textilindustrie oder der Schiffahrt. Ähnliche unterschiedliche Produktfelder gehören zum Tätigkeitsbereich z. B. der Vereinigten Flugtechnischen Werke (VFW), die neben Flugzeugen vor allem Camping-Wohnwagen und Heizöltanks mit Erfolg produzieren und absetzen.

Als Folge einer derartigen, auf Diversifikation ausgerichteten Unternehmensstrategie umfaßt das Produktionsprogramm des betrachteten Betriebes zur Zeit insgesamt 12 Erzeugnisse. Sie werden auf recht unterschiedlichen Märkten angeboten, wie aus den folgenden Daten zu entnehmen ist.

I. Die Markt- und Kostendaten für die Produkte 1 bis 4

1. Die Marktdaten

Dem Unternehmen ist es gelungen, für die Güter 1 bis 4 eine Monopolstellung zu erwerben, die auch für den zu betrachtenden Planungszeitraum gehalten werden kann.

Dies hat z. B. der Hersteller der „Nur-die"-Strümpfe auf folgende Weise erreicht: Vor einigen Jahren wurde von einer Firma in den USA eine Rundwirkmaschine für nahtlose Nylon-Strümpfe entwickelt; durch Marktforschung wurde festgestellt, daß mit einer starken Nachfrage nach nahtlosen Strümpfen und Strumpfhosen zu rechnen ist. Daraufhin wurde von „Nur die" die gesamte Produktion des Maschinenherstellers für drei Jahre im voraus aufgekauft und so eine fast drei Jahre dauernde Monopolstellung auf dem Markt für nahtlose Strümpfe und Strumpfhosen geschaffen.

---

[7] Vgl. zu diesem Problemkreis H. Jacob: „Preis und Produktionsprogramm als Mittel betrieblicher Konjunkturpolitik", in: Schriften zur Unternehmensführung, Bd. 2, Wiesbaden 1967, S. 37 ff.

Durch Marktforschung für die Produkte 1 bis 4 hat das Unternehmen die Beziehungen zwischen Preisforderung und Absatzmenge zu ermitteln versucht[8]). Die Ergebnisse lauten für Erzeugnis 1: Zu einem Preis von 90,— DM und mehr wäre keine der befragten Personen bereit, das Produkt 1 zu erwerben. Die Preisforderung von 90,— DM stellt also den sog. „Prohibitiv-Preis" dar, der jeden Nachfrager davon abhält, das Produkt 1 zu kaufen. Wie die Befragungen des weiteren ergeben haben, könnten zu einer Preisforderung von 80,— DM etwa 50 Mengeneinheiten (ME) abgesetzt werden, zu 70,— DM rund 100 ME, zu 60,— DM ungefähr 150 ME usw.

Aus diesen Testergebnissen läßt sich eine mathematische Funktion für die Beziehungen zwischen Preisforderung und Absatzmenge von Produkt 1 im preispolitisch relevanten Bereich ableiten. Diese „Preis-Absatz-Funktion" lautet:

$$p_1 = 90 - 0{,}2\, x_1$$

Hierin wird mit p_1 die Preisforderung und mit x_1 die zugehörige Absatzmenge von Produkt 1 angegeben. Die Preis-Absatz-Funktion läßt erkennen, daß nichts mehr abgesetzt werden kann, also $x_1 = 0$ ist, wenn der Prohibitivpreis von 90,— DM gefordert wird. Ferner gibt sie an, um wieviel die Preisforderung im Durchschnitt reduziert werden muß, um 1 ME mehr absetzen zu können: Bei einer Preissenkung um jeweils 10,— DM (z. B. von 90,— auf 80,—, von 80,— auf 70,— usw.) konnten — wie oben angegeben — jeweils 50 ME mehr abgesetzt werden; demnach ist durchschnittlich ein Mehrabsatz von 1 ME zu erreichen, wenn der Preis um 10 : 50 = 0,20 DM zurückgenommen wird.

Analog hierzu möge die Auswertung der Marktforschungsergebnisse für die Erzeugnisse 2, 3 und 4 zu folgenden, die Preis-Mengenverhältnisse im relevanten Bereich approximierenden Preis-Absatz-Funktionen geführt haben:

$$p_2 = 110 - 0{,}1\, x_2$$
$$p_3 = 82 - 0{,}04\, x_3$$
$$p_4 = 185 - 0{,}8\, x_4$$

Damit sind die Marktdaten der Güter 1 bis 4 hinreichend quantifiziert. Daneben müssen nun noch die Produktions- und Kostendaten gegeben sein, um die gewinnmaximalen Preisforderungen bestimmen zu können.

2. Die Produktions- und Kostendaten

Erzeugnis 1 wird auf einer Anlage I hergestellt, die nur für dieses Produkt verwendbar ist. Sie kann von Produkt 1 in der betrachteten Periode maximal 360 ME produzieren. An fixen Kosten (vor allem Zeitabschreibungen, Zinskosten u. a.) entstehen durch diese Anlage I im Planungszeitraum $K_{f,\,I} = 2000{,}-$ DM. Mit jeder Mengeneinheit, die von Produkt 1 erstellt wird, fallen variable Stückkosten von $k_{v,\,1} = 20{,}-$ DM/ME an.

---

[8]) Vgl. hierzu die Untersuchung für das Produkt „Dauerbackhefe" der Firma August Oetker bei K. Alewell u. a.: „Entscheidung über die Einführung eines Produktes", S. 203 ff. dieses Buches.

Die Produkte 2, 3 und 4 können nur auf ein und demselben Aggregat II gefertigt werden. Dieses Aggregat II steht in der Planungsperiode insgesamt 1466,5 Zeiteinheiten (ZE) — z. B. Stunden oder Minuten — zur Verfügung. Die Produktionszeit für 1 ME von Erzeugnis 2 beträgt 1,5 ZE, pro ME von Produkt 3 genau 1 ZE und für 1 ME von Erzeugnis 4 jeweils 2,4 ZE.

Jedes Stück von Erzeugnis 2 verursacht variable Kosten in Höhe von $k_{v,2} = 30{,}—$ DM/ME, bei Produkt 3 sind es $k_{v,3} = 10{,}—$ DM/ME und bei Erzeugnis 4 ist $k_{v,4} = 25{,}—$ DM/ME. Die fixen Kosten von Aggregat II belaufen sich in der Periode auf $K_{f,II} = 29\,330{,}—$ DM.

Es ist die Frage zu beantworten, in welchen Mengen die Erzeugnisse 1 bis 4 zu erstellen und zu welchen Preisen sie abzusetzen sind, wenn das Unternehmen nach Gewinnmaximierung strebt. Zuvor ist jedoch noch auf die Markt- und Kostendaten der anderen Produkte 5 bis 12 einzugehen.

II. Die Markt- und Kostendaten für Produkt 5

Das Produkt 5 wird auf drei Teilmärkten angeboten, die — z. B. durch Ländergrenzen, Importbestimmungen o. ä. — streng voneinander isoliert sind. Für die isolierten Teilmärkte gelten folgende Preis-Absatz-Funktionen:

1. Teilmarkt: $\quad p_{5,1} = 140 - 0{,}05\, x_{5,1}$

2. Teilmarkt: $\quad p_{5,2} = 100 - 0{,}02\, x_{5,2}$

3. Teilmarkt: $\quad p_{5,3} = 80 - 0{,}04\, x_{5,3}$

Um 1 ME des Gutes 5 vom Unternehmen zum einzelnen Teilmarkt zu transportieren, entstehen an Transportkosten zum 1. Teilmarkt $t_1 = 20{,}—$ DM/ME, zum 2. Teilmarkt $t_2 = 10{,}—$ DM/ME und zum 3. Teilmarkt $t_3 = 6{,}—$ DM/ME.

Die Produktion von Erzeugnis 5 erfolgt auf der Anlage III. Die variablen Stückkosten steigen mit zunehmender Gesamtausbringung. Unter Berücksichtigung der fixen Kosten $K_{f,III} = 22\,000{,}—$ DM verhalten sich die Gesamtkosten in Abhängigkeit von der Menge, die für alle drei Teilmärkte zusammen produziert wird, gemäß der Kostenfunktion:

$$K_5 = 0{,}01\, x_5^2 + 29{,}5\, x_5 + 22\,000$$

Die Kapazität der Anlage III reicht aus, um 1600 ME von Erzeugnis 5 zu erstellen.

Die Unternehmensleitung fragt sich, welche Preise auf den einzelnen Teilmärkten für Produkt 5 zu verlangen und welche Teilmengen dazu anzubieten sind, um den größtmöglichen Gewinn unter den gegebenen Marktverhältnissen zu erwirtschaften.

III. Die Markt- und Kostendaten für Produkt 6

Erzeugnis 6 wird auf einem Markt gehandelt, der sich wie folgt charakterisieren läßt: In einem bestimmten Preisintervall — zwischen Preisen von $p_{6,o} = 14{,}—$ DM/ME und $p_{6,u} = 10{,}—$ DM/ME — besitzt das Unternehmen für dieses Produkt eine

Art „Meinungsmonopol"; hier kann es seinen Preis variieren, ohne wesentlich an Nachfrage zu gewinnen bzw. zu verlieren. Fordert die Unternehmensleitung hingegen einen Preis, der über $p_{6,0} = 14$ liegt, so geht rasch die gesamte Nachfrage verloren. Denn das Produkt dringt bei Überschreiten des „oberen Grenzpreises" $p_{6,0} = 14$ in einen Preisbereich ein, in dem es mit seiner qualitativen Ausstattung gegenüber den Konkurrenzprodukten kaum eine Chance besitzt. Bei $p_6 = 15$ wird daher auch schon sein Prohibitivpreis erreicht, zu dem von Erzeugnis 6 nichts mehr abzusetzen ist.

Unterschreitet hingegen die Preisforderung für Gut 6 den „unteren Grenzpreis" von $p_{6,u} = 10$, so gelingt es, entscheidend in die Märkte der Konkurrenz einzudringen. Im Vergleich zu den Konkurrenzprodukten schneidet hier Produkt 6 auf Grund seines günstigen Preises bei überdurchschnittlicher Qualität sehr gut ab; es vermag bei Preissenkung viele Nachfrager von der Konkurrenz abzuziehen.

Die beschriebenen Marktcharakteristiken kommen in einer Preis-Absatz-Kurve zum Ausdruck, die bei dem „oberen" und dem „unteren Grenzpreis" je einen Knick aufweist. Für Erzeugnis 6 läßt sich diese zweifach geknickte Nachfragekurve durch folgende Preis-Absatz-Funktionen beschreiben:

$$p_{6,1} = 15 - \frac{1}{800} x_{6,1} \qquad \text{für} \quad 0 \leq x_{6,1} \leq 800$$

$$p_{6,2} = 22 - \frac{1}{100} x_{6,2} \qquad \text{für} \quad 800 \leq x_{6,2} \leq 1200$$

$$p_{6,3} = 12 - \frac{1}{600} x_{6,3} \qquad \text{für} \ 1200 \leq x_{6,3}$$

Mit den Begrenzungen wird ausgedrückt, daß die erste Preis-Absatz-Gerade nur bis $p_{6,1} = 15 - \frac{1}{800} \cdot 800 = 14$, also bis zum „oberen Grenzpreis" $p_{6,0} = 14$ gilt und die zweite Preis-Absatz-Funktion erst ab hier bis $p_{6,2} = 22 - \frac{1}{100} \cdot 1200 = 10$, d. h. bis zum „unteren Grenzpreis" $p_{6,u} = 10$ definiert ist. Entsprechend existiert die dritte Preis-Absatz-Kurve erst von diesem unteren Grenzpreis $p_{6,u} = 10 = 12 - \frac{1}{600} \cdot 1200 = p_{6,3}$ an.

Das Gut 6 ist auf einer Maschine IV herzustellen, für die die Kostenfunktion lautet:
$K_6 = 4x_6 + 5100$.

Die Kapazität der Maschine IV beträgt $x_{6,\max} = 2700$ (ME).

Gesucht wird die gewinnmaximale Preis-Mengen-Kombination p_6; x_6.

IV. Die Markt- und Kostendaten für Produkt 7

Das Gut 7 wird auf einem Markt angeboten, auf dem es mit vielen anderen, praktisch homogenen Gütern anderer Firmen konkurriert. Als Folge davon hat sich ein

"Marktpreis" $p_m = 32{,}-$ DM eingependelt. Bei Überschreiten dieses Marktpreises ist das Erzeugnis 7 nicht mehr konkurrenzfähig; sein Absatz fällt schlagartig auf Null zurück. Bietet die Unternehmensleitung ihr Gut 7 auch gerade zum Marktpreis p_m an, so kann sie maximal 600 ME absetzen. Fordert das Unternehmen einen niedrigeren Preis als den Marktpreis p_m, so würde es sehr viel zusätzliche Nachfrage auf sich ziehen.

Es erhebt sich damit die Frage, ob eine derartige Unterbietung des Marktpreises für das Unternehmen überhaupt von Vorteil ist oder ob es besser den Marktpreis p_m auch für sein Erzeugnis 7 akzeptiert. Simultan mit der Bestimmung der Preisforderung muß auch darüber entschieden werden, welche Mengen von Gut 7 zu dieser Preisforderung angeboten werden sollen. Dabei ist wieder davon auszugehen, daß nach Gewinnmaximierung gestrebt wird.

Die Kostenverhältnisse für Produkt 7 werden durch die Anlage V bestimmt, die nur für dieses Erzeugnis verwendbar ist. Es gilt die Kostenfunktion:

$$K_7 = 0{,}02\, x_7^2 + 16\, x_7 + 1152.$$

Auf dem vorhandenen Produktionsapparat V können in der betrachteten Periode maximal 500 ME von Erzeugnis 7 hergestellt werden.

Welche Preis-Mengen-Kombination maximiert im Planungszeitraum den Gewinn für Gut 7?

V. Die Markt- und Kostendaten für die Produkte 8 bis 11

Wie für Erzeugnis 7 gelten auch für die Güter 8, 9 und 10 feste Marktpreise. Sie und die zugehörigen maximalen Absatzmengen sind aus der folgenden Tabelle 1 zu entnehmen. Im Gegensatz zu Produkt 7 können aber die Erzeugnisse 8, 9 und 10 mit variablen Stückkosten hergestellt werden, die von der Ausbringungsmenge unabhängig sind. Die Tabelle 1 enthält auch diese pro ME konstanten Produktionskosten k_v.

Erzeugnis	max. Absatzmenge	Verkaufspreis/ME	var. Kosten/ME	Ausbringung/Std.
8	900	503,–	460,–	3
9	1000	620,–	590,–	5
10	2100	632,5	610,–	6
11	200	450,–	300,–	2
11	300	424,–	300,–	2
11	400	400,–	300,–	2

Tabelle 1

Gut 11 hebt sich von den Erzeugnissen 8, 9 und 10 insofern ab, als bei ihm der Preis sprungweise variiert und dadurch unterschiedliche Absatzmengen erzielt werden können: Zum Preis $p_{11,1} = 450{,}-$ DM/ME sind 200 ME absetzbar oder aber 300 ME zum Preis $p_{11,2} = 424{,}-$ DM/ME oder bei einem Preis von $p_{11,3} = 400{,}-$ DM/ME sogar 400 ME. Die Unternehmensleitung kann nur zwischen diesen drei Preisalternativen wählen; Zwischenpreise sind nicht realisierbar. Der Grund hierfür liegt in der besonderen Absatzsituation; der einzige Nachfrager für Produkt 11 hat die drei alternativen Preisgebote mit den zugehörigen Mengen abgegeben.

Diejenige der drei Preis-Mengen-Kombinationen von Produkt 11, die für das betrachtete Unternehmen die gewinngünstigste ist, kann nur simultan mit den Produktions- und Absatzmengen der anderen Erzeugnisse 8 bis 10 bestimmt werden. Denn alle vier Güter sind auf derselben Anlage VI zu fertigen. Die Produktionskoeffizienten, d. h. die Menge, die von den einzelnen Erzeugnissen in einer Stunde auf Anlage VI hergestellt werden kann, sind ebenfalls in Tabelle 1 angegeben.

Der Produktionsapparat VI steht in der betrachteten Periode 600 Stunden zur Verfügung. Er verursacht in dieser Zeit fixe Kosten in Höhe von $K_{f,VI} = 72\,000{,}-$ DM.

Es ist das gewinnoptimale Fertigungsprogramm aus den Produkten 8 bis 11 für das Aggregat VI zu bestimmen; gleichzeitig muß über die Preisforderung für Erzeugnis 11 entschieden werden.

VI. Die Markt- und Kostendaten für Produkt 12

Die Unternehmung hat bisher das Produkt 12 in einer einzigen Ausführung auf dem Markt angeboten. Die Preis-Absatz-Funktion hierfür lautet:

$$p_{12} = a - b \cdot x_{12} = 150 - 0{,}2 \cdot x_{12}.$$

Die variablen Stückkosten sind unabhängig von der Gesamtausbringung und betragen $k_{v,12} = 70{,}-$ DM/ME. Die Herstellung von Produkt 12 kann auf einer Anlage VII erfolgen, die fixe Kosten in Höhe von $K_{f,VII} = 5000{,}-$ DM verursacht.

Auf dieser Anlage VII könnten auch Varianten des Erzeugnisses 12 gefertigt werden. Diese Varianten unterscheiden sich z. B. in der Qualität und in der Verpackung voneinander und von dem Grundprodukt. Die variablen Stückkosten der Variante 12_1 würden um $m_1 = 15{,}-$ DM/ME und der Variante 12_2 um $m_2 = 5{,}-$ DM/ME höher liegen als die variablen Kosten pro ME des ursprünglichen Produktes 12; hingegen würden sie für Variante 12_3 um $m_3 = -12{,}-$ DM/ME darunter liegen. Die variablen Stückkosten betragen also $k_{v,12,1} = 70 + 15 = 85$, $k_{v,12,2} = 70 + 5 = 75$ und $k_{v,12,3} = 70 - 12 = 58$. Durch ein kleines Zusatzaggregat, das für die Produktion der Varianten erforderlich ist, würden sich die fixen Kosten um $f = 1200{,}-$ DM erhöhen.

Der Einfluß, der von dem Angebot der Varianten 12_1, 12_2 und 12_3 auf die Preis-Absatz-Funktion ausgeht, möge nicht zu einer Verschiebung der Nachfragegeraden führen. Vielmehr werde durch den angebotenen Qualitätsfächer in Gestalt der drei Varianten nur eine Aufteilung des Marktes in Marktsegmente erreicht, die der ursprünglichen Preis-Absatz-Funktion

$$p_{12} = a - bx_{12} = 150 - 0,2\, x_{12}$$

entspricht. Hieraus kann die Umkehrfunktion

$$x_{12} = \frac{a - p_{12}}{b}$$

gebildet werden. Sie läßt erkennen:

Würde für die Variante 12_1 z. B. ein Preis von $p_{12,1} = 130$ gefordert, so wären hiervon $x_{12,1} = (150 - 130) : 0,2 = 100$ ME absetzbar. Zum Preis $p_{12,2} = 115$ für Variante 12_2 beispielsweise könnten dementsprechend gleichzeitig:

$$x_{12,2} = \underbrace{\frac{a - p_{12,2}}{b}}_{\substack{\text{Gesamt-Absatz} \\ \text{zu } p_{12,2}}} - \underbrace{\frac{a - p_{12,1}}{b}}_{\substack{\text{durch Variante } 12_1 \\ \text{hiervon befriedigter Absatz}}}$$

$$= 175 \qquad\qquad -100 \qquad\qquad\qquad = 75$$

verkauft werden usw.

Welche Preise für die einzelnen Varianten gefordert und welche Mengen dazu angeboten werden sollten, um den Gewinn für die Varianten zu maximieren, muß für alle Varianten simultan bestimmt werden. Anschließend hat die Unternehmensleitung darüber zu entscheiden, ob das bisherige Erzeugnis 12 durch die drei Varianten ersetzt werden soll. Ein Ersatz erscheint angebracht, wenn das Angebot der Varianten zu einer Gewinnverbesserung führt.

Damit sind die Markt-, Produktions- und Kostenverhältnisse für alle 12 Erzeugnisse der betrachteten Unternehmung angegeben. Die Geschäftsleitung möchte wissen, zu welchen Preisforderungen welches Erzeugnisprogramm anzubieten ist, um durch den richtigen Einsatz des Preises als Marketinginstrument den Gesamtgewinn des Unternehmens in der kommenden Periode zu maximieren.

C. Die Bestimmung gewinnoptimaler Preisstellungen und Absatzmengen

I. Verschiedene Preisstrategien für Produkt 1

Das Erzeugnis 1 wird auf der Anlage I erstellt, die nur für dieses Produkt verwendbar ist. Da ferner auch keine absatzmäßigen Verflechtungen mit den übrigen Gütern bestehen, kann die optimale Preis-Mengen-Kombination für Erzeugnis 1 isoliert von den anderen Produkten abgeleitet werden.

Um deutlicher herausarbeiten zu können, was es heißt, den Preis als Marketinginstrument einzusetzen, sollen mehrere Formen der Preisstellung, die in der Praxis anzutreffen sind, einander gegenübergestellt werden. Durch anschließende Gewinnvergleiche ist zu ermitteln, welche dieser Preisstrategien zu dem höchsten Gewinn für Erzeugnis 1 führt und damit der Zielsetzung „Gewinnmaximierung" entspricht.

1. Preispolitik zur Maximierung des Stückgewinns

Bisweilen wird gemeint, der Gewinn für ein Erzeugnis sei zu maximieren, indem derjenige Preis verlangt wird, der den größten Gewinn pro Mengeneinheit (Stückgewinn) des Erzeugnisses verspricht. Der Stückgewinn ist definiert als Differenz zwischen Stückerlös und Selbstkosten pro ME. Dabei werden die Stückerlöse in Abhängigkeit von der Absatzmenge durch die Preis-Absatz-Funktion wiedergegeben. Somit sind Preisforderung (p) und Stückerlös (e) identisch. Die Selbstkosten pro Mengeneinheit lassen sich errechnen, indem die Gesamtkosten, d. h. die fixen und variablen Kosten, durch die jeweilige Ausbringungsmenge (x) geteilt werden.

Für Erzeugnis 1 ergibt sich dementsprechend:

für die Stückerlöse (e)

$$e_1 = p_1 = 90 - 0{,}2\, x_1,$$

für die Stückkosten (k_g)

$$k_{g,1} = \frac{2000 + 20\, x_1}{x_1} = \frac{2000}{x_1} + 20.$$

Mithin gilt für den zu maximierenden Stückgewinn g_1:

(1) $\quad g_1 = e_1 - k_{g,1} = 90 - 0{,}2\, x_1 - \left(\frac{2000}{x_1} + 20\right) \to \text{Max!}$

Der maximale Gewinn pro ME ist nun zu errechnen, indem die Stückgewinnfunktion (1) nach der Absatzmenge x_1 differenziert und die gewonnene 1. Ableitung gleich Null gesetzt wird. Auf diese Weise ergibt sich:

$$\frac{dg_1}{dx_1} = -0{,}2 + \frac{2000}{x_1^2} \overset{!}{=} 0$$

und hieraus für die Absatzmenge $x_{1,A}$, die den Stückgewinn maximiert:

$$x_{1,A} = 100.$$

Gemäß der Preis-Absatz-Funktion für Erzeugnis 1 errechnet sich die zugehörige Preisforderung als

$$p_{1,A} = 90 - 0{,}2 \cdot x_{1,A} = 90 - 0{,}2 \cdot 100$$

$$\underline{\underline{p_{1,A} = 70.}}$$

Die Stückkosten, die zur stückgewinn-maximalen Ausbringungsmenge $x_{1,A} = 100$ gehören, belaufen sich auf:

$$k_{g,1,A} = \frac{2000}{x_{1,A}} + 20 = \frac{2000}{100} + 20$$

$$\underline{\underline{k_{g,1,A} = 40.}}$$

Somit beträgt der maximale Gewinn pro ME:

$$g_{1,A} = e_{1,A} - k_{g,1,A} = 70 - 40 = \underline{\underline{30\ [\text{DM/ME}]}}$$

Der Preis als Marketinginstrument 325

und der zugehörige Gesamtgewinn für Erzeugnis 1:

$$G_{1,A} = g_{1,A} \cdot x_{1,A} = 30 \cdot 100 = \underline{\underline{3000 \text{ [DM]}}}.$$

Dieser Gewinn ist den Gewinnen anderer Preisstrategien gegenüberzustellen, um herauszuarbeiten, ob eine Preispolitik, die den Stückgewinn maximiert, gleichzeitig zum größten Gesamtgewinn für ein Erzeugnis führt.

2. Preisstellung auf der Basis von Stückkosten plus prozentualem Gewinnzuschlag

„In der Praxis sind nicht selten Unternehmungen anzutreffen, die preispolitisch in der Art operieren, daß sie einen Preis fordern, der jeweils den Stückkosten des Erzeugnisses zuzüglich eines gewissen prozentualen Gewinnzuschlages entspricht."[9] Dabei ist bisweilen zu beobachten, daß an einem bestimmten prozentualen Gewinnzuschlag für einen längeren Zeitraum festgehalten wird. Die Höhe des Gewinnzuschlagssatzes, mit dem die „Preiskalkulation" durchgeführt wird, wird auf Grund eines originären Entschlusses der Unternehmensleitung festgelegt.

In der betrachteten Unternehmung möge dieser Gewinnzuschlag für Erzeugnis 1 z. B. 50 % der jeweiligen Stückkosten ausmachen. Welcher Preis hiernach in Abhängigkeit von der Ausbringungsmenge zu „kalkulieren" wäre, wird durch die Funktion

$$(2) \quad q_1 = k_{g,1} + 0{,}5\, k_{g,1} = 20 + \frac{2000}{x_1} + 0{,}5 \left(20 + \frac{2000}{x_1}\right)$$

angegeben.

Wenn das Unternehmen nun seine Preis-Absatz-Funktion **nicht** kennt und daher seine Preisforderung allein gemäß obiger Funktion „kalkuliert", so gibt es zwei Möglichkeiten[10]: Entweder das Unternehmen manövriert sich selbst aus dem Markt, weil es Preisforderungen stellt, die von den Nachfragern nicht akzeptiert werden. Oder aber es kommt zu einem mehrperiodigen Anpassungsprozeß, während dessen die Preisforderungen laufend ermäßigt werden; dies beruht darauf, daß zu den kalkulierten Preisen immer mehr abgesetzt werden kann, als erwartet wird. Zu einer größeren Ausbringungsmenge gehören aber jeweils niedrigere Stückkosten und dazu — bei konstantem Gewinnzuschlagssatz — niedrigere „Preise". Am Ende des Anpassungsprozesses wird eine Preis-Mengen-Kombination realisiert, die durch einen Schnittpunkt der Preis-Absatz-Geraden mit der „Gewinnzuschlags-Funktion" (2) determiniert ist.

Besitzt das Unternehmen volle Kenntnis von der Preis-Absatz-Funktion, so kann es diesen Schnittpunkt unmittelbar errechnen. Hierzu braucht die „Gewinnzuschlags-Funktion" (2) nur mit der Nachfragefunktion gleichgesetzt und anschließend nach der Menge x aufgelöst zu werden. Für das Produkt 1 gilt demnach die Bestimmungsgleichung:

---

[9] H. Jacob: „Preispolitik", 2. Auflage, Wiesbaden 1971, S. 113.
[10] Vgl. zu dieser preispolitischen Verhaltensweise und ihren Folgen: E. Gutenberg, a. a. O., S. 329 f. und H. Jacob: „Preispolitik", a. a. O., S. 113 ff.

$$p_1 = 90 - 0{,}2\,x_1 \overset{!}{=} 20 + \frac{2000}{x_1} + 0{,}5\,(20 + \frac{2000}{x_1}) = q_1.$$

Hieraus sind z w e i Schnittpunkte zu ermitteln, und zwar mit den Mengen $x_{1,B,1} = 63{,}4$ und $x_{1,B,2} = 236{,}6$. Die zugehörigen Preisforderungen lauten: $p_{1,B,1} = 77{,}32$ und $p_{1,B,2} = 42{,}68$.

Bei Unkenntnis der Marktgegebenheiten stellt nur der zweite Schnittpunkt (p = 42,68; x = 236,6) den Endpunkt des oben beschriebenen Anpassungsprozesses dar. Der erste Schnittpunkt könnte nur durch Zufall mit der ersten, einmaligen Preisstellung erreicht werden, jedoch nicht infolge allmählicher Preiskorrekturen. Liegt die zuerst gesetzte Preisforderung unter $p_{1,B,1} = 77{,}32$, so erfolgt ein Anpassungsprozeß bis zum Preis $p_{1,B,2} = 42{,}68$. Ist hingegen der erste überhaupt geforderte Preis höher als $p_{1,B,1} = 77{,}32$, dann manövriert sich das Unternehmen selbst aus dem Markt. Denn zu diesem höheren Preis könnte weniger als erwartet abgesetzt werden. Die Stückkosten würden also höher sein, als bei der Kalkulation angenommen. Infolgedessen würde anschließend mit höheren Stückkosten gerechnet, die — wegen des unveränderten Gewinnzuschlagssatzes — zu Preiserhöhungen führen usw.

Bei voller Kenntnis der Markt- und Kostendaten können beide Schnittpunkte errechnet und somit realisiert werden. Es erhebt sich die Frage: Welcher Zielsetzung entsprechen diese Schnittpunkte, zu denen eine Preisstellung auf der Basis von Stückkosten und prozentualem Gewinnzuschlag führt?

Zunächst ist festzuhalten, daß zu beiden Schnittpunkten ganz unterschiedliche Gewinne gehören: Im ersten Schnittpunkt mit p = 77,32 und x = 63,4 ist für Erzeugnis 1 ein Gesamtgewinn von $G_{1,B,1} = 1634{,}-$ DM zu erreichen; hingegen beläuft sich der Gewinn im zweiten Schnittpunkt auf $G_{1,B,2} = 3366{,}-$ DM.

Beiden Schnittpunkten ist nur eines gemeinsam: Sie garantieren dem Unternehmen einen „Mindestgewinn" in Form desselben Prozentsatzes — hier 50 % — von den jeweiligen gesamten Stückkosten. Der erste Schnittpunkt verspricht diesen prozentualen Mindestgewinn bei minimalem Absatz; er genügt demnach der Zielsetzung „Minimierung des Absatzes unter Erreichung eines Mindestgewinnes in Höhe eines bestimmten Prozentsatzes der Stückkosten". In der Praxis dürfte der zweite Schnittpunkt — trotz desselben prozentualen Gewinnzuschlagssatzes — dem ersten vorgezogen werden; denn zu einem höheren absoluten Gewinn gehört auch noch ein höherer Absatz. Diesem zweiten Schnittpunkt läßt sich die Zielsetzung „Absatzmaximierung unter Einhaltung eines bestimmten Mindestgewinnes in Form eines bestimmten Prozentsatzes der Gestehungskosten"[11] zuordnen.

Die Ausführungen lassen deutlich werden: Die beschriebene Preisstellung auf der Basis von Stückkosten plus prozentualem Gewinnzuschlag entspricht grundsätzlich[12] nicht der Zielsetzung „Gewinnmaximierung". Sie führt i. d. R. — wie noch

---

[11] H. Jacob: „Der Absatz", in: Allgemeine Betriebswirtschaftslehre in programmierter Form, 3. Auflage, Wiesbaden 1976, S. 380.

[12] Vgl. hierzu den auf S. 329, letzter Absatz, dargestellten einzigen Ausnahmefall.

nachzuweisen ist — zu kleineren Gewinnen als das Streben nach maximalem Gewinn. Der Grund hierfür liegt darin, daß die Marktgegebenheiten (Preis-Absatz-Funktion) nicht oder nicht richtig berücksichtigt werden. Vielmehr werden die Preisforderungen zu sehr nach den Stückkosten ausgerichtet, statt „marktorientiert" zu sein, wie es dem Marketing entsprechen würde.

3. Preisstellung entsprechend den Grenzkosten

Bisweilen wird in der Praxis und in der betriebswirtschaftlichen Literatur[13]) die Ansicht vertreten, die zu fordernden Preise sollten den Grenzkosten entsprechen. Dabei sind die Grenzkosten definiert als die zusätzlichen Kosten, die bei Variation der Ausbringung um jeweils eine (infinitesimal) kleine Menge zusätzlich anfallen. Mathematisch ist die Grenzkostenkurve durch die 1. Ableitung der Gesamtkostenfunktion zu bestimmen.

Für das Produkt 1 lautet die Gesamtkostenfunktion

$$K_{g,1} = 2000 + 20\, x_1;$$

hieraus lassen sich die Grenzkosten K' ableiten als

$$K_1' = \frac{dK_{g,1}}{dx_1} = 20.$$

Die Grenzkosten sind in diesem Falle konstant, d. h. unabhängig von der Ausbringungsmenge belaufen sie sich auf $K_1' = 20$. Sie sind dabei identisch mit den variablen Stückkosten $k_{v,1} = 20$.

Eine Preisstellung gemäß den Grenzkosten, also

$$p_1 = K_1' = 20,$$

würde zwar einen sehr großen Absatz von $x_1 = 350$ ME erreichen lassen, aber gleichzeitig nur die variablen Stückkosten decken. Es würde ein Verlust in Höhe der fixen Kosten $K_f = 2000$ entstehen. In dieser Situation, d. h. bei konstanten Grenzkosten $K' = k_v$, würde das preispolitische Verhalten, einen Preis gemäß den Grenzkosten zu fordern, zu Verlusten führen, obwohl der Markt die Erzielung von Gewinnen zuläßt.

Der Vollständigkeit halber sei hier noch erwähnt: Sind die Grenzkosten nicht konstant, sondern verläuft die Grenzkostenkurve — wegen einer nicht linear steigenden Gesamtkostenkurve — u-förmig oder stetig steigend[14]), so kann bei einer Preisstellung gemäß den Grenzkosten durchaus ein Gewinn realisiert werden. Jedoch ist dieser stets kleiner als beim Streben nach Gewinnmaximierung; denn: Einen Preis zu fordern, der den jeweiligen Grenzkosten entspricht, bedeutet den „freiwilligen Verzicht auf jene Vorteile, die der Marktposition des Unternehmens entspringen und in seiner von links oben nach rechts unten geneigten Preis-Absatz-Funktion zum Ausdruck kommen."[15])

---
[13]) Vgl. vor allem E. Schmalenbach: „Kostenrechnung und Preispolitik", 8. Auflage, Köln/Opladen 1963; E. Kosiol: „Warenkalkulation in Handel und Industrie", 2. Auflage, Stuttgart 1953, S. 119 ff.
[14]) Vgl. hierzu die Kostenfunktionen für Produkt 5 und 7.
[15]) H. Jacob: „Der Absatz", a. a. O., S. 381.

4. Preisstellung gemäß „Grenzkosten = Grenzerlös"

Bei den bisher beschriebenen preispolitischen Verhaltensweisen wurde immer nur die Preis-Absatz-Funktion, d. h. die Stückerlös-Kurve in die Betrachtung einbezogen und den Stückkosten bzw. Grenzkosten gegenübergestellt.

Wie zu jeder Gesamtkostenkurve eine Grenzkostenkurve gehört, läßt sich auf der Erlösseite eine Grenzerlöskurve bestimmen. Hierzu sind zunächst die Gesamterlöse oder Gesamtumsätze in Abhängigkeit von der Absatzmenge zu gewinnen. Der Gesamterlös E ist definiert als „Menge mal Preis", also

$$E = x \cdot p.$$

Und da die Nachfragefunktion die Beziehung zwischen Preisforderung und Absatzmenge wiedergibt, erhalten wir die Gesamterlösfunktion, indem die Preis-Absatz-Funktion mit der Menge x multipliziert wird:

$$E = x \cdot p = x(a - bx).$$

Hierin gibt a den Prohibitivpreis und b diejenige Menge an, die bei Variation des Preises um 1 Geldeinheit mehr oder weniger abgesetzt werden kann. Für Erzeugnis 1 beträgt — wie die Preis-Absatz-Funktion zeigt — der Prohibitivpreis $a_1 = 90$ und $b_1 = 0,2$. Demnach lautet die Gesamterlösfunktion für Produkt 1:

$$E_1 = x_1 \cdot p_1 = x_1(90 - 0,2\, x_1).$$

Aus ihr ist durch Differentiation nach x_1 und Nullsetzen der so gewonnenen 1. Ableitung die Grenzerlöskurve zu ermitteln als

$$E_1' = 90 - 2 \cdot 0,2\, x_1 \quad (= a - 2\, bx_1).$$

Für diejenige Preis-Mengen-Kombination, bei der sich Grenzerlöse E' und Grenzkosten K' entsprechen, gilt dann die Bestimmungsgleichung:

$$E_1' = 90 - 2 \cdot 0,2\, x_1 \overset{!}{=} 20 = K_1'.$$

Aus ihr errechnet sich die Absatzmenge $x_{1,c} = 175$. Hierzu gehört die Preisforderung $p_{1,c} = 55$. Der dabei erzielbare Gesamtgewinn beträgt:

$$G_{1,c} = 175 \cdot 55 - (175 \cdot 20 + 2000) = 4125\ [DM].$$

Ein Gewinnvergleich zeigt: Der Gewinn $G_{1,A} = 3000$, der bei Maximierung des Stückgewinnes zu realisieren ist, und die Gewinne $G_{1,B,1} = 1634$ bzw. $G_{1,B,2} = 3366$ bei Preisstellung auf der Basis von Stückkosten plus prozentualem Gewinnzuschlag sind kleiner als $G_{1,c} = 4125$. Dieser Gewinn $G_{1,c}$ ist der höchste Gesamtgewinn für Produkt 1, der überhaupt erwirtschaftet werden kann. Er wird erzielt bei einer Preispolitik, die danach trachtet, daß $E' = K'$ gilt. Nur eine derartige Preisstellung entspricht somit der Zielsetzung „Gewinnmaximierung". Dies läßt sich allgemein wie folgt beweisen.

Beim Streben nach größtmöglichem Gesamtgewinn muß die Gesamtgewinn-Funktion den Ausgangspunkt bilden. Da der Gesamtgewinn durch die Differenz von Gesamterlösen und Gesamtkosten gegeben wird, muß sein:

$$G(x) = E(x) - K_g(x) = x(a-bx) - (k_v x - K_f).$$

Das Maximum dieser Gewinnfunktion ist zu bestimmen, indem sie nach der Menge x differenziert und die 1. Ableitung gleich Null gesetzt wird[16]). Wir erhalten als Bestimmungsgleichung

$$a - 2bx - k_v \stackrel{!}{=} 0$$

oder

(3) $\quad a - 2bx \stackrel{!}{=} k_v.$

Die linke Seite der Bestimmungsgleichung (3) gibt aber nichts anderes wieder als die Grenzerlöse E' und die rechte Seite die Grenzkosten K', die hier gleich den variablen Stückkosten k_v sind. Also lautet die Bedingung für die Gewinnmaximierung:

$$E' = K' \quad \text{q.e.d.}$$

Aus (3) kann dann die gewinnmaximale Menge x_c errechnet werden als

(4) $\quad x_c = \dfrac{a - k_v}{2b}.$

Dieser Ausdruck für x_c in die Preis-Absatz-Funktion eingesetzt, ergibt für die gewinnmaximale Preisforderung p_c

(5) $\quad p_c = \dfrac{a + k_v}{2}.$

Die Formeln (4) und (5) können immer dann zur Bestimmung des Gewinnmaximums verwendet werden, wenn die geneigte Preis-Absatz-Kurve und die Gesamtkostenkurve jeweils linear verlaufen.

Der soeben beschriebene analytische Lösungsweg zur Bestimmung der gewinngünstigsten Preis-Mengen-Kombination geht auf den französischen Mathematiker Cournot zurück[17]). Deshalb wird auch von der Cournotschen Menge x_c und dem Cournotschen Preis p_c gesprochen; sie bestimmen das absolute Gewinnmaximum.

Während dieses absolute Gewinnmaximum durch eine Preispolitik, die den Stückgewinn maximiert, und durch eine Preisstellung gemäß den Grenzkosten — wie in den vorhergehenden Abschnitten gezeigt — niemals erreicht werden kann, gilt für die Preisstellung auf der Basis von Stückkosten plus prozentualem Gewinnzuschlag: Sie kann nur z u f ä l l i g einmal in dieses Gewinnmaximum führen, wenn nämlich der Gewinnzuschlagssatz durch Zufall gerade so hoch angesetzt wird, daß die „kalkulierte" Preisforderung genau dem Cournot-Preis p_c entspricht. Im Beispiel für Produkt 1 müßte dieser Gewinnprozentsatz zufällig rund 75 % betragen haben.

---

[16]) Außerdem muß die 2. Ableitung einen negativen Wert annehmen. Diese Voraussetzung ist hier für jedes x erfüllt.

[17]) Vgl. A. Cournot: „Untersuchungen über die mathematischen Grundlagen der Theorie des Reichtums", Jena 1924.

Da die betrachtete Unternehmung nach Gewinnmaximierung strebt, wird sie die Preisforderung direkt nach Maßgabe E' = K' bestimmen. Sie wird für Produkt 1 den Cournot-Preis $p_{1,c} = 55$ fordern und so alle Marktchancen, die sich für Produkt 1 bieten, optimal nutzen.

II. Gewinnoptimale Preispolitik für die Produkte 2, 3 und 4

Für die Erzeugnisse 2 bis 4 existieren — wie für Produkt 1 — ebenfalls lineare Preis-Absatz-Funktionen:

$$p_2 = 110 - 0{,}1\, x_2$$
$$p_3 = 82 - 0{,}04\, x_3$$
$$p_4 = 185 - 0{,}8\, x_4.$$

Außerdem sind die variablen Stückkosten k_v wiederum von der jeweiligen Ausbringungsmenge x unabhängig, und zwar

$$k_{v,2} = 30; \quad k_{v,3} = 10; \quad k_{v,4} = 25.$$

1. Cournot-Preise und -Mengen bei freier Kapazität

Es liegt daher nahe, die Preisforderungen isoliert für die einzelnen Produkte einfach mit Hilfe der soeben abgeleiteten Formel (5)

$$p_c = \frac{a + k_v}{2}$$

zu errechnen. Die Cournot-Preise lauten dann:

$$p_{2,c} = \frac{110 + 30}{2} = 70$$

$$p_{3,c} = \frac{82 + 10}{2} = 46$$

$$p_{4,c} = \frac{185 + 25}{2} = 105$$

Hierzu gehören gemäß Formel (4) die Cournot-Mengen:

$$x_{2,c} = 400; \quad x_{3,c} = 900; \quad x_{4,c} = 100.$$

Die so — unabhängig voneinander — ermittelten Preis-Mengen-Kombinationen stellen das Gewinnmaximum für die Produkte 2, 3 und 4 dar, wenn eine Voraussetzung erfüllt ist: Alle Cournot-Mengen müssen auf dem Aggregat II in der Planungsperiode produzierbar sein.

Es ist daher zu prüfen, ob die Kapazität des Aggregats II, die mit 1466,5 Zeiteinheiten (ZE) angegeben ist, ausreicht, um die Cournot-Mengen insgesamt herzustellen. Unter Berücksichtigung des — bei der Produktions- und Kostenlage genannten[18]) — Zeitbedarfs für die Erstellung einer ME der einzelnen Erzeugnisse, errechnet sich ein Kapazitätsbedarf von

---

[18]) Siehe S. 318 f.

400 · 1,5 + 900 · 1 + 100 · 2,4 = 1740 ZE.

Diese Rechnung zeigt: Die vorhandene Kapazität von 1466,5 ZE ist geringer als die Zeit, die zur Produktion aller Cournot-Mengen benötigt würde.

Das „Cournot-Programm", das unter Ausnutzung aller Marktchancen den absolut größten Gewinn erbringt, ist also nicht realisierbar, da die Kapazität nicht ausreicht.

2. Optimale Preisstellung bei einem Engpaß

Wie ist nun bei knapper Produktionskapazität vorzugehen, um für die Produkte 2 bis 4 unter Berücksichtigung des Engpasses einen möglichst hohen Gewinn zu erwirtschaften? Die für die einzelnen Erzeugnisse i s o l i e r t e Gewinnmaximierung gemäß den Cournot-Formeln (4) und (5) kann nur bei freier, ausreichender Kapazität durchgeführt werden; sie ist bei einem kapazitativen Engpaß aufzugeben zugunsten einer s i m u l t a n e n Bestimmung der Preisforderungen und Absatzmengen für die einzelnen Produkte. Dies kann wie folgt geschehen:

Als Ausgangspunkt ist die Funktion des G e s a m t gewinnes in Abhängigkeit von Preis und Menge der drei Erzeugnisse zu bilden. Sie lautet:

(6) $\sum_{z=2}^{4} G_z = x_2 (p_2(x_2) - k_{2,v}) + x_3 (p_3(x_3) - k_{v,3}) + x_4 (p_4(x_4) - k_{v,4}) - K_{f,II}$.

Diese Gesamtgewinnfunktion ist zu maximieren unter Beachtung der Nebenbedingung:

$$1,5 x_2 + 1 x_3 + 2,4 x_4 = 1466,5.$$

Diese Nebenbedingung soll dafür sorgen, daß nicht mehr an Produktionszeit verplant wird, als das Aggregat II an Kapazität besitzt. Da die Nebenbedingung auch geschrieben werden kann als

$$1,5 x_2 + 1 x_3 + 2,4 x_4 - 1466,5 = 0$$

gilt ebenso:

(7) $\lambda (1,5 x_2 + 1 x_3 + 2,4 x_4 - 1466,5) = \lambda \cdot 0 = 0$.

Nach der Methode von Lagrange kann daher aus (6) und (7) eine zusammengesetzte Funktion F gebildet werden. Nachdem in (6) die Preis-Absatz-Funktionen der drei Produkte eingesetzt worden sind, nimmt diese Funktion F folgende Gestalt an:

$$F = x_2 (110 - 0,1 x_2 - 30) + x_3 (82 - 0,04 x_3 - 10) + x_4 (185 - 0,8 x_4 - 25)$$
$$- 29330 - \lambda (1,5 x_2 + 1 x_3 + 2,4 x_4 - 1466,5).$$

Diese Funktion F ist partiell nach den Variablen x_2, x_3, x_4 und λ zu differenzieren. Durch Nullsetzen der so gewonnenen Ableitungen ergibt sich folgendes System von 4 Bestimmungsgleichungen:

$$\frac{\delta F}{\delta x_2} = 80 - 0,2 x_2 - 1,5 \lambda \stackrel{!}{=} 0 \quad \text{also } x_2 = 400 - 7,5 \lambda$$

$$\frac{\delta F}{\delta x_3} = 72 - 0{,}08\, x_3 - 1\, \lambda \overset{!}{=} 0 \qquad \text{also } x_3 = 900 - 12{,}5\, \lambda$$

$$\frac{\delta F}{\delta x_4} = 160 - 1{,}6\, x_4 - 2{,}4\, \lambda \overset{!}{=} 0 \qquad \text{also } x_4 = 100 - 1{,}5\, \lambda$$

$$\frac{\delta F}{\delta \lambda} = 1{,}5\, x_2 + 1\, x_3 + 2{,}4\, x_4 - 1466{,}5 \overset{!}{=} 0.$$

Werden die gewonnenen Gleichungen für x_2, x_3 und x_4 in die letzte Gleichung eingesetzt, so kann der gesuchte Wert für λ errechnet werden. Er beläuft sich auf $\lambda = 10$. Mit diesem Wert für λ können die Werte der anderen Variablen bestimmt werden als

$$x_2 = 400 - 7{,}5\, \lambda = 400 - 7{,}5 \cdot 10 = 325$$
$$x_3 = 900 - 12{,}5\, \lambda = 900 - 12{,}5 \cdot 10 = 775$$
$$x_4 = 100 - 1{,}5\, \lambda = 100 - 1{,}5 \cdot 10 = 85$$

Die P r o b e, bei der diese Ausbringungsmengen mit ihrem Zeitbedarf pro ME multipliziert werden, zeigt:

$$325 \cdot 1{,}5 + 775 \cdot 1 + 85 \cdot 2{,}4 = 1466{,}5,$$

d. h. diese Mengen der Erzeugnisse sind produzierbar; sie nutzen die Kapazität des Aggregates II voll aus.

Aus den Preis-Absatz-Funktionen können anschließend noch die optimalen Preisforderungen für die Produkte errechnet werden. Sie betragen:

$$p_2 = 77{,}5; \quad p_3 = 51{,}-; \quad p_4 = 117{,}- \quad [\text{DM/ME}].$$

Damit sind die Preis-Mengen-Kombinationen ermittelt, die unter Beachtung der knappen Kapazität des Aggregates II den Gewinn für die Erzeugnisse 2, 3 und 4 maximieren. Die gefundenen Werte in die Gewinnfunktion (6) eingesetzt, ergeben einen Gesamtgewinn von

$$G\,(x_2, x_3, x_4) = 25\,702{,}5 \;[\text{DM}].$$

Abschließend sei noch erwähnt: Die Methode von Lagrange kann immer dann zur simultanen Bestimmung der gewinnoptimalen Preisforderungen mehrerer Erzeugnisse herangezogen werden, wenn nur e i n Produktionsengpaß besteht. Können m e h r e r e Aggregate, aus denen der Produktionsapparat besteht, zu Engpässen werden, so sind die gewinngünstigsten Preisforderungen und das dazugehörige Mengenprogramm mit Hilfe der linearen Optimierungsrechnung zu bestimmen[19]).

III. Zielgerechte Preisstellung auf den Teilmärkten für Produkt 5

Das Produkt 5 wird auf drei isolierten Teilmärkten angeboten, für die folgende Preis-Absatz-Funktionen und Transportkosten/ME (t) gelten:

---

[19]) Der allgemeine Lösungsansatz und ein durchgerechnetes Beispiel für diese Entscheidungssituation finden sich bei H. Jacob: „Preispolitik", a. a. O., S. 123 ff.

$p_{5,1} = 140 - 0,05\, x_{5,1}; \qquad t_1 = 20$

$p_{5,2} = 100 - 0,02\, x_{5,2}; \qquad t_2 = 10$

$p_{5,3} = 80 - 0,04\, x_{5,3}; \qquad t_3 = 6$

Wären die variablen Stückkosten $k_{v,5}$ unabhängig von der Gesamtausbringung, so könnten die gewinnmaximalen Preise und Mengen für die einzelnen Teilmärkte isoliert voneinander mit Hilfe der Cournot-Formeln bestimmt werden. Dies gilt allerdings — wie im vorhergehenden Abschnitt gezeigt — nur so lange, wie die Kapazität des zur Produktion herangezogenen Aggregates ausreicht, alle Cournot-Teilmengen herzustellen. Ansonsten wäre bei einem Engpaß der Lagrange-Ansatz, bei mehreren möglichen Engpässen die lineare Optimierungsrechnung zu wählen.

In der hier gegebenen Entscheidungssituation für Produkt 5 sind nun aber die variablen Stückkosten von der Gesamtausbringung abhängig, also nicht konstant, wie die Kostenfunktion zeigt:

$$K_5 = 0,01\, x_5^2 + 29,5\, x_5 + 22\,000.$$

Wegen dieser Abhängigkeit der Kosten von der Gesamt-Ausbringung gilt: Die gewinnoptimalen Preisforderungen und Absatzmengen sind für die drei Teilmärkte s i m u l t a n zu bestimmen.

Auszugehen ist von der Gewinngleichung

(8) $\quad G(x_5) = x_{5,1}\,(140 - 0,05\, x_{5,1}) + x_{5,2}\,(100 - 0,02\, x_{5,2})$

$\qquad\qquad + x_{5,3}\,(80 - 0,04\, x_{5,3}) - 0,01\,(x_{5,1} + x_{5,2} + x_{5,3})^2$

$\qquad\qquad - 29,5\,(x_{5,1} + x_{5,2} + x_{5,3}) - 22\,000 - 20\, x_{5,1} - 10\, x_{5,2} - 6\, x_{5,3}.$

Diese Gewinnfunktion ist zu maximieren. Wir erhalten durch partielles Differenzieren nach $x_{5,1}$, $x_{5,2}$ und $x_{5,3}$ — d. h. nach den auf den Teilmärkten anzubietenden Mengen — und Nullsetzen der partiellen Ableitungen ein System von drei Gleichungen:

$140 - 0,1\, x_{5,1} - 20 = 0,02\,(x_{5,1} + x_{5,2} + x_{5,3}) - 29,5$

$100 - 0,04\, x_{5,2} - 10 = 0,02\,(x_{5,1} + x_{5,2} + x_{5,3}) - 29,5$

$80 - 0,08\, x_{5,3} - 6 = 0,02\,(x_{5,1} + x_{5,2} + x_{5,3}) - 29,5.$

Aus diesem System von drei Gleichungen mit drei Unbekannten lassen sich die gewinnoptimalen Teilmengen errechnen. Sie lauten:

$\underline{\underline{x_{5,1} = 600;}} \qquad \underline{\underline{x_{5,2} = 750;}} \qquad \underline{\underline{x_{5,3} = 175.}}$

Zur P r o b e kann auf folgende Überlegung zurückgegriffen werden: Bei der optimalen Lösung müssen die Grenzerlöse minus Stücktransportkosten t auf den einzelnen Teilmärkten — vgl. die linken Seiten obigen Gleichungssystems — e i n a n d e r g l e i c h u n d mit den Grenzkosten der Produktion — vgl. die rechten Seiten — identisch sein[20].

---

[20] Vgl. hierzu H. Jacob: „Der Absatz", a. a. O., S. 400.

Für das Produkt 5 gilt:

$E'_{5,1} = 140 - 0{,}1 \cdot 600 - 20 = 60$

$E'_{5,2} = 100 - 0{,}04 \cdot 750 - 10 = 60$

$E'_{5,3} = 80 - 0{,}08 \cdot 175 - 6 = 60$

und

$K'_5 = 0{,}02 (600 + 750 + 175) + 29{,}5 = 60$

q. e. d.

Aus den Preis-Absatz-Funktionen für die einzelnen Teilmärkte lassen sich schließlich die gewinnoptimalen Preisforderungen ableiten. Sie betragen:

$\underline{\underline{p_{5,1} = 110{,}{-}}}; \qquad \underline{\underline{p_{5,2} = 85{,}{-}}}; \qquad \underline{\underline{p_{5,3} = 73{,}{-}}}.$

Demzufolge beläuft sich der für Erzeugnis 5 maximal zu realisierende Gewinn, wie aus Gewinngleichung (8) zu errechnen ist, auf

$\underline{\underline{G_5 = 31\,731{,}25}}.$

IV. Optimaler Preis bei zweifach geknickter Nachfragekurve für Produkt 6

Für Erzeugnis 6 gilt eine Nachfragekurve, die bei dem „oberen Grenzpreis" $p_{6,0} = 14$ und dem „unteren Grenzpreis" $p_{6,u} = 10$ je einen Knick aufweist. Sie läßt sich durch die — bei der Problemstellung genannten — drei Preis-Absatz-Funktionen beschreiben:

$p_{6,1} = 15 - \dfrac{1}{800} x_{6,1}$ für $\quad 0 \leq x_{6,1} \leq 800$

$p_{6,2} = 22 - \dfrac{1}{100} x_{6,2}$ für $\quad 800 \leq x_{6,2} \leq 1200$

$p_{6,3} = 12 - \dfrac{1}{600} x_{6,3}$ für $1200 \leq x_{6,3}$

Die Preis-Absatz-Funktionen sind jeweils nur für die angegebenen Bereiche definiert. Dies ist bei der Ermittlung der gewinnoptimalen Preisforderung für Produkt 6 zu beachten.

1. Bestimmung der gewinngünstigsten Preisforderung

Da wiederum lineare Preis-Absatz-Funktionen vorliegen und, wie aus der Kostenfunktion

$K_6 = 4 x_6 + 5100$

zu ersehen ist, die variablen Stückkosten k_v von der Gesamtausbringung unabhängig sind, liegt es nahe, die gewinnmaximale Preisforderung wieder mit Hilfe der Cournot-Formeln abzuleiten. Wir erhalten für die drei Preis-Absatz-Funktionen drei Cournot-Mengen, und zwar

$$x_{6,1,c} = \frac{a-k_v}{2b} = \frac{15-4}{2 \cdot \frac{1}{800}} = 4400$$

$$x_{6,2,c} = \frac{22-4}{2 \cdot \frac{1}{100}} = 900$$

$$x_{6,3,c} = \frac{12-4}{2 \cdot \frac{1}{600}} = 2400.$$

Nunmehr muß berücksichtigt werden, daß die einzelnen Preis-Absatz-Funktionen nur für bestimmte Absatzmengen-Bereiche definiert sind. Dies führt zu folgendem Ergebnis:

$x_{6,1,c} = 4400$ ist größer als die zulässige Höchstmenge $x_{6,1} = 800$; es gibt also zum ersten Abschnitt der Nachfragekurve für Produkt 6 keinen Schnittpunkt von Grenzerlös- und Grenzkostenkurve. Hingegen liegt die Menge $x_{6,2,c} = 900$ im relevanten Bereich der 2. Preis-Absatz-Funktion, für die die Begrenzungen lauteten: $800 \leq x_{6,2} \leq 1200$; diese Cournot-Menge ist somit realisierbar.

Das gleiche gilt für die Menge $x_{6,3,c} = 2400$; auch sie liegt in dem Bereich, für den die 3. Preis-Absatz-Funktion definiert ist. Außerdem reicht die Kapazität der Maschine IV mit $x_{6,max} = 2700$ aus, diese Menge $x_{6,3,c}$ herzustellen.

In einem nächsten Schritt brauchen daher nur für die Mengen $x_{6,2,c}$ und $x_{6,3,c}$ die zugehörigen Preise errechnet zu werden.

Wir erhalten:

$$\underline{\underline{p_{6,2,c} = 13,-}} \quad \text{und} \quad \underline{\underline{p_{6,3,c} = 8,-}}.$$

Um feststellen zu können, welche dieser beiden Preis-Mengen-Kombinationen das Optimum bedeutet, sind die zugehörigen Gewinne zu ermitteln und anschließend zu vergleichen. Sie belaufen sich auf:

$$G_{6,2} = 900(13-4) - 5100 = \underline{\underline{3000 \text{ [DM]}}}$$

und

$$G_{6,3} = 2400(8-4) - 5100 = \underline{\underline{4500 \text{ [DM]}}}$$

Demzufolge ist das Gewinnmaximum für Produkt 6 bestimmt durch die Preis-Mengen-Kombination $p_{6,3,c} = 8$; $x_{6,3,c} = 2400$. Damit ist das hier gestellte Problem für Produkt 6 gelöst[21]).

2. Das „kritische Grenzkosten-Niveau"

In dem soeben betrachteten Fall unterscheiden sich die Gewinne, die zu den beiden Schnittpunkten von Grenzerlös- und Grenzkostenkurve gehören, wesentlich.

---

[21]) Zu komplexeren Problemen (z. B. durch Investitionen) bei zweifach geknickten Nachfragekurven vgl. E. Verboom: „Absatzpolitik im Polypol auf unvollkommenem Markte", Diss. Hamburg 1968.

Es kann jedoch ein sog. „kritisches Grenzkosten-Niveau" geben, bei dem die beiden Gewinne genau gleich hoch sind. Diese kritische Grenzkostenhöhe hat darüber hinaus für die Unternehmensleitung folgende Bedeutung:

Liegen die Grenzkosten — wie in obigem Fall — unter dem kritischen Niveau, bildet grundsätzlich der letzte Schnittpunkt von Grenzerlös- und Grenzkostenkurve das Optimum. Ist also außer den gerade geltenden Grenzkosten K' die kritische Grenzkostenhöhe K'_{kr} bekannt und ist $K' < K'_{kr}$, so kann sich die Unternehmensleitung sofort darauf beschränken, nur die Cournot-Lösung für den letzten Abschnitt der Nachfragekurve zu bestimmen. Sollte hingegen $K' > K'_{kr}$ sein, so ist die gewinnmaximale Preisforderung nur in dem Bereich zu suchen, für den die zweite Preis-Absatz-Funktion definiert ist.

Das „kritische Grenzkosten-Niveau" K'_{kr} läßt sich analytisch folgendermaßen bestimmen: Zunächst muß gelten, daß die Gewinne $G_{6,2}$ und $G_{6,3}$ gleich groß werden. Aus $G_{6,2} = G_{6,3}$ erhalten wir die erste Bestimmungsgleichung für K'_{kr}. Zum anderen soll es sich auch bei diesen Lösungen um Gewinnmaxima handeln; es müssen also die Bedingungen $E'_{6,2} = K'_{kr}$ und $E'_{6,3} = K'_{kr}$ erfüllt sein.

Damit sind drei Gleichungen für die drei Unbekannten K'_{kr}, $x_{6,2}$ und $x_{6,3}$ gewonnen. Aus ihnen können die „kritischen" Schnittpunkte und das „kritische Grenzkosten-Niveau" K'_{kr} abgeleitet werden.

Auf diese Weise errechnet sich die kritische Grenzkostenhöhe für Produkt 6, wenn von den gegebenen Preis-Absatz-Funktionen ausgegangen wird, als

$$\underline{K'_{kr,6} = 5,1.}$$

Bei diesen Grenzkosten führen die beiden Preis-Mengen-Kombinationen $p_{6,2} = 13{,}55$; $x_{6,2} = 845$ und $p_{6,3} = 8{,}55$; $x_{6,3} = 2070$ zu demselben Gewinn in Höhe von $G_6 = 2041{,}50$ DM.

V. Zieladäquate Anpassung an den Markt bei Produkt 7

Gesucht wird die gewinnmaximale Preisforderung und Absatzmenge für Produkt 7, für das sich — in Konkurrenz mit homogenen Gütern anderer Firmen — ein Marktpreis von $p_m = 32{,}-$ DM eingependelt hat. Die Kostenfunktion für den vorhandenen Produktionsapparat V, der eine Kapazität von $x_{7,max} = 500$ ME besitzt, lautet:

$$K_7 = 0{,}02\, x_7^2 + 16\, x_7 + 1152.$$

1. Gewinnstreben und Minimierung der Stückkosten

Verschiedentlich wird in der Praxis folgendermaßen argumentiert: Wenn für ein Produkt ein Marktpreis existiert, so sollte daran nicht „gedreht" werden, solange zu diesem Preis Gewinne erwirtschaftet werden können; man soll sich vielmehr bemühen, zu diesem als Datum anzusehenden Preis den Gewinn zu maximieren, indem man diejenige Menge produziert, die durch die geringsten Stückkosten k_g gekennzeichnet ist. Es ist also das Minimum der Selbstkosten pro ME anzustreben, die sich als „Vollkosten" aus variablen und fixen Kostenbestandteilen zusammensetzen.

Hiernach stellt die Stückkosten-Kurve den Ausgangspunkt für die Bestimmung der optimalen Produktionsmenge dar. Die Funktion der Stückkosten $k_{g,7}$ lautet:

$$k_{g,7} = \frac{K_7}{x_7} = 0{,}02\, x_7 + 16 + \frac{1152}{x_7}.$$

Ihr Minimum wird gesucht. Es liegt dort, wo die 1. Ableitung der Stückkostenfunktion nach x_7 gleich Null ist, also

$$\frac{d\,k_{g,7}}{d\,x_7} = 0{,}02 - \frac{1152}{x^2} \stackrel{!}{=} 0.$$

Als Lösung ergibt sich: $x_{7,1} = \underline{\underline{240\ [ME]}}$.

Hierzu betragen die minimalen Stückkosten:

$$k_{g,7,min} = 0{,}02 \cdot 240 + 16 + \frac{1152}{240} = 25{,}60\ [DM/ME].$$

Da der Marktpreis $p_m = 32$ akzeptiert wird, ist ein Stückgewinn zu realisieren in Höhe von

$$g_{7,1} = 32 - 25{,}60 = \underline{\underline{6{,}40\ [DM/ME]}}.$$

Dies ist für Produkt 7 der höchste erzielbare Stückgewinn überhaupt. Denn bei konstantem Stückerlös ($= p_m$) wird der Gewinn pro ME maximiert, wenn die Stückkosten k_g minimiert werden.

Somit führt das Streben nach minimalen Stückkosten k_g für Produkt 7 zu einer Maximierung des Stückgewinnes. Der Gesamtgewinn, der hierbei zu erwirtschaften ist, beläuft sich auf

$$G_{7,1} = 240 \cdot 6{,}40 = \underline{\underline{1536\ [DM]}}.$$

Es ist zu prüfen, ob durch eine andere Politik ein höherer Gesamtgewinn erzielt werden kann.

2. Der Gewinn bei „Grenzerlös = Grenzkosten"

Da für die bisher betrachteten Produkte 1 bis 6 das Gewinnmaximum grundsätzlich durch die Bedingung $E' = K'$ determiniert war, soll auch für Erzeugnis 7 einmal die Absatzmenge bestimmt werden, die diese Bedingung erfüllt.

Wegen des konstanten Marktpreises p_m ist auch der Grenzerlös — als der zusätzliche Gesamterlös für eine zusätzliche ME — von der Absatzmenge unabhängig; er ist mit dem Marktpreis p_m identisch: $E'_7 = p_m$. Gemäß der Bestimmungsgleichung $E' = K'$ soll sein:

$$E'_7 = p_m = 32 \stackrel{!}{=} 2 \cdot 0{,}02\, x_7 + 16 = K'_7.$$

Hieraus ergibt sich:

$$x_{7,2} = \underline{\underline{400}}.$$

Die dazugehörigen Stückkosten betragen:

$$k_{g,7} = 0{,}02 \cdot 400 + 16 + (1152 : 400) = \underline{\underline{26{,}88}};$$

demzufolge beläuft sich der Stückgewinn auf

$$g_{7,2} = 32 - 26{,}88 = \underline{\underline{5{,}12 \text{ [DM/ME]}}}.$$

Dieser Stückgewinn ist — wie erwartet — weit geringer als derjenige in Höhe von $g_{7,1} = 6{,}40$, der bei Minimierung der Stückkosten erzielt werden kann.

Der Gesamtgewinn, der bei einer Ausbringung von $x_{7,2} = 400$ ME zu erwirtschaften ist, beträgt jedoch

$$G_{7,2} = 400 \cdot 5{,}12 = \underline{\underline{2048 \text{ [DM]}}}.$$

Er ist damit wesentlich — rd. 33 % — höher als der Gesamtgewinn $G_{7,1} = 1536$ bei minimalen Selbstkosten/ME.

Es erweist sich somit als gewinngünstiger, eine größere Menge (bis $x_{7,2} = 400$) auszubringen als der Minimierung der Stückkosten (bei $x_{7,1} = 240$) entspricht. Dies beruht auf folgendem:

Nach dem Stückkostenminimum verursacht eine weitere Mengeneinheit zunächst noch geringere zusätzliche Kosten, als diese ME an zusätzlichen Erlösen erbringt; für sie sind also $K' < E'$. Jede ME, für die dies gilt, verbessert somit das Ergebnis, wenn sie produziert und abgesetzt wird. Solange $K' < E'$ ist, steigt also der Gewinn. Sobald aber $K' > E'$ wird, d. h., sobald eine weitere ME mehr an zusätzlichen Kosten verursacht, als sie einbringt, sollte sie nicht mehr hergestellt werden. Denn sie verschlechtert das Ergebnis. Infolgedessen muß dort der Gewinn am größten sein, wo die Bedingung $K' = E'$ erfüllt wird. Für Erzeugnis 7 ist dies bei der Menge $x_{7,2} = 400$ der Fall. Diese Menge bestimmt daher mit $G_{7,2} = 2048{,}-$ DM das Gewinnmaximum für Produkt 7. Da sie niedriger liegt als die mit 500 ME angegebene Kapazität des Produktionsapparates V, kann sie in der kommenden Periode realisiert werden.

In diesem Zusammenhang ist noch darauf aufmerksam zu machen: Es erweist sich als am gewinngünstigsten, den Marktpreis p_m zu akzeptieren und sich an ihn mengenmäßig anzupassen. Zum gegebenen Marktpreis von $p_m = 32$ gehört eine gewinnmaximale Menge $x_{7,2} = 400$, die die vorhandene Kapazität nicht voll nutzt. Jedes Streben nach Kapazitätsauslastung bei unverändertem Preis p_m oder gar ein Unterbieten des Marktpreises bewirkt zwangsläufig eine Gewinnschmälerung.

Nur die Preis-Mengen-Kombination $p_m = 32$; $x_{7,2} = 400$ maximiert im Planungszeitraum den Gesamtgewinn für Erzeugnis 7.

VI. Gewinngünstigste Preis- und Mengenpolitik für die Produkte 8 bis 11

Die Markt-, Kosten- und Produktionsdaten der Güter 8 bis 11 sind in Tabelle 1 angegeben und — um unnötiges Rückblättern zu vermeiden — in Tabelle 2 wieder aufgenommen worden. Die Kapazität des Aggregates VI, das zur Produktion der vier Erzeugnisse dient, beträgt 600 Stunden. Die fixen Kosten des Aggregates belaufen sich auf 72 000,— DM.

1. Preis- und Programmplanung auf der Basis von Vollkosten

In zahlreichen Betrieben ist es üblich, für die Entscheidung über das optimale Programm zunächst die fixen Kosten auf die Produkte umzulegen und die Stückkosten k_g zu ermitteln. Dazu werden erst einmal die Fixkosten pro Stunde errechnet und diese anschließend auf die Erzeugniseinheit umgelegt. Als Schlüssel für die Umlage dienen die Produktionskoeffizienten, d. h. die Zeit, die für jede ME der einzelnen Produkte benötigt wird.

Für Aggregat VI und die darauf produzierbaren Güter 8 bis 11 ergibt sich ein Fixkostenstundensatz von $72\,000 : 600 = 120,-$ DM/Std. Mit Hilfe der Produktionskoeffizienten lassen sich daraus für die einzelnen Erzeugnisse folgende fixe Kosten/ME k_f errechnen:

$$k_{f,8} = 120 : 3 = 40 \text{ [DM/ME]}$$

$$k_{f,9} = 120 : 5 = 24$$

$$k_{f,10} = 120 : 6 = 20$$

$$k_{f,11} = 120 : 2 = 60.$$

Werden diese Fixkosten/ME den variablen Stückkosten k_v hinzugerechnet, so erhalten wir die in Spalte 6 von Tabelle 2 angegebenen Selbstkosten k_g.

Diese Selbstkosten k_g werden den Verkaufspreisen p gegenübergestellt. Daraus resultieren die in Spalte 7 der Tabelle 2 genannten Stückgewinne g ($= p - k_g$).

Erzeugnis	max. Absatzmenge	Verkaufspreis/ME	var. Kosten pro ME	Ausbringung/Std.	Stückkosten k_g	Stückgewinn	Deck.-beitrag pro ME	relativer Deck.-beitrag
1	2	3	4	5	6	7	8	9
8	900	503,-	460,-	3	500,-	3,-	43,-	129,-
9	1000	620,-	590,-	5	614,-	6,-	30,-	150,-
10	2100	632,5	610,-	6	630,-	2,5	22,5	135,-
11	200	450,-	300,-	2	360,-	90,-	150,-	300,-
11	300	424,-	300,-	2	360,-	64,-	124,-	144,-
11	400	400,-	300,-	2	360,-	40,-	100,-	56,-

Tabelle 2

Häufig werden nun diese Stückgewinne als Differenz zwischen Verkaufspreis und Vollkosten/ME wie folgt zur Programmplanung herangezogen:

Zunächst wird das Produkt in das Programm aufgenommen, das den höchsten Stückgewinn verspricht. Dies ist Erzeugnis 11, und zwar auch dann, wenn der niedrigste Preis $p_{11,3}$ verlangt wird. Somit wird von Produkt 11 die Maximalmenge $x_{11,3} = 400$ produziert; hierfür werden $400 : 2 = 200$ Std. benötigt.

Als zweitbestes Erzeugnis erscheint nach der Differenz zwischen Verkaufspreis und Selbstkosten/ME das Gut 9 mit einem Stückgewinn von $g_9 = 6,-$ DM/ME. Daher wird das Produkt 9 mit der höchstmöglichen Absatzmenge $x_9 = 1000$ in das Programm aufgenommen; hiermit sind weitere 200 Stunden (= 1000 : 5) verplant.

Mit den restlichen 200 Stunden können noch 600 ME von Erzeugnis 8 erstellt werden, das den drittgrößten Stückgewinn $g_8 = 3{,}{-}$ DM/ME aufweist. Damit ist die vorhandene Kapazität von 600 Stunden erschöpft.

Das Programm, das auf der Basis der Differenz von Verkaufspreis und Vollkosten/ME ermittelt wird, verspricht folgenden Gesamtgewinn:

$$G = 400_{11,3} \cdot 40 + 1000_9 \cdot 6 + 600_8 \cdot 3 = 23\,800.$$

2. Die absoluten Deckungsbeiträge als Auswahlkriterium?

Zu einem anderen Programm gelangt die Unternehmensleitung, wenn sie sich nicht die Mühe macht, die fixen Kosten erst auf die einzelnen Produkte umzulegen, sondern gleich die Differenz zwischen Verkaufspreis und variablen Stückkosten k_v ihren Entscheidungen zugrunde legt. Sie wählt dann den sog. „absoluten Deckungsbeitrag" als Auswahlkriterium. Er gibt an, in welchem Maße das einzelne Erzeugnis mit jeder seiner ME zur Deckung der fixen Kosten beiträgt. Diese Deckungsbeiträge pro ME für die Produkte 8 bis 11 sind in Spalte 8 von Tabelle 2 angegeben.

Den höchsten absoluten Deckungsbeitrag, also die höchste Differenz zwischen Verkaufspreis p und variablen Stückkosten k_v weist das Erzeugnis 11 auf. Sein absoluter Deckungsbeitrag übertrifft selbst beim niedrigsten Preis $p_{11,3} = 400$ mit $d_{11,3} = 100{,}{-}$ DM/ME alle Deckungsbeiträge/ME der übrigen Produkte. Dementsprechend wird Gut 11 in das Programm mit $x_{11,3} = 400$ aufgenommen; es beansprucht dafür 200 Stunden der Kapazität von Aggregat VI.

Den zweithöchsten Deckungsbeitrag/ME erreicht das Produkt 8, das nur den dritthöchsten Stückgewinn aufwies (s.o.). Mit einem Deckungsbeitrag von $d_8 = 43{,}{-}$ DM/ME wird von Erzeugnis 8 die maximale Menge $x_8 = 900$ ME hergestellt. Dafür sind 900 : 3 = 300 Std. zu verplanen.

Somit benötigen die Produkte 11 und 8 von den vorhandenen 600 Stunden bereits 500 Std. Die restlichen 100 Std. werden für Erzeugnis 9 eingesetzt, das den drittgrößten absoluten Deckungsbeitrag $d_9 = 30{,}{-}$ DM/ME erreicht. Produkt 9 schließt mit $x_9 = 500$ ME — mehr ist wegen der knappen Kapazität nicht herstellbar — das Programm ab.

Werden die Produkte nach den absoluten Deckungsbeiträgen ausgewählt, so ergibt sich mithin folgender Gewinn:

$$G = 400_{11,3} \cdot 100 + 900_8 \cdot 43 + 500_9 \cdot 30 - 72\,000$$
$$G = 93\,700 - 72\,000 = 21\,700.$$

Ein Gewinnvergleich zeigt: Dieser Gewinn ist kleiner als derjenige in Höhe von $G = 23\,800$, der mit einem Programm zu erwirtschaften ist, das nach den Stückgewinnen der Produkte zusammengestellt wird.

Hieraus darf **auf keinen Fall** der — in der Praxis bisweilen geäußerte — Schluß gezogen werden: Die Vollkostenrechnung sei doch der Deckungsbeitragsrechnung überlegen; denn nur dadurch, daß die Fixkosten auf die Produkte umgelegt würden, sei der „richtige" Erfolg des Erzeugnisses in Form des Stückgewinnes zu ermitteln. Und gemäß der Rangfolge dieser Stückgewinne sei das gewinnmaximale Produktionsprogramm zu bestimmen.

Daß diese Auffassung falsch ist, werden die folgenden Ausführungen beweisen.

3. Die Bedeutung „relativer Deckungsbeiträge" für die Preis- und Programmplanung

Wie die bisherigen Rechnungen gezeigt haben, reicht die vorhandene Kapazität nicht aus, um alle absetzbaren Mengen aller Produkte zu produzieren. Es liegt ein produktionstechnischer Engpaß vor. Die Unternehmensleitung muß deshalb darum bemüht sein, die vorhandenen Kapazitätsstunden **so teuer wie möglich** zu „verkaufen". Nur wenn ihr dies gelingt, maximiert sie ihren Gesamtgewinn in der Planungsperiode.

Um festzustellen, wieviel die einzelne Produktionsstunde erbringt, wenn sie für eines dieser Erzeugnisse 8 bis 11 genutzt wird, ist zwar von den „absoluten Deckungsbeiträgen" auszugehen. Jedoch müssen diese Deckungsbeiträge **pro ME auf die Stunde** knapper Kapazität umgerechnet werden. Hierzu sind die Produktionskoeffizienten heranzuziehen.

Für Produkt 8 beträgt der absolute Deckungsbeitrag $d_8 = 43{,}—$ DM/ME. Da — wie der Produktionskoeffizient angibt — in einer Stunde 3 ME von Erzeugnis 8 gefertigt werden können, trägt eine für Erzeugnis 8 genutzte Stunde mit $3 \cdot 43 = 129{,}—$ DM zur Deckung der fixen Kosten bei. Dies ist der sog. „relative Deckungsbeitrag", d. h. der auf die Stunde knapper Kapazität bezogene Deckungsbeitrag von Produkt 8.

Analog hierzu errechnet sich für Gut 9 ein „relativer Deckungsbeitrag" von $5 \cdot 30 = 150{,}—$ DM/Std.; für Erzeugnis 10 besitzt er den Wert $6 \cdot 22{,}5 = 135{,}—$ DM/Std.

Für das Produkt 11 ist bei der Errechnung des relativen Deckungsbeitrages zu berücksichtigen, daß unterschiedliche Preise gefordert werden können. Begonnen werden muß mit dem höchsten Preis $p_{11,1} = 450{,}—$; hierzu gehört ein absoluter Deckungsbeitrag von $450 - 300 = 150$. Als relativer Deckungsbeitrag errechnet sich somit: $2 \cdot 150 = 300{,}—$ DM/St. Da zum Preis $p_{11,1} = 450$ maximal $x_{11,1} = 200$ ME abgesetzt werden können, gilt dieser relative Deckungsbeitrag von $300{,}—$ DM/Std. nur für $200 : 2 = 100$ Stunden. Sie tragen — so genutzt — zur Deckung der fixen Kosten mit $100 \cdot 300 = 30\,000{,}—$ DM bei.

Soll der Absatz für Produkt 11 ausgeweitet werden, so ist dies bis zur Menge $x_{11,2} = 300$ nur dadurch möglich, daß der Preis für die gesamte Menge auf $p_{11,2} = 424$ reduziert wird. Der absolute Deckungsbeitrag beträgt dann $424 - 300 = 124{,}—$ DM/ME. Insgesamt ist für die Absatzmenge $x_{11,2} = 300$ somit ein Beitrag von $300 \cdot 124 = 37\,200{,}—$ DM zur Deckung der fixen Kosten zu erzielen. Die Preissenkung auf $p_{11,2}$ und die dadurch erreichte Absatzausweitung auf $x_{11,2}$

bringt also gegenüber $p_{11,1}$; $x_{11,1}$ einen zusätzlichen Gesamtdeckungsbeitrag von

$$37\,200 - 30\,000 = 7200 \text{ [DM]}.$$

Für die Produktionserhöhung von $x_{11,1} = 200$ ME auf $x_{11,2} = 300$ ME werden 50 Stunden zusätzlich benötigt. Diese zusätzlichen 50 Stunden erhöhen den Gesamtdeckungsbeitrag von Produkt 11 um 7200,— DM. Demzufolge beläuft sich ihr „relativer (Grenz-)Deckungsbeitrag" auf

$$7200 : 50 = 144 \text{ [DM/Std.]}.$$

Auf Grund der gleichen Überlegungen läßt sich der „relative (Grenz-)Deckungsbeitrag" errechnen, der für weitere 50 Stunden zu erzielen ist, wenn die Produktion von Erzeugnis 11 auf $x_{11,3} = 400$ ME ausgedehnt wird. Um diese Menge absetzen zu können, müßte der Preis auf $p_{11,3} = 400$ DM/ME gesenkt werden. Der absolute Deckungsbeitrag macht dann $400 - 300 = 100$,— DM/ME aus, so daß das Produkt 11 in diesem Falle mit $400 \cdot 100 = 40\,000$,— DM zur Deckung der Fixkosten beitragen könnte. Dies bedeutet einen zusätzlichen Gesamtdeckungsbeitrag von

$$40\,000 - 37\,200 = 2800 \text{ [DM]}.$$

Hierfür werden weitere 50 Stunden benötigt, so daß ihr „relativer (Grenz-)Deckungsbeitrag" mithin bei

$$2800 : 50 = 56 \text{ [DM/Std.]}$$

liegt.

Damit sind die „relativen (Grenz-)Deckungsbeiträge" für alle Produkte 8 bis 11 errechnet; sie sind in Spalte 9 der Tabelle 2 wiedergegeben. Zum Zweck der Preis- und Programmplanung sind sie nun noch ihrer Größe nach zu ordnen. Wir erhalten die aus Spalte 1 und 2 von Tabelle 3 zu ersehende Rangfolge:

Erzeugnis	relativer (Grenz-) Deckungs- beitrag	Absatz- menge	Kapazitäts- beanspruchung in Std.	kumulierter Kapazitäts- bedarf
1	2	3	4	5
11_1	300,—	200	100	100
9	150,—	1000	200	300
11_2	144,—	100	50	350
10	135,—	2100	350	700
8	129,—	900	300	1000
11_3	56,—	100	50	1050

Tabelle 3

Da nur 600 Stunden zur Verfügung stehen, setzt sich das optimale Programm nach Maßgabe der relativen (Grenz-)Deckungsbeiträge zusammen aus:

200 + 100 ME von Erzeugnis 11

1000 ME von Erzeugnis 9

1500 ME von Erzeugnis 10.

Mit diesem Programm ist ein Gesamtdeckungsbeitrag von

$DB = 300_{11} \cdot 124 + 1000_9 \cdot 30 + 1500_{10} \cdot 22,5$

$DB = 100\,950$ [DM]

und demzufolge ein Gesamtgewinn in Höhe von

$G = 100\,950 - 72\,000 = \underline{\underline{28\,950}}$ [DM]

zu erwirtschaften.

Ein Gewinnvergleich zeigt: Die Programmentscheidung, die nach den „relativen Deckungsbeiträgen" getroffen wird, führt bei dem Engpaß von 600 Std. zu einem Gewinn von G = 28 950,— DM. Dieser Gewinn ist wesentlich höher — ca. 22 % — als der Gewinn von 23 800,— DM für das Programm, das nach den Stückgewinnen zusammengestellt wird.

Damit ist nachgewiesen, daß mit Hilfe der Vollkostenrechnung, die die fixen Kosten auf die Produkte umlegt, das gewinnmaximale Produktionsprogramm nicht gefunden wurde. Vielmehr gilt grundsätzlich: Nicht die Stückgewinne, sondern die Deckungsbeiträge stellen das zieladäquate Auswahlkriterium dar. Bei knapper Kapazität vermag die Unternehmensleitung nur mit Hilfe der „relativen (Grenz-)Deckungsbeiträge" das gewinngünstigste Programm zu bestimmen.

Interessant erscheint in diesem Zusammenhang noch zweierlei:

(a) Das Produkt 10, das den geringsten Stückgewinn aufweist, wird in das gewinnmaximierende Programm mit $x_{10} = 1500$ ME aufgenommen. Wäre die Kapazität erst bei 700 Std. erschöpft, so würde — vgl. Tab. 3 — sogar bis zur Absatzgrenze $x_{10,\,max} = 2100$ ME gegangen. Erzeugnis 10 erweist sich auf Grund seines relativen Deckungsbeitrages von 135,— DM/Std. dem Produkt 8 als überlegen, das zwar einen höheren Stückgewinn, aber nur einen relativen Deckungsbeitrag von 129,— DM besitzt.

(b) Nach Maßgabe des „relativen (Grenz-)Deckungsbeitrages" wird Produkt 11 nur mit $x_{11,2} = 300$ ME zum Preis $p_{11,2} = 424,$— DM in das gewinnoptimale Programm aufgenommen. Und dies, obwohl auch zum Preis $p_{11,3} = 400$ jede ME von Erzeugnis 11 noch mit 100,— DM/ME und somit jede für Produkt 11 genutzte Stunde mit 200,— DM/Std. zur Fixkostendeckung beitragen würde. Würde hieraus geschlossen, von Gut 11 müßten $x_{11,3} = 400$ ME hergestellt werden, so würde der Gesamtgewinn auf

$400_{11} \cdot 100 + 1000_9 \cdot 30 + 1200_{10} \cdot 22,5 - 72\,000 = 97\,000 - 72\,000$

$= \underline{\underline{25\,000}}$ [DM]

sinken. Diese Gewinnverschlechterung von 28 950 auf 25 000 verdeutlicht: Es kommt nicht darauf an, welchen d u r c h s c h n i t t l i c h e n Deckungsbeitrag die für Produkt 11 genutzten Stunden versprechen. Vielmehr ist für die

Programmauswahl bei Preisvariationen der relative Grenz-Deckungsbeitrag entscheidend. Er gibt an, welchen Deckungsbeitrag die zusätzlichen Stunden leisten, die zusätzlich benötigt werden, um die zum niedrigeren Preis gehörende größere Menge von Produkt 11 erstellen zu können. So wurden — wie oben beschrieben — die relativen Grenz-Deckungsbeiträge von 144,— bzw. 56,— DM/Std. für Erzeugnis 11 errechnet. Der Wert von 56,— DM/Std. zeigt deutlich, daß 50 Stunden zusätzlich für Produkt 11 genutzt nur $50 \cdot 56 = 2800$ DM an Deckungsbeitrag erbringen; werden hingegen die gleichen 50 Stunden für Produkt 10 eingesetzt, so ist ein höherer Deckungsbeitrag von $50 \cdot 135 = 6750$ zu erzielen. Die Differenz beträgt $6750 - 2800 = 3950$. Sie ist identisch mit dem oben ausgewiesenen Gewinnunterschied zwischen 28 950 und 25 000, der somit erklärt ist.

Zusammenfassend läßt sich sagen: Die gewinngünstigste Preis- und Programmpolitik für die Produkte 8 bis 11 kann nicht auf der Basis der Stückgewinne, sondern nur mit Hilfe der „relativen (Grenz-)Deckungsbeiträge" festgelegt werden. Das Gewinnmaximum von 28 950,— DM wird durch folgende Preis-Mengen-Kombinationen

$x_9 = 1000$ ME; $\quad p_9 = 620,—$

$x_{10} = 1500$ ME; $\quad p_{10} = 632,5$

$x_{11} = 300$ ME; $\quad p_{11} = 424,—$

erreicht. Produkt 8 wird wegen der knappen Kapazität gar nicht hergestellt.

VII. Optimale Preis- und Produktdifferenzierung für Produkt 12

Die Preis-Absatz-Funktion für die bisherige Ausführung von Erzeugnis 12 lautet:

$p_{12} = 150 - 0{,}2\, x_{12}$.

Bleibt die Unternehmensleitung bei dieser einzigen Ausführung, so kann sie hierfür den Cournot-Preis fordern. Er errechnet sich unter Berücksichtigung der variablen Stückkosten von $k_v = 70$ als

$$p_{12,c} = \frac{150 + 70}{2} = \underline{\underline{110}}.$$

Die zugehörige Cournot-Menge lautet: $x_{12,c} = 200$ ME. Unter Abzug auch der fixen Kosten von $K_{f,\,VII} = 5000,—$ DM könnte also für das unveränderte Produkt 12 ein Gewinn von

$$G_{12,c} = 200\,(110 - 70) - 5000 = \underline{\underline{3000}}\ [DM]$$

in der Planungsperiode realisiert werden.

Nur wenn dieser Gewinn $G_{12,c}$ durch das Angebot der möglichen Varianten übertroffen werden kann, lohnt es, die Varianten 12_1 bis 12_3 auf den Markt zu bringen. Um den Gewinn zu ermitteln, zu dem diese Produkt- und Preisdifferenzierung führt, ist von folgender Gewinngleichung auszugehen:

Der Preis als Marketinginstrument

(9) $\quad G = x_{12,1}(p_{12,1} - m_1) + x_{12,2}(p_{12,2} - m_2) + x_{12,3}(p_{12,3} - m_3)$
$\quad\quad - (x_{12,1} + x_{12,2} + x_{12,3}) k_{v,12} - K_{f,VII} - f.$

Hierin wird mit m_1 bis m_3 angegeben, um welchen Betrag die variablen Stückkosten $k_{v,12}$ des Grundproduktes zu erhöhen bzw. zu vermindern sind, weil Variante 12_1 bis 12_3 produziert werden. Da zur Produktion der Varianten ein kleineres Zusatzaggregat erforderlich ist, sind bei der Gewinnermittlung hierfür fixe Kosten f zu berücksichtigen.

Wie in der Problemstellung angegeben, wird durch das Angebot der drei Varianten keine Verschiebung der ursprünglichen Nachfragekurve bewirkt[22]). Vielmehr wird nur eine Aufteilung des Marktes in Marktsegmente gemäß der unveränderten Preis-Absatz-Funktion erreicht.

Aus dieser Preis-Absatz-Funktion

$$p_{12} = a - bx_{12}$$

kann die Umkehrfunktion

$$x_{12} = \frac{a - p_{12}}{b}$$

gebildet werden. Dementsprechend lassen sich die Preis-Absatz-Beziehungen für die einzelnen Varianten schreiben als[23]):

(10a) $\quad x_{12,1} = \dfrac{a - p_{12,1}}{b};$

(10b) $\quad x_{12,2} = \underbrace{\dfrac{a - p_{12,2}}{b}}_{\substack{\text{Gesamt-Absatz zu} \\ p_{12,2} \text{ gemäß Preis-} \\ \text{Absatz-Funktion}}} - \underbrace{\dfrac{a - p_{12,1}}{b}}_{\substack{\text{durch Variante} \\ 12_1 \text{ hiervon} \\ \text{bereits befrie-} \\ \text{digter Absatz}}} = \dfrac{p_{12,1} - p_{12,2}}{b};$

(10c) $\quad x_{12,3} = \dfrac{a - p_{12,3}}{b} - \dfrac{a - p_{12,2}}{b} = \dfrac{p_{12,2} - p_{12,3}}{b}$

und für den Gesamt-Absatz $x_{12,g}$ aller drei Varianten:

(10d) $\quad x_{12,g} = x_{12,1} + x_{12,2} + x_{12,3} = \dfrac{a - p_{12,3}}{b}.$

Unter Berücksichtigung von (10a) bis (10d) nimmt die Gewinngleichung (9) folgende Form (11) an:

---

[22]) Das Problem läßt sich jedoch auch lösen, wenn Nachfrageverschiebungen zu berücksichtigen sind. Vgl. hierzu: H. und M. Jacob: „Preisdifferenzierung bei willkürlicher Teilung des Marktes und ihre Verwirklichung mit Hilfe der Produktdifferenzierung", in: Jahrbücher für Nationalökonomie und Statistik, Bd. 174 (1962), S. 1 ff., insbes. S. 26 ff.

[23]) Vgl. zu diesem Lösungsweg H. Jacob: „Der Absatz", a. a. O., S. 410 ff.

(11) $$G = \frac{a - p_{12,1}}{b}(p_{12,1} - m_1) + \frac{p_{12,1} - p_{12,2}}{b}(p_{12,2} - m_2)$$
$$+ \frac{p_{12,2} - p_{12,3}}{b}(p_{12,3} - m_3) - \frac{a - p_{12,3}}{b} k_{v,12} - K_{f,VII} - f \to \text{Max!}$$

Diese Funktion ist partiell nach den gesuchten Preisen der Varianten zu differenzieren. Die gewonnenen Ableitungen gleich Null gesetzt, führen zu folgenden Bestimmungsgleichungen mit den drei Unbekannten $p_{12,1}$ bis $p_{12,3}$:

$$p_{12,1} = \frac{a + p_{12,2}}{2} + \frac{m_1 - m_2}{2}$$

$$p_{12,2} = \frac{p_{12,1} + p_{12,3}}{2} + \frac{m_2 - m_3}{2}$$

$$p_{12,3} = \frac{p_{12,2} + k_{v,12}}{2} + \frac{m_3}{2}$$

Aus diesem Gleichungssystem erhalten wir:

$p_{12,1} = \frac{1}{4}(3a + k_{v,12}) + \frac{1}{4}(3m_1 - m_2 - m_3)$
$p_{12,2} = \frac{1}{4}(2a + 2k_{v,12}) + \frac{1}{4}(2m_1 - 2m_2 - 2m_3)$
$p_{12,3} = \frac{1}{4}(a + 3k_{v,12}) + \frac{1}{4}(m_1 + m_2 + m_3)$.

Für die gegebenen Daten: $a = 150$; $k_{v,12} = 70$; $m_1 = 15$; $m_2 = 5$ und $m_3 = -12$ sind hieraus die gesuchten, gewinnmaximalen Preise als

$p_{12,1} = 143$; $p_{12,2} = 121$; $p_{12,3} = 92$

zu errechnen. Dazu gehören die optimalen Mengen von

$x_{12,1} = 35$; $x_{12,2} = 110$; $x_{12,3} = 145$.

Wenn die gefundenen Preise und Angebotsmengen für die drei Varianten in die Gewinngleichung (9) eingesetzt werden, so ergibt sich ein Gewinn von

$G = 5850,-$ DM.

Dieser Gewinn ist viel — rd. 94 % — größer als der Gewinn von 3000 DM, der mit dem Produkt 12 in der bisherigen Ausführung erzielt werden könnte. Die Unternehmensleitung wird sich daher für den Ersatz des ursprünglichen Produktes 12 durch die drei Varianten entscheiden. Indem das Management für diese Varianten die oben errechneten Preise fordert, erfüllt es die gestellte Marketingaufgabe auch für das Erzeugnis 12 zielsetzungsadäquat.

D. Zusammenfassung und Ausblick

Das von der Geschäftsleitung zu lösende Problem lautete: Zu welchen Preisforderungen ist welches Erzeugnisprogramm anzubieten, um den Gesamtgewinn in der kommenden Periode zu maximieren? Diese Frage läßt sich jetzt durch Tabelle 4 beantworten, in der die Ergebnisse für die einzelnen Produkte zusammengetragen sind:

Produkt	Preis-forderung	Angebots-menge	Gewinn-beitrag
1	55,-	175	4 125,-
2	77,5	325	
3	51,-	775	25 702,50
4	117,-	85	
5_1	110,-	600	
5_2	85,-	750	31 731,25
5_3	73,-	175	
6	8,-	2400	4 500,-
7	32,-	400	2 048,-
8	-,-	-	
9	620,-	1000	
10	632,5	1500	28 950,-
11	424,-	300	
12_1	143,-	35	
12_2	121,-	110	5 850,-
12_3	92,-	145	

Tabelle 4

Die verschiedenen Überlegungen und Rechnungen, die zu der Ergebnistabelle 4 führten, sollten deutlich werden lassen:

(1) „Preise" können nicht „kalkuliert" werden, indem nur die Produktions- und Kostendaten der Entscheidung zugrunde gelegt werden. Vielmehr entstehen die Preise am Markt. Deshalb kann die Preisforderung nur dann als Marketinginstrument wirksam eingesetzt werden, wenn so genaue Informationen wie möglich über den Markt vorliegen und diese bei der Ermittlung der Preisforderung berücksichtigt werden.

(2) Preisforderungen, die den Stückgewinn maximieren, führen in aller Regel n i c h t zum höchstmöglichen Gesamtgewinn. Diese Aussage gilt — wie gezeigt — insbesondere dann, wenn

(a) eine geneigte Preis-Absatz-Kurve existiert;

(b) ein Marktpreis als Datum gegeben ist und die variablen Stückkosten sich mit zunehmender Ausbringung verändern.

(3) Der Preis wird grundsätzlich nur dann als Marketinginstrument zur Gewinnmaximierung richtig eingesetzt, wenn die Preisforderung so bestimmt wird, daß die Grenzkosten gleich den Grenzerlösen (K' = E') sind.

(4) Die traditionelle Vollkostenrechnung, die die fixen Kosten auf die Produkte umzulegen versucht, führt mit Hilfe der errechneten „Stückgewinne" häufig zu Fehlentscheidungen bei der Preis- und Programmplanung. Richtige Entscheidungen können nur auf der Basis der Deckungsbeitragsrechnung getroffen werden; dabei muß allerdings — wie aufgezeigt — zwischen verschiedenen Deckungsbeiträgen unterschieden werden.

(5) Häufig müssen die optimalen Preisforderungen für verschiedene Märkte und/oder Produkte s i m u l t a n bestimmt werden. Dies gilt — wie dargestellt — vor allem, wenn

(a) ein Produkt auf verschiedenen Teilmärkten angeboten werden kann und seine variablen Stückkosten von der Gesamtausbringung abhängen;

(b) mehrere Produkte auf demselben Produktionsapparat gefertigt werden können, aber dessen Kapazität nicht ausreicht, um von allen Produkten so viel zu produzieren, wie davon abgesetzt werden könnte.

Abschließend sei darauf hingewiesen: Auch dann, wenn die Entscheidungssituation in der Praxis noch komplexer als in dem hier beschriebenen Fall ist — z. B. weil mehr Produkte zum Programm gehören oder simultan über die anderen Marketinginstrumente Werbung, Produktgestaltung und Absatzmethoden entschieden werden muß, mehrere Produktionsengpässe gleichzeitig auftreten können u. ä. —, sind die hier abgeleiteten Entscheidungsregeln anzuwenden. Nur können die Ergebnisse dann nicht mehr so einfach „per Hand" ausgerechnet werden. Vielmehr ist dann häufig nur durch Einsatz von Computern die optimale Marketingstrategie in annehmbarer Zeit zu bestimmen[24]).

---

[24]) Vgl. H. Meffert u. a.: „Die Anwendung mathematischer Modelle im Marketing", in: Schriften zur Unternehmensführung, Bd. 14, Wiesbaden 1971, S. 93 ff., und Bd. 15, Wiesbaden 1971, S. 23 ff.

19

Simultane Lagerhaltungs- und Distributionsplanung mit EDV-Anlagen

dargestellt an einem Beispiel aus der Markenartikelindustrie

Von Dr. Wolfram Ischebeck und Heinrich Ratsch

I. Problemstellung

A. Der Zusammenhang von Lagerhaltung und Distribution

Charakteristisch für die Markenartikelindustrie ist die Herstellung und der Vertrieb von wenigen Produkten in großen Stückzahlen. Die Produkte werden im allgemeinen innerhalb des gesamten Bundesgebietes abgesetzt. Dementsprechend ist eine Vielzahl von Kunden durch die Herstellerunternehmen zu beliefern. Der Planung des Absatzes, der Produktion und der Distribution (im Sinne von Warenverteilung bzw. -belieferung) kommt in allen Unternehmungen dieser Branche eine zentrale Bedeutung zu. An einem Beispiel soll gezeigt werden, wie ein Unternehmen diese Planungsprobleme mit Hilfe der EDV löst. Dabei beschränkt sich die Darstellung auf die Planung der Distribution und Lagerhaltung, da beide Problembereiche in dem betrachteten Unternehmen eine zentrale Funktion einnehmen und deshalb vorrangig EDV-orientiert bearbeitet wurden.

Das Unternehmen stellt im wesentlichen Milchprodukte her. Das Sortiment umfaßt ca. 70 Produkte, die in verschiedenen Packungsgrößen und in verschiedenen Versandgrößen vertrieben werden. Aus der Kombination von Produkten, Packungs- und Versandgrößen ergibt sich für alle abrechnungstechnischen Aufgaben eine erheblich größere Zahl von einzelnen Artikeln, als dies zunächst aus der Produktzahl erkennbar ist.

Der Absatz der Produkte verläuft, von wenigen Ausnahmen abgesehen, über das Jahr kontinuierlich. Dieser Absatzentwicklung kann die Produktion jedoch nicht angepaßt werden, da die Rohstoffe, und hierbei im wesentlichen Milch, als Naturprodukte nur während bestimmter Jahreszeiten zu beschaffen und auf Grund ihrer kurzen Haltbarkeit sofort zu bearbeiten sind. Die Produktion muß daher an die Rohstoffbeschaffung angepaßt werden. Auf der anderen Seite lassen sich jedoch die Fertigprodukte über eine längere Zeit lagern. Damit ist die Möglichkeit der Emanzipation von Produktions- und Absatzentwicklung durch Bildung von Zwischenlägern in den Produktionsstätten gegeben.

Beliefert wurden ursprünglich allein Großhändler, die die Produkte auf eigene Rechnung bezogen und an den Einzelhandel weiterverkauften. Das Lagerhaltungsproblem auf der Seite der Herstellerunternehmung beschränkte sich dabei auf die Lagerhaltung in den Produktionsstätten. Die Distribution war ebenfalls einfach zu lösen, da der Großhändler größere Mengen bestellte. So konnte pro Bestellung eine Auslieferung mit dafür zur Verfügung stehenden Transportmitteln von der Produktionsstätte aus veranlaßt werden. Seit mehreren Jahren ist durch Konzentrationsbewegungen innerhalb des Einzelhandels (z. B. durch Bildung von Handelsketten, Einkaufsgemeinschaften) das Herstellerunternehmen gezwungen, auch diese Einzelhandelsunternehmungen mit allen angeschlossenen Filialen direkt zu beliefern. Dabei sind die von den einzelnen Kunden bestellten Produktmengen häufig nicht groß genug, um ein Transportmittel allein für die Belieferung eines Kunden einzusetzen. Darüber hinaus zwingt die allgemeine Marktsituation dazu, den Zeitraum zwischen Bestellung und Auslieferung weitgehend zu reduzieren. Aus diesen beiden Forderungen nach

1. der Belieferung einer großen Zahl von Kunden unterschiedlicher Größe,
2. einer Reduzierung der Lieferzeit

resultierte letztlich eine Umgestaltung des Verteilungssystems. Während früher allein Produktläger in den Produktionsstätten (Werken) unterhalten wurden, war man nun gezwungen, über das gesamte Bundesgebiet verstreut in möglichst kurzer Entfernung zu den Kunden Zwischenläger einzurichten. Im allgemeinen reicht die benötigte Lagerkapazität nicht aus, um diese Zwischenläger in eigener Regie zu betreiben. Aus diesem Grund bedient man sich Lagerhaltern, die ihre Läger häufig mehreren Firmen zur Verfügung stellen und bei Bedarf auch die Belieferung einzelner Kunden übernehmen. Für die Lagerhaltung sowie für die Ein- und Auslagerung der Produkte stellen die Lagerhaltungsunternehmen Gebühren in Rechnung, die von dem Gewicht und der Lagerzeit abhängig sind. Der Verkauf der Produkte erfolgt für Rechnung der Herstellerfirma, die Zwischenläger haben somit den Status von Kommissionslägern. Diese Läger ermöglichen eine direkte Belieferung der Einzelhandelskunden. Hinzu kommt ein weiterer Vorteil, der jedoch keine direkten Auswirkungen auf die Kundenbelieferung hat. In dem betrachteten Unternehmen wird eine große Zahl von Vertretern beschäftigt, die innerhalb eines regional festgelegten Bereiches alle großen Einzelhandelsgeschäfte (insgesamt ca. 40 000 Unternehmungen) besuchen. Neben der eigentlichen Kontaktfunktion ist es ihre Aufgabe, kleinere Bestellungen des Einzelhandels sofort auszuliefern (Streckengeschäft) sowie Werbemittel dem Einzelhändler zu überlassen. Zu diesem Zweck verfügt jeder Vertreter über ein kleines Warenlager, das alle gängigen Produkte und Werbemittel in geringen Mengen enthält. Früher mußte der Vertreter zur Auffüllung seines Warenlagers ein Werkslager aufsuchen, das eventuell mehrere 100 km von seiner ihm zugewiesenen Region entfernt war. Während dieser Fahrzeiten konnte er seine eigentliche Funktion des Besuchens von Kunden nicht übernehmen. Durch die Errichtung von Kommissionslägern konnten diese Leerzeiten zum großen Teil vermieden werden, da der Vertreter nunmehr die Auffüllung seines Lagers dort vornimmt.

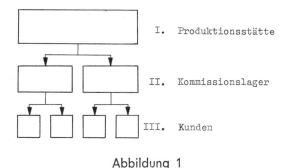

Abbildung 1

Die zweite Forderung nach Reduzierung der Lieferzeit läßt sich durch die Errichtung von Kommissionslägern nicht in jedem Fall erreichen. Nach wie vor erfolgt die Warenverteilung über die drei Stufen Herstellerunternehmung – Kommissionslager – Kunde.

Sofern es möglich wäre, eine der drei Stufen bei der Warenverteilung zu überspringen, könnte auch die Forderung nach der Verkürzung der Lieferzeit (als Zeitspanne zwischen Kundenbestellung und Warenanlieferung) erfüllt werden. Hierfür kommt allein die Zwischenstufe Kommissionslager in Frage. Das hätte zur Folge, daß der Kunde direkt vom Werk aus beliefert wird. Dieses Direktgeschäft, das in dem Unternehmen in immer stärkerem Maße vorgenommen wird, kann jedoch nur dann wirtschaftlich sein, wenn von dem Kunden ein ausreichend großes Produktvolumen bestellt wird. Die Bestimmung des minimalen Bestellumfanges bei der Direktbelieferung läßt sich aus der Gegenüberstellung von Einsparungen (durch Vermeidung der Zwischenlagergebühren) und zusätzlichen Transportkosten ermitteln. Dabei ist auch die Verkürzung der Lieferzeiten, aus der letztlich eine frühzeitigere Erstellung der Rechnungen und ein früherer Zahlungseingang resultieren, zu berücksichtigen. Die dadurch möglicherweise eingesparten Zinsen müssen den Einsparungen hinzugerechnet werden. Nicht immer kann das Unternehmen auf Grund einer derartigen Berechnung jedoch autonom bestimmen, ob der Kunde direkt oder über Kommissionslager beliefert werden soll. Manche Kunden fordern vielmehr unabhängig von dem Bestellvolumen entweder eine Direktbelieferung oder die Warenanlieferung über Kommissionsläger, da sie im zweiten Fall beispielsweise auch die Produkte anderer Hersteller aus diesem Kommissionslager gleichzeitig angeliefert bekommen.

Durch die Notwendigkeit der Einrichtung von Zwischenlägern tritt zu der Distributionsplanung nunmehr auch eine Planung der Lagerhaltung. Ursprünglich gab es nur Läger in den Produktionsstätten, ihr Umfang wurde allein durch die Produktion bestimmt. Ein Planungsproblem gab es dabei nicht. Durch die Errichtung von Zentral- und Kommissionslägern ist nun im Rahmen der Lagerhaltungsplanung zu entscheiden, bei welchem Lager welche Produkte in welchen Mengen zu lagern sind. Die einzelnen Läger verursachen unterschiedliche Kosten, haben eine unterschiedliche Kapazität und eine unterschiedliche Entfernung zur Produktionsstätte und den Kunden. Die Bevorratung von Produktmengen in den einzelnen Lägern löst im allgemeinen einen Warentransport aus. Aus diesem Grunde kann die Planung von Lagerhaltung und Distribution nicht losgelöst voneinander betrachtet werden. Beide Planungsaufgaben stehen vielmehr in enger Verbindung, sie können nur gemeinsam gelöst werden.

In der folgenden Abbildung sei der Zusammenhang dieser Planungsaufgaben dargestellt, wobei nur die Mengenpläne (d. h. ohne Berücksichtigung von Finanz-, Liquiditätsplänen usw.) betrachtet werden. Die Nebenbedingungen werden später noch ausführlich beschrieben.

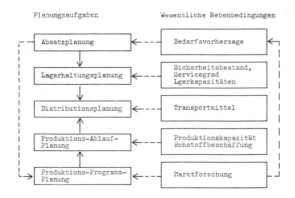

Abbildung 2

Zwischen den Planungsaufgaben bestehen nicht nur Abhängigkeiten in der hier gezeigten Reihenfolge. Durch die gestrichelten Linien soll angedeutet werden, daß darüber hinaus noch direkte Abhängigkeiten zwischen nicht benachbarten Planungen zu berücksichtigen sind. Dies ist ein weiteres Indiz dafür, daß zwischen allen Teilplänen eine enge Interdependenz besteht. Trotzdem soll hier die Absatz- und die Produktionsablaufplanung ausgeklammert werden. Die weitere Beschreibung wird sich vielmehr allein auf die Planung der Distribution und der Lagerhaltung beschränken.

Für ein Produkt, ein einziges Transportmittel und ein einzelnes Kommissionslager könnte das Ziel der Minimierung von Lager- und Distributions-Kosten noch relativ einfach erreicht werden. Eine derartig vereinfachte Situation ist in dem betrachteten Unternehmen jedoch nicht gegeben. Es muß vielmehr von folgenden Faktoren ausgegangen werden:

1. Es werden mehrere Produkte hergestellt und vertrieben.
2. Es bestehen mehrere Produktionsstätten.
3. In den Kommissionslägern ist von unterschiedlichen Lagerkosten und Absatzdaten auszugehen.
4. Die alternativ einsetzbaren Transportmittel haben unterschiedliche Kosten pro Tonnenkilometer und eine unterschiedliche Kapazität.
5. Einzelne Kunden (Großabnehmer) können direkt beliefert werden.

Berücksichtigt man diese Punkte, so muß Abbildung 1 erweitert werden. Abbildung 3 zeigt die verschiedenen Möglichkeiten der Belieferung.

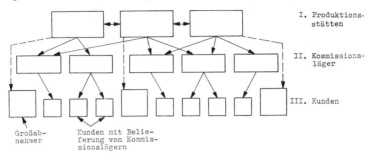

Abbildung 3

Das gesamte Artikelsortiment wird nicht in allen Produktionsstätten hergestellt. Die Betriebe haben sich vielmehr auf einzelne Artikelgruppen spezialisiert. Um möglichst alle für einen Lieferort bestimmten Artikel gemeinsam transportieren zu können, muß ein Lageraustausch zwischen den Werkslägern vorgenommen werden. Zu diesem Zweck wird laufend ein Sortimentsausgleich durch Umlagerungsvorgänge veranlaßt.

B. Die wesentlichen Kostenkomponenten und Kosteneinflußgrößen bei der Lagerhaltung und Distribution

Durch die dreistufige Distribution und die zweimalige Lagerung der Produkte stellen die daraus resultierenden Kosten einen erheblichen Anteil an den gesamten Selbstkosten dar. Daraus folgt, daß eine optimale Planung entscheidend dazu beitragen kann, den Deckungsbeitrag der Produkte zu erhöhen. Zerlegt man den gesamten Warenfluß von der Produktion bis zur Anlieferung der Ware beim Kunden in einzelne Phasen, so lassen sich jeder Phase die von ihr verursachten Kosten zuordnen. Dies kann an einem Schema verdeutlicht werden:

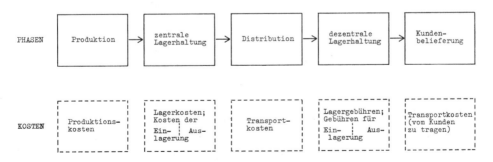

Abbildung 4: Kosten der Lagerhaltung und Distribution

Die in dieser Skizze aufgeführten Kosten haben den Charakter von variablen Kosten. Sie sind abhängig von der Produktmenge bzw. von der Zeit. Darüber hinaus müssen jedoch auch fixe Kosten in Form von versandfixen Kosten berücksichtigt werden. Derartige „Vorgangskosten" entstehen immer dann, wenn ein Transport veranlaßt werden muß. Die Aufgabe im Rahmen der Planung besteht nun darin, unter Berücksichtigung von Nebenbedingungen die Summe aller Kosten zu minimieren. Dabei ist eine genaue Kenntnis der Kosteneinflußgrößen notwendige Voraussetzung. Die wesentlichen Einflußgrößen werden im folgenden dargestellt, wobei die einzelnen Kostenkomponenten zu den drei Gruppen Transport-, Lager- und Vorgangskosten zusammengefaßt wurden.

1. Transportkosten

Als Transportkosten werden die Kosten bezeichnet, die bei der Beförderung der Produkte vom Werkslager zum Kommissionslager/Kunden entstehen. Zum Transport stehen sowohl eigene Lkw als auch fremde Transportmittel zur Verfügung. Bei einem Transport mit eigenen Fahrzeugen sind allein die durch die Beförderung verursachten Kosten, wie beispielsweise Kosten des Treibstoffes, zu berücksichtigen. Fixkosten wie Abschreibungen und Personalkosten bleiben unberücksichtigt, da sie auch dann entstehen, wenn mit den vorhandenen Fahrzeugen kein Transport vorgenommen wird.

Werden fremde Transportmittel benutzt, so erfolgt die Berechnung des Speditionsunternehmens in der Regel auf der Basis von Tonnen-Kilometern. Die gesamten Transportkosten hängen in diesem Fall wesentlich von vier Einflußfaktoren ab:

1. Entfernung zwischen Werkslager und Kommissionslager/Kunde, ausgedrückt in km;
2. Gewicht der zu transportierenden Produktmengen;
3. Wert der zu transportierenden Produktmengen;
4. Transportmittel; dabei wird unterschieden zwischen Lkw verschiedener Ladekapazität (z. B. 10, 20, 25 t Ladekapazität), Binnenschiffen und Bundesbahnwaggons.

Welches der alternativ einsetzbaren Transportmittel im speziellen Fall zur Beförderung herangezogen wird, hängt jedoch nicht nur von den Kosten, sondern auch von einigen Nebenbedingungen ab. Dazu zählen beispielsweise Verfügbarkeit der Transportmittel, Anfahrmöglichkeiten beim Lager/Kunden usw.

2. Lagerkosten

Lagerkosten fallen sowohl in den Werkslägern als auch in den Kommissionslägern an. Bei der Lagerhaltung in den Werkslägern brauchen allein die Zinsen auf das gebundene Kapital (als Summe der variablen Herstellkosten) berücksichtigt zu werden. Sie lassen sich periodenbezogen als Prozentsatz des Lagerwertes ausdrücken.

Anders verhält es sich mit den Lagerkosten in den Kommissionslägern. Sie haben drei Komponenten:

1. Zinsen auf das gebundene Kapital;
   das Kapital setzt sich dabei aus variablen Herstell-, Lager-, Transport- und Einlagerungskosten zusammen;
2. Ein- und Auslagerungsgebühren des Lagerhalters;
3. Lagergebühren für die Lagerung der Produkte (abhängig von der Lagerzeit und der benutzten Lagerfläche).

Im allgemeinen werden diese Kosten höher sein als die Kosten der Werkslagerhaltung. Daraus muß die Forderung abgeleitet werden, daß die Produkte möglichst lange im Werkslager zu lagern sind, während die Lagerung in Kommissionslägern auf einen möglichst kurzen Zeitraum beschränkt bleiben muß. Dieser Forderung stehen jedoch auch hier Nebenbedingungen entgegen. Einmal die begrenzte Lagerkapazität in den Werkslägern und zum anderen die Notwendigkeit der Beförderung von großen Produktmengen zur Erreichung geringer Transportkosten pro Tonnen-Kilometer. Aus der gegenläufigen Tendenz der beiden Kostenkomponenten, Lager- und Transportkosten, gilt es, zunächst ein Optimum zu finden.

3. Vorgangskosten

Die Notwendigkeit der Beförderung großer Produktmengen bei einem Transportvorgang wird unterstützt durch die Vorgangskosten als dritte Kostenkomponente. Hierunter werden die Kosten zusammengefaßt, die mit der Auslösung eines Transportvorganges verbunden sind. Im Gegensatz zu den Transport- und Lagerkosten sind sie nicht abhängig von der zu transportierenden Menge, sondern allein von dem Transportvorgang. Im Bereich der Lagerhaltungsdisposition bezeichnet man diese Kosten auch als Bestellkosten. Die Vorgangskosten innerhalb einer Periode sind dann gering, wenn möglichst wenig Vorgänge ausgelöst wurden. Das wiederum setzt voraus, daß bei jedem Transportvorgang große Produktmengen transportiert werden.

Die Vorgangskosten setzen sich im wesentlichen aus drei unterschiedlichen Kostenkomponenten zusammen:

1. Kosten für die Disposition der Transportmittel;
2. Kosten für die Erstellung der Versandpapiere und Rechnungen (soweit Direktkunden beliefert werden);
3. Kosten des Versandes aller erstellten Belege an den Spediteur und Lagerhalter bzw. Kunden.

Der Einfluß der drei Kostenkomponenten Lager-, Transport- und Vorgangskosten auf die Bestimmung einer optimalen Beförderungsmenge wurde bereits in einigen

Beispielen erläutert. In der folgenden Skizze soll dieser Einfluß nochmals grafisch verdeutlicht werden. Dabei kommt es allein auf die Darstellung grundsätzlicher Tendenzen an.

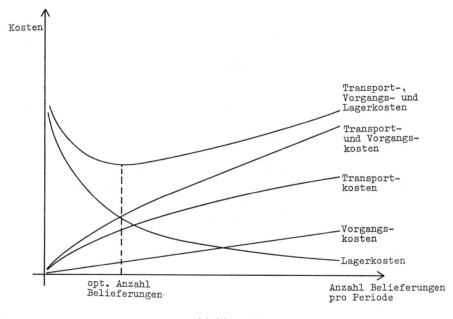

Abbildung 5

Diese Grafik zeigt den unterschiedlichen Einfluß von Transport- und Vorgangskosten einerseits sowie der Lagerkosten andererseits auf die Beförderungsmenge. Aus der Addition aller drei Kostenkurven zu einer Summenkurve kann dann eine optimale Beförderungsmenge ermittelt werden. In dieser Betrachtung wurden jedoch keinerlei Nebenbedingungen berücksichtigt, die den Verlauf der Kostenkurve mit beeinflussen bzw. die Erreichung der optimalen Beförderungsmenge unmöglich machen können.

C. Die Nebenbedingungen der Lagerhaltung und Distribution

Ausgangspunkt für die Ermittlung der in einer Periode an Großabnehmer bzw. Kommissionsläger auszuliefernden Produktmengen können einmal konkrete Bestellungen und zum anderen Absatzschätzungen sein. Während Bestellungen von Großabnehmern sowohl von der Menge als auch vom Termin her fixiert sind, kann die Belieferung der Kommissionsläger entsprechend dem erwarteten Absatz innerhalb folgender Bedingungen frei gewählt werden:

1. Die Produkte haben eine begrenzte Haltbarkeit.
2. Gleiche Produkte können in verschiedenen Verpackungseinheiten (z. B. Kartongrößen) geliefert werden. Davon zu unterscheiden ist die Versandeinheit, die

wiederum von dem gewählten Transportmittel (z. B. Lkw, Binnenschiff, Eisenbahnwaggon) abhängt.

3. Die in den Produktionsstätten lagernden bzw. noch herzustellenden Produktmengen sind unter dem Gesichtspunkt der Produktionszeit nur teilweise beeinflußbar.

4. Die Auswahl der Transportmittel ist nicht nur von der zu transportierenden Menge, dem Transportweg und der Transportzeit, sondern auch von den Anlieferungsmöglichkeiten bei den Kommissionslägern abhängig.

5. In den einzelnen Kommissionslägern steht nur eine bestimmte Lagerkapazität zur Verfügung, die vom Volumen und vom Gewicht her bestimmt ist.

6. Einzelne Produktgruppen verlangen bei der Lagerung spezielle Bedingungen, wie z. B. gleichmäßige Lagertemperaturen und Feuchtigkeitsgrade.

7. Die Lieferbereitschaft jedes Lagers als Nebenbedingung gibt an, wie viele Kundenbestellungen von dem Kommissionslager sofort ausgeliefert werden sollen. Diese Lieferbereitschaft wird häufig auch als Servicegrad bezeichnet. Im allgemeinen bewirkt eine steigende Lieferbereitschaft ein überproportionales Anwachsen der Lagermengen und damit der Lagerkosten. Aus diesem Grund ist eine Lieferbereitschaft von 100 %, bei der auch die letzte Bestellung sofort ausgeliefert werden könnte, praktisch illusorisch. Je nach Produkt und Lager wird vielmehr eine 90- bis 98 %ige Lieferbereitschaft angestrebt werden müssen.

II. Merkmale der bisherigen Lösung des Planungsproblems

Trotz der geschilderten engen Interdependenzen zwischen Lagerhaltung und Distribution war es dem Disponenten in der Vergangenheit nicht möglich, beide Planungsaufgaben gemeinsam zu bearbeiten. Auf Grund der Komplexität des Problems mußte er es in Teilprobleme zerlegen und diese unter Anwendung gewisser Standardregeln lösen. Darüber hinaus ließ sich die Fülle von Informationen aus den verschiedenen Unternehmensbereichen nur durch die Beschränkung auf einige wesentliche Größen berücksichtigen.

Die Distributionsstrategie entstand so mit Hilfe der Anschauung, der Erfahrung und auch einiger Berechnungen. Dabei war zunächst jedoch das heute engmaschige Transportnetz noch einfacher zu übersehen. Bei nur einer Produktionsstätte, wenigen Produkten und Lägern kannte der Disponent noch die Frachttarife zwischen Produktionsstätte und den einzelnen Lägern sowie die Lagerbestände. Darüber hinaus hatte er einen Überblick über die Verbrauchergewohnheiten in den einzelnen Gebieten. Für dieses kleinere Verteilungsnetz ließ sich auch manuell eine gute Strategie finden.

Das änderte sich, als zusätzliche Produkte, Kommissionsläger und Produktionsstätten zu berücksichtigen waren. Daneben stiegen die Umsätze der Produkte.

Daraus resultierte eine größere Zahl von Lagerbelieferungen und damit ein größerer Arbeitsaufwand für den Disponenten. Derartige Veränderungen konnte der Disponent zunächst noch auf der Basis von Erfahrungswerten in seine Dispositionsstrategie einbeziehen. Diese Vorgehensweise verlor durch die laufend fortschreitende Komplexität des Netzwerkes jedoch bald ihre Berechtigung. Der Disponent war nun gezwungen, Hilfsmittel wie Listen über Lagerbestände, Produktionsprogramme, Fahrpläne von Spediteuren usw. zur Lösung des Problems heranzuziehen. Diese Fülle von Informationen konnte auch von mehreren Personen nicht in der dafür zur Verfügung stehenden Zeit durchgesehen und bearbeitet werden. Das führte dazu, daß im Rahmen einer derartigen Disposition z. B. die im Laufe der Zeit eingetretenen Veränderungen in der Sortiments- oder Preispolitik nicht mehr ausreichend berücksichtigt werden konnten. Daraus resultierte in einzelnen Lägern **ein zu hoher und in anderen Lägern ein zu niedriger Lagerbestand.** Ein Ausgleich ließ sich nur durch aufwendige Umlagerungsvorgänge erreichen.

Aus dieser Schwierigkeit folgte als weitere Konsequenz die Aufteilung der bestehenden Läger in Regionen. Dadurch konnten mehrere kleine Transportnetze erzeugt werden. Nun war es möglich, sich mit einer Region nach der anderen ausführlicher zu beschäftigen und die Läger so zu bevorraten, daß sie erst dann wieder beliefert werden mußten, wenn die übrigen Regionen auch disponiert worden waren. Da die Transportkosten in der Regel über 70 % der gesamten Distributionskosten ausmachten, ließ sich relativ leicht jedes Lager seinem nächsten Produktionsort mit Hilfe von Landkarten und Entfernungstabellen zuordnen. Kleinere Läger, die dicht beieinanderliegen und mit demselben Transportmittel beliefert werden können, wurden zu Lagergruppen zusammengefaßt. Durch diese Lösung ließ sich das zur Belieferung einzusetzende Transportmittel weitgehend auslasten. Darüber hinaus konnte eine Senkung der Transportkosten erreicht werden, da der höchste Frachtsatz die niedrigsten Kosten pro Tonne enthält. Einschränkungen der Produktionskapazität führten jedoch zu Querverladungen zwischen den einzelnen Produktionsstätten bzw. zu Belieferungen der Läger von einer entfernteren Produktionsstätte und somit zu wesentlich höheren Kosten. Aufträge von Direktkunden bereiteten dann keine Schwierigkeiten, wenn sie groß genug waren, um ein gesamtes Transportmittel auszulasten. Ansonsten wurde versucht, mehrere solcher Aufträge von Direktkunden durch eine Belieferung auszuführen. War dies auch nicht möglich, so wurde die Lademenge für den Direktkunden mit Produkten für ein auf **dem Weg liegendes Lager** komplettiert.

Diese kurze Beschreibung des bisherigen Planungsablaufs zeigt, daß die alleinige Berücksichtigung der Transportkosten zu keiner optimalen Distributionsstrategie führt. Hierfür müßten auch die anderen Kostenkomponenten wie Lager- und Vorgangskosten einbezogen werden.

III. Lösung des Planungsproblems bei Einsatz der EDV

Vor ca. 2 Jahren begannen die Untersuchungen zur Neukonzeption der Lagerhaltungs- und Distributions-Planung unter Berücksichtigung der Möglichkeiten des Einsatzes von EDV-Anlagen. Dabei konnte auf Erfahrungen mit mehreren bereits anderweitig realisierten Lagerabrechnungs- und Lagerdispositions-Systemen zurückgegriffen werden. Das Hauptproblem stellte sich demnach zunächst in der Integration der Distribution dar; es erwies sich letztlich jedoch als so schwierig, daß eine völlig neue Konzeption entwickelt werden mußte.

A. Wesentliche Gründe für die Berücksichtigung der EDV bei der Neukonzeption des Planungsprozesses

Die EDV wird in dem betrachteten Unternehmen schon seit längerer Zeit hauptsächlich für Abrechnungsaufgaben verwendet. So lag es nahe, ihre Einsatzmöglichkeiten auch für die Lösung der Lagerhaltungs- und Distributionsplanung zu untersuchen. Bei dieser Analyse ergaben sich im wesentlichen fünf Punkte, die den Einsatz der EDV rechtfertigten:

1. Da mittels der EDV bereits Abrechnungsaufgaben, wie z. B. Fakturierung und Lagerbuchhaltung, gelöst wurden, stehen auf externen Speichermedien zahlreiche Informationen (z. B. über Lagerbestände, Kundenbestellungen) zur Verfügung.
2. Im Rahmen der Disposition sind zahlreiche Informationen möglichst rasch zu verarbeiten. Sofern diese Aufgaben von EDV übernommen werden können, ist der Disponent mehr als bisher in der Lage, sich auf spezielle Situationen zu konzentrieren.
3. Die Lagerhaltungs- und Distributionsplanung hat in dem Bereich der mittel- und kurzfristigen Planungsaufgaben eine zentrale Bedeutung. Obwohl alle Planungsaufgaben in einer gegenseitigen Abhängigkeit voneinander stehen, werden in dem vorliegenden Fall die Plandaten der Produktion (z. B. Anzahl herzustellender Produktmengen innerhalb eines bestimmten Zeitraumes) und des Absatzes (z. B. verkaufsfördernde Aktionen) zunächst als unveränderlich vorausgesetzt. Die enge Verbindung aller Einzelplanungen erfordert jedoch, daß eine einheitliche EDV-bezogene Lösung erarbeitet wird. Die hier dargestellte Neukonzeption der Lager- und Distributionsplanung ist dazu ein erster Schritt.
4. In der Vergangenheit ging der Anstoß zur Disposition vom Kommissionslager aus. Bei Einsatz von EDV-Anlagen dagegen können täglich alle Lagerbestände überprüft und eventuell neu disponiert werden unter Berücksichtigung von Sicherheitsbeständen für einzelne Läger und Produkte.
5. Grundlagen der Lagerdisposition sind neben den Beständen vor allen Dingen die in Zukunft erwarteten Lagerabgänge durch Verkäufe, Umlagerungen usw. Bisher wurde hierfür der Lagerabgang des entsprechenden Vorjahreszeitraums zugrunde gelegt. Es hat sich jedoch gezeigt, daß dies im allgemeinen nicht ausreicht, da während eines Jahres wesentliche Veränderungen des Marktgeschehens festgestellt wurden. Hieraus resultierte die Forderung, die Projektion von Vergangenheitswerten in die Zukunft aktueller zu gestalten und Zufallsschwankungen zu eliminieren.

B. Übersicht über den EDV-bezogenen Ablauf des Planungsprozesses

1. Gesamtübersicht

Nach den genannten fünf Gesichtspunkten waren wesentliche Teilbereiche der gesamten bisherigen EDV-Organisation im Hinblick auf die Einführung dieses Planungssystems neu zu überdenken. Auf die damit verbundenen Probleme sei hier nicht näher eingegangen. Im folgenden wird vielmehr allein die Organisation der Lagerhaltungs- und Distributionsplanung vorgestellt. Sie ist gekennzeichnet durch den Einsatz der EDV bei der Bearbeitung einer Vielzahl von Informationen, um dem Disponenten Alternativen in die Hand zu geben, damit er auf Grund seiner Kenntnisse und Erfahrungen die jeweils optimale Lösung finden kann. Daran anschließend wird die EDV eingesetzt, um beispielsweise Verladeanweisungen und Entnahmescheine zu erstellen.

Aus Rationalisierungsgründen wurde dabei der gesamte Planungsablauf in drei Teilbereiche zerlegt:

a) Ermittlung des Nachfrageverlaufs

Für jeden Artikel werden die vorhandenen Nachfragewerte analysiert, um ein Vorhersagemodell zu entwickeln. Da die Verbrauchergewohnheiten an verschiedenen Orten recht unterschiedlich sein können, muß die Untersuchung für jedes Produkt in jedem Lager gesondert stattfinden. Der Begriff Artikel umfaßt demnach eine Lager-Produkt-Kombination. Das bedeutet, daß das Produkt 1 aus Lager A einen anderen Artikel bildet als das gleiche Produkt 1 aus dem Lager B. Die Analyse sollte jährlich einmal für jeden Artikel durchgeführt werden. Ändert sich jedoch das Marktverhalten eines Artikels entscheidend oder werden neue Artikel in das Sortiment eingeführt, so muß der Nachfrageverlauf dieser Artikel bereits vor Ablauf eines Jahres neu untersucht werden.

b) Bestimmung der Distributionsstrategie

Um die Rechenzeiten bei der täglichen Distributionsermittlung zu reduzieren, wird eine für einen gewissen Zeitraum geltende Strategie berechnet. Sie legt fest, welche Mengen der einzelnen Artikel von welchen Lieferorten mit welchen Transportmitteln an die einzelnen Läger geliefert werden sollen. Es wurde bereits früher darauf hingewiesen, daß das gesamte Produktsortiment nicht in allen Produktionsstätten hergestellt wird. Um jedoch von den Werkslägern möglichst viele verschiedene Produkte ausliefern zu können, muß ein Warenaustausch zwischen ihnen stattfinden. Für Produkte, die am Werkslager hergestellt werden, wird dieses Lager als Produktionsstätte, für die übrigen Produkte als Zentrallager bezeichnet. Der Begriff Lieferort wird in dieser Abhandlung dann benutzt, wenn es nicht notwendig ist, zwischen der Funktion des Produktionsortes und der des Zentrallagers zu unterscheiden.

Die Distributionsstrategie muß jedesmal neu ermittelt werden, wenn schwerwiegende Änderungen im Sortiment eintreten, z. B. durch Neuaufnahme anderer Artikel oder starke Umsatzschwankungen. Eine Änderung des Transportnetzes, z. B. durch Hinzunahme von Kommissionslägern, neuen Produktionsorten, Zentrallägern oder Transportmitteln, erfordert in der Regel ebenfalls eine neue Distributionsstrategie.

c) Aktuelle Bestandsführung, Vorhersage und Disposition

Es ist sinnvoll, diesen dritten Teilbereich immer dann zu bearbeiten, wenn Artikelbewegungen stattgefunden haben. In der Regel wird dies an jedem Arbeitstag der Fall sein. Bleibt der Bestand unverändert, ändern sich Vorhersage und Disposition ebenfalls nicht.

Den Zusammenhang zwischen den einzelnen Bereichen zeigt die folgende Übersicht.

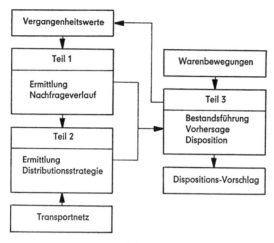

Abbildung 6

2. Darstellung der einzelnen Teilbereiche

Im folgenden wird der Planungsablauf in den genannten drei Teilbereichen im einzelnen dargestellt. Schwerpunkt ist dabei der Teilbereich 2 „Auswahl von Beförderungsmitteln und Festlegung des Transportweges". Die verbale Beschreibung wird ergänzt durch einen Datenflußplan der EDV-Ablauforganisation. Dabei werden zwei Aspekte herausgestellt. Einmal die enge Verbindung von EDV und Disponent in allen Teilbereichen. Zum anderen zeigt diese Darstellung die Vielzahl von Informationen, die bei den einzelnen Bearbeitungsvorgängen benötigt werden und deshalb auf externen Speichermedien vorhanden sein müssen. Hierfür wird die Magnetplatte als Speichermedium benutzt, da ein Großteil der Plattenzugriffe zu den Einzelinformationen direkt über eine Adreßverkettung erfolgt.

a) Analyse der Absatzentwicklung

(1) Beschreibung des Ablaufs

Ausgangspunkt einer Dispostion ist neben dem auf dem Lager noch verfügbaren Bestand der in der zukünftigen Periode erwartete Absatz des Produktes. Diese Absatzerwartung basiert auf einer Prognoserechnung, indem unter Zugrundelegung des vergangenen Absatzverlaufes der zukünftige Absatz ermittelt wird. Hier soll zunächst das Verfahren zur Feststellung der vergangenen Absatzentwicklung gezeigt werden, während die eigentliche aktuelle Prognoserechnung, bei der das Verfahren der exponentiellen Glättung verwandt wird, in den Teil 3, „Aktuelle Bestandsführung, Vorhersage und Disposition", eingeht. Die Absatzdaten der Vergangenheit liegen in dem betrachteten Unternehmen sehr detailliert vor. Als Ergebnis der jeweiligen Fakturierung sind Aufschreibungen für jeden einzelnen Verkaufsvorgang mit Angaben über Lager, Artikel, Mengen, Preise und Kunden verfügbar. Aus diesen Informationen müssen zunächst die für eine Absatzentwicklung relevanten Informationen selektiert werden. So können beispielsweise in diesem Teilbereich alle wertmäßigen Angaben vernachlässigt werden, da sie im Rahmen einer Absatzentwicklung nicht interessant sind. Mit den aufbereiteten Daten läßt sich unter Verwendung von mathematisch-statistischen Verfahren ein Trendverlauf ermitteln, der **die Absatzentwicklung pro Artikel zeigt.**

Aus den verschiedenen dafür in Frage kommenden Methoden wurde die Regressionsanalyse ausgewählt, wobei als alleinige unabhängige Variable die Zeit berücksichtigt ist. Es muß dabei die Regressionsgerade

$$y = ax + b$$

bestimmt werden (y = errechnete Nachfragen, x = Zeit). Dazu brauchen lediglich die Koeffizienten a und b berechnet zu werden. Das Ziel dieses Verfahrens ist es, die Summe der quadrierten Differenzen (tasächliche Nachfragen abzüglich errechnete Nachfragen) zu minimieren. Notwendige Bedingungen sind, daß die partiellen Ableitungen dieser Summe nach dem Koeffizienten verschwinden. Hieraus ergibt sich in der Praxis eine gute Anpassung zwischen tatsächlichen Absatzwerten und ermittelter Regressionsfunktion.

Die ermittelte Funktion kann grundsätzlich einen horizontalen oder trendförmigen Verlauf haben. Aus der Analyse der Abweichungen zwischen den tatsächlich eingetretenen und den errechneten Funktionswerten läßt sich die Art der Geraden erkennen. Ein horizontaler Verlauf muß dann angenommen werden, wenn das Verhältnis aus Steigung der Regressionsgeraden und mittlerer absoluter Abweichung kleiner ist als ein vom Disponenten vorgegebener Grenzquotient. Im anderen Fall wird das Artikelverhalten als trendförmig bezeichnet. Unter Hinzunahme saisonaler Einflüsse ergeben sich vier unterschiedliche Vorhersagemodelle:

— horizontal,
— trendförmig,
— horizontal-saisonal,
— trend-saisonal.

Dabei wird der einzelne Artikel jeweils durch eines dieser vier Modelle gekennzeichnet. Auf ein saisonales bzw. trend-saisonales Vorhersagemodell kann nur dann geschlossen werden, wenn gleichartige Abweichungen innerhalb vergleichbarer Zeiträume von mindestens 2 Jahren auftreten.

Die Verwendung der Regressionsanalyse basiert, wie alle anderen statistischen Verfahren, auf einigen Voraussetzungen. So müssen beispielsweise die Absatzwerte eines ausreichend langen Vergangenheitszeitraumes mit möglichst kurzen, jedoch gleichlangen Perioden zur Verfügung stehen, damit überhaupt signifikante Trendverläufe erkannt werden können. Eine weitere Voraussetzung ist die, daß die Marktbedingungen sich innerhalb des betrachteten Zeitraumes nicht wesentlich geändert haben, da nur dann eine Prognose, basierend auf der bisherigen Entwicklung, sinnvoll sein kann. Diese letzte Voraussetzung ist etwas problematisch. Bei Markenartikeln ändern sich die Absatzbedingungen durch Veränderung der Preis- und Sortimentspolitik, der Verbrauchergewohnheiten und der Mitbewerber-Aktivitäten sehr häufig. Deshalb ist es erforderlich, daß die aus der Vergangenheit ermittelten Verläufe dem aktuellen Stand angepaßt werden. Dies ist eine wesentliche Aufgabe des Disponenten, die nur er auf Grund seiner Kenntnisse und Erfahrungen lösen kann. Er muß auch vor allem für die Artikel, die nicht mindestens 2 Jahre im Sortiment waren und deren Absatzentwicklung daher nicht mittels der EDV bestimmt werden konnte, Trendverläufe und evtl. Saisonabhängigkeiten autonom vorgeben und der EDV zur weiteren Bearbeitung übermitteln.

(2) Datenflußplan

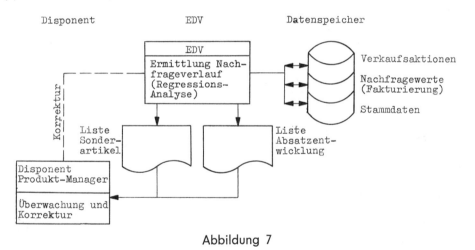

Abbildung 7

b) Auswahl von Beförderungsmitteln und Festlegung des Transportweges

(1) Beschreibung des Ablaufs

Mit der Ermittlung des erwarteten Absatzes bei einem bestimmten Artikel ist eine wesentliche Voraussetzung für die Auswahl der optimalen Distributionsstrategie gegeben. Sie hat für alle Produkte den Lieferweg, die Produktmenge und damit den zeitlichen Belieferungsrhythmus sowie das Transportmittel festzulegen. Bei Belieferungen von mehreren Lägern auf einem Transportweg muß ferner noch die Anfahrfolge bestimmt werden.

Die Erfahrung lehrt, daß es in der Regel nicht lohnend ist, mehr als zwei Läger zusammen zu beliefern. Deshalb setzt sich eine Lagergruppe bei dieser Lösung immer nur aus zwei Lägern zusammen (größere Lagergruppen würden die Rechenzeit erheblich erhöhen und mit sehr großer Wahrscheinlichkeit keine Verbesserungen bringen). Es besteht jedoch die Möglichkeit, daß diese Gruppenbelieferung mit zwei Transportmitteln stattfindet, d. h. es findet ein Transportmittelwechsel im ersten Lager (Anlauflager) statt. Das würde in der Praxis beispielsweise folgendes bedeuten: Von der Produktionsstätte aus wird ein Lager A mit einem Schiff beliefert. Ein Teil dieser Ladung wird dann mit einem Lkw zum Lager B weiterbefördert.

Die Festlegung einer geeigneten optimalen Distributionsstrategie kann als das Kernstück des gesamten Planungsprozesses bezeichnet werden. Auf Grund der Vielzahl von Abhängigkeiten und damit Kombinationen zwischen den Einflußgrößen erwies sich die Auswahl eines geeigneten mathematischen Verfahrens zur Bestimmung dieser Strategie als sehr schwierig. Grundsätzlich besteht die Möglichkeit, mit Hilfe der linearen Optimierungsrechnung eine Lösung zu finden. Voraussetzung hierfür ist eine Problemformulierung, die zwischen einer Zielfunktion und mehreren Nebenbedingungen unterscheidet. Dabei kann eine Ähnlichkeit mit dem häufig als Anwendungsbeispiel der linearen Optimierungsrechnung genannten Transportproblem festgestellt werden. Eine dementsprechende Formulierung des Planungsproblems wurde vorgenommen und zu Testzwecken verwendet. Es ergaben sich dabei jedoch mehrere Schwierigkeiten, die in zwei Punkten zusammengefaßt werden können:

- Die Funktion der Frachtkosten als eine in die Zielfunktion eingehende Kostenkomponente sowie die dazugehörigen Restriktionen weisen einen nichtlinearen Verlauf auf. Diese Frachtkosten sind abhängig von der transportierten Menge, der Entfernung und dem Transportmittel und führen zu einer hyperbolischen Funktion. Um die lineare Optimierungsrechnung trotzdem anwenden zu können, mußte eine stufenweise Linearisierung vorgenommen werden. Dadurch erhöhte sich die Zahl der Restriktionen, während die Genauigkeit der Lösung vermindert wurde.

- Die Zahl der Nebenbedingungen und der Variablen wird sehr groß. Es muß unter Berücksichtigung einer linearisierten Zielfunktion von weit über 10 000 Variablen und einer ähnlich großen Zahl von Nebenbedingungen ausgegangen werden. Die Lösung des Planungsproblems würde bei einer derart großen Matrix auf dem zur Verfügung stehenden EDV-System unverhältnismäßig viel Zeit in Anspruch nehmen.

Insbesondere der hohe Zeitaufwand zwang zur Verwendung einer anderen Lösungsmethode. Sie konnte auf heuristischem Wege mit Hilfe der Kombinatorik gefunden werden. Dieses Verfahren sei im folgenden ausführlicher dargestellt.

Im Gegensatz zu dem Verfahren der linearen Optimierung gibt es keinen Algorithmus mehr, der – sofern das Problem überhaupt lösbar ist – zwangsläufig zu einer optimalen Lösung führt. Man ist vielmehr gezwungen, durch Vergleich der gewonnenen Zwischenergebnisse eine oder mehrere gute Lösungen zu ermitteln, ohne daß man weiß, welche Lösung letztlich die beste wäre. So stellt sich die Forderung, die Rechenzeit auf der einen Seite gegen die bisher gefundenen Lösungen auf der anderen Seite abzuwägen. Je mehr Lösungsmöglichkeiten ermittelt werden, um so größer ist die Wahrscheinlichkeit, ein dem Optimum naheliegendes Ergebnis zu bekommen. Die Ermittlung der Zusammenhänge von Rechenzeit und Wahrscheinlichkeit für ein gutes Ergebnis erfordert naturgemäß sehr langwierige praktische Versuche.

Auf Grund der Aussagen, die die Distributionsstrategie machen soll, ist bereits ersichtlich, daß es eine Vielzahl von Kombinationen zwischen Produktionsstätten, Zentrallager und Lägern gibt, die für jedes Erzeugnis und jedes zulässige Transportmittel untersucht werden müßte. Eine Kombination ist dabei definiert durch die Beförderung eines oder mehrerer Erzeugnisse (= Verteilungsgruppe) von e i n e m Lieferort mit e i n e m Transportmittel zur s e l b e n Zeit. Mehrere Kombinationen bilden eine Distributionsstrategie in dem früher definierten Sinne. Diesen Zusammenhang zeigt die folgende vereinfachte Skizze:

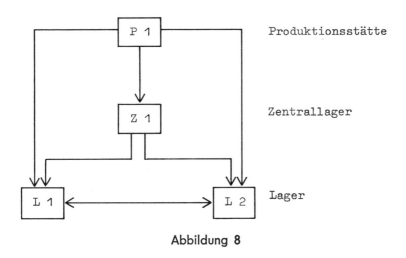

Abbildung 8

In dieser Skizze wurde angenommen, daß nur ein Erzeugnis E1 zu transportieren ist und dafür nur ein Transportmittel T1 zur Verfügung steht. Aus der Darstellung lassen sich maximal 11 Kombinationen K1 bis K11 ableiten.

— Beförderung vom Produktionsort zu einem Lager bzw. einer Lagergruppe
  K1: P1→L1, K2: P1→L2, K3: P1→L1→L2, K4: P1→L2→L1

— Beförderung vom Zentrallager zu einem Lager bzw. einer Lagergruppe
  K5: Z1→L1, K6: Z1→L2, K7: Z1→L1→L2, K8: Z1→L2→L1

— Beförderung vom Produktionsort zum Zentrallager
  K9: P1→Z1 (Menge für L1 und L2), K10: P1→Z1 (Menge für L1),
  K11: P1→Z1 (Menge für L2)

Diese Kombinationen wiederum ergeben maximal elf Distributionsstrategien:

D1: K1 + K2
D2: K3
D3: K4
D4: K5 + K6 + K9
D5: K7 + K9
D6: K8 + K9

D7: K1 + K6 + K11
D8: K2 + K5 + K10
D9: K5 + K6 + K10 + K11
D10: K7 + K10 + K11
D11: K8 + K10 + K11

An Hand einer kleinen Tabelle läßt sich deutlich zeigen, wie stark die Anzahl der Kombinationen K und damit der möglichen Distributionsstrategien D wächst, wenn eine der veränderlichen Größen um 1 ansteigt.

Zeile	P	Z	L	T	E	K	D
1	1	1	2	1	1	11	11
2	2	1	2	1	1	18	34
3	1	2	2	1	1	18	21
4	1	1	3	1	1	25	69
5	1	1	2	2	1	30	76
6	1	1	2	1	2	63	504

Gegenüber der in Zeile 1 dargestellten Ausgangssituation (siehe auch obige Skizze) ergeben sich beispielsweise in Zeile 2 durch die Hinzunahme eines zweiten Produktionsortes P2 sieben neue Kombinationen.

K12: P2→L1, K13: P2→L2, K14: P2→L1→L2, K15: P2→L2→L1,
K16: P2→Z1 (Menge für L1 und L2), K17: P2→Z1 (Menge für L1),
K18: P2→Z1 (Menge für L2)

Daraus lassen sich, analog zu der Zeile 1, maximal 34 Strategien ermitteln.

Die Zeile 6 zeigt, daß die Erhöhung der Erzeugniszahl den Umfang der möglichen Kombinationen und Strategien am stärksten ansteigen läßt. Dies macht deutlich, daß die Lösung des Problems auch von einer EDV-Anlage nicht mehr in annehmbarer Zeit bewältigt werden kann, wenn das Problem mit acht Lieferorten, acht Transportmitteln, ca. 70 Lägern und ca. 80 Produkten zu lösen ist. Es müssen deshalb die möglichen Kombinationen und daraus folgend die Strategien nach zwei Gesichtspunkten reduziert werden:

(aa) Zusammenfassung von Erzeugnissen zu Verteilungsgruppen

Die Erzeugnisse werden in Erzeugnis- oder Verteilungsgruppen eingeteilt, so daß nicht mehr Kombinationen für das einzelne Erzeugnis, sondern für die einzelne Verteilungsgruppe berechnet werden. Dadurch läßt sich die Zahl der zu ermittelnden

Größen am wirkungsvollsten verringern, wie die obige Tabelle in Zeile 6 zeigt. Die Kriterien, die zu dieser Einteilung führen, seien nun kurz beschrieben:

Für jedes Erzeugnis muß der Lieferweg, das dazugehörige Transportmittel und die Liefermenge bestimmt werden. Wenn also Erzeugnisse in Gruppen zusammengefaßt werden sollen, so müssen sie folgende gemeinsame Merkmale haben:

1. L i e f e r w e g : Die Erzeugnisse müssen am selben Lieferort verfügbar sein.
2. T r a n s p o r t m i t t e l : Für alle Erzeugnisse einer Verteilungsgruppe müssen gleiche Transportmittel zulässig sein.
3. U m s a t z v e r h a l t e n : Es ist erstrebenswert, nur Erzeugnisse mit ähnlichem Umsatzverhalten und Servicegrad in Gruppen zusammenzufassen.

Durch eine derartige Einteilung gelang es, ca. 80 Erzeugnisse in 10 Verteilungsgruppen zusammenzufassen.

(bb) *Zusammenfassung der Läger zu Regionen*

Die Anzahl der Läger konnte dadurch verringert werden, daß man das gesamte Verteilungsnetz in acht Regionen aufteilt, für die unabhängig voneinander Distributionsstrategien berechnet werden. Pro Lager sind nicht mehr als vier Anschlußläger zugelassen. Der Nachteil dieser Einschränkung besteht darin, daß unter Umständen nicht der wirtschaftlich günstigste Weg beschritten wird, da nicht mehr alle Kombinationen für sämtliche möglichen Lagergruppen (Verknüpfung zweier Läger) durchgerechnet werden. Weit auseinanderliegende Läger im gleichen Arbeitsgang zu beliefern, ist jedoch sinnlos und würde in der Regel zu kostpieligen Sternfahrten führen. Kostensparend können höchstens Lieferungen mit einer Verladung an benachbarte Läger sein.

Die einzelnen Phasen der heuristischen Problemlösung

Phase 1: Zuordnung von Lägern zu Lieferorten

Durch die obengenannten Möglichkeiten der Reduzierung von Kombinationen kommt man unter Berücksichtigung der acht möglichen Transportmittel und der Lieferorte auf eine Anzahl von Kombinationen, die sowohl von seiten der Rechenzeit als auch der Speichermöglichkeiten beim EDV-System akzeptabel ist. Da die Transportkosten den größten Teil der Distributionskosten ausmachen, werden die Läger dabei entfernungsmäßig den Lieferorten zugeordnet. In dieser Reihenfolge lassen sich Kombinationen berechnen und der Bedarf der Läger von den Lieferortkapazitäten subtrahieren. Mit dem nächsten Lieferort muß dann fortgefahren werden, wenn entweder für alle Läger die Kombinationen erstellt worden sind oder wenn die Kapazität des einen Lieferortes erschöpft ist. Im letzteren Fall besteht jedoch die Gefahr der übermäßigen Einschränkung des Systems. Unter Umständen könnte sich dadurch eine eindeutige Zuordnung zwischen Lieferorten und Lägern ergeben, die allein aus den Transportkosten resultieren würde. Eine weitergehende Optimierung unter Berücksichtigung der anderen Kostenfaktoren wäre nicht mehr möglich. Um sie dennoch zu erreichen, muß diese eindeutige Zuordnung wieder aufgeworfen werden, indem jedes Lager alternativ, z. B. zwei Lieferorten zugeordnet wird. Dies erfolgt durch eine theoretische Vergrößerung der Kapazitäten der einzelnen Lieferorte. Die daraus sich evtl. ergebenden Veränderungen zeigt die folgende Skizze:

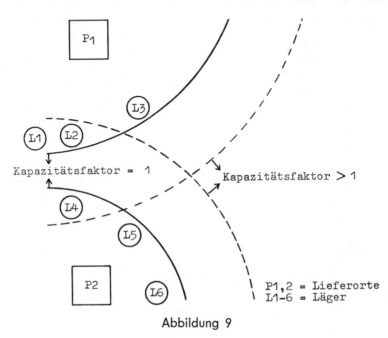

Abbildung 9

Die durchgezogenen Linien (Kapazitätsfaktor = 1) zeigen die tatsächlichen Kapazitäten der Lieferorte, die gestrichelten Linien (Kapazitätsfaktor größer 1) die theoretisch erhöhten Kapazitäten. Im ersten Fall wird für die Läger jeweils nur eine Kombination errechnet, und zwar für den Lieferort P1 mit den Lägern L1, L2 und L3 sowie den Lieferort P2 mit L4, L5 und L6. Im zweiten Fall mit einem Kapazitätsfaktor größer als 1 entstehen zusätzliche Kombinationen für den Lieferort P2 mit L1 und L2 sowie für P1 mit L4. Durch eine weitere Vergrößerung des Kapazitätsfaktors könnten auch noch die Kombinationen für P1 mit L5 und L6 sowie für P2 mit L3 gefunden werden.

Phase 2: Bildung von Kombinationen

Nach der Lagerzuordnung folgt die Ermittlung der Kombinationen pro Verteilungsgruppe für jeden zulässigen Lieferort und jedes Transportmittel. Die dabei gebildeten Sätze enthalten, wie alle noch zu erstellenden anderen Kombinationssätze, Informationen über die zu befördernden Verteilungsgruppen. Dabei werden Angaben über

— den Transportweg (Lieferort, Lager, Verteilungsgruppe, Transportmittel, Lademenge und Lieferzeit);

— den Jahresumsatz (gewichts-, volumen- und wertmäßig) sowie
— die Kosten (Gesamt- und Durchschnittskosten)

festgehalten. Gesamtkosten sind die jährlichen Verteilungskosten aller Verteilungsgruppen auf dem Weg vom Lieferort zum Lager. Durchschnittskosten beziehen sich ebenfalls auf diese Verteilungsgruppen, sie umfassen jedoch die Verteilungskosten pro Tonne auf dem Weg vom Lieferort zum Lager zuzüglich der erwarteten Transportkosten pro Tonne auf dem Weg vom Produktionsort zum Zentrallager. Aus den errechneten Kombinationen könnte nunmehr bereits eine Distributionsstrategie zusammengestellt werden. Dabei würden jedoch die einzelnen Verteilungsgruppen einzeln an die Läger jeder Region ausgeliefert werden. Das ist im allgemeinen jedoch nicht sinnvoll. Nach Möglichkeit sollten alle erforderlichen Verteilungsgruppen des Lagers auch gemeinsam mit einem Transportmittel befördert werden. Diese Zusammenfassung ist ein Bestandteil der nachfolgenden Phasen. Trotzdem ergibt sich hier schon aus der Einzelbelieferung eine erste obere Kostengrenze, die durch die spätere gemeinsame Lieferung mehrerer Verteilungsgruppen unterschritten werden könnte. Zu diesem Zweck müssen derartige Kombinationen sowohl für einzelne Läger als auch für Lagergruppen (jeweils zwei zusammenliegende Läger) berechnet werden.

Phase 3: Reduzierung der zulässigen Kombinationen

Die bisher gefundenen Kombinationen lassen sich unter wiederum zwei Gesichtspunkten reduzieren, wobei als Kriterium für die Auswahl der weiterhin zu benutzenden Kombinationen die Durchschnittskosten (Transport-, Lager- und Vorgangskosten bezogen auf eine zu transportierende Tonne) herangezogen werden. So können beispielsweise alle Kombinationen bis auf eine gestrichen werden, soweit sie sich lediglich bei gleichen Verteilungsgruppen in den zum Transport vorgesehenen Transportmitteln unterscheiden. Nur die kostengünstigste Kombination bleibt erhalten. Ausgehend davon, daß jeder Kombinationssatz für alle acht Transportmittel existiert, würde sich dadurch die Anzahl der gespeicherten Kombinationen auf 1/8 verringern. Das folgende Beispiel verdeutlicht diesen Sachverhalt:

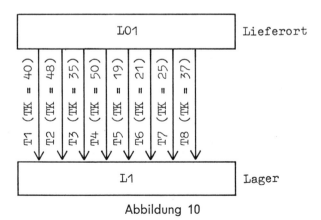

Abbildung 10

Zwischen dem Lieferort L01 (Produktionsort oder Zentrallager) und dem Lager L1 können maximal acht unterschiedliche Transportmittel T1 bis T8 eingesetzt werden, die bei gleichen Erzeugnissen bzw. Verteilungsgruppen zu unterschiedlichen Durchschnittskosten D1 bis D8 führen. Nur das Transportmittel mit den niedrigsten Durchschnittskosten ist bei der weiteren Betrachtung relevant. In der obigen Skizze ist es das Transportmittel T5. Eine entsprechende Reduzierung ist möglich auf der Seite der Lieferorte. Wenn für mehrere der wiederum acht Lieferorte ein Kombinationssatz vorhanden ist, so könnte bei ausreichender Kapazität **j e d e s   e i n z e l n e n** Lieferortes die Belieferung allein von einem Ort vorgenommen werden. Das läßt sich wiederum an einem Beispiel veranschaulichen:

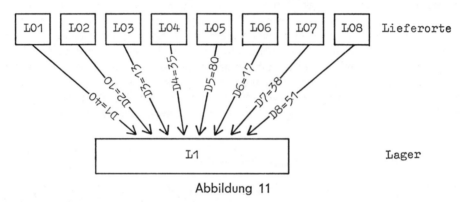

Abbildung 11

Von jedem der Lieferorte werden, bedingt durch unterschiedliche Entfernungen bzw. Transportmittel, beim Transport gleicher Artikel bzw. Verteilungsgruppen andere Kosten entstehen. Wenn jeder der acht Lieferorte L01 bis L08 über genü-

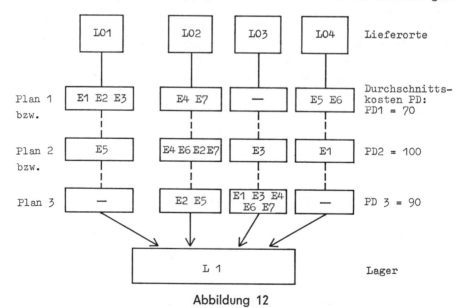

Abbildung 12

gend Kapazitäten verfügt, bräuchte die Belieferung nur von einem aus vorgenommen werden. In dem obigen Beispiel würde der Lieferort L02 ausgewählt werden, da er die niedrigsten Durchschnittskosten verursacht. Alle anderen Kombinationen mit den Lieferorten L01 sowie L03 bis L08 können dann vernachlässigt werden.

Während bisher die Kombinationen nur für einen Lieferweg (als Transportweg vom Lieferort zum Lager) gebildet wurden, müssen nun die einzelnen Kombinationen in der Form zusammengefaßt werden, daß jedes Lager innerhalb der Region mit jeder dort benötigten Verteilungsgruppe beliefert wird. Dies führt zur Bildung sogenannter Verteilungspläne pro Lager. Dies zeigt die Abbildung 12.

Da von mehreren Lieferorten (L01 bis L04) die gleichen Erzeugnisse (E1 bis E7) geliefert werden können, läßt sich der Bedarf des Lagers für alle benötigten Artikel durch eine Vielzahl von Verteilungsplänen realisieren. In dem obigen Beispiel könnte das Erzeugnis E1 einmal von L01 und im zweiten Fall von L04 geliefert werden. Aus der Vielzahl der möglichen Verteilungspläne werden die Kombinationen zweier Pläne ausgewählt, die zu den niedrigsten Durchschnittskosten führen. Die hinter den anderen Plänen stehenden Kombinationen lassen sich vernachlässigen. Verteilungspläne bestehen jedoch nur für Läger, nicht für Lagergruppen. Die Kombinationen aller Lagergruppenlieferungen müssen daher erhalten bleiben.

Die Summe der Kosten der besten Verteilungspläne aller Läger gibt wiederum eine obere Kostengrenze für den Weg vom Lieferort zum Lager. Addiert man dazu noch die genau ermittelten Kosten, die bei der Lieferung vom Produktionsort zum Zentrallager entstehen, so erhält man die obere Kostengrenze einer ersten vollständigen Distributionsstrategie.

Phase 4: Ermittlung des Gesamtoptimums

Mit den übriggebliebenen Kombinationen und den ermittelten Kostengrenzen findet dann der eigentlich optimierende Verknüpfungsprozeß zur Bildung weiterer Strate-

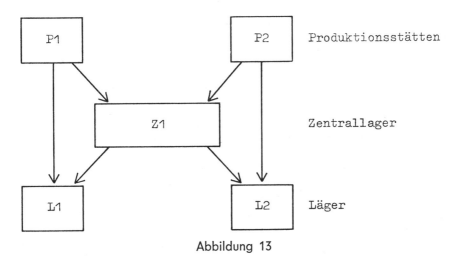

Abbildung 13

gien statt. In den vorgelagerten Phasen der Problemlösungen wurden lediglich Kombinationen von den Lieferorten (Produktionsstätten bzw. Zentralläger) zu den Lägern berücksichtigt. Die weiteren Kombinationen von den Produktionsorten zu den Zentrallägern konnten noch nicht gebildet werden. Sie lassen sich jetzt erst nach dem eigentlichen Verknüpfungsprozeß ermitteln, da nunmehr auf Grund der alternativen Strategien der Bedarf der Zentralläger festliegt, der durch Lieferungen von den Produktionsorten abgedeckt werden muß. Dies führt zu zusätzlichen Kombinationen, die die bisherigen Strategien vervollständigen. Diesen Vorgang zeigt das Beispiel der Abbildung 13.

Die Kombinationen für die Lieferungen von P1 nach Z1 sowie von P2 nach Z1 müssen zusätzlich gebildet und die daraus resultierenden Kosten den Gesamtkosten in jeder Strategie hinzugefügt werden. Erst dadurch ergeben sich die in dem Beispiel **auf Seite 366 genannten 34 Strategien für die beiden Produktionsstätten, ein Zentrallager und zwei Läger.** Dabei sind natürlich die echten Kapazitätsrestriktionen in den Lieferorten zu berücksichtigen. Ergeben sich gegenüber der einen in Phase 3 ermittelten Strategie nunmehr niedrigere Gesamtkosten durch neue Strategien, so werden diese mit ihren Kosten festgehalten. Dieser Vorgang vollzieht sich so lange, bis keine Strategie mehr gefunden wird, die noch niedrigere Kosten aufweist.

Am Ende des heuristischen Lösungsvorganges entsteht eine Liste mit einer vorgegebenen Anzahl der besten Distributionsstrategien, von denen der Disponent eine auszuwählen hat. Er wird in der Regel diejenige auswählen, bei deren Durchführung die niedrigsten Kosten entstehen. Sie enthält die Anfangswerte für den dritten Teilbereich, die Bestandsüberwachung und -disposition.

Der in den vier Phasen dargestellte Ablauf der heuristischen Problemlösung ist in Abbildung 14 verdeutlicht.

Aus der großen Zahl von Einflußgrößen, die zur Lösung dieses Planungsproblems beachtet werden müssen, seien im folgenden einige genannt. Diese Aufzählung ist bei weitem nicht vollständig, es wurden vielmehr die Größen herausgegriffen, die für den EDV-bezogenen Ablauf zusätzlich erfaßt werden mußten:

— Frachttabellen mit Wegekosten und Gewichtsstaffeln für eigene bzw. fremde Transportmittel;

— Entfernungen von den einzelnen Produktionsstätten zu allen Kommissionslägern bzw. Großabnehmern;

— Kapazitäten, Lagerkosten und Randbedingungen (Standort, Klimatisierungsmöglichkeit) der verschiedenen Läger.

Diese Daten können durch eine Vielzahl von Faktoren, die sich nicht von vornherein festlegen und verschlüsseln lassen, beeinflußt werden. Ein Beispiel wären saisonale Witterungseinflüsse, die wesentlich für die Auswahl von Transportmitteln und -wegen sind. Der Disponent fordert deshalb eine bestimmte Anzahl verschiede-

Simultane Lagerhaltungs- und Distributionsplanung

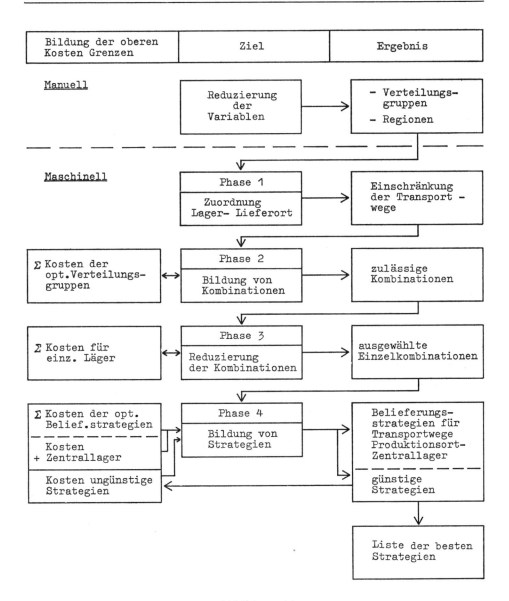

Abbildung 14

ner möglichst kostengünstiger Distributionsstrategien mit allen notwendigen Informationen an. Er kann dann in der jeweiligen Situation eine Strategie auswählen, die den aktuellen Gegebenheiten am besten angepaßt ist. Dieser Verteilungsplan ist dann Basis für die eigentliche maschinelle Vorhersage und Disposition. Wahlmöglichkeiten unter verschiedenen Distributionsstrategien setzen den Disponenten in die Lage, ohne großen Zeitverlust neue Entscheidungen zu treffen.

Neue Strategien sind immer dann zu berechnen, wenn sich Änderungen im Artikelsortiment, den zur Verfügung stehenden Transportmitteln oder bei den Kommissionslägern ergeben.

(2) Ablaufdiagramm

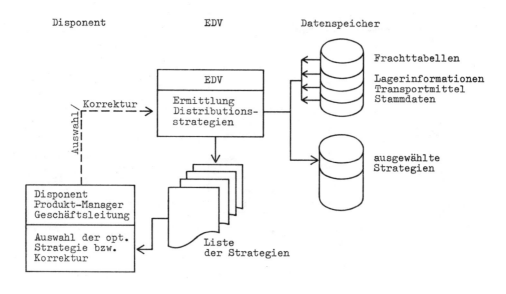

Abbildung 15

c) Aktuelle Bestandsführung, Vorhersage und Disposition

(1) Beschreibung des Ablaufs

Im Rahmen der Untersuchung der historischen Absatzentwicklung bei den einzelnen Artikeln wurde ein bestimmtes Umsatzverhalten festgestellt und unter Berücksichtigung von eventuellen Korrekturen des Disponenten in die Planperiode projiziert. Diese Projektion führt zu einer Vorhersage, im allgemeinen für eine Woche oder einen Monat. Da die gespeicherten Artikel- und Lagerdaten auf Grund der Bewegungen ständig fortgeschrieben werden, kann nach Ablauf dieser Periode in Form einer Kontrolle die zunächst vorhergesagte Nachfrage dem tatsächlichen Absatz gegenübergestellt werden. Sofern sich dabei Abweichungen zeigen, sind sie im Rahmen des zugrundeliegenden Verfahrens bei der Vorhersage der nächsten Periode zu berücksichtigen. Die laufende Anpassung von ursprünglicher Prognose und tatsächlicher Entwicklung ist Voraussetzung dafür, daß bei neuen Vorhersagen eine möglichst geringe Plan-Ist-Abweichung erreicht wird. Zu der Periodenfortschreibung der Absatzentwicklung werden die Methoden der exponentiellen Glättung (erster und zweiter Ordnung) herangezogen. Sie gewichten im Gegensatz zur Regressionsanalyse die Abweichungen zwischen Prognose und tatsächlicher Entwicklung nicht in allen Perioden einheitlich. Vielmehr wird der Abweichung der letzten Periode das größte Gewicht und der Abweichung der am weitesten zurückliegenden Periode das geringste Gewicht beigemessen. Damit lassen sich mit diesen Verfahren auch kurzfristig eingetretene Veränderungen der Absatzentwicklung sofort in die Prognose für die nächste Periode einbeziehen. In Verbindung mit der Vorhersage ist auch die Höhe der Sicherheitsbestände zu ermitteln, um den Bestellpunkt und die Bestellmenge ableiten zu können. Basis zur Berechnung dieser Werte ist die im Teilbereich 2 berechnete und ausgewählte Distributionsstrategie. Sie stellt den optimalen Transportweg für jeden Artikel zur Verfügung. Aufbauend auf dieser Strategie wird versucht, die Basis einzuhalten bzw. sie den neuen Gegebenheiten anzupassen. So besteht die Möglichkeit, bereits zu Beginn der Planperiode Belieferungen festzulegen und sie in Form von Vorschlägen mit genauen Angaben über Lager bzw. Kunde, Belieferungstag, Transportweg und Transportmittel sowie Artikel und Mengen dem Disponenten zur Verfügung zu stellen. Er muß entscheiden, inwieweit die durch die EDV erstellten Vorschläge realisiert werden sollen. Dabei hat er zu berücksichtigen, daß Änderungen an einzelnen Vorschlägen auch die anderen Vorschläge beeinflussen können, da beispielsweise die zur Verfügung stehenden Bestände in den Produktionsstätten und die Transportkapazitäten unter dem Gesichtspunkt der Kostenminimierung in alle Vorschläge eingegangen sind. Aus diesem Grund ist hier eine direkte Kommunikation zwischen EDV und Disponent erforderlich, z. B. unter Einbeziehung von Datenendstationen (Terminals). Nur so kann einerseits dem Disponenten schnell ein Überblick über alle Vorschläge gegeben werden. Auf der anderen Seite kann der Disponent notwendig werdende Änderungen sofort dem EDV-System übermitteln, die daraus resultierenden Veränderungen durchrechnen und sich neue Vorschläge anzeigen lassen. Sind alle Vorschläge letztlich vom Disponenten genehmigt, so lassen sich maschinell die erforderlichen Transport- und Verladepapiere ausstellen. Darüber hinaus sind die Liefermengen im EDV-System zu speichern, um sie bei einer späteren erneuten Disposition berücksichtigen zu können. Da erfahrungsgemäß die Zeitdauer zwischen dem maschinellen Ausstellen der Transportpapiere und der tatsächlichen Einlagerung dieser Mengen in den Kommissionslägern mehrere Tage umfaßt, sind die jeweiligen „Unterwegsmengen" bei den folgenden Dispositionsüberlegungen gebührend zu beachten.

(2) Ablaufdiagramm

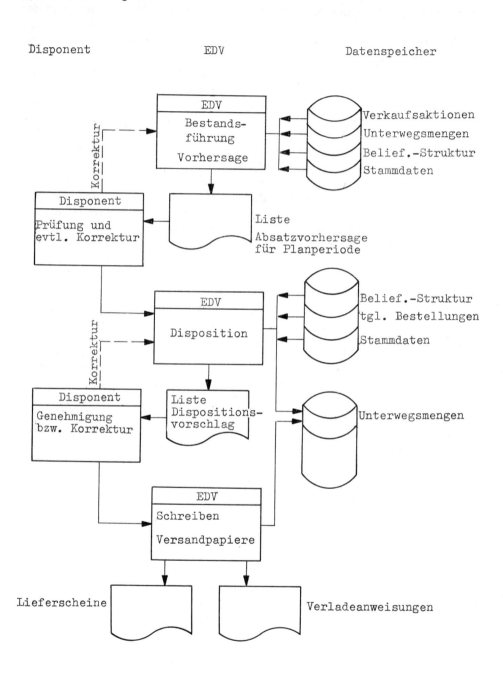

Abbildung 16

C. Mögliche Auswirkungen der EDV-bezogenen Planung auf andere Unternehmensbereiche

Bei der Beschreibung des EDV-bezogenen Planungsablaufes wurde bereits auf die wesentlichen Änderungen gegenüber dem bisherigen Ablauf hingewiesen. Darüber hinaus wird diese Lösung jedoch auch Auswirkungen auf andere Unternehmensbereiche haben. Hierzu seien einige Beispiele angeführt:

1. Die maschinelle Erstellung von Versandpapieren ermöglicht bei Lieferungen an Großabnehmer eine sofortige Fakturierung in Form der Vorfakturierung. Dies bringt gegenüber der bisher üblichen Nachfakturierung eine erhebliche Zeitersparnis und damit einen schnelleren Geldeingang und eine geringere Kapitalbindung mit sich.

2. Durch die fortlaufend angepaßte Absatzvorhersage wird über die Produktionsplanung eine bessere Abstimmung zwischen Produktion und Absatz erreicht, vorausgesetzt, daß die Produktion nicht durch die Notwendigkeit der sofortigen Bearbeitung von Rohstoffen zeitlich vollständig fixiert ist. Neben der Abstimmung von Produktion und Absatz kann die Vorhersage auch einen entscheidenden Einfluß auf die Gestaltung von Verkaufsaktionen durch die Marketingabteilung haben.

3. Die Verbindung von maschineller und manueller Problemlösung führt letztlich zu einer Beschleunigung des gesamten Planungsablaufes und zu einer besseren Abstimmung zwischen allen dabei beteiligten Abteilungen (z. B. Spedition, Marketing, Verkauf, Rechnungswesen und Produktion). Hierbei zeigt sich das Ergebnis der Integration mehrerer Planungsaufgaben, wie sie durch den Einsatz der EDV erreicht werden konnte.

20

Arbeitsvolumen, Personalbedarf und Rationalisierung

Eine empirische Erhebung im administrativen Bereich einer Unternehmung

Von Dr. Reimar Fuchs

1. Untersuchungsziel

Ziel der Untersuchung ist die Analyse, Messung und Planung von Arbeit und komplexen Arbeitsstrukturen im Dienstleistungs- und Verwaltungsbereich. Die Erledigung von Arbeitsmengen im Büro, deren Umfang nur in Grenzen vorausbestimmbar ist, und die Zusammenhänge zwischen Arbeitsvolumen, Arbeitsbelastung und Personalbedarf sind Gegenstand der Untersuchung. Lohnkostensteigerungen sollen durch Rationalisierung aufgefangen werden. Erfahrungsgrundlage sind organisatorische Feldstudien im administrativen Bereich eines Konzerns, der einige Tausend Mitarbeiter beschäftigt und dessen Jahresumsatz einige Milliarden DM beträgt. Die Betriebsabläufe im produktiven Sektor, auf die hier nicht eingegangen wird, sind sehr kapitalintensiv und haben bereits einen hohen Reifezustand erreicht. In der vorliegenden Untersuchung wird die in Zeiteinheiten ausgedrückte Arbeit der personalintensiven Verkaufsbüros (Innendienst) einer Tochtergesellschaft des Gesamtkonzerns analysiert. In diesem administrativen Sektor soll der Aufwand an beleggebundener und nicht beleggebundener Abeit quantifiziert und der Personalbedarf dem schwankenden Arbeitsanfall angepaßt werden.

Das Management der Tochtergesellschaft stellte im Zusammenhang mit wachsenden Personalkosten in der Verwaltung folgende Fragen, die zu einer umfangreichen Erhebung durch die Organisationsabteilung führten:

— Welcher quantitative und qualitative Personaleinsatz ist erforderlich, um bei ständig rückläufiger Netto-Arbeitszeit das zunehmende Arbeitsvolumen in der Verkaufsadministration wirtschaftlich zu erledigen?

— Besteht eine Tendenz, die steigende Arbeitslast administrativer Tätigkeiten im Vertrieb durch eine überproportionale Personalausweitung aufzufangen? Wie können – bei Berücksichtigung humaner Ansprüche – die Arbeitseffektivität der Mitarbeiter und die Leistungsfähigkeit der gesamten Verwaltungsstruktur noch weiter gesteigert werden?

Aus dieser Problemstellung wurden dann folgende Schwerpunkte für eine detaillierte analytische Arbeitsbedarfsstudie abgeleitet:

— Messung des bestehenden Arbeitsvolumens in 4 kleineren Verkaufsbüros der Tochtergesellschaft des Konzerns;

— Messung der durch Verwaltungsarbeit insgesamt gebundenen Zeit und Personalkapazitäten, Analyse von Arbeitsverflechtungen und Identifizierung von Rationalisierungsmöglichkeiten;

— Arbeitsbelastung und Auslastungsgrad einzelner Mitarbeiter;

— Bestimmung des künftigen Arbeitsvolumens (5 Jahre voraus) unter der Annahme einer forcierten Geschäftsexpansion;

— Vorausschätzung des künftigen Personalbedarfs unter Ausschöpfung weiterer Rationalisierungsmöglichkeiten in der Verwaltung und nach Beseitigung aller Schwachstellen im Organisationsgefüge.

Betriebsinterne Basisdaten, die ohnehin nur illustrativen Wert haben, sind teilweise verschlüsselt oder in Indexform dargestellt. Das hier beschriebene Instrumentarium zeigt Möglichkeiten und Grenzen einer Messung von Dienstleistungs- und Verwaltungsarbeiten. Nach Nutzung noch vorhandener Rationalisierungsreserven in der Administration kann außerdem unter bestimmten Voraussetzungen von gegenwärtig gemessenen Arbeitsmengen auf die künftig anfallende Arbeitslast geschlossen werden. Die Studie will mit den empirisch belegten Sachverhalten vor allem den Betriebspraktiker ansprechen. Die dargestellte Methodik über Messungen des Arbeitsanfalls in der Verwaltung und daran gebundene Zeit- und Personalkapazitäten kann einen über den Einzelfall hinausgehenden Allgemeinheitsgrad beanspruchen, wenn sie mit der nötigen Voraussicht auch auf andere Unternehmen und Institutionen übertragen wird, in denen vor allem sich wiederholende administrative und formulargebundene Bürotätigkeiten anfallen.

Ausgangsbasis für alle Rationalisierungsbemühungen ist die möglichst genaue Aufnahme und Analyse aller organisatorisch relevanten Daten. Erst dann kann sich an die genaue Erfassung des Ist-Zustandes – Gesamtzeitaufnahmen und Messung komplexer Arbeitsstrukturen – eine Organisationssynthese mit Empfehlungen zur Verbesserung des Ist-Zustandes, zur Entwicklung einer effizienteren Organisationsstruktur und vereinfachter administrativer Arbeitsabläufe anschließen. Durch rationelles Handeln aller Mitarbeiter soll der an Verwaltungsaufgaben gebundene knappe Potentialfaktor Arbeit so geschmeidig angepaßt werden, daß bei wachsendem Geschäftsvolumen keine Arbeitsfriktionen und unwirtschaftlichen Arbeitsabläufe entstehen.

Zielfunktion der beschriebenen Organisationsstudie ist die Leistungsfähigkeit eines Teilsystems (Verwaltung) des Unternehmens, die darauf beruht, daß zwischen den Einsatzfaktoren (menschliche Arbeitsleistung, Kapital, Betriebsmittel) einerseits und dem Unternehmensziel einer forcierten Geschäftsexpansion andererseits eine optimale Ziel-Mittel-Beziehung gefunden wird.

Personelle Investitionen sind für das Schicksal von Unternehmen ebenso bedeutsam wie Kapitalinvestitionen. Die „menschliche Arbeitsleistung" wird immer mehr zum dominierenden Engpaßfaktor, der Gesamtplan, Ertragskraft und Wachstum einer Unternehmung bestimmt. Durch inflationäre Verteuerungen von Arbeitsleistungen steigen in vielen Unternehmen bei ständig rückläufiger Arbeitszeit die Lohn- und Gehaltskosten stärker an als die Produktivität. Durch unterdurchschnittliche Arbeitsproduktivität und überdurchschnittlich anwachsende Kosten je Mannstunde wird die Gewinnmarge mehr und mehr eingeengt. Dieser Trend führt zwangsläufig zu einer verschärften Personalrationalisierung. Nur durch sparsamsten Einsatz aller Produktionsfaktoren kann der allgemeine Kostenanstieg verlangsamt oder gar vermieden werden.

Das Streben nach größerer Wirtschaftlichkeit in der betrieblichen Personal- und Stellenplanung ist Ausdruck der Rationalität im Unternehmen. Der Abbau von unnötigen Abeitsbelastungen und die Beseitigung von organisatorischen Schwachstellen tragen durch die erzielten Entlastungseffekte auch zu einer Humanisierung der Arbeitsplätze bei.

2. Analyse des Ist-Zustandes – Personaleinsatz bei bestehendem Arbeitsvolumen

a) Zur Messung des Arbeitsvolumens

Ausgangspunkt für jede Arbeitszeitmessung ist eine Aufgabengliederung. Die Analyse des Ist-Zustandes zielt auf die Quantifizierung unterschiedlicher Aufgaben mit unterschiedlichen Erledigungszeiten ab. In den Innendiensten der 4 untersuchten Verkaufsbüros erfolgt die gesamte büroseitige Abwicklung des Verkaufsgeschäfts und die Durchführung von Aufgaben wie beispielsweise

— Verkaufskorrespondenz, Fakturierung, Erstellung von Preislisten, Statistiken,

— Verwahrung von Verträgen,

— Abwicklung von Reklamationen,

— Behandlung aller Beschaffungs-, Versorgungs- und Dispositionsfragen etc.

Der quantitative und qualitative Personaleinsatz im untersuchten Bereich ist so zu gestalten, daß bei Minimierung der Planstellen und Personalkosten eine funktionsgerechte, sparsame und optimale Abwicklung der administrativen Arbeit ermöglicht wird. Das Arbeitsvolumen analytisch ermittelter Teilaufgaben leitet sich aus den übergeordneten Unternehmenszielen ab. Die Organisationsstudie ist daher auf die Zielsetzung des Unternehmens und die Beziehungsstruktur zwischen einzelnen Teilsystemen zurückzuführen. Die Ziele müssen operational sein, wobei die Schwierigkeit in der Aufstellung eindeutig spezifizierter Meßskalen und deren Quantifizierung durch Kenn- und Meßzahlen liegt.

Je präziser die Aussagen über die Zielgrößen und gestellte Aufgaben formuliert sind, desto genauer kann auch die Zeiterfassung für die jeweils ausgeübten Tätigkeiten und Stellen erfolgen.

Erst durch systematische Zerlegung der betrieblichen Gesamtaufgabe in Teilaufgaben, die die Elementarbausteine der Organisation bilden, wird eine analytische Bestandsaufnahme des Arbeitsvolumens und der Arbeitsbelastung möglich.

Das Arbeitsvolumen, das bei allem Einsatz an Genauigkeit nur in Grenzen bestimmbar bleibt, wird durch den erforderlichen Aufwand an menschlicher Arbeitsleistung in Zeiteinheiten (Mannjahre, Manntage oder Mannstunden) definiert und gemessen. Zunächst werden die wichtigsten Tätigkeiten und administrativen Arbeitsabläufe nach Art und Häufigkeit festgestellt. Durch analytische Zeiterfassung am Arbeitsplatz kann dann der Zeitaufwand für die Erledigung einzelner Aufgaben ermittelt und eine Quantifizierung des gesamten Arbeitsaufwandes ermöglicht werden. Die Zeiterfassung von Aktivitäten kann nach verschiedenen Verfahren erfolgen, wie beispielsweise durch

— Direkterhebungen mit Hilfe von Tätigkeitslisten, Fragebogen und Beobachtungen am Arbeitsplatz durch geschulte Experten,

— Multimomentstudien,

— Einzelinterviews der Mitarbeiter,

— Folgeinterviews zur Abstimmung und Abrundung von Erhebungsdaten,

— detaillierte Belegzählungen.

Die Zeitermittlung kann entweder originär direkt am Arbeitsplatz oder derivativ über Hilfsgrößen (z. B. Belegzählungen) erfolgen. Diese unterschiedlichen Techniken der Zeiterfassung können naturgemäß immer dann vorteilhaft angewandt werden, wenn es sich um regelmäßig wiederkehrende und möglichst gleichartige Arbeitsvorfälle handelt. In der Praxis hat sich eine kombinierte Anwendung dieser diversen Zeiterfassungsmethoden sehr bewährt.

Als Beispiel für eine originäre Arbeitsplatzstudie wird die Analyse einer bestimmten Tätigkeit für einen Erhebungszeitraum von 19 Arbeitstagen erwähnt.

Aus der Übersicht auf Seite 383 gehen alle Aufgaben des Mitarbeiters und der für diese Aktivitäten gemessene Zeitbedarf hervor. Die Übersicht ermöglicht bereits einen recht genauen Einblick in das zu leistende Arbeitspensum des Mitarbeiters. Aus den in der Matrix angegebenen Zeitsummen gehen die zeitintensi-

Arbeitsvolumen, Personalbedarf und Rationalisierung

Tätigkeiten \ Sachgebiete	1	2	3	4	5	6	7	8	9	10	11	12	Nettoarbeits-volumen**)	%-Aufteilung	Persönliches etc.	Ø Minuten pro Tag
Eingangspost													525	6,3		27,6
Rundschr.-Lektüre													20	0,2		1,1
Fachliteratur													105	1,2		5,5
Arbeitsvorbereitung													265	3,2		13,9
Bearbeitung													3560	42,6		187,4
Besprechung													415	5,0		21,8
Diktat													920	11,0		48,4
Handschreiben													–	–		–
Belegerstellung													35	0,4		1,9
Statistik													75	0,9		4,0
Prüfung/Kontrolle													565	6,8		29,7
Kartei													–	–		–
Telefonate													505	6,0		26,6
Ablage													460	5,5		24,2
Besuche													255	3,0		13,5
Ausgangspost													460	5,5		24,2
Persönliches													–	–	1235	65,0
Sonstiges													200	2,4		10,5
Summe**)	4750	70	530	845	20	505	785	45	30	50	35	700	8365	100,0	1235	505,3
%-Aufteilung	56,9	0,8	6,3	10,1	0,2	6,0	9,4	0,5	0,4	0,6	0,4	8,4	100,0			
Ø Minuten pro Tag	250,0	3,7	27,9	44,5	1,1	26,6	41,3	2,4	1,6	2,6	1,8	36,8	440,3		65,0	505,3

*) Die einzelnen Sachgebiete wurden fortlaufend numeriert, sie gliedern sich nach dem administrativen Arbeitsfluß. Aus Gründen der Übersicht wurden Zeiten für die einzelnen Felder der Matrix nicht angegeben, sondern lediglich die Summenwerte der Zeilen und Spalten.
**) Zeitraum 19 Arbeitstage.

ven und weniger zeitaufwendigen Aktivitäten anschaulich hervor. Der erfaßte Zeitraum der Arbeitsplatzstudie muß repräsentativ sein, damit auch saisonale und strukturelle Schwankungen des Arbeitsangebots mit erfaßt werden. Um möglichst repräsentative Durchschnittswerte zu erhalten, müssen die ermittelten Zeitwerte noch um alle nur unregelmäßig anfallenden Tätigkeiten bereinigt und bei der Zeitmessung entsprechend berücksichtigt werden. Die festgestellten Vorkommenshäufigkeiten und Ist-Zeitwerte bieten gleichzeitig auch Ansatzpunkte für Rationalisierungsmaßnahmen, da spürbare Zeiteinsparungen und Entlastungseffekte nur bei den zeitintensiven Arbeiten zu erzielen sind.

Aus den Verflechtungen von Leistungsbeziehungen und Bürozeitermittlungen für einzelne Arbeitsplätze kann dann durch Auswertung der Ist-Daten auch die in Mannstunden ausgedrückte Gesamtarbeitslast der Verwaltung bestimmt werden. Um im vorliegenden Beispiel zunächst eine Grobstruktur des gesamten Arbeitsvolumens zu erhalten, wird der Zeitbedarf für die wichtigsten Aufgabenkomplexe aus den empirisch ermittelten Werten abgeleitet. Die Gliederung nach 7 Tätigkeitsschwerpunkten in den Verkaufsbüros folgt dabei dem organisatorisch-administrativen Arbeitsfluß eines Auftrags:

1. Angebote/Abschlüsse
2. Auftragsvorbereitung
3. Auftragsabwicklung durch Lieferanweisungen (= LA)
4. Auftragsfolgearbeiten
5. Anfragen / Kontakte
6. Sonstige Büroarbeiten
7. Lagerfragen.

Als Gesamtergebnis der analytischen Zeitmessungen am Arbeitsplatz ergibt sich ein Arbeitsprofil für alle 4 Verkaufsbüros, dessen Zeitsummenwerte sich in einem Zeitraum von nur drei Jahren bereits erheblich verändert haben:

Zeitermittlung für Bürotätigkeiten

	Strukturelles Arbeitsprofil von 4 Verkaufsbüros Zeitaufwand in %	
	Studie 1969	Studie 1972
1. Angebote / Abschlüsse	14,2	17,8
2. Auftragsvorbereitung	10,6	9,8
3. Auftragsabwicklung	37,4	27,3
4. Auftragsfolgearbeiten	7,3	14,4
5. Anfragen / Kontakte	14,5	19,6
6. Sonstige Büroarbeiten	14,1	9,3
7. Lagerfragen	1,9	1,8
insgesamt	100,0	100,0

Aus der Übersicht geht hervor, daß die Auftragsabwicklung und alle damit verbundenen Folgearbeiten (Arbeitskomplexe 3 und 4) die zeitintensivsten Tätigkeitsgruppen darstellen. Diese Büroaktivitäten nehmen bereits 40 % der gesamten Bürokapazität in Anspruch.

Eine Verwaltungsrationalisierung mit Zeiteinsparungen in diesem besonders arbeitsintensiven Aufgabenkomplex wird die Büroproduktivität auch am nachhaltigsten beeinflussen.

Der Zeitbedarf für das Arbeitsgebiet 1 ist im Beobachtungszeitraum von 14,2 % auf 17,8 % angestiegen. Dieser Mehrbedarf an Zeit kann aus einem Umschichtungsprozeß – Zunahme des Büroverkaufs über das Telefon zur Entlastung des Außendienstes – erklärt werden.

Durch die Umstellung auf EDV-Anlagen konnte der Zeitaufwand für die Auftragsabwicklung im Untersuchungszeitraum von 37,4 % auf 27,3 % erheblich reduziert werden. Dieser Rationalisierungseffekt ist jedoch für eine Übergangszeit durch erhöhte Bürozeit für Reklamationen und Nachprüfungen teilweise wieder kompensiert worden, da der Zeitaufwand für Auftragsfolgearbeiten von nur 7,3 % im Jahr 1969 auf 14,4 % für 1972 sprunghaft anstieg. Immerhin konnte der integrierte Zeitaufwand für die beiden Aktivitäten „Auftragsabwicklung" und „Auftragsfolgearbeiten" dennoch geringfügig von 44,7 % 1969 auf 41,7 % für 1972 verringert werden.

Auch ein innerbetrieblicher Quervergleich der Arbeitsprofile der 4 Verkaufsbüros mit dem jeweiligen Durchschnittswert ist aufschlußreich:

Struktur des Arbeitsvolumens der Verwaltung im Quervergleich
(in %)

Tätigkeit	Büro 1	Büro 2	Büro 3	Büro 4	gewogener Durchschnitt
1. Angebote / Abschlüsse	20,9	19,7	15,6	13,5	17,8
2. Auftragsvorbereitung	8,7	9,7	12,5	7,5	9,8
3. Auftragsabwicklung	21,3	31,7	25,6	32,0	27,3
4. Auftragsfolgearbeiten	13,1	9,7	18,8	17,0	14,4
5. Anfragen / Kontakte	18,8	21,6	19,4	18,0	19,6
6. Sonstige Büroarbeiten	15,9	6,0	5,6	10,0	9,3
7. Lagerfragen	1,3	1,6	2,5	2,0	1,8
Insgesamt	100,0	100,0	100,0	100,0	100,0

Diese doch erheblich divergierenden Arbeitsprofile der untersuchten Verwaltungseinheiten weisen auf Stärken und Schwachstellen in der Organisation hin. Durch eine gezielte Arbeitsanalyse ergeben sich Ansatzpunkte für eine weitere Verwaltungsrationalisierung.

b) Beleggebundene und nicht-beleggebundene Arbeiten

Das Arbeitsvolumen der Verkaufsbüros liegt, in Zeiteinheiten gemessen, für größere Tätigkeitskomplexe, die sich am Arbeitsablauf ausrichten, vor. Eine andere Dimension der Darstellung und Messung von Büroarbeit ist die Aufgliederung der Arbeitskapazität in die Merkmale beleggebundene und nicht-beleggebundene Tätigkeiten. Diese Arbeitsmessung wird nicht originär bestimmt, sie knüpft vielmehr derivativ an den Zeitbedarf für sich wiederholende und gleichartige Arbeitsvorfälle, nämlich an die Ausfüllung und Bearbeitung von Einzelbelegen, an.

Die Verteilung der verfügbaren Arbeitskapazität auf beleggebundene (= formulargebundene) Tätigkeiten und auf sonstige, nicht an Belege gebundene Aktivitäten (wie Telefonate, Besprechungen, Sammeln von Informationen etc.) kann gleichfalls durch empirische Belegzählungen und Zeitmessungen je Einzelbeleg bestimmt werden.

Da der gesamte Zeitaufwand der Verkaufsbüros durch originäre Zeiterfassung am Arbeitsplatz bereits feststeht und der streng beleggebundene Arbeitsaufwand durch gesonderte, sehr detaillierte Belegzählungen erfaßbar ist, ergeben sich alle nicht-beleggebundenen Aktivitäten als Differenzposten zum gesamten Zeitaufwand.

Die beleggebundene Arbeit und der dafür erforderliche Zeitbedarf werden wie folgt ermittelt:

— Erfassung aller in den Verkaufsbüros benötigten Formulare/Belege als Objekte der Bearbeitung (Erhebung von „Vordruckstammbäumen"),

— Ermittlung des Zeitaufwandes je Einzelbeleg (z. B. in Minuten),

— Beleganfall pro Woche (Vorkommenshäufigkeit),

— Messung des gesamten Zeitaufwandes für alle Belege als Summe der einzelnen Produkte aus der Zahl der Einzelbelege pro Woche und dem benötigten Zeitaufwand je Einzelbeleg.

Die folgende Tabelle hält die Ergebnisse dieser differenzierten Belegzählung und Zeitermittlung für die 7 wichtigsten Tätigkeitskomplexe fest:

Zeitbedarf für beleggebundene Aktivitäten

	Anzahl pro Woche	Minuten pro Beleg	Stunden pro Woche[1]	Gesamter Zeitaufwand Stunden pro Woche[2]
1. Angebote / Abschlüsse				
1. Angebot	109	10,2	18,5	
2. Musterversand	140	4,5	10,4	
3. Abschluß	10	37,0	6,2	
			35,1	103,5
2. Auftragsvorbereitung				
1. Auskunft einholen	16	5,3	1,4	
2. Kreditgrenze	19	14,2	4,5	
3. Zahlungsziel	6	12,0	1,2	
4. Kundenkartei	6	11,7	1,2	
5. Stammdaten	28	6,0	2,9	
6. Abrufkartei	550	0,5	4,6	
7. Preisnachlaß	90	2,7	4,2	
			20,0	57,0
3. Auftragsabwicklung				
1. Lieferanweisung	550	7,5	68,6	
2. Abruf-Fernschreiben	300	1,3	6,7	
3. Auftragsbestätigung	113	4,0	7,6	
			82,9	157,8
4. Auftragsfolgearbeiten				
1. Reklamationen	3	165,0	8,3	
2. Kürzungsmeldung	38	12,4	7,9	
3. Gutschriften	7	18,9	2,3	
4. Belastungen	39	20,9	13,6	
5. Mahnungen	33	4,9	2,7	
6. Mahnkartei	25	1,0	0,5	
7. Computerlisten	16	25,0	6,8	
8. Mahnstopp	1	11,3	0,3	
			42,4	83,5
5. Anfragen / Kontakte				
1. Kontakt mit Außendienst	510	8,3	70,5	
2. Abruf Werkmagazin	15	4,7	1,2	
			71,7	113,5
6. Büroarbeiten				
1. EDV-Liste			4,3	
2. Statistiken			7,7	
3. Schätzungen			1,3	
			13,3	54,2
7. Lagerfragen				
1. Lagerversandaufgabe			1,9	
2. Lagerkartei			9,0	
			10,9	10,5
8. Total			276,3	580,0

[1] Nur für beleggebundene Aktivitäten.
[2] Für beleggebundene und nicht-beleggebundene Aktivitäten.

Die Übersicht zeigt, daß im Durchschnitt von einem Arbeitsaufwand von insgesamt 580 Stunden in allen Verkaufsbüros 276 Stunden oder rund 48 % auf beleggebundene Tätigkeiten (= 3,8 Stunden je Mitarbeiter im Tagesdurchschnitt) entfallen; der Rest von 52 % entfällt auf sonstige, nicht-beleggebundene Verwaltungsarbeiten.

Zusätzlich zu den unmittelbar beleggebundenen Arbeiten ist weiterer Zeitaufwand für alle nicht-beleggebundenen Tätigkeiten, wie Akten-Studium, Telefonate, Besprechungen, Diktieren, Abstimmen usw. erforderlich. Nach der Erhebung sind hierfür 52,4 % der Arbeitszeit (= 4,2 Stunden pro Tag und Mitarbeiter) notwendig. Bezeichnet man die Aktivitäten 1 plus 2 plus 5 als primär akquisitorische Tätigkeiten, die Aktivitäten 3 plus 4 plus 6 als vorwiegend administrative Arbeiten, so verteilt sich nach den Erhebungen der durchschnittliche Zeitbedarf für diese Arbeiten mit jeweils 50 % annähernd gleich.

Diese Verteilung der gesamten Arbeitskapazität von jeweils 50 % für Belege und 50 % für die sonstige Verwaltungsarbeit variiert jedoch erheblich, wenn man diese Zeitermittlungen auch noch für die 7 wichtigsten Bürotätigkeiten fortsetzt:

Arbeitsaufteilung in den Verkaufsbüros nach beleggebundener und sonstiger Tätigkeit

	Arbeitszeit in % (horizontale Gliederung)		
	beleggebundene	andere Aktivitäten	Gesamt
1. Angebote / Abschlüsse	33,6	66,4	100
2. Auftragsvorbereitung	35,8	64,2	100
3. Auftragsabwicklung	52,5	47,5	100
4. Auftragsfolgearbeiten	50,6	49,4	100
5. Anfragen / Kontakte	63,3	26,7	100
6. Büroarbeiten	22,2	77,8	100
7. Lagerfragen	100,0	—	100

Arbeitsaufteilung in den Verkaufsbüros nach Arbeitsschwerpunkten

	Arbeitszeit in % (vertikale Gliederung)		
	beleggebundene	andere Aktivitäten	Gesamt
1. Angebote / Abschlüsse	6,0	11,8	17,8
2. Auftragsvorbereitung	3,5	6,3	9,8
3. Auftragsabwicklung	14,3	13,0	27,3
4. Auftragsfolgearbeiten	7,3	7,1	14,4
5. Anfragen / Kontakte	12,4	7,2	19,6
6. Büroarbeiten	2,3	7,0	9,3
7. Lagerfragen	1,8	—	1,8
	47,6	52,4	100,0

Um Zeitermittlungen für Bürotätigkeiten auch in Zukunft möglichst einfach und praktikabel zu machen, wird nunmehr der Zeitbedarf für alle beleggebundenen Tätigkeiten auf e i n e repräsentative und statistisch leicht feststellbare Bezugsgröße zurückgeführt.

Ein besonders wichtiger Arbeitsvorgang bei der Auftragsabwicklung ist im vorliegenden Beispiel das Ausfüllen von Lieferscheinen (Lieferanweisungen = LA). Von der Zahl der Lieferscheine (LA) hängt das durchschnittliche Maß an Arbeit im administrativen Sektor besonders stark ab, so daß der gesamte, direkte und indirekte Zeitbedarf für Bürotätigkeiten, auf diese Hilfsgröße bezogen, ein recht guter Maßstab zur Messung des gesamten Arbeitsvolumens der Verkaufsbüros ist. Das Formular „Lieferanweisung" beansprucht, wie die Erhebungen zeigen, bereits 30 % aller beleggebundenen Zeiten. Rechnet man nun alle für das Ausfüllen und Bearbeiten von Belegen und alle sonstigen, nicht-beleggebundenen Zeiten auf diese Hilfsgröße (LA) um, so erhält man im Durchschnitt einen direkten und indirekten Bürozeitbedarf von 46 Minuten je Lieferschein. Dieser Kennwert repräsentiert die insgesamt an diese Hilfsgröße gebundene Büroarbeit. Der d i r e k t e Zeitaufwand für diese Bezugsgröße, also das reine Ausfüllen eines Lieferscheins, liegt natürlich wesentlich niedriger und beträgt im Durchschnitt nur 7,5 Minuten. Die Untersuchung zeigt, daß einige Verkaufsbüros für diese direkt zurechenbare Arbeit 8 Minuten pro Beleg benötigen, andere jedoch nur 6 Minuten. Würde man die erreichbare Effizienz von 6 Minuten pro Beleg für alle Verwaltungseinheiten erreichen, so könnte hier bereits – auf das Jahresvolumen bezogen – ein beachtlicher Rationalisierungseffekt von 1000 Mannstunden erreicht werden. Durch systematische Analyse der ermittelten Zeitwerte für einzelne administrative Arbeitsabläufe und durch gezielte Rationalisierung der zeitintensiven Verwaltungsarbeiten können somit in Anbetracht der großen Belegfrequenz noch beachtliche Zeiteinsparungen im System freigemacht werden. Aus dem Ist-System wird das verbesserte Soll-System abgeleitet, dem Ist an verbrauchten Mannstunden das anzustrebende Soll gegenübergestellt.

Bezieht man alle formulargebundenen Tätigkeiten im Innendienst auf den dominierenden Arbeitsvorgang „Lieferanweisung", so erhält man die folgenden verdichteten Kennzahlen, die ein Maßstab für die Beurteilung der F o r m u l a r f r e q u e n z bilden. Auf jeweils 100 LA entfallen im Durchschnitt:

20 Angebote
25 Musterversandaufgaben
5 Stammdatenblätter
16 Sonderpreisanträge
55 Abruf-Fernschreiben
20 Auftragsbestätigungen
7 Kürzungsmeldungen
7 Gutschriften/Belastungen
6 Mahnungen
93 Außendienst-Kontakte
49 Lagerkarteieintragungen

Hiermit sind bereits 80 % aller beleggebundenen Tätigkeiten in den Verkaufsbüros erfaßt. Der Rest verteilt sich auf nur gelegentlich vorkommende Belegarten. Durch derartige Bemessungskennzahlen werden Vordruckstammbäume auf das wichtigste, in engem Zusammenhang mit den Arbeitsprozessen stehende Formular – hier die Lieferanweisung – als Maßstab der Arbeit bezogen, so daß der künftig zu erwartende Aufwand an formulargebundenen Tätigkeiten durch einfache Umrechnung mit Hilfe dieser Kennzahlen leicht bestimmbar wird.

c) Auslastungsgrad und Arbeitseffektivität der Mitarbeiter

Ein wichtiger Maßstab zur Beurteilung der Effizienz der Verwaltung ist der Auslastungsgrad der eingesetzten Mitarbeiter. Der Auslastungsgrad kann aus dem Nutzungsgrad der täglich effektiv genutzten Mannstunden zur insgesamt verfügbaren Netto-Arbeitszeit errechnet werden. Zusätzlich zum individuellen Auslastungsgrad ist die Arbeitseffizienz einzelner Mitarbeiter eine die Produktivität der Verwaltung entscheidend beeinflussende Größe, da die individuelle Arbeitsleistung einer genutzten Mannstunde sehr unterschiedlich ausfällt. Die individuelle Arbeitseffektivität kann durch Arbeitsplatzanalysen meßbar gemacht werden. Da in Zukunft noch verstärkt Arbeitszeit durch Freizeit substituiert wird, können die Verluste an verfügbarer Arbeitszeit meist nur noch durch Steigerungen der individuellen Arbeitseffektivität kompensiert werden.

Die jährlich verfügbare Netto-Arbeitszeit eines Mitarbeiters errechnet sich wie folgt:

Tage im Jahr	365	Tage
abzüglich Wochenende	104	Tage
abzüglich Feiertage	10	Tage
abzüglich Urlaubszeit	26	Tage
abzüglich Ausfallzeit durch Krankheit u. sonst. Ausfallstunden (Behördengänge etc.)	5	Tage
verfügbare Netto-Arbeitszeit	220	Tage
oder in Mannstunden (8 Stunden pro Tag)	1760	Stunden pro Jahr

Die effektiv genutzte Mannstundenzahl je Mitarbeiter kann wiederum mit Hilfe von Arbeitsplatzmessungen und Zeiterfassungen ermittelt werden, so daß sich aus der Gegenüberstellung dieser Werte für jeden Mitarbeiter individuelle Auslastungsgrade bestimmen lassen.

Auf Basis einer Globalbetrachtung wurde in der Untersuchung der folgende durchschnittliche Auslastungsgrad für alle Mitarbeiter errechnet:

Von 12 Mitarbeitern wurden 1970 bewältigt:	28 400 LA
Von 15 gleich qualifizierten Mitarbeitern hätten bei gleicher Effizienz je Mitarbeiter 1971 bewältigt werden können:	35 000 LA
Effektiv gemessene Leistung 1971	25 500 LA
Vorhandene Leistungsreserve der eingesetzten Mitarbeiter	**9 500 LA**
$\varnothing$ Auslastungsgrad in % des gesamten Leistungspotentials	73 %
$\varnothing$ Minderauslastung	27 %

Die Minderauslastung von 27 % im Durchschnitt war im Beispiel primär auf den noch nicht ausreichenden Ausbildungsstand und eine dadurch bedingte Mindereffizienz neu eingestellter Mitarbeiter zurückzuführen.

3. Personalbedarf bei variablem Arbeitsvolumen

Bisher wurde das bestehende Arbeitsvolumen der Verwaltung zu einem bestimmten Zeitpunkt in einer räumlichen Querschnittsbetrachtung gemessen. Das Arbeitsangebot ist jedoch keine gleichbleibende, sondern Schwankungen unterworfene Größe. Die Streubreite dieser Schwankungen kann unterschiedlich groß sein und ist von Trendeinflüssen, strukturellen Verschiebungen, Saison- und Zufallsschwankungen abhängig. Daraus ergibt sich die Schwierigkeit, schwankendes Arbeitsvolumen zu messen. Im weiteren Verlauf wird der Arbeitsanfall auch als variable Größe im zeitlichen Längsschnitt analysiert, um den funktionalen Zusammenhang zwischen wachsendem Arbeitsvolumen einerseits und Personalexpansion der Verwaltung andererseits zu messen. Aus der Beobachtung der im Zeitablauf festgestellten Meßwerte für erledigte Arbeitsmengen kann – mit nötiger Vorsicht – auf künftig anfallende Arbeitslast und Personalentwicklung geschlossen werden, wenn über Richtung und Ausmaß der künftigen Geschäftsexpansion und Rationalisierungsmaßnahmen Vorstellungen bestehen.

Der Streubereich dieser Schätzungen wird um so kleiner sein, je fundierter die Projektionen über künftige Leistungsmengen, Leistungszeiten und Leistungsqualitäten sind. Eine solche Projektion wird für sich wiederholende, gleichartige Aufgaben eher möglich sein als für einmalige, kreative Tätigkeiten.

Aus den empirisch ermittelten Regressionsgleichungen kann dann mit Hilfe von Elastizitätskoeffizienten aus dem künftigen Arbeitsanfall der voraussichtliche Personalbedarf geschätzt werden. Dieser zunächst rein rechnerisch vorausgeschätzte Personalbedarf kann nicht ohne weiteres als Soll-Zustand benutzt werden. Er muß in einem zweiten Rechengang um alle in Zukunft noch erreichbaren Rationalisierungseffekte bereinigt werden.

Das Modell einer Arbeits- und Personalprojektion geht vereinfachend von folgenden Arbeitshypothesen aus:

— das Arbeitsvolumen des Teilsystems Verwaltung ist von der Entwicklung des Gesamtsystems direkt abhängig;

— die Geschäftsexpansion der Unternehmung wird an der Absatz-/Umsatzaktivität, das Arbeitsvolumen der Verwaltung an einer Hilfsgröße, nämlich Zahl der Lieferanweisungen (= LA) als Maßstab für die Arbeit gemessen;

— mit zunehmender Ausweitung der allgemeinen Geschäftätigkeit steigt auch die Zahl der Lieferaufträge als Bemessungswert der Arbeitslast in der Verwaltung;

— mit zunehmendem Arbeitsanfall wird auch der Personalbedarf zur Abwicklung administrativer Tätigkeiten ansteigen. Das Ausmaß dieses Anstiegs wird auch vom erzielbaren Rationalisierungsgrad bestimmt.

Auf diese Weise wird die Leistung des Subsystems „Verwaltung" mit der Entwicklung des Gesamtsystems „Unternehmung" eng verknüpft.

Zunächst ist das Abhängigkeitsverhältnis zwischen dem Arbeitsvolumen des Unternehmens (gemessen am Absatz) und dem Arbeitsanfall im administrativen Bereich (gemessen an der Zahl der Lieferanweisungen) zu bestimmen.

Aus Abb. 1 geht hervor, daß im Beobachtungszeitraum eine recht enge positive Korrelation zwischen beiden Größen besteht.

Mit wachsendem Geschäftsvolumen nimmt auch die Zahl der Lieferanweisungen zu, dieser Zuwachs verläuft jedoch unterproportional.

Der Elastizitätskoeffizient zwischen Absatzsteigerung und Beleganfall in der Verwaltung beträgt nach der Untersuchung im Durchschnitt ca. 0,35: Bei einer Geschäftsexpansion um 100 % wächst der Beleganfall der Verwaltung — und damit die Arbeitslast — um durchschnittlich 35 %. Das unterproportionale Abhängigkeitsverhältnis drückt den in der Verwaltung bereits erzielten Produktivitätsfortschritt aus. Durch Vereinfachung diverser administrativer Arbeitsabläufe und den verstärkten Einsatz von elektronischen Rechenanlagen, durch intensive Mitarbeiterschulung und organisatorische Verbesserungen konnte die Produktivität der Administration im Untersuchungszeitraum erheblich verbessert werden. Maßstab für diese Produktivitätsentwicklung im Innendienst ist eine Kennziffer, die die Zahl der Lieferanweisungen je 1000 t Absatzleistung mißt:

Zahl der Lieferanweisungen je 1000 t Absatzleistung

		Index
1965:	0,365	100
1967:	0,238	65
1969:	0,157	43
1971:	0,105	29
1973:	0,100	27
1975:	0,096	26

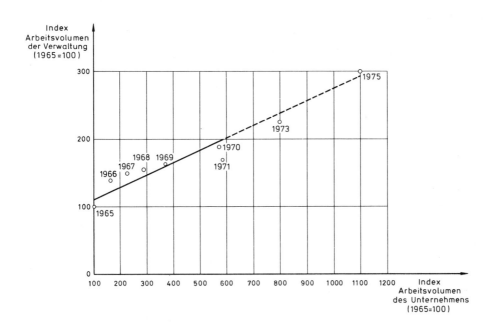

Abb. 1: Zusammenhang zwischen Arbeitsvolumen der Verwaltung und allgemeiner Geschäftsexpansion

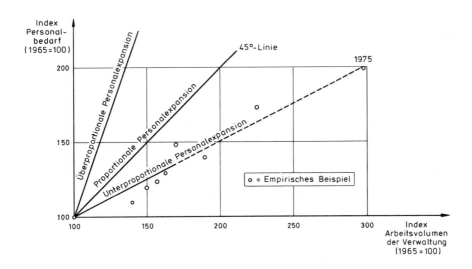

Abb. 2: Zusammenhang zwischen Personalbedarf und Arbeitsvolumen der Verwaltung

Die graphische Darstellung dieses Produktivitätsfortschrittes ergibt eine allmählich abflachende Funktion, die sich einem unteren Grenzwert nähert (Abb. 3, Seite 398).

Als zweite wichtige Korrelation wird die Beziehung zwischen dem Arbeitsanfall im Innendienst (gemessen an der Zahl der Lieferanweisungen) und dem Personalbedarf in der Administration gemessen (Abb. 2). Denkbar sind drei funktionale Beziehungen:

— proportionale Ausweitung des Personalbedarfs bei steigendem Arbeitsvolumen (45°-Linie)

— überproportionale Personalexpansion bei steigendem Arbeitsvolumen

— unterproportionale Personalentwicklung.

Abb. 2 zeigt, daß mit wachsender Arbeitslast der Verwaltung auch der Personalbedarf zunimmt. Für den Beobachtungszeitraum liegt eine unterproportionale Entwicklung vor, da die Regressionslinie unterhalb der 45°-Geraden verläuft[1]). Der Elastizitätskoeffizient zwischen Arbeitsanfall der Verwaltung und erforderlichem Personalbedarf liegt nach den Untersuchungen bei durchschnittlich 0,7 bis 0,8: Bei einer Verdoppelung des Arbeitsvolumens wächst somit der Personalbedarf unterproportional um etwa 70 bis 80 %. Dies ist auf einen „Lerneffekt" des Subsystems Verwaltung zurückzuführen: Ein wachsendes Volumen repetitiver Aufgaben und sich wiederholender Arbeitsabläufe wird im administrativen Sektor bis zu einem bestimmten Grad durch Effizienzsteigerungen und Größeneffekte (Economies of Scale) ohne zusätzlichen Personaleinsatz aufgefangen.

4. Personalbedarf und Rationalisierung (Soll-Zustand)

Die 45°-Linie in Abb. 2 repräsentiert eine Proportionalentwicklung zwischen den Variablen Personalbedarf und Arbeit. Alle oberhalb dieser Linie verlaufenden Funktionen zeigen eine überproportionale Personalentwicklung („Parkinsonsches Gesetz"), alle darunter liegenden Kurvenzüge ein unterproportionales Personalwachstum in der Verwaltung an. Sie sind Ausdruck von Rationalisierungen und Effizienzverbesserungen.

Die in Abb. 2 aus empirischen Daten gewonnene Regressionslinie stellt eine zur Arbeit unterproportionale Personalexpansion dar, die bis 1975 extrapoliert wird. Der auf diese Weise vorausgeschätzte Personalbedarf ist noch um alle in Zukunft möglichen Rationalisierungsmaßnahmen in der Verwaltung zu korrigieren. Die um Rationalisierungseffekte korrigierte Soll-Zahl, die als Schätzwert in die künftige Planung eingeht, kann nach eingehender Analyse aller administrativen Ar-

---

[1]) Die Funktion wird wegen anfallender Grundlast, Rüstzeiten usw. meist nicht durch den Nullpunkt des Koordinatensystems laufen.

beitsabläufe, der Ursache von Mängeln und dem Nachweisen von Verbesserungen bestimmt werden.

Durch diverse Rationalisierungsmaßnahmen ist es im vorliegenden Beispiel möglich, das künftige Arbeitsvolumen durch einen im Vergleich zur Trendprojektion (Ist) etwas geringeren Personalstamm (Soll) zu bewältigen. Die Differenz zwischen Soll und Ist drückt den anzustrebenden Rationalisierungsgrad aus.

Effizienzverbesserungen in der Verwaltung können im Beispiel noch durch folgende Maßnahmen erreicht werden:

— aufbauorganisatorische Verbesserungen (weitgehende Vermeidung von Doppelarbeit, Verbesserungen des Auslastungsgrades der Mitarbeiter etc.)

— ablauforganisatorische Verbesserungen durch Vereinfachung einzelner Arbeitsabläufe und Vermeidung von Wartezeiten und Leerläufen. Durch permanente Zeiterfassung wurden Soll-Ablaufzeiten erarbeitet, um aus der Analyse der Abweichungen von Soll und Ist die Ursachen unwirtschaftlichen Handelns zu lokalisieren. Daraus resultierte eine Verminderung des spezifischen Zeitbedarfs je Arbeitsablauf und Beleg und damit der gesamten Arbeitszeit. Der Personalbedarf hängt von den vorausgeschätzten Bearbeitungsmengen und den Bearbeitungszeiten ab. Jede Veränderung dieser Größen wirkt sich somit auf den künftigen Personalbestand aus.

— Mechanisierung der Arbeitsabläufe und Umstrukturierung von Personalaufgaben auf Investitionsaufgaben.

— Substitution zwischen Personalquantität und Qualität (Verbesserung der Qualitätsstruktur der Mitarbeiter).

— Verbesserung des Auslastungsgrades und der individuellen Arbeitseffektivität einzelner Mitarbeiter.

Zur Methodik kann zusammenfassend gesagt werden, daß für die vom Management gewünschte Quantifizierung des Personalbedarfs in der Verwaltung für 1975 folgende vier Alternativen durchgerechnet wurden:

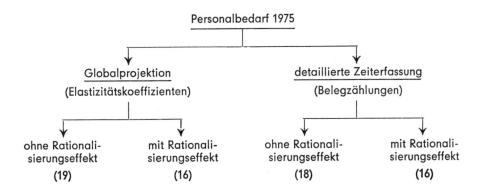

Zur Methodik der Globalprojektion möge folgendes Beispiel dienen:

Globalprojektion (1975)

	a) ohne Rationalisierungseffekt	b) mit Rationalisierungseffekt
Index Geschäftsvolumen:	1100	1100
Index Arbeitsvolumen in der Verwaltung:	300	300
Zahl der Lieferaufträge:	44 000	44 000
gesamter Arbeitsaufwand je LA: (beleggebundener und sonstiger Arbeitsaufwand)	46 Min.	38 Min.
Gesamtaufwand in Minuten (44 000 × 46):	2,02 Mio. Min.	1,67 Mio. Min.
in Stunden:	33 733 Std.	27 800 Std.
spezifische Arbeitszeit je Mitarbeiter und Jahr:	1 760 Std.	1 760 Std.
bedeutet Personalbedarf 1975:	19 Mitarbeiter	16 Mitarbeiter

Die zweite Methode der detaillierten Zeiterfassungen von Belegen hat für die 7 wichtigsten Arbeitsabschnitte in der Verwaltung Zeitvorausschätzungen und zusätzlich für alle je Arbeitsabschnitt anfallenden Formulare Projektionen der Zahl der Belege, ihrer Frequenz und der künftig geschätzten Zeit je Beleg erstellt. Aus der Summe der Projektionen des Zeitbedarfs einzelner Belege, der sich aus den kritischen Größen Beleganfall und Zeitbedarf je Beleg ableitet, kann – wiederum bei einer spezifischen Arbeitszeit je Mitarbeiter von 1 760 Stunden pro Jahr – der künftige Mitarbeiterstamm (hier 18) errechnet werden. Die Zeitmessungen je Einzelbeleg schließen bei dieser Methode bereits alle Verteilzeitzuschläge mit ein. Bei einer Verkürzung der wöchentlichen Arbeitszeit würden sich die Personalschätzungen noch entsprechend erhöhen.

Durch Rationalisierungsmaßnahmen können andererseits die Sollzeiten je Beleg in Zukunft noch verringert werden, so daß sich hieraus für 1975 ein gegenüber dem Ist von 18 Mitarbeitern geringeres Soll von 16 ergibt.

Die auf zwei voneinander unabhängigen Wegen erarbeiteten Projektionen der Ist-Personalzahlen decken sich weitgehend (18 bis 19); die Soll-Zahlen stimmen praktisch überein (16).

Eine kritische Anmerkung ist zu den geschilderten Verfahren der Personalprojektion noch nötig:

Alle Berechnungen basieren auf einer – über das Jahr betrachtet – relativ gleichmäßigen durchschnittlichen Verteilung der Arbeitslast, auf die die Grundlast des künftigen Personalbedarfs zugeschnitten ist. Zur personellen Ausrichtung auf saisonal auftretende Arbeitsspitzen wird jedoch eine Flexibilitätsreserve erforderlich sein. Diese kann jedoch durch Überstunden, erhöhte Arbeitsintensität der Mitarbeiter und – bei größeren Störungen – durch den Einsatz von Aushilfen abgefangen werden. Ein Überblick über die Streubreite zwischen der maximalen und der minimalen und der hier zugrunde gelegten durchschnittlichen Arbeitszeit läßt das Ausmaß der künftigen Personalschwankungen im Jahresablauf erkennen.

5. Gesamtproduktivität und Produktivität der Verwaltung

Im Abhängigkeitsgrad des Personalbedarfs vom jeweiligen Arbeitsanfall drückt sich die Arbeitsproduktivität des Gesamtunternehmens oder eines Teilsystems (Verwaltung) aus, da unter Arbeitsproduktivität das Verhältnis zwischen Personalinput und dem erzielten Output an Leistung verstanden wird.

In Abb. 3 wird – aus Vergleichsgründen jeweils in Indexform – die Trendentwicklung der Unternehmensproduktivität einerseits (ausgedrückt als Mannstundenaufwand je Tonne Absatzleistung) mit der Effizienz der Verwaltung andererseits (gemessen am Beleganfall je 1000 t Absatzleistung) verglichen.

a) Arbeitsproduktivität der Unternehmung

Die Entwicklung der Arbeitsproduktivität der Unternehmung wird besonders dargestellt, um den Rahmen, in dem sich Rationalisierungsfortschritte von Teilfunktionen (Verwaltung) bewegen, aufzuzeigen.

Durch Rationalisierungsmaßnahmen konnte der spezifische Zeitaufwand pro Tonne Absatz von 1965 noch 0,85 Mannstunden auf 0,17 Mannstunden im Jahr 1971 gesenkt werden. Dieser Rückgang des Index um 80 % zeigt einen im Untersuchungszeitraum erzielten beachtlichen Produktivitätsfortschritt. Durch Anwendung einer Regressionsanalyse auf den Faktor Arbeit und unter Berücksichtigung weiterer Produktivitätssteigerungen wurde ermittelt, daß bis 1975 noch ein unterer Grenzwert von 0,1 Mannstunde/t (= 6 Minuten) erreichbar ist. Das entspricht – verglichen mit 1971 – einem noch vorhandenen Rationalisierungspotential von rund 40 %, zeigt aber auch, daß sich die Möglichkeiten weiterer Rationalisierung allmählich einer unteren Grenzlinie nähern.

b) Produktivität der Verwaltung

Interessant ist, daß sich die Arbeitseffizienz der Verwaltung im gleichen Zeitraum fast parallel zum Gesamtsystem entwickelt hat. Die Effizienzsteigerung im administrativen Sektor der 4 Verkaufsbüros beträgt zwischen 1965 und 1971 rund 75 % gegenüber 80 % des Gesamtsystems.

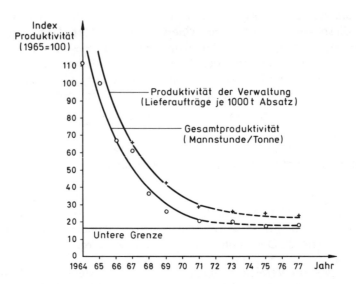

Abb. 3: Gesamtproduktivität und Produktivität der Verwaltung

Der Rationalisierungsprozeß im Subsystem und die übergeordnete Gesamtentwicklung laufen fast synchron: Arbeitsvolumen, Personalbedarf und Rationalisierung bilden ein in sich geschlossenes, interdependentes System.

Vermerkt sei noch, daß die Rationalisierungserfolge, wie Abb. 3 deutlich zeigt, im bestehenden organisatorischen Rahmen nach bestimmten mathematischen Gesetzen verlaufen. Das bedeutet, daß am Anfang mit relativ kleinem Aufwand gute Rationalisierungseffekte zu erzielen sind. Mit fortschreitendem Stand der Rationalisierung wird jedoch bei größer werdendem Aufwand der Erfolg immer geringer. Schließlich verbleibt als unterer Grenzwert ein restlicher Personalbestand, über den hinaus ohne Gefahr für das Geschäft nicht mehr rationalisiert werden kann.

Theoretisch wären damit die Rationalisierungsmöglichkeiten des Unternehmens ausgeschöpft. Praktisch darf dieser Zustand in einem dynamischen Unternehmen jedoch nie eintreten: Stillstand wäre gleichbedeutend mit einem Rückgang in der Wettbewerbsfähigkeit des Unternehmens am Markt. Als Ausweg verbleibt eine Änderung des bestehenden organisatorischen Gefüges. Hierdurch wird das Bezugssystem bei allen Betrachtungen verschoben und eine weitere Effizienzverbesserung erscheint möglich.

21

Probleme der Chempharmacie AG

Von Dr. Gerhard Möller

Fall

Die Firma Chempharmacie AG betreibt die Produktion und den Verkauf von chemischen und pharmazeutischen Artikeln aller Art. Sie beschäftigt insgesamt 4800 Arbeiter und Angestellte in den nachfolgend genannten Betrieben:

Zentrale-Hauptverwaltung	1200 Mitarbeiter
Verkaufsdirektion Nord	500 Mitarbeiter
Verkaufsdirektion West	400 Mitarbeiter
Verkaufsdirektion Süd	450 Mitarbeiter
Verkaufsdirektion Südwest	250 Mitarbeiter
Produktionsbetrieb Hamburg	800 Mitarbeiter
Produktionsbetrieb Hannover	100 Mitarbeiter
Produktionsbetrieb Köln	1100 Mitarbeiter

In allen acht Betrieben besteht ein Betriebsrat. Außerdem sind nach § 47 Betriebsverfassungsgesetz (BetrVG) ein Gesamtbetriebsrat und nach § 106 BetrVG ein Wirtschaftsausschuß gebildet worden.

Da sich die Gesamtsituation des Unternehmens von Jahr zu Jahr verschlechtert hat, setzt der Vorstand eine interne Kommission ein, die Möglichkeiten eines rationelleren Arbeitseinsatzes aufzeigen soll. Die Kommission setzt sich aus je einem Abteilungsleiter der Unternehmensbereiche Verkauf, Technik, Vertrieb und Personal zusammen.

Der Gesamtbetriebsrat, der von diesem Vorhaben zufällig gehört hat, verlangt, durch ein Mitglied in der Kommission vertreten zu sein. Dies wird vom Vorstand abgelehnt.

Die Kommission nimmt ihre Tätigkeit auf. Sie besucht nacheinander die einzelnen Betriebe der Chempharmacie AG, prüft die dort vorhandenen Unterlagen und befragt sowohl die Betriebsleiter als auch einzelne Mitarbeiter über den Arbeitsablauf und über die Art der Durchführung ihrer Tätigkeiten.

Nach drei Monaten hat die Kommission ihre Untersuchung abgeschlossen. Sie legt dem Vorstand einen schriftlichen Bericht vor, in dessen erstem Teil der gegenwärtige Ist-Stand aufgezeigt ist und der im zweiten Teil Änderungs- und Verbesserungsvorschläge enthält. Im einzelnen wird vorgeschlagen:

1. Der Produktionsbetrieb in Hannover wird stillgelegt. Von den in Hannover tätigen Mitarbeitern sollen 60 zu den verbleibenden Produktionsbetrieben versetzt werden; die restlichen 40 sollen gekündigt bzw. vorzeitig pensioniert werden.

2. Die Verwaltungsarbeit in der Zentrale-Hauptverwaltung und in den vier Verkaufsdirektionen soll durch Einsatz einer EDV-Anlage rationeller gestaltet werden. Innerhalb von zwei Jahren sollen dadurch insgesamt 300 Arbeitsplätze eingespart werden.

3. Die Qualität der Mitarbeiterschaft des Unternehmens soll dadurch verbessert werden, daß ungelernte Arbeiter in den Produktionsbetrieben und kaufmännische Angestellte ohne EDV-Kenntnisse in der Zentrale-Hauptverwaltung entlassen und durch neu einzustellende Fachkräfte ersetzt werden.

4. Ein Programm für betriebliche Schulungsmaßnahmen soll entwickelt werden.

Die Studie wird vom Vorstand gebilligt und die unverzügliche Durchführung der vorgesehenen Maßnahmen beschlossen.

Im Anschluß daran wird der Gesamtbetriebsrat über die vorgesehenen Maßnahmen unterrichtet. Dem Gesamtbetriebsrat und dem Betriebsrat des Produktionsbetriebes Hannover wird mitgeteilt, daß die Stillegung des Produktionsbetriebes Hannover nach Ablauf von zwei Monaten erfolgen soll.

Der Gesamtbetriebsrat und der Betriebsrat Hannover widersprechen der Stillegung, weil sie wirtschaftlich nicht begründet ist und die Interessen der Arbeitnehmer unberücksichtigt sind. Sie verlangen die Vorlage des schriftlichen Berichtes der Kommission.

Der Vorstand händigt darauf den Teil 2 des Berichtes mit den Verbesserungs- und Änderungsvorschlägen aus, verweigert aber die Vorlage des Teiles 1, in dem der Ist-Zustand dargestellt ist. Hinsichtlich der Notwendigkeit der Stillegung des Produktionsbetriebes Hannover lehnt der Vorstand jede Diskussion ab mit der Begründung, die wirtschaftliche Notwendigkeit könne vom Betriebsrat nicht beurteilt werden. Der Vorstand erklärt sich jedoch bereit, an alle zu entlassenden Mitarbeiter eine Abfindung in Höhe von 1/4 Monatsentgelt pro Dienstjahr, maximal sechs Monatsentgelte zu zahlen. Der Betriebsrat lehnt dieses Angebot als unzureichend ab.

Frage 1:

Was kann der Betriebsrat bei der gegebenen Sachlage gegen die Stillegung und die damit verbundenen Folgen unternehmen?

Noch während der Gespräche über die Stillegung des Produktionsbetriebes Hannover sollen in der Zentrale-Hauptverwaltung die in Ziffer 3 vorgeschlagenen Maßnahmen durchgeführt werden. Die Unternehmensleitung teilt dem Betriebsrat der Zentrale-Hauptverwaltung mit, daß 20 namentlich benannte Mitarbeiter fristgemäß gekündigt und gleichzeitig 10 EDV-Fachleute, die sich auf eine Stellenanzeige in der Tagespresse beworben haben, eingestellt werden sollen. Der Betriebsrat verweigert seine Zustimmung

– zu der Entlassung mit der Begründung, die genannten Mitarbeiter könnten nach einer Umschulung weiterbeschäftigt werden;

– zu der Einstellung von neuen Mitarbeitern mit der Begründung

    a) eine innerbetriebliche Stellenausschreibung habe nicht stattgefunden,

    b) die Bewerbungsunterlagen sämtlicher Bewerber hätten nicht vorgelegen,

    c) die Einstellung von neuen Mitarbeitern sei nicht notwendig, da die Arbeit auch von den vorhandenen Mitarbeitern ausgeführt werden könne,

    d) zwei der für die Einstellung vorgesehenen Mitarbeiter seien Mitglieder einer rechtsradikalen Partei und würden den Betriebsfrieden stören.

Frage 2:

Welche restlichen Konsequenzen hat die Zustimmungsverweigerung des Betriebsrates in den genannten Fällen der Einstellung und der Kündigung?

Wenige Tage später wird ein von der Personalabteilung entwickeltes Programm für innerbetriebliche Schulungsveranstaltungen am „schwarzen Brett" veröffentlicht. Der Betriebsrat widerspricht dem Programm mit der Begründung, es sei mit ihm nicht abgestimmt worden und die Durchführung daher unzulässig. Er verlangt die Aufstellung eines neuen Berufsausbildungsprogrammes, in dem auch gesellschaftspolitische Themen berücksichtigt sein sollten, sowie eine genaue Abgrenzung des Teilnehmerkreises und die namentliche Benennung der Schulungsreferenten.

Frage 3:

Ist das Vorbringen des Betriebsrates berechtigt?

Lösung

I. Vorbemerkung

Die vorliegende Fallstudie behandelt einen Sachverhalt, der in dieser oder ähnlicher Form häufig vorkommen wird. An ihr soll gezeigt werden, in welchem Umfang der Betriebsrat bei Maßnahmen und Entscheidungen im Unternehmen mitwirkt.

II. Ausgangssituation

Die Firma Chempharmacie AG will ihre Gewinnsituation verbessern. Dabei geht sie logisch konsequent vor, indem sie zunächst die tatsächliche Lage analysiert und aufbauend darauf Verbesserungsvorschläge erarbeitet und durchführt.

Die Unternehmensleitung nimmt jedoch das Vorhandensein eines Betriebsrates kaum zur Kenntnis und macht sich daher wenig Gedanken darüber, ob und in welchem Maße der Betriebsrat in die Entscheidungsfindung und Durchführung einzubeziehen ist. Die Unterrichtung über das Einsetzen einer Studienkommission erfolgt erst, nachdem der Betriebsrat von dem Vorhaben z u f ä l l i g gehört hat. Auch die spätere Information über das Ergebnis geschieht nur in knapper Form; es wird nur ein Teil des schriftlichen Berichtes und dieser auch nur auf Anforderung des Betriebsrates zur Verfügung gestellt. Bereitschaft zur offenen Beratung mit dem Betriebsrat ist nicht erkennbar.

Hieraus ergibt sich die Konfliktsituation, die zur Folge hat, daß der Betriebsrat allen nachfolgenden Einzelmaßnahmen, nämlich Einstellung von qualifizierten neuen Mitarbeitern, Entlassung überzähliger, weniger qualifizierter Mitarbeiter und Aufstellung eines Schulungsprogramms widerspricht.

1. Rechtliche Bewertung der Ausgangssituation

Der Betriebsrat hat nach dem Betriebsverfassungsgesetz 1972 (BetrVG) sehr weitreichende Rechte auf Information und Beratung. Der Arbeitgeber hat ihn zu unterrichten über

> a) die Personalplanung, insbesondere über den gegenwärtigen und zukünftigen Personalbedarf; der Arbeitgeber hat in diesem Zusammenhang mit dem Betriebsrat zu beraten über Art und Umfang der sich aus der Planung ergebenden Maßnahmen und über die Vermeidung von Härten (§ 92 BetrVG);
>
> b) die Planung von Bauten, technischen Anlagen, Arbeitsverfahren, Arbeitsabläufen und Arbeitsplätzen; er hat über die vorgesehenen Maßnahmen im Hinblick auf Auswirkungen auf die Arbeitnehmer mit dem Betriebsrat zu beraten (§ 90 BetrVG);
>
> c) Betriebsänderungen, insbesondere Stillegungen, Verlegungen und Zusammenschlüsse mit anderen Betrieben; er hat auch hier über die geplanten Maßnahmen mit dem Betriebsrat zu beraten (§ 111 BetrVG).

Daneben besteht ein entsprechendes zum Teil aber noch differenzierteres Informations- und Beratungsrecht gegenüber dem Wirtschaftsausschuß (§ 106 BetrVG). Das Informations- und Beratungsrecht bedeutet jedoch nicht, daß der Betriebsrat in die Untersuchung, die das Unternehmen vornimmt, selbst eingeschaltet wird. Die Information und Beratung setzt erst ein, wenn die Planung des Arbeitgebers zu einer gewissen Reife gelangt ist, d. h. sobald sich der Arbeitgeber entschlossen hat, eine Maßnahme – vorbehaltlich des Ergebnisses der Beratung mit dem Betriebsrat – durchzuführen[1]).

Insofern ist die Forderung des Betriebsrates, durch ein Mitglied in der Untersuchungskommission vertreten zu sein, rechtlich nicht begründet, so daß der Vorstand dies ablehnen kann.

Die Unterrichtung des Betriebsrates über die geplanten Maßnahmen ist rechtzeitig, nämlich nach Abschluß der Untersuchung und Billigung durch den Vorstand und vor Einleitung der in Aussicht genommenen Maßnahmen geschehen.

Dagegen ist die Verweigerung der Vorlage des gesamten schriftlichen Berichts der internen Studienkommission unzulässig. In § 80 Abs. 2 BetrVG ist generell festgelegt, daß dem Betriebsrat auf Verlangen jederzeit die zur Durchführung seiner Aufgaben erforderlichen Unterlagen zur Verfügung zu stellen sind. Im § 92 BetrVG wird dies in bezug auf die Personalplanung noch einmal ausdrücklich dahingehend präzidiert, daß der Betriebsrat „anhand von Unterlagen" zu informieren sei. Im vorliegenden Fall hat der Vorstand mit Aushändigung des Teils 2 seine Verpflichtung nicht erfüllt, denn zur Stellungnahme zu den Vorschlägen ist eine Kenntnis der Basis, auf der die Vorschläge entwickelt worden sind, erforderlich.

Der schriftliche Untersuchungsbericht ist daher ungekürzt dem Betriebsrat vorzulegen. Sofern der Betriebsrat mangels genügender Fachkenntnisse den Bericht nicht versteht, was insbesondere bei technischen Detailfragen der Fall sein kann, muß der Arbeitgeber den Bericht erläutern. In bestimmten Ausnahmefällen kann der Betriebsrat nach näherer Vereinbarung mit dem Arbeitgeber auch einen Sachverständigen hinzuziehen, der den Betriebsrat berät. (§ 80 Abs. 3 BetrVG). Die Kosten für diesen Sachverständigen sind nach § 40 BetrVG vom Arbeitgeber zu zahlen.

2. Hinweise für die praktische Durchführung

Obwohl nach dem Betriebsverfassungsgesetz eine Information des Betriebsrates über das Ergebnis der Untersuchung erst zu erfolgen braucht, wenn geplant ist, im Hinblick auf das Ergebnis konkrete Einzelmaßnahmen durchzuführen, empfiehlt es sich doch, den Betriebsrat möglichst frühzeitig über laufende Untersuchungen zu unterrichten. Damit wird eine sonst entstehende Unsicherheit bei den Mitarbeitern, die von den Untersuchungen hören, vermieden. Es empfiehlt sich daher, den Betriebsrat vor Aufnahme der Tätigkeit einer Studienkommission über deren

---
1) Fitting-Auffahrt, a. a. O., Randnote 26 zu § 111 BetrVG.

personelle Zusammensetzung und über das Ziel der Untersuchung zu unterrichten.

Im übrigen sollte das Ergebnis einer internen Untersuchungskommission dem Betriebsrat nur dann vorgelegt werden, wenn es zu konkreten personellen Einzelmaßnahmen führt. Kommt also eine Untersuchungskommission zu dem Schluß, daß Änderungen an einem bestehenden Zustand nicht vorgenommen werden können, oder lehnt die Geschäftsleitung Empfehlungen einer internen Untersuchungskommission, z. B. aus unternehmenspolitischen oder sonstigen Gründen ab, so besteht grundsätzlich kein Anlaß, hierüber mit dem Betriebsrat zu sprechen. Etwas anderes wird nur dann zu gelten haben, wenn der Betriebsrat seinerseits gewisse Änderungen vorgeschlagen hat, was er nach § 80 Abs. 1 Nr. 2 BetrVG jederzeit tun kann, die Betriebsleitung diese Änderungsvorschläge aber aus Gründen, die auf dem Ergebnis einer Untersuchung basieren, ablehnt. In diesem Fall muß der Untersuchungsbericht vorgelegt werden, weil er die Grundlage der Unternehmensentscheidung ist und der Betriebsrat nach § 80 Abs. 2 BetrVG ein Recht darauf hat, die schriftlichen Entscheidungsgrundlagen kennenzulernen.

III. Beantwortung der gestellten Fragen

Frage 1:

Das Betriebsverfassungsgesetz sieht in § 111 bei Betriebsstillegungen die Aufstellung eines sogenannten Interessenausgleichs sowie außerdem die Vereinbarung eines Sozialplanes vor.

Der Interessenausgleich betrifft die unternehmerisch-wirtschaftliche Entscheidung; in ihm ist zu regeln, ob, wann und in welcher Weise die vorgesehene unternehmerische Maßnahme durchgeführt werden soll. Der Unternehmer, der in erster Linie wirtschaftliche Interessen verfolgen wird, und der Betriebsrat, der die Interessen der Arbeitnehmer wahrzunehmen hat, sollen versuchen, zu einer den beiderseitigen Interessen gerecht werdenden unternehmerischen Entscheidung zu kommen. Der Interessenausgleich ist jedoch nicht obligatorisch. Weigert sich der Arbeitgeber, einen Interessenausgleich herbeizuführen – wie es im vorliegenden Fall geschieht –, so kann der Betriebsrat letztlich nichts dagegen unternehmen. Die Stillegung kann in diesem Fall durchgeführt werden. Der Arbeitgeber muß nur die daraus resultierenden gesetzlichen Konsequenzen tragen: Er muß nach § 113 BetrVG denjenigen Mitarbeitern, die anderweitig weiterbeschäftigt werden und dadurch einen wirtschaftlichen Nachteil erleiden, zum Beispiel, weil sie auf einen niedriger bezahlten Arbeitsplatz versetzt werden, diese Nachteile bis zu einem Zeitraum von 12 Monaten ausgleichen. Außerdem können diejenigen Arbeitnehmer, die infolge der Betriebsstillegung entlassen werden, Klage beim Arbeitsgericht auf Zahlung von Abfindungen nach den Bestimmungen des Kündigungsschutzgesetzes erheben. Weigert sich das Unternehmen, wie im vorliegenden Fall, einen Interessenausgleich zu finden, so kann der Betriebsrat den Präsidenten des Landesarbeitsamtes um Vermittlung ersuchen (§ 112 BetrVG). Geschieht dies nicht oder bleibt der Vermittlungsversuch ergebnislos, so kann die Einigungsstelle angerufen werden. Die Einigungsstelle kann jedoch lediglich versuchen, eine Einigung zwischen Arbeitgeber und Betriebsrat über die Frage der Stillegung als solche herbeizuführen. Eine Entscheidung gegen den Willen des Arbeitgebers in dieser unternehmerisch-wirtschaftlichen Frage kann sie jedoch nicht fällen. An diesem Beispiel wird die Tendenz des Betriebsverfassungsgesetzes, die unternehmerische Entscheidungsfreiheit in ihrem Kern zu erhalten, deutlich.

Anders ist es jedoch bei der Aufstellung des Sozialplanes. Hier hat der Betriebsrat ein erzwingbares Mitbestimmungsrecht, d. h., unabhängig davon, ob ein Interessenausgleich gefunden worden ist oder nicht, muß ein Sozialplan aufgestellt werden. Der Sozialplan läßt die wirtschaftliche Unternehmensentscheidung unangetastet, regelt jedoch Art und Umfang der Leistungen und sonstigen Maßnahmen, die zur Vermeidung von Härten vorzunehmen sind. Im Rahmen eines Sozialplanes sind insbesondere zu regeln die Zahlung von Abfindungen, etwaige vorzeitige Pensionierungen, Zahlung von Umschulungskosten, Übernahme von Bewerbungskosten und Übernahme von Kosten, die im Zusammenhang mit der Versetzung zu einem anderen Betrieb des Unternehmens entstehen.

Im vorliegenden Fall hat das Unternehmen lediglich Abfindungen für zu entlassende Mitarbeiter in Höhe von ¼ Monatsentgelt pro Dienstjahr angeboten. Der Betriebsrat, dem dieses Angebot zu niedrig erscheint, kann zunächst wiederum den Präsidenten des Landesarbeitsamtes um Vermittlung ersuchen. Kommt bei einer Verhandlung zwischen dem Präsidenten des Landesarbeitsamtes und der Unternehmensleitung eine beiden Seiten gerecht werdende Lösung nicht zustande, so muß die Einigungsstelle angerufen werden. Kommt auch hier eine Einigung über den Sozialplan nicht zustande, so entscheidet die Einigungsstelle über den Sozialplan. Die Einigungsstelle hat dabei sowohl die sozialen Belange der betroffenen Arbeitnehmer als auch die wirtschaftliche Vertretbarkeit ihrer Entscheidung für das Unternehmen zu berücksichtigen. Der Spruch der Einigungsstelle ersetzt die Einigung zwischen Arbeitgeber und Betriebsrat.

Frage 2:

1. Mitbestimmung des Betriebsrates bei der Kündigung von 20 Mitarbeitern in der Hauptverwaltung

Die Unternehmensleitung hat den Betriebsrat rechtzeitig, d. h. vor Ausspruch der beabsichtigten Kündigung über diese beabsichtigte Maßnahme informiert. Der Betriebsrat kann nunmehr innerhalb von einer Woche schriftlich seine Bedenken gegen die Kündigung geltend machen. Äußert er sich nicht innerhalb dieser Frist, so gilt die Zustimmung zur Kündigung als erteilt (§ 102 Abs. 2 BetrVG). Eine ohne Anhörung des Betriebsrats ausgesprochene Kündigung ist rechtsunwirksam.

Der Betriebsrat besitzt im Zusammenhang mit der Kündigung nur ein beschränktes Mitbestimmungsrecht. Die Wirksamkeit der Kündigung ist nicht von der Zustimmung des Betriebsrates abhängig. Der Betriebsrat kann lediglich aus fünf Gründen, die im § 102 BetrVG niedergelegt sind, der Kündigung widersprechen.

Im vorliegenden Fall beruft sich der Betriebsrat darauf, daß die für die Kündigung in Aussicht genommenen Mitarbeiter nach einer Umschulung weiterbeschäftigt werden können. Im § 102 Abs. 3 Ziffer 4 BetrVG ist festgelegt, daß der Betriebsrat mit der Begründung widersprechen kann, daß eine Weiterbeschäftigung des Arbeitnehmers nach z u m u t b a r e n Umschulungs- oder Fortbildungsmaßnahmen möglich ist. Für die Frage, ob der Widerspruch des Betriebsrates begründet ist, kommt es mithin darauf an, ob

> a) die genannten Mitarbeiter umschulungsfähig sind, d. h., ob ihre geistige und körperliche Konstitution eine Umschulung als möglich erscheinen läßt,
>
> b) ob Zeit, Dauer und Kosten der Umschulung für den Arbeitgeber als zumutbar anzusehen ist,
>
> c) ob nach Beendigung der Umschulungsmaßnahmen ein Arbeitsplatz im Betrieb vorhanden ist, den die Mitarbeiter sodann einnehmen können.

Trotz des Widerspruchs kann der Arbeitgeber die Kündigung aussprechen. Die Berechtigung des Widerspruchs ist gegebenenfalls in einem Arbeitsgerichtsverfahren, das von den gekündigten Arbeitnehmern anzustrengen wäre, zu überprüfen.

Hat der Betriebsrat der Kündigung widersprochen und erhebt der gekündigte Arbeitnehmer gegen die Kündigung Kündigungsschutzklage, so ist er so lange weiterzubeschäftigen, bis über die Berechtigung der Kündigung vom Arbeitsgericht entschieden worden ist. Hinsichtlich bestimmter Ausnahmen von dieser Regelung siehe § 102 Abs. 5 BetrVG.

2. Mitbestimmung des Betriebsrates bei der Einstellung von neuen Mitarbeitern

Bei der Einstellung von neuen Mitarbeitern hat der Betriebsrat ein beschränktes Mitbestimmungsrecht. Er kann die Zustimmung zur Einstellung aus sechs im § 99 Abs. 2 BetrVG im einzelnen genannten Gründen verweigern. Verweigert er seine Zustimmung aus den dort genannten Gründen, so kann der Arbeitgeber die beabsichtigte Maßnahme zunächst nicht durchführen. Er muß vielmehr beim Arbeitsgericht die Ersetzung der Zustimmung beantragen. Das Arbeitsgericht hat in diesem Zusammenhang zu prüfen, ob die Gründe des Betriebsrates stichhaltig sind.

Zu den einzelnen vom Betriebsrat vorgetragenen Widerspruchsgründen ist folgendes zu bemerken:

a) Der Betriebsrat kann nach § 93 BetrVG die Ausschreibung von Arbeitsplätzen, die besetzt werden sollen, verlangen. Im vorliegenden Fall hätte sich das Unternehmen, bevor es eine Stellenanzeige in der Zeitung veröffentlichte, vergewissern sollen, ob der Betriebsrat eine Ausschreibung wünscht. Eine Stellenanzeige in der

Tagespresse kann auch schon veröffentlicht werden, während eine innerbetriebliche Ausschreibung läuft. Auf jeden Fall ist aber eine Einstellung unzulässig, wenn eine vom Betriebsrat verlangte Ausschreibung unterblieben ist. Insofern ist der Widerspruch des Betriebsrates begründet.

b) Nach § 99 BetrVG sind dem Betriebsrat vor jeder Einstellung die „erforderlichen Bewerbungsunterlagen" vorzulegen. Unzweifelhaft ist damit, daß die Bewerbungsunterlagen des vom Arbeitgeber zur Einstellung vorgesehenen Arbeitnehmers vorzulegen sind. Nicht eindeutig aus dem Gesetzestext zu lösen ist die Frage, ob auch die Unterlagen derjenigen Bewerber, deren Einstellung nicht vorgesehen ist, vorgelegt werden müssen. Auf Grund der Erläuterungen in der amtlichen Begründung zum Betriebsverfassungsgesetz 72 wird diese Frage zu bejahen sein[2]).

Wenn nicht sämtliche Bewerbungsunterlagen vorgelegt worden sind, so hat eine ordnungsgemäße Information des Betriebsrates nicht stattgefunden. Das gesetzlich vorgesehene Verfahren mit dem Betriebsrat ist daher noch nicht erfolgt, so daß eine Einstellung unzulässig ist, ohne daß sich der Betriebsrat auf die in § 99 Abs. 2 BetrVG aufgezählten Widerspruchsgründe berufen müßte. Eine dennoch **vorgenommene Einstellung wäre unzulässig. Der Betriebsrat kann nach § 101 BetrVG** beim Arbeitsgericht beantragen, daß der Arbeitgeber die Einstellung wieder rückgängig macht, d. h., daß er den eingestellten Mitarbeiter wieder entläßt.

Im übrigen gilt eine Einstellung ohne die entsprechende Information des Betriebsrates nach § 121 BetrVG als Ordnungswidrigkeit, die mit einer Geldbuße bis zu 20 000 DM geahndet werden kann.

c) Indem der Betriebsrat darauf hinweist, daß die für die neu einzustellenden Arbeitnehmer vorgesehene Tätigkeit auch von vorhandenen Mitarbeitern des Betriebes ausgeführt werden können, beruft er sich auf den Zustimmungsverweigerungsgrund des § 99 Abs. 2 Ziffer 3 BetrVG. Die bloße Behauptung genügt allerdings nicht. Der Betriebsrat muß im einzelnen Tatsachen vortragen, aus denen sich ergibt, daß vorhandene Mitarbeiter die vorgesehene Arbeit – evtl. nach einer entsprechenden zumutbaren Umschulung – durchführen könnten, und daß diese Mitarbeiter nach der Einstellung neuer Arbeitnehmer ihren Arbeitsplatz verlieren. Er kann aber auch im Rahmen des § 99 Abs. 2 Ziffer 3 BetrVG vortragen, daß die neuen Arbeitnehmer bessere Positionen im Betrieb erhalten als vorhandene Mitarbeiter, obwohl die vorhandenen Mitarbeiter auf Grund einer Zusage oder einer konkludenten Handlung des Arbeitgebers hierauf einen Anspruch haben. Bei einem entsprechenden Vortrag des Betriebsrates wäre die Einstellung zunächst unzulässig. Die Geschäftsleitung müßte gegebenenfalls beim Arbeitsgericht auf Ersetzung der Zustimmung klagen. Die Beweislast in einem derartigen Arbeitsgerichtsprozeß trägt der Arbeitgeber.

---

[2]) Ebenso Fitting-Auffarth, a. a. O., Randnote 18 zu § 99 BetrVG.

d) Die Mitgliedschaft zu einer rechts- oder linksradikalen Partei ist kein Grund, die Zustimmung zu einer Einstellung zu verweigern. Nach § 99 Abs. 2 Ziffer 6 BetrVG müßte der Betriebsrat konkrete Tatsachen vortragen, aus denen sich ergibt, daß die in Aussicht genommenen Mitarbeiter den Betriebsfrieden durch gesetzwidriges Verhalten stören würden. Im vorliegenden Fall hat der Betriebsrat dazu jedoch keine konkreten Tatsachen dargelegt.

Frage 3:

Der Arbeitgeber ist auch nach dem neuen Betriebsverfassungsgesetz frei in der Entscheidung, ob er Einrichtungen der Berufsbildung schaffen oder Berufsbildungsmaßnahmen durchführen will oder nicht. Entscheidet er sich jedoch dafür, so besteht hinsichtlich der Durchführung von Maßnahmen der betrieblichen Berufsbildung nach § 98 BetrVG ein Mitbestimmungsrecht des Betriebsrates.

Im vorliegenden Fall hat die Geschäftsleitung das Mitbestimmungsrecht des Betriebsrates ignoriert und die Maßnahmen der innerbetrieblichen Berufsaus- und Fortbildung einseitig festgelegt. Das ist unzulässig. Wenn die Geschäftsleitung betriebliche Bildungsmaßnahmen durchführen will, so muß sie sich nunmehr zunächst mit dem Betriebsrat zusammensetzen, über die erforderlichen Maßnahmen beraten und sodann entsprechende Vereinbarungen abschließen.

Da die gesamte Durchführung der betrieblichen Berufsbildung dem Mitbestimmungsrecht unterliegt, muß auch der Themenkatalog mit dem Betriebsrat vereinbart werden. Dabei ist von dem angestrebten Ziel der Ausbildung auszugehen. Die Forderung, gesellschaftspolitische Themen zu behandeln, wird daher im allgemeinen nicht berechtigt sein. Eine Ausnahme könnte gelten bei Führungskursen für leitende Angestellte, da dieser Kreis von Mitarbeitern auch über gesellschaftspolitische Fragen informiert sein sollte. Bei Nichteinigung über die zu behandelnden Themen entscheidet die Einigungsstelle.

Die Bestellung der Schulungsreferenten fällt ebenfalls in das Mitbestimmungsrecht des Betriebsrates nach § 98 BetrVG. Insofern ist das Verlangen des Betriebsrates auf namentliche Benennung der Referenten berechtigt. Der Betriebsrat kann der Bestellung von Ausbildern widersprechen oder ihre Abberufung verlangen, wenn sie die persönliche oder fachliche, insbesondere die berufs- und arbeitspädagogische Eignung im Sinne des Berufsbildungsgesetzes nicht besitzen oder ihre Aufgaben vernachlässigen. Kommt eine Einigung nicht zustande, so entscheidet das Arbeitsgericht.

Nach § 98 Abs. 3 BetrVG besteht ein Mitbestimmungsrecht des Betriebsrates bei der Auswahl der Teilnehmer an betrieblichen Berufsbildungsmaßnahmen. Insofern ist das Verlangen des Betriebsrates auf genaue Abgrenzung des Teilnehmerkreises berechtigt. Der Betriebsrat kann von sich aus Vorschläge für die Teilnahme von Arbeitnehmern oder Gruppen von Arbeitnehmern machen. Im Falle der Nichteinigung entscheidet die Einigungsstelle, deren Spruch die Einigung zwischen Arbeitgeber und Betriebsrat ersetzt.

22

Auswirkungen des Betriebsverfassungsgesetzes bei Rationalisierungsvorhaben

Von Dr. Klaus-Dieter Daegling

I. Fall

Die Fa. Elemo stellt auf Kundenbestellungen Elektromotoren unterschiedlicher Größe und Aufmachung her, die erst nach Eingang der Bestellungen gesondert projektiert und einzeln in das Produktionsprogramm eingeplant werden. Das bringt nicht nur erhebliche Schwierigkeiten für die Ablaufplanung des Betriebes mit sich, sondern ist auch mit hohen Kosten verbunden, die aus Leerlaufzeiten, hoher Kapitalbindung u. a. resultieren.

Konkurrenzfabrikate ähnlicher Aufmachung, die in großen Serien gefertigt werden – wobei allerdings auf individuelle Gestaltung bewußt verzichtet wird –, sind um 30 % billiger als die vergleichbaren eigenen Erzeugnisse. Die alten Kunden sind immer weniger bereit, für ihre Sonderwünsche die erheblich höheren Preise zu zahlen, und wechseln nach und nach zu den Konkurrenzprodukten über.

Die Fa. Elemo sieht sich daher vor die Notwendigkeit gestellt, die Erzeugniskosten drastisch zu senken, um wettbewerbsfähig zu bleiben. Die einzige Möglichkeit dazu besteht darin, die vorhandene Werkstattfertigung aufzugeben und zu einer Reihenfertigung mit teilweise halbautomatischen Spezialmaschinen überzugehen. Damit verbunden wäre eine Umstellung von der kundengebundenen Auftragsfertigung zu einer programmgesteuerten Fertigung weniger Sorten in größeren Mengen zum Absatz auf dem anonymen Markt.

Die Einführung der Reihenfertigung würde zu erheblichen Veränderungen im personellen Bereich führen: Bisher sind in den Werkstätten an den einzelnen Universalmaschinen (Drehbänke, Bohrmaschinen, Fräsmaschinen, Schleifmaschinen usw.) hochqualifizierte Facharbeiter beschäftigt, für die ein strenges Ausleseverfahren im Hinblick auf die geforderte Mindestleistung gilt. Sie arbeiten ausschließlich im Akkord. Durch den Übergang auf das neue Fertigungsverfahren würden viele der so gearteten Arbeitsplätze entfallen. Es ergäben sich Umstellungen für 150 der insgesamt 300 Beschäftigten. Allein 50 von ihnen müßten im Zuge der vorgesehenen Rationalisierungsmaßnahme entlassen werden. Die übrigen könnten der Anzahl nach in der geplanten Reihenfertigung beschäftigt werden, würden jedoch nur in wenigen Fällen mit den gleichen Aufgaben betraut werden wie bisher.

Durch die Änderung des Fertigungsverfahrens würde die vorwiegend Spezialkenntnisse erfordernde, handwerkliche Tätigkeit ersetzt werden durch einfachere manuelle Bedienungstätigkeit bzw. durch reine Überwachungsfunktionen.

Bedingt durch die weitgehend von der Fertigungsanlage vorgegebene Arbeitsgeschwindigkeit erscheint eine Entlohnung nach dem Akkordsystem nicht mehr gerechtfertigt. Statt dessen wäre eine einfache Zeitentlohnung einzuführen.

Da damit zu rechnen ist, daß die Mehrzahl der vorhandenen Arbeitnehmer dem Vorhaben im Hinblick auf die geringerwertige Tätigkeit und die damit verbundene schlechtere Entlohnung Widerstand entgegensetzen werden, das Unternehmen aber zur Erlangung der Kostenvorteile nicht bereit sein kann, die hohen Löhne auch in Zukunft zu zahlen, wird eine Entlassung weiterer 50 Mitarbeiter erwogen, um jeder Auseinandersetzung über dieses Problem zu entgehen. An ihre Stelle sollen neu zu beschaffende Arbeitskräfte ‚geringerer' Qualifikation treten, die in ausreichender Anzahl zur Verfügung stehen, wenn sie einen Lohn erhalten, der um 20 % unter dem bisherigen Niveau liegt.

Fragestellung

1. Welche Arbeitnehmervertretungen mit voller oder anteilmäßiger Besetzung durch Arbeitnehmer sind an der Willensbildung beteiligt?
2. Kann die Einführung des neuen Produktionsverfahrens durch die Arbeitnehmervertretungen verhindert werden?
3. Haben die Arbeitnehmervertretungen ein Mitwirkungsrecht an der Gestaltung der neuen Arbeitsbedingungen?
4. Welche Ansprüche haben die einzelnen Arbeitnehmer aus dem Betriebsverfassungsgesetz?

II. Lösung

1. Die Beteiligung der Arbeitnehmervertretungen an dem Prozeß der Willensbildung nach dem Betriebsverfassungsgesetz

Man muß nach einer Würdigung der im Betriebsverfassungsgesetz enthaltenen Mitwirkungsrechte davon ausgehen, daß der Prozeß der unternehmerischen Entscheidungsfindung in Zukunft komplizierter wird[1]).

Das gilt nicht nur in sachlicher Hinsicht durch die Berücksichtigung der von den Arbeitnehmervertretungen vorgetragenen Interessen, sondern auch im Hinblick auf den formalen Entscheidungsprozeß, der durch die verschiedenen Unterrichtungen, Befragungen, Erklärungen und Diskussionen mehr Zeit in Anspruch nehmen wird.

---

[1]) Diese Meinung wird auch von Leitern des Personalwesens vertreten. Vgl. dazu „Die personalpolitischen Konsequenzen des neuen Betriebsverfassungsgesetzes", Arbeitskreis bei der Deutschen Gesellschaft für Personalführung, Neuwied 72, S. 21.

Diese Vermutung findet ihren äußeren Ausdruck auch in der Tatsache, daß sich die Zahl der freigestellten Betriebsräte gegenüber dem alten Betriebsverfassungsrecht beträchtlich erhöht hat. (Vgl. dazu § 38 BetrVG.)

a) Die Rechte des Betriebsrates

Bei einer Umstellung der Produktionsverfahren hat der Arbeitgeber den Betriebsrat gemäß § 90 BetrVG zu unterrichten. Das gilt nach dem Gesetz speziell bei der Planung

    neuer technischer Anlagen,

    neuer Fertigungsverfahren,

    neuer Arbeitsplätze.

Dieser Anspruch des Betriebsrates auf Unterrichtung enthält kein direktes Recht zur Mitsprache an dem geplanten Vorhaben, sondern dient allein der reinen Information und kann allenfalls zu einer unverbindlichen Beratung der Unternehmensleitung durch den Betriebsrat führen.

Die Information kann jedoch von entscheidender Bedeutung für die Wahrnehmung anderer Rechte sein, z. B. für die Gewährleistung der Ansprüche einzelner Arbeitnehmer, auf die später noch ausführlich eingegangen wird.

Die Dringlichkeit der Informationsverpflichtung kommt in der Forderung des Gesetzgebers nach einer r e c h t z e i t i g e n und u m f a s s e n d e n Unterrichtung zum Ausdruck.

Was im einzelnen Fall als rechtzeitig anzusehen ist, kann nur von Fall zu Fall entschieden werden. Anhaltspunkt für die Festlegung eines Zeitraumes ist dabei die Forderung, daß der Betriebsrat in der Lage sein muß, sich ein fundiertes Urteil über das geplante Vorhaben zu bilden. Die Zeitspanne muß demnach groß genug sein für eine ausreichende Information, eine gründliche Bearbeitung und Diskussion und eine ausführliche Stellungnahme.

Da sich im hier betrachteten Falle mit der Einführung des neuen Produktionsverfahrens entscheidende Auswirkungen auf die personelle Situation ergeben, ist der Betriebsrat speziell auch hierüber rechtzeitig und umfassend zu unterrichten. Diese Verpflichtung für den Arbeitgeber ist in § 92 BetrVG enthalten. Danach ist A u s - k u n f t über die Personalplanung und den gegenwärtigen und zukünftigen – vor allem kurzfristigen – Personalbedarf zu geben.

Darüber hinaus muß der Arbeitgeber mit dem Betriebsrat Art und Umfang eventuell erforderlicher Maßnahmen zur Vermeidung von Härten b e r a t e n.

Der Betriebsrat hat das Recht, für die Personalplanung und deren Durchführung V o r s c h l ä g e zu unterbreiten.

    Weigert sich ein Unternehmen – entgegen den heutigen Gepflogenheiten und Notwendigkeiten –, einen Personalplan aufzustellen, so kann es durch den Betriebsrat nicht dazu gezwungen werden.

b) Die Rechte des Wirtschaftsausschusses

Die Fa. Elemo hat einen Wirtschaftsausschuß zu bilden, da in ihrem Betrieb mehr als 100 Arbeitnehmer ständig beschäftigt sind. Er kann aus 3–7 Mitgliedern bestehen, die dem Unternehmen angehören müssen, darunter mindestens einem Mitglied des Betriebsrates. (Vgl. § 107 BetrVG).

Obwohl das Betriebsverfassungsgesetz ausdrücklich die leitenden Angestellten aus seinem Geltungsbereich ausklammert, können sie dennoch Mitglieder des Wirtschaftsausschusses sein.

Allgemeine Voraussetzung für die Mitgliedschaft soll die fachliche und persönliche Eignung sein, was einerseits die leitenden Angestellten für diese Aufgabe prädestiniert, sie andererseits aber in einen Konflikt geraten läßt, da sie auch die Interessen der Arbeitgeber zu vertreten haben.

Die Mitglieder des Wirtschaftsausschusses werden durch den Betriebsrat bestimmt. Die Aufgaben des Wirtschaftsausschusses können auch einem Ausschuß des Betriebsrates übertragen werden (§ 107, 3 BetrVG). Zu den Tagungen des Wirtschaftsausschusses hat der Arbeitgeber die erforderlichen Unterlagen bereitzustellen. Er oder einer seiner Vertreter müssen an den Sitzungen teilnehmen. Sie **können ihrerseits sachverständige Arbeitnehmer inklusive der leitenden Angestellten als Berater hinzuziehen.**

Über die im Wirtschaftsausschuß erzielten Ergebnisse ist anschließend dem Betriebsrat zu berichten, was zweckmäßigerweise durch ein im Wirtschaftsausschuß vertretenes Betriebsratsmitglied geschieht.

Gemäß § 106 BetrVG hat der Wirtschaftsausschuß das Recht und die Pflicht, sich über alle wirtschaftlichen Angelegenheiten des Betriebes zu u n t e r r i c h t e n und sie mit dem Arbeitgeber zu b e r a t e n. Zu diesen wirtschaftlichen Angelegenheiten gehören neben anderen nach § 106 BetrVG

    Änderungen des Produktions- und Investitionsprogrammes,

    Rationalisierungsvorhaben,

    Einführung neuer Arbeitsmethoden und

    Einschränkung von Betriebsteilen.

Diese vier Unterrichtungsgründe sind im vorliegenden Falle gegeben, so daß der Arbeitgeber verpflichtet ist, bei dem geplanten Vorhaben der Produktionsumstellung den Wirtschaftsausschuß r e c h t z e i t i g und u m f a s s e n d unter Vorlage der erforderlichen Unterlagen – z. B. Kostenplan, Personalplan, Produktionsprogrammplan – zu u n t e r r i c h t e n, soweit nicht Betriebs- oder Geschäftsgeheimnisse gefährdet werden.

Neben der allgemeinen Darstellung sind speziell die Auswirkungen auf die personelle Situation – Umstellungen, Entlassungen, Neueinstellungen – zu erläutern, die in unserem Fall von entscheidender Bedeutung sind. Der Wirtschaftsausschuß kann zu diesen Fragen Stellung nehmen und beratend tätig werden, hat jedoch keine weitergehenden Rechte

2. Die Auswirkungen der Mitwirkungsrechte der Arbeitnehmervertretungen auf die Entscheidung über das Rationalisierungsvorhaben

Aus den bisherigen Darlegungen wird ersichtlich, daß weder durch den Betriebsrat noch durch den Wirtschaftsausschuß eine Mitbestimmung bei der Entscheidung über das Rationalisierungsvorhaben gegeben ist. Beide Organe haben lediglich das Recht auf rechtzeitige und umfassende Information und können allenfalls beratend tätig werden. Dieses Recht können sie nach § 109 BetrVG über die Einschaltung der Einigungsstelle erzwingen, falls der Unternehmer seine entsprechenden Verpflichtungen vernachlässigt.

Die Einigungsstelle (§ 76 BetrVG) dient der Beilegung von Meinungsverschiedenheiten. Arbeitgeber und Betriebsrat bestimmen jeweils die gleiche Anzahl von Beisitzern, die sich ihrerseits auf einen unparteiischen Vorsitzenden – z. B. Richter eines Arbeitsgerichtes – einigen müssen.

Ob eine ständige Einigungsstelle eingerichtet wird oder je nach den speziellen Sachfragen ad hoc Einigungsstellen gebildet werden, steht dem Betrieb frei. Bei einer variierenden Besetzung könnte die Qualifikation für die einzelnen Sachfragen besser gewährleistet werden.

Bei Streitigkeiten haben zunächst die Beisitzer eine Einigung zu versuchen. Kommt sie nicht zustande, stimmt nach einer erneuten Beratung der Vorsitzende mit ab (§ 76, 3 BetrVG). Seine Stimme ist damit letztlich entscheidend für die Einigung und muß daher so weit wie möglich an objektiven Gesichtspunkten orientiert sein.

Die angesprochenen Informationsrechte des Betriebsrates und des Wirtschaftsausschusses werden wenn nötig durch die Einigungsstelle gesichert werden.

Weitergehende Mitwirkungs- oder Einspruchsrechte haben die genannten Gremien nicht, so daß eine direkte Verhinderung der geplanten Produktionsumstellung nicht möglich ist.

Inwieweit eine indirekte Einflußnahme auf das Vorhaben über die Ansprüche der einzelnen Arbeitnehmer gegeben ist, kann erst nach Analyse deren Rechte beantwortet werden.

3. Die Gestaltung der Arbeitsbedingungen bei Durchführung des Projektes

Zur Umstellung der Lohnform von der Akkordentlohnung auf einen Zeitlohn ist die M i t w i r k u n g des Betriebsrates erforderlich. Gemäß § 87, 1, Punkt 1 hat der Betriebsrat bei der Änderung der Entlohnungsmethode das M i t s p r a c h e r e c h t.

Kommt eine Einigung zwischen dem Arbeitgeber und dem Betriebsrat nicht zustande, weil der Betriebsrat auf der Beibehaltung der Akkordentlohnung besteht, entscheidet die Einigungsstelle mit Stimmenmehrheit.

Durch die „paritätische" Besetzung der Einigungsstelle haben beide Seiten zunächst die gleichen Chancen, ihre Vorstellungen durchzusetzen. Kommt eine Einigung nicht zustande, wie in unserem Fall möglicherweise zu erwarten ist, erfolgt letztlich die entscheidende Klärung der Entlohnungsfrage durch den Vorsitzenden. Es ist zu erwarten, daß dieser sich an den üblichen Gepflogenheiten der Entlohnung bei einer vergleichbaren Reihenfertigung orientieren wird, die u. E. für die Einführung eines der Tätigkeit angemessenen Zeitlohnes sprechen würden.

Ein Einigungsverfahren über die Arbeitsentgelte entfällt, wenn ein Tarifvertrag vorliegt, der die entsprechenden Bedingungen regelt (§ 77, 3 BetrVG).

Sollten sich auch hinsichtlich anderer Arbeitsbedingungen – z. B. Arbeitszeit, Pausengestaltung, Urlaubszeiten, Unfallschutzmaßnahmen – Änderungen ergeben, sind auch dazu Betriebsvereinbarungen erforderlich.

4. Die Ansprüche der Arbeitnehmer bei Durchführung des Projektes

Im folgenden sollen die Ansprüche einzelner Arbeitnehmer geklärt werden, die sich bei Durchführung des Projektes ergeben würden. Gleichzeitig wird die Frage untersucht, ob die daraus resultierenden wirtschaftlichen Nachteile für den Betrieb so beachtlich sind, daß sie die geplante Produktionsumstellung scheitern lassen.

Eine Entlassung von Teilen der Belegschaft und eine Besetzung der Arbeitsplätze an den neuen Fertigungsanlagen über Neueinstellungen, wie es die Betriebsleitung in unserem Fall beabsichtigt, ist nicht ohne weiteres möglich.

Zunächst kann der Betriebsrat nach § 93 BetrVG verlangen, daß jede zu besetzende Stelle innerhalb des Betriebes ausgeschrieben wird. Dieser Anspruch auf innerbetriebliche Ausschreibung kann aber u. E. nur insoweit ausschließlich sein, als geeignete Bewerber im Betrieb zur Verfügung stehen. Außerdem sind an den Inhalt der Ausschreibungen die gleichen Anforderungen zu stellen wie an externe.

Die Besetzung eines Arbeitsplatzes mit einem im Betrieb vorhandenen, aber nicht voll geeigneten Arbeitnehmer kann dem Arbeitgeber nicht zugemutet werden, wenn nachweislich eine voll geeignete Person außerhalb des Betriebs zu finden ist. Der Anspruch auf betriebsinterne Ausschreibung kann auch bei Aussicht auf Erfolg nur als ein vorübergehender angesehen werden, dem nach einer angemessenen Zeit das Recht des Betriebes zur externen Ausschreibung folgen muß.

Ein weiteres indirektes Mitwirkungsrecht bei der Personalplanung hat der Betriebsrat aus § 95 BetrVG in Verbindung mit § 99 f. BetrVG. Danach bedürfen alle Richtlinien zur personellen Auswahl bei Einstellungen, Versetzungen, Umgruppierungen und Kündigungen der Z u s t i m m u n g des Betriebsrates.

Kommt eine Einigung mit dem Betriebsrat nicht zustande, entscheidet wiederum die Einigungsstelle.

Da die Auswahlrichtlinien in der Regel an objektiven Gesichtspunkten orientiert sein werden – ohne auf bestimmte Personengruppen abzustellen – und für längere Zeit gelten, kann in unserem Fall keine Bevorzugung der vorhandenen Arbeitnehmer auf diesem Wege angenommen werden.

Die Einflußnahme des Betriebsrates wird jedoch möglich, wenn es um konkrete personalpolitische Einzelmaßnahmen geht.

Nach § 99 BVG hängt die Wirksamkeit aller geplanten Maßnahmen in diesem Bereich von der Z u s t i m m u n g des Betriebsrates ab. Eine Verweigerung der Zustimmung zu den geplanten Entlassungen kann sich auf § 99, 2, Punkt 3 stützen.

Danach ist die Zustimmungsverweigerung gerechtfertigt, wenn — wie in unserem Fall glaubhaft zu machen — die Besorgnis besteht, daß infolge der Neueinstellungen oder der geplanten Umgruppierungen im Betrieb bisher beschäftigten Arbeitnehmern gekündigt wird, ohne daß dies aus betrieblichen oder persönlichen Gründen gerechtfertigt ist.

Verweigert der Betriebsrat seine Zustimmung unter Angabe entsprechender Gründe, kann der Arbeitgeber noch beim Arbeitsgericht beantragen, die Zustimmung zu ersetzen (§ 99, 4, BetrVG). Folgt das Arbeitsgericht seinem Antrag nicht, hat der Betriebsrat insoweit zunächst die Neueinstellungen in dem geplanten Umfang verhindert.

Auf der anderen Seite ist nach § 102 BetrVG auch für die geplanten Kündigungen die Z u s t i m m u n g des Betriebsrates erforderlich, der innerhalb von einer Woche seine Weigerung schriftlich erklären muß.

Im vorliegenden Fall ist mit einer Verweigerrung der Zustimmung zu rechnen, die sich auf die folgenden Einspruchsgründe stützen wird:

Nach § 102, 3, Punkt 1 kann der Betriebsrat zunächst verlangen, daß die von der Kündigung betroffenen Arbeitnehmer an einem anderen Arbeitsplatz des selben Betriebes oder in einem anderen Betrieb des Unternehmens beschäftigt werden.

Stehen mithin in anderen Bereichen Arbeitsplätze zur Verfügung, die durch Neueinstellungen besetzt werden sollten, so sind diese — falls die entsprechenden Qualifikationen gegeben sind — zunächst den von der Kündigung bedrohten Arbeitskräften anzubieten.

Dazu sei vermerkt, daß der Arbeitgeber bei der Beschäftigung eines Arbeitnehmers an einem anderen Arbeitsplatz — mit geringeren Anforderungen — eine Änderung der Vertragsbedingungen durchsetzen kann.

Das läßt sich indirekt aus § 102, 3, Punkt 5 BetrVG entnehmen, wonach ein Arbeitnehmer weiterbeschäftigt werden muß, wenn seine Verwendung u n t e r g e ä n d e r t e n V e r t r a g s b e d i n g u n g e n möglich ist und der Arbeitnehmer seine Zustimmung gibt.

Erklärt also zum Beispiel einer der bisher im Akkord arbeitenden Spezialfacharbeiter (z. B. Dreher), daß er in Zukunft bereit sei, eine reine Überwachungsfunktion an den automatischen Drehbänken der einzurichtenden Reihenfertigung zu einem niedrigeren Zeitlohn auszuüben, so kann der Betriebsrat die Kündigung mit Hilfe seines Einspruchsrechts verhindern.

Ist eine Weiterbeschäftigung nur nach z u m u t b a r e n Umschulungs- und Fortbildungsmaßnahmen möglich, so kann der Betriebsrat nach § 102, 3, Punkt 4 BetrVG auch auf diesem Wege eine Kündigung abwenden.

Welche Umschulungs- und Fortbildungsmaßnahmen als zumutbar angesehen werden müssen, kann nur in Würdigung des einzelnen Falles beantwortet werden. Sicher ist darunter nicht die Umschulung in einen dem bisherigen Beruf gegenüber völlig artfremden Beruf zu fassen. Es kann aber angenommen werden, daß die Umschulung von Facharbeitern, die bisher in Werkstätten an Universalmaschinen gearbeitet haben, auf Überwachungstätigkeiten an automatisch arbeitenden Spezialaggregaten im Rahmen des Zumutbaren liegt.

Erklären einige der von der Umstellung betroffenen Arbeitnehmer, daß sie nach einer Umschulung bereit wären, zu geänderten Vertragsbedingungen weiterzuarbeiten, kann ihnen ohne Zustimmung des Betriebsrates insoweit nicht gekündigt werden, als eine ausreichende Zahl von Arbeitsplätzen zur Verfügung steht.

Wird nun aber wie im vorliegenden Fall die Zahl der Arbeitsplätze durch die Produktionsumstellung herabgesetzt und stehen auch an anderen Stellen des Unternehmens keine freien Arbeitsplätze zur Verfügung, ist die Entlassung eines Teiles der Belegschaft nicht zu verhindern, wenn es sich bei der vorgesehenen Maßnahme um ein **dringendes betriebliches Erfordernis** handelt.

Unter zusätzlicher Berücksichtigung der Vorschriften im Kündigungsschutzgesetz sind Kündigungen bei dringenden betrieblichen Erfordernissen – z. B. bei Rationalisierungsvorhaben – möglich[2]).

Die Dringlichkeit kann angenommen werden, wenn die aus der Produktionsumstellung zu erwartenden Vorteile so offenkundig sind, daß sie die für die betroffenen Arbeitnehmer entstehenden Nachteile weit übertreffen.

Die Zweckmäßigkeit der betrieblichen Maßnahme unterliegt im Streitfalle nicht der Prüfung durch das Gericht. Da das Gericht aber die sozialen Auswirkungen prüfen und sie mit den erwarteten Vorteilen vergleichen muß, kommt es u. E. um eine Prüfung der Zweckmäßigkeit nicht herum.

Sind die zu erwartenden Vorteile im Vergleich zu den für die Arbeitnehmer entstehenden Nachteile nur relativ gering – das wäre der Fall, wenn nur geringfügige Kostensenkungen, aber Massenentlassungen mit einer Produktionsumstellung verbunden wären –, dann wird das Gericht die geplanten Kündigungen als **sozialwidrig** betrachten und nicht zulassen.

Wird andererseits – wie im vorliegenden Fall anzunehmen – das Bestehen dringender betrieblicher Erfordernisse anerkannt, so sind Kündigungen zulässig. Die Auswahl der zu kündigenden Arbeitnehmer darf sich jedoch nicht allein an betrieblichen Zweckmäßigkeiten orientieren, sondern muß auch soziale Gesichtspunkte wie

        Familienstand
        Dauer der Beschäftigung
        Zahl der Kinder
        Lebensalter usw.

einbeziehen.

---

[2]) Vgl. E. Stahlhacke, Kündigung und Kündigungsschutz im Arbeitsverhältnis, München 1970, S. 79.

Vor allem ist zu beachten, daß sich die Auswahl auf vergleichbare Arbeitsplätze des ganzen Betriebes und nicht nur auf die durch das Vorhaben direkt betroffenen Bereiche erstrecken muß[3]).

Da in unserem Fall mehr als 25 Arbeitnehmer – bei 300 Gesamtbeschäftigten – entlassen werden müssen, liegt eine Massenentlassung nach § 17 KSchG vor, wenn die Entlassungen innerhalb von vier Wochen erfolgen. Die Entlassung ist daher dem Arbeitsamt mitzuteilen und wird erst vier Wochen nach der Anzeige wirksam.

Diese Vorschrift soll vor allem dem Arbeitsamt die Möglichkeit geben, sich auf die Situation einzustellen und Unterbringungsmöglichkeiten für die betroffenen Arbeitnehmer zu erkunden.

Nach § 111, Punkt 4 BetrVG – anwendbar bei grundlegenden Änderungen der Betriebsanlagen, der Betriebsorganisation und des Betriebszwecks – ist zwischen dem Arbeitgeber und dem Betriebsrat ein Interessenausgleich nach § 112 BetrVG für die betroffenen Arbeitnehmer herbeizuführen. Zum Ausgleich der den Arbeitnehmern entstehenden Nachteile ist ein Sozialplan aufzustellen.

Kommt eine Einigung über den Sozialplan nicht zustande und bleibt auch ein Vermittlungsversuch durch den Präsidenten des Landesarbeitsamtes ergebnislos, wird die Einigungsstelle tätig. Sie versucht ihrerseits zunächst eine Einigung zwischen den Parteien herbeizuführen. Gelingt dieses Vorhaben nicht, entscheidet sie selbst. Bei der Entscheidung über den Sozialplan müssen sowohl die Belange der betroffenen Arbeitnehmer als auch die wirtschaftliche Vertretbarkeit für den Betrieb berücksichtigt werden. Die Höhe der Entschädigung für die einzelnen Arbeitnehmer bemißt sich dann nach den entsprechenden Vorschriften des Kündigungsschutzgesetzes. Danach können die betroffenen Arbeitnehmer je nach Alter und Betriebszugehörigkeit eine Abfindung in Höhe eines Vielfachen ihres Monatsgehaltes – bis zu 18 Monatsgehältern – erhalten (§ 10 KSchG.).

5. Ergebnis

Eine Verhinderung der Produktionsumstellung auf die Reihenfertigung und der Übergang zu der Produktion nur weniger Sorten für den anonymen Markt statt der bisherigen Auftragsfertigung in Werkstätten ist durch die Arbeitnehmer und ihre nach dem Betriebsverfassungsgesetz vorgesehenen Vertretungen nicht möglich. Der Betriebsrat erhält lediglich ein Mitspracherecht bei der Festlegung der neuen Arbeitsbedingungen, vor allem in der Frage der Entlohnung.

Die geplante Entlassung der Arbeitnehmer kann in dem gewünschten Ausmaße nicht durchgeführt werden. Vielmehr sind alle Arbeitnehmer, soweit Arbeitsplätze vorhanden sind und eine Umschulung zumutbar ist, unter geänderten Arbeitsbedingungen weiterzubeschäftigen, soweit sie darauf bestehen.

Für die nach erfolgter Auswahl von der Kündigung betroffenen Arbeitnehmer ist ein Sozialplan aufzustellen, der einen angemessenen Ausgleich für die den Arbeitnehmern entstandenen Nachteile vorsieht.

---

[3]) Vgl. Stahlhacke, a. a. O., S. 80, nach § 1 Kündigungsschutzgesetz v. 1969.

III. Zusammenstellung der für den diskutierten Fall relevanten Mitwirkungsvorschriften nach dem Betriebsverfassungsgesetz[4])

Entscheidungsgegenstand	Form der Mitwirkung
Änderung von Entlohnungsmethoden nach § 87, 1	Mitbestimmung
Aufstellung von Auswahlrichtlinien nach § 95, 1 und 2	Zustimmung bzw. Mitbestimmung
Aufstellung eines Sozialplanes zum Interessenausgleich bei Betriebsänderungen nach § 112, 1	Mitbestimmung
Innerbetriebliche Stellenausschreibung nach § 93	erzwingbare Initiative
Einstellung und Umgruppierung nach § 99, 1 und 2	Zustimmungsverweigerungsrecht
Kündigungen nach § 102, 1–3	Zustimmungsverweigerungsrecht
Maßnahmen zur Abwendung besonderer Belastungen bei Änderungen des Arbeitsablaufes nach § 91	erzwingbare Initiative
Wirtschaftliche Angelegenheiten des Betriebes nach § 106	Information und Beratung

Fakultative Mitwirkung der Einigungsstelle nach dem Betriebsverfassungsgesetz

- Soziale Angelegenheiten (Entlohnung) nach § 87, 2.
- Aufstellung von Auswahlrichtlinien nach § 94, 1.
- Kündigungen nach § 102, 5.
- Auskunftserteilung über wirtschaftliche Angelegenheiten nach § 109.
- Interessenausgleich bei Betriebsänderungen nach § 112, 2.
- Aufstellen eines Sozialplanes nach § 112, 4.

---

[4]) Vgl. auch „Die personalpolitischen Konsequenzen ...'' a. a. O., S. 98 ff.

23

Einführung der gleitenden Arbeitszeit

Von Dr. Harald Strutz

I. Vorbemerkung

Der Anstoß für die Einführung einer gleitenden Arbeitszeit (GLAZ) kann für ein Unternehmen aus verschiedenen Richtungen kommen. So kann z. B. der Betriebsrat auf Wunsch der Mitarbeiter an die Geschäftsleitung den Vorschlag richten, die GLAZ einzuführen. Andererseits kann die Initiative auch von der Geschäftsleitung ausgehen, die z. B. vom Vorbild anderer Unternehmen angeregt wurde.

Inzwischen gibt es in der Bundesrepublik rund 8000 Unternehmen und Behörden mit ca. 2,5 Millionen Beschäftigten, die gleitende Arbeitszeit praktizieren[1]).

Bei dieser Entwicklung muß eines klar gesehen werden. Für ein im Personalbereich vorausplanendes Unternehmen sollte es sich bei der Frage nach der GLAZ nicht um eine „modische" Entwicklung handeln. Die Einführung der GLAZ ist vielmehr eine personalpolitische Maßnahme, die eine im Planungsprozeß gefällte rationale Entscheidung voraussetzt. Grundlage dieser Entscheidung ist ein Vergleich, bei dem die Kosten dieser Maßnahme und eventuelle nicht quantifizierbare Nachteile den Vorteilen gegenübergestellt werden, die dem Unternehmen und den Mitarbeitern aus der Einführung der GLAZ erwachsen.

Die wichtigsten Überlegungen bei der Entscheidung über die Einführung der GLAZ sollen nachfolgend dargestellt werden. Als praxisbezogener Hintergrund dient die kürzlich vollzogene Einführung in der Hauptverwaltung eines zu einem Konzern gehörenden Unternehmens[2]). Die 350 Mitarbeiter der Hauptverwaltung sind zusammen mit weiteren Konzernmitarbeitern in einem Bürohochhaus im Zentrum einer Großstadt untergebracht. Eine Ausweitung der neuen Arbeitszeitregelung bis auf insgesamt 2000 Mitarbeiter ist geplant.

---

[1]) Vgl. Tageszeitung „Die Welt" vom Samstag, den 9. 2. 1974, S. 33. Als erstes Großunternehmen führte 1967 die Messerschmitt-Bölkow-Blohm GmbH im Werk Ottobrunn die GLAZ ein. Das GLAZ-Modell wird beschrieben bei O. Bäßler, Gleitende Arbeitszeit, in: Industrielle Organisation, 39. Jg., 1970, Nr. 12, S. 525 ff.

[2]) Der Verfasser dankt Herrn J. Himstedt, Personalleiter der Lever Sunlicht GmbH, für ein ausführliches Gespräch über die gleitende Arbeitszeit und einen Einblick in die Unterlagen.

II. Die Hauptfragen bei der Entscheidung über die gleitende Arbeitszeit

1. Voraussetzungen für die Einführung

Zunächst einmal ist zu fragen, welche Voraussetzungen für die Einführung der GLAZ erfüllt sein müssen. Es handelt sich dabei um

1. organisatorische Voraussetzungen:

    a) Vereinbarkeit der GLAZ mit der Ablauforganisation,

    b) einheitliche Anwendung auf (möglichst) alle Mitarbeiter;

2. rechtliche Voraussetzungen:

    a) Zulässigkeit der GLAZ nach der Arbeitszeitordnung (AZO) und den Tarifverträgen,

    b) Abschluß einer Betriebsvereinbarung.

Weil die Mitarbeiter des Unternehmens ihre Arbeit während der Gleitzeiten zu verschiedenen Zeitpunkten aufnehmen und beenden, muß sichergestellt sein, daß dies mit den Erfordernissen der betrieblichen Ablauforganisation vereinbar ist. Da das in der Regel nur für den Verwaltungsbereich und nicht für die Fertigung zutrifft, kann die GLAZ meist nicht im gesamten Unternehmen eingeführt werden. Diese Tatsache kann insofern zu Schwierigkeiten führen, als die nicht von der Regelung betroffenen Arbeitskräfte sich benachteiligt fühlen und dadurch das Betriebsklima gestört wird. Im betrachteten Unternehmen ist die Situation günstig: Die Hauptverwaltung und die Fertigungen liegen örtlich getrennt.

Wird die GLAZ in einem Unternehmen eingeführt, so gehört zu den organisatorischen Voraussetzungen ebenfalls die Forderung, keine Mitarbeiter von dieser Arbeitszeitregelung auszunehmen. Für das Betriebsklima ist es nicht förderlich, wenn sich z. B. die Abteilungsleiter der Zeiterfassung nicht unterwerfen. Es wird sich zwar vielfach nicht vermeiden lassen, daß für einige Mitarbeiter die GLAZ nicht oder nur unter Einschränkungen angewendet wird (z. B. Poststelle) oder daß an bestimmten Terminen die GLAZ aufgehoben wird (z. B. Abschlußarbeiten), eine möglichst einheitliche Regelung ist jedoch anzustreben.

Weiterhin müssen bestimmte rechtliche Voraussetzungen gegeben sein. Während für die Zulässigkeit der GLAZ im Hinblick auf die AZO (Arbeitszeitordnung) kaum Probleme bestehen, muß geprüft werden, ob dies auch für die bestehenden Tarifverträge gilt. Teilweise haben die Tarifverträge schon eine Sonderklausel über die GLAZ (z. B. Manteltarifvertrag der chemischen Industrie ab 1. 1. 1974). Eventuelle Schwierigkeiten aus Tarifbestimmungen, welche insbesondere die für den Zeitausgleich geltende Periodendauer (vgl. S. 423) betreffen können, lassen sich jedoch, wie die Praxis gezeigt hat, mit Hilfe des Arbeitgeberverbandes und der Gewerkschaft überwinden[3]).

---

[3]) Zu diesem Fragenkreis vgl. S. Hackh, Schwachstellen der gleitenden Arbeitszeit, in: Zeitschrift Interne Revision, 8. Jg., 1973, Nr. 1, S. 52 ff.

Letzte Voraussetzung für die Einführung der GLAZ ist schließlich der Abschluß einer entsprechenden Betriebsvereinbarung zwischen Betriebsrat und Geschäftsleitung, die alle betriebsindividuellen Regelungen der GLAZ enthält. Die gesetzlichen Grundlagen für diese Mitbestimmung sind durch § 87 des Betriebsverfassungsgesetzes gegeben.

2. Entwurf des betriebsindividuellen Systems der GLAZ

Der Vergleich von Kosten und Nutzen der GLAZ kann nicht durchgeführt werden, bevor nicht das System der GLAZ in Einzelheiten festliegt. Erst dann können die Kosten (z. B. für die Zeiterfassung) kalkuliert werden.

Das Grundprinzip der GLAZ kann mit Hilfe von Abbildung 1 veranschaulicht werden[4]).

Abb. 1: Grundprinzip der GLAZ

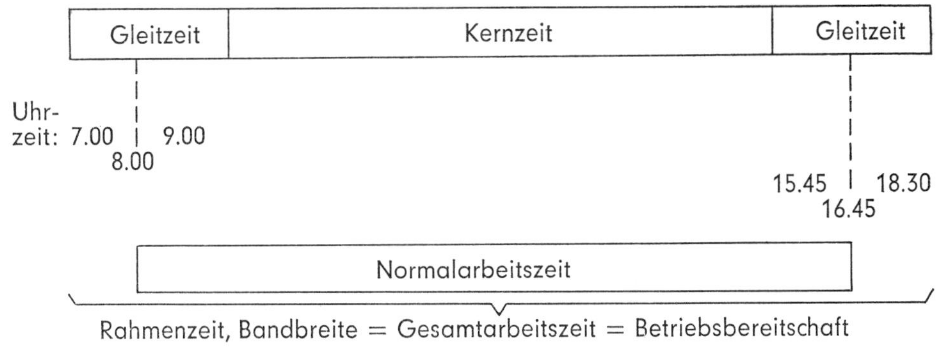

Gleitzeit	Kernzeit	Gleitzeit

Uhrzeit: 7.00 | 9.00   15.45 | 18.30
          8.00   16.45

Normalarbeitszeit

Rahmenzeit, Bandbreite = Gesamtarbeitszeit = Betriebsbereitschaft

Gegenüber der bisherigen festen Normalarbeitszeit können die Mitarbeiter Arbeitsbeginn und -ende innerhalb der Gleitzeiten frei wählen. Die Kerzeit ist die durch eine Mittagspause unterbrochene tägliche Mindestarbeitszeit. Innerhalb eines Abrechnungszeitraums, z. B. ein Monat, wird das Gleitzeitkonto jedes Mitarbeiters pro Arbeitstag mit 8 Stunden belastet. Daraus ergibt sich die Soll-Arbeitszeit der Abrechnungsperiode. Die zu erfassende tatsächliche Arbeitszeit (Istzeit) wird dem Konto gutgeschrieben. Dabei darf bis zu einer bestimmten Höchstgrenze (z. B. 10 Stunden) ein Aktiv- oder Passivsaldo entstehen, der auf die folgende Periode übertragen wird.

Bei der Planung des auf das Unternehmen zugeschnittenen Systems hat sich das verantwortliche Team folgende Fragen zu stellen:

1. In welchem Verhältnis sollen Gleitzeit und Kernzeit zueinander stehen und wie soll ihre zeitliche Lage im Tagesablauf sein?
2. In welchem Umfang dürfen die Mitarbeiter auch über die Kernzeit disponieren?

---
[4]) Einen guten Überblick über die Einzelfragen der GLAZ gibt das speziell für Praktiker geeignete Buch von S. Hackh, Gleitende Arbeitszeit, München 1971. Eine ausführliche, mehr theoretische Abhandlung (durch empirisches Material ergänzt) stammt von P. Rahm, Dynamische Arbeitszeit, Diss. St. Gallen, Nr. 443, 1971.

3. In welchem Ausmaß dürfen Zeitguthaben und Zeitschulden in die folgende Abrechnungsperiode übertragen werden?

Je länger die Gleitzeit ist, desto stärker werden einerseits einige Vorteile der GLAZ wirksam. Andererseits sind bei langen Gleitzeiten die Kernzeiten kurz. Das kann zu Störungen im Arbeitsablauf führen, da nur während der Kernzeit eine uneingeschränkte Kommunikation zwischen den Abteilungen und zwischen Abteilungen und Außenwelt gewährleistet ist. Dies bedeutet: Für das Verhältnis zwischen Gleit- und Kernzeit ist ein Kompromiß zu finden zwischen den Erfordernissen betrieblicher Arbeitsabläufe, den Vorteilen möglichst langer Gleitzeiten und den gesetzlichen Arbeitszeitregelungen. Zur Lösung dieses Problems ist die Situation des Betriebes unter folgenden Gesichtspunkten zu analysieren:

1. Morgendliche und abendliche Spitzenverkehrszeiten: Das Gleitzeitende muß im Stadtbereich morgens über 8^{00} und abends über 17^{30} hinausreichen, damit verkehrstechnische Erleichterungen erzielt werden.

2. Ankunfts- und Abfahrtszeiten öffentlicher Verkehrsmittel: Sie sind für die Festlegung der Gleitzeiten um so wichtiger, je größer der Anteil der Pendler an der Belegschaft ist.

3. Mindestzeit, in der alle Bereiche des Unternehmens innerbetrieblich und von außen her ansprechbar sein müssen: Dies ist insbesondere auch dann wichtig, wenn für einzelne Unternehmensteile verschiedene Kernzeiten eingerichtet werden sollen.

4. Erfordernisse der Büroreinigung, Heizung und Hausverwaltung.

5. Arbeitszeit- und Arbeitsschutzbestimmungen.

6. Technische Möglichkeiten der Zeiterfassung.

Nach dieser Analyse können Dauer und zeitliche Lage von Gleit- und Kernzeit festgelegt werden. Weiterhin ergibt sich in diesem Zusammenhang evtl. ein Ausnahmekatalog von Mitarbeitern und/oder Zeitpunkten, auf welche die GLAZ nicht anwendbar ist. Für das betrachtete Unternehmen sind die Zeiten in Abbildung 2 festgehalten.

Bei der Frage, inwieweit das Personal über die Kernzeiten disponieren darf, z. B. durch „Abfeiern" eines angesammelten Gleitzeitguthabens, stehen zwei Tendenzen im Widerstreit. Einerseits geht es um die betrieblich wünschenswerte Motivation der Arbeitskräfte, ihre Arbeitszeit nach dem tatsächlichen Arbeitsanfall zu organisieren, weil dadurch bezahlte Leerlaufzeiten vermieden werden. Dieser Ansporn ist am größten, wenn Zeitguthaben zur Dienstbefreiung von Kernzeiten verwendet werden können. Wird eine solche Möglichkeit geschaffen, besteht auf der anderen Seite die große Gefahr, daß zu viele Mitarbeiter ohne Rücksicht auf den betrieblichen Arbeitsablauf Zeitguthaben anzusammeln versuchen, um in den Genuß eines verlängerten Urlaubs oder Wochenendes zu kommen.

Da ohnehin bereits ein Gleitzeitkontoausgleich zwischen den Perioden existiert, erscheint eine mehr oder minder starke Begrenzung der Kernzeitdisposition (vgl. dazu Abb. 2) aus Gründen der Ablauforganisation erforderlich.

Sinnvoll ist eine Gleitzeitregelung nur, wenn die Mitarbeiter Zeitguthaben oder -schulden von einer Abrechnungsperiode in die nächste übertragen können. Bestünde diese Regelung nicht, so müßte eine Arbeitskraft, die z. B. am 25. eines Monats ein Zeitguthaben von 5 Stunden hat, ihr Guthaben bis zum Monatsende abbauen, obwohl der Arbeitsanfall vielleicht gerade in diesem Zeitraum besonders groß ist. Es ergeben sich hier zwei **Fragen:**

1. Wie groß soll die Abrechnungsperiode sein?
2. Welches ist die höchstmögliche Stundenzahl des Zeitübertrags?

Als günstige Abrechnungsperiode hat sich der nach den Bestimmungen der AZO maximal zulässige Zeitraum von einem Monat erwiesen. Einerseits läuft die Zeitrechnung dann parallel zur Gehaltsabrechnung, andererseits existiert eine größere Dispositionsfreiheit als z. B. bei wöchentlicher Abrechnung, da höhere Zeitüberträge zugelassen werden können.

Zwar wäre es im Hinblick auf einen schwankenden Arbeitsanfall vorteilhaft, einen hohen Zeitübertrag zu erlauben, aus folgenden Gründen ist jedoch eine Begrenzung auf ca. 10 bis maximal 20 Stunden angezeigt[5]):

1. Es soll verhindert werden, daß die Mitarbeiter, ohne ihre Gesundheit zu schonen, kurzfristig ein großes Zeitguthaben ansammeln.
2. Ein begrenzter Zeitübertrag gewährleistet, daß die nach der AZO zulässigen Höchstarbeitszeiten (48 Wochenstunden) in der Abrechnungsperiode nicht überschritten werden.

Gleitzeit-ABC	
Normalarbeitszeit:	6.00 – 16.45 Uhr.
Kernzeit	9.00 – 15.45 Uhr. Während der Kernzeit muß jede Abwesenheit begründet und genehmigt sein. Ausnahme: Einmal monatlich bis zu 2 Stunden zum Ausgleich des Gleitzeitkontos.
Gleitzeit:	7.00 – 9.00 Uhr und 15.45 – 18.30 Uhr.
Mittagspause:	Wahlweise von 30 Minuten (mindestens) bis 60 Minuten (höchstens) zwischen 12.00 und 14.00 Uhr.
Sollzeit:	Durchschnittlich 8 Stunden täglich, ohne Pausen.
Mindestarbeitszeit:	6 Stunden am Tag.
Höchstarbeitszeit:	10 Stunden am Tag. (Mehr werden für die Gleitzeitberechnung nicht berücksichtigt.)
Gleitzeitkonto:	Darf 10 Stunden Minus nicht unterschreiten. Soll 10 Stunden Plus nicht überschreiten. (Mehr wird nicht berücksichtigt.) Plus- und Minusstunden können auf den nächsten Monat übertragen werden.

Im vorliegenden Fall (vgl. Abbildung 2) wurde der Übertrag auf 10 Stunden begrenzt, ein Wert, der in der Praxis vielfach verwendet wird.

Abbildung 2

---
[5]) Vgl. auch S. Hackh, Gleitende Arbeitszeit, a. a. O., S. 34.

3. Für die Aufrechterhaltung der laufenden Arbeitsprozesse würden sich große Probleme ergeben, wenn eine Vielzahl von Arbeitskräften größere Zeitguthaben abbauen wollte.

3. Verfahren der Zeiterfassung und -auswertung

Damit für die Mitarbeiter Gleitzeitkonten geführt werden können, muß ein System für die Erfassung der täglich geleisteten Ist-Zeit und die periodenweise Auswertung dieser Zeiten geschaffen werden. Es bieten sich dafür die in Tabelle 1 gegenübergestellten Verfahren an, aus denen das für die betrieblichen Belange geeignetste auszusuchen ist.

Der grobe Verfahrensvergleich in Tabelle 1 läßt nur einige der wichtigsten Beurteilungskriterien hervortreten. Im konkreten Fall ist er stärker zu detaillieren und durch einen Kostenvergleich zu ergänzen (vgl. dazu die Aufstellung der Kosten in Tabelle 3). Als Kriterien zur Beurteilung der Verfahren dienen:

1. Objektivität der Zeiterfassung
2. Fehlerquellen bei der Zeitauswertung
3. Übersichtlichkeit für die Mitarbeiter: Können sie sich bei Bedarf einen leichten Überblick über den Stand ihres Gleitzeitkontos verschaffen?
4. Verfahrenskosten.

Objektivität der Zeiterfassung ist bei den Verfahren 2, 3, 4 besser gewährleistet als bei Handaufschreibung. Zwar wird der Handaufschreibung mit anschließender individueller Führung eines Gleitzeitkontos ein Motivationseffekt zugesprochen, die Subjektivität der Zeiterfassung kann jedoch bereits unter den Mitarbeitern zu Mißtrauen führen. Abgesehen von kleinen Unternehmen ist daher den erstgenannten Verfahren der Vorzug zu geben.

Fehlerquellen bei der Zeitauswertung am Ende der Abrechnungsperioden sind bei Verfahren 4 am geringsten, da bei automatischer Auswertung die mit ganz oder teilweise manueller Verarbeitung verbundenen Fehlermöglichkeiten entfallen.

Einen laufenden Überblick über den Stand des Gleitzeitkontos können sich die Mitarbeiter nur bei den Verfahren 1 bis 3 verschaffen, da sie bei Verfahren 4 keine Belege in der Hand haben. Im Falle von Verfahren 4 kann Abhilfe geschaffen werden durch die (z. B. wöchentliche) Ausgabe von Gleitzeitkontoauszügen. Auf die Kontoauszüge kann nach der Eingewöhnungszeit bis auf eine monatliche Ausgabe verzichtet werden, da die Arbeitskräfte mit dem inzwischen entwickelten Zeitgefühl nur geringfügige persönliche Aufzeichnungen benötigen, um zwischenzeitlich den Überblick über die geleisteten Ist-Zeiten zu behalten.

Im vorliegenden Fall fiel wegen der in Tabelle 1 genannten Vorzüge in Verbindung mit der Kostenanalyse (vgl. Tabelle 3) die Entscheidung zugunsten von Verfahren 4a. Die Funktionsweise des Zeiterfassungs- und -auswertungssystems soll kurz dargestellt werden.

Verfahren der Zeiterfassung	und Zeitauswertung	Vorteile	Nachteile	überwiegend geeignet für
1. manuell: Handaufschreibung der täglichen Ist-Zeiten durch die Mitarbeiter	**manuell:** Zeitsummenrechnung durch die Mitarbeiter mit Hilfe von Tabellen	keine Gerätekosten; jeder Mitarbeiter hat Zeitbeleg, psychologischer Vorteil durch Eigenverantwortlichkeit	fälschbar, Mißtrauen erweckend, Auswertung arbeitsintensiv	kleine Unternehmen
2. Stempeluhren: Tägliche Komm- und Gehtzeiten werden für jeden Mitarbeiter auf eine Karte gestempelt (verschiedene Verfahren: z. B. Uhrzeitstempel, Zeitsummenstempel)	**manuell/EDV:** Handauswertung wie oben oder Ablochung der Daten und Auswertung durch EDV	objektive Zeiterfassung (gilt für 3. und 4.), jeder Mitarbeiter hat Beleg, geringe Gerätekosten	Auswertung auch bei EDV-Verwendung arbeitsintensiv (Ablochung der Daten), evtl. psychologische Vorbehalte gegenüber Stempeluhr (gilt auch bei 3. und 4.)	mittlere bis große Unternehmen
3. Zeitzähler: Zeitzähler an jedem Arbeitsplatz registrieren kumulativ die Ist-Zeiten	**manuell/EDV:** (wie bei den Stempeluhren)	Schneller Überblick über Gleitzeitkonto, einfaches Ablesen der Ist-Zeitsumme ohne Rechenarbeit	hohe Gerätekosten, statistische Auswertungen der Arbeitszeitverteilung im Zeitablauf nicht möglich	kleine bis mittlere Unternehmen
4. Ausweisleser mit Verbindung zur EDV Ausweisdaten und Uhrzeiten werden a. auf Datenzwischenträgern gespeichert und gehen dann zur Abrechnung in die EDV b. sofort in die EDV übernommen		keine manuelle Bearbeitung mehr, Fehlerquellen durch Datenübertragung entfallen, schnelle Auswertung, zusätzliche statistische Auswertungen (z. B. Fehlzeiten) sind leicht durchzuführen	Kosten des Systems am größten, ohne (z. B. wöchentliche) Kontoauszüge haben es die Mitarbeiter schwer, den Überblick über die geleisteten Zeiten zu behalten	große Unternehmen

Tabelle 1

Für die maschinelle Zeiterfassung sind im Hause mehrere Ausweisleser installiert. Beim Kommen und Gehen bedient jeder Mitarbeiter einen Ausweisleser durch Einstecken seines Gleitzeitausweises und Betätigung einer Funktionstaste. Die Funktionstaste gibt den Grund des Kommens und Gehens an (D = dienstlich außer Haus, N = normales Kommen oder Gehen, M = Mittagspause, B = bezahlte Freistellung, P = private Freistellung). Der Gleitzeitausweis hat die Form einer Scheckkarte und ist mit dem Namen und einer eingestanzten Personalnummer versehen. Die automatisch registrierten Zeitdaten werden unter der Personalnummer auf einem Band gespeichert und können jeweils zur z. B. monatlichen Auswertung in die EDVA eingegeben werden. Über Belege mit gesonderter Eingabe müssen folgende Fälle erfaßt werden, da sie durch den Ausweisleser nicht berücksichtigt werden können:

1. Sammel-Beleg (neben Ausweisleser ausliegend): Ausweis vergessen, Ausweisleser gestört.

2. Ersatz-Beleg: Ganztägige Abwesenheit

3. Korrektur-/Überstunden-Beleg: Nachträgliche Meldung nicht oder falsch erfaßter Zeitdaten (z. B. falsche Funktionstaste betätigt), Überstundenmeldung.

Die Formulare werden an die Gleitzeitbeauftragte weitergeleitet, die ebenfalls für die Betreuung der Mitarbeiter in Arbeitszeitfragen zuständig ist. Die Belege sind so gestaltet und die Eintragungen sind gleichzeitig mit entsprechenden Codes zu versehen, daß die Daten von den Formularen unmittelbar abgelocht und in die EDV eingegeben werden können.

Als wesentlicher Bestandteil der Auswertung werden die Salden der individuellen Gleitzeitkonten am Monatsende nach folgendem (hier vereinfachten) Schema berechnet[6]:

		Beispiel:	
1.	Ist-Zeit des Monats (geleistete Arbeitsstunden)	192	Stunden
2.	+ Gleitzeitguthaben (− Gleitzeitschulden) aus dem Vormonat	− 2	Stunden
3.	Zwischensumme	190	Stunden
4.	− Soll-Zeit des Monats	− 184	Stunden
5.	Neuer Gleitzeitsaldo (Guthaben +, Schulden −)	+ 6	Stunden

Die Auswertung der Daten führt zur Ausgabe von drei verschiedenen Listen, die in Tabelle 2 näher erläutert werden.

Das dem Abteilungsleiter zugestellte Sammeljournal seiner Abteilung enthält nur die Gleitzeitsalden der Mitarbeiter, nicht die Tagesprotokolle. Dadurch soll vermieden werden, daß bei den Mitarbeitern ein Gefühl der Überwachung durch den Vorgesetzten ausgelöst wird.

	Gleitzeitjournal	Sammeljournal	Fehlerprotokoll
Kennzeichnung	Protokoll über die täglichen Arbeitszeiten des Monats und Berechnung des Gleitzeitkontostandes	Enthält für jeden Monat und Mitarbeiter die Summenrechnung des Gleitzeitkontostandes	Enthält nicht plausible Zeitdaten und fehlende bzw. fehlerhafte Zeitmeldungen
Empfänger	jeder Mitarbeiter und die Gleitzeitbeauftragte für die Gehaltsabrechnung	Abteilungsleiter	Gleitzeitbeauftragte bzw. Personalabteilung
Ausgabehäufigkeit	in der Einführungszeit wöchentlich, später ein Exemplar nach Monatsende und, nach evtl. Korrekturen, ein zweites Exemplar 14 Tage später	monatlich	monatlich

Tabelle 2

Das Fehlerprotokoll dient der Gleitzeitbeauftragten als Unterlage für Korrekturbesprechungen mit den Arbeitskräften. Bei Bedarf können besondere Auswertungen vorgenommen werden, z. B. statistische Übersichten über bevorzugte Kommt- und Geht-Zeiten in verschiedenen Abteilungen, Bereichen oder zu verschiedenen Jahreszeiten.

---

[6]) Überstunden, die nur auf besondere Anordnung des Vorgesetzten geleistet werden dürfen, werden getrennt behandelt und gehen nicht in den Gleitzeitsaldo ein.

4. Kosten-Nutzen-Analyse

Wichtigste Grundlage für die Entscheidung über die Einführung der GLAZ ist ein Vergleich der damit verbundenen Kosten, Nachteile und Vorteile. Bei der Kalkulation der Kosten sind zu unterscheiden:

1. Einmalige Ausgaben für die Installation des Systems
2. Laufende Kosten für die Zeiterfassung und -auswertung
3. Zusätzliche Kosten für die mit der GLAZ verbundene längere Betriebsbereitschaft (vgl. Abb. 1)

Tabelle 3 zeigt die Kalkulation der jährlichen und der monatlichen Kosten sowie der Kosten pro Mitarbeiter und Monat. Bei linearer Abschreibung der einmaligen Kosten in 5 Jahren beträgt der monatliche Anteil 1 218 DM. Hinzu kommen die laufenden monatlichen Kosten, die sich zusammensetzen aus der Gerätemiete, Auswertungskosten und Personalkosten. Im vorliegenden Fall werden zunächst keine Personalkosten veranschlagt, da die Arbeit der Gleitzeitbeauftragten bei 350 Personen von der Gehaltsabteilung wahrgenommen werden kann. Kosten für eine längere Betriebsbereitschaft konnten ebenfalls vernachlässigt werden. Sie

I. Einmalige Ausgaben	
1. Installation (Haustechnik, Apparatur-Montage, Leitungsnetz-Montage)	15 800 DM
2. Konsolen für Ausweisleser	3 500 DM
3. Ausweiserstellung	700 DM
4. Installation des Bandgeräts[7]	300 DM
5. Fremd-Programmierung	12 000 DM
6. Systemanalyse, Eigen-Programmierung und Test	28 000 DM
7. Organisation	12 800 DM
8. Summe der einmaligen Ausgaben	73 100 DM
9. Monatliche Kosten bei linearer Abschreibung von (8) in 5 Jahren	1 218 DM
II. Laufende Kosten pro Monat	
10. Zentraleinheit mit Zubehör (Miete)	810 DM
11. Ausweisleser (Miete)	630 DM
12. Bandgeräte (Miete)	622 DM
13. Personalkosten für Gleitzeitbeauftragte	—
14. EDV-Kosten (bei zweimaliger Auswertung im Monat)	2 000 DM
15. Summe der laufenden monatlichen Kosten	4 062 DM
III. Gesamtkosten pro Monat (9 plus 15)	5 280 DM
IV. Gesamtkosten pro Jahr	63 360 DM
V. Kosten pro Mitarbeiter und Monat bei 350 Personen	15,09 DM

Tabelle 3

---

[7] Es handelt sich dabei um das auf S. 425 erwähnte Gerät zur Speicherung der Zeitdaten.

werden jedoch häufig entstehen, da die Bandbreite, d. h. die Zeit vom frühestmöglichen Arbeitsbeginn bis zum spätestmöglichen Arbeitsende, bei der GLAZ in jedem Fall größer ist als bei fester Arbeitszeit. Zu diesen Kosten der längeren Betriebsbereitschaft gehören im Einzelfall: Zusätzliche Kosten der Hausverwaltung (z. B. Portier und höhere Reinigungskosten wegen ungünstigerer Zeiten), Heizung und Beleuchtung.

Wie die Rechnung zeigt, ergeben sich unter den genannten Bedingungen Kosten pro Person und Monat in Höhe von 15,09 DM. Zweifellos ein hoher Betrag, der auch bei Einsparung einer EDV-Auswertung monatlich (nach der Eingewöhnungszeit) nur auf ca. 12 DM absinkt.

Eine Analyse der Kosten im Hinblick auf die geplante Erweiterung der GLAZ-Regelung auf 2000 Mitarbeiter führt dagegen zu einem erheblich günstigeren Bild. Zusätzliche Kosten entstehen unter diesen Umständen für jetzt erforderliche Gleitzeitbeauftragte, die umfangreichere EDV-Auswertung und Ausweiserstellung. Da die längere Bandbreite der Arbeitszeit jetzt das gesamte Bürohochhaus betrifft, sind ebenfalls zusätzliche Verwaltungskosten anzusetzen. Insgesamt ist für diese Situation zwar mit ca. 10 000 DM monatlichen Kosten zu rechnen, pro Mitarbeiter findet jedoch eine Kostendegression bis auf ca. 5 DM im Monat statt.

Tabelle 4 enthält eine Zusammenstellung der Vor- und Nachteile, die bei der GLAZ für Unternehmen und Mitarbeiter entstehen. Auch ohne die Möglichkeit, alle Vorteile im voraus in Geld auszudrücken[8]), wird deutlich, daß die zu erwartenden positiven Auswirkungen die Kosten und Nachteile bei weitem überwiegen. Dies gilt auf jeden Fall dann, wenn bei 2000 Mitarbeitern von monatlichen Kosten pro Person in Höhe von ca. 5 DM auszugehen ist.

5. Praktische Überlegungen für die Einführung der GLAZ

Um die GLAZ möglichst störungsfrei einzuführen, müssen folgende wichtige Aspekte beachtet werden:

1. Zusammensetzung des für die Einführung verantwortlichen Teams
2. Information der Mitarbeiter
3. Stufenweise Einführung der GLAZ

Wegen der vielen betriebswirtschaftlich-organisatorischen, rechtlichen und personellen Teilfragen sollten dem für die Planung und Einführung verantwortlichen Team Mitarbeiter aus der Personalabteilung, Oganisationsabteilung, dem Betriebsrat und evtl. der Rechtsabteilung angehören. Häufig kann es auch zweckmäßig sein, Mitarbeiter der Abteilungen heranzuziehen, in denen die GLAZ zuerst installiert werden soll.

---

[8]) Bei Messerschmitt-Bölkow-Blohm wurde von einer monatlichen Kosteneinsparung durch Rückgang der Fehlzeiten in Höhe von 25 000 DM gesprochen (Durchschnitt der Jahre 1967 bis 1969). Der Rückgang der Fehlzeiten betrug fast 50 %. Vgl. dazu O. Bäßler, Gleitende Arbeitszeit, a. a. O., S. 530.

[9]) Eine Umfrage bei Messerschmitt-Bölkow-Blohm, 1968, ein Jahr nach der Einführung führte zu dem Ergebnis, daß von ca. 2000 Arbeitskräften 65,5 % meinten, die Arbeitsbedingungen hätten sich verbessert, 27,2 % nicht verändert, 1,1 % verschlechtert und 6,2 % machten keine Angaben. Vgl. Hackh, Gleitende ..., a. a. O., S. 132.

Vorteile der GLAZ für das Unternehmen	Vorteile für die Mitarbeiter[9]
1. Bessere Anpassung an schwankenden Arbeitsanfall (Rückgang bezahlter Überstunden) Schwankender Arbeitsanfall bei fester Arbeitszeit bedeutet häufig personelle Überbesetzung oder Überstunden, um Spitzenbelastungen aufzufangen. In Zeiten geringen Arbeitsanfalls kommt es zu Leerlauf. Diese Nachteile können bei GLAZ zumindest teilweise ausgeglichen werden, da sich die Mitarbeiter mit ihrer Arbeitszeit auch an den Arbeitsanfall anpassen.	**1. Weniger Streß auf dem Weg von und zu der Arbeit** Die Mitarbeiter können die Verkehrsspitzenzeiten vermeiden, ein Vorteil, der nach neueren medizinischen Erkenntnissen hoch eingeschätzt werden muß.
2. Leistungssteigerung durch bessere Motivation der Mitarbeiter Die GLAZ kommt dem Streben nach Selbständigkeit und Eigenverantwortung der Arbeitskräfte entgegen. Die sich für die Mitarbeiter ergebenden Vorteile führen zu einer höheren Motivation durch bessere Befriedigung sozialer Bedürfnisse.	**2. Bessere Abstimmung zwischen Berufs- und Privatleben** Persönliche Besorgungen und Behördengänge können im Hinblick auf die Öffnungszeiten besser erledigt werden. Die individuelle Zeiteinteilung erleichtert Freizeitbeschäftigungen. Frühaufsteher und Langschläfer können den ihnen gemäßen Arbeitsbeginn wählen.
3. Rückgang von Fehlzeiten Manche persönlichen Angelegenheiten, die bei fester Arbeitszeit ohne Gehaltsabzüge während der Arbeitszeit erledigt wurden, werden jetzt von der Arbeitszeit abgezogen. Da gegenüber fester Arbeitszeit viele Gründe für „Eintageskrankheiten" (z. B. Angst vor Verspätung bei Verschlafen) entfallen, **verringern sich die Fehlzeiten.**	**3. Keine „verschenkte" Arbeitszeit und unbezahlte Überstunden mehr** Jedes „Früherkommen" am Morgen und jedes „Spätergehen" am Abend wird voll als Arbeitszeit erfaßt und geht nicht wie bei fester Arbeitszeit verloren.
4. Geringere Einarbeitungszeiten Die Mitarbeiter sind bei GLAZ eher bereit, angefangene Arbeiten zu beenden, da ihnen keine anrechenbare Arbeitszeit durch Dienstschluß verlorengeht. Dadurch entfallen Einarbeitungszeiten, die sonst bei Wiederbeginn der Arbeit am folgenden Tag entstehen würden.	**4. Keine Pünktlichkeitskontrolle mehr** Der psychologische Druck, pünktlich sein zu müssen, entfällt.
5. Abnahme der Fluktuation Weniger Kündigungen durch Mitarbeiter wegen größerer Zufriedenheit mit den Arbeitsbedingungen. **6. Personalbeschaffung vom Arbeitsmarkt wird erleichtert** Durch die in Stellenanzeigen herausgestellten Vorzüge der GLAZ kann das Unternehmen als Nachfrager auf dem Arbeitsmarkt einen Wettbewerbsvorteil erlangen. Dadurch werden die Personalbeschaffungsmöglichkeiten verbessert. Dieser Vorteil nimmt jedoch in dem Maße ab, wie die GLAZ zunehmende Verbreitung findet.	**5. Möglichkeit für ein verlängertes Wochenende oder verlängerten Urlaub** besteht in dem Ausmaß, wie Zeitguthaben durch Befreiung von Kernzeiten „abgefeiert" werden dürfen. <u>Nachteile für die Mitarbeiter</u> 1. Evtl. Einkommenseinbußen durch geringere Möglichkeiten, Überstunden zu leisten 2. Erfassung aller Abwesenheitszeiten zu Lasten der Mitarbeiter Bei fester Arbeitszeit werden persönliche Besorgungen während der Arbeitszeit oft stillschweigend geduldet. Da jetzt jedes Verlassen des Hauses zeitlich erfaßt wird, gehen diese Zeiten zu Lasten der Mitarbeiter.

Tabelle 4

Im vorliegenden Fall wurde in einer Voruntersuchung zunächst ein Plan von der zentralen Organisationsabteilung entwickelt. Die eigentliche Einführung nach Abschluß der Betriebsvereinbarung wurde in Zusammenarbeit zwischen Personalleitung, Betriebsrat und Organisationsabteilung durchgeführt.

Wichtigste Voraussetzung für eine reibungslose Einführung der GLAZ und die Nutzung ihrer Vorteile ist eine ausführliche Information der Mitarbeiter. Dazu muß einerseits das System der GLAZ erläutert werden, andererseits sind die für **die Mitarbeiter entstehenden Vorteile und Nachteile (vgl. Tabelle 4)** hervorzuheben. Nur so kann bei dem an feste Arbeitszeit und Pünktlichkeit gewöhnten Personal ein evtl. gegen die neue Regelung vorhandenes Mißtrauen beseitigt werden. Neben Vorträgen auf Betriebsversammlungen und Ausgabe schriftlicher Unterlagen[10]) ist es erforderlich, Personen zu benennen (Gleitzeitbeauftragte, Betriebsrat), die den Mitarbeitern laufend für Auskünfte zur Verfügung stehen.

Um Schwachstellen und Fehler im neuen Arbeitszeitsystem noch rechtzeitig beseitigen zu können, hat sich in der Praxis eine stufenweise Einführung der GLAZ bewährt. Zuerst wird ein Testlauf in einer oder zwei Abteilungen veranstaltet (hier: Verkaufsadministration und Organisationsabteilung). Mit Hilfe der dabei gewonnenen Erfahrungen, gegebenenfalls ergänzt durch eine Umfrage bei den betroffenen Mitarbeitern, kann das System verbessert werden, bevor ein größerer Kreis von Arbeitskräften einbezogen wird. Die Vorteile dieser Vorgehensweise liegen einerseits darin, daß Vorbehalte beim Personal leichter überwunden werden können, wenn sich ein Erfolg mit der Testabteilung herumspricht. Andererseits kann die GLAZ bei unüberwindlichen Schwierigkeiten leichter wieder abgesetzt werden, als wenn sich die Einführung von vornherein auf das ganze Unternehmen erstreckt.

Der zeitliche Ablauf der Einführung kann am Beispiel des vorliegenden Falls wie folgt charakterisiert werden: Voruntersuchung, Planungsarbeiten und Verhandlungen bis zum Abschluß der Betriebsvereinbarung dauerten ca. 1½ Jahre. Weitere 5 Monate wurden für die Installation des Systems und die Information der Mitarbeiter bis zum Beginn des Testlaufs verbraucht. 3 Monate wurden schließlich zusätzlich für Systemverbesserungen bis zur Einführung für alle 350 Mitarbeiter benötigt.

---

[10]) Im betrachteten Unternehmen erhielten die Mitarbeiter die Betriebsvereinbarung mit den Regeln der GLAZ, ein kurzgefaßtes „Gleitzeit-ABC" (vgl. Abb. 2) mit Hinweisen zur Bedienung der Ausweisleser auf der Rückseite und einem ausführlichen Leitfaden durch die neue Arbeitszeitregelung.

24

Soziometrie als Hilfsmittel des Organisators

Von Prof. Dr. Horst Jürgen Helle und Dipl.-Kfm. Eberhard Schliemann

I.

Der Organisator hat das Ziel, eine Organisation zu schaffen, die eine optimale Aufgabenerfüllung ermöglicht.

„Als Organisation bezeichnen wir ein System von Regelungen, die die Ausrichtung mehrerer Aufgabenträger und ihrer Arbeitsleistungen auf eine zu lösende Hauptaufgabe bezwecken"[1].

Es handelt sich also um „ein System geltender organisatorischer (betriebsgestaltender) Regelungen, deren Sinnzusammenhang durch die oberste Betriebsaufgabe gegeben ist. Organisation ist in diesem Sinne Betriebsstruktur"[2]. Die Tätigkeit des Organisators schließt insbesondere die Notwendigkeit ein, Menschen und Sachen einander zuzuordnen. Entsprechend lassen sich innerhalb des organisatorischen Handelns eine menschliche und eine sachlich-technische Dimension voneinander unterscheiden.

Die sachlich-technische Dimension setzt dem rationalen Zugriff des Organisators relativ wenig Widerstand entgegen. Hier geht es um die formale Struktur von Aufbau und Ablauf, für deren Bestgestaltung eine Reihe wissenschaftlicher Disziplinen weitgehend gesicherte Erkenntnisse liefert. Wie ein Arbeitsplatz zweckmäßig einzurichten ist, ob sich z. B. der Einsatz eines elektronischen Tischrechners rentiert, ob Farbgebung und Klimatisierung eines Arbeitsraumes verbesserungsbedürftig sind, das alles sind Fragen, die man recht gut beantworten kann. Aber auch Probleme, die mit der zumutbaren Größe eines Verantwortungsbereiches (span/depth of control) zusammenhängen und damit entscheidenden Einfluß auf die Betriebsstruktur haben, lassen sich mit erheblicher Treffsicherheit lösen. Kurz, den ‚sichtbaren' Bereich hat der Organisator einigermaßen fest in der Hand.

---

[1] Hans Ulrich, Betriebswirtschaftliche Organisationslehre, Bern 1949, S. 50.
[2] Fritz Nordsieck, Grundlagen der Organisationslehre, Stuttgart 1934, S. 15.

Kein Praktiker würde bestreiten, daß eine Organisation zunächst nur ein abstrakter Vorstellungsinhalt im Kopf des Organisators ist und daß ihr soziale und wirtschaftliche Realität erst zukommt, wenn das abstrakte System ‚Organisation' im konkreten Handeln bestimmter Menschen vollzogen wird. Die vorgestellte Abstraktion braucht also konkrete Subjekte, die sie ausführen. Die Soziologie verkündet nun sozusagen durch das Mittel der Soziometrie die Botschaft, daß nicht nur Individuen, sondern auch Gruppen in der Organisation als Subjekte wirksam sind. Dabei handelt es sich um kleine, überschaubare und zumeist informelle Gruppen, die sich nur ausnahmsweise mit den offiziellen Gruppen der formalen Organisation decken.

Dagegen liegt in der zweiten Dimension seines Handelns die Frage ziemlich im dunkeln, wie sich der Mensch nun in diesem formalen Organisationsgebäude arrangiert. Es ist aber von eminenter Bedeutung, daß auf diese Frage eine Antwort gefunden werde, da beabsichtigte Wirkungen der formalen Organisation u. U. durch unvorhergesehenes Verhalten der Menschen, die darin wirken sollen, erheblich abgeschwächt oder gar in ihr Gegenteil verkehrt werden können. Im Vordergrund der Überlegungen dieses Komplexes steht die Frage, wie sich der Mensch im Betrieb zu den Mitmenschen einstellt, mit denen zusammenzuarbeiten er letztlich gezwungen ist.

Spätestens seit Bekanntwerden der ‚H a w t h o r n e - E x p e r i m e n t e'[4]) weiß der Organisator, daß sich unabhängig von der formalen Struktur informelle Gruppen in den Betrieben zu bilden pflegen, und daß von ihnen eine starke Dynamik und unübersehbare Beeinflussung des Betriebsgeschehens ausgehen kann. Gerade weil diese Gruppen informell und damit gegenüber der formalen Organisation sozusagen auch illegal wie eine Art „Untergrundbewegung" wirksam sind, werden sie von der Unternehmungsführung vielfach selbst heute noch teils widerwillig, teils überhaupt nicht zur Kenntnis genommen. Das gilt freilich für die Wirtschaft der USA in weit geringerem Maße als für Unternehmungen Europas, weil in Nordamerika die Anwendung soziologischer Methoden innerhalb der Betriebe erheblich weitergehend eingebürgert ist als bei uns.

Hier soll als ein Hilfsmittel des Organisators die S o z i o m e t r i e vorgestellt werden, die heute überwiegend als spezielle Forschungsmethode der Soziologie verstanden wird, obwohl ihr Begründer Jacob L. Moreno sie als eine der „drei Hauptströmungen des sozialen Denkens" n e b e n Soziologie und wissenschaftlichen Sozialismus einordnen wollte[5]). Die Soziometrie bietet dem Organisator die Möglichkeit, nicht nur zur Kenntnis zu nehmen, daß in einem Betrieb informelle Gruppen wirksam sind – dazu bedürfte es keiner besonderen wissenschaftlichen Methode –, sondern auch detaillierte Informationen über die Eigenarten solcher Gruppen zu sammeln.

---

[4]) F. J. Roethlisberger, William J. Dickson, Management and the Worker, An Account of a Research Program Conducted by the Western Electric Company, Hawthorne Works, Chicago, Science Editions, New York 1964 (1. Auflage 1939).
[5]) J. L. Moreno, Die Grundlagen der Soziometrie, Köln und Opladen, 2. Auflage, 1967, S. XIX.

II.

Innerhalb der Forschungstradition, die sich aus den Bemühungen um eine Ermittlung des ‚Betriebsklimas' und seiner Bestimmungsfaktoren entwickelte, stellte sich die Struktur der Gruppen und Teilgruppen, die sich informell bilden, als die wichtigste Variable heraus. Zur Erforschung der Gruppenbildung hat J. G. Jenkins die sogenannte N o m i n i e r u n g s t e c h n i k[6]) vorgeschlagen, eine Methode, die auf dem von Moreno entwickelten ‚soziometrischen Test' aufbaut. Jenkins wandte die ‚Nominierungstechnik' zum erstenmal bei einem militärischen Forschungsprojekt an, bei dem die Einsatzfähigkeit von Marinefliegern getestet werden sollte[7]). Die Piloten wurden interviewt, wobei sich das Gespräch etwa in den folgenden Bahnen bewegte:

> Stellen Sie sich vor, Sie würden morgen zu einer neuen Flugeinheit eingeteilt und Sie selbst dürften sich die Kameraden aussuchen, die zusammen mit Ihnen die Besatzung einer Maschine bilden sollen. Denken Sie an alle Ihnen bekannten Kameraden und nennen Sie mir dann die beiden, mit denen zusammen Sie in Zukunft am liebsten fliegen würden. –
>
> Warum haben Sie diese beiden Männer ausgewählt? –
>
> Mit welchen beiden Männern würden Sie am wenigsten gern zusammen fliegen?

Solange die Zahl der an einem soziometrischen Test beteiligten Versuchspersonen nicht zu groß wird, bleibt die Auswertung der Erhebungsdaten relativ einfach. Man kann dann nämlich die Befragungsergebnisse graphisch in einem S o z i o g r a m m (Beispiele siehe Abb. 1 bis 3) einander zuordnen, indem man zunächst für jede beteiligte Person einen Kreis zeichnet. Von dem Kreis eines Befragten zieht man dann Pfeile zu den Kreisen der Personen, die als Partner gewählt wurden. Derjenige Kreis, bei dem die meisten Pfeile enden, stellt die Person dar, die am häufigsten gewählt wurde und die also ein informeller oder s o z i o m e t r i s c h e r F ü h r e r ist. Je größer die Zahl der Wahlen, die auf eine Person entfallen, desto höher der soziometrische Status dieser Person. Teilnehmer, die weder gewählt noch abgelehnt, sondern ignoriert werden, nennt man soziometrisch Isolierte. Überwiegend abgelehnte Personen endlich werden in der Literatur als soziometrische Außenseiter bezeichnet[8]).

Obwohl mit der Ermittlung des ‚soziometrischen Status' der verschiedenen Versuchspersonen die Aussagefähigkeit eines soziometrischen Tests noch keineswegs ausgeschöpft ist, kann es für den Organisator schon eine große Hilfe sein, daß ihm der normalerweise unsichtbare informelle Führer sichtbar gemacht wird.

---

[6]) J. G. Jenkins, The Nominating Techniques; Its Uses and Limitations, Eastern Psychological Association, Atlantic City 1947.
[7]) Milton L. Blum, Industrial Psychology and Its Social Foundations, New York, 2. Auflg. 1956, S. 215.
[8]) Jiri Nehnevajsa, Soziometrie, in: René König (Hersg.), Handbuch der empirischen Sozialfoschung, Bd. I, Stuttgart 1962 (S. 226–240) S. 231.

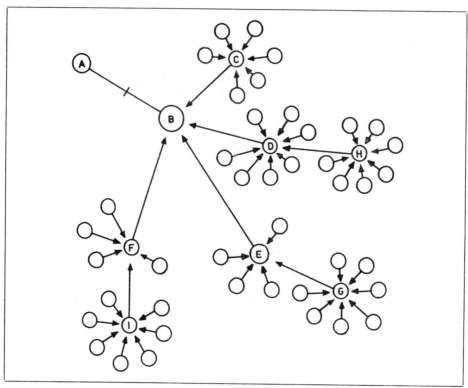

Abbildung 1

Stellung eines isolierten soziometrischen Führers

(Nach: J. L. Moreno, Die Grundlagen der Soziometrie, Köln und Opladen 1954, S. 176.)
Jeder Teilnehmer hatte fünf Wahlen, mußte aber die erste Wahl als besonders bevorzugt kenntlich machen. Das S o z i o g r a m m stellt nur die ersten Wahlen dar. A und B haben einander gewählt. Dadurch wird A zu einem unsichtbaren Führer aller übrigen, ihm potentiell zuneigenden Individuen.

<u>Wenn der Vorgesetzte einer Gruppe der formalen Organisation innerhalb dieser Gruppe zugleich auch den höchsten ‚soziometrischen Status' innehat, dann ist er sowohl formaler als auch informeller Führer.</u>

Wenn jedoch der formale Führer nur sehr wenige Wahlen erhält, dann f ü h r t er die formale Gruppe offensichtlich nur nominell und damit nicht aus eigener, sondern aus geborgter Autorität, die er der formalen Organisation entlehnt, in der er seine nominelle Führerposition innehat. Ihm erwächst dann in dem informellen Führer der Gruppe eine Gegenkraft, die in keinem Organisationsplan verzeichnet steht und von der er dennoch in hohem Maße abhängig sein wird.

Die Sichtbarmachung ‚soziometrischer Führer', die man auch als die Stars einer Gruppe bezeichnet, und allgemein die Feststellung einer Rangordnung der Versuchspersonen nach ihrem ‚soziometrischen Status' bedeutet ja zunächst nichts anderes, als daß Informationen über I n d i v i d u e n gewonnen werden.

<u>Der eigentliche Wert des soziometrischen Tests und seiner Auswertung im Soziogramm liegt jedoch in der Aufdeckung informeller G r u p p e n s t r u k t u r e n.</u>

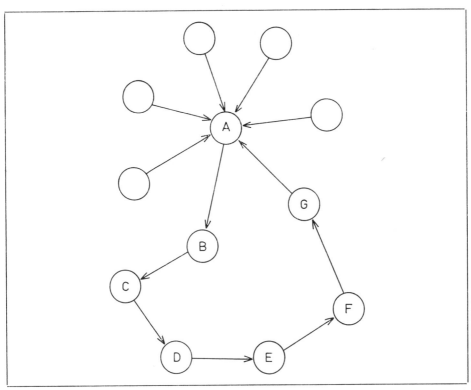

Abbildung 2

'Star' und 'Kette'

Jeder Teilnehmer hatte eine Wahl. A stellt sich als soziometrischer Star heraus. B, C, D, E, F und G sind als soziometrische Kette miteinander verbunden.

Das Soziogramm erhält durch die Verbindungspfeile zwischen den Kreisen ein bestimmtes Muster. So kann es sein, daß sich alle Befragten um zwei oder drei Stars herum anordnen lassen wie Planeten um die Sonne, oder es können sich Strukturen ergeben, bei denen „soziometrische Cliquen", „soziometrische Ketten" oder Außenseiterpaare sichtbar werden. Im zweiten Fall läuft dann das Resultat des soziometrischen Tests darauf hinaus, daß die Gruppe, die dem Test unterzogen wurde, wegen ihrer soziometrischen Zersplitterung gar nicht als Gruppe im soziologischen Sinne angesprochen werden kann. Für den Organisator ist es offensichtlich höchst bedeutsam, daß ihm Informationen über diese Muster zur Verfügung stehen.

III.

Vor der praktischen Durchführung eines soziometrischen Tests müssen mehrere methodische Fragen geklärt werden, über die Jiri Nehnevajsa eine recht instruktive Übersicht gibt[9]. Zunächst muß die Entscheidung getroffen werden, was überhaupt als Indikator soziometrischer Beziehungen gelten soll. Bei der ge-

---

[9] Ebenda, S. 228.

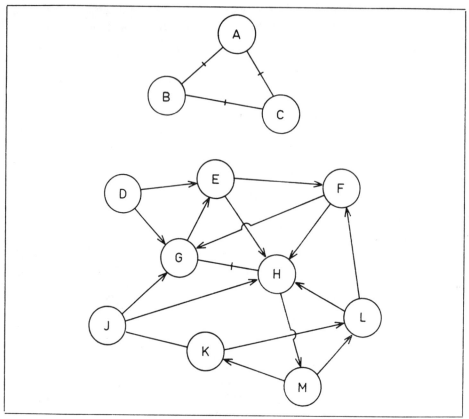

Abbildung 3

Nachweis einer Clique

Jeder Teilnehmer hatte zwei gleichberechtigte Wahlen. A wählte B und C, B wählte A und C, C wählte A und B. So entsteht eine Clique, die von der übrigen Gruppe isoliert ist. G und H haben einander gewählt. Sie haben als Paar die informelle Führung der Gruppe inne.

nannten Untersuchung der Marineflieger bedient Jenkins sich **mündlicher Äußerungen** als Indikatoren, die im Verlaufe eines Interviews gemacht werden. Dagegen setzt sich John T. Gullahorn in die Ecke eines großen Büroraumes, **beobachtet** von dort aus die Angestellten und notiert alle 15 Minuten, wer sich mit wem unterhält[10]. Hier dienen also nicht mündliche Aussagen, sondern beobachtetes Verhalten als Indikator soziometrischer Beziehungen. Diese Kontakte waren nicht zur Lösung der betrieblichen Aufgaben notwendig, sondern dienten überwiegend zu Privatgesprächen. Sie ließen daher eine Interpretation zu, die solche Kontakte als Hinweise auf Freundschaftspräferenzen deutete. Wenn es also um die Frage geht, mündliche Äußerungen oder beobachtetes Verhalten als Indikator für soziometrische Beziehungen anzusehen, dann muß selbstverständlich die Entscheidung für den einen oder den anderen Indikator die Situation berücksichtigen, in der ein soziometrischer Test durchgeführt werden soll. Wo immer die

---

[10] John T. Gullahorn, Distance and Friendship as Factors in the Gross Interaction Matrix, in: J. L. Moreno et al. (Hersg.), The Sociometry Reader, Glencoe, Illinois 1960, S. 506–517.

Situation es zuläßt, wäre es wünschenswert, b e i d e Verfahren anzuwenden und aneinander zu kontrollieren.

Wenn die Methode der Befragung gewählt wird, dann kommt es nun selbstverständlich entscheidend darauf an, auf welcher Ebene man die Partnerwahl vornehmen läßt. So ist es z. B. durchaus denkbar, daß eine Person als Partner für irgendeine Freizeitbeschäftigung gewählt wird, nicht aber als Mitarbeiter am Arbeitsplatz. „Die Schule Morenos unterscheidet daher zwischen s o z i o t e l e n u n d p s y c h o t e l e n S t r u k t u r e n, d. h. zwischen Tüchtigkeitsrangordnungen und Beliebtheitsrangordnungen"[11]). Die Frage nach dem beliebtesten Partner für einen Betriebsausflug würde also der Aufdeckung einer Beliebtheitsstruktur dienen, während die Aufforderung zur Wahl eines Partners für die Lösung einer beruflichen Aufgabe auf die Tüchtigkeitsstruktur abzielen würde.

<u>Je weiter in einer Unternehmung die formale Organisation und die informelle Gruppenstruktur auseinanderklaffen, d. h. je mehr die informellen Gruppen sich aus Mitgliedern mehrerer verschiedener formaler Abteilungen zusammensetzen, desto mehr wird die informelle Struktur dazu tendieren, eine reine Beliebtheitsstruktur zu werden, in der Tüchtigkeit bei der Rangordnung der Mitglieder außer Betracht bleibt.</u>

Eine solche Tendenz stellt für die Unternehmung eine ernste Gefahr dar, weil der Wunsch, bei einer Gruppe als Mitglied in gutem Ansehen zu stehen, bei den Mitarbeitern dann nicht mehr als Leistungsantrieb, sondern nur noch als Streben nach Popularität wirksam würde.

Eine weitere Entscheidung, die vor der Durchführung eines soziometrischen Tests getroffen werden muß, betrifft die Frage, ob man Wünsche oder Fakten ermitteln will. Wahlfragen, die etwa mit den Worten beginnen: „Stellen Sie sich einmal vor, Sie sollten ...", zielen offenbar auf W ü n s c h e der Befragten ab. Dagegen ermittelt Gullahorn von seinem Beobachtungsposten in dem Großbüro aus die f a k t i s c h e n Sozialkontakte. Auch Befragungen können der Erhebung von Fakten dienen, wie die Untersuchung von Robert S. Weiss und Eugene Jacobson zeigt[12]). Innerhalb ihres Interviews fragten Weiss und Jacobson etwa so:

> Überdenken Sie jetzt einmal Ihre Arbeit in den vergangenen drei Monaten und erinnern Sie sich der Personen, mit denen Sie hier in diesem Betrieb am engsten zusammengearbeitet haben. Wir brauchen die Namen der Leute, mit denen Sie besonders eng zusammenarbeiten. Schreiben Sie die Namen bitte hier auf. Wir möchten gern die Namen von einigen Personen, deren Rang in der Organisation höher ist als Ihr eigener, die Namen von einigen, die tiefer stehen als Sie, und von einigen, die auf der gleichen Ranghöhe stehen wie Sie selbst.

Mit Hilfe dieser Frage wurden faktische Sozialkontakte in der Tüchtigkeitsstruktur erhoben, mit deren Auswertung wir uns noch ausführlich beschäftigen werden.

Zur Vorbereitung eines soziometrischen Tests gehört ferner die Überlegung, „ob lediglich die R i c h t u n g der soziometrischen Beziehungen oder darüber hinaus

---

[11]) Peter R. Hofstätter, Gruppendynamik, Hamburg 1957, S. 129 f.
[12]) Robert S. Weiss, Eugene Jacobson, The Structure of Complex Organizations, in: J. L. Moreno et al. (Hersg.), a. a. O., S. 522–533.

auch die **Intensität** dieser Beziehungen gemessen werden soll"[13]). Eine Messung der Richtung würde sich damit zufrieden geben, daß ermittelt wird, wer wen als Partner wählt, wer wen zurückweist und wer wem gegenüber indifferent eingestellt ist. Wenn außerdem auch die Intensität der Richtung interessiert, dann muß dem Befragten eine der in der Interviewtechnik üblichen Bewertungsskalen vorgelegt werden. Dabei ist die Messung negativer Einstellungen besonders problematisch, weil sie stark emotional besetzte Reaktionen des Befragten auslösen kann.

In den beiden Fragebeispielen, die wir hier zitiert haben, wird eine weitere wichtige Alternative deutlich. Jenkins ließ seine Marineflieger zwei Wahlen treffen, Weiss und Jacobson **begrenzen** die Zahl der Nennungen **nicht**. Ob man die Zahl der zulässigen Wahlen festlegt oder offenläßt und wie groß diese Zahl im Falle einer Festlegung sein soll, das muß je nach dem angestrebten Forschungsziel und nach dem beabsichtigten Auswertungsaufwand entschieden werden. Ganz offensichtlich wird die Auswertung um so komplizierter, je größer die Zahl der zulässigen Wahlen ist.

Die letzte Vorentscheidung, die wir erwähnen wollen, ist zugleich die bedeutsamste. Sie betrifft die Begrenzung des Beziehungskomplexes, der einem soziometrischen Test unterworfen werden soll. Da die Soziometrie hier als Hilfsmittel des Organisators vorgestellt wird, liegt es nahe, eine Begrenzung auf die Mitarbeiter der betreffenden Organisation zu unterstellen. Aber bei Abteilungen im Bereich der Beschaffung oder des Vertriebs können gerade die Außenkontakte so wichtig sein, daß man sie bei bestimmten Fragestellungen nicht ausklammern darf. Andererseits bedeutet die soziometrische Arbeit an einem ‚offenen System', wobei den Befragten oder Beobachtern keine Begrenzungen nach außen vorgegeben werden, eine fühlbare Erschwerung der Interpretation der Daten. Der Veranstalter eines soziometrischen Tests muß abwägen zwischen dem Nachteil einer solchen Erschwerung und jenem anderen Nachteil, der darin liegt, daß jede Begrenzung des Beziehungskomplexes, etwa auf nur eine kleine Betriebsabteilung, Unklarheit darüber entstehen läßt, ob nicht vielleicht „die Beziehungen der Individuen innerhalb eines Systems zu anderen Personen außerhalb des Systems . . stärker und wichtiger sind als ihre Verbundenheit im ersten System, das vom Untersuchungsleiter künstlich isoliert wurde"[14]).

IV.

Das zuletzt skizzierte Dilemma vermeiden Weiss und Jacobson in ihrer schon erwähnten Untersuchung, in der sie eine komplexe Organisation in ihrer Gesamtheit soziometrisch erforschen[15]). Wir hatten schon die entscheidende Passage des Interviews zitiert, in der dem Befragten die Bitte vorgetragen wird, sich an alle Personen zu erinnern, mit denen er innerhalb der Organisation in den letzten drei Monaten besonders eng zusammengearbeitet hat. Wenn der Befragte die Liste seiner Mitarbeiter abgeschlossen hat, bittet ihn der Interviewer, die Häufigkeit der Kontakte, den Anlaß für die Kontakte, den Gegenstand der Zusammenarbeit und

---

[13]) Jiri Nehnevajsa, a. a. O., S. 229.
[14]) Ebenda, S. 230.
[15]) Robert S. Weiss, Eugene Jacobson, a. a. O.

die relative Bedeutung der Zusammenarbeit im Vergleich zu anderen Kontakten zu nennen. Sobald diese Befragung bei allen Mitarbeitern der Organisation erfolgt ist, stehen dann dem Organisator Daten zur Verfügung, die eine umfassende Organisationsanalyse ermöglichen.

Die von Weiss und Jacobson untersuchte Organisation hatte 196 Mitarbeiter, von denen insgesamt 2400 Kontakte berichtet wurden. Von diesen Kontakten waren 44 % Paarbeziehungen, d. h. wenn Mitarbeiter A berichtet hatte, er arbeite mit B zusammen, so hatte auch B im Interview angegeben, mit A zusammenzuarbeiten. Von den 409 Kontakten, die sich „mehrmals täglich" ereignen und die „von größter Bedeutung" sind, waren 80 % Paarbeziehungen. Es braucht nicht erst erwähnt zu werden, daß das Soziogramm für die Auswertung solcher Datenmassen, wie sie in dieser Untersuchung auftraten, unbrauchbar ist. Die Auswertung erfolgte mit Hilfe von **Lochkarten über eine Matrix**, die entsprechend der Zahl der Befragten 196 Zeilen und 196 Spalten hatte. Dabei wurden zunächst nur die Paarbeziehungen in die Matrix eingetragen, was bedeutete, daß die Diagonale von links oben nach rechts unten die Matrix in zwei symmetrische Hälften teilte.

Die Anordnung der einzelnen Mitarbeiter wurde bei der Aufstellung der Matrix zunächst nach dem Organisationsplan vorgenommen. Zeile 1 und Spalte 1 wurde also dem Mann an der Spitze der Organisation zugeordnet und Zeile 196 und Spalte 196 einem der rangniedrigsten Mitarbeiter. Schon eine derartige Anordnung läßt die in der Matrix als Paarbeziehungen angekreuzten Felder als ein Muster hervortreten, das ganz ähnlich den Mustern eines Soziogramms die Gruppenstruktur der Organisation in Umrissen erkennen läßt.

Schema einer Matrix

Befragte Mitarbeiter der Organisation	Von den Befragten genannte Mitarbeiter der Organisation									
	1	2	3	4	5	6	7	8	9	10
1		X	X	X	X					X
2	X		X	X	X					
3	X	X		X	X					
4	X	X	X		X					
5	X	X	X	X						
6							X	X	X	X
7						X		X	X	X
8						X	X		X	X
9						X	X	X		X
10	X					X	X	X	X	

Angenommen, eine Matrix zeigt die Verteilung der Paarbeziehungen, die in dem Schema eingetragen sind, dann ist deutlich aus der Matrix abzulesen, daß die Mitarbeiter 1, 2, 3, 4 und 5 eine Gruppe bilden und daß eine andere Gruppe aus den Mitarbeitern 6, 7, 8, 9 und 10 besteht. Außerdem zeigt die Matrix auch, daß die Beziehungen der beiden Gruppen zueinander über die Mitarbeiter 1 und 10 laufen. Ein so klares Bild der Gruppenstruktur ist das erstrebte Ziel der Matrixanalyse.

Die erste Fassung der Matrix wird in aller Regel von diesem Ziel noch weit entfernt sein, so daß eine Reihe von Umstellungen innerhalb der Matrix notwendig ist, um sie schrittweise solange zu transformieren, bis die Gruppenstruktur deutlich hervortritt.

Die nachfolgend beschriebene Transformationstechnik setzt als Ausgangsmaterial eine symmetrische Matrix voraus, also mit nur den Beziehungen, die im Laufe der Interviews von beiden beteiligten Personen genannt wurden und die wir kurz als Paarbeziehungen bezeichnet haben. Zur Isolierung der einzelnen Gruppen nehmen Weiss und Jacobson dann die folgenden Operationen vor[16]):

1) Die große Urmatrix wird in Teilsegmente unterteilt, wobei entlang der Diagonalen von links oben nach rechts unten zunächst noch einigermaßen willkürlich verfahren werden muß.

Immerhin wird schon bei diesem ersten Schritt angestrebt, daß eine möglichst große Zahl von Kontakten innerhalb der Segmente erhalten bleibt. Bei unserem Schema würde sich offensichtlich eine Aufteilung in die Segmente 1 bis 5 und 6 bis 10 ergeben, wobei nur der Kontakt zwischen den Mitarbeitern 1 und 10 entfallen müßte. Die Zahl solcher entfallenden Kontakte also ist bei der Segmentierung möglichst niedrig zu halten.

2) Derjenige Mitarbeiter, der von allen in einem Segment erfaßten Personen die größte Zahl von Kontakten mit Personen außerhalb des Segments hat, wird vorläufig als Verbindungsmann angesehen und mit allen seinen Kontakten aus dem Segment entfernt.

Dann geschieht dasselbe mit dem Mitarbeiter, der die zweitgrößte Zahl von Außenkontakten hat, und so fährt man fort, bis niemand in dem Segment übrigbleibt, der mehr als einen einzigen Außenkontakt hat.

3) In jedem Segment stellt man die Personen fest, die mit niemandem sonst innerhalb des Segments Paarbeziehungskontakte haben, betrachtet sie vorläufig als soziometrisch Isolierte und entfernt sie ebenfalls.

4) Nun erfolgt innerhalb jedes Segments eine Neuordnung der Reihenfolge der Mitarbeiter in den Zeilen und Spalten, und zwar so, daß diejenigen, die in Paarbeziehungen zueinander stehen, auch in der Reihenfolge der Matrix unmittelbar nebeneinander angeordnet sind.

Das heißt aber nun nichts anderes, als daß diejenigen Mitarbeiter, die einer gemeinsamen Gruppe angehören, auch bei der Vergabe der Zeilen und Spalten der Matrix benachbarte Plätze erhalten. Durch diese Operation wird die Gruppenstruktur sichtbar gemacht.

5) Innerhalb der verschiedenen Segmente wird die Analyse nun noch einen Schritt weiter getrieben, indem man versucht, durch die Entfernung einzelner Mitarbeiter, größere Gruppen in zwei kleinere aufzuteilen.

Gelingt eine solche Aufteilung durch die Entfernung nur einer Person, dann wird diese Person als ‚Verbindungsmann' eingestuft und aus dem Segment entfernt. So

---

[16]) Ebenda, S. 527.

gelangt man schließlich zu den kleinsten kohärenten Arbeitsgruppen, die sich durch etwaige Entfernung einzelner Mitglieder nicht weiter in Teilgruppen zerlegen lassen.

6) Der Organisator hat nun die Möglichkeit, die Mitarbeiter der Organisation in drei Kategorien einzuteilen:

    a) Mitglieder kleinster Teilgruppen,

    b) Mitarbeiter, die vermutlich Verbindungsleute sind, und

    c) Mitarbeiter, die vermutlich soziometrisch Isolierte sind.

7) Wie der Zusatz „vermutlich" schon andeutet, müssen in einer siebten Operation die Kategorien b und c noch bereinigt werden. Dazu werden aus den Daten der Interviews jene Nennungen wieder in die Auswertung einbezogen, die nicht zur Bildung von Paarbeziehungen geführt hatten, bei denen also zwar Herr A Herrn B genannt hat, nicht aber umgekehrt Herr B auch Herrn A. Mitarbeiter, die vorläufig als soziometrisch Isolierte behandelt worden waren, haben nun vielfach doch enge Beziehungen zu den Angehörigen einer Gruppe. Sie werden dann dieser Gruppe zugeteilt. Ebenso werden von den vermutlichen Verbindungsleuten jene, deren Kontakte überwiegend in einer einzigen Gruppe liegen, dieser Gruppe als Mitglieder zugeteilt. Nach dieser Operation bleiben die echten Vertreter der Kategorien b und c übrig.

8) Weitere Schritte hängen von der untersuchten Organisation und dem Forschungsziel des Organisators ab. Aber schon die hier skizzierten Operationen lassen die soziale Struktur einer Organisation sehr durchsichtig werden. Eine neue Gesamtmatrix in transformierter Form, ergänzt durch eine Beschreibung der Beziehungen zwischen den jetzt sichtbar gewordenen Kleingruppen, würde einen kritischen Vergleich des formalen Aufbaus der Organisation, ihrer faktischen Kontaktstruktur, zulassen.

V.

Die Identifikation der informellen Kleingruppen innerhalb der formalen Organisation und die Aufhellung der unsichtbaren Beziehungen zwischen ihnen k ö n n e n dem Organisator mit dem Hilfsmittel der Soziometrie gelingen. Erst wenn ihm beides t a t s ä c h l i c h gelingt, hat er Kenntnis von der sozialen Wirklichkeit des Betriebes. Diese Wirklichkeit wird von zweierlei Typen aktiver Subjekte getragen, von den Individuen und von den Kleingruppen. Ebenso wie ein Individuum einen bestimmten Charakter und eine bestimmte Einstellung zum Betrieb hat, so hat auch eine Kleingruppe ihren Charakter und ihre gruppenspezifische Einstellung, die sich ebenso wandeln kann wie die Einstellung eines Individuums. Eine zeitgemäße Unternehmungsleitung betrachtet es als selbstverständliche Maxime ihrer Personalpolitik, über die Eigenarten jedes einzelnen Beschäftigten möglichst viel Informationen systematisch zu sammeln und auszuwerten, um den richtigen Mitarbeiter an dem richtigen Platz einsetzen zu können. Ein gleiches Maß an Aufmerksamkeit verdient auch die Kleingruppe. Ein Blick in die Veröffentlichungen betriebssoziologischer Forschungsergebnisse bestätigt, von welcher Tragweite es für die Unternehmensführung ist, ob sie mit ihren Bemühungen um eine Durchleuchtung der Gruppenstruktur des Betriebes Erfolg hat.

So erzielte R. H. van Zelst eine Minderung der Produktionskosten von 5 % dadurch, daß er Zimmerleuten und Maurern gestattete, sich die Partner in ihren Arbeitsgruppen selbst auszusuchen[17]). Eine andere international vergleichende Untersuchung ergab, daß die Höhe des Absentismus nicht in erster Linie betriebsspezifisch, sondern gruppenspezifisch ist. So konnte nachgewiesen werden, in welchem Maße in Gruppen mit einer niedrigen durchschnittlichen Fehlrate die Einstellung zur Arbeitssituation positiver ist als in Vergleichsgruppen mit hohem Absentismus. Niedriger Gruppenabsentismus bedeutet zugleich, daß die Gruppe den Eindruck hat, Entscheidungen, die die Gruppe betreffen, beeinflussen zu können, er bedeutet ferner, daß der formale Vorgesetzte auch informeller Führer der Gruppe ist[18]).

Noch eindringlicher wird die Bedeutung der Gruppenstruktur in den Untersuchungen dokumentiert, die die Verfassung der Kleingruppen mit der Häufigkeit von Arbeitsunfällen verknüpfen. Ein Vergleich der Verhältnisse in fünf Seehäfen Nordwesteuropas erwies, daß die Unfallfrequenz dort am höchsten ist, wo auf die Existenz der Kleingruppen am wenigsten Rücksicht genommen wird[19]). Der Forschungsarbeit lagen die Statistiken des Jahres 1957 zugrunde, eines Jahres, in dem in den fünf untersuchten Häfen zusammen rund 50 000 Hafenarbeiter 20 000 Unfälle erlitten haben, wobei ‚Unfall' definiert ist als die körperliche Verletzung eines Hafenarbeiters während der Arbeitszeit, die so schwer ist, daß der Betroffene seinen Arbeitsplatz verlassen muß, um ärztliche Hilfe in Anspruch zu nehmen. Ärztliche Hilfe erübrigt sich freilich für die tödlichen Unfälle, die gerade bei der Hafenarbeit besonders häufig sind. Dort enden im Durchschnitt von 1000 Unfällen 3 mit dem Tode[20]). Die vergleichsweise größere Unfallfrequenz bei soziometrisch isolierten Flugzeugpiloten, die in aller Regel mit dem Tod aller Insassen der Maschine einhergeht, wurde von Leslie D. Zeleny erwähnt[21]).

Die Erfahrungen mit der Anwendung soziometrischer Methoden in den Betrieben der USA geben keine Veranlassung, die Forschungsergebnisse oder auch nur das methodische Instrumentarium, mit dessen Hilfe sie erarbeitet wurden, unverändert auf deutsche Verhältnisse zu übertragen. Diese Erfahrungen sind aber Grund genug, daß deutsche Betriebssoziologen und Organisatoren sich mit Energie an die Arbeit machen, um eigene Erfahrungen zu sammeln und um eigene Methoden auf der Basis der Erfahrungen anderer zu entwickeln. Die Möglichkeiten der Soziometrie sind auch in den USA noch nicht annähernd ausgeschöpft, und die Zahl der denkbaren methodischen Ansätze ist so groß, daß für jeden Betrieb die Anwendung soziometrischer Instrumente in der einen oder anderen Form denkbar wäre.

---

[17]) R. H. van Zelst, Sociometrically selected work teams increase production, in: Personnel Psychology, Jg. 1952, S. 175–186.
[18]) H. J. Helle, Absenteeism and Attitudes in American and German Work Groups, M. B. A.-Thesis, The University of Kansas, Lawrence, Kansas 1957.
[19]) H. J. Helle, Die unstetig beschäftigten Hafenarbeiter in den nordwesteuropäischen Häfen, Stuttgart 1960. Siehe auch : Ders., Die soziologische Seite der Unfallforschung, in: „Arbeitswissenschaft", Jg. 1963, S. 76–77.
[20]) H. J. Helle, Die unstetig beschäftigten Hafenarbeiter ..., S. 47 f.
[21]) Leslie D. Zeleny, Selection of Compatible Flying Partners, in: J. L. Moreno et al. (Hersg.), a a O., S. 534–547, vorher veröffentlicht in: American Journal of Sociology, Bd. 52 (1947), S. 424–431.

Die Chancen, die sich aus der Anwendung der Soziometrie für die Unternehmung ergeben, sind vielfältig. Im Rahmen dieses Beitrages wurden stellvertretend für andere die folgenden vier Vorteile angedeutet:

a) Informeller Führer:

Um auf das Leistungsvermögen einer Gruppe einwirken zu können und um die Bereitschaft zur Anpassung an o r g a n i s a t o r i s c h e N e u e r u n g e n zu steigern, sollte die Unternehmungsleitung den Weg über den informellen Führer wählen. Dieses kostensparende Verfahren setzt offensichtlich voraus, daß er bekannt ist.

b) Divergenz zwischen formaler und informeller Organisation

Die Feststellung, daß formale und informelle Struktur in einem Betrieb stark auseinanderklaffen, ist ein Hinweis auf eine g e r i n g e L e i - s t u n g s o r i e n t i e r u n g der Mitarbeiter.

c) Divergenz zwischen geplanter und effektiver Kontaktstruktur

Bei der Planung einer Organisationsstruktur wird von bestimmten Kommunikationswegen ausgegangen. Wenn sich bei einer Erhebung der effektiven Kontaktstruktur eine erhebliche Abweichung von der Planungskonzeption ergibt, so ist das ein Hinweis auf die Notwendigkeit einer A n p a s s u n g d e r O r g a n i s a t i o n s s t r u k t u r.

d) Leistungssteigerung

Wie verschiedene Untersuchungen gezeigt haben, steigert eine bewußte B e r ü c k s i c h t i g u n g d e r G r u p p e n s t r u k t u r die Leistung und senkt den Krankenstand, die Fluktuation sowie die Unfallfrequenz.

Stichwortverzeichnis

A

Abbau
— von Personal bei Rezession 51
— von Überstunden bei Rezession 51, 64 f.
Abfindungen bei Betriebsstillegungen 405
Ablaufplan, Programm- 160 f.
—, Kartenartenprüfung 162
—, Plausibilitätsprüfung 162
Abnehmerstruktur, Marktanalyse bei Produkteinführung 190 ff., 209 f.
Abrechnungsperiode bei gleitender Arbeitszeit 423
Absatz, Zusammenhang mit Preis 317 ff.
Absatzanalyse 360, 361 f.
Absatzeinzelkosten 220 ff.
Absatzentwicklung, Volkswagen 282
Absatzgemeinkosten 220 ff.
Absatzmethoden, Volkswagen 280
Absatzorganisation, Volkswagen 282 ff.
Absatzpolitik
—, Begriff 274
—, Planung der 274 ff.
—, Volkswagen 275 ff.
absatzpolitisches Instrumentarium 274, 315
Absatzprognose 285
— bei neuen Produkten 216 f.
Absatzstabilisierung durch Export 273
Absatzvolumen, Planung 285 f.
Abschreibungen auf Anlagen 40
—, Minderung bei Rezession 63
Absentismus, Gruppen- 442
absoluter Deckungsbeitrag 340
Abweichungsanalyse bei Netzplanung 116
Administration, Rationalisierung 379 ff.
Aerosole, Marketing 231 ff.
Afrika, Exportkalkulation 291 ff., 297
Aktivitäten (Netzplantechnik) 115, 119 ff., 256
aktuelle Bestandsführung 360, 374 ff.
Alternativen bei Entscheidungsprozeß 32 ff., 44
Amerika, VW-Export 273 ff.
Amortisation des Kapitals bei Produkteinführung 75, 80 ff., 267 ff.
Amortisationszeit 44
Analyse
—, Absatz- 283 f., 360, 361 f.
—, Arbeits- 386 ff.

—, Cluster- 233 ff.
—, Exportmarkt- 274
—, Investitions- 36
—, Kunden- 189 ff., 208 ff., 233 f., 283 f.
—, Markt- 189 ff., 206 ff., 309 f.
—, Produktkosten- 73 ff.
analytische Zeitmessung am Arbeitsplatz 382 ff.
Anlagen
—, Abschreibung 40, 63
—, Einsatz bei Rezession 65
—, Kapitalbindung bei neuem Produkt 259
—, kostenminimale Intensität 67 ff.
Annahmewahrscheinlichkeit 91 ff.
—, Kurve der 91, 95, 100
Annuität
—, fallende 296
—, feste 298
Annuitätentilgung 296 ff.
Anpassung im Fertigungsbereich
—, intensitätsmäßige 64, 67 f.
—, kombinierte 68 ff.
—, kurzfristige 63 ff.
—, mittelfristige 70
—, selektive 64 ff.
—, zeitliche 64
—, zeitlich-selektive 64
Anzeige
—, Einführungs- 249, 312 f.
—, Volkswagen 277 ff.
AOQ 87 ff.
Arbeit
—, beleggebundene 386 ff.
—, Kurz- 64
—, nichtbeleggebundene 386 ff.
Arbeitnehmervertretung, siehe Betriebsrat
Arbeitsablauf
— bei EDV-Einführung 148 ff.
— bei symbolischer Programmierung 163
Arbeitsanalyse 386 ff.
Arbeitseffektivität der Mitarbeiter 390
Arbeitsentgelt, Mitwirkung des Betriebsrats 413
Arbeitslöhne, Minderung bei Rezession 62, 70 ff.
Arbeitsplatz, Ausschreibung 406, 414
Arbeitsplatzstudie 382 ff.
Arbeitsproduktivität 397 f.

Arbeitsvolumen
—, Messung 381 ff.
—, Zusammenhang mit Personalbedarf 379 ff.
Arbeitszeit, gleitende 419 ff.
Arbeitszeitmessung 381 ff.
Artikelstammsatz 158
As-Marketed-Test 247
Assembler 160
Aufgabenplanung bei EDV-Einführung 144
Auftragsbearbeitung mit EDV, Ablaufplan 149 ff.
Auftragseingabe
—, Fehlerprotokoll 156
—, Programmbeschreibung 152 ff.
Auftragskarte 155
Auftragsprüfung
—, Fehlerprotokoll 156
—, Programmbeschreibung 152 ff.
Ausfuhr
—, Maschinen- 291 ff.
—, Planung 274 ff.
—, Volkswagen 273 ff.
Ausfuhrfinanzierung 296 ff.
Ausfuhrförderung 292
Ausfuhrgarantien des Bundes 292
Ausfuhrkalkulation 291 ff., 297
Ausführungszeit (Netzplantechnik) 119 ff., 256
Ausgabeeinheiten, Analyse bei EDV-Einführung 181
Ausgabezeit, Analyse bei EDV-Einführung 173, 178
Ausland, Produktionsstätten im 54
Auslandsmarkt, siehe auch Ausfuhr
—, Erschließung 273 ff.
—, Erweiterung bei Rezession 54
Auslandsvertreter, Provision für 304 f.
Auslastungsgrad der Mitarbeiter 390
Ausschreibung von Arbeitsplätzen 406, 414
Ausschuß 87 ff.
Außenseiter, soziometrischer 433
Außenstände
—, Kapitalbindung bei neuem Produkt 262
—, Überwachung 49
—, Uneinbringlichkeit 292, 295, 305
Ausweisleser bei gleitender Arbeitszeit 425
Automobilindustrie
—, Export 273 ff.
—, Kapazitätserweiterung 35 ff.
Average Outgoing Quality 87 ff.
Average-Return-Methode 41 ff.

B
Banddatei 159
Bandeinheiten, Analyse bei EDV-Einführung 181 f.
Bandsteuereinheiten, Analyse bei EDV-Einführung 183
Bandzeiten, Analyse bei EDV-Einführung 173, 178
Bau einer Satellitenfabrik 29 ff.
Beförderungsmenge, optimale 356
Beförderungsmittel, Auswahl von 360, 363 ff.
Befragung
— bei soziometrischem Test 437 ff.
—, Konsumenten- 189 ff., 208 ff., 233 f.
beleggebundene Arbeiten 386 ff.
Beliebtheitsrangordnungen 437
Beratungsrecht des Betriebsrats 403 ff., 409 ff.
Bericht
—, Design-Cost- 83
—, Kostenentwicklungs- 81 f.
Berlin-Präferenz 296, 306
Berufsbildung, Mitwirkung des Betriebsrats 408
Beschleunigungskosten (Netzplantechnik) 119 ff.
Bestandsführung, aktuelle 360, 374 ff.
Bestellkosten 355
betriebliche Berufsbildung, Mitwirkung des Betriebsrats 408
betriebsindividuelle gleitende Arbeitszeit 421
Betriebsrat
—, Mitwirkung bei Rationalisierungsmaßnahmen 409 ff.
—, Rechte und Pflichten 402 ff.
Betriebsstillegungen 404
Betriebsvereinbarung für gleitende Arbeitszeit 421
Betriebsverfassungsgesetz 402 ff.
—, Auswirkungen bei Rationalisierungsvorhaben 409 ff.
Bewerbung, Mitwirkung des Betriebsrats 407
Binomialverteilung 90 f.
Blindtest 243
Blockungsfaktor 171
Brand Marketing Strategy für Kosmetika 235 ff.
Bundesgarantien 292
Büroarbeit
—, Rationalisierung 379 ff.
—, Zeitmessung 382 ff.

C

Cash flow 42 f.
Chemische Industrie, Personalwesen 399 ff.
cif-Kalkulation 291 ff., 297
Cliquen, soziometrische 435 f.
Clusteranalyse 233 ff.
COBOL 160
Codierung 160
Cournot-Menge 330 ff.
Cournot-Preis 330 ff.
CPU-Zeit, Analyse bei EDV-Einführung 173 ff., 178
CSP-1-Plan 105

D

Datei
—, Artikelstamm- 158
—, Band- 159
—, Kundenstamm- 157
—, Speicher- 157, 158
Daten für Preispolitik 317 ff.
Datenverarbeitung, siehe EDV(-)
Dauerbackhefe, Produkteinführung 203 ff.
Deckungsbeitrag 221 ff.
—, absoluter 340
—, relativer 341
Deckungsbeitragsrechnung
— bei neuen Produkten 221 ff.
— bei Preispolitik 340 ff.
Deomittel, Marketing 231 ff.
Design, Packungs- 195 ff., 236
Design Cost 74 f.
Design Cost Analysis 73 ff.
Design-Cost-Bericht 83
Detailnetzplan 112, 114
Detailorganisation bei EDV-Einführung 151 ff.
Detailplanung bei EDV-Einführung 143 ff.
Deutsche Revisions- und Treuhand AG 292
Devisentermingeschäft 307
Dienstleistungsbereich, Rationalisierung 379 ff.
Direktgeschäft 351
Discounted Cash-flow-Methode 43
Distributionskosten 353 ff.
Distributionsplanung 349 ff.
Distributionsstrategie, optimale 360, 364 ff.
Diversifikation 317
Dodge-Stichprobenplan 104 ff.
Dokumentation, EDV- 165
Dokumente, Verschiffungs- 293
Druckereimaschine, Exportkalkulation 291 ff., 297
durchschnittlicher Lagerbestand 262
—, Minderung bei Rezession 62
durchschnittlich gebundenes Kapital 40

E

E/A-Zeiten, Analyse bei EDV-Einführung 173, 178
EDV
—, simultane Lagerhaltungs- und Distributionsplanung mit 349 ff.
—, Verkaufsabrechnung mit 167 ff.
EDV-Dokumentation 165
EDV-Gesamtsystem 135 ff.
EDV-System
— für Verkaufsabrechnung 167 ff.
—, integriertes 135 ff.
—, Problemanalyse und Entwicklung 127 ff.
EDV-Teilsystem, Entwicklung und Einführung 138 ff.
Eignung neuer Produkte 226 ff.
Einführung eines EDV-Systems 127 ff.
Einführung eines neuen Produktes
—, Kapitalbedarfsrechnung 255 ff.
—, kosmetische Industrie 231 ff.
—, Nahrungsmittelindustrie 185 ff., 203 ff.
—, nationale 252
—, Test- 200 ff., 247 ff.
Einführungsanzeige für Kosmetika 249
Einführungswerbung
—, Kapitalbedarf 263
—, Kosmetika 237 f., 246
Eingabeeinheiten, Analyse bei EDV-Einführung 181
Eingabezeit, Analyse bei EDV-Einführung 173, 178
Eingangskontrolle 86, 94 ff.
Einigungsstelle nach Betriebsverfassungsgesetz 413
Einkaufspreise, Minderung bei Rezession 61
Einsparungen bei Rezession 47 ff., 57 ff.
Einstellung von Mitarbeitern, Mitwirkung des Betriebsrats 406 f.
Einzelhandelserhebungen 189 ff.
Einzelkosten
—, Absatz- 220 ff.
— bei Exportkalkulation 291
elektronische Datenverarbeitung, siehe EDV
Empfindlichkeitsanalyse bei Netzplanung 116
Endkontrolle 86, 87 ff., 89 ff.
Energiekosten, Minderung bei Rezession 63, 65 ff.
Engpaß
—, Kapazitäts- 331 f.
—, Produktions- 331 f.
Entlassung von Mitarbeitern, Mitwirkung des Betriebsrats 405 ff., 414 ff.

Entlohnungsmethode, Mitwirkung des
  Betriebsrats 413
Entscheidung
—, absatzpolitische 275 ff.
—, Alternativen bei 32 ff., 44
—, Investitions- 35 ff.
—, Produkteinführungs- 185 ff., 203 ff.
—, Standort- 21
Entscheidungsprozeß, Ablauf 32 ff.
Entwicklung
 — von EDV-System 127 ff.
 — von neuen Produkten 185 ff., 240 f.
 — von Verpackung 242
Entwicklungsblöcke 76 ff.
Entwicklungsbriefing 240
Entwurf eines EDV-Systems 167 ff.
Ereignisse (Netzplantechnik) 115, 119 ff., 256
Erhebungen, Einzelhandels- 189 ff.
Erlös, Grenz- 328 f., 337 f.
Erschließung, Markt-
 — bei Rezession 54
 — im Export 273 ff.
Erstanalyse bei Produktentwicklung 77 ff.
Erweiterung der Kapazität,
  siehe Kapazitätserweiterung
Etikettengestaltung bei neuen Produkten
  198
Export
—, Automobil- 273 ff.
—, Maschinen- 291 ff.
—, Planung 274 ff.
—, Vorab- 275
Exportfinanzierung 296 ff.
Exportförderung 292
Exportgarantien des Bundes 292
Exportkalkulation 291 ff., 297
Exportmarkt, Erschließung 273 ff.

F

Fabrikationsrisiko bei Exportkalkulation 292
faktische Sozialkontakte 437
Fakturierung mit EDV, Ablaufplan 149 ff.
fallende Annuität 296
Fehler
—, Produktions- 87 ff.
—, Programm- 164
Fehleranteil 87 ff.
fehlerhafte Produkte 87 ff.
Fehlerprotokoll
 — bei gleitender Arbeitszeit 426
 — für Auftragseingabe und -prüfung 156
Feierschichten, unbezahlte 64
Fernsehwerbung für Kosmetika 250 f.

Fertigfabrikate, Kapitalbindung bei neuem
  Produkt 261
Fertigsoßen, Produkteinführung 185 ff.
Fertigung, Fremd- 52
Fertigungsbereich, kurzfristige Anpassung
  63 ff.
Fertigungslöhne, Minderung bei Rezession
  62
feste Annuität, Berechnung 298
Finanzbedarf bei Produkteinfühung
  75, 80 ff., 255 ff.
—, zeitliche Verteilung 265 ff.
Finanzierung, Export- 296 ff.
Finanzierungsgewinn bei Exportkalkulation
  300 ff.
Finanzplan(ung)
 — bei Exportfinanzierung 299 ff.
 — bei Investition 39 ff.
 — bei Produkteinführung 237
Fluktuation 442
Folgeleistungen bei Export 303
Forderungen
—, Kapitalbindung bei neuem Produkt 262
—, Überwachung 49
Forderungsausfallrisiko 292, 295, 305
formale Organisation 431
Formularfrequenz 389
formulargebundene Tätigkeiten 386 ff.
Forschung, Markt- 274, 283 ff.
Fortbildung von Mitarbeitern 406, 416
FORTRAN 160
Frachtkosten 354, 364
Freigabe von Entwicklungsblöcken 76 ff.
freiwillige Sozialleistungen, Minderung
  bei Rezession 62
fremde Transportmittel 354
Fremdfertigung bei Rezession 52
Fremdwährungen, Kontrahierung in 306 f.
Führer
—, informeller 433 ff.
—, soziometrischer 433 ff.

G

Garantie
—, Ausfuhr- 292
—, Bundes- 292
Garantiekosten 88
gebundenes Kapital 40
—, Minderung bei Rezession 51, 62
Gehälter, Minderung bei Rezession 62
Geheimhaltung 38
Gemeinkosten, Absatz- 220 ff.
Gesamtproduktivität 397 f.
Gesamtverarbeitungszeit, Analyse bei
  EDV-Einführung 173, 178
Geschmackstest bei neuen Produkten 198

Gewinn
—, Exportkalkulation 297, 300 ff.
—, Finanzierungs- 300 ff.
—, imaginärer 293
—, maximaler 323 ff.
—, Streben nach 316
—, Stück- 324 ff.
Gewinnmaximierung 323 ff.
gewinnoptimaler Stichprobenplan 89 ff.
gewinnoptimales Produktionsprogramm 323 ff.
Gewinnstreben 316
Gewinnzuschlag, prozentualer 325 ff.
gleitende Arbeitszeit 419 ff.
Gleitzeit 421 ff.
Gleitzeitkonto 423 ff.
Gleitzeitjournal 426
Grenzerlös 328 f., 337 f.
Grenzkosten 327, 337 f.
—, kritische 335 f.
Grenzpreis
—, oberer 320, 334 ff.
—, unterer 320, 334 ff.
Grobprogrammablaufplan 160
Großhandel
—, integriertes EDV-Gesamtsystem 136 f.
—, Volkswagen 284
Gruppe
—, informelle 432 ff.
—, Klein- 441
Gruppenabsentismus 442
Gruppenbildung 433 ff.
Gruppenstrukturen, informelle 434
Gutschriftskarte 155

H

Halbfabrikate, Kapitalbindung bei neuem Produkt 260
Hamburger Methode der Netzplantechnik 115 ff.
Handhabungstest 198
Händlerbetriebe in USA, Volkswagen 285
Hardware, Beeinflussung durch Software 168 f.
Hauptprogramm 160
Hauptspeicher, Analyse bei EDV-Einführung 183
Haushaltspanel 189 ff., 208 ff., 233 f.
Hawthorne-Experimente 432
Hermes Kreditversicherungs-AG 292, 295
Herstellung, siehe Produktion(-)
Hilfslöhne, Minderung bei Rezession 62
HMN 115 ff.
Höchstarbeitszeit bei gleitender Arbeitszeit 423

I

Image
—, Marken- 311
—, Produkt- 224 ff.
imaginärer Gewinn bei Exportkalkulation 293
Industrie
—, Automobil- 35 ff., 273 ff.
—, Chemische 399 ff.
—, kosmetische 21 ff., 231 ff.
—, Markenartikel- 349 ff.
—, Maßnahmen bei Rezession 47 ff., 57 ff.
—, Nahrungsmittel-, siehe Nahrungsmittelindustrie
Informationen über Verbraucher 233 ff.
Informationsrecht des Betriebsrats 403 ff., 409 ff.
informelle Führer 433 ff.
informelle Gruppen 432 ff.
informelle Gruppenstrukturen 434
informelle Organisation 431 ff.
innerbetriebliche Berufsaus- und -fortbildung, Mitwirkung des Betriebsrats 408
innerbetriebliche Stellenausschreibung 407
Inserat
—, Volkswagen 277 ff.
—, Whiskey 312 f.
integriertes EDV-System 135 ff.
integriertes Kontrollsystem (Qualitätskontrolle) 85 ff.
intensitätsmäßige Anpassung im Fertigungsbereich 64, 67 f.
Interessenausgleich nach Betriebsverfassungsgesetz 404, 417
interner Zinsfuß 43
Interne-Zinsfuß-Methode 43
Interview
— bei soziometrischem Test 437 ff.
— mit Konsumenten 189 ff., 208 ff., 233 f.
Investition, Finanzplanung 39 ff.
Investitionsanalyse 36
Investitionsausgabe 43
Investitionsentscheidung 35 ff.
Investitionsplanung 35 ff.
Investitionsrechnung bei Kapazitätserweiterung 39 ff.
In-vitro-Test 240
Isolierte, soziometrisch 433, 440

K

Kalkulation
—, cif- 291 ff., 297
—, Export- 291 ff., 297
— von Preßwerkzeugpreisen 38
Kanalbefehlskettung 174

Kanäle, Analyse bei EDV-Einführung 183
Kanalinterferenz 173
Kante (Netzplantechnik) 119 ff., 256
Kapazitätsausnutzung bei Rezession 52
Kapazitätsberechnung bei EDV-Einführung 171 ff.
Kapazitätsengpaß 331 f.
Kapazitätserweiterung
—, Planung 21 ff.
—, Preßwerkzeugbau 35
Kapital, gebundenes 40, 51, 62
Kapitalbedarf für Einführungswerbung 263
Kapitalbedarfsrechnung bei Produkteinführung 75, 80 ff., 255 ff.
Kapitalbindung 40
— für Produkteinführung 258 ff.
  — im Anlagevermögen 259
  — im Umlaufvermögen 259 ff.
  — zeitliche Verteilung 265 ff.
— für Produktentwicklung 258
— für Umsatzprozeß bei neuem Produkt 259 ff.
—, Minderung bei Rezession 51, 62
Kapitalfreisetzung durch Substitutionseffekt bei Produkteinführung 264 ff.
Kapitalrückflußzeit 41 ff., 75
— bei Produkteinführung 75, 80 ff., 267 ff.
Kartenartenprüfung, Ablaufplan 162
Kauf, simulierter 200 f.
Kaufverhalten 233 ff.
Kernzeit bei gleitender Arbeitszeit 421 ff.
Kette, soziometrische 435 f.
Kleingruppe 441
knappe Produktionskapazität 331 f.
Knoten (Netzplantechnik) 112 ff., 119 ff., 256
kombinierte Anpassung im Fertigungsbereich 68 ff.
Kommissionslager 350 ff.
—, Kosten 355
Konferenzkontrakt 292
Konjunkturrückgang, siehe Rezession
Konnossemente 293
konstante Annuität 298
Konsumentenbefragung 189 ff., 208 ff., 233 f.
Konsumentenrisiko 94
Konsumgüterindustrie, statistische Qualitätskontrolle 85 ff.
Kontaktstruktur 433 ff.
kontinuierliche Kontrolle der Produktion 86, 103 ff.
kontinuierlicher Stichprobenplan 104 ff.
Kontoauszüge bei gleitender Arbeitszeit 424 ff.
Kontrahierung in Fremdwährung 306 f.

Kontrolle
—, Eingangs- 86, 94 ff.
—, End- 86, 87 ff., 89 ff.
—, laufende Produktion 86, 103 ff.
—, Qualitäts- 85 ff.
—, Stichproben- 86, 89 ff.
—, Voll- 86
—, Wareneingangs- 86, 94 ff.
—, zerstörende 87
Kontrollkosten 87 ff.
Kontrollsystem, integriertes (Qualitätskontrolle) 85 ff.
Konvertierungsrisiko 292, 295
kosmetische Industrie
—, Marketing 231 ff.
—, Produkteinführung 231 ff.
—, Standortwahl 21 ff.
Kosten
—, Absatz- 220 ff.
—, Beeinflussung durch zeitliche und intensitätsmäßige Anpassung 64 ff., 67 f.
— bei gleitender Arbeitszeit 427 f.
—, Beschleunigungs- (Netzplantechnik) 119 ff.
—, Bestell- 355
—, Distributions- 353 ff.
—, Fracht- 354, 364
—, Garantie- 88
—, Grenz- 327, 337 f.
—, Kontroll- 87 ff.
—, Lager 62, 354 f.
—, Lagerhaltungs- 353 ff.
—, Lohn- 28, 62, 70 ff.
—, Nachbesserungs- 86
—, Opportunitäts- 119 ff.
—, Personal- 117, 379 ff.
—, Prüf- 87 ff.
—, Reagibilität der 61 ff.
—, Speditions- 354, 364
—, Stück- 336 ff.
—, Transport- 27 f., 354
—, Versand- 354
—, versandfixe 354 ff.
—, Voll- 339
—, Vorgangs- 354 ff.
—, Vorleistungs- 291
Kostenarten, standortabhängige 27 f.
Kostendaten für Preispolitik 318 ff.
Kostenentwicklungsbericht bei Produktentwicklung 81 f.
Kostenersparnisse
— bei Rezession 50 ff., 57 ff.
—, Investitionsrechnung 42
kostenminimale Intensität von Maschinen 67 ff.

Stichwortverzeichnis

kostenminimaler Standort 25 ff.
Kostenminimierung, Transportkosten 27 f.
Kosten-Nutzen-Analyse bei gleitender Arbeitszeit 427 f.
kostenoptimale Projektzeit (Netzplantechnik) 119 ff.
Kostenplanung mit Netzplantechnik 119 ff.
Kostenpolitik in der Rezession 57 ff.
Kostensenkung bei Rezession 50 ff., 57 ff.
Kraftfahrzeugexport 273 ff.
kritische Grenzkosten 335 f.
kritischer Weg (Netzplantechnik) 113, 116, 119 ff., 256
KT-Risiko 292, 295
Kundenanalyse 189 ff., 208 ff., 233 f., 283 f.
Kundendienst
– bei Rezession 52 f.
–, Volkswagen 280
Kundenforderungen
–, Kapitalbindung bei neuem Produkt 262
–, Überwachung 49
–, Uneinbringlichkeit 292, 295, 305
Kundenstammsatz 157
Kündigung von Mitarbeitern, Mitwirkung des Betriebsrats 405 ff., 414 ff.
Kursrisiko 292, 306 f.
Kurzarbeit 64
kurzfristige Anpassung des Produktionsniveaus 63 ff.

L

Labortest 240
Lager
–, Kapitalbindung bei neuem Produkt 259 f.
–, Kommissions- 350 ff.
–, Zentral- 350 ff.
–, Zwischen- 350 ff.
Lagerbestand
–, durchschnittlicher 262
–, Minderung bei Rezession 62
–, Überwachung 49
Lagergebühren 355
Lagerhaltungskosten 353 ff.
Lagerhaltungs- und Distributionsplanung, simultane 349 ff.
Lagerkosten 354 f.
–, Minderung bei Rezession 62
Lagertest 243
längste Projektzeit (Netzplantechnik) 119 ff.
laufende Produktionskontrolle 86, 103 ff.
Lochkarte, Auftrags- und Gutschriftkarte 155
Lohnform, Mitwirkung des Betriebsrats 413

Lohnkosten
–, Minderung bei Rezession 62, 70 ff.
–, standortabhängige 28
Lösung, Routine- 32
Lösungsraum 32

M

Markenartikelindustrie, simultane Lagerhaltungs- und Distributionsplanung 349 ff.
Marken-Image, Whiskey 311
Markenname bei neuen Produkten 225
Marketing
–, kosmetische Industrie 231 ff.
–, Volkswagen 274 ff.
Marketinginstrument 274, 315
–, Preis als 315 ff.
Marketingkonzept für Kosmetika 231 ff.
Marketing-Mix im VW-Export 274 ff.
Marketingplan für Kosmetika 238 f.
Marketingstrategie für Kosmetika 231 ff.
Marketingziel bei neuen Produkten 193
Markt
–, Export- 273 ff.
–, neuer 54
–, Test- 200 f.
–, US- 273 ff.
Marktanalyse
–, Backtriebmittel 206 ff.
– bei Export 274, 283 ff.
–, Fertigsoßen 189 ff.
–, Kosmetika 232
–, Spirituosen 309 f.
Marktanteile
–, Backhefe 208 ff.
–, Fertigsoßen 189 ff.
–, Kosmetika 252
Marktdaten für Preispolitik 317 ff.
Markterschließung
– bei Export 273 ff.
– bei Rezession 54
Marktforschung
– bei Export 274, 283 ff.
– bei Kosmetika 232
– bei Produkteinführung 189 ff., 206 ff.
marktgerechte Preispolitik, Volkswagen 276
Marktintegration 273
marktorientierte Preispolitik 317
Marktpreis 321
Marktsättigung 273
Marktsonde, psychologische 199, 211
Markttest 211 f.
Maschinen
–, Einsatz bei Rezession 65
–, kostenminimale Intensität 67 ff.

Maschinenbau, Maßnahmen bei Rezession 47 ff.
Maschinenexport 291 ff.
maschinenorientierte Symbolsprache 160
Maschinentest 164
Materialkosten, Minderung bei Rezession 61
maximaler Gewinn 323 ff.
maximaler Stückgewinn 324 ff.
Maxi-Min-Regel 93
Meilensteinplan 112 ff.
Meinungsmonopol 320
Menge
—, Beförderungs- 356
—, Cournot- 330 ff.
menschliche Arbeitsleistung, Rationalisierung 379 ff.
Merkfähigkeitstest bei neuen Produkten 199
Merkmale eines Produktes
—, qualitative 86
—, quantitative 86
Messung, Arbeitszeit- 381 ff.
Metrapotentialmethode 115
Mindestarbeitszeit bei gleitender Arbeitszeit 423
minimale Projektzeit (Netzplantechnik) 119 ff.
minimale Stückkosten 336 f.
minimale Transportkosten 27 f.
Mitarbeiter
—, Arbeitseffektivität 390
—, Auslastungsgrad 390
—, Einstellung 406 f., 414 ff.
—, Fortbildung 406
—, Kündigung 405 ff.
—, Umschulung 406
Mitbestimmungsrecht des Betriebsrats 403 ff.
Mittagspause bei gleitender Arbeitszeit 423
mittelfristige Anpassung des Produktionsniveaus 70
monadischer Verbrauchertest für Kosmetika 247
Monopol 317
—, Meinungs- 320
MPM 115
Multiprogramming 168 ff.

N

Nachbesserungskosten 86
Nachfrageprognose 360, 361 f.
Nachlaß bei Export 303

Nahrungsmittelindustrie
—, EDV-System 167 ff.
—, Kostenpolitik bei Rezession 57 ff.
—, Produkteinführung 185 ff., 203 ff., 255 ff.
nationale Einführung, Kosmetika 252
Nebenbetrieb, Standortsuche 29 ff.
net added investment 40
net working capital 40
Netzplan
— für Produktentwicklung 244 f., 256 f.
—, Standard- 118
—, Teil- 112, 114
Netzplantechnik
— beim Umbau eines Schiffes 111 ff.
—, Hamburger Methode 115 ff.
—, Kostenplanung 119 ff.
—, Metrapotentialmethode 115
—, Terminplanung 111 ff., 119 ff.
neue Märkte bei Rezession 54
neue Produkte
—, Absatzprognose 216 f.
—, Deckungsbeitragsrechnung 221 ff.
—, Einführung 185 ff., 203 ff., 255 ff.
—, Entwicklung 185 ff.
—, Kapitalbedarfsrechnung 75, 80 ff., 255 ff.
—, kosmetische Industrie 231 ff.
—, Nahrungsmittelindustrie 185 ff., 203 ff., 255 ff.
—, Preis 218 ff.
—, Produkteignung 226 ff.
—, Produktkostenanalyse 73 ff.
—, Wirtschaftlichkeitsrechnung 219 ff.
nichtbeleggebundene Arbeiten 386 ff.
Nominierungstechnik 433
Nordamerika, VW-Export 273 ff.
Normalarbeitszeit bei gleitender Arbeitszeit 421 ff.
Normaldauer (Netzplantechnik) 119 ff.

O

oberer Grenzpreis 320, 334 ff.
OC-Kurve 91, 95, 100
Oetker, Produkteinführung 203 ff.
ökonomische Produkteignung neuer Produkte 227
Operationscharakteristik eines Testplans 91 ff.
Operationscharakteristik-Kurve 91, 95, 100
Opportunitätskosten (Netzplantechnik) 119 ff.
optimale Beförderungsmenge 356
optimale Distributionsmenge 360, 364 ff.
Organisation
—, Absatz- 282 ff.
—, Begriff 431

Stichwortverzeichnis 453

—, informelle 431 ff.
—, Soziometrie als Hilfsmittel 431 ff.
Organisationsauftrag bei EDV-Einführung 129
Organisationsvorgabe bei EDV-Einführung 146
out-of-Stock-Situation 252

P

Packungsdesign 195 ff., 236
Panel, Haushalts- 189 ff., 208 ff., 233 f.
Parallellauf bei EDV-Einführung 164
Parkinsonsches Gesetz 394
pay-off-period (pay out period) 41 ff., 75
— bei Produkteinführung 75, 80 ff., 267 ff.
Personal
—, Arbeitseffektivität 390
—, Auslastungsgrad 390
—, Einstellung 406 f., 414 ff.
—, Fortbildung 406
—, Kündigung 405 ff.
—, Umschulung 406
Personalabbau bei Rezession 51
Personalbedarf
— bei variablem Arbeitsvolumen 391 ff.
—, Zusammenhang mit Arbeitsvolumen 379 ff.
Personalfragen, Mitwirkung des Betriebsrats 404 ff., 409 ff.
Personalkosten 379 ff.
— bei Netzplantechnik 117
Personalplanung
— bei EDV-Einführung 145
—, Mitwirkung des Betriebsrats 411
Personalpolitik 399 ff.
Personalrationalisierung 379 ff.
Personalwachstum 394 ff.
Pharmaindustrie, Personalwesen 399 ff.
PL 1 160
Plan
—, Finanz-, siehe Finanzplan(ung)
—, Marketing- 238 f.
—, Meilenstein- 112 ff.
—, Netz- 118 ff., 244 f., 256
—, Programmablauf- 160 f.
—, Stichproben- 89 ff., 98 ff., 104 ff.
—, Test- 89 ff.
Planung
—, Absatzpolitik 274 ff.
—, Absatzvolumen 285 f.
—, Aufgaben, bei EDV-Einführung 144
—, Distributions- 349 ff.
—, EDV-System 127 ff.
—, Export- 274 ff.
—, Finanz-, siehe Finanzplan(ung)

—, Investitions- 35 ff.
—, Kapazitätserweiterung 21 ff.
—, Kosten-, mit Netzplantechnik 119 ff.
—, Lagerhaltungs- 349 ff.
—, Netz- siehe Netzplan, Netzplantechnik
—, Personal-, bei EDV-Einführung 145
—, Preis- 315 ff.
—, Produkt- 73 ff.
—, Produktionsprogramm- 315 ff.
—, simultane 349 ff.
—, Termin- 39, 111 ff., 119 ff.
Planungsaufwand der Netzplantechnik 117 f.
Platteneinheiten, Analyse bei EDV-Einführung 181
Plattensteuereinheit, Analyse bei EDV-Einführung 183
Plattenzeiten, Analyse bei EDV-Einführung 173, 178
Plausibilitätsprüfung, Ablaufplan 162
Politik
—, Absatz- 274 ff.
—, Personal- 399 ff.
—, Preis-, siehe Preispolitik
politisches Risiko bei Export 292, 295
Preis
— als Marketinginstrument 315 ff.
—, Cournot- 330 ff.
—, Grenz- 320, 334 ff.
—, Markt- 321
— neuer Produkte 218 ff.
—, Planung 315 ff.
—, Prohibitiv- 318
—, Zusammenhang mit Absatz 317 ff.
Preis-Absatz-Funktion 318 ff.
Preisaggressivität 236
Preisanalyse, Preßwerkzeugbau 38
Preisbandtest 237
Preisnachlaß bei Export 303
Preisplanung 315 ff.
Preispolitik 315 ff.
—, Aufgabe 316
—, Daten für 317 ff.
—, marktorientierte 317
—, Volkswagenwerk 276
Preisstrategie 323 ff.
— bei Kosmetika 236
Preiswettbewerb 315 f.
Preßwerkzeugbau, Kapazitätserweiterung 35 ff.
Problemanalyse bei EDV-Einführung 129 ff.
problemorientierte Programmsprachen 160
Produkte
—, fehlerhafte 87 ff.
—, neue, siehe neue Produkte
—, Substitutionsbeziehungen zwischen 264

Produkteigenschaften neuer Produkte 225
Produkteignung neuer Produkte 226 ff.
—, ökonomische 227
—, psychologische 226
—, technische 226
Produkteinführung 185 ff., 203 ff., 255 ff.
—, Kapitalbindung für 258 ff.
—, kosmetische Industrie 231 ff.
Produktentwicklung
—, Erstanalyse bei 77 ff.
—, Kapitalbindung für 258
—, Kosmetika 240 f.
—, Kostenentwicklungsbericht 81 f.
—, Nahrungsmittelindustrie 185 ff.
—, Netzplan 244 f., 256 f.
—, Produktkostenanalyse 73 ff.
—, Rentabilitätsrechnung 80
Produktentwicklungs-Kontrollverfahren 75 f.
Produkterwartung, Test über 199
Produktimage bei neuen Produkten 224 ff.
Produktion
—, kurzfristige Anpassung 63 ff.
—, mittelfristige Anpassung 70 ff.
—, Verlagerung ins Ausland 54
Produktionsdaten für Preispolitik 318 ff.
Produktionsengpaß 331 f.
Produktionskapazität, knappe 331 f.
Produktionskontrolle, laufende 86, 103 ff.
Produktionslöhne, Minderung bei Rezession 62
Produktionsprogramm 185 ff., 203 ff.
— bei Rezession 52
—, gewinnoptimales 323 ff.
Produktionsprogrammplanung 315 ff.
Produktionsumstellung, Mitwirkung des Betriebsrats 411
Produktivität
—, Arbeits- 397 f.
— der Unternehmung 397 f.
— der Verwaltung 397 f.
Produktkonzeption bei neuen Produkten 193 f., 224 ff.
Produktkostenanalyse 73 ff.
Produktplanung 73 ff., 185 ff.
Produktstrategie
—, Kosmetika 236
—, Volkswagen 275 f.
Produkttest 194 ff.
— für Kosmetika 243
Produzentenrisiko 94
Prognose
—, Absatz- 216 f., 285
—, Nachfrage- 360, 361 f.
Programm
—, Haupt- 160
—, Spool- 169

—, Struktur- 160
—, Umwandlungs- 163
—, Unter- 160
—, Vor- 160
Programmablaufplan 160 f.
Programmbeschreibung, Auftragseingabe und -prüfung 152 ff.
Programmfehler 164
Programmierung 160 ff.
Programmierungsvorgabe bei EDV-Einführung 147
Programmkarte, symbolische 163
Programmsprachen 160
Programmtest 164
Programmverschlüsselung 160
Programmvorgabe, EDV 151 ff.
Prohibitiv-Preis 318
Projektantrag bei EDV-Einführung 138 ff.
Projektionstest bei neuen Produkten 199, 211
Projektzeit (Netzplantechnik) 119 ff.
Provision für Auslandsvertreter 304 f.
prozentualer Gewinnzuschlag 325 ff.
Prüfkosten 87 ff.
Prüfplan bei statistischer Qualitätskontrolle 89 ff.
Prüfung, Stichproben- 86, 89 ff.
psychologische Marktsonde 199, 211
psychologische Produkteignung neuer Produkte 226
psychotele Struktur 437
Pufferzeiten 113, 116

Q

Qualität, Begriff 86
qualitative Merkmale eines Produktes 86
Qualitätsgrad 86
Qualitätskontrolle, statistische 85 ff.
Qualitätssicherstellung 39
quantitative Merkmale eines Produktes 86

R

Rangordnung
—, Beliebtheits- 437
—, Tüchtigkeits- 437
Rangreihentest bei neuen Produkten 195 ff.
Rationalisierung
—, Auswirkung des Betriebsverfassungsgesetzes 409 ff.
— im Dienstleistungs- und Verwaltungsbereich 379 ff.
—, Personal- 379 ff.
Raumbedarf, Planung 23 ff.
Reagibilität der Kosten 61 ff.
Rechenzeitaufwand bei Netzplantechnik 117

Stichwortverzeichnis

Rechnungserstellung mit EDV 167 ff., 170 ff., 177 ff.
Refinanzierung im Außenhandel 296 ff.
Regressionsanalyse bei Absatzprognose 362
Reingewinn bei Exportkalkulation 302
Reklamationen bei Export 303
relativer Deckungsbeitrag 341
Rentabilitätsrechnung bei Produktentwicklung 80
Reparaturkosten, Minderung bei Rezession 63
Repräsentationskosten, Minderung bei Rezession 62
Return on Investment 41 ff.
Rezession
—, Kostenpolitik in der 57 ff.
—, Maßnahmen bei 47 ff., 57 ff.
Risiko
—, Fabrikations- 292
—, Forderungsausfall- 292, 295, 305
—, Konsumenten- 94
—, Konvertierungs- 292, 295
—, Kurs- 292, 306 f.
—, politisches 292
—, Produzenten- 94
—, Transfer- 292, 295, 305
—, wirtschaftliches, bei Export 292, 295
Risikoausgleich durch Diversifikation 317
Risikogarantie bei Exportkalkulation 292
Rohstofflager, Kapitalbindung bei neuem Produkt 259
Routinelösung im Entscheidungsprozeß 32

S

Sammeljournal bei gleitender Arbeitszeit 426
Satellitenfabrik, Bau einer 29 ff.
Scheinaktivitäten, Netzplantechnik 119 ff., 256
Schiffbau, Netzplantechnik 111 ff.
Schlupfzeiten, Netzplantechnik 256
Schulungsreferenten, Mitwirkung des Betriebsrats 408
Screening-Methode 242
Seeversicherung 293
Selbstbehalt bei Exportversicherung 295
selektive Anpassung im Fertigungsbereich 64 ff.
Sequentialtest 98 ff.
sequentieller Stichprobenplan 98 ff.
Service
—, Ausbau bei Rezession 52 f.
—, Volkswagen 280
Sicherung, Qualitäts- 39

simulierter Kauf 200 f.
simultane Lagerhaltungs- und Distributionsplanung mit EDV 349 ff.
Software, Einfluß auf Hardware 168 f.
Sollzeit bei gleitender Arbeitszeit 423
Sozialkontakte, faktische 437
Sozialleistungen, Minderung bei Rezession 62
Sozialplan nach Betriebsverfassungsgesetz 405, 417
Soziogramm 433 ff.
Soziometrie 431 ff.
soziometrische Außenseiter 433
soziometrische Cliquen 435 f.
soziometrische Führer 433 f.
soziometrische Kette 435 f.
soziometrischer Star 433 ff.
soziometrischer Status 433 ff.
soziometrischer Test 433 ff.
soziometrisch Isolierte 433, 440
soziotele Struktur 437
Sparmaßnahmen bei Rezession 49 ff., 57 ff.
Speditionskosten 354, 364
Speicherdateien 157 f.
Speicherplatz, Analyse bei EDV-Einführung 170 ff.
Spirituosen, Werbung für 309 ff.
Spool-Programm 169
Stammsatz
—, Artikel- 158
—, Kunden- 157
Standardnetzplan 118
Standort, kostenminimaler 25 ff.
standortabhängige Kostenarten 27 f.
Standortwahl, Entscheidung zur 21 ff.
Star, soziometrischer 433 ff.
statistische Qualitätskontrolle 85 ff.
Status, soziometrischer 433 ff.
Stellenausschreibung 406, 414
Stempeluhren bei gleitender Arbeitszeit 425
Steuereinheiten, Analyse bei EDV-Einführung 183
Stichprobe 89 ff., 98 ff.
—, zufällig gezogene 90
Stichprobenkontrolle 86, 89 ff.
—, laufende Produktion 86, 103 ff.
— nach Endmontage 89 ff.
—, Wareneingang 94 ff.
Stichprobenplan
—, Dodge- 104 ff.
—, gewinnoptimaler 89 ff.
—, kontinuierlicher 104 ff.
—, sequentieller 98 ff.
Stillegungen, Betriebs- 404
Story boards für Kosmetika 250 f.

Struktur
—, psychotele 437
—, soziotele 437
Strukturprogramm 160
Stückgewinn, maximaler 324 ff.
Stückkostenminimum 336 ff.
Stundensatz 71
Substitionsbeziehungen zwischen Erzeugnissen 264
Suchzeiten, Analyse bei EDV-Einführung 172
Supervisor 168
symbolische Programmierung, Arbeitsablauf bei 163
symbolische Programmkarte 163
Symbolsprache, maschinenorientierte 160
Systemtest 165

T

Task 168
Tätigkeiten
—, beleggebundene 386 ff.
—, Netzplantechnik 115, 119 ff., 256
—, nichtbeleggebundene 386 ff.
technische Produkteignung neuer Produkte 226
Teilnetzpläne 112, 114
Termingeschäft, Devisen- 307
Terminplanung 39
— mit Netzplantechnik 119 ff.
— im Schiffbau 111 ff.
Test
—, As-Marketed- 247
—, Blind- 243
—, Geschmacks- 198
—, Handhabungs- 198
—, In-vitro- 240
—, Labor- 240
—, Lager- 243
—, Markt- 211 f., 247
—, Maschinen- 164
—, Merkfähigkeits- 199
—, Preisband- 237
—, Produkt- 194 ff., 243
—, Produktionserwartungs- 199
—, Programm- 164
—, Projektions- 199, 211
—, Rangreihen- 195 ff.
—, Sequential- 98 ff.
—, soziometrischer 433 ff.
—, System- 165
—, Verbraucher- 211 f., 247
—, Verkaufs- 200 f.
Testeinführung 200 ff.
—, Kosmetika 247 ff.

Testläufe bei EDV-Einführung 165
Testmarkt 200 f., 247 ff.
Testplan
—, Operationscharakteristik 91 ff.
—, statistische Qualitätskontrolle 89 ff.
Tilgung, Annuitäten- 296 ff.
Tilgungsraten, Berechnung 296 ff.
Timing, Preßwerkzeugbau 39
Transferrisiko 292, 295, 305
Transportkosten 354
—, Minimierung 27 f.
Transportmittel, fremde 354
Transportweg, Festlegung des 360, 363 ff.
Triebmittelmarkt, Marktanalyse 206 ff.
Tüchtigkeitsrangordnungen 437

U

Überstunden
— bei gleitender Arbeitszeit 426
—, Minderung bei Rezession 51, 62, 64 f.
Umbau eines Schiffes, Netzplantechnik 111 ff.
Umlaufvermögen, Kapitalbindung bei neuem Produkt 259 ff.
Umsatz
—, Kapitalbindung bei neuem Produkt 259 ff.
—, Steigerung bei Rezession 52 ff.
Umschulung von Mitarbeitern 406, 416
Umstellung
— des EDV-Systems 127 ff.
— des Produktionsverfahrens, Mitwirkung des Betriebsrats 411
Umwandlungsliste 163
Umwandlungsprogramm 163
unbezahlte Feierschichten 64
unbezahlter Urlaub bei Rezession 51
Uneinbringlichkeit der Forderungen, Risiko der 292, 295, 305
Unfallfrequenz 442
unterer Grenzpreis 320, 334 ff.
Unternehmensproduktivität 397 f.
Unterprogramm 160
Urlaub bei Rezession 51
US-Markt für Automobile 273 ff.

V

Verarbeitungszeit, Analyse bei EDV-Einführung 173, 178
Verbindungsmann (Soziometrie) 440
Verbraucher, Informationen über 233 ff.
Verbraucherbefragung 189 ff., 208 ff., 233 ff.
Verbrauchertest 211 f., 247

Stichwortverzeichnis

Verbraucherverhalten 233 ff.
Verbrauchsgewohnheiten, Marktanalyse
 bei Produkteinführung 190 ff.
Verhaltenskategorien 233 ff.
Verkaufsabrechnung mit EDV 167 ff.
—, Bandlösung 176 ff.
—, Plattenlösung 170 ff.
Verkaufsadministration, Rationalisierung
 379 ff.
Verkaufs-Analyse 283 f., 360, 361 f.
Verkaufs-Analyse-Karte 283
Verkaufsförderung
 —, Minderung bei Rezession 62
 —, neue Produkte 224 ff.
Verkaufstest 200 f.
Verlagerung von Produkten ins Ausland 54
Verpackung
 — bei Kosmetika 236, 242
 — bei neuen Produkten 195 ff.
Verpackungsmateriallager, Kapitalbindung
 bei neuem Produkt 259 f.
versandfixe Kosten 354 ff.
Versandkosten, Minderung bei Rezession 62
Verschiffungsdokumente 293
Verschlüsselung, Programm- 160
Versicherung, See- 293
Verteilung, Waren-, siehe Distribution(-)
Vertriebskosten, Minderung bei Rezession
 62
Vertriebsrichtlinien 280
Verwaltung
 —, Produktivität der 397 f.
 —, Rationalisierung der 379 ff.
Verwaltungskosten
 — bei gleitender Arbeitszeit 428
 —, Minderung bei Rezession 62
Verwendungsgewohnheiten, Marktanalyse
 bei Produkteinführung 190 ff.
Volkswagen
 —, Absatzpolitik 275 ff.
 —, Export 273 ff.
Volkswagen of America, Inc. 282 ff.
Vollkontrolle 86
 — nach Endmontage 87 ff.
Vollkosten 339
Vorab-Export 275
Vordruckstammbäume 386
Vorführwesen 53
Vorgabe
 —, Organisations- 146
 —, Programm- 151 ff.
Vorgangskosten 354 ff.
Vorleistungskosten bei Exportkalkulation
 291
Vorprogramm 160
VWoA 282 ff.

W

Wachstum, Personal- 394 ff.
Wahrscheinlichkeit, Annahme- 91 ff.
Wahrscheinlichkeitsrechnung, statistische
 Qualitätskontrolle 90 ff.
Währungsrisiko 292, 306 f.
Wareneingangskontrolle 86, 94 ff.
Warenverteilung, siehe Distribution(-)
Werbeagentur, Whiskey-Werbung 309 ff.
Werbeanzeigen 312 f.
Werbeaussage, Volkswagen 277
Werbekosten, Minderung bei Rezession 62
Werbung
 —, Einführungs- 213, 224 ff., 237 f., 246, 263
 —, Fernseh- 250 f.
 —, Kosmetika- 237 f., 246
 —, neue Produkte 198 ff., 213, 224 ff.,
 237 f., 246, 263
 —, Volkswagen- 277 ff.
 —, Whiskey- 309 ff.
Werkzeugbau, Kapazitätserweiterung 35 ff.
Wertanalyse 50
Wettbewerb, Preis- 315 f.
Whiskey, Werbekampagne für 309 ff.
wirtschaftliches Risiko bei Export 292, 295
Wirtschaftlichkeitsrechnung bei neuen
 Produkten 219 ff.
Wirtschaftsausschuß 403
 —, Rechte 412

Z

Zahlungsbedingungen bei Exportkalkulation 293 ff.
Zahlungsquoten bei Exportkalkulation
 296 ff.
Zeit
 —, Amortisations- 44
 —, CPU- 173 ff., 178
 —, Projekt- 119 ff.
Zeitaufnahme 381 ff.
Zeitauswertung bei gleitender Arbeitszeit
 424 ff.
Zeitberechnungen bei EDV-Einführung 171 ff.
Zeiterfassung bei gleitender Arbeitszeit
 424 ff.
Zeitermittlung für Bürotätigkeiten 382 ff.
Zeitguthaben bei gleitender Arbeitszeit
 422 ff.
zeitliche Anpassung im Fertigungsbereich
 64 ff.
zeitliche Planung 39, 111 ff., 119 ff.

zeitlich-selektive Anpassung im Fertigungsbereich 64 ff.
Zeitrabatt bei Exportkalkulation 292
Zeitübertrag bei gleitender Arbeitszeit 423
Zeitzähler bei gleitender Arbeitszeit 425
Zentraleinheit, Analyse 184
Zentrallager 350 ff.
zerstörende Kontrolle 87

Zielinanspruchnahme durch Kunden, siehe Kundenforderungen
Zinsfuß, interner 43
Zinskosten, Minderung bei Rezession 62
zufällig gezogene Stichprobe 90
Zuschlag, Gewinn- 325 ff.
Zwangsurlaub bei Rezession 51
Zwischenläger 350 ff.

Die Autoren

Dr. Dietrich Adam

o. Prof., Direktor des Instituts für Industrielle Unternehmensforschung der Universität Münster

Dr. Karl Alewell

o. Prof., Direktor des Lehrstuhls für Betriebswirtschaftslehre I, Justus-Liebig-Universität Gießen

Dr. Werner Bartram

Wiss. Oberrat, Dozent für Betriebswirtschaftslehre im Fachbereich Wirtschaftswissenschaften der Universität Hamburg

Dr. Peter Burg

Mitarbeiter im Controlling-Bereich der Eckes-Firmengruppe, Nieder-Olm

Paul Buschmann

Geschäftsführer der Jungheinrich Unternehmensverwaltung KG, Hamburg

Dr. Günter Czeranowsky

Wiss. Oberrat, Dozent für Betriebswirtschaftslehre im Fachbereich Wirtschaftswissenschaften der Universität Hamburg

Dr. Klaus-Dieter Daegling

Wiss. Oberrat, Dozent für Betriebswirtschaftslehre im Fachbereich Wirtschaftswissenschaften der Universität Hamburg

Wolfgang Dworak

Direktor, Zentrale Planung und Kontrolle, Agfa-Gevaert AG, Leverkusen

Dr. Reimar Fuchs

Leiter der Abteilung „Organisation und Produktivität" der Deutschen Shell AG, Hamburg

Dipl.-Kfm. Horst Futh

Unternehmensberater, Radevormwald

Dr. Horst Jürgen Helle

o. Prof. für Soziologie an der Universität München, Vorstand des Instituts für Soziologie und des Max Weber Instituts

Dipl.-Kfm. Albert Henne

Leiter einer Systemberatungsabteilung der IBM Deutschland GmbH, Hamburg

Dr. Wolfgang Hilke

Wiss. Oberrat, Dozent für Betriebswirtschaftslehre im Fachbereich Wirtschaftswissenschaften der Universität Hamburg

Konrad Hirte

Geschäftsführer der Lintas GmbH
Werbeagentur GWA, Hamburg

Dr. Wolfram Ischebeck

Vertriebsleiter Datenverarbeitung IBM Deutschland GmbH, Hamburg

Dipl.-Kfm. Rolf Katzsch

Unternehmensberater und Dozent

Dr. Gerhard Möller

Rechtsanwalt, Leiter der Abteilung Arbeits- und Sozialrecht der Deutschen Shell AG, Hamburg

Dr. Wolfgang Müller

Professor für Betriebswirtschaftslehre an der Universität Frankfurt/Main

Dr. Dieter B. Pressmar

o. Prof., Inhaber des Ordinariats für Allgemeine Betriebswirtschaftslehre und Betriebswirtschaftliche Datenverarbeitung der Universität Hamburg

Dipl.-Math. Heinrich Ratsch

Unternehmensberater, Hamburg

Dr. August-Wilhelm Scheer

Professor für Betriebswirtschaftslehre, insbes. Wirtschaftsinformatik, an der Universität des Saarlandes, Saarbrücken

Dipl.-Kfm. Eberhard Schliemann

Leiter der Abteilung „Administrative Organisation" der Margarine Union G.m.b.H., Hamburg

Dr. Heiner Seibt

Wiss. Oberrat, Dozent für Statistik, Marktforschung und Datenverarbeitung im Fachbereich Wirtschaftswissenschaften der Universität Hamburg

Dr. Ernst Knut Sill

Hauptabteilungsleiter Betriebswirtschaft/Controlling, Sinalco AG, Detmold

Dipl.-Kfm. Jürgen F. Stolte

Geschäftsführer des Sample Instituts Gesellschaft für Markt-, Meinungs-, Motiv- und Sozialforschung, Hamburg

Dr. Harald Strutz

Wiss. Oberrat, Dozent für Betriebswirtschaftslehre im Fachbereich Wirtschaftswissenschaften der Universität Hamburg

Dr. Ralf Tschmarke

Leiter der betriebswirtschaftlichen Abteilung eines bedeutenden Unternehmerverbandes, Unternehmensberater und Dozent für Führungs- und Nachwuchskräfte, Hamburg

Dipl.-Kfm. Hans Kurt Wellensiek

Inhaber der Firma Strategies S. A., Marketing et Communications, Posieux / Schweiz (früher: Marketing-Manager der Langnese-Iglo GmbH und Marketing-Direktor einer Schweizer Brauerei-Gruppe)

Peter Wolff

Training-Officer Deutsche Unilever GmbH, Hamburg

Zwei Standardwerke für Studium und Praxis, herausgegeben von Prof. Dr. Herbert Jacob

Allgemeine Betriebswirtschaftslehre in programmierter Form

1194 Seiten   Leinen 140,– DM

In der „Allgemeinen Betriebswirtschaftslehre in programmierter Form" wird eine Darstellung angewandt, die immer mehr Freunde findet: Der Stoff ist in Lerneinheiten aufgeteilt, die sich jeweils mit einem bestimmten Problem befassen. Jede Lerneinheit wird durch eine Frage oder die Beschreibung der Problemsituation eingeleitet. Die Fragen und Aufgaben sollen das jeweilige Gebiet in systematischer Folge erfassen, so daß trotz der Aufteilung des Stoffes in Lerneinheiten die Gesamtzusammenhänge deutlich hervortreten. Durch eingestreute Aufgaben und „Fälle" wird die Anwendung des Gelernten geübt und das Verständnis vertieft.

Beiträge: Prof. Dr. H. Diederich: Grundtatbestände der Betriebswirtschaftslehre – Prof. Dr. W. Kern: Der Betrieb als Faktorkombination – Prof. Dr. Dr. h. c. E. Heinen: Produktions- und Kostentheorie – Prof. Dr. H. Jacob: Der Absatz – Prof. Dr. E. Witte: Die Finanzwirtschaft der Unternehmung – Prof. Dr. H. Jacob: Investitionsrechnung – Prof. Dr. W. Busse von Colbe unter Mitarbeit von Prof. Dr. F. Eisenführ und Dr. D. Ordelheide: Bilanzen – Prof. Dr. W. Kilger: Betriebliches Rechnungswesen – Prof. Dr. H. Kossbiel: Personalbereitstellung und Personalführung.

Industriebetriebslehre in programmierter Form

Die Art der Darstellung ist die gleiche, wie sie im Rahmen der „Allgemeinen Betriebswirtschaftslehre in programmierter Form" angewandt wird: Der Stoff ist in Lerneinheiten aufgeteilt. Besonderer Wert wurde darauf gelegt, die Entscheidungssituationen klar herauszuarbeiten, die sich im Zuge der Führung und Steuerung eines Industriebetriebes ergeben, und aufzuzeigen, welche Wege, Möglichkeiten und Verfahren bestehen, in diesen Situationen zu zieladäquaten Entscheidungen zu gelangen, d. h., die Maßnahmen zu treffen, die der Zielsetzung des Unternehmens dienlich sind. Die Antworten sind in der Regel so ausführlich gehalten, daß auch derjenige, dem das angesprochene Problem wenig oder nicht bekannt ist, den Ausführungen ohne Mühe folgen kann. Quer- und Rückverweisungen machen auf Interdependenzen zwischen den Lerneinheiten aufmerksam.

Band I: Grundlagen   415 Seiten, Halbln. 39,– DM, Ln. 42,50 DM

Beiträge: Prof. Dr. K. Lüder unter Mitarbeit von Dr. D. Budäus: Industriebetriebe und Industriezweige. Kennzeichnung, Systematisierung und Entwicklung – Prof. Dr. K. Lüder unter Mitarbeit von Dr. D. Budäus: Standortwahl. Verfahren zur Planung betrieblicher und innerbetrieblicher Standorte – Prof. Dr. G. von Kortzfleisch: Systematik der Produktionsmethoden – Prof. Dr. W. Lücke: Arbeitsleistung, Arbeitsbewertung, Arbeitsentlohnung – Prof. Dr. Dr. h. c. E. Heinen: Grundtatbestände der Betriebsführung.

Band II: Planung und Planungsrechnungen   567 Seiten, Halbln. 54,– DM, Ln. 58,50 DM

Beiträge: Prof. Dr. H. Jacob: Grundlagen und Grundtatbestände der Planung – Prof. Dr. H. Jacob: Die Planung des Produktions- und des Absatzprogramms – Prof. Dr. W. Busse von Colbe unter Mitarbeit von Dr. W. Niggemann: Bereitstellungsplanung, Einkaufs- und Lagerpolitik – Prof. Dr. D. Adam: Produktionsdurchführungsplanung – Prof. Dr. L. Pack: Netzplantechnik.

Band III: Organisation und EDV   477 Seiten, Halbln. 47,– DM, Ln. 49,70 DM

Beiträge: Prof. Dr. K. Bleicher: Organisation und Führung der industriellen Unternehmung – Prof. Dr. W. Müller und Prof. Dr. D. B. Pressmar: Betriebswirtschaftliche Informationsverarbeitung und EDV – Prof. Dr. P. Mertens: Anwendungen der EDV im Industriebetrieb.

Betriebswirtschaftlicher Verlag Dr. Th. Gabler · Wiesbaden

Weitere Veröffentlichungen von Prof. Dr. Herbert Jacob im Betriebswirtschaftlichen Verlag Dr. Th. Gabler, Wiesbaden

Preispolitik

Jacob bringt in diesem Buch eine breit angelegte Darstellung der betrieblichen Preispolitik unter den verschiedenartigen Voraussetzungen des Marktes, also auch der schwierigeren in der wirtschaftlichen Wirklichkeit akuten Fragen der Preispolitik unter besonderen Konkurrenzbedingungen.

Aus dem Inhalt: Die Daten der Preispolitik – Die Preispolitik monopolistischer Anbieter und Nachfrager – Die Bedeutung unterschiedlicher Marktstrukturen und Zielsetzungen – Das Mehrproduktunternehmen – Preispolitik im Polypol – Dyopol und Oligopol – Das bilaterale Monopol und die Märkte des Aushandelns – Preispolitik und Unsicherheit.
296 Seiten, brosch. 29,70 DM, Ln. 32,60 DM

Elektronische Datenverarbeitung als Instrument der Unternehmensführung

Das Buch enthält eine Reihe von Aufsätzen und Fallstudien verschiedener Wissenschaftler und Praktiker. Sie behandeln die folgenden Themen: EDV-Hardware, Programmiersprachen, Betriebsweisen elektronischer Datenverarbeitungssysteme, Organisationsformen des Datenverarbeitungsprozesses und Betriebssystem, Grundlagen der EDV, Einsatz der EDV in der Unternehmung.
393 Seiten, Ln. 43,– DM

Das Bewertungsproblem in den Steuerbilanzen

Welcher Wert eignet sich sowohl für die Bewertung bei der Vermögens- als auch gleichzeitig bei der Einkommensbesteuerung? Jacob zeigt, daß weder der gemeine Wert noch der Teilwert dazu in Frage kommen. Er versucht deshalb, einen neuen Wertbegriff zu entwickeln, der beiden Zwecken gerecht wid.

Aus dem Inhalt: Der gemeine Wert – Der steuerliche Ertragswert – Der Übergang vom gemeinen Wert zum Teilwert – Der Reproduktionswert – Der Einzelveräußerungspreis – Die Teilwertabschreibung – Der betriebsindividuelle Wert – Der Geschäftswert.
336 Seiten, Ln. 27,40 DM

Investitionsplanung und Investitionsentscheidung mit Hilfe der Linearprogrammierung

In mehreren in sich geschlossenen Kapiteln befaßt sich Jacob mit dem Interdependenzproblem, mit den Datenunsicherheit bei Investitionsentscheidungen und der dadurch erforderlichen Flexibilität des Produktionsapparates. Anhand von Zahlenbeispielen werden die entwickelten Modelle ausführlich erläutert.
160 Seiten, brosch. 19,60 DM

Zur Standortwahl der Unternehmungen

Das Buch macht schrittweise mit dem Problem des Gebietsmarktes vertraut. Anschauungsbeispiel ist zunächst eine Einproduktunternehmung, die nur an einem Standort produziert. Diese Problemstellung wird erweitert auf eine Mehrproduktunternehmung mit Betrieben, die wahlweise an verschiedenen Orten produzieren können. Fü diese Situation entwickelt Jacob ein allgemeines Planungsmodell.
63 Seiten, Ln. 12,50 DM

Preispolitik bei der Einführung neuer Erzeugnisse unter besonderer Beachtung dynamischer Aspekte

Sonderdruck aus: Zur Theorie des Absatzes, Festschrift zum 75. Geburtstag von Prof. Dr. Dr. h. c. mult. Erich Gutenberg, herausgegeben von Prof. Dr. Helmut Koch.
43 Seiten, brosch. 7,– DM

Betriebswirtschaftlicher Verlag Dr. Th. Gabler · Wiesbaden